Biblioteca Diplomática

Série D: Teses

colecção **BIBLIOTECA DIPLOMÁTICA**

Pedro Cantinho Pereira

Portugal e o Início da Construção Europeia

1947-1953

Ficha técnica

Título

Portugal e o Início da Construção Europeia (1947-1953)

Coordenação Editorial

IDI - MNE

Edição

Colecção Biblioteca Diplomática do MNE – Série D
Ministério dos Negócios Estrangeiros, Portugal

Design Gráfico

Risco, S.A.

Paginação, Impressão e Acabamento

Europress, Lda.

Tiragem

1000 exemplares

Data

Junho de 2006

Depósito Legal

244841/06

ISBN

972-9245-50-9
978-972-9245-50-3

Em memória de meu pai

Índice

Prefácio

Na segunda metade do século XX poucos foram os assuntos que importaram tanto a Portugal, e por isso à política externa e à diplomacia portuguesa, como a adesão ao projecto europeu. A integração portuguesa teve lugar em meados dos anos 80 do século passado; mas desde há alguns anos a essa parte, sabemo-lo bem, que vinha sendo ambicionada, gizada, negociada e preparada. Como todos os processos, o da nossa adesão pode ser discutido em fases. Mas, embora aqui e ali vozes distantes façam questão de, esporadicamente, se fazer ouvir, pouco temos olhado para trás. A integração de Portugal na Europa, se bem que relativamente tardia e marcada por várias fases encadeadas umas nas outras, tem sido um processo contínuo e linear. Mais: tem sido largamente consentido pelas elites no poder. Mesmo em momentos menos bons, como os contemporâneos, tanto se tem tornado evidente.

Se alargarmos para trás uma única geração o nosso campo temporal de visão, é-nos, no entanto, difícil manter este modelo de progressão cumulativa na absorção, chame-se-lhe assim, da ideia de Europa. Ainda que muitos portugueses fossem desde cedo defensores de uma aproximação, a verdade é que, durante o Estado Novo, as reticências governamentais ao projecto europeu eram várias e viram-se expressas, por vezes, com alguma firmeza. Sem dúvida que as hesitações foram mudando, tanto ao sabor das conjunturas mais amplas que se foram sucedendo no Mundo do pós-guerra, como nos termos dos vários avanços e termos havidos no próprio quadro da construção europeia, quanto ainda em resposta à evolução conturbada do Estado Novo ele mesmo e segundo as relações de pertença recíproca entre estes diversos feixes de forças. O facto, porém, é que, também aqui, a posição portuguesa em relação à Europa se alterou drástica e (porventura) definitivamente com o 25 de Abril de 1974.

Para trás ficou a suspeição, defensiva, de que a integração europeia ameaçava a integridade nacional portuguesa. Como em muitos outros Estado europeus, amadurecidos à sombra de um soberanismo com raízes tradicionais, radicavam em parte aí as renitências manifestadas pelo Portugal do Antigo Regime, a natureza do sistema português de então, e o posicionamento a que se viu relegado depois de 1945, levaram ao cristalizar de uma postura de contenção: a Europa sim, mas desde que sem comprometimento da autonomia soberana de Portugal. Foi assim quanto ao Plano Marshall, enquanto projecto norte-americano para a Europa, e quanto ao projecto económico político europeu, nas suas múltiplas facetas iniciais e tacteantes: do Conselho da Europa, à Comunidade Europeia do Carvão e do Aço, à então denominada Comunidade Europeia de Defesa, para apenas dar mais um exemplo. Nestes, como noutros casos seguintes, a aceitação de aderir foi lenta e condicionada. Foi marcada pelas dúvidas. Como depois se veio a verificar, a lógica mais macro era simples de enunciar: cooperação no plano intergovernamental talvez, mas fusão supranacional nunca.

Esta lógica, é bom de ver, viria atenuar as suas cores em anos subsequentes. A antinomia não foi já tão vincada na adesão portuguesa à Associação Europeia de Comércio Livre nem à NATO, para de novo nos restringirmos a apenas alguns exemplos. É tentador ir buscar à conjuntura motivos para a mudança de atitude. Mas redunda decerto em pouco. A economia, cada vez mais privatizada, pautava-se por regras próprias. Quanto à segurança e defesa, valores mais altos se levantavam, quando aquilo que de facto passou a estar em causa, com o desenvolvimento e a proliferação de armas atómicas, era a própria sobrevivência nacional face a uma ameaça soviética de contornos cada vez mais bem delineados pelo regime. O Mundo mudava e com ele a postura do país. Foi como se de uma nova era se tratasse, em reconhecimento do facto de o Estado português não viver num vácuo. Aquilo que se desencadeou, em boa verdade, foi uma verdadeira revolução copernicana de perspectivas.

Podemos enunciar a mudança em pormenor. A participação de Portugal na Organização Europeia de Cooperação Económica, na União Europeia de Pagamentos e no Pacto do Atlântico marcou o início de um processo gradual de aproximação à Europa Ocidental e aos EUA, através de formas de cooperação económica, financeira, técnica e militar. As decisões tomadas por Salazar em matéria de política externa neste período cronológico mostram com nitidez que houve uma preocupação firme em fazer parte de um movimento de cooperação intergovernamental, a par de uma rejeição absoluta das tendências federalistas. As regras do jogo foram firmadas: as grandes linhas estavam traçadas *ab initio* e mantiveram-se até ao fim do Estado Novo. O nó da questão foi a preocupação subjacente de não perder poder decisório, ou pelo menos de minimizar quaisquer perdas.

A narrativa histórica dos primórdios desta evolução era tão-somente conhecida a traço grosso. Com o livro de José Pedro Cantinho Pereira (a tradução de uma tese de doutoramento apresentada e defendida na Sorbonne, em Paris, só por si uma garantia de qualidade) ficam à vista pormenores e recantos mal conhecidos. Zonas cinzentas ganham cor. Em evidência ficam alguns dos momentos-charneira de uma viragem anunciada. O intervalo de tempo esmiuçado era rico e prenhe em implicações inevitáveis. Os verdadeiros efeitos da guerra fizeram-se sentir em Portugal. Foi no fundo uma fase de transição – ou o início disso – que nos trouxe de um Mundo para outro. As luzes vivas da iluminação trazida revelam-nos pormenores riquíssimos dessa mudança.

E, como é hábito no que toca ao passado, se nos não torna mais inteligível o presente, torna-lo, pelo menos, mais claro e transparente.

É com gosto e honra que o Instituto Diplomático alberga este magnífico estudo nas suas colecções. Houvesse muitos assim.

Professor Doutor Armando Marques Guedes
Presidente do Instituto Diplomático
Professor da Faculdade de Direito
da Universidade Nova de Lisboa

Agradecimentos

Esta obra é, salvo pequenas alterações, uma tradução da tese de doutoramento em História defendida publicamente na Universidade de Paris I (Panthéon-Sorbonne), em 2002. É fruto de um longo percurso iniciado após a obtenção de um Diploma de Estudos Aprofundados em História das Relações Internacionais e da Integração Europeia no Instituto dos Altos Estudos Europeus de Estrasburgo, em 1986.

Presto aqui uma vibrante homenagem ao Professor Doutor Raymond Poidevin, que me encorajou e ajudou nas minhas primeiras investigações, e manifesto os meus sinceros agradecimentos ao Professor Doutor Robert Frank, por todo o apoio concedido.

Pelos esclarecimentos sobre a situação de Portugal após a Segunda Guerra Mundial e os seus preciosos conselhos, apresento aqui as minhas homenagens e os meus agradecimentos a todos os que aceitaram receber-me, nomeadamente os embaixadores Franco Nogueira, António Leite de Faria, Armando de Paula Coelho, José Calvet de Magalhães, Leonardo Mathias e os professores Xavier Pintado, José da Silva Lopes, Adriano Moreira, José Medeiros Ferreira e Joaquim de Carvalho.

Agradeço à Dra. Isabel Fevereiro, directora do Arquivo Histórico--Diplomático do Ministério dos Negócios Estrangeiros, assim como a todos os funcionários do Arquivo, a gentileza e a disponibilidade sempre manifestadas.

Agradeço ao embaixador Marcello Mathias me ter incentivado a publicar este estudo em Portugal.

Os meus agradecimentos, também, para o meu amigo Dr. António Souto Marques, pela leitura crítica de alguns textos em português, e ao Dr. António Ramos pelos conselhos na tradução dos textos em língua inglesa.

Manifesto o meu mais sincero reconhecimento e agradecimento ao Professor Doutor Armando Marques Guedes, Presidente do Instituto Diplomático, pelo convite que me formulou para publicar este estudo nesta prestigiada colecção da Biblioteca Diplomática. À Dra. Maria Madalena Requixa, do Instituto Diplomático, agradeço a simpatia e o inexcedível empenho na revisão do texto.

Por fim, todo o meu reconhecimento à Christina e às minhas filhas, pelo apoio e compreensão durante todos estes anos.

Abreviaturas e siglas

A.: Armário
ACCE: Assembleia Consultiva do Conselho da Europa
ADMAE: *Archives diplomatiques du ministère des Affaires étrangères* (Paris)
AHDMNE: Arquivo Histórico-Diplomático do Ministério dos Negócios Estrangeiros
AMAECECD: *Archives du ministère des Affaires étrangères du Commerce extérieur et de la Coopération au développement* (Bruxelas)
CECA: Comunidade Europeia do Carvão e do Aço
CCEE: Comité de Cooperação Económica Europeia
Cit.: Citado em
Cf.: Confrontar
coord.: coordenação
CTCEE: Comissão Técnica de Cooperação Económica Europeia/Exterior
dir.: direcção
d. l.: datas limites
ECA: *Economic Cooperation Administration*
Ed.: Edição
ERP: *European Recovery Program*
f.: *folio*
FRUS: *Foreign Relations of the United States*
GATT: *General Agreement of Tariffs and Trade*
Ibid.: *Ibidem*
INE: Instituto Nacional de Estatística
M.: Maço
MNE: Ministério dos Negócios Estrangeiros de Portugal
MSA: *Mutual Security Agency* (ou *Act*)

MUD:	Movimento de Unidade Democrática
n.º:	número
n.:	nota de rodapé
NATO:	*North Atlantic Treaty Organization*
OECE:	Organização Europeia de Cooperação Económica
ONU:	Organização das Nações Unidas
org.:	organização
OTAN:	Organização do Tratado do Atlântico Norte
p.:	página(s)
P.:	Piso
PIDE:	Polícia Internacional de Defesa do Estado
RNP:	Repartição dos Negócios Políticos
RQE:	Repartição das Questões Económicas
S.:	Série
s.d.:	sem indicação de data
s.e.:	sem indicação de editor
s.l.:	sem indicação de local
S.s.:	Subsérie
t.a.:	tradução do autor
TU:	Território(s) Ultramarino(s)
u.c.:	unidade de conta
UEP:	União Europeia de Pagamentos
URSS:	União das Repúblicas Socialistas Soviéticas
vol.:	volume

Introdução

> «A ideia de uma Europa federal parece-me fora das possibilidades de realização por muitas razões; mas para já o que interessa salientar é que se começaria por tirar aos estados europeus uma das principais razões por que através dos tempos tanto se têm sacrificado em guerras – a garantia de os diferentes povos disporem de si mesmos».
>
> Salazar, 28 de Abril de 1948[1]

O início das relações de cooperação de Portugal com a Europa Ocidental coincide com o Plano Marshall. É pois a partir de Junho de 1947, no seguimento do discurso de George Marshall em Harvard, que se começa a falar em Portugal da cooperação na Europa. Este acontecimento marca assim o ponto de partida do nosso estudo. No que diz respeito ao fim do período cronológico, a nossa escolha fixou-se no mês de Março de 1953, quando Salazar define com precisão, e por alguns anos, a política europeia de Portugal. Nós estimámos que este período cronológico, de quase seis anos, era suficiente para evidenciar a atitude de Portugal em relação à Europa. Num anexo, apresentamos uma cronologia dos anos 1947 a 1953[2].

---

[1] SALAZAR, António de Oliveira – *Discursos e Notas Políticas – V – 1943-1950*. Coimbra: Coimbra Editora, 1951, p. 332.

[2] Na Cronologia apresentamos uma escolha de acontecimentos que, directa ou indirectamente, tiveram uma influência nas relações entre Portugal e a Europa. Evidentemente, escolhemos preferencialmente os acontecimentos que se desenrolaram nos países com os quais Portugal mantinha uma maior relação de proximidade. Para facilitar a leitura simultânea da cronologia geral e a de Portugal, escrevemos em negrito os acontecimentos específicos de Portugal ou aqueles onde o país participou. A bibliografia especializada que nos ajudou na elaboração da cronologia encontra-se referenciada na Bibliografia. Os critérios subjacentes à escolha dos acontecimentos foram os da pertinência dos factos individuais ou colectivos, com carácter político, económico, social ou cultural, relacionados com as questões abordadas na tese. Esta «pertinência» foi estabelecida em função da nossa análise dos documentos da época e da bibliografia consultada.

O regime salazarista, ou Estado Novo, apresenta algumas similitudes com os regimes fascistas. Foi certamente influenciado pelo fascismo italiano (nomeadamente no que diz respeito ao corporativismo), mas não corresponde à tipologia dos fascismos estabelecida pela maior parte dos historiadores. A opinião dos historiadores está dividida, mas a grande maioria defende que o Salazarismo deve ser integrado no quadro dos regimes autoritários e conservadores e não no dos regimes fascistas[3]. Existem, contudo, certos aspectos do Salazarismo que podem ter similitudes com os regimes fascistas da época, nomeadamente: a União Nacional, criada em 1930, a Mocidade Portuguesa e a Legião Portuguesa, criadas em 1936, o culto do chefe, as corporações, o estilo arquitectónico «oficial», a saudação romana e o gosto pelas manifestações militares e nacionalistas. A nossa posição sobre este assunto é a de que o Salazarismo foi um regime ditatorial, nacionalista, conservador, anti-liberal e anti-comunista, que pretendeu adaptar certos métodos, práticas e instituições dos regimes fascistas à realidade portuguesa. O ditador Salazar quis recuperar as tendências fascistas que emergiram na sociedade portuguesa nos anos trinta e que poderiam, eventualmente, pôr em risco os seus próprios objectivos políticos. Como escreveu o historiador Yves Leonard a este propósito, no seu livro intitulado *Salazarismo e Fascismo*: «Não obstante o desvio de rota acentuado que se observou nos últimos anos da década de trinta e do seu «retoque à romana», não se pode propriamente falar do salazarismo como uma espécie de fascismo. Além de um nacionalismo agressivo e expansionista, «falta-lhe», nomeadamente, a conquista do

[3] Ver sobre este assunto: MILZA, Pierre – *Les Fascismes*. Paris: Imprimerie nationale, 1985, p. 132-139 e p. 331-335; LEONARD, Yves – *Salazarismo e Fascismo*. Mem Martins: Editorial Império, 1998; ARON, Raymond – *Sociologie des Sociétés Industrielles. Esquisse d'une théorie des régimes politiques*. Paris: Centre de Documentation Universitaire – Les Cours de Sorbonne (policopiado), 1959, p. 50; LUCENA, Manuel de – *O Regime Salazarista e a sua Evolução*, Matosinhos: Contemporânea Editora-Câmara Municipal de Matosinhos, 1995, 64 p.; e PINTO, António Costa – «O Salazarismo e o Fascismo Europeu, Os Primeiros Debates nas Ciências Sociais» in *Salazar e o Salazarismo*. Lisboa: Publicações Dom Quixote, 1989, p. 153-188.

poder pela força e o apoio de um vasto movimento e, posteriormente, de um verdadeiro partido fascista para governar. Fazem-lhe também falta o recurso permanente e maciço à violência, formas intensas de adesão popular e uma mobilização ideológica das massas, ou seja, uma vontade totalitária de controlo da sociedade»[4].

A problemática central do nosso estudo reside na análise das relações de Portugal com a Europa nos domínios económico, monetário, diplomático e militar; assim como no exame da sua posição face às perspectivas de integração europeia, no período compreendido entre Junho de 1947 e Março de 1953. Efectivamente, no decurso deste período assistimos à participação de Portugal no Plano Marshall, na Organização Europeia de Cooperação Económica, no Pacto do Atlântico e na União Europeia de Pagamentos. Acresce que durante este período Portugal tomou uma posição muito clara em relação ao Conselho da Europa, à Comunidade Europeia do Carvão e do Aço e à Comunidade Europeia de Defesa. Isto leva-nos a estudar a atitude portuguesa e a sua posição oficial em relação aos diferentes organismos de cooperação europeia e atlântica, não esquecendo as relações bilaterais entre Portugal e os Estados Unidos da América, assim como as suas relações com a Espanha. Também nos pareceu muito interessante conhecer a atitude de alguns países europeus e dos Estados Unidos da América em relação a Portugal. Apesar do seu regime político, Portugal conseguiu fazer-se aceitar na sociedade internacional sem grandes problemas. A Guerra Fria facilitou grandemente esta situação. Neste contexto, é indispensável analisar a importância dos Açores no processo de reconhecimento de Portugal a nível internacional, assim como as eventuais influências do factor colonial nas tomadas de posição do país em matéria europeia.

Como é óbvio, para levar a bom termo esta análise, é necessário ter em consideração as condicionantes internas e externas, o poder decisório em Portugal, centrado em Salazar, e o trabalho desenvolvido por alguns

---

[4] LEONARD, Yves – *Salazarismo e Fascismo*, *op. cit.*, p. 207-208.

diplomatas, altos funcionários e políticos. As tomadas de posição de Salazar sobre as questões europeias marcaram de uma forma sistemática as linhas-mestras da participação portuguesa na cooperação europeia e atlântica. Podemos, por conseguinte, considerar Salazar como o personagem central deste estudo. É necessário, contudo, ter também em consideração o papel preponderante de alguns diplomatas e altos funcionários. Quando as questões eram muito complexas e as vantagens e os inconvenientes se equilibravam, a posição das figuras mais próximas de Salazar podia revelar-se decisiva.

Como é que foi possível que um pequeno país com um regime ditatorial pudesse ter sido convidado, desde o início, a fazer parte dos organismos de cooperação económica, monetária e militar? Como é que reagiu o Governo português aos convites? Quem participou nas tomadas de decisão e de que forma? Poderemos falar, durante este período, de uma linha de acção governamental coerente em relação à Europa? Qual foi a posição de Salazar em relação aos países da Europa Ocidental, aos Estados Unidos da América, à Espanha, à União Soviética e às Colónias? Qual foi o pensamento de Salazar sobre a cooperação e integração na Europa, assim como sobre a importante questão da «Federação Europeia»? Será que poderemos falar de uma aproximação com a Europa durante este período? São estas as grandes questões às quais tentaremos dar resposta ao longo deste estudo.

No início da nossa investigação, começámos por consultar a bibliografia especializada sobre o tema e verificámos que ela era muito reduzida e insuficiente. Decidimos então fazer uma primeira investigação no Arquivo Histórico-Diplomático do Ministério dos Negócios Estrangeiros em Lisboa, a partir de 1988, para saber se seria possível fazer um estudo aprofundado sobre o tema. As dificuldades foram consideráveis mas, mesmo assim, foi possível analisar um vastíssimo número de documentos importantes. Um obstáculo fundamental subsistia: os arquivos de Salazar não estavam acessíveis aos investigadores. Nestas condições, decidimos interromper o nosso estudo. Em 1996, já com os arquivos de Salazar acessíveis, decidimos retomar o tema e submeter o projecto de tese ao Professor Robert Frank.

Nessa altura, o interesse pela questão das relações de Portugal com a Europa tinha aumentado e alguns artigos e obras sobre a questão tinham sido publicados – principalmente sobre o período posterior ao nosso.

No que diz respeito ao período cronológico de 1947 a 1953, as raras obras que abordam questões relacionadas com este tema limitam-se quase todas a focar aspectos específicos. Uma das poucas excepções é o livro de Fernanda Rollo, *Portugal e o Plano Marshall*, publicado em 1994, que aborda o processo negocial que levou Portugal a aceitar a ajuda norte-americana. Um outro livro que nos ajudou no nosso estudo foi o de João da Costa Leite, ministro de Salazar, intitulado *Problemas monetários do após-guerra*, datado de 1964. O livro constitui uma preciosa fonte de informações sobre as questões relacionadas com o Plano Marshall e a União Europeia de Pagamentos. Convém referir, igualmente, a obra de Gérard Bossuat *L'Europe occidentale à l'heure américaine. Le Plan Marshall et l'unité européenne 1945-1952*, e a obra de Pierre Melandri *Les Etats-Unis face à l'unification de l'Europe 1945-1954*. Evidentemente, houve muitos outros livros que nos foram úteis, e que se encontram referenciados na Bibliografia. A Bibliografia inclui a lista dos livros e artigos consultados que têm uma relação directa ou indirecta com o tema deste estudo.

As fontes que consultámos revelaram-se de grande importância: o Arquivo Diplomático do Ministério dos Negócios Estrangeiros, do Comércio Externo e da Cooperação para o Desenvolvimento da Bélgica, em Bruxelas, o Arquivo Diplomático do Ministério dos Negócios Estrangeiros da França, em Paris, o Arquivo Histórico-Diplomático do Ministério dos Negócios Estrangeiros de Portugal e o Arquivo Nacional da Torre do Tombo – António Oliveira Salazar, em Lisboa, e o *Public Record Office – Foreign Office*, em Kew. Também foram consultadas colectâneas de documentos diplomáticos, nomeadamente o *Foreign relations of the United States*, do Departamento de Estado norte-americano. A escolha dos arquivos estrangeiros foi efectuada depois de termos estudado em profundidade os arquivos do Ministério dos Negócios Estrangeiros e da Torre do Tombo – António Oliveira Salazar. Os países que tiveram uma maior importância no período histórico estudado foram os seguintes: França, Reino Unido, Bélgica, Espanha e Estados Unidos da América. Em relação aos três primeiros, os arquivos foram consultados nos respectivos países. No caso da Espanha, os documentos mais importantes para o nosso estudo foram publicados na obra de Ana Vicente, intitulada *Portugal visto pela Espanha. Correspondência Diplomática 1939-1960*. No que concerne aos Estados Unidos, os documentos publicados no *Foreign relations of the United States*, para além dos documentos analisados na obra de Fernanda Rollo, permitiram-nos um conhecimento preciso das posições norte-americanas. Teria sido interessante consultar os arquivos da Organização Europeia de Cooperação Económica para se ter uma ideia mais desenvolvida da participação portuguesa na organização. Esperamos que o nosso estudo possa ajudar investigações futuras nesses arquivos, já abertos aos investigadores.

No que diz respeito a Salazar, os seus discursos estão publicados em vários volumes. Os *Discursos e Notas Políticas* foram-nos muito úteis para compreender o pensamento de Salazar sobre a maior parte das questões abordadas neste estudo. Eles são, evidentemente, um elemento fundamental para a compreensão do sistema político instituído em Portugal nessa época. Convém também referir a importância da obra do embaixador Marcello Mathias, intitulada *Correspondência Marcello Mathias/Salazar 1947-1968*. É muito interessante ter este olhar «privado» sobre os acontecimentos e sobre a política internacional.

Para tentar conhecer a «opinião pública» portuguesa, fizemos várias leituras de jornais e revistas da época. Apesar da Censura, os artigos reflectem, mesmo que de uma forma muito limitada, as preocupações dominantes e dão preciosas informações que não se encontram nos arquivos. Obviamente, não é possível comparar a imprensa portuguesa à imprensa dos países democráticos, onde opiniões por vezes muito diferentes das dos governos são expostas. Também fizemos algumas consultas em jornais estrangeiros e utilizámos recortes de imprensa existentes no Arquivo Histórico-Diplomático em Portugal.

Durante o período cronológico estudado, as tomadas de posição da Oposição acerca da Europa foram extremamente raras. A nossa leitura do órgão de informação do Partido Comunista Português, o jornal *Avante!*, revelou-se insuficiente, porque faltam muitos números do jornal na Biblioteca Nacional e não tivemos acesso aos arquivos do partido. Teria sido muito interessante entrevistar Álvaro Cunhal[5] para tentar saber a atitude do Partido Comunista Português perante a Europa neste período, mas não nos foi possível obter uma entrevista. Sobre esta questão da Oposição, é necessário assinalar a intervenção de Mário Soares[6] aquando de um colóquio organizado no âmbito do *Summer University* da Arrábida (Portugal), no dia 2 de Outubro de 1998, intitulada *Portugal e a Integração Europeia: Do Plano Marshall ao Tratado de Adesão*, na qual relatou resumidamente as relações entre a Oposição e a Europa, da Segunda Guerra Mundial até à adesão às Comunidades Europeias.

Na medida em que o Pacto do Atlântico foi criado, em grande parte, para fazer face à ameaça que pesava sobre a Europa, nós incluímo-lo no estudo, estimando que o Pacto foi um dos elementos da cooperação europeia em matéria de defesa. Uma «Europa atlântica», estreitamente associada aos parceiros norte-americanos.

Este estudo encontra-se dividido em duas partes. Numa primeira parte, abordamos a aproximação de Portugal à Europa e aos Estados Unidos da América através da participação do país no Plano Marshall, da adesão à Organização Europeia de Cooperação Económica, do Acordo bilateral luso-americano, da Ajuda Marshall, do Plano de Desenvolvimento Português, do processo de adesão ao Pacto do Atlântico e das relações luso-espanholas. Na segunda parte, falamos da cooperação com a Europa e dos seus limites. A atitude de Portugal face ao Conselho da Europa será

---

[5] Álvaro Barreirinhas Cunhal, ex-dirigente do Partido Comunista Português. Ver referências biográficas no Apêndice 1.

[6] Mário Alberto Nobre Lopes Soares, grande opositor do Estado Novo, desde os anos 40. Ver referências biográficas no Apêndice 1.

descrita, assim, como a posição da sua Assembleia Consultiva do Conselho da Europa em relação ao regime português. Também tratamos a participação de Portugal na Organização Europeia de Cooperação Económica e na União Europeia de Pagamentos, a sua atitude em relação ao Plano Schuman, a participação no Pacto do Atlântico e a posição face à Comunidade Europeia de Defesa. Para terminar, passamos em revista a atitude portuguesa face a alguns projectos europeus e a posição de Salazar sobre a perspectiva de criação de uma federação europeia.

Primeira Parte

A Aproximação Funcional com a Europa

Portugal e o Plano Marshall

Capítulo 1

> «Oferta Secretário de Estado e grandeza meios norte-americanos para realização dessa obra constituem esperança para povos europeus devastados pela guerra. Embora não estejam sequer ainda esboçadas as linhas de orientação prática que oferta Marshall possa vir a seguir entendemos nosso dever significar desde já nesse Ministério nosso aplauso e simpatia àquela iniciativa».
>
> Caeiro da Matta, ministro dos Negócios Estrangeiros
> 21 de Junho de 1947

No dia 5 de Fevereiro de 1947 tomou posse o novo ministro dos Negócios Estrangeiros José Caeiro da Matta[7], sucedendo assim a António de Oliveira Salazar[8], que assumira a pasta «interinamente» desde o dia 6 de Novembro de 1936. Para os diplomatas estrangeiros em posto em Portugal esta nomeação apresentava-se como um elemento favorável, na medida em que a situação de interinidade assumida pelo Presidente do Conselho dificultava o contacto dos diplomatas com a chefia do Ministério dos Negócios Estrangeiros. O interlocutor dos diplomatas estrangeiros no Ministério era, normalmente, o secretário-geral ou um director-geral, o que, segundo o ministro da França em Portugal, Jean du Sault[9], provocava

---

[7] João Caeiro da Mattta, ministro dos Negócios Estrangeiros de 4 de Fevereiro de 1947 a 2 de Agosto de 1950. Ver referências biográficas no Apêndice 1.

[8] António de Oliveira Salazar, Presidente do Conselho de 18 de Janeiro de 1936 a 27 de Setembro de 1968. Ver referências biográficas no Apêndice 1.

[9] Jean du Sault, diplomata francês, esteve em posto em Portugal de 24 de Fevereiro de 1945 a 4 de Junho de 1951, como ministro da França até 17 de Setembro de 1948 e, depois, como embaixador. Ver referências biográficas no Apêndice 1.

«atrasos inevitáveis na resolução dos assuntos». Salazar queria «estar ao corrente dos mais ínfimos pormenores». Para este diplomata, Caeiro da Matta tem a «reputação de ser um homem simpático que nunca diz não, mas que fica geralmente pelas demonstrações verbais»[10].

A situação mundial estava em nítido agravamento nos princípios de 1947. Os sinais de uma tensão crescente entre os Estados Unidos da América (EUA) e a União das Repúblicas Socialistas Soviéticas (URSS) eram evidentes, tanto na Europa central e ocidental como noutros pontos do globo. Para fazer face a esta situação, o presidente dos EUA, Harry Truman[11] decide nomear o general George Marshall[12] como secretário de Estado, em 9 de Janeiro desse ano, e vai iniciar um processo com vista à contenção do avanço soviético e da propagação do comunismo. O discurso de Winston Churchill[13] em Fulton, no Missouri, em 5 de Março de 1946, tinha sido um primeiro grande sinal de alerta. Um ano mais tarde, no dia 12 de Março de 1947, o Presidente Harry Truman vai efectuar um dos discursos mais importantes em matéria de política internacional. No Congresso dos EUA vai explicar as directrizes da sua política de luta contra a expansão soviética através do apoio económico, político e em material militar aos países em risco de entrarem na órbita da URSS, nomeadamente através do estabelecimento de pactos de defesa e segurança[14].

---

[10] Archives diplomatiques du ministère des Affaires étrangères (ADMAE), Série (S.) Europe/ 1944-1960, Sous-série (S.s.) Portugal, lettre n.º 163, de 12 de Fevereiro de 1947, de Jean du Sault, ministro da Legação da França em Lisboa, para Georges Bidault, ministro dos Negócios Estrangeiros da França, f. 153-154, volume (V.) 22, d.l.: 1944-1949 (tradução do autor [t.a.]).

Nesta mesma carta Jean du Sault recorda que Caeiro da Matta foi ministro de Portugal junto do Governo de Vichy, desde 1941.

[11] Harry Truman, presidente dos EUA entre 1945 e 1952. Ver referências biográficas no Apêndice 1.

[12] George C. Marshall, secretário de Estado norte-americano entre Janeiro de 1947 e Janeiro de 1949. Ver referências biográficas no Apêndice 1.

[13] Winston Leonard Spencer Churchill, primeiro-ministro britânico entre 1940 e 1945, e entre 1951 e 1955. Ver referências biográficas no Apêndice 1.

[14] O texto francês da declaração do presidente Harry Truman no Congresso dos EUA foi publicado in COLLIARD, Claude-Albert ; MANIN, Aleth – *Droit International et Histoire Diplomatique. Documents choisis, tome II, Europe*. Paris: Editions Montchrestien, 1970, p. 224-228.

No próprio dia do discurso de Harry Truman no Congresso, o embaixador de Portugal em Washington, João Bianchi[15], envia para o Ministério dos Negócios Estrangeiros um ofício, classificado como secreto, em que transmite as suas impressões sobre o discurso. Nesse ofício, o embaixador Bianchi vai desenvolver algumas ideias em torno da política americana em relação à URSS e, igualmente, em relação à política interna norte-americana. Logo no início do ofício começa por dizer que o discurso foi «um ousado desafio à Rússia» e «uma inversão da tradicional política americana de não intervenção para uma política de intervenção», para libertar os povos da «subjugação por regimes totalitários de inspiração comunista». Para atingir esses objectivos, o embaixador Bianchi reconhece que Truman propõe medidas concretas em função dos acontecimentos e que os EUA podem «contribuir decisivamente para evitar um novo cataclismo ou a escravização da Europa»[16].

Para o embaixador, a substituição do Reino Unido pelos EUA na assunção das responsabilidades mundiais «oferece menos confiança aos países» porque os EUA, devido à essência da sua política interna e à «inexperiência» resultante do seu isolacionismo, terão «dificuldade em manter com consistência uma orientação bem definida e um procedimento uniforme». Contrariamente aos EUA, o Reino Unido, dentro dos limites impostos pelos seus interesses imperiais, «sempre respeitou e executou os seus compromissos internacionais». O embaixador Bianchi considera que os outros países deverão encarar as resoluções do Governo americano «com certas reservas e cautelas e hesitarão em basear essencialmente na

---

[15] João António de Bianchi (1888-1969), ministro de Portugal em Washington de 1933 a 1944 e, em seguida, embaixador até Agosto de 1947. De regresso ao MNE, assumiu o posto de secretário-geral até Fevereiro de 1948. Depois, partiu para o Brasil como embaixador, onde permaneceu até passar à disponibilidade, no fim de 1949.

[16] Arquivo Histórico-Diplomático do Ministério dos Negócios Estrangeiros (AHDMNE), Embaixada em Washington, Processo Plano Marshall, Ofício de 12 de Março de 1947 do embaixador de Portugal em Washington (João Bianchi) para o ministro dos Negócios Estrangeiros (Caeiro da Matta), Secreto D, Maço (M.) 139, data limite (d.l.):1948.

atitude dos Estados Unidos, os fundamentos da sua vida nacional ou internacional». Para finalizar, indica que esta situação tem reflexos na Organização das Nações Unidas (ONU), que considera ter falta de consistência. Remata, no entanto, indicando que outros factores poderão determinar o rumo dos acontecimentos[17].

Com o apoio de George Kennan[18], que tinha sido encarregado de negócios em Moscovo, depois da sua estada em Lisboa em 1942-1943, onde teve um papel de relevo nas negociações que conduziram à utilização pelos EUA das bases dos Açores, Harry Truman vai desenvolver toda uma doutrina de contenção à expansão soviética. Dada a importância da Europa Ocidental nessa luta, e tendo em atenção a gravíssima crise económica, política e social que atravessava a Europa no momento, começa a germinar a ideia de que as operações de ajuda à Europa deveriam ser reforçadas e basear-se noutros princípios. As numerosas reuniões que George Marshall teve com os responsáveis soviéticos foram cimentando a convicção de que era urgente tomar medidas em relação à Europa Ocidental. Segundo Charles Bohlen[19], que o acompanhou a Moscovo em Abril de 1947, foi no voo de regresso que George Marshall tomou a sua decisão, dizendo que não se podia perder mais tempo e que era urgente ajudar a Europa a sair da crise[20]. Ao regressar aos EUA, George Marshall convoca George Kennan e pede-lhe para criar e dirigir um organismo que ajude a estabelecer a política externa dos EUA a mais longo prazo, o *Policy Planning*

[17] *Ibid.*

[18] George F. Kennan, diplomata norte-americano colocado no Departamento de Estado (no *Policy Planning Staff*). Ver referências biográficas no Apêndice 1.

[19] Charles Bohlen, conselheiro do secretário de Estado Marshall que esteve na origem do discurso de Harvard, em 5 de Junho de 1947. Na embaixada em Paris em 1949. Conselheiro no Departamento de Estado norte-americano de 1951 a 1953 e, em seguida, embaixador em Moscovo.

[20] Ver a este propósito: Interview of Charles Bohlen, *Dulles Oral History Collection*, p. 4, citado in MELANDRI, Pierre – *Les Etats-Unis face à l'unification de l'Europe 1945-1954*, Paris: Editions A. Pedone – Publications de la Sorbonne, 1980, p. 90.

Staff. Nomeado pelo subsecretário de Estado Dean Acheson[21], a sua primeira tarefa urgente vai ser a de estabelecer um plano para ajudar a Europa a sair da crise em que se encontra. É no âmbito desta missão que George Kennan vai apresentar a Dean Acheson um conjunto de propostas de assistência à Europa, que este último, por sua vez, vai submeter num memorando a George Marshall. Entretanto, o subsecretário de Estado William Clayton[22] regressa da Europa e descreve a situação económica e alimentar europeia como muito grave. No fundo, Clayton vai confirmar o que começava a aparecer cada vez mais nitidamente, ou seja: as grandes dificuldades económicas e financeiras que a Europa estava a atravessar. No seu discurso no *Delta Council*, em Cleveland (Mississipi), no dia 8 de Maio de 1947, Dean Acheson já tinha lançado o primeiro sinal público indicando que era necessário ajudar a Europa no seu esforço de reconstrução económica, mas nada fazia supor, contudo, que o auxílio norte-americano seria tão substancial. Em França começam a surgir informações em como os EUA se estavam a preparar para fornecer um significativo auxílio económico à Europa[23]. No dia 28 de Maio, numa reunião entre Marshall, Acheson, Clayton, Kennan e alguns colaboradores, foram debatidas as questões relacionadas com a Europa[24]. Estava assim aberto o caminho para a decisão política que iria desencadear o Plano Marshall.

---

[21] Dean Acheson, subsecretário de Estado norte-americano entre 1945 e 1947 e secretário de Estado, entre Janeiro de 1949 e Janeiro de 1953. Ver referências biográficas no Apêndice 1.

[22] William Lockhart Clayton, subsecretário de Estado para os Assuntos Económicos entre 1944 e 1947. Industrial do Texas, director e vice-presidente do Export-Import Bank, em 1940, adjunto do secretário de Estado do Comércio, entre 1942 e 1944, secretário de Estado adjunto para os Negócios Económicos, entre 1944 e 1947. Em 27 de Maio de 1947, apresentou um importante memorando sobre a crise europeia, tendo para o efeito permanecido na Europa durante vários meses, onde pôde estabelecer inúmeros contactos com governantes europeus e sentir de perto a deterioração das condições de vida na Europa.

[23] Cf. BOSSUAT, Gérard – *L'Europe occidentale à l'heure américaine 1945-1952*. Bruxelles: Ed. Complexe, 1992, p. 70.

[24] Cf. MELANDRI, Pierre – *Les Etats-Unis face à l'unification de l'Europe 1945-1954. op. cit.*, p. 91-93.

I. As primeiras reacções ao discurso de George Marshall, em Harvard

Apesar da importância do discurso de George Marshall do dia 5 de Junho de 1947, aquando da sua recepção como doutor *honoris causa* pela Universidade de Harvard, no *Commencement Day*, e do comunicado de imprensa difundido na véspera pelo Departamento de Estado, o impacto na imprensa é reduzido[25]. Só no dia 17 de Junho é que o embaixador Bianchi aborda em ofício, de uma forma muito superficial, as questões levantadas pelo discurso do secretário de Estado, inserindo-o no contexto da tensão crescente com a URSS. No seu ofício para o ministro dos Negócios Estrangeiros o embaixador Bianchi começa por referir a «atmosfera de preocupação reticente» em relação à situação em Itália e França, principalmente depois do golpe da Hungria, e menciona os discursos de Dean Acheson e de George Marshall. Informa o ministro que o *New York Herald Tribune*, de 16 de Junho, tinha feito referência a um plano de defesa para o caso de a Europa se «comunisar», em que se incluía a ocupação de várias bases aéreas, nomeadamente as bases aéreas dos Açores. Em relação ao discurso de George Marshall, escreve que estavam esclarecidas as dúvidas sobre a questão de saber se a proposta americana abrangia a URSS, mas esta tinha recusado o plano, pelo que o encontro de Paris entre Ernest Bevin[26] e Georges Bidault[27] estava a despertar interesse «sobre o

---

[25] *Ibid.*, p. 71-72. O secretário de Estado George Marshall retomou o tema do discurso de Harvard no dia 11 de Junho no Parlamento canadiano, em Otava, e o conselheiro económico do Departamento de Estado, Benjamin Cohen, completou o discurso em Long Beach (Califórnia). Ficou claro que a proposta americana não excluía necessariamente a URSS e os países europeus sob controlo soviético. Ver discurso de George Marshall em Harvard in COLLIARD, Claude-Albert ; MANIN, Aleth – *Droit International et Histoire Diplomatique. Documents choisis, tome II, Europe. op. cit.*, p. 228-229.

[26] Ernest Bevin, ministro dos Negócios Estrangeiros britânico entre 1945 e 1951. Ver referências biográficas no Apêndice 1.

[27] Georges Bidault, ministro dos Negócios Estrangeiros francês entre 1944 e 1946, entre Janeiro de 1947 e Julho de 1948, e entre Janeiro de 1953 e Junho de 1954. Ver referências biográficas no Apêndice 1.

que ostensivamente se apresenta como um plano de reconstituição económica da Europa». Termina a sua missiva com um comentário sobre o papel de segundo plano em que foi colocada a ONU sobre esta matéria[28].

No dia 19 de Junho, mesmo antes da chegada do ofício do embaixador em Washington, apresenta-se no Ministério dos Negócios Estrangeiros em Lisboa o ministro plenipotenciário da Holanda, Jonkheer Wichers[29], que entrega o texto de uma Nota Verbal do Governo holandês dirigida ao Governo português, com carácter urgente. Nessa Nota Verbal informa que o embaixador da Holanda em Washington comunicou ao Governo dos EUA o seu grande interesse pelas declarações de George Marshall sobre o saneamento da situação económica e financeira da Europa. O Governo holandês considera que a ajuda dos EUA é indispensável para ultrapassar a situação e relembra as iniciativas holandesas, belgas e luxemburguesas no sentido de criar na Europa «relações económicas que se adaptem às relações económicas modernas». Um dos meios a utilizar para atingir este objectivo passa pela União Aduaneira destes três países que, inclusive, estão na disposição de estudar outras sugestões com vista à recuperação económica da Europa. Depois de mencionar que os governos belga e luxemburguês tinham feito as mesmas declarações, informa o Ministério dos Negócios Estrangeiros de que o Governo holandês já está a «estudar a cooperação europeia» e que, em breve, informará os países europeus e os EUA sobre o resultado deste estudo[30].

Passados dois dias, o ministro dos Negócios Estrangeiros envia um telegrama para o embaixador de Portugal em Washington, pedindo-lhe para manifestar ao *State Department* o «interesse» com que o Governo

---

[28] AHDMNE, RNP, Plano Marshall, Ofício n.º 306, de 17 de Junho de 1947, do embaixador de Portugal em Washington (João Bianchi) para o ministro dos Negócios Estrangeiros (Caeiro da Matta), M. 381, 2.º P.-A. 60, 2.º P.-A. 60, d.l.: 1947-1949.

[29] Jonkheer P. A. Van Buttingha Wichers, ministro plenipotenciário da Holanda em Lisboa, entre 21 de Novembro de 1945 e 7 de Outubro de 1950.

[30] AHDMNE, Repartição das Questões Económicas (RQE), Conferências, texto da declaração do Governo holandês, M. 53 (I), 2.º P.-A. 39, d.l.: 1947. [t.a.]

português tomou conhecimento das declarações do secretário de Estado George Marshall e para «acentuar que Governo português acompanhará e prestará na medida suas possibilidades seu sincero apoio iniciativa Marshall que aliás vem ao encontro pensamento e prática» do Governo português. Para o ministro, apesar da «modéstia» das possibilidades de Portugal, o país tem feito um «esforço» na ajuda à «reconstrução económica da Europa», através da abertura de créditos, fornecimento de mercadorias, algumas a título gratuito, e contribuições para a *United Nations Relief and Rehabilitation Agency*. Termina o telegrama dizendo: «Oferta Secretário de Estado e grandeza meios norte-americanos para realização dessa obra constituem esperança para povos europeus devastados pela guerra. Embora não estejam sequer ainda esboçadas as linhas de orientação prática que oferta Marshall possa vir a seguir entendemos nosso dever significar desde já nesse Ministério nosso aplauso e simpatia àquela iniciativa»[31].

No próprio dia 21 de Junho seguem telegramas para as Legações de Portugal em Haia, Paris e Bruxelas e Embaixada em Londres com o mesmo teor, acrescentando, contudo, a menção às contribuições que Portugal concedeu ao Vaticano. No telegrama para a Legação de Portugal na Haia o ministro pede para agradecer a informação de 19 de Junho e informar o Governo holandês sobre a atitude portuguesa.

No dia 23 de Junho o embaixador Bianchi tinha a declaração do Governo português pronta e entrega-a, no dia seguinte, a Henry Labouisse[32],

---

[31] MNE, Embaixada em Washington, Plano Marshall, Telegrama n.º 239, de 21 de Junho de 1947, do ministro dos Negócios Estrangeiros (Caeiro da Matta) para a Embaixada de Portugal em Washington (embaixador João Bianchi), M.139, d.l.: 1948.

[32] Henry Richardson Labouisse, nascido em 1904, diplomado pela Universidade de Harvard, diplomata, foi chefe da divisão dos Materiais Estratégicos, em 1943, e negociou com Portugal a questão do volfrâmio durante a Segunda Guerra Mundial. Foi conselheiro para as questões económicas na Embaixada em Paris, após a Libertação e até Janeiro de 1946. Trabalhou no *Office of European Affairs do State Department*, tendo sido nomeado, em 1948, assistente especial e conselheiro económico do director do *Office of European Affairs*. Representante da ECA em Paris de 1951 a 1954.

no *State Department*. O texto da declaração corresponde basicamente ao conteúdo do telegrama do ministro. No seu encontro no *State Department* o embaixador sondou Labouisse sobre as declarações de Marshall e transmite, nesse próprio dia, em telegrama, as suas impressões ao ministro. Nesse telegrama, João Bianchi indica que a declaração do Governo português foi recebida «com muito aprazimento» e que a «declaração Marshall foi evidentemente feita sem qualquer preparação prévia e apenas como um ponto de vista genérico e portanto a extensão e rapidez da reacção externa e depois interna apanhou de surpresa Governo americano que se viu então forçado a nomear 3 comissões para apaziguar apreensões que se levantaram no público e meios parlamentares»[33]. Ficou claro para o embaixador Bianchi que os americanos não tinham um plano preconcebido e que aguardavam as propostas da Europa nesta matéria. Entretanto, no memorando sobre a conversa, Henry Labouisse escreve que referiu ao embaixador Bianchi que Portugal «pode ajudar na reconstrução da Europa» e que se «tiver quaisquer observações ou sugestões deve indicá-las às outras potências europeias»[34]. O embaixador Bianchi não relata, contudo, esta última ideia de Portugal ter de se dirigir às potências europeias para tratar dos assuntos relacionados com a reconstrução europeia.

Os jornais portugueses começam desde cedo a falar das declarações de George Marshall e da vontade dos EUA em criar uma maior aproximação entre os países da Europa. Fala-se mesmo de «Estados Unidos da Europa»[35]. A grande questão é, contudo, a da eventual participação da

---

[33] AHDMNE, RNP, Plano Marshall, Telegrama 234, de 24 de Junho de 1947, do embaixador de Portugal em Washington (João Bianchi) para o ministro dos Negócios Estrangeiros (Caeiro da Matta), M. 381, 2.º P.-A. 60, d.l.: 1947-1949.

[34] National Archives and Records Administration (NARA),RG 59, 840.50 – *Recovery – 1945-1949*, Box 5729, 840.50 *Recovery/6-2447*, Memorando de Conversa, 24 de Junho de 1947 e Cf. *Idem*, 840.50 *Recovery/6-2447*, telegrama n.º 476, de Marshall para Embaixada dos EUA em Portugal.

Cit. in ROLLO, Fernanda – *Portugal e o Plano Marshall*. Lisboa: Editorial Estampa, 1994, p. 117-118.

[35] *O Século*, de 11 de Junho de 1947.

URSS e dos países sob o seu controlo no processo em curso. A atitude portuguesa não é abordada frontalmente nos jornais. Aparentemente, aguarda-se uma posição oficial do Governo português para falar abertamente na questão da eventual participação de Portugal.

No dia 25 de Junho, o embaixador Bianchi envia um ofício para o ministro dos Negócios Estrangeiros no qual refere que «as declarações de Marshall terão o condão de corrigir a doutrina Truman, de assistência militar e financeira a determinados países para combater o comunismo, nos aspectos mais agressivos para certos meios sem contudo comprometer os seus propósitos»[36]. Com esse mesmo ofício, envia uma informação sobre as três comissões criadas pelo presidente Truman, para estudar os efeitos sobre a economia americana resultantes de um eventual auxílio à Europa, e indica que há várias personalidades americanas preocupadas com um possível enfraquecimento dos EUA por via do auxílio ao estrangeiro.

Dois dias depois, o embaixador Bianchi envia um telegrama a descrever os problemas ligados ao pedido de fornecimento de folha-de-flandres, efectuado no *State Department*, matéria-prima vital para o funcionamento da indústria de conservas de peixe em Portugal. Neste telegrama prevalece a ideia da grande dificuldade que se estava a encontrar na época para importar produtos considerados essenciais para a indústria nacional, e que só os EUA tinham capacidade de fornecer. Os pedidos deviam ser muito bem fundamentados do ponto de vista técnico, sendo elemento determinante a faculdade de fornecer alimentos aos países europeus mais carenciados, o que constituía, segundo Bianchi, o único elemento capaz de «pesar favoravelmente na apreciação» do Departamento de Comércio, que toma a decisão final. As propostas de exportação para os EUA não interessavam, visto este país viver uma boa situação alimentar. Termina o

---

[36] AHDMNE, RNP, Plano Marshall, Ofício n.º 324 e anexos, de 25 de Junho de 1947, do embaixador de Portugal em Washington (João Bianchi) para o ministro dos Negócios Estrangeiros (Caeiro da Matta), M. 381, 2.º P.-A. 60, d.l.: 1947-1949.

telegrama com uma frase que liga a questão dos fornecimentos ao Plano Marshall: «questão apresentada [fornecimentos] conforme indicam, harmoniza-se com declaração [...] nosso desejo colaborar iniciativa Marshall»[37].

Entretanto, o encarregado de negócios interino da Legação de Portugal na Haia, Mário Reymão Nogueira[38], desloca-se ao Ministério dos Negócios Estrangeiros da Holanda no dia 24 de Junho, onde transmite, conforme solicitado pelo ministro, os agradecimentos do Governo português ao director dos Negócios Políticos, Vredenburch, e explica, igualmente, a posição do governo em relação à iniciativa Marshall. Seguiu-se uma longa conversa, descrita ao pormenor pelo encarregado de negócios em ofício datado de 25 de Junho[39]. As questões centrais foram a URSS e a posição da Holanda em relação aos debates em curso sobre a Europa. Depois de falar sobre a situação interna na URSS, Vredenburch aborda a questão da participação na Conferência de Paris, de 27 de Junho. Considera que a participação soviética «obedecia apenas ao desejo de estar presente para observar, ou, eventualmente, poder sabotar, as decisões do ocidente europeu e da política anglo-americana», mas que isso não seria fácil graças à determinação britânica. Para Mário Reymão Nogueira, a política da Holanda em relação à Europa baseia-se no aprofundamento da cooperação «dentro da linha e da conduta anteriormente iniciada» com o Reino Unido. A Holanda só aceitaria a proposta da França, com vista a uma maior colaboração, se esta conseguisse um acordo prévio e firme do Reino Unido. O que parece excluir, no momento, a ideia de conceber o

---

[37] AHDMNE, RNP, Plano Marshall, Telegrama n.º 239, de 27 de Junho de 1947, do embaixador de Portugal em Washington (João Bianchi) para o ministro dos Negócios Estrangeiros (Caeiro da Matta), M. 381, 2.º P.-A. 60, d.l.: 1947-1949.

[38] Mário Reymão Nogueira, encarregado de negócios, interino, em comissão na Legação de Portugal na Haia, de 8 de Março de 1947 a 11 de Março de 1948. Ver referências biográficas no Apêndice 1.

[39] AHDMNE, RNP, Plano Marshall, Ofício n.º 115, de 25 de Junho de 1947, da Legação de Portugal na Haia, do encarregado de negócios interino (Mário Reymão Nogueira) para o ministro dos Negócios Estrangeiros (Caeiro da Matta), M. 381, 2.º P.-A. 60, d.l.: 1947-1949.

aprofundamento da cooperação na Europa Ocidental através de uma extensão do Benelux. Ainda em relação à posição da Holanda, Mário Reymão Nogueira escreve que se espera que a Comissão Económica para a Europa da ONU (*Economic Commission for Europe*) «não seja utilizada – pelo menos exclusivamente» no processo de uma maior cooperação na Europa, com receio que uma discussão muito alargada impeça a sua concretização, pelo que a Holanda prefere «a criação de um pequeno Comité de técnicos que possam trabalhar silenciosamente...». Para terminar, Mário Reymão Nogueira fala do interesse em recolher dados estatísticos sobre as necessidades de cada país da Europa, e das suas capacidades de fornecimentos pois teria «a vantagem de mostrar ao público americano que se trata mais da colocação da produção dos Estados Unidos nos mercados estrangeiros do que de pura transacção financeira»[40].

II. O convite e o início da participação portuguesa na Conferência de Cooperação Económica Europeia de Paris

A Conferência Tripartida de Paris, entre Molotov[41], Ernest Bevin e Georges Bidault, decorreu de 27 de Junho a 2 de Julho de 1947 e saldou-se pela recusa soviética em participar no Plano Marshall tal como estava delineado. Esta recusa arrastou consigo a não participação de todos os países europeus sob o seu controlo. Estava assim aberto o caminho para a divisão da Europa em dois blocos. Na realidade, a participação da URSS no Plano Marshall não era muito viável por razões financeiras, económicas e políticas e não era, também, realmente desejada[42]. Só através de uma

[40] *Ibid.*.

[41] Molotov (pseudónimo), Viatcheslav Mikhaïlovitch Skriabine (1890-1986): Fiel de Estaline, foi presidente do Conselho dos Comissários do Povo, de 1930 a 1940, Comissário do Povo para os Negócios Estrangeiros de 1939 a 1949, e ministro dos Negócios Estrangeiros de 1953 a 1957.

[42] Cf. MELANDRI, Pierre – *Les Etats-Unis face à l'unification de l'Europe 1945-1954. op. cit.*, p. 100-107.

modificação profunda da situação política na Europa central e oriental, muito pouco provável na altura, é que seria possível conciliar a situação da URSS com os objectivos americanos e europeus de reconstrução da Europa através da cooperação económica, no seu mais baixo denominador comum.

É de salientar que a URSS recusava que os países ex-inimigos e neutros durante a Segunda Guerra Mundial pudessem beneficiar do Plano Marshall[43]. O que excluía Portugal em virtude de o país ter adoptado oficialmente uma atitude de neutralidade. Para Georges Bidault e Ernest Bevin, contudo, todos os países da Europa deveriam ser convidados a participar no Plano Marshall, à excepção da Espanha, por razões ligadas ao seu regime político, em situação de apertada ditadura militar, e ao seu passado recente. A recusa da URSS, no dia 2 de Julho, vai provocar, logo no dia seguinte, uma iniciativa conjunta da França e do Reino Unido no sentido de convidar os países da Europa para uma conferência em Paris, com início previsto para o dia 12 de Julho, para examinarem os termos da proposta americana e estabelecerem uma resposta comum[44]. No dia 4 de Julho, o ministro da Legação da França, Jean du Sault, e o embaixador do Reino Unido, Sir Nigel Ronald[45], deslocam-se ao Ministério dos Negócios Estrangeiros em Lisboa, onde o ministro José Caeiro da Matta os recebe. Entregam o convite formal para Portugal participar na futura organização. Nesse comunicado, está especificamente marcado que «todos os Estados Europeus, à excepção temporariamente da Espanha, são convidados a colaborar livremente nas tarefas desta organização». Na missiva está indicado que se prevê a criação de um Comité de Cooperação e Subcomités especializados por produtos ou ramos de actividade. Estão previstos os

---

[43] Cf. GERBET, Pierre - *La Construction de L'Europe*. 3.ª edição. Paris: Imprimerie nationale, 1999, p. 68.

[44] Cf. DUROSELLE, Jean-Baptiste - *Histoire diplomatique de 1919 à nos jours*. 9.ª edição. Paris: Dalloz, 1985, p. 475.

[45] Sir Nigel Ronald, diplomata britânico, esteve colocado como embaixador em Portugal, de 11 de Junho de 1947 a 1 de Março de 1955. Ver referências biográficas no Apêndice 1.

seguintes subcomités: 1) Reabastecimento e Agricultura; 2) Energia; 3) Siderurgia e 4) Transportes[46].

Em termos de calendarização, pede-se um resposta ao convite até ao dia 10 de Julho para que no dia 12 Julho se possam reunir todos os países interessados e no dia 15 comecem os trabalhos do Comité e dos Subcomités. A resposta aos EUA terá de ser dada até ao dia 1 de Setembro. Para terminar, comunica-se que «A Comissão Económica Europeia será [...] informada da criação desta organização, que, por seu lado, se manteria em ligação com a ONU, as suas instituições especializadas e as organizações económicas intergovernamentais existentes»[47].

No dia seguinte, a 5 de Julho, o Governo português dá «o seu mais favorável acolhimento» ao convite e informa a Embaixada de Portugal em Londres e a Legação em Paris sobre a respectiva aceitação[48]. Segundo Franco Nogueira[49], o Presidente do Conselho «acolhe com regozijo» o convite efectuado[50].

A rapidez com que o Governo português responde ao convite é um elemento importante na análise da posição portuguesa face à iniciativa do Plano Marshall. A partir do momento em que a URSS e países satélites saem de cena, Salazar vê neste processo a possibilidade de se aproximar da Europa pela via da cooperação económica. A não participação da URSS

---

[46] AHDMNE, RNP, Plano Marshall, «Comunicação do Governo francês ao Governo português do dia 4 de Julho de 1947», Referência 20403, dirigida ao ministro dos Negócios Estrangeiros José Caeiro da Matta, M. 381, 2.º P.-A. 60, d.l.: 1947-1949. [t.a.] Segundo Fernanda Rollo, o texto dos restantes 21 convites são semelhantes. Ver: ROLLO, Fernanda – *Portugal e o Plano Marshall. op. cit.*, p.124.

[47] *Ibid.* [t.a.]

[48] AHDMNE, RNP, Plano Marshall, Telegrama n.º 214, de 5 de Julho de 1947, do ministro dos Negócios Estrangeiros (Caeiro da Matta) para a Embaixada de Portugal em Londres, M. 381, 2.º P.-A. 60, d.l.: 1947-1949.

[49] Alberto M. G. Franco Nogueira, diplomata português, que virá a ser ministro dos Negócios Estrangeiros e biógrafo de Salazar. Ver referências biográficas no Apêndice 1.

[50] NOGUEIRA, Franco – *Salazar-Volume IV-O Ataque (1945-1958).* 3.ª edição. Porto: Livraria Civilização Editora, 1986, p. 79.

e dos países sob o seu controlo abriu caminho à participação portuguesa. Recorde-se que a candidatura de Portugal à ONU não foi aceite por via do veto da URSS no Conselho de Segurança.

Entretanto, foi constituída a delegação e o ministro informa a Legação em Paris, no dia 8 de Julho, sobre quem iria representar Portugal na Conferência[51]. Para além do próprio ministro, que presidiria, foram nomeados o ministro de Portugal em Paris, Augusto de Castro[52], o subsecretário de Estado do Comércio e Indústria, José Correia de Barros[53] e o director-geral dos Negócios Económicos e Consulares, Luís Esteves Fernandes[54]. Como secretário da delegação foi nomeado o primeiro-secretário da Legação em Paris, Fernando de Oliveira[55]. Na ausência do ministro, representava-o Augusto de Castro, ministro de Portugal em Paris. Noutro telegrama, o ministro Caeiro da Matta informa que provavelmente só chegará alguns dias depois do início da conferência pelo que deve ser representado[56]. No dia seguinte Augusto de Castro informa que transmitiu a comunicação sobre a composição da delegação e que Georges Bidault lhe referiu que,

---

[51] AHDMNE, RNP, Plano Marshall, Telegrama n.º 177, de 8 de Julho de 1947, do ministro dos Negócios Estrangeiros (Caeiro da Matta) para a Legação de Portugal em Paris, M. 381, 2.º P.-A. 60, d.l.: 1947-1949.

[52] Augusto de Castro S. Corte Real, diplomata, jornalista e escritor, ministro de Portugal na Legação em Paris de 1945 até princípios de Agosto de 1947. Ver referências biográficas no Apêndice 1.

[53] José Augusto Correia de Barros foi subsecretário de Estado do Comércio e Indústria entre 4 de Fevereiro de 1947 e 16 de Outubro de 1948. Ver referências biográficas no Apêndice 1.

[54] Luís Esteves Fernandes, director-geral dos Negócios Económicos e Consulares de 12 de Outubro de 1946 a 21 de Março de 1950. Delegado do Governo português na Conferência de Paris. Ver referências biográficas no Apêndice 1.

[55] Fernando de Oliveira, secretário da delegação junto da Conferência de Paris a acumular funções com as de primeiro-secretário da Legação de Portugal em Paris. Ver referências biográficas no Apêndice 1.

[56] ADHMNE, RNP, Plano Marshall, Telegrama 178, de 8 de Julho de 1947, do ministro dos Negócios Estrangeiros (Caeiro da Matta) para a Legação de Portugal em Paris, M. 381, 2.º P.-A. 60, d.l.: 1947-1949.

apesar da oposição da URSS, a Checoslováquia comunicou a participação na conferência e que a Polónia, em situação económica «aflitiva», também mostrou interesse em participar. Segundo Augusto de Castro, o ministro Georges Bidault considera que esta situação é o início da «desagregação [do] bloco russo sob [o] império [das] necessidades» e que a França prosseguiria a sua acção independentemente das dificuldades, pois a «sua paciência para com [os] russos estava esgotada»[57]. Nesse mesmo dia é enviado um telegrama da Legação de Portugal na Haia, pelo encarregado de negócios Mário Reymão Nogueira, onde refere que o director dos Negócios Políticos do Ministério dos Negócios Estrangeiros holandês lhe disse que o afastamento da URSS foi considerado «um grande erro diplomático de Molotov que assim facilitou a execução [da] política americana e [a futura] aprovação [do] plano Marshall pelo Congresso»[58].

Como o ministro José Caeiro da Matta não ia estar presente no início da conferência, enviou um longo telegrama com orientações para o seu representante Augusto de Castro. Na eventualidade de os chefes de delegação usarem da palavra no início da conferência, o representante devia orientar a sua declaração de forma a manifestar o interesse do Governo português pela declaração do secretário de Estado George Marshall, prontamente manifestado ao Governo dos EUA, assim como pela iniciativa anglo-francesa com vista à sua concretização. Pede para transmitir que esta declaração vinha ao «encontro [do] pensamento e prática» do Governo português. Apesar da modéstia dos seus recursos, Portugal já estava a ajudar a reconstrução europeia através do fornecimento gratuito de mercadorias, concessão de créditos, intensificação das trocas comerciais e aumento da produção; concorrendo assim Portugal para o restabeleci-

[57] ADHMNE, RNP, Plano Marshall, Telegrama 236, de 9 de Julho de 1947, da Legação de Portugal em Paris (Augusto de Castro) para o ministro dos Negócios Estrangeiros (Caeiro da Matta), M. 381, 2.º P.-A. 60, d.l.: 1947-1949.

[58] AHDMNE, RNP, Plano Marshall, Telegrama Referência 3495, de 9 de Julho de 1947, da Legação de Portugal na Haia (Reymão Nogueira) para o ministro dos Negócios Estrangeiros (Caeiro da Matta), M. 381, 2.º P.-A. 60, d.l.: 1947-1949.

mento da «cooperação entre povos europeus» e para os «altos ideais da Paz sem a qual todo [o] esforço internacional será vão». Deseja que da conferência «resulte um estreito e leal entendimento [e um] mútuo auxílio entre todas [as] Potências europeias». Para terminar diz o seguinte: «Embora Portugal não pense carecer[59] de créditos ele precisa certamente de fornecimentos de outros países designadamente de utensilagem industrial e está portanto disposto aos entendimentos convenientes para [...] fornecer aos outros também aquilo de que sua economia possa dispor»[60]. Esta última frase é de grande importância, na medida em que reflecte uma primeira posição, ainda que provisória, de não solicitação de ajuda financeira no âmbito do Plano Marshall, alertando, contudo, para as necessidades de Portugal em termos de comércio externo. O segmento da frase «não pense carecer» traduz uma posição, tendo em conta os elementos no momento, mas aberta em relação ao futuro. Entretanto, o chefe da delegação, Augusto de Castro, reúne os restantes membros da delegação para tomarem conhecimento das orientações do Governo e para prepararem a conferência. A delegação começa a trabalhar no dia 11 de Julho e envia para o Ministério dos Negócios Estrangeiros um primeiro pedido de informações, com carácter urgente, sobre as necessidades portuguesas em matéria de fertilizantes, combustíveis e utensilagem industrial para a realização do plano de desenvolvimento económico português, assim como as «disponibilidades imediatas em conservas, cortiça e produtos coloniais exportáveis»[61]. Este vai ser o primeiro de um longa série de pedidos de informação que vão pôr à prova as capacidades portuguesas nessa matéria e revelar várias lacunas no sistema estatístico.

---

[59] Sublinhado nosso.

[60] AHDMNE, RNP, Plano Marshall, Telegrama 182, de 9 de Julho de 1947, do ministro dos Negócios Estrangeiros (Caeiro da Matta) para a Legação de Portugal em Paris, M. 381, 2.º P.-A. 60, d.l.: 1947-1949.

[61] AHDMNE, RNP, Plano Marshall, Telegrama 241, de 11 de Julho de 1947, da Legação de Portugal em Paris (Augusto de Castro) para o ministro dos Negócios Estrangeiros (Caeiro da Matta), M. 381, 2.º P.-A. 60, d.l.: 1947-1949.

No dia 12 de Julho começa a Conferência de Cooperação Económica Europeia. Luís Esteves Fernandes é designado para um comité que irá preparar um relatório a apresentar na reunião plenária do dia seguinte no recém-criado Comité de Cooperação Económica Europeia (CCEE), presidido pelo britânico Sir Oliver Franks[62]. Nesse mesmo dia, Augusto de Castro envia um telegrama a perguntar se Portugal estava habilitado a conceder créditos aos países participantes na conferência, e por que período de tempo, para que estes importassem produtos de Portugal, nomeadamente conservas, e acrescenta: «Referida concessão seria medida do maior alcance, pois ao mesmo tempo que auxiliaria escoamento conservas teria efeitos carácter político»[63].

Em Lisboa, no dia do início da Conferência, o ministro Caeiro da Matta concede uma entrevista ao enviado permanente do *France-Soir* em Portugal, Saint-Pourçain, e diz que «o programa da conferência internacional de Paris já está realizado em grande parte» por Portugal e que o país poderá proporcionar uma boa colaboração na conferência. Apesar das dificuldades que poderão surgir, Caeiro da Matta pensa, segundo o jornalista, «que um grande passo no sentido da reconstrução da Europa poderá ser dado em Paris, e este é um ponto primordial»[64].

Em Paris, apesar de Augusto de Castro não ter efectuado declarações no início da conferência, resolveu transmitir as orientações do ministro dos Negócios Estrangeiros sob a forma de «entrevista à imprensa». Segundo ele, terá «igual ou maior repercussão, marcando nossa posição na

---

[62] Sir Oliver Franks, nascido em 1905, presidente do Comité de Cooperação Económica Europeia, embaixador do Reino Unido em Washington, de Junho de 1948 a Fevereiro de 1953.

[63] AHDMNE, RNP, Plano Marshall, Telegrama 245, de 12 de Julho de 1947, da Legação de Portugal em Paris (Augusto de Castro) para o ministro dos Negócios Estrangeiros (Caeiro da Matta), M. 381, 2.º P.-A. 60, d.l.: 1947-1949. Quando se referem nos documentos «conservas», designam, muito provavelmente, «conservas de peixe», pois os outros tipos de conservas (de legumes e de carne) tinham um significado muito diminuto na produção de conservas em Portugal.

[64] *France-Soir*, de 13-14 de Julho de 1947. [t.a.]

conferência»[65]. No dia 13 de Julho, Augusto de Castro informa o Ministério dos Negócios Estrangeiros que o Governo português deve apresentar o plano das suas necessidades de importação e possibilidades de exportação até ao dia 15 de Agosto, no âmbito de um plano de reconstrução europeia, que iria ser apreciado pelos diferentes subcomités. Para fazer face aos pedidos de esclarecimentos que iriam certamente surgir nesses subcomités seria necessária a nomeação urgente de um delegado permanente até ao fim de Setembro. Essa necessidade era tanto maior que no fim da sessão plenária Luís Esteves Fernandes e Correia de Barros iriam regressar a Portugal para recolher dados necessários aos trabalhos finais da conferência[66]. Este pedido de reforço da delegação vai ser renovado dias mais tarde e demonstra bem as dificuldades sentidas pela delegação portuguesa para fazer face às inúmeras solicitações técnicas. Em muitos casos, essas questões técnicas tinham de ser respondidas por Lisboa e nem sempre chegavam a tempo.

Portugal foi eleito para o Comité técnico dos Transportes. Um pouco a contragosto, visto ter pretendido sobretudo o Comité técnico para a Agricultura e o Reabastecimento, através do seu Subcomité de Reabastecimento Agrícola. Pediu, contudo, para ser representado no Subcomité nos ramos que mais interessassem o país, dada a importância da agricultura na economia portuguesa. O delegado britânico apoiou o pedido português[67].

O CCEE, que tinha sido criado de uma forma *ad hoc* para preparar o *European Recovery Program* (ERP), terminou a fase inicial dos seus traba-

[65] AHDMNE, RNP, Plano Marshall, Telegrama 251, de 13 de Julho de 1947, da Legação de Portugal em Paris (Augusto de Castro) para o ministro dos Negócios Estrangeiros (Caeiro da Matta), M. 381, 2.º P.-A. 60, d.l.: 1947-1949.

[66] AHDMNE, RNP, Plano Marshall, Telegrama 250, de 13 de Julho de 1947, da Legação de Portugal em Paris (Augusto de Castro) para o ministro dos Negócios Estrangeiros (José Caeiro da Matta), M. 381, 2.º P.-A. 60, d.l.: 1947-1949.

[67] AHDMNE, RNP, Plano Marshall, Telegrama 255, de 15 de Julho de 1947, da Legação de Portugal em Paris (Augusto de Castro) para o ministro dos Negócios Estrangeiros (Caeiro da Matta), M. 381, 2.º P.-A. 60, d.l.: 1947-1949.

lhos no dia 17 de Julho para dar lugar aos diferentes comités técnicos, logo após a elaboração e aprovação do questionário a enviar a todos os países participantes na conferência. Inicialmente, foram criados os comités técnicos da Agricultura e Reabastecimento, da Energia, da Siderurgia e dos Transportes e, em seguida, foram criados os comités técnicos da Madeira, do Trabalho, da Balança de Pagamentos e, também, dos Peritos financeiros[68]. Nessa altura, Augusto de Castro afirma ao delegado britânico que o Governo português iria enviar os técnicos que fossem necessários para participarem nos trabalhos dos subcomités que mais interessassem Portugal[69].

Logo após as conclusões dos trabalhos iniciais do CCEE, Luís Esteves Fernandes e João Correia de Barros regressam a Portugal, ficando a delegação reduzida a Fernando de Oliveira, que devia acompanhar os trabalhos do CCEE e do Comité técnico dos Transportes, e Augusto de Castro, ministro de Portugal em Paris. Nestas circunstâncias, e face às dificuldades sentidas para conseguir acompanhar os trabalhos, Augusto de Castro volta a insistir no reforço da delegação com a nomeação de um delegado permanente até ao fim da Conferência[70]. Segundo ele, a delegação está praticamente sem representante, visto Fernando de Oliveira estar a acumular o cargo com o serviço da Legação em Paris e só poder assumir aquele cargo a título provisório. Depois acrescenta: «Considero indispensável nossa representação efectiva na Conferência cuja importância internacional acresce e é de nosso primordial interesse dar participação e devida personalidade»[71].

---

[68] Organisation Européenne de Coopération Économique (OECE) – *L'OECE, deux années de Coopération Économique*. Paris: OECE, 1950, p. 9.

[69] AHDMNE, RNP, Plano Marshall, Telegrama 256, de 16 de Julho de 1947, da Legação de Portugal em Paris (Augusto de Castro) para o ministro dos Negócios Estrangeiros (Caeiro da Matta), M. 381, 2.º P.-A. 60, d.l.: 1947-1949.

[70] AHDMNE, RNP, Plano Marshall, Telegrama 257 e 258, de 16 e 17 de Julho de 1947, da Legação de Portugal em Paris (Augusto de Castro) para o ministro dos Negócios Estrangeiros (Caeiro da Matta), M. 381, 2.º P.-A. 60, d.l.: 1947-1949.

[71] *Ibid.*.

Para além da falta de técnicos qualificados para responder aos pedidos de informação durante os trabalhos da conferência, nomeadamente no que se refere a dados estatísticos, só parcialmente satisfeitos por Lisboa, colocou-se a questão da categoria dos delegados. A delegação portuguesa ficou praticamente reduzida a um primeiro-secretário de legação, a acumular funções com o seu trabalho na Legação em Paris. Augusto de Castro, por sua vez, tinha de assegurar a chefia da Legação em Paris e não podia, por razões ligadas ao seu cargo e, igualmente, por razões técnicas, substituir-se aos peritos nos comités. A ida a Lisboa de Luís Esteves Fernandes teve, para além das razões de foro técnico, o objectivo de esclarecer o ministro dos Negócios Estrangeiros sobre a «razão de ser e futuro da conferência» e equacionar a composição da participação portuguesa em termos de peritos até ao seu termo[72].

No dia a seguir, depois de ter recebido o telegrama de Paris a solicitar o reforço da delegação, o ministro José Caeiro da Matta envia um telegrama para Paris em que, por um lado, pede a categoria dos delegados dos outros países e, por outro, pede para designar Ruy Guerra[73], primeiro-secretário da Legação em Paris, como representante no Comité técnico dos Transportes e Augusto Potier[74], cônsul-geral interino em Paris e adido comercial junto da Legação, para o respectivo subcomité técnico dos Transportes. Fernando de Oliveira continuaria nas funções de secretário da delegação e delegado suplente. Para reforçar a Legação foi dada ordem a Henrique Martins[75], terceiro-secretário de legação, para seguir imediata-

---

[72] *Ibid.*.

[73] Ruy da Fonseca e S. C. Teixeira Guerra, primeiro-secretário na Legação em Paris desde 26 de Junho de 1947 e delegado do Governo Português na Conferência de Paris. Ver referências biográficas no Apêndice 1.

[74] Augusto Rato Potier, cônsul-geral, interino, em Paris, e adido comercial na Legação desde 4 de Janeiro de 1947 e membro da delegação portuguesa junto da Conferência de Paris, a partir do mês de Julho. Ver referências biográficas no Apêndice 1.

[75] Henrique Guilherme A. de F. da Silva Martins, terceiro-secretário da Legação em Paris desde 26 de Junho de 1947 e membro da delegação portuguesa junto da Conferência de Paris desde 27 de Julho de 1947. Ver referências biográficas no Apêndice 1.

mente para Paris. Nesse mesmo telegrama o ministro informa que, se se tornar necessário, será enviado rapidamente um técnico especializado[76]. O ministro reserva-se, contudo, a possibilidade de fazer ainda alterações na delegação após ter falado com Luís Esteves Fernandes, que se deslocou a Lisboa para o encontrar. Augusto de Castro responde a 20 de Julho para o informar que «as representações se fazem ao alto nível» e que a partir do dia 23 de Julho «a natureza dos trabalhos confiados a essas comissões (comités) exige, sob pena de ficarmos em situação embaraçosa e até de considerável desprestígio, a presença de técnicos portugueses qualificados para intervir na discussão dos problemas que terão de ser abordados na preparação dos questionários a dirigir aos diferentes Governos»[77]. No dia 22 de Julho, o ministro José Caeiro da Matta pede para o informarem sobre a previsão do trabalho dos comités até que os governos respondam aos questionários; de forma a saber se é necessário enviar técnicos antes da entrega dos mesmos, cujo limite máximo é o dia 15 de Agosto[78]. Neste mesmo telegrama solicita todas as informações que possam vir a ser úteis sobre o Subcomité das Pescas para saber se é «indispensável» a presença imediata de um delegado técnico para assumir a vice-presidência projectada. Este telegrama vai-se cruzar com um outro telegrama de Augusto de Castro a informar que o secretário-geral da Conferência atribuiu a Portugal a vice-presidência do Subcomité das Pescas, que é uma extensão do Comité técnico para a Alimentação e o Reabastecimento[79].

---

[76] AHDMNE, RNP, Plano Marshall, Telegrama 191, de 18 de Julho de 1947, do ministro dos Negócios Estrangeiros (Caeiro da Matta) para a Legação de Portugal em Paris, M. 381, 2.º P.-A. 60, d.l.: 1947-1949.

[77] AHDMNE, RNP, Plano Marshall, Telegrama 264, de 20 de Julho de 1947, da Legação de Portugal em Paris (Augusto de Castro) para o ministro dos Negócios Estrangeiroso (José Caeiro da Matta), M. 381, 2.º P.-A. 60, d.l.: 1947-1949.

[78] AHDMNE, RNP, Plano Marshall, Telegrama 197, de 22 de Julho de 1947, do ministro dos Negócios Estrangeiros (Caeiro da Matta) para a Legação de Portugal em Paris, M. 381, 2.º P.-A. 60, d.l.: 1947-1949.

[79] AHDMNE, RNP, Plano Marshall, Telegrama 265, de 21 de Julho de 1947, da Legação de Portugal em Paris (Augusto de Castro) para o ministro dos Negócios Estrangeiros (Caeiro da Matta), M. 381, 2.º P.-A. 60, d.l.: 1947-1949.

Em Portugal surge, entretanto, um artigo no *Diário de Notícias* intitulado «A Conferência de cooperação económica e a posição de Portugal», datado de 23 de Julho, da autoria do jornalista Manuel Rodrigues, mas inspirado pelo ex e futuro director do jornal, o próprio ministro da Legação em Paris Augusto de Castro. O jornalista faz uma descrição das origens e do desenrolar da Conferência, em que foca a atitude muito positiva dos EUA e as sugestões de George Marshall para lutar contra a crise europeia, o problema da Alemanha e a questão do Ruhr e, por fim, foca a posição de Portugal perante a Conferência. Em relação a este último ponto, o jornalista, baseando-se em afirmações de Augusto de Castro à imprensa, escreve o seguinte: «A posição de Portugal perante a Conferência de Paris, a que foi um dos primeiros a aderir, é ditada mais por considerações morais do que por interesses materiais. [Portugal] não carece dos créditos cuja oferta está implícita na sugestão Marshall. [...] A situação financeira de Portugal é de natureza a permitir-nos enfrentar o futuro apenas com os nossos próprios recursos». Depois de salientar a disponibilidade do país para «colaborar na reconstrução da Europa», dentro das suas modestas possibilidades, refere que o país possui largos créditos em libras esterlinas[80] que, conjuntamente com a necessidade de industrialização do país – «para ocorrer ao aumento da população» – são factores que permitirão que o país ocupe «um lugar importante no mercado europeu logo que a circulação de mercadorias volte a fazer-se em condições normais»[81]. Este artigo é de grande interesse, na medida em que reflecte globalmente a posição de Portugal em relação à conferência, mas, no ponto específico da não solicitação da Ajuda Marshall, vai mais

---

[80] Portugal após a Segunda Guerra Mundial, e graças a ela, possuía um crédito de cerca de 76 milhões de libras esterlinas, coberto pelo Acordo de Pagamentos luso-britânico, realizado em 20 de Novembro de 1940, que dava a Portugal garantia de câmbio e pagamento em ouro. O agente do Reino Unido foi o Banco de Inglaterra, que é o banco central do Reino Unido e passou a ser propriedade do Estado em 1946. Abordaremos esta questão mais adiante.

[81] *Diário de Notícias*, 23 de Julho de 1947.

além do que estava definido na altura em matéria de decisão política por Salazar. A decisão só será tomada, como veremos, uns dias mais tarde e comportará algumas ressalvas. É conveniente recordar que os jornais em Portugal eram submetidos a uma apertada e rígida censura prévia e que o *Diário de Notícias* era um jornal com grande impacto nacional e muito próximo do regime do Estado Novo.

Entretanto, o ministro José Caeiro da Matta parte para Paris, na companhia do seu chefe de gabinete (e sobrinho), Basílio Caeiro da Matta, e do seu secretário José de Figueiredo. Depois de uma estada em Paris, para se inteirar de questões relativas à conferência, inicia um período de férias em Vittel (como regularmente fazia), e um pequeno périplo pela Europa[82]. Antes de regressar a Portugal, voltaria a passar por Paris. Durante a sua ausência, o Presidente do Conselho substitui-o em Lisboa, em conformidade com a Lei n.º 2 009, de 17 de Setembro de 1945, num momento importante das negociações que estavam a decorrer em Paris[83].

Ao chegar a Paris, o ministro Caeiro da Matta reúne-se com membros da delegação junto da conferência e com o embaixador de Portugal em Londres, Domingos Palmela (mais conhecido por Duque de Palmela)[84], que se encontra em Paris. Inteira-se das dificuldades que a delegação está a encontrar, das suas necessidades em matéria de peritos e da importância da conferência. No dia 27 de Julho, envia, através da Legação em Paris, um telegrama a Salazar onde pede que sejam enviados, antes do dia 3 de

[82] ADMAE, S. Europe/1944-1960, S.s. Portugal, lettre n.º 171, du 23 juillet 1947, de R. de Nercier, chargé d'affaires à la Légation de la France à Lisbonne, à Georges Bidault, ministre des Affaires étrangères, f. 171, Vol. 22, d.l.: 1944-1949.

[83] É importante salientar que segundo a Revisão Constitucional ordinária de 1945, operada pela Lei n.º 2 009, de 17 de Setembro de 1945, os ministros quando ausentes de Portugal Continental deveriam ser substituídos pelo Presidente do Conselho, caso não houvesse lugar à nomeação de ministros interinos. Esta indicação é importante para a compreensão de alguns pontos que serão desenvolvidos mais à frente.

[84] Domingos de Sousa e Holstein Beck (Duque de Palmela), embaixador extraordinário e plenipotenciário de Portugal em Londres entre 1943 e Dezembro de 1949. Ver referências biográficas no Apêndice 1.

Agosto, «técnicos especialistas em matéria de alimentação, agricultura, pescarias, balança de pagamentos (aspectos técnicos e económicos), energia eléctrica e combustíveis, transportes marítimos e transportes interiores» para participarem na preparação «do plano final que deverá ser submetido sessão plenária da conferência até ao fim de Agosto»[85]. Para terminar, diz a Salazar: «Conhecimento dos trabalhos da conferência e da representação dos vários países convenceu-me da necessidade da presença desses técnicos na data indicada»[86].

Nessa altura já se encontrava na Legação em Paris o secretário-geral do Ministério dos Negócios Estrangeiros, Marcello Mathias[87], que iria substituir Augusto de Castro na chefia da Legação em Paris[88]. Os delegados técnicos do Governo português, Freire de Andrade[89] e Magalhães Ramalho[90], chegam, entretanto, a Paris para integrarem a delegação junto da Conferência de cooperação económica europeia.

---

[85] AHDMNE, RNP, Plano Marshall, Telegrama 272, de 27 de Julho de 1947, do ministro dos Negócios Estrangeiros, José Caeiro da Matta, na Legação de Portugal em Paris, para o Ministério dos Negócios Estrangeiros (que estava a ser assegurado por Salazar), M. 381, 2.º P.-A. 60, d.l.: 1947-1949.

[86] *Ibid.*. Sublinhado nosso.

[87] Marcello Gonçalves N. D. Mathias, director-geral dos Negócios Políticos e da Administração Interna e secretário-geral do Ministério dos Negócios Estrangeiros desde 10 de Fevereiro de 1946. Enviado extraordinário e ministro plenipotenciário em Paris a partir de 30 de Junho de 1947, delegado do Governo Português na Conferência de Paris. Ver referências biográficas no Apêndice 1.

[88] Augusto de Castro regressou nessa altura a Portugal, cessando as sua funções de diplomata para retomar o seu lugar de director do jornal *Diário de Notícias*, a partir de 15 de Agosto de 1947.

[89] José Maximiniano de Freire de Andrade (ou: d'Andrade), engenheiro, especialista em questões financeiras e comerciais, delegado técnico na Conferência de Cooperação Económica Europeia. Participou nos trabalhos do Comité técnico dos Peritos financeiros. Ver referências biográficas no Apêndice 1.

[90] Magalhães Ramalho, engenheiro, especialista em questões da pesca, delegado técnico na Conferência de Cooperação Económica Europeia. Participou nos trabalhos do Subcomité das Pescas, na qual Portugal assegurava a vice-presidência.

III. A posição portuguesa nas negociações da Conferência de Paris

Freire de Andrade chega a Paris no início do mês de Agosto para participar na conferência e traz consigo instruções gerais em matéria de créditos e comércio externo. Estas instruções foram submetidas a Salazar e mereceram a sua aprovação[91]. Na altura, Salazar assegura a substituição do ministro dos Negócios Estrangeiros. Dada a sua importância, passamos a transcrever o documento:

> «A orientação a dar à nossa representação deverá obedecer aos seguintes princípios gerais:
>
> A – Portugal está disposto a dispensar todo o auxílio que for compatível com os seus recursos;
>
> B – A maioria dos produtos portugueses de exportação são considerados em muitos mercados estrangeiros como produtos de luxo e tidos como supérfluos pelos governos em ocasiões de crise como a actual. A vida económica portuguesa depende, em grande parte, da venda desses produtos no estrangeiro. <u>É necessário que o plano Marshall contribua para assegurar a troca de produtos desta natureza, de contrário a posição de Portugal assim como a de outros países em situação idêntica, deixará de ser a de país que pode auxiliar para passar à de país que precisa de auxílio.</u>
>
> C – Como manifestação de boa vontade, Portugal está pronto a conceder créditos em relação a determinados produtos da sua exportação, reservando-se contudo estudar cada caso especialmente, desde que o plano Marshall tome em atenção os interesses descritos na alínea B»[92].

---

[91] No Parecer de 12 de Agosto de 1947, que veremos mais tarde, está marcado o seguinte: «Este parecer subordina-se ao espírito das instruções dadas ao eng.º Freire de Andrade, que oportunamente submeti à apreciação de V. Ex.ª [Salazar]». Arquivos Nacionais da Torre do Tombo (ANTT)/Arquivos António Oliveira Salazar (AOS)/CO/NE-1E, Ministério dos Negócios Estrangeiros, Parecer, «Acordos bilaterais e Multilaterais», 12 de Agosto de 1947, f. 98-100.

[92] AHDMNE, RQE, Conferência de Paris, Documento solto, sem indicação de procedência com o seguinte título: «Instruções dadas ao Eng.º: Freire de Andrade para a Conferência

Este documento mostra-nos bem que o Governo português já nesta altura está consciente da situação delicada da economia portuguesa, que se encontra em franca deterioração. Contudo, como se verá mais adiante, ainda tem a esperança que a situação melhore com o incremento da cooperação económica na Europa, nomeadamente através da melhoria da situação económica global e de um acréscimo significativo do comércio intereuropeu. Como se verificou mais tarde, era uma ilusão, pois a crise ainda se iria acentuar. Mesmo que Portugal conseguisse escoar melhor os seus produtos, designadamente através da concessão de créditos aos países importadores, a situação económica era muito frágil. As importações portuguesas estavam a subir muito substancialmente, não tendo o país capacidade, mesmo que os mercados externos se abrissem aos produtos portugueses, para aumentar a produção ao mesmo ritmo que aumentavam as importações. As razões da crise eram bem mais profundas.

1. As primeiras posições portuguesas

No Comité técnico dos Peritos financeiros, Freire de Andrade colabora na preparação de um questionário a enviar aos governos sobre os acordos de pagamentos ou de contigentes de mercadorias inseridos nos acordos comerciais bilaterais. Na altura, elabora uma informação que vai ser transmitida a Salazar, via Legação em Paris, em que indica que uma das funções do comité é a de estudar as possibilidades de transformar os acordos comerciais bilaterais existentes em acordos multilaterais, princi-

---

de Cooperação Económica Europeia em de 31 de Julho de 1947», M. 53 (I), 2.º P.-A. 39, d.l.: 1947. Estas instruções respondem ao solicitado no telegrama n.º 245, de 12 de Julho, *op. cit.*. Sublinhado nosso.

Documento citado, parcialmente, in ROLLO, Fernanda – *Portugal e o Plano Marshall, op. cit.* p. 136.

palmente no que toca às questões relacionadas com as formas de pagamento. Alerta o Governo para o facto de pouco servirem os créditos americanos se os países beneficiários não permitirem que esses créditos sejam igualmente mobilizados para a aquisição de produtos portugueses. Esta preocupação tinha alguma razão de ser em virtude da especificidade dos produtos exportados por Portugal, que eram, nalguns casos, considerados como supérfluos no contexto do pós-guerra. Nessa mesma informação, pede-se o envio de um técnico em finanças. A especialidade de Freire de Andrade é essencialmente a do comércio externo[93].

Poucos dias depois, em 12 de Agosto, chega a resposta do Ministério dos Negócios Estrangeiros, sob a forma de Parecer, em que se define a posição a tomar na conferência sobre esta questão. Diz o referido Parecer logo de início: «Para Países como Portugal, cuja principal exportação é constituída por um reduzido número de produtos de um interesse limitado, não parece de aconselhar acordos comerciais multilaterais, sobretudo no momento em que os países sofrem crises graves nas suas economias e em que não se esboçam ainda as directrizes da política internacional a seguir neste após-guerra». Depois, pondera a posição inicial tendo em consideração que ainda não se conhecem as directrizes dos futuros acordos multilaterais e se terão em conta, ou não, os interesses portugueses. De qualquer forma, alerta a delegação portuguesa para não tomar posição «sem estudar com a maior atenção o espírito de tais acordos, tendo sempre em vista o carácter especial do comércio de exportação português, que aconselha de preferência a realização de acordos bilaterais». O texto termina indicando que nas negociações se deve «frisar que os acordos comerciais recentemente assinados entre Portugal e outros países foram negociados num espírito de íntima e, tanto quanto possível, larga

---

[93] AHDMNE, RQE, Conferência de Paris, Telegrama n.º 296, de 8 de Agosto de 1947, de Marcello Mathias, na Legação de Portugal em Paris, para o Ministério dos Negócios Estrangeiros (assegurado por Salazar), M. 53 (I), 2.º P.-A. 39, d.l.: 1947.

colaboração económica que não objectivava apenas interesses de ordem puramente comercial»[94].

No seu relatório sobre o estado dos trabalhos, datado de 20 de Agosto, Freire de Andrade reconhece que a maioria dos produtos exportados por Portugal não eram «necessários à reconstrução de outras nações». A Ajuda Marshall só iria beneficiar o comércio de exportação português se o «auxílio [fosse] dado por forma a assegurar a troca de produtos dessa natureza». Adianta, sem acreditar na sua eficácia, que o assunto vai ser, em princípio, objecto «de uma recomendação de ordem geral, sem qualquer outro significado que não seja a expressão de um desejo». Ainda em relação ao comércio externo, Freire de Andrade considera que se deve manter a possibilidade a utilizar medidas de restrição às importações, devido à situação da balança de pagamentos[95].

A segunda grande questão em foco nesta altura é a questão da balança de pagamentos. Procurava-se estabelecer, sob bases credíveis, uma estimativa da balança de pagamentos para o período entre 1948 e 1951, para tentar determinar qual seria o saldo previsível da balança sem cobertura em ouro ou dólares dos EUA[96] e, dentro desta base, estabelecer o valor a solicitar como ajuda dos EUA. Os diferentes comités e subcomités técnicos estabeleciam os saldos dos valores dos diferentes produtos e canalizavam esses valores para o Comité técnico dos Pagamentos, que devia fazer a síntese. Portugal, apesar dos diversos pedidos efectuados pela delegação em Paris, teve bastantes dificuldades em fornecer dados nesta matéria. No dia 15 de Agosto, último dia do prazo inicialmente estipulado, não tinham chegado a Paris nem os dados nem

---

[94] AHDMNE, RQE, Conferência de Paris, Parecer de 12 de Agosto de 1947 do Ministério dos Negócios Estrangeiros, M. 53 (I), 2.º P.-A. 39, d.l.: 1947.

[95] AHDMNE, RQE, Conferência de Paris, Estado dos trabalhos e observações sobre os interesses portugueses, da autoria de Freire de Andrade, 20 de Agosto de 1947, do Ministério dos Negócios Estrangeiros (assegurado por Salazar), M. 53 (I), 2.º P.-A. 39, d.l.: 1947.

[96] Daqui para a frente utilizaremos a palavra «dólar» como equivalente a «dólar dos EUA».

os técnicos. Foi estabelecido um prazo adicional a Portugal e à Turquia, únicos países em falta, e, mesmo assim, os dados que vão ser fornecidos posteriormente revelam-se incompletos[97]. Os elementos estatísticos relativos à balança de pagamentos vão-se limitar ao ano de 1946. Segundo Marcello Mathias, a ausência do técnico financeiro Cabral Pessoa[98] poderia ter estado na origem da não nomeação de Portugal para o subcomité designado no dia 14 de Agosto para estudar as formas do auxílio americano. Continua a insistir com Salazar para que envie rapidamente Cabral Pessoa, que era a preferência dos britânicos, «por já o conhecerem», e dá a entender que ainda é possível a inclusão de Portugal no subcomité, mas que o esforço diplomático nesse sentido seria inglório se Cabral Pessoa, ou outra entidade à altura da missão, não integrasse imediatamente a delegação. Termina o telegrama para Salazar de uma forma contundente, dizendo o seguinte: «a nossa ausência será certamente interpretada como desinteresse Conferência (o que não é conveniente) uma vez que não é possível apresentarmos como justificação ausência dificuldade encontrar técnico competente num país cujo principal prestígio nesta Conferência repousa sobre obra financeira realizada por V. Ex.ª»[99]. Entretanto, no dia 18 de Agosto, envia outro telegrama em que informa que um perito da delegação do Reino Unido se tinha dirigido à Legação de Portugal para falar com Ruy Guerra e que, entre outros assuntos, tinha levantado a questão do envio dos elementos relativos à política financeira de Portugal, tendo dito que se a situação

[97] AHDMNE, RNP, Plano Marshall, Telegrama n.º 313, de 15 de Agosto de 1947, de Marcello Mathias, na Legação de Portugal em Paris, para o Ministério dos Negócios Estrangeiros (assegurado por Salazar), M. 381, 2.º P.-A. 60, d.l.: 1947-1949.

[98] Albino Cabral Pessoa, perito financeiro ao serviço do Ministério dos Negócios Estrangeiros. Participou na delegação portuguesa junto da Conferência de cooperação económica europeia. Ver referências biográficas no Apêndice 1.

[99] AHDMNE, RNP, Plano Marshall, Telegrama n.º 321 e n.º 325, de 16 e 18 de Agosto de 1947, de Marcello Mathias, na Legação de Portugal em Paris, para o Ministério dos Negócios Estrangeiros (assegurado por Salazar), M. 381, 2.º P.-A. 60, d.l.: 1947-1949.

financeira de Portugal estivesse em ordem as medidas tomadas «seriam certamente úteis e aproveitáveis por outros» e declarado ter «grande satisfação» quando lhe foi dito que seria enviado um perito financeiro. Mostrou, igualmente, «grande empenho» em que o perito «trouxesse elementos escritos de informação», numa clara alusão à necessidade de Portugal apresentar os dados solicitados[100].

Salazar responde-lhe nesse mesmo dia informando que Cabral Pessoa só pode partir no dia 21 de Agosto, de avião, e que as suas competências deveriam ser aproveitadas para a discussão da questão dos pagamentos no contexto dos acordos comerciais. Também informa que o ministro das Finanças convidou Fernando da Silva[101], director no Banco de Portugal e professor universitário, para fazer uma exposição geral sobre as finanças portuguesas, mas que este último só podia partir no dia 23 de Agosto, de comboio, pelo que, «face [à] velocidade com que se discutem assuntos», pergunta a Marcello Mathias se ainda interessa a sua deslocação, assim como a de Araújo Correia[102], para as questões relacionadas com a união aduaneira[103].

No dia seguinte, Marcello Mathias agradece a Salazar o envio dos dois técnicos, mas aproveita para dizer que a sua presença atempada nos trabalhos teria sido muito melhor por forma a um bom acompanha-

---

[100] AHDMNE, RNP, Plano Marshall, Telegrama n.º 305 (houve um erro na sequência numérica), de 18 de Agosto de 1947, de Marcello Mathias, na Legação de Portugal em Paris, para o Ministério dos Negócios Estrangeiros (assegurado por Salazar), M. 381, 2.º P.-A. 60, d.l.: 1947-1949.

[101] Fernando Emídio da Silva (1886-1972), Director da Faculdade de Direito de Lisboa, vice-governador no Banco de Portugal e presidente do Conselho de Administração da Companhia de Tabacos de Portugal.

[102] José Dias de Araújo Correia, administrador da Caixa Geral de Depósitos e deputado da União Nacional. Irá representar, por diversas vezes, o Governo português na OECE. Ver referências biográficas no Apêndice 1.

[103] AHDMNE, RNP, Plano Marshall, Telegrama n.º 242, de 19 de Agosto de 1947, do Presidente do Conselho para Marcello Mathias na Legação de Portugal em Paris, M. 381, 2.º P.-A. 60, d.l.: 1947-1949.

mento dos assuntos, desde o início, e, também, para estabelecer contactos «sempre tão úteis neste género de discussões». Como vão ser discutidos os relatórios nos subcomités e há problemas múltiplos e muito complexos, Marcello Mathias aconselha a deslocação a Paris de Fernando da Silva, com as orientações que mais defendam os interesses portugueses. Considera que já não é necessária a deslocação do técnico em questões aduaneiras. Neste mesmo telegrama informa, a título de exemplo, que a Embaixada da Dinamarca tem oito técnicos e a Suíça dez técnicos, propondo a Salazar que se crie um grupo de acompanhamento em Portugal, constituído de «pessoas competentes», que fossem lendo a documentação enviada pela delegação em Paris, de forma a poderem apoiá-la com esclarecimentos e questões complementares suscitadas por Lisboa[104].

No dia 26 de Agosto, o ministro Caeiro da Matta já se encontra em Paris – após umas férias passadas em Vittel – para acompanhar os trabalhos da conferência e ser recebido pelo presidente francês Vincent Auriol[105]. Num telegrama enviado nesse próprio dia a Salazar, o ministro refere que o Comité técnico dos Peritos Financeiros pede as estimativas para as balanças de pagamento para 1947 e 1948. Relativamente a 1947, a delegação só possui um quadro relativo às reservas de ouro e divisas até Julho de 1947. A análise desse quadro revela ao ministro Caeiro da Matta a grave situação em que se encontra o país em matéria de balança de pagamentos, nomeadamente com a saída de 72 milhões de dólares. Para Caeiro da Matta «tudo [faz] prever agravamento da situação» e com base nestes dados se deveria aproveitar a oportunidade para expor a

---

[104] AHDMNE, RNP, Plano Marshall, Telegrama n.º 331, de 20 de Agosto de 1947, de Marcello Mathias, na Legação de Portugal em Paris, para o Presidente do Conselho, M. 381, 2.º P.-A. 60, d.l.: 1947-1949. Um ano mais tarde, no dia 1 de Setembro de 1948, será criada a Comissão Técnica de Cooperação Económica.

[105] Vincent Auriol, Presidente da República Francesa entre 1947 e 1953. Ver referências biográficas no Apêndice 1.

posição de Portugal na Conferência «afim de eventualmente podermos com todas as formalidades ser considerados na distribuição créditos norte-americanos destinados realização de fomento e equipamento industriais». O ministro propõe que se façam as estimativas a partir dos dados existentes e insiste no facto de ser imprescindível apresentar dados e estimativas entre 1947 e 1951 para se poder beneficiar dos créditos dos EUA e acrescenta: «corremos o risco de sermos excluídos ou (o que seria ainda mais inconveniente) ser próprio Comité a organizar estimativa nossas balanças pagamentos durante aqueles anos tomando para base números 1946 que não acusam fenómeno regressão que em 1947 se acentua»[106]. Este telegrama é um nítido apelo a Salazar para que faça avançar o processo de elaboração das estatísticas e das previsões em matéria de balanças de pagamento, pelos ministérios da Economia e das Finanças, de forma a que Portugal ainda possa vir a beneficiar dos créditos Marshall.

No dia seguinte, a 27 de Agosto, ao fim do dia, o ministro Caeiro da Matta, em telegrama, volta a insistir no envio urgente dos dados estatísticos e diz mesmo que na delegação em Paris se poderia «construir» a balança de pagamentos para 1948. Considera os dados tanto mais importantes que a própria Conferência poderá necessitar deles se «quiser apresentar estimativa global das necessidades dos países». Refere que só Portugal, Turquia e Islândia ainda não tinham apresentado os dados e que a Suíça apesar de ter declarado não carecer de créditos dos EUA – «o que se compreende em face situação sólida [da] sua moeda e economia» –, tinha fornecido a documentação referente a 1948. Pede que seja enviado com urgência um técnico do Conselho Técnico Corporativo[107] – propõe

[106] AHDMNE, RNP, Plano Marshall, Telegrama n.º 341, de 26 de Agosto de 1947, do ministro dos Negócios Estrangeiros José Caeiro da Matta, na Legação de Portugal em Paris, para o Presidente do Conselho, M. 381, 2.º P.-A. 60, d.l.: 1947-1949.

[107] O Conselho Técnico Corporativo era um organismo dependente da Câmara Corporativa.

que seja José Correia de Oliveira[108] – com os elementos estatísticos solicitados[109].

É muito nítida a mudança de atitude do ministro Caeiro da Matta, depois da sua passagem por Paris, em relação à eventualidade da solicitação de créditos por Portugal ao abrigo do Plano Marshall. Se no início a posição do ministro era a de que Portugal não carecia de créditos, a sua ida a Paris e estada no estrangeiro vai levá-lo a alterar a sua posição e a considerar que a crise em Portugal e na Europa era mais acentuada do que se previa e que Portugal tinha todo o interesse em, pelo menos, reservar-se a possibilidade de vir a recorrer aos créditos Marshall.

2. A decisão de não solicitação dos «créditos Marshall»

De forma a responder cabalmente ao ministro dos Negócios Estrangeiros e definir a posição de Portugal em matéria de pedidos de crédito ao abrigo do Plano Marshall («créditos Marshall»), Salazar vai consultar o ministro da Economia sobre os dados estatísticos e pedir um parecer ao ministro das Finanças sobre a questão das balanças de pagamento e do interesse de Portugal em recorrer aos créditos Marshall[110].

---

[108] José Gonçalo da Cunha Sottomayor Correia de Oliveira, técnico do Conselho Técnico Corporativo. Ver referências biográficas no Apêndice 1.

[109] AHDMNE, RNP, Plano Marshall, Telegrama n.º 345, de 27 de Agosto de 1947, do ministro dos Negócios Estrangeiros José Caeiro da Matta, na Legação de Portugal em Paris, para o Presidente do Conselho, M. 381, 2.º P.-A. 60, d.I.: 1947-1949. Este telegrama só chegou no dia 28 de Agosto, pelas 10 horas da manhã, e pode-se supor que não teve influência na decisão tomada por Salazar. O parecer do ministro das Finanças já estava entregue e o telegrama n.º 258, abaixo referenciado, não menciona o telegrama do ministro dos Negócios Estrangeiros. Salazar irá responder da parte da tarde ao telegrama n.º 345.

[110] Em todo este processo só se fala em «créditos Marshall» e não se aborda sequer a questão dos outros tipos de Ajuda Marshall. Este ponto é importante para a análise da decisão portuguesa, como veremos mais adiante.

O ministro da Economia, Daniel Barbosa[111], vai dizer a Salazar «não estar habilitado [a] ir mais longe do que informações já prestadas»[112] e o ministro das Finanças, João Costa Leite[113], vai entregar um parecer escrito a Salazar, datado de 27 de Agosto e visto por este no dia seguinte. Na própria manhã do dia 28 será enviada a decisão de Salazar, num longo telegrama para a Legação em Paris, onde se encontrava o ministro dos Negócios Estrangeiros. Este telegrama reflecte parcialmente o parecer do ministro das Finanças (em anexo) e, pela sua importância, passamos a transcrevê-lo integralmente. Damos primazia ao documento de Salazar por constituir o verdadeiro acto decisório nesta matéria. O Telegrama n.º 258, de 28 de Agosto de 1947, do Presidente do Conselho para a Legação de Portugal em Paris, onde se encontra Caeiro da Matta, diz o seguinte:

> «Ministro das Finanças informa elementos enviados contêm dados verificados balança de pagamentos máxima actualização não se podendo apresentar com seriedade números anos próximos. Julga estimativas estão sendo feitas conferência não poderão ter base séria, representando mero expediente justificar montante crédito a pedir Estados Unidos que aliás segundo informação aqui chegada parecem pouco dispostos aceitar problema pé aí o estão pondo. Julga-se por isso deve responder-se pedindo indicações balanças pagamentos futuras e necessidades dólares anos próximos, dizendo Portugal se tem orientado possível liberdade comercial e monetária não tendo planificação rígida comércio externo permita apresentar fecho provável balanças pagamentos 47 a 51. Tais elementos não interessam de resto posição a assumir que deve ser esta:

[111] Daniel Maria Vieira Barbosa, ministro da Economia entre 4 de Fevereiro de 1947 e 16 de Outubro de 1948. Ver referências biográficas no Apêndice 1.

[112] AHDMNE, RNP, Plano Marshall, Telegrama 260 do Presidente do Conselho para a Legação de Portugal em Paris (onde se encontrava o ministro dos Negócios Estrangeiros), de 28 de Agosto de 1947, M. 381, 2.º P.-A. 60, d.l.: 1947-1949.

[113] João Pinto da Costa Leite (Lumbrales), ministro das Finanças entre 28 de Agosto de 1940 e 2 de Agosto de 1950. Ver referências biográficas no Apêndice 1.

não dispomos dólares possamos facultar outros países zona europeia, mas temos suficientes necessidades nossa economia anos mais próximos não desejando por isso, tal como se vê fez Suíça, pesar procura europeia crédito americano. Carência dólares só será possível medida em que se der através Portugal procura europeia essa moeda repetindo com nossas reservas monetárias caso da utilização por outros países empréstimo americano Inglaterra. Para evitar devemos seguir política equilíbrio trocas países zona europeia, concedendo inclusive algum crédito – medida semelhante usada acordos Bélgica e Holanda – para compra mercadorias nacionais, e evitar que países essa zona exportem Portugal e nada lhe comprem para transformar escudo em dólares hipótese em que nossas reservas essa moeda poderiam mostrar-se insuficientes. Nestes termos posição a assumir semelhante Suíça esclarecendo Portugal se propõe equilibrar suas trocas zona europeia, fazendo acordos facilitem liquidações dentro mesma zona, e não carece nessas condições pesar procura europeia crédito americano para previsíveis necessidades pagamentos zona dólar, nem pode suprir necessidades outros países nesta moeda»[114].

Em relação ao parecer do ministro das Finanças Costa Leite, existem algumas diferenças que convém referir. No parecer de Costa Leite (em anexo), Salazar registou de seu punho e rubricou o seguinte despacho: «Ao d.g. dos Negócios Económicos. Concordo com a sustentação geral do parecer do Ministério das Finanças. É neste sentido que se telegrafa para Paris nesta data. 28/VIII/47». Em princípio, foi a Repartição das Questões Económicas que trabalhou o texto do telegrama a submeter, muito provavelmente, a Salazar antes da sua transmissão nessa própria manhã. Alguns pontos do parecer foram omitidos ou suavizados.

---

[114] AHDMNE, RNP, Plano Marshall, Telegrama n.º 258, de 28 de Agosto de 1947, do Presidente do Conselho para a Legação de Portugal em Paris (onde se encontrava o ministro dos Negócios Estrangeiros), M. 381, 2.º P.-A. 60, d.l.: 1947-1949.

No seu parecer, Costa Leite indica explicitamente que «a Conferência pode mostrar interesse em saber os dólares que nos sobram e possam ser utilizados pelos países famintos daquela moeda»[115]. É um dos grandes receios de Costa Leite o facto de estar a divulgar as reservas de ouro e divisas portuguesas para futuro aproveitamento dos outros países europeus[116]. Ligada a esta questão das reservas estava a contestação, por parte de alguns países, da «legitimidade de posse» do ouro recebido da Alemanha durante a Segunda Guerra Mundial[117]. Para Costa Leite, esta questão ainda está pendente pelo que não se pode «pensar em pôr à disposição alheia ouro, cuja legitimidade de posse [...] é contestada»[118].

Uma outra questão que está omissa no telegrama de Salazar é a da preferência do ministro das Finanças pela bilateralidade dos acordos

---

[115] AHDMNE, RQE, Conferência de Paris, Parecer do Ministério das Finanças de 27 de Agosto de 1947, M. 53 (I), 2.º P.-A. 39, d.l.: 1947. Este parecer foi parcialmente transcrito e analisado in ROLLO, Fernanda – *Portugal e o Plano Marshall, op. cit.*, p. 143-146.

[116] Portugal tinha muito receio que se repetisse o que aconteceu com o Reino Unido, em que os países exportaram preferencialmente para o Reino Unido, que possuía dólares resultantes das dádivas e empréstimos dos EUA, de forma a poderem captar esses dólares, que estavam a necessitar para as suas próprias importações. Esta situação provocou uma saída muito forte de divisas fortes e um endividamento crescente do Reino Unido.

[117] Esta questão do ouro nazi só ficou resolvida no dia 27 de Outubro de 1958, através da assinatura de um acordo entre Portugal e os representantes da Comissão Tripartida, constituída pelos EUA, Reino Unido e França, sobre os bens alemães que tinham sido expropriados no final da guerra. Portugal teve de devolver uma parte do ouro espoliado pelos nazis (cerca de 4 toneladas), tendo sido reembolsado, na soma correspondente em dinheiro, pela República Federal da Alemanha. A questão foi reaberta em 1998, no seguimento de acusações feitas pelo Congresso Judeu Mundial. Foi criada uma Comissão de Investigação (Resolução do Conselho de Ministros n.º 57/98, de 8 de Abril, D.R. de 29 de Abril de 1998, n.º 99, I série-B), presidida por Mário Soares, que analisou a questão e produziu o *Relatório da Comissão de Investigação sobre as Transacções de Ouro Efectuadas entre as Autoridades Portuguesas e Alemãs durante o Período Compreendido entre 1936 e 1945*, de Janeiro de 1999, 59 p. (policopiado). No termo do Relatório está indicado o seguinte: «A investigação efectuada não permitiu encontrar bases que aconselhem o pagamento de qualquer compensação adicional», p. 46.

[118] AHDMNE, RQE, Conferência de Paris, Parecer do Ministério das Finanças, de 27 de Agosto de 1947, M. 53 (I), 2.º P.-A. 39, d.l.: 1947.

comerciais entre países europeus e da multilateralidade dos pagamentos. Para Costa Leite o país deve tentar equilibrar o seu comércio com a Europa através da celebração de acordos bilaterais, de forma a conseguir colocar os seus próprios produtos, e de uma colaboração na «possível multilateralidade de pagamentos» no seio da Europa[119]. Esta posição favorável em relação ao princípio da multilateralidade de pagamentos vai ser importante, como veremos mais adiante.

Para Costa Leite, na Conferência de Paris estavam-se a cultivar «fantasias». Apesar de não especificar claramente quais eram essas «fantasias», é crível supor, pela continuação do texto, que se estava a referir às previsões em matéria de balança de pagamentos. Para ele, havia uma tendência muito clara para a rígida planificação económica, pois só nesta base se podiam fazer previsões credíveis, e Portugal tinha de manter as suas distâncias em relação a este processo. Esta tendência da conferência contrariava, segundo Costa Leite, a política económica do Governo em matéria de liberdades comercial e cambial[120]. É bem nítido neste texto que o ministro das Finanças, nesta altura, ainda acredita que a situação de desequilíbrio do comércio externo e da balança de pagamentos seria controlável e se sente agastado pelas observações do ministro dos Negócios Estrangeiros[121], feitas no primeiro telegrama do dia anterior. Nesse telegrama, Caeiro da Matta mostrou-se muito preocupado com a situação económica e financeira do país e solicitou as previsões das balanças de pagamentos. Para o ministro das Finanças, a solução passa por uma reorientação do comércio externo português no sentido de equilibrar as trocas comerciais na zona europeia, dando preferência ao Reino Unido e

---

[119] *Ibid.*.

[120] A realidade era bem diferente, como veremos quando abordarmos a política económica e financeira do Estado Novo.

[121] Recorde-se que o ministro dos Negócios Estrangeiros Caeiro da Matta alertou Salazar, no telegrama 341, de 26 de Agosto, *op. cit.*, para a grave situação da balança de pagamentos, mencionando mesmo que tinham saído nos últimos tempos 72 milhões de dólares.

à restante zona esterlina, em virtude de Portugal ter largos créditos em libras esterlinas[122]. Costa Leite acredita nesta possibilidade de solucionar os problemas do comércio externo português, em que o Reino Unido seria o "trunfo", e considera mesmo que Portugal não deveria «pesar» nos pedidos de créditos a efectuar pela Europa, acrescentando que «a própria América dificilmente compreenderia» um pedido nesse sentido[123]. Esta última observação é uma nítida referência ao facto de Portugal ter sido neutro durante a Segunda Guerra Mundial, não tendo sido devastado pela guerra, como a maior parte dos outros países da Europa.

Entretanto, no próprio dia do envio do telegrama de Salazar para a delegação em Paris a comunicar a decisão de não solicitação dos créditos Marshall (28 de Agosto), parte, da Embaixada de Portugal em Washington, um ofício de grande importância do novo embaixador em Washington, Pedro Theotónio Pereira[124]. Curiosamente, o ofício foi enviado por mala diplomática, só tendo chegado ao Ministério dos Negócios Estrangeiros no dia 11 de Setembro, pelo que o seu conteúdo não foi ponderado aquando da tomada de decisão portuguesa[125]. Para Pedro Theotónio Pereira, as declarações do subsecretário de Estado Robert Lovett[126] à imprensa no dia 27 de Agosto, relatadas pelo *Washington*

---

[122] Segundo o Acordo de pagamentos luso-britânico, de 20 de Novembro de 1940, os saldos tinham garantia de câmbio e pagamento em ouro. Recorde-se que no fim da Segunda Guerra Mundial, e por via dela, Portugal tinha um crédito de 76 milhões de libras esterlinas no Banco de Inglaterra.

[123] *Ibid.*.

[124] Pedro Theotónio Pereira, embaixador extraordinário e plenipotenciário de Portugal em Washington de 30 de Junho de 1947 a 12 de Março de 1950. Ver referências biográficas no Apêndice 1.

[125] AHDMNE, RQE, Conferência de Paris, Ofício n.º 416, de 28 de Agosto de 1947, da Embaixada de Portugal em Washington (Pedro Theotónio Pereira) para o ministro dos Negócios Estrangeiros (Caeiro da Matta), M. 53 (I), 2.º P.-A. 39, d.l.: 1947.

[126] Robert A. Lovett (1895-1986), diplomado pelas Universidades de Yale e Harvard, subsecretário de Estado no Departamento de Estado entre 1947 e Janeiro de 1949, adjunto do secretário de Estado da Defesa de 1950 a 1951 e, em seguida, secretário de Estado da Defesa até Janeiro de 1953.

Post[127], dizendo que os EUA não poderão satisfazer todos os pedidos de ajuda e que efectuarão uma selecção dos pedidos quando os 16 países acabarem o seu trabalho em Paris, podem inquietar Portugal, porque os EUA poderão «proceder ao rateio dos excedentes da sua produção a exportar para a Europa segundo plano de preferências» em função do «grau de necessidade dos países a ajudar». Como as quantidades são limitadas, «pode acontecer que os raros países que não pediram o socorro americano (por boa administração ou por altruísmo) venham a ser, afinal, sacrificados nas suas necessidades elementares». Termina o ofício chamando à atenção para esta questão nas negociações na Conferência de Paris[128]. Para o embaixador, parecia claro que se os EUA iriam proceder a um rateio dos pedidos efectuados no âmbito da Ajuda Marshall, por via do carácter limitado das disponibilidades existentes, os países que prescindissem dessa ajuda teriam dificuldades acrescidas na satisfação dos seus pedidos de abastecimento nos EUA. Esta chamada de atenção vem na sequência de um primeiro sinal de alerta, lançado pelo anterior embaixador Bianchi, em 27 de Junho, sobre as dificuldades em comprar nos EUA folha-de-flandres para a indústria de conservas, e da resposta que lhe foi dada no *State Department,* em que se associava a questão dos fornecimentos ao Plano Marshall[129].

Logo depois de ter recebido o telegrama de Salazar, o ministro Caeiro da Matta transmitiu à delegação as instruções nele inclusas, substituiu o secretário da delegação Fernando de Oliveira por Abílio de Lemos[130] e, no

---

[127] *Washington Post*, de 27 de Agosto de 1947, «U.S. to Begin More Direct European Aid – State Dept. Men Fly to Paris to Talk to Clayton On Draft to Plan» by Ferdinand Kuhn, Jr..

[128] AHDMNE, RQE, Conferência de Paris, Ofício n.º 416, de 28 de Agosto de 1947, da Embaixada de Portugal em Washington (Pedro Theotónio Pereira) para o ministro dos Negócios Estrangeiros (Caeiro da Matta), M. 53 (I), 2.º P.-A. 39, d.l.: 1947.

[129] AHDMNE, RNP, Plano Marshall, Telegrama n.º 239, de 27 de Junho de 1947, da Embaixada de Portugal em Washington (João Bianchi) para o ministro dos Negócios Estrangeiros (Caeiro da Matta), M. 381, 2.º P.-A. 60, d.l.: 1947-1949.

[130] Abílio Andrade Pinto de Lemos, segundo-secretário da Legação em Paris desde Julho de 1947 e secretário da delegação portuguesa junto da Conferência de Paris. Ver referências biográficas no Apêndice 1.

dia seguinte, foi recebido pelo Presidente da República francesa, em Rambouillet, que lhe tinha reservado a manhã[131]. Depois do encontro regressou a Portugal.

3. A atitude portuguesa em relação à questão da União Aduaneira

Um dos temas em foco na conferência foi a questão da eventual criação de uma União aduaneira entre os países participantes. No dia 16 de Agosto, o chefe da delegação, Marcello Mathias, alerta o Ministério dos Negócios Estrangeiros para o facto de se estar a discutir a questão da União aduaneira e ser necessário habilitar a delegação sobre a orientação a seguir e, eventualmente, definir a posição portuguesa nessa matéria. Informa, igualmente, que no dia 18 de Agosto, à tarde, o assunto vai ser tratado e que todas as delegações se devem exprimir sobre o assunto «a fim de poder fixar-se doutrina [da] Conferência». Para Marcello Mathias, os britânicos vêem a questão «com toda a simpatia», mas levantam reservas devido à sua «posição imperial», e os franceses dizem ser a «única forma [de] estabelecer sistema que atraia apoio norte-americano», porque os EUA «encaram com evidente azedume acordos comerciais bilaterais»[132]. Dois dias mais tarde, Marcello Mathias informa que os EUA estavam muito interessados no estabelecimento de uma «União Aduaneira Europeia» ou, pelo menos, de uma «União Aduaneira Regional» – à semelhança do Benelux – que servisse de ponto de partida para a cooperação, com vista à melhoria das condições económicas dos países europeus e, desta forma,

---

[131] AHDMNE, RNP, Plano Marshall, Telegrama n.º 356 e n.º 357, de 29 de Agosto de 1947, do ministro dos Negócios Estrangeiros (Caeiro da Matta) para o Presidente do Conselho, M. 381, 2.º P.-A. 60, d.l.: 1947-1949.

[132] AHDMNE, RNP, Plano Marshall, Telegrama n.º 320, de 16 de Agosto de 1947, da Legação em Paris (Marcello Mathias) para o Ministério dos Negócios Estrangeiros (assegurado por Salazar), M. 381, 2.º P.-A. 60, d.l.: 1947-1949.

justificar a política governamental dos EUA de auxílio à Europa[133]. Estas informações tinham sido fornecidas a Ruy Guerra por um perito britânico na Conferência de Paris, que se tinha deslocado à Legação em Paris para expor a situação. Para este perito, o Reino Unido não podia ir mais longe do que apoiar a criação de um comité para, ponderadamente, estudar o assunto, que era delicado para o seu país por via do sistema de preferências imperiais.

No dia 19 de Agosto, Salazar responde a Marcello Mathias o seguinte:

> «[...] amplitude de problema a considerar mesmo na sua feição mais restrita de uniões regionais é de tal complexidade e de efeitos tão melindrosos que convém actuar com a maior prudência. Em princípio damos nosso apoio criação comissão de estudo problema mas nossa actuação deve ser circunspecta e tendo sempre em vista não nos comprometermos de modo a prejudicar posição económica nacional. Em teoria fácil criar aludidas uniões mas sua efectivação prática somente possível num afastado período de anos»[134].

Pouco depois, informa Marcello Mathias que o Ministério das Finanças propôs que Araújo Correia fosse a Paris para participar no comité encarregado das questões aduaneiras, caso fosse necessário. No dia seguinte Marcello Mathias respondeu que já não era necessário pois na conferência tinha ficado decidido apoiar a posição britânica de criação de um Grupo de Estudo sobre Uniões Aduaneiras, o que, segundo ele, «levará muitos meses (talvez anos) a chegar a qualquer conclusão»[135].

---

[133] AHDMNE, RNP, Plano Marshall, Telegrama n.º 305 (houve um erro na sequência numérica) de 18 de Agosto de 1947, da Legação em Paris (Marcello Mathias) para o Ministério dos Negócios Estrangeiros (assegurado por Salazar), M. 381, 2.º P.-A. 60, d.l.: 1947-1949.

[134] AHDMNE, RQE, Conferência de Paris, Telegrama n.º 240, de 19 de Agosto de 1947, do Presidente do Conselho para a Legação em Paris, M. 53, d.l.: 1947.

[135] AHDMNE, RNP, Plano Marshall, Telegrama 331, de 20 de Agosto de 1947, da Legação de Portugal em Paris (Marcello Mathias) para o Presidente do Conselho, M. 381, 2.º P.-A. 60, d.l.: 1947-1949.

No seu relatório sobre os trabalhos da conferência, datado de 20 de Agosto, Freire de Andrade assinala a complexidade do problema e os perigos inerentes, mas considera que «as vantagens para a vida da Europa, em geral, são óbvias», pelo que, com todas as reservas, Portugal devia integrar o Grupo de Estudo. Isso não acarreta quaisquer compromissos e, também, porque «se julga que a complexidade do problema e a grandeza dos efeitos que poderão surgir da aplicação desta ideia aconselham mais a entrar no grupo que vai estudar do que ficar de fora». Freire de Andrade propõe abertamente que se aprove a proposta do Reino Unido e que, simultaneamente, «se expressem as reservas que as circunstâncias requerem»[136].

No dia 4 de Setembro, Ruy Guerra informa o ministro que um dos governos do Benelux vai enviar os convites às nações europeias, com excepção da Espanha, para participarem no Grupo de Estudo sobre Uniões Aduaneiras e que, em princípio, o texto que vai ser aprovado não se opõe à possível inclusão das nações do *Commonwealth*[137]. No dia seguinte, o ministro Caeiro da Matta, já de regresso a Portugal, responde informando que o Governo português participará no grupo de estudo «por entender não dever ser excluída do exame a empreender nenhuma possibilidade ou forma [de] colaboração»[138].

Durante este processo, é de referir que uma das questões que foi levantada por Portugal foi a da não inclusão da Espanha na lista dos países

---

[136] AHDMNE, RQE, Conferência de Paris, Estado dos trabalhos e observações sobre os interesses portugueses, da autoria de Freire de Andrade, de 20 de Agosto de 1947, M. 53 (I), 2.º P.-A. 39, d.l.: 1947.

[137] AHDMNE, RNP, Plano Marshall, Telegrama n.º 371, de 4 de Setembro de 1947, da Legação de Portugal em Paris (Marcello Mathias) para o ministro dos Negócios Estrangeiros (Caeiro da Matta), M. 381, 2.º P.-A. 60, d.l.: 1947-1949. Após consulta efectuada pelo Governo britânico, foram convidados, no dia 25 de Setembro, os governos dos seguintes países: Austrália, Nova Zelândia, Canadá, África do Sul, Índia e Paquistão.

[138] AHDMNE, RNP, Plano Marshall, Telegrama n.º 269, de 5 de Setembro de 1947, do ministro dos Negócios Estrangeiros (Caeiro da Matta) para a Legação de Portugal em Paris, M. 381, 2.º P.-A. 60, d.l.: 1947-1949.

a convidar. Ruy Guerra informa o Ministério que a Espanha era o único país excluído da lista de países a convidar para o grupo de estudo. Adianta ainda que, se não lhe fossem dadas ordens em contrário, diria que o Governo português «se inclina perante a decisão da maioria mas que não vê qualquer motivo lógico para se excluir a Espanha duma comissão destinada a estudar a reconstrução económica da Europa e na qual são convidados a participar, com nossa inteira concordância Nações da Europa Oriental»[139]. O ministro responde dando orientações sobre esta questão e pede para dizer que os objectivos da conferência visavam a «reconstrução económica europeia mediante cooperação pacífica entre povos europeus». E acrescenta: «Esta finalidade deve a nosso ver prevalecer sobre quaisquer considerações doutrinárias ou divergências ideológicas uma vez que estas só podem limitar eficiência solidariedade europeia e possibilidades êxito real Conferência. Nestes termos Portugal abstraindo completamente dos países eventualmente postos em causa por essas discriminações de carácter político não pode deixar de exprimir o sincero desejo de que a todos países europeus seja facultada possibilidade comparticipar tarefa comum»[140].

No dia 12 de Setembro, por decisão de treze países[141], incluindo Portugal, foi constituído um Grupo de Estudo de União Aduaneira, com sede em Bruxelas, e para esse grupo foram convidados todos os países da Europa, à excepção da Espanha.

---

[139] AHDMNE, RNP, Plano Marshall, Telegrama n.º 371, de 4 de Setembro de 1947 (chegou no dia 5), da Legação de Portugal em Paris (Marcello Mathias) para o Ministério dos Negócios Estrangeiros (Caeiro da Matta), M. 381, 2.º P.-A. 60, d.l.: 1947-1949.

[140] AHDMNE, RNP, Plano Marshall, Telegrama n.º 269, de 5 de Setembro de 1947, do Ministério dos Negócios Estrangeiros para a Legação de Portugal em Paris, M. 381, 2.º P.-A. 60, d.l.: 1947-1949.

[141] Não fizeram parte do grupo inicial a Noruega, a Suécia e a Suíça. Algumas semanas mais tarde, a Suíça aceitou participar como membro e os outros dois países enviaram observadores.

4. A aprovação do Relatório geral da Conferência de Paris e a intervenção do ministro Caeiro da Matta

Tendo partido de carro para Paris por volta do dia 11 de Setembro, o ministro desconhecia que a reunião dos delegados dos governos representados no CCEE tinha sido adiada de 15 para 22 de Setembro. Salazar, que o estava a substituir no Ministério dos Negócios Estrangeiros, pede ao representante diplomático em Espanha – que se encontrava em San Sebastián – para avisar o ministro desse adiamento. O embaixador de Portugal em Espanha, António Carneiro Pacheco,[142] consegue localizar o ministro, já em Biarritz, e transmite-lhe pessoalmente a informação. O ministro disse-lhe já desconfiar de um possível adiamento, por conversa havida com Lincoln MacVeagh[143], embaixador dos EUA em Portugal, e informa Salazar, através de Carneiro Pacheco, que prosseguirá viagem para Paris de forma a poder acompanhar os trabalhos em curso de «reforma» do relatório final que irá ser apresentado ao Governo do EUA[144].

A hipótese de adiamento da sessão final já tinha sido avançada por Ruy Guerra, no dia 11 de Setembro, num telegrama em que explicava que, segundo informações obtidas na Embaixada do Reino Unido, o Governo dos EUA não considerava satisfatório o Relatório geral por julgar as medidas de cooperação económicas «insuficientes para fazer face [à] gravidade da situação e para inspirar [a] confiança [do] Congresso de que depende eventual auxílio financeiro dos Estados Unidos»[145]. Nesse mesmo dia Ruy

---

[142] António Faria Carneiro Pacheco, embaixador extraordinário e plenipotenciário em Espanha desde 1946. Ver referências biográficas no Apêndice 1.

[143] Lincoln MacVeagh foi embaixador dos EUA em Portugal, de 9 de Junho de 1946 até 1 de Junho de 1952. Ver referências biográficas no Apêndice 1.

[144] AHDMNE, RNP, Plano Marshall, Telegrama n.º 49, de 13 de Setembro de 1947, de José Caeiro da Matta (entregue em Biarritz ao embaixador de Portugal em Espanha) para o Presidente do Conselho, M. 381, 2.º P.-A. 60, d.l.: 1947-1949.

[145] AHDMNE, RNP, Plano Marshall, Telegrama n.º 379, de 11 de Setembro de 1947, da Legação de Portugal em Paris (Ruy Guerra) para o Ministério dos Negócios Estrangeiros (assegurado por Salazar), M. 381, 2.º P.-A. 60, d.l.: 1947-1949.

Guerra informa o Ministério dos Negócios Estrangeiros que o Relatório geral da Conferência prevê que o estudo dos problemas relativos ao aumento da produção na Europa seja prosseguido nos organismos existentes da ONU. Portugal, como não faz parte desses organismos, será convidado a participar como observador nas reuniões da Comissão Económica para a Europa (*Economic Commission for Europe*), sem direito de voto. O delegado britânico, que lhe forneceu esta informação, manifestou «grande desejo» que Portugal não levante objecção na adopção desta medida, e disse que os interesses portugueses estariam mais bem defendidos com a presença de Portugal. Para todos os efeitos, os Comités da Comissão Económica para a Europa só emitiam simples recomendações de aceitação voluntária[146]. No dia seguinte, Ruy Guerra confirma que foi resolvido adiar a sessão de encerramento de forma a que se tente ainda chegar a acordo sobre a modificação do relatório geral no sentido indicado pelas sugestões americanas, de uma maior cooperação económica no seio da Europa. Pede a atenção para o montante geral do défice previsto das balanças de pagamento entre os 16 países e a zona dólar nos quatro anos subsequentes inscrito no projecto de Relatório geral – entretanto enviado –, que se estima em 22,5 mil milhões de dólares[147]. Este montante corresponde a uma simples estimativa e não representa o pedido de crédito americanos.

---

[146] AHDMNE, RNP, Plano Marshall, Telegrama n.º 383 da Legação em Paris (Ruy Guerra) para o Ministério dos Negócios Estrangeiros (assegurado por Salazar), de 11 de Setembro de 1947, d.l. 1947-1949, M. 381.

[147] AHDMNE, RNP, Plano Marshall, Telegrama n.º 384 da Legação em Paris (Ruy Guerra) para o Ministério dos Negócios Estrangeiros, de 12 de Setembro de 1947, d.l. 1947-1949, M. 381.

Na realidade, está marcado no telegrama que são 22,5 biliões de dólares. Em muitos documentos, artigos ou obras publicadas em Portugal, confunde-se muitas vezes bilião (milhão de milhão) com mil milhões. O lapso deve vir, a nosso ver, do facto de se traduzir o «billion» (EUA) ou o «milliard» (Reino Unido e França) por bilião, o que é incorrecto pois são mil milhões. Como se sabe, o «trillion» (EUA) ou o «billion» (Reino Unido e França) é que correspondem ao bilião. Em português do Brasil também se utiliza o «bilião» no sentido do mil milhões. Contudo, o lapso não se reflecte na respectiva transcrição numérica, onde surge o montante correcto.

Dois dias depois, no domingo 14 de Setembro, pede ao Ministério dos Negócios Estrangeiros a estimativa urgente das importações que Portugal pretende efectuar dos EUA entre 1948 e 1951, em matéria de equipamento industrial, para além dos questionários já apresentados. A resposta a este pedido devia ser apresentada até ao dia 18 de Setembro, quarta-feira, da parte da manhã. Esta urgência mostra bem a pressão exercida sobre as delegações e respectivos serviços governamentais no sentido de darem respostas rápidas às inúmeras solicitações que vão surgindo. Para Portugal, constitui um problema muito sério, na medida em que os estudos estatísticos ainda estão muito pouco avançados (comparativamente com os da maioria dos restantes países participantes)[148].

Chegado a Paris, por volta do dia 15 de Setembro, o ministro Caeiro da Matta vai inteirar-se das negociações em torno do relatório a apresentar ao Governo dos EUA. No discurso efectuado no dia 22 de Setembro, durante a sessão de encerramento da Conferência de cooperação económica europeia, começa por fazer um elogio ao trabalho desenvolvido durante a conferência, tendo feito uma menção especial a Sir Oliver Franks[149] e a Hervé Alphand[150], e, em seguida, caracteriza a situação geral que se estava a viver do seguinte modo: «Desconforto económico, dificuldades financeiras, embaraços políticos, desordens sociais, contradições de várias ordens que a Segunda Guerra Mundial arrastou consigo, perturbação do mecanismo internacional da distribuição do crédito, enfraquecimento económico geral, constituem o pano de fundo da situação actual»[151]. Só a resolução

---

[148] Ver a este propósito os excertos da entrevista de António Pinto Barbosa, concedida à *Revista Interna do Banco de Portugal*, reproduzida in NEVES, João César das e SILVA, Francisco Azevedo – *António Manuel Pinto Barbosa: uma biografia económica*. Lisboa: Verbo, 1999, p. 79-80.

[149] Sir Oliver Franks, presidente do CCEE, embaixador do Reino Unido em Washington, de Junho de 1948 a Fevereiro de 1953.

[150] Hervé Alphand, director-geral dos Negócios estrangeiros no *Quai d'Orsay* entre 1945 e 1949. Ver referências biográficas no Apêndice 1.

[151] AHDMNE, RQE, Discurso proferido em Paris pelo Ministro dos Negócios Estrangeiros, em 22 de Setembro de 1947, M. 53 (I), 2.º P.-A. 39, d.l.: 1947. [t.a.]

destas dificuldades é que poderá facilitar a cooperação e a paz entre as nações. Segundo Caeiro da Matta, o sentimento de angústia que dominava no início da conferência resultava da «grande crise de confiança» que se propagava no mundo. Neste contexto, Portugal acolheu, desde o início, «com a maior satisfação», a iniciativa Marshall, o convite franco-britânico e participou nos trabalhos da Conferência de cooperação económica europeia «com o maior interesse»[152]. Depois de algumas considerações de ordem geral, vai definir a posição portuguesa em relação ao Plano Marshall, indicando que Portugal deseja cooperar na reconstrução da Europa e que, graças a uma «severa acção administrativa e financeira» e à «capacidade de sacrifício do povo português», foi possível ter um equilíbrio orçamental, manter a moeda estável, assegurar um progresso na produção e a melhoria do nível de vida das populações. Nestas condições, declara, Portugal «não necessita de ajuda financeira do exterior». Acrescenta, contudo, que as disponibilidades em dólares só serão suficientes para as «necessidades normais» da economia portuguesa se os outros países não utilizarem essas disponibilidades em dólares através das suas exportações para Portugal, não compensadas por importações de produtos portugueses[153].

Ao terminar o seu discurso, o ministro Caeiro da Matta vai, contudo, abordar uma questão que se vai tornar, mais tarde, da maior importância em termos diplomáticos: a questão da Espanha. Sem nomear abertamente a Espanha, vai fazer votos para que todos os países europeus, «sem limites de ordem ideológica ou de sistemas políticos», possam cooperar na reconstrução europeia. Se tal não acontecer, a obra a realizar perderia uma grande parte do seu «significado moral» e da sua «eficácia»[154].

---

[152] *Ibid.*. [t.a.]

[153] *Ibid.*. [t.a.]

[154] *Ibid.*. [t.a.] Esta parte do discurso escrito foi sublinhada a azul por Salazar, o que demonstra o seu interesse pela questão. Salazar tinha por hábito sublinhar ou assinalar aquilo que considerava como mais importante nos documentos oficiais. Normalmente utilizava lápis de cor azul (a mesma cor utilizada pelos serviços da Censura em Portugal). Recorde-se que a Espanha tinha sido o único país europeu que não tinha sido convidado e que a URSS e os países sob a sua dependência já tinham recusado a participação.

Nesse mesmo dia é elaborada e assinada uma carta dirigida ao secretário de Estado George Marshall pelos delegados dos governos representados no CCEE a acompanhar o Relatório geral, também intitulado «Relatório inicial», em virtude de ter ficado prevista a possibilidade de efectuar alterações. A carta indica expressamente que o relatório foi elaborado numa «atmosfera de estreita e cordial colaboração»[155].

O CCEE, que tinha sido criado como organismo *ad hoc* para preparar um relatório de implementação do Programa de Restabelecimento Europeu (ERP), decidiu que o relatório deveria abranger um período entre 1948 e 1952 e considerou que o seu trabalho não devia parar no fim da Conferência de Paris. Ficou assente que o CCEE e os seus comités técnicos poderiam voltar a reunir-se de novo e que os governos participantes poderiam criar entre si uma organização para a aplicação do ERP, no caso de ele ser aprovado pelo Congresso.

Antes de regressar a Portugal, o ministro Caeiro da Matta envia um telegrama a Salazar em que interpreta o ambiente reinante na Conferência, na sessão de encerramento, como um ambiente de «grande apreensão» em relação ao futuro da Europa e à sua situação económica se os EUA não dessem um «auxílio imediato» para a realização das medidas preconizadas no relatório[156].

---

[155] AHDMNE, RQE, Carta dirigida ao Secretário de Estado dos EUA pelos Delegados dos Governos representados no Comité de Cooperação Económica Europeia, em 22 de Setembro de 1947, M. 53 (I), 2.º P.-A. 39, d.l.: 1947. [t.a.]

[156] AHDMNE, RNP, Plano Marshall, Telegrama n.º 399, de 24 de Setembro de 1947, do ministro dos Negócios Estrangeiros José Caeiro da Matta, na Legação em Paris, para o Presidente do Conselho, M. 381, 2.º P.-A. 60, d.l.: 1947-1949. O embaixador britânico, Sir Nigel Ronald, numa análise efectuada alguns meses mais tarde, em 12 de Fevereiro de 1948, considera que a participação de Portugal na Conferência de Paris foi «principalmente um gesto político, mostrando aqui um forte desejo de ser incluído num qualquer esquema de cooperação europeia». [t.a.] Não se trata, pois, de uma questão puramente material, apesar de Portugal «como o resto da Europa, começar a sentir-se com falta de dólares». [t.a.] PRO/FO 371-73296, n.º 27, (Confidencial), de Sir Nigel Ronald, embaixador do Reino Unido em Lisboa, para Ernest Bevin, ministro dos Negócios Estrangeiros, em 12 de Fevereiro de 1948.

Nesta conferência, como vimos, o ministro Caeiro da Matta acaba por ser o porta-voz de uma posição relativa à situação financeira de Portugal, que contraria a sua própria análise sobre o assunto. Efectivamente, o ministro já tinha verificado que as reservas em dólares do Banco de Portugal estavam em rápida diminuição e que as perspectivas eram francamente más, pelo menos a médio prazo.

IV. A situação económica e financeira e as razões da não solicitação da Ajuda Marshall

Para compreender a situação económica e financeira de Portugal no imediato pós-guerra é necessário começar por descrever, de uma forma muito geral, os principais conceitos económicos do regime do Estado Novo, nomeadamente através dos textos de Salazar sobre esta matéria. Na leitura destes textos é possível salientar algumas linhas de força dos princípios económicos e financeiros que convém recordar. A influência de Salazar na instauração e manutenção do Estado Novo é decisiva, sendo possível considerá-lo o elemento central de todo o processo, daí a importância que reveste o estudo das suas ideias sobre as questões económicas e financeiras.

1. As concepções de Salazar sobre a economia portuguesa

Para Salazar, a terra é um bem essencial que ultrapassa a questão económica. Há uma ligação muito estreita e sentida em relação à agricultura, que se vai reflectir na sua percepção das questões económicas. A mentalidade rural e a ligação à terra natal são para Salazar tão fortes que o vão acompanhar durante toda a sua vida. Para ele, a cultura de um povo deve estar próxima das suas origens, que, no caso português, segundo ele, se situam no mundo rural, como elementos estruturantes.

Tendo acedido ao poder durante uma crise financeira muito grave, Salazar vai iniciar a sua acção governativa, como ministro das Finanças, exercendo um apertado controlo das despesas públicas. Salazar foi muito claro no seu discurso de tomada de posse como ministro das Finanças, em 27 de Abril de 1928, altura em que todos os ministérios ficaram a depender do ministro das Finanças, que lhes atribuía a verba global, e do qual dependiam em matéria de aumento de despesas. O Ministério das Finanças e, obviamente, o próprio Salazar passam a estar no centro do poder de decisão. Nesse mesmo discurso ele dirá: «Sei muito bem o que quero e para onde vou, mas não se me exija que chegue ao fim em poucos meses. No mais, que o País estude, represente, reclame, discuta, mas que obedeça quando se chegar à altura de mandar»[157].

Outro elemento a ter em consideração é o do equilíbrio da contas. Para Salazar, o Estado e o país só devem gastar, com moderação, aquilo que efectivamente possuem. Esta noção está muito bem sintetizada no discurso que fez pouco depois, no dia 9 de Junho, aos oficiais da Guarnição Militar de Lisboa, em que a fórmula adoptada para o equilíbrio das contas públicas é o aumento das receitas e a diminuição as despesas[158]. O equilíbrio das contas está na base de uma das preocupações maiores de Salazar: a da estabilidade monetária. Ter uma moeda forte, estável e internacionalmente reconhecida como tal, foi um dos objectivos fundamentais de Salazar e vai ser um dos objectivos atingidos, apesar de, como se verá mais tarde, ter sido um elemento de grande rigidez financeira, com importantes repercussões na economia nacional.

O endividamento interno ou externo é um factor nefasto, pois cria dependências. Numa Nota Oficiosa, datada de 20 de Setembro de 1935,

---

[157] SALAZAR, António de Oliveira – «Condições da reforma financeira» (Discurso no acto de posse de Ministro das Finanças, em 27 de Abril de 1929) in *Discursos 1928-1934*. Coimbra: Coimbra Editora Limitada, 1935, p. 5-6.

[158] SALAZAR, António de Oliveira – «Os problemas nacionais e a ordem da sua solução» (21 de Outubro de 1928) in *Ibid.*, p. 9-18.

Salazar sublinha o seguinte: «[...] o saneamento das finanças públicas não é só para nós factor de independência política nem meio de resolver ou atenuar as maiores dificuldades derivadas da crise; é também a única base sobre a qual podiam assentar a reconstituição económica e a organização da defesa nacional»[159].

No discurso de 16 de Março de 1933, na sede da União Nacional, intitulado «Conceitos económicos da nova Constituição»[160], Salazar vai desenvolver algumas ideias fundamentais dos seus conceitos económicos. Já na sequência da crise económica que assolou a Europa e o Mundo, o discurso vai revelar-se muito crítico em relação àquilo que intitula «a crise do pensamento económico» e declara o seguinte: «É-nos dado ver abrir falência, umas após as outras, as orgulhosas construções económicas do nosso tempo: a política dos trusts formidáveis, a política dos altos salários, a política da sobreprodução, a política do crédito superabundante, a política das valorizações artificiais, a política dos consumos excessivos, a política dos nacionalismos exclusivistas, a política do Estado-polícia que não faz nada e a política do Estado-produtor que pretende fazer tudo»[161]. Em seguida, faz a apologia de um novo conceito de riqueza, mais virado para a harmonia entre a «riqueza interior» e a sua «projecção externa», e da noção de trabalho como «dever social»; que deve ser garantido pela economia nacional e com uma remuneração «que permita aos trabalhadores viver». No domínio da família manifesta abertamente a sua preferência pela permanência da mulher no lar e diz: «O trabalho da mulher fora do lar desagrega este, separa os membros da família, torna-os um pouco estranhos uns aos outros». Segundo Salazar, a família é a «mais pura fonte dos factores morais da produção».

---

[159] SALAZAR, António de Oliveira – «O momento político» (Nota oficiosa publicada nos jornais de 20 de Setembro de 1935) in *Discursos e Notas Políticas – II-1935-1937*. Coimbra: Coimbra Editora Limitada, 1937, p. 94.

[160] SALAZAR, António de Oliveira – «Conceitos económicos da nova Constituição» in *Discursos e Notas Políticas 1928-1934*, *op. cit.*, p. 183-210.

[161] *Ibid.*, p. 188.

No que concerne à intervenção do Estado na esfera económica, Salazar considera que o Estado se deve situar fora da esfera produtiva, mantendo, contudo, o seu controlo, de forma a regular aquilo que considera como "nocivo" para a economia. A este propósito, é desenvolvido todo um pensamento económico que se vai situar entre o liberalismo e o dirigismo, tendo como suporte as ideias corporativistas. Um corporativismo que surge «como um capitalismo despojado dos seus excessos», em que o «objectivo é humanizá-lo, reduzir-lhe o lucro e as rendas, procurar que os contratos sejam celebrados entre as partes com poderes equivalentes, reduzindo o risco do monopólio que a concorrência sempre havia de gerar»[162]. Para controlar a produção e as empresas, o Estado Novo vai instituir o condicionamento industrial que é, nos seus princípios essenciais, um instrumento que visa «disciplinar» a concorrência mas que, na realidade, vai servir de barreira proteccionista para as indústrias já instaladas, com todas as consequências negativas que daí derivam. Toda a política industrial do Estado Novo, neste período, vai ser fortemente influenciada pelo condicionamento industrial, que na sua aplicação, nem sempre muito clara, restringirá a iniciativa privada e protegerá muitos interesses estabelecidos. O condicionamento industrial era um regime que dava «às empresas já existentes o direito de contestarem qualquer novo pedido de instalação, alegando que já [existia] capacidade suficiente no País e que essa nova entrada [de um concorrente] seria um desperdício de capitais, aperto para o abastecimento de matérias-primas e aviltamento dos preços em prejuízo da qualidade»[163]. «O condicionamento industrial institui a desigualdade de direitos no acesso ao exercício da actividade industrial. A sua gestão seria um dos instrumentos mais eficazes da criação de clientela política do «regime». Mas não terá sido o único: ao nível da indústria, o

---

[162] BRITO, José Maria Brandão de – *A industrialização portuguesa no pós-guerra (1948-1965). O condicionamento industrial*. Lisboa: Publicações Dom Quixote, 1989, p. 41.

[163] MOURA, Francisco Pereira de – *Por onde vai a economia portuguesa?*. Lisboa: Publicações Dom Quixote, 1969, p. 21.

livre-arbítrio do decisor público também impera na concessão de benefícios fiscais»[164].

A questão-chave de todo o processo de condicionamento industrial era a problemática da concorrência, que era encarada pelo Estado Novo como o elemento central das crises económicas da época. A concorrência, para além de um limite considerado como "normal", em que os produtos entravam no mercado sem influenciar significativamente os preços, era encarada como nefasta e a evitar a todo o custo. Para os corporativistas portugueses era necessário controlar a concorrência pois, caso contrário, tornava-se «desregrada, sem sentido, desvairada, perversa, ruinosa, desordenada, etc...»[165].

Um outro domínio que convém focar é o da preocupação que Salazar tinha em relação à evolução do nível geral de preços. Houve uma atenção muito especial em relação aos preços dos produtos, de forma a controlar o mais possível o índice de preços e manter um certo poder de compra das classes mais desfavorecidas, que era muito baixo, comparativamente a outros países mais desenvolvidos economicamente. Muitos dos preços dos bens dos serviços considerados como essenciais eram tabelados ou homologados administrativamente. Mas isso não chegava[166]. Houve que efectuar por diversas vezes intervenções no mercado para tentar minimizar as tendências inflacionistas. Estas intervenções, normalmente, eram efectuadas através do Fundo de Abastecimento, de forma a manter estáveis os preços dos produtos considerados como mais essenciais. Esse receio da inflação tinha algum fundamento pois já tinha havido dois surtos significativos de inflação durante e após a Primeira Guerra Mundial

---

164 LOUREIRO, João Adolfo – *Economia e Sociedade. A Indústria no Após Guerra: Anos 50 e 60*. Lisboa: Ed. Cosmos, 1991, p. 243.

165 BRITO, José Maria Brandão de – «Concorrência e Corporativismo» in *O Estado Novo, das Origens ao Fim da Autarcia (1926-1959)*. Vol. I. Lisboa, Fragmentos, p. 315.

166 Chegou-se mesmo a congelar as rendas das casas em Lisboa e no Porto e controlar as actualizações das rendas no resto do país.

(até 1924) e a Segunda Guerra Mundial (até 1946)[167]. «A inflação tinha sido o flagelo económico mais visível da Primeira República. Qualquer veleidade de criar um clima financeiro estável tinha, necessariamente, de passar pela estabilização dos preços»[168].

O nível de vida das populações era tão baixo que qualquer diminuição no seu poder de compra tinha efeitos muito visíveis e provocava tensão social e revoltas, o que o Governo tentava impedir a todo o custo por causa, nomeadamente, das repercussões que poderia ter no campo político. A baixa produtividade em Portugal, nos diferentes sectores produtivos, era tal, que um aumento substancial dos salários provocaria o encerramento de muitas empresas e o consequente aumento do desemprego. A maior parte das empresas só conseguia ter lucros na base da protecção interna (condicionamento industrial), da protecção externa (pauta aduaneira muito elevada e restrições quantitativas) e de salários muito baixos. O Estado encarregava-se de proporcionar às populações os produtos essenciais a um preço moderado e sem grandes oscilações. Tinha-se estabelecido um equilíbrio muito frágil que convinha ao poder controlar com alguma subtileza. A inexistência de sindicatos livres não era sinónimo de ausência de reivindicação. Havia todo um trabalho clandestino no movimento operário que mantinha o poder em alerta. Os sindicatos corporativos, ligados ao Estado Novo, e que procuravam conciliar os interesses dos trabalhadores e dos patrões, eram, na realidade, um instrumento do poder instituído. A visão de Salazar neste particular era bem clara: «Coordenar as corporações, federações e confederações económicas de carácter patronal ou operário, formadas espontaneamente ou por

---

[167] VALÉRIO, Nuno – «Aspectos das finanças públicas portuguesas (1943-1983)» in *O Estado Novo, das Origens ao Fim da Autarcia (1926-1959)*. Vol. I. Lisboa: Fragmentos, p. 299-300.

Os indicadores de preços, tanto por grosso como no consumidor, mantiveram-se extremamente estáveis durante todo o período cronológico deste trabalho. Tomando como base 1914 (índice 1,00), entre 1947 e 1953 o índice de preços passou de 41,3 para 43,3. Cf. *Ibid*.

[168] NEVES, João César das e SILVA, Francisco Azevedo – *António Pinto Barbosa: uma biografia económica, op. cit.*, p. 68.

impulso do Poder, desviando-as das competições e lutas e sujeitando todas as actividades e interesses às necessidades e interesses superiores da Nação – eis o pensamento que [...] deve dominar a lei e a administração pública»[169].

Em relação à intervenção de Salazar no campo da análise económica, é necessário salientar que há dois períodos. Num primeiro período, a partir de 1916, Salazar vai interessar-se fortemente pelas questões económicas, escrevendo dois livros sobre esta matéria, bem como uma série de artigos e discursos, difundindo gradualmente o seu pensamento económico sem grandes rasgos teóricos. Num segundo período, a partir sensivelmente da Segunda Guerra Mundial, começa a desviar progressivamente a sua atenção mais para as questões políticas e da defesa. Nessa altura as suas ideias sobre os objectivos da economia nacional já estavam suficientemente difundidas e em aplicação. Era tempo de começar a delegar. Em Agosto de 1940, é nomeado ministro da Finanças o amigo de Salazar, e fiel do regime, João Costa Leite, que tinha sido até essa altura ministro do Comércio e Indústria. Salazar deposita nele inteira confiança política e técnica. Em Setembro de 1944, é criado o Ministério da Economia[170] e nomeado ministro o subsecretário de Estado das Finanças, Supico Pinto[171]. A partir dessa ocasião, Salazar vai afastar-se parcialmente das questões económicas e financeiras, mantendo, contudo, o seu controlo político e, por vezes técnico, sobre a situação global e dando as directrizes necessárias à manutenção das linhas gerais por ele definida. O número de discursos e artigos com referências à economia reduz-se substancialmente e

---

[169] SALAZAR, António de Oliveira – «Princípios fundamentais da revolução política» in *Discursos 1928-1934*, *op. cit.*, p. 89.

[170] A criação do Ministério da Economia resultou da agregação dos até então Ministérios do Comércio e Indústria e da Agricultura, que passaram a ser chefiados por dois subsecretários de Estado e a depender do ministro da Economia.

[171] Clotário Luís Supico Ribeiro Pinto, subsecretário de Estado das Finanças, de 28 de Agosto de 1940 a 6 de Setembro de 1944, e ministro da Economia a partir dessa data e até 4 de Fevereiro de 1947. Ver referências biográficas no Apêndice 1.

nota-se uma propensão manifesta de Salazar para as questões de política interna e externa[172]. Apesar disso, Salazar continuou sempre a acompanhar de muito perto as questões económicas, que eram amplamente discutidas, por vezes até ao pormenor, nos conselhos de ministros da especialidade.

A agricultura para Salazar deveria ser a base de sustentação do desenvolvimento económico em Portugal - que ele pretendia lento para se estabelecer com segurança -, mas a Segunda Guerra Mundial vai revelar-se decisiva para uma progressiva mudança de atitude. A grande dificuldade nos abastecimentos em matéria-prima, equipamentos e géneros alimentícios vai provocar uma reflexão à volta das fragilidades próprias da economia portuguesa e da necessidade de uma industrialização mais acentuada, nomeadamente para permitir a melhoria da produção agrícola e do sector primário em geral. Após uma década de consolidação do poder e de saneamento financeiro de Portugal, tinha chegado o momento de lançar as grandes obras estruturantes que permitissem um maior desenvolvimento económico. A Lei de Reconstituição Económica[173], de 1935, tinha sido um primeiro passo em matéria de criação de infra-estruturas básicas ao desenvolvimento económico, mas o atraso do país nessa matéria era tão grande que não foi de forma alguma determinante para a economia portuguesa. Faltava, sobretudo, o fomento da produção industrial propriamente dita e das suas ligações com o sector primário. Entretanto, em finais de 1944 e princípios de 1945, surgem duas leis da maior importância: a Lei da Electrificação do País[174] e a Lei do Fomento e Reorganização Industrial[175], que vão servir de suporte ao processo que visava a industrialização do país. Na redacção dos projectos de lei e à

---

[172] Ver a este propósito: BRITO, José Maria Brandão de – «Sobre as Ideias Económicas de Salazar» in *Salazar e o Salazarismo*, Lisboa, Publicações Dom Quixote, 1989, p. 55.

[173] Lei n.º 1 914, de 24 de Maio de 1935.

[174] Lei n.º 2 002, de 26 de Dezembro de 1944.

[175] Lei n.º 2 005, de 14 de Março de 1945.

frente do movimento pela industrialização em Portugal encontra-se José Ferreira Dias (Júnior)[176], ex-subsecretário do Comércio e da Indústria que, em fins de 1945, publica uma obra que veio a ter uma projecção considerável e que constitui um marco importante na historiografia económica portuguesa. No seu livro *Linha de Rumo. Notas de Economia Portuguesa*[177], Ferreira Dias vai fazer o diagnóstico da situação do país em matéria industrial, descrevendo, de uma forma irrefutável, o grande atraso de Portugal em relação à Europa. Nesta obra, aponta oportunidades de criação de novas indústrias. Toda a sua exposição se baseia no necessário reforço da electrificação do país, que se situava muito abaixo das produções médias europeias e que deveria ser considerado como pressuposto essencial. Consciente da sua formação técnica e experiência governativa, vai demonstrar, através do seu livro, a necessidade de industrializar o país como forma de aumentar a riqueza nacional e, por conseguinte, o nível de vida das populações. As críticas foram tão numerosas, nomeadamente nos meios políticos, que Ferreira Dias sentiu a necessidade de acrescentar um texto à segunda edição do seu livro – a que deu o título de «A fechar» – e em que, de uma forma incisiva, critica aqueles que o criticam por ter revelado a situação em que o país se encontrava. No texto refere o seguinte: «não escrevi o livro de um oprimido mas apenas o de um discordante de certas opiniões clássicas em matéria de economia portuguesa e, mais ainda, da frouxidão com que tem sido conduzida desde sempre, e continua a sê-lo, a nossa política industrial»[178]. Profundamente discordante da política industrial seguida pelo Governo – ou da sua ausência – não leva a sua crítica, contudo, para o plano político, em que reconhece que a situação política «satisfaz em grande parte o [seu] ideal

[176] José Ferreira Dias Júnior, subsecretário de Estado do Comércio e Indústria entre 28 de Agosto de 1940 e 6 de Setembro de 1944. Ver referências biográficas no Apêndice 1.

[177] DIAS, José Ferreira – *Linha de Rumo. Notas de Economia Portuguesa*. Vol. I. 2.ª edição, Lisboa: Livraria Clássica Editora, 1946.

[178] *Ibid.*, p. 389.

de ordem, de decoro e de realidade»[179]. Esta crítica endógena da política industrial do Governo e, no fundo, da sua política económica em geral, foi bastante forte e teve repercussões nos diferentes planos de fomento[180].

Em relação à abertura da economia portuguesa ao exterior, é conveniente assinalar que Salazar tinha uma perspectiva pragmática da situação – como em muitos outros domínios – e sabia perfeitamente que a autarcia não era uma possibilidade a ter em conta na sua forma mais radical. Mesmo que tivesse sido esse o desejo dos governantes, a dimensão e o grau de desenvolvimento do país não permitiriam tal situação extrema. Como ele próprio diz, num discurso ao microfone da Emissora Nacional em 27 de Abril de 1943: «A economia nacional não é necessariamente autárquica, no sentido de suficiência e de isolamento, orientação que de um lado esbarra com a multiplicidade das trocas e a interdependência da vida moderna, e do outro provoca desvios contrários ao melhor aproveitamento e divisão do trabalho no mundo»[181]. Para Salazar, o país estava «aberto» aos capitais estrangeiros desde que estes se integrassem na economia nacional, servindo prioritariamente os interesses nacionais, seguissem as suas directrizes e obedecessem ao seu «comando»[182]. Na realidade, os investimentos estrangeiros em Portugal, mesmo considerando os investimentos britânicos[183], eram diminutos e o seu impacto na economia portuguesa era pouco significativo em relação ao

---

[179] *Ibid.*, p. 390.

[180] Ferreira Dias virá a ser, a partir de 28 de Agosto de 1958, ministro da Economia (até 4 de Dezembro de 1962) e, ao mesmo tempo, subsecretário de Estado da Indústria (até 4 de Maio de 1961). Este regresso ao Governo poderá, de uma certa forma, ser considerado como um reconhecimento *a posteriori* da razão que lhe assistia na altura do seu manifesto.

[181] SALAZAR, António de Oliveira – «Os princípios e a obra da Revolução no momento interno e no momento internacional» in *Discursos e Notas Políticas – III-1938-1943*. Coimbra: Coimbra Editora, Limitada, 1943, p. 389.

[182] *Ibid.*, p. 400.

[183] Principalmente a *Carris*, a *Anglo-Portuguese Telephone Co*, e as empresas ligadas ao vinho do Porto, em Portugal, a *Companhia de Moçambique* e a *Diamang* (Angola).

cômputo geral[184]. Também é de assinalar que a pauta aduaneira era fortemente proteccionista no que concerne aos produtos que fizessem concorrência aos produtos nacionais. O proteccionismo, o condicionamento industrial e o corporativismo constituíam uma trilogia de protecção às empresas nacionais instaladas, que lhes possibilita um lucro mais fácil, uma redução do risco económico e um acomodamento contraproducente[185].

No princípio dos anos 50, o próprio ministro da Economia, Ulisses Cortês,[186] viria a reconhecer que o condicionamento industrial, tal como estava a ser aplicado, era mau para a economia. «O clima económico, em que este nascera [o condicionamento industrial], e certo conceito deformado do sistema corporativo, haviam levado a erigir o condicionamento à categoria de regime normal e a considerar-se, como excepção, o princípio da liberdade de iniciativa. Pareceu que esta orientação, além do risco de esclorosar as estruturas fabris e de estancar o progresso técnico, se afastava de princípios basilares da nossa legislação e da genuína substância da doutrina corporativa»[187].

---

[184] Só a partir dos anos sessenta é que se começa a verificar um aumento gradual dos investimentos estrangeiros em Portugal e nas colónias. Ver MATOS, Luís – «Investimento Estrangeiro» in *Dicionário de História do Estado Novo*. Volume I. Direcção de ROSAS, Fernando e BRITO, José Brandão de, s. l., Círculo dos Leitores, 1996, p. 491-495.

[185] A este propósito ver: LIMA, Marinús Pires de – «Contribuição para uma história da organização racional do trabalho em Portugal, no contexto da economia sob o Estado Novo (1926-1959)» in *O Estado Novo, das Origens ao Fim da Autarcia (1926-1959)*. Vol. I. Lisboa: Fragmentos, p. 327.

[186] Ulisses Cruz de Aguiar Cortês, ministro da Economia entre Agosto de 1950 e Agosto de 1958. Ver referências biográficas no Apêndice 1.

[187] Em 24 de Abril de 1951 foi apresentada à Assembleia Nacional uma proposta de lei, que virá a ser aprovada, no sentido de se limitar a aplicação do condicionamento industrial. Apesar de reconhecer que não «foram corrigidos todos os excessos e inconvenientes do regime anterior», afirma que «se deu um largo passo nesse sentido e se arejou saudavelmente um sector, em parte anquilosado pela inércia e pela rotina, e a que importava restituir a noção do risco, o sentido do progresso e o gosto das iniciativas criadoras». CORTÊS, Ulisses – *Acção do Ministério da Economia – Agosto de 1950 a Dezembro de 1954*. Lisboa: Editorial Império, 1955, p. XVI-XVII.

A posição de Salazar era a de um nacionalismo económico muito acentuado, mas limitado pelo grau de desenvolvimento do país e pela sua grande dependência do exterior em termos económicos; aliado a uma convicção de que o liberalismo económico era o sistema mais adequado, desde que balizado pelo Estado. Apesar da sua preferência pelo sistema liberal, no domínio das ideias económicas defendidas, vai haver uma intervenção do Estado mais acentuada do que pretendia, conforme reconhece num texto de 1948: «Pelo jogo das circunstâncias [...] e em virtude do peso da herança recebida, viu-se logo desde o começo que o Estado, ao enfrentar o problema económico, havia de desempenhar papel de maior relevo do que aquele que em tese entendemos lhe compete»[188]. Neste domínio, é de considerar uma forte dose de pragmatismo, que o levou a adaptar-se, sem renegar no essencial às suas ideias, àquilo que ele designou pelas «circunstâncias ocorrentes». Um pragmatismo em que «o real é manipulável no interior da sua ordem e preceitos»[189], uma realidade também ela construída ao longo dos anos de governo autoritário e ditatorial e, de uma certa forma, omnipresente. Esse pragmatismo era tanto mais evidente quanto o assunto se afastava da área do poder, nomeadamente na análise efectuada às relações internacionais no pós-guerra.

Logo após ter acedido ao poder como Presidente do Ministério – que se passou a designar em seguida Presidência do Conselho –, Salazar elaborou uma Constituição adaptada ao seu projecto de exercício do poder, criando assim o suporte constitucional e legal à sua própria perenidade[190].

---

[188] SALAZAR, António de Oliveira – «Prefácio à 4.ª edição» dos *Discursos 1928-1934*. Vol. I, p. XIX, cit. in *Salazar Antologia. Discursos, Notas, Relatórios, Artigos e Entrevistas 1909-1953*. Lisboa: Editorial Vanguarda, 1954, p. 141.

[189] Ó, Jorge Ramos do – «As Circunstâncias Ocorrentes». Notas para a compreensão do pragmatismo político de Oliveira Salazar» in *Salazar e o Salazarismo*. Lisboa: Publicações Dom Quixote, 1989, p. 203.

[190] A Constituição de 1933 foi elaborada por Salazar, coadjuvado por um pequeno grupo de colaboradores (Quirino de Jesus, Fezas Vital, Pedro Theotónio Pereira, e Marcello Caetano). Cf. CAETANO, Marcello – *Minhas Memórias de Salazar*. Lisboa: Verbo, 1985, p. 44-45 e 52.

No que concerne ao regime, foi designado como «república corporativa»[191] e a economia nacional foi classificada de corporativa mas, na realidade, o corporativismo português «foi, essencialmente, um invólucro ideológico, de pouca consistência económica e sociológica, cujos verdadeiros objectivos eram fundamentar a proibição do sindicalismo livre, impor fortes limitações à concorrência, reforçar o controlo do Estado sobre os trabalhadores e os patrões e assegurar o dirigismo apertado na maior parte das actividades económicas»[192].

2. A situação política no pós-guerra

A vitória das grandes democracias ocidentais contagiou fortemente a situação política em Portugal no pós-guerra. A celebração da vitória dos Aliados em Lisboa concentrou muitos milhares de pessoas junto às representações diplomáticas do Reino Unido, dos EUA e da França[193]. Havia uma

---

[191] Artigo 5.º da Constituição da República Portuguesa, de 1933.

[192] LOPES, José da Silva – *Políticas Económicas, 1960/1995*. Lisboa: Cadernos do Público (5.º), 1996, p.18. Segundo Silva Lopes: «O regime corporativo português tinha ido buscar muita da sua inspiração à doutrina social da Igreja, ao integralismo lusitano, às organizações dos ofícios da Idade Média, às teorizações corporativas que na década de 30 tiveram uma certa voga (Manoilesco, etc.) e principalmente às ideologias de tipo fascista postas em prática no corporativismo italiano e também na organização económica da Alemanha nazi, da Espanha de Franco, da França de Vichy, etc.». *Ibid.*, p. 15.

[193] É curioso assinalar um comentário da Embaixada da França a este propósito: «O ministro [da França] recebeu o Senhor Salazar, que lhe veio transmitir as felicitações do Governo e, noutros momentos, delegações de homens do povo e operários desejosos de demonstrar a sua simpatia em relação à França e aos países democráticos. Ele teve o cuidado de não ter deixado os oradores populares se embalarem em discursos que lhe poderiam ter criado embaraço ou de que eles próprios se poderiam ter arrependido mais tarde». [t.a.] ADMAE, S. Europe/1944-1960, S.s. Portugal, lettre n.º 193, de 26 de Fevereiro de 1951, «Note générale sur les diverses activités de l'Ambassade entre 1945 et 1950/Tableau d'ensemble des activités de la Légation (puis de l'Ambassade) entre 1945 et 1950», de Jean du Sault, embaixador da França em Lisboa, para Robert Schuman, ministro dos Negócios Estrangeiros da França, f. 68, Vol. 37, d.l.: 1949-1953.

vontade manifesta de abertura política e de melhoria das condições de vida das populações. Apesar de o país ter acumulado ouro e divisas durante a Segunda Guerra Mundial, as condições de vida em Portugal pioraram e atingiram níveis verdadeiramente insuportáveis nalgumas camadas da população. O fim da guerra significaria, em princípio, o termo das privações. Ora isso não aconteceu imediatamente e assistiu-se a um descontentamento muito grande. Foi necessário aceitar alguns aumentos salariais e efectuar intervenções maciças no mercado dos produtos essenciais, de forma a combater a especulação e a subida dos preços e, assim, evitar que a revolta social se manifestasse ainda mais e transbordasse para o campo político.

A partir do fim da guerra, o regime do Estado Novo concede algumas liberdades políticas às forças oposicionistas. Estas concessões não tinham propriamente em vista a desejada abertura política mas, principalmente, a própria sobrevivência política do regime. Efectivamente, estando Portugal inserido num contexto de países democráticos (à excepção da Espanha, que tinha um regime ditatorial odiado pela maior parte dos países ocidentais), convinha dar ao regime do Estado Novo, por razões internas e externas, uma imagem mais "aceitável"; embora preservando a sua essência e respectiva linha de actuação fundamental.

O Secretariado Nacional da Informação, Cultura Popular e Turismo – que incluía os Serviços da Censura – é reforçado de forma radical, passando o número de funcionários de 17 para 128 no ano de 1945[194]. Obviamente, a censura prévia não se exercia só através do acto censório directo, *a posteriori*, mas também de uma forma indirecta, através da autocensura por via do receio das consequências e dos cortes. Apesar disso, alguns jornais tentavam manter viva uma certa liberdade de opinião[195]. Estava

---

[194] Ó, Jorge Ramos do – «Censura» in *Dicionário de História do Estado Novo (1926-1974), op. cit.*, p. 141.

[195] Estão nesta situação os jornais diários *República* e *Diário de Lisboa*, em Lisboa, *Primeiro de Janeiro*, no Porto, assim como, mais tarde, o *Comércio do Funchal* e o *Jornal do Fundão*.

instalado um clima geral de medo que restringia e "castrava" a liberdade de expressão e o debate contraditório sobre ideias políticas, morais ou sociais consideradas pelo regime como "subversivas" ou "imorais". Paralelamente à repressão policial, a censura revela-se um pilar fundamental na manutenção do regime. De uma forma discreta e permanente, os Serviços da Censura deturpavam e restringiam as informações. Mário Soares escreveu a este propósito que a censura prévia foi a «arma mais temível de Salazar – a sua arma absoluta»[196].

Se até 1945 as eleições foram sempre plebiscitárias ao regime – através das listas únicas da União Nacional –, após esse ano foram aceites listas da Oposição, mediante autorização do poder instituído. Contudo, o abrandamento da censura só se fazia sentir durante a campanha eleitoral, que decorria durante um período muito curto. Não era possível efectuar uma campanha eleitoral de moldes democráticos em Portugal. «O grande óbice das campanhas políticas da Oposição foi sempre a dificuldade em esta se fazer ouvir pela generalidade dos seus concidadãos, a falta de meios de contacto naturais com o público»[197]. O baixíssimo nível de escolaridade do povo português e a elevadíssima taxa de analfabetismo também não ajudaram certamente a divulgação dos ideais democráticos[198].

Depois de Salazar anunciar, em 18 de Agosto de 1945, a intenção de dissolver a Assembleia Nacional e realizar novas eleições, assiste-se à

---

[196] SOARES, Mário – *Portugal Amordaçado. Depoimento sobre os anos do fascismo*. Lisboa: Arcádia, 1974, p. 152.

[197] *Ibid.*, p. 151-152.

[198] Convém referir que o analfabetismo, apesar de se encontrar em regressão nessa altura, ainda era muito significativo. Em 1950, na população com mais de 7 anos de idade, o analfabetismo atingia cerca de metade da população feminina e um terço da população masculina. Cf. «Analfabetismo» in *Dicionário do Estado Novo*. Vol. I, *op. cit.*, p. 46. O analfabetismo em 1950 atinge 40% da população portuguesa. Cf. «Analfabetismo» in *Dicionário da História de Portugal*. Vol. VII. (coord. BARRETO, António e MÓNICA, Maria Filomena), Lisboa: Figueirinhas, 1999, p. 95. Na classe etária entre os 20 e 65 anos, o número médio de escolarização é de 1,3 anos. Cf. MATEUS, Abel – *Economia Portuguesa, crescimento no contexto internacional (1910-1998)*. Lisboa: Editorial Verbo, 1998, p. 80.

mobilização das forças oposicionistas com vista ao combate eleitoral. Houve um abrandamento da censura e uma liberalização da lei eleitoral. Muitos presos políticos foram libertados, por via de uma amnistia política parcial[199]. Vários decretos-leis são promulgados no âmbito da justiça, da polícia política e do direito eleitoral[200]. A Assembleia Nacional foi dissolvida (a única vez durante a vigência do Estado Novo) e as eleições são marcadas para o dia 18 de Novembro, não dando tempo à Oposição para se mobilizar convenientemente[201]. O Movimento de Unidade Democrática (MUD) é criado no dia 8 de Outubro de 1945, durante uma reunião pública autorizada em Lisboa[202]. Acredita-se na possibilidade de democratizar o país pela via legal e eleitoral. Se numa primeira fase o Partido Comunista Português – sem dúvida a grande força organizada de oposição ao regime, na clandestinidade – critica esta posição, por não acreditar nela, numa segunda fase, imediatamente posterior, «cola-se ao MUD»[203]. O Partido Comunista Português pretende, aparentemente, situar-se no xadrez político do pós-salazarismo. O Movimento de Unidade Nacional Antifascista, organização clandestina criada em Dezembro de 1943 e reagrupando uma grande parte da oposição ao regime, já não satisfaz uma parte da oposição que pretende demarcar-se da «influência tutelar dos comunistas»[204]. A criação do MUD como organização legal da oposição vai permitir alargar a base popular das forças oposicionistas.

---

[199] Decreto-Lei n.º 35 041, de 18 de Outubro de 1945.

[200] Ver a este propósito: CRUZ, Manuel Braga da – *O Partido e o Estado no Salazarismo*. Lisboa: Editorial Presença, 1986, p. 90. Ver Decretos-Lei n.º 34 938, 34 972, 35 007, 35 041, 35 042, 35 043, 35 044 e 35 046 de 1945.

[201] Decreto-Lei n.º 34 972, de 6 de Outubro de 1945.

[202] Ver a propósito do MUD: COSTA, Fernando – «Movimento de Unidade Democrática (MUD)» in *Dicionário de História do Estado Novo (1926-1974), op. cit.*, p. 634-637.

[203] ROSAS, Fernando – «O Estado Novo (1926-1974)» in *História de Portugal* (dir. José Mattoso), Vol. VII, Lisboa: Círculo dos Leitores, 1994, p. 392.

[204] COSTA, Fernando – «Movimento de Unidade Nacional Antifascista (MUNAF)» in *Dicionário de História do Estado Novo (1926-1974), op. cit.*, p. 638.

O MUD vai ter um sucesso fulgurante e, em poucos dias, consegue a adesão de milhares de pessoas. Dezasseis dias depois da sua criação, o MUD divulga, numa conferência de imprensa, a informação de que tem já 50 mil assinaturas de apoio em Lisboa[205]. O MUD pede o adiamento por seis meses das eleições num recurso dirigido ao Supremo Tribunal Administrativo, argumentando que seriam necessários seis meses para implementar um processo eleitoral verdadeiramente democrático[206]. O pedido será indeferido. No dia 1 de Novembro, por ordem do Governo, o MUD, depois de um debate interno, aceita entregar ao Ministério do Interior a lista de assinaturas do distrito de Lisboa de apoio às posições deste Movimento (o Porto recusará entregar as respectivas listas, sem garantias prévias). Face às inúmeras restrições impostas, nomeadamente a suspensão pelo Governo de algumas reuniões e comícios programados, o MUD recomenda aos eleitores a abstenção. Salazar, em entrevista ao *O Século* e ao *Diário de Notícias*, considera que as eleições vão ser «tão livres como na livre Inglaterra»[207]...

Esta pequena e breve abertura política permitiu compreender que havia uma forte vontade de mudança no país, mas também possibilitou ao regime testar as suas próprias capacidades de resposta, identificar os seus opositores mais directos e organizar a repressão. Depois das eleições assistiu-se em Portugal a uma «fase de progressivo endurecimento político: os signatários das listas de adesão ao MUD são perseguidos, presos, demitidos das funções públicas». «A repressão provoca um inevitável refluxo da movimentação oposicionista. Os entraves e bloqueios levantados pelo Governo não permitindo avanços significati-

---

[205] Cf. COSTA, Fernando – «Movimento de Unidade Democrática (MUD)» in *Dicionário de História do Estado Novo (1926-1974), op. cit.*, p. 635.

[206] As questões avançadas pelo MUD com vista ao adiamento das eleições prendem-se com as liberdades necessárias a uma verdadeira campanha eleitoral e com a seriedade do próprio acto eleitoral. Cf. *Ibid.*, p. 634.

[207] Entrevista de Salazar aos jornais *O Século* e *Diário de Notícias*, de 14 e 15 de Novembro de 1945.

vos, havia que procurar novos caminhos de intervenção fora do plano legal»[208].

A polícia política muda de nome e, em vez de Polícia de Vigilância e Defesa do Estado, passa-se a chamar Polícia Internacional de Defesa do Estado (PIDE). Os métodos, contudo, mantêm-se os mesmos. A tortura e a repressão continuam a ser prática corrente. Neste particular, convém salientar que o Partido Comunista Português constituía o alvo principal da ferocidade da PIDE, como atesta a longa lista dos mortos durante o período do Estado Novo[209]. «A repressão policial foi [...] uma repressão selectiva, estratificada e dissuasora, em termos sociais. Não foi repressão maciça, mas apenas de opositores declarados, e tão mais duramente quanto mais oposta fosse a contraposição. Foi desigual também em termos sociais, tendo-se abatido sobretudo sobre os mais baixos estratos sociais. E mais do que o extermínio ou a supressão, pretendia a punição defensiva e dissuasora»[210]. O Partido Comunista Português estava muito activo, desde 1942, e como organização clandestina conseguia influenciar fortemente os movimentos operários e campesinos e, igualmente, a Oposição democrática[211]. A PIDE era absolutamente implacável na sua luta

---

[208] TENGARRINHA, José – «A oposição democrática portuguesa e a Europa» in *O fim da Segunda Guerra Mundial e os novos rumos da Europa.* (coord. de António José Telo), Faculdade de Letras da Universidade de Lisboa, 4 a 6 de Maio de 1995, Lisboa: Edições Cosmos, 1996, p. 234.

[209] Ver a este propósito: MORAIS, João e VIOLANTE, Luís – *Contribuição para uma Cronologia dos Factos Económicos e Sociais. Portugal 1926-1985.* Lisboa: Livros Horizonte, 1986.

[210] CRUZ, Manuel Braga da – «Salazar e a Política» in *Salazar e o Salazarismo. op. cit.*, p. 67. Também Dawn Linda Raby comenta a repressão do regime da seguinte forma: «A repressão era generalizada e sistemática, embora controlada e selectiva nas suas formas mais violentas (que incidiam principalmente sobre os comunistas, anarquistas, operários grevistas e camponeses revoltados)». RABY, Dawn Linda – *Resistência antifascista em Portugal, 1941-1974.* Lisboa: Salamandra, 1990, p. 13.

[211] Em 1949, 1950 e 1951 a PIDE conseguiu prender grande parte dos dirigentes do Partido Comunista Português, dando um duro golpe à organização clandestina. Apesar de não ter sido completamente destruído, o Partido vai ter uma recuperação difícil. *Ibid.* p. 122.

constante contra o Partido Comunista Português, considerado o grande inimigo do regime.

Com a experiência frustrada de Novembro de 1945, chega-se pois à conclusão que através da via legal não seria possível derrubar o regime. «É assim que, já a partir dos inícios de 1946, frustradas as esperanças na democraticidade das eleições do final do ano anterior e esgotada a experiência do MUD, a Oposição retoma a táctica da conspiração nas Forças Armadas. Aproveitando o mal-estar que nelas grassava contra a ditadura pessoal de Salazar e o sistema corporativo, pareciam criadas as condições para um golpe militar vitorioso»[212]. No seu relatório anual relativo a 1946, o embaixador do Reino Unido, Sir Owen O'Malley[213], indica que o MUD não tinha dado «sinais de actividade efectiva durante o ano»[214]. Noutro ofício indica o seguinte: «À excepção da Igreja, não há em Portugal movimentos organizados que tenham ou ambicionem ter filiações internacionais ou tenham uma importância suficiente para exercer uma influência perceptível na vida pública»[215].

Em Outubro de 1946 eclodiu uma tentativa insurreccional no Porto, mas acabou por ser rapidamente controlada. Esta tentativa ficou conhecida por «revolta da Mealhada» (em virtude de o movimento militar ter sido parado nesta localidade). No mês de Abril de 1947, dá-se uma nova

---

[212] TENGARRINHA, José – «A oposição democrática portuguesa e a Europa» in *O fim da Segunda Guerra Mundial e os novos rumos da Europa*, *op. cit.*, p. 234.

[213] Sir Owen Saint-Claire O'Malley, embaixador do Reino Unido em Lisboa até 11 de Junho de 1947.

[214] PRO/FO 371-67855, «Situation in Portugal during 1946», n.º 372, de Sir Owen O'Malley, embaixador do Reino Unido em Lisboa, para Ernest Bevin, ministro dos Negócios Estrangeiros, de 31 de Dezembro de 1946. [t.a.] Na realidade, no dia 31 de Janeiro de 1946, tinha havido manifestações organizadas pelo MUD, sendo a de Lisboa, conforme testemunho de Mário Soares: «[um] mar de gente que enchia literalmente toda a Avenida Miguel Bombarda e as ruas adjacentes que conduzem ao monumento a António José de Almeida». SOARES, Mário – *Portugal Amordaçado. Depoimento sobre os anos do fascismo*. *op. cit.*, p. 125.

[215] PRO/FO 371-67855, n.º 373, de Sir Owen O'Malley, embaixador do Reino Unido em Lisboa, para Ernest Bevin, ministro dos Negócios Estrangeiros, de 28 de Dezembro de 1946.

tentativa de golpe de Estado, chefiada por uma Junta Militar de Libertação Nacional, mas foi abortada antes de eclodir (à excepção da sabotagem de aviões na Base Aérea de Sintra). Esta tentativa de golpe implicou a prisão de numerosos oficiais, alguns dos quais de elevada patente. Foi invocado o apoio do Presidente da República, o que ficou por provar.

Também no mês de Abril de 1947 é desencadeado um movimento grevista nos estaleiros navais na região de Lisboa, que irradiou rapidamente para algumas empresas de Lisboa e da cintura industrial. O Governo manda para o Tarrafal vários dos grevistas. A revolta alastra ao movimento académico na sequência da prisão de diversos membros da Comissão Académica de Lisboa e da Comissão Central do MUD Juvenil[216]. Entretanto, no seguimento de uma greve de estudantes na Faculdade de Medicina, em protesto contra as prisões atrás referidas, dá-se uma invasão brutal da Faculdade. O director da Faculdade demite-se e Governo decide aposentar ou demitir 21 professores e assistentes. Também nessa altura mandou aposentar 9 dos oficiais superiores implicados na tentativa de insurreição militar do mês de Abril.

No próprio dia da publicação da Resolução do Conselho de Ministros de aposentação compulsiva dos professores e dos militares, o embaixador Sir Nigel Ronald escreve para o seu ministro Ernest Bevin um ofício com a lista das personalidades e faz o seguinte comentário à situação: «A opinião pública em geral [...] e a opinião da classe trabalhadora em particular, parecem ter tido pouco em consideração este acontecimento. Há alguns meses, quando a comida era rara e cara e o descontentamento popular aumentava, estas demissões poderiam ter provocado indignação popular, não porque o homem da rua se preocupe verdadeiramente com tudo o que diga respeito às liberdades académicas ou às liberdades cívicas, mas porque eles poderiam beneficiar de um pretexto para mostrar o seu descontentamento com o regime. Neste momento, contudo, quando a

---

[216] SOARES, Mário – *Portugal Amordaçado. Depoimento sobre os anos do fascismo*, *op. cit.*, p. 137-138.

situação alimentar melhorou, as demissões foram acolhidas com uma profunda indiferença»[217].

O início da Guerra Fria, em 1947, vai proporcionar ao regime do Estado Novo uma maior liberdade de acção para conduzir a repressão sob a bandeira do anticomunismo[218]. Em termos internacionais também não se podia esperar grande ajuda. Os países ocidentais tinham receio de uma desestabilização política e social em Portugal e a defesa da Europa necessitava dos Açores. Paralelamente, assiste-se a um melhor abastecimento em géneros do país, graças às importações maciças de produtos alimentares e bens de consumo. Estavam criadas as condições para a consolidação do regime do Estado Novo depois do período de "turbulência" do pós-guerra. No dia 31 de Janeiro de 1948, toda a Comissão Central do MUD foi presa, tendo o processo de detenção durado um mês. Confirmava-se a célebre frase do ministro do Interior, Júlio Botelho Moniz[219], durante a campanha eleitoral de 1945, ao dizer o seguinte: «o Estado Novo não cairá nem a votos nem a tiros!»[220].

3. A situação socioeconómica e financeira de Portugal no pós-guerra

No fim da Segunda Guerra Mundial, Portugal encontra-se numa situação financeira relativamente confortável, mas o regime vai viver momen-

---

[217] PRO/FO 371-67856, «Portugal: Purge of Service officiers and university professors», n.º 133, Confidential, de Sir Nigel Ronald, embaixador do Reino Unido em Lisboa, para Ernest Bevin, ministro dos Negócios Estrangeiros, de 15 de Junho de 1947. [t.a.] Foi efectuada uma cópia para circular no *Foreign Office*. Esta questão, principalmente no que toca aos professores universitários, teve um grande impacto no *Foreign Office*.

[218] Como se sabe, sobre a Guerra Fria existe uma vastíssima bibliografia. Salientamos, contudo, os capítulos 4, 5, e 6 da obra: GIRAUD, René; FRANK, Robert e THOBIE, Jacques – *Histoire des relations internationales – tome 3 – La loi des géants 1941-1964*. Paris: Masson, 1993, p. 107-199.

[219] Júlio Botelho Moniz, ministro do Interior entre 1944 e Fevereiro de 1947.

[220] Cf. ROSAS, Fernando – «O Estado Novo (1926-1974)», *op. cit.*, p. 380.

tos de incerteza por via da vitória das democracias. «O universo das suas concepções [de Salazar] ameaçava ruir»[221]. Para salvar o regime, Salazar vai ter de efectuar as concessões mínimas para poder prosseguir a sua obra.

Durante a guerra, Portugal beneficiou amplamente do seu estatuto de neutro, tendo acumulado largos créditos por causa da redução das importações – por força da guerra –, da valorização de alguns produtos exportados (nomeadamente o volfrâmio, a cortiça, o estanho e as conservas de peixe), e da entrada de invisíveis correntes, que tinham sido deixados pelos milhares de refugiados que passaram pelo país, ou que foram colocados em Portugal por motivos de segurança e de estabilidade cambial. Na realidade, apesar dos problemas ligados à falta de géneros, de matéria-prima e de equipamentos para a agricultura e indústria – o que provocou a quebra da produtividade em muitos ramos de actividade –, o país conseguiu, pela primeira vez desde o início do século, ter uma balança comercial positiva (de 1941 a 1943), apesar de ter havido uma taxa de crescimento económico médio anual negativa, entre 1942 e 1945, da ordem dos - 4,5%[222]. Ao acabar a guerra foi necessário, por razões de ordem política e económica, melhorar o consumo alimentar e em bens dos portugueses, e abastecer a agricultura e a indústria de produtos que tinham escasseado durante a guerra. Abriu-se o país a uma série de produtos estrangeiros que tinham faltado e que ainda se encontravam disponíveis para quem pudesse pagar com moedas fortes, como o dólar. Numa prudente manobra política, num momento difícil para o regime, foi fomentada a importação de géneros alimentícios para abastecer o mercado e combater desta forma o mercado negro, que se estava a aproveitar das dificuldades de aprovisionamento. Em contrapartida, os produtos

---

[221] BRITO, José Maria Brandão de – «Sobre as Ideias Económicas de Salazar» in *Salazar e o Salazarismo*. Lisboa: Publicações Dom Quixote, 1989, p. 57.

[222] Cf. NUNES, Ana Bela e BRITO, José Maria Brandão de – «Política económica, industrialização e crescimento» in *Portugal e o Estado Novo (1930-1960)*. Vol. 12, Lisboa: Presença, 1992, p. 335.

portugueses tinham cada vez mais dificuldades em penetrar no mercado externo. Produtos como o vinho do Porto, conservas de peixe, volfrâmio e cortiça não eram considerados como essenciais. Como a Europa se debatia com uma grave crise financeira e, também, a nível da produção agrícola – o ano de 1947 foi o pior ano agrícola do século[223] –, Portugal não só tinha grandes dificuldades em colocar os seus produtos como em comprar na Europa os produtos de que mais necessitava (como o trigo e o milho)[224]. Em relação à exportação de vinho do Porto, por exemplo, que tinha sido de 42 milhões de litros em média anual entre 1936 e 1939, o que representava mais de um quinto do valor das exportações portuguesas, passou para 28,4 milhões de litros em 1946 e 23,2 milhões em 1947[225]. Apesar de este ter sido um dos ramos de actividade mais atingidos, a dificuldade era geral e o resultado foi um aumento substancial do défice comercial.

Logo a seguir ao início da Segunda Guerra Mundial, o comércio externo português, face às dificuldades de abastecimento e de colocação de produtos na Europa, vai virar-se mais para as Colónias portuguesas e, sobretudo, para os EUA. Em meados de 1947, e na sequência da suspensão da convertibilidade da libra em dólar[226], tornou-se ainda mais difícil utilizar os créditos em libras esterlinas, pois a maior parte dos fornecedores de Portugal impunham o pagamento em dólares, e os países da zona esterlina nem sempre estavam capacitados a vender a Portugal os seus produtos dentro dos prazos, quantidades e preços desejados.

---

[223] Cf. CAMERON, Rondo – *Histoire économique du monde*. Paris: Larousse, 1991, p. 397.

[224] No período entre 1945 e 1947, Portugal importou 104 944 toneladas (t.) de milho das 336 707 t. que foram consumidas e 213 437 t. de trigo para um consumo total de 546 403 t.. Cf. BARBOSA, Daniel – *Alguns aspectos da economia portuguesa*. Porto: Livraria Lello e Irmãos Editores, 1949, p. 144.

[225] Cf. AMORIM, Jaime – *Repercussões da evolução da política económica internacional do após-guerra na economia de alguns sectores da exportação portuguesa*. Lisboa: Edição do Sindicato Nacional dos Comerciantes, 1951, p. 22.

[226] A libra esterlina esteve convertível entre 15 de Julho e 20 de Agosto de 1947. Nesse período, muitos países obtiveram no Reino Unido uma grande quantidade de dólares, que tinham sido emprestados pelos EUA.

Os dados relativos às exportações e importações dos países da futura OECE, relativos a 1947, são muito significativos e permitem situar o comércio externo português no contexto geral do pós-guerra no seio da Europa. Segundo os dados fornecidos à OECE, relativamente ao ano de 1947, podemos verificar que o défice da balança comercial destes países foi de 5 225,1 milhões de dólares e que o défice em relação aos EUA foi de 3 233,6 milhões de dólares, representando por isso 61,9% do défice global[227]. A taxa de cobertura das importações em proveniência dos EUA era de 13% e, no universo dos 15 países que forneceram os dados, só a Turquia possuía uma taxa de cobertura superior à portuguesa, como podemos verificar pela tabela que se segue.

Quadro 1: Comércio Externo com os EUA, em 1947 (milhões de dólares)

Países:	Importações	Exportações	Taxa de cobertura
Áustria	168,05	1,56	0,93%
UEBL	318,22	24,57	7,72%
Dinamarca	91,83	16,93	18,44%
França	787,40	32,01	4,06%
Grécia	84,67	14,05	16,59%
Holanda	267,34	5,32	1,99%
Irlanda	107,35	1,17	1,09%
Islândia	10,69	2,30	21,52%
Itália	449,60	41,23	9,17%
Noruega	79,42	17,77	22,37%
Portugal	**79,57**	**20,29**	**25,50%**
Reino Unido	760,83	156,86	20,62%
Suécia	445,75	96,70	21,69%
Turquia	66,33	52,71	79,47%
Totais	3 717,05	483,47	Média: 13,00%

Fonte: OECE – *Rapport à l'Administration de Coopération économique sur le 1er programme annuel*. Paris : OECE, 1949, Tabelas 3 e 5. Cálculo das taxas de cobertura.
A Suíça e os territórios ocupados da Alemanha e Trieste não estão incluídos. A Suíça não apresentou os dados estatísticos.
UEBL significa União Económica da Bélgica e do Luxemburgo.
Os Territórios Ultramarinos (TU) da Bélgica, França, Holanda, Portugal e Reino Unido estão incluídos.

---

[227] Sem a Suíça, que não forneceu os dados, nem as zonas ocupadas da Alemanha e Trieste.

Quadro 2: Comércio Externo com os países da futura OECE, em 1947 (milhões de dólares)

Países:	Importações	Exportações	Taxa de cobertura
Áustria	88,50	35,16	39,73%
UEBL	693,24	744,07	107,33%
Dinamarca	343,01	347,46	101,30%
França	411,81	663,10	161,02%
Grécia	80,98	33,24	41,05%
Holanda	282,44	270,88	95,91%
Irlanda	291,33	153,23	52,60%
Islândia	12,48	28,85	231,17%
Itália	262,66	346,27	131,83%
Noruega	153,24	225,81	147,36%
Portugal	**83,82**	**71,97**	**85,86%**
Reino Unido	942,93	1 394,54	147,89%
Suécia	574,89	427,66	74,39%
Turquia	84,40	118,95	140,94%
Totais	4 305,73	4 861,19	Média: 112,90%

Fonte: *Ibid.*.

Gráfico 1: Comércio Externo dos países da futura OECE em 1947 (milhões de dólares)

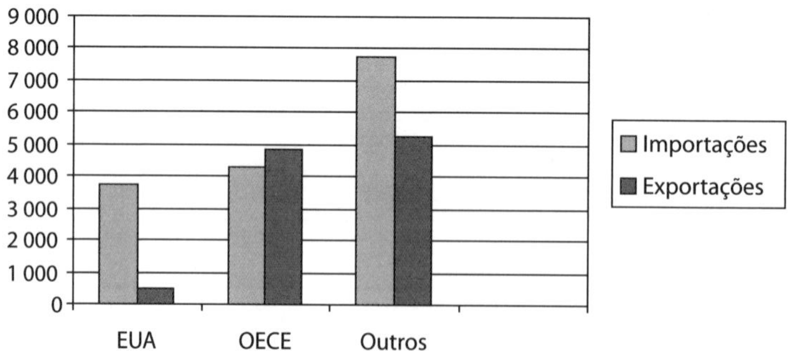

Fonte: *Ibid.*.

O comércio externo de Portugal no ano de 1947 repartia-se da seguinte forma:

Quadro 3: Comércio Externo de Portugal (1947)

	Importações:		Exportações:	
	Milhões de dólares	Percentagem	Milhões de dólares	Percentagem
EUA	79,57	31,2%	20,29	12,8%
OECE	83,82	32,9%	71,97	45,4%
Colónias	21,08	8,3%	33,15	20,9%
Outros	70,55	27,6%	25,59	16,1%
Não determinados	-	-	7,55	4,8%
Totais	255,02	100%	158,55	100%

Fonte: *Ibid.*.

Gráfico 2: Comércio Externo de Portugal (1947) (milhões de dólares)

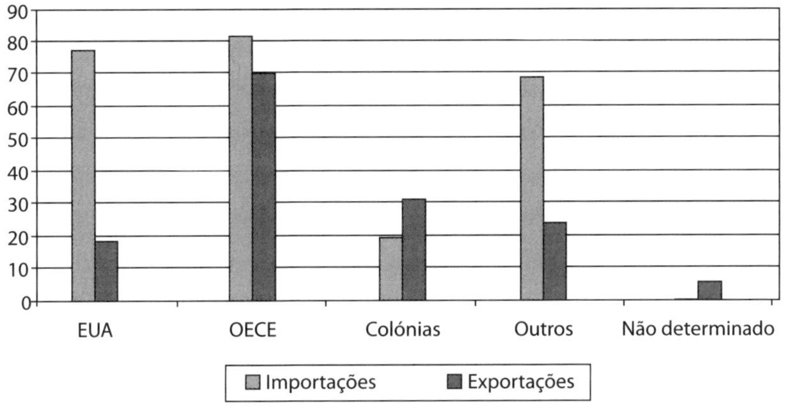

Fonte: OECE – *Rapport à l'Administration de Coopération économique sur le 1er programme annuel*. Paris : OECE, 1949, Tabelas 3 e 5. Cálculo das Taxas de cobertura.

O comércio entre Portugal e os diferentes países da Europa, apesar de ser bastante considerável, tinha diminuído muito em relação aos anos anteriores à Segunda Guerra Mundial. Em 1930, por exemplo, as importações em proveniência da Europa Ocidental representavam 69,2% (Colónias 8% e EUA 13,5%) e as exportações representavam 65,8% (Colónias 10,9% e EUA 5,6%)[228]. O Reino Unido continuou, contudo, a ser o principal parceiro comercial de Portugal, e na década de 40 representava entre 17

[228] ROMÃO, António – «Comércio Externo» in *Dicionário de História do Estado Novo*.Vol. I, (direcção de ROSAS, Fernando e BRITO, José Maria Brandão de), *op. cit.*, p. 168.

e 20% das importações portuguesas e entre 17 e 30% das exportações.

As exportações portuguesas concentravam-se fundamentalmente em sete grandes artigos de exportação: cortiça (em bruto e em obra), fios e tecidos de algodão, vinhos, conservas de peixe, resinosos, minérios metalúrgicos e madeira. Estes artigos representavam mais de 60% das exportações.

No que diz respeito às importações, é de salientar que quase três quartos das importações eram constituídos por matérias-primas, combustíveis e produtos alimentares (76,31% em 1947). Os equipamentos representaram nesse ano 12,27 das importações e os produtos diversos 11,42%[229].

A ligação comercial às Colónias portuguesas[230] era ainda relativamente insipiente em matéria de importações, mas já mais considerável em termos de exportações. Muitos dos produtos manufacturados exportados para as colónias consistiam em produtos que dificilmente encontrariam colocação noutros mercados, mas que, devido ao proteccionismo instaurado em relação ao exterior, possibilitavam a colocação dos produtos portugueses.

Em 1947, as importações portuguesas efectuadas em dólares foram na ordem dos 114 milhões de dólares e as exportações de 44 milhões, o que equivaleu a um défice de 70 milhões de dólares[231]. A balança de pagamentos, que tinha estado sempre positiva durante a guerra, vai acumular défices muito significativos por causa do acréscimo do défice da balança comercial, que não foi compensado pelas remessas dos emigrantes portugueses (principalmente do Brasil e da América do Norte). Depois da Segunda Guerra Mundial houve uma baixa muito significativa nas remessas, na sequência da diminuição do fluxo de emigração desde 1931. Apesar de algum aumento entre 1935 e 1940, a emigração manteve-se a um nível bastante mais baixo do que anteriormente[232].

---

229 OECE – *Rapport à l'Administration de coopération économique sur le 1er programme annuel*. Paris: OECE, 1949, Tabela I (1947).

230 Angola, Moçambique, Guiné-Bissau, Cabo Verde, São Tomé e Príncipe, Timor-Leste, Índia Portuguesa e Macau (com um estatuto especial).

231 *Ibid.*, p. 65.

232 BAGANHA, Maria – «A emigração e o seu impacto na economia» in *Análise Social*, Vol. XXIX (128), 1994, p. 974.

O défice da balança de pagamentos não teve, contudo, grandes repercussões em termos de estabilidade financeira, pois as disponibilidades do país em ouro e divisas eram ainda muito consideráveis[233]. As reservas passaram de 737,5 milhões de dólares em 1946 para 624,5 milhões de dólares em 1947. Apesar de se ter abandonado o limite de emissão em 1946 (em função das reservas de ouro), continuou-se a impor uma reserva em ouro de 50 por cento. Havia uma «subordinação dos sistemas monetário e de crédito às reservas em ouro e divisas, isto é, à situação da balança de pagamentos, que surge continuamente como principal factor de emissão de moeda nacional»[234]. Durante este período, o Banco de Portugal manteve «uma exigência de cobertura das suas responsabilidades-escudo à vista por meios de pagamento internacionais em 50 por cento, metade dos quais em ouro»[235]. O escudo era considerado como uma moeda forte e estável. Em termos de dívida pública, a situação era igualmente bastante tranquilizadora e a dívida situava-se nos 24 por cento do Produto Nacional no ano de 1947. Só uma pequena parte era constituída por dívida externa (9,5%)[236].

Apesar dos problemas resultantes do défice da balança comercial, podemos considerar que em 1947 as finanças portuguesas se encontra-

---

[233] Segundo Daniel Barbosa, a posição cambial portuguesa, considerando a situação do Banco de Portugal, do Tesouro e instituições bancárias do país, era de 18 450 434 contos em 1946, 15 624 600 contos em 1947 e de 12 491 937 em 1948. O que corresponde, em dólares a, respectivamente, 737,5 milhões, 624,5 milhões e 479,2 milhões de dólares. BARBOSA, Daniel – *Alguns aspectos da economia portuguesa*. Porto: Livraria Lello e Irmãos Editores, 1949, p. 216.

[234] BESSA, Daniel e PIMENTA, Carlos – «A economia sob o Estado Novo – estagnação ou desenvolvimento – o papel do sistema monetário-financeiro e, em particular, do Banco Central» in *O Estado Novo, das Origens ao Fim da Autarcia (1926-1959)*. Vol. I, *op. cit.*, p. 308.

[235] *Ibid.*.

[236] VALÉRIO, Nuno – «Aspectos das finanças públicas portuguesas: 1913-1983» in *Ibid.*, p. 296.

A dívida pública em 1947 era de 8 578 milhões de escudos e a dívida externa consistia em 818 milhões de escudos. Em 1953, a dívida pública era de 10 221 milhões de escudos, sendo de 614 milhões a dívida externa. Em 1954, a dívida externa subiu para 2 028 milhões de escudos, tendo-se mantido ao mesmo nível até 1961. *Ibid.*, p. 296-297.

vam estabilizadas e que o défice podia ser perfeitamente coberto pelas reservas acumuladas durante a guerra. A questão foi muito debatida na altura e o desempenho do então ministro da Economia, Daniel Barbosa, que exerceu funções de 4 de Fevereiro de 1947 a 16 de Outubro de 1948, foi posto em causa, tendo-se acusado o ministro de ter uma política económica esbanjadora, pelo que foi substituído. O ministro defendeu-se num livro intitulado *Alguns aspectos da economia portuguesa*, em que justifica a sua actuação. Para Daniel Barbosa, «tentar atribuir as culpas a uma má actuação de agora [...], é uma fuga a responsabilidades anteriores de que o país tem plena consciência»[237]. Um pouco mais à frente, diz o seguinte: «gastou-se [...] de acordo com as necessidades que, bem ou mal, se avaliaram, e as quais tinham de ser supridas para resolver um problema que se encontrava em aberto com graves riscos económicos, sociais e políticos»[238]. A crise que se estava a sentir na Europa, com reflexos nas exportações portuguesas, o mau ano agrícola, os conflitos sociais em Portugal e o impasse político, na sequência de promessas de abertura política que não se concretizaram, foram alguns dos factores que levaram o poder político a autorizar a importação de produtos que permitissem um normal abastecimento do país, apesar da diminuição considerável das reservas portuguesas[239]. Salazar sabia que tinha margem de manobra financeira para poder desanuviar um pouco a situação em matéria de consumo interno e, desta forma, facilitar a manutenção do regime antidemocrático. Foi uma forma controlada de ultrapassar o mau momento político do regime instituído, permitindo um aumento do consumo privado, que tinha estado muito limitado antes e durante a Segunda Guerra Mundial, e, assim, poder perdurar no tempo. Depois de uma forte

---

[237] BARBOSA, Daniel – *Alguns aspectos da economia portuguesa, op. cit.*, p. 217.

[238] *Ibid.*, p. 222.

[239] Em 1947 houve várias greves, principalmente na zona de Lisboa, que deram origem à repressão, prisões, despedimentos e deportações. Cf. LIMA, Marinús – «Contribuição para uma história da organização racional do trabalho em Portugal, no contexto da economia sob o Estado Novo (1926-1959)» in *O Estado Novo, das Origens ao Fim da Autarcia (1926--1959)*. Vol. I, Lisboa: Fragmentos, p. 325-336.

aceleração da inflação durante a Segunda Guerra Mundial e no ano de 1946, convinha abastecer os mercados com géneros de forma a contrariar a tendência para a subida generalizada dos preços. «Através da injecção de géneros importados, criou-se um choque negativo nos preços que, junto com uma política monetária cuidadosa, restabeleceram o equilíbrio»[240]. O ministro da Economia serviu de instrumento dessa política.

A estagnação dos níveis de exportação, como podemos observar no gráfico que se segue, tornou-se deveras inquietante, pois não se via uma saída para a crise das exportações portuguesas. O que foi tomado como uma crise temporária do pós-guerra, perfeitamente conjuntural e ultrapassável, começou a preocupar seriamente o regime a partir de 1948, como veremos mais à frente[241].

Gráfico 3: Balança Comercial de Portugal, 1945-1948 (milhões de escudos – preços correntes)

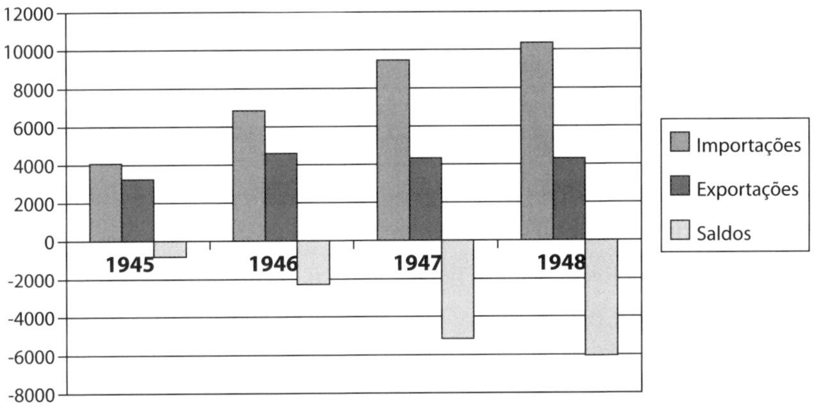

[240] NEVES, João César das e SILVA, Francisco Azevedo – *António Manuel Pinto Barbosa: uma biografia económica*, *op. cit.*, p. 71.

[241] Sobre a demissão de Daniel Barbosa (eventualmente por saber que Salazar não o ia incluir na remodelação ministerial seguinte), o embaixador britânico Sir Nigel Ronald comentou para o *Foreign Office* que esta se deveu às divergências com o ministro das Finanças. Tendo este último tomado uma posição de ortodoxia financeira e merecido o apoio de Salazar. Daniel Barbosa, pelo contrário, defendeu e insistiu numa política de combate ao mercado paralelo através da importação de bens essenciais, o que provocou a sua queda. PRO/FO 371-73296, n.º 218, (Confidential), de Sir Nigel Ronald, embaixador do Reino Unido em Lisboa, para Ernest Bevin, ministro dos Negócios Estrangeiros, de 28 de Outubro de 1948.

Quadro 4: Balança Comercial de Portugal, 1945-1948 (milhões de escudos – preços correntes)

Anos:	1945	1946	1947	1948
Importações	4 056	6 860	9 462	10 351
Exportações	3 238	4 587	4 307	4 295
Saldos	-819	-2 273	-5 155	-6 055

Fonte: Estatísticas do Comércio Externo, editadas pelo Instituto Nacional de Estatística (INE) Conf. «Comércio Externo» in *Dicionário de História do Estado Novo.* Vol. I. (direcção de ROSAS, Fernando e BRITO, José Brandão de), *op. cit.*, p. 167.

4. As razões da não solicitação do auxílio Marshall

A não participação de Portugal na Segunda Guerra Mundial permitiu ao país sair do conflito numa situação muito confortável, se comparada com a da grande maioria dos outros países europeus. No seio da Europa, Portugal era um dos raros países incólume à incomensurável catástrofe humana e material causada pela guerra. Apesar do considerável atraso económico que tinha acumulado em relação aos restantes países europeus, Portugal era um país que tinha beneficiado largamente do seu estatuto de país neutral. Quando se tem conhecimento em Portugal do discurso de Harvard, interpretou-se a ajuda proposta como um prolongamento e uma melhoria da enorme ajuda que até aí tinha sido atribuída pelos EUA. Não houve, pelo menos no início, uma noção da amplitude da proposta do secretário de Estado George Marshall. Salazar considerava que essa ajuda se destinava aos países devastados pela guerra. Neste contexto, Portugal não tinha legitimidade para, segundo a interpretação do momento, solicitar qualquer tipo de ajuda. As reservas de ouro e divisas de Portugal, em 1947, eram muito elevadas e, ao contrário da maior parte dos países europeus, o país tinha grande quantidade de dólares e um crédito de cerca de 70 milhões de libras esterlinas no Reino Unido – com garantia cambial e pagamento em ouro – que pensava poder vir a utilizar a curto e médio prazo na compra de produtos na zona esterlina. O Reino Unido era o primeiro parceiro comercial de Portugal e, na altura, não se descortinavam razões objectivas que impossibilitassem a sua utilização. Havia uma espécie de almofada de segurança para as dificuldades que já se estavam a verificar em relação aos fornecimentos em proveniência dos EUA.

A questão da possibilidade de Portugal vir a beneficiar de donativos no âmbito do Plano Marshall não foi colocada, pois parecia claro que estes estavam reservados aos países que tinham sido devastados pela guerra. Restava a hipótese de Portugal vir a solicitar créditos através do Plano Marshall. Durante todo o período que vai da declaração de Harvard até ao termo da 1.ª Conferência de Paris, na correspondência e documentos diplomáticos praticamente só se fala dos «créditos americanos» no âmbito do Plano Marshall. Os outros tipos de ajuda nem são considerados. A grande questão era saber se Portugal necessitava, ou não, dos créditos dos EUA. Na realidade, a situação financeira portuguesa, desafogada no pós-guerra, parecia permitir fazer face à crise europeia sem recorrer a créditos exteriores. Havia uma grande disponibilidade financeira interna e o Governo tinha mesmo vindo a aumentar a dívida pública como forma de retirar meios monetários de circulação com o objectivo de limitar as tendências inflacionistas. O agravamento da crise a partir de 1947 vai alterar esta situação. O péssimo ano agrícola de 1946-47, em Portugal e no resto da Europa, acentuou a dependência externa. A saída de divisas fortes começou a preocupar seriamente as autoridades portuguesas, por não verem uma saída rápida para a situação, que se estimava ainda como passageira. Em relação ao endividamento externo, havia um receio natural por causa das dependências que se poderiam criar, em detrimento dos interesses nacionais considerados "essenciais" pelo regime vigente. Portugal tinha tido uma má experiência com as condições impostas pelo estrangeiro a um pedido de empréstimo cujas negociações decorreram entre o início de 1927 e Outubro de 1928, com a casa bancária *Baring Brothers* e, a pedido de Portugal, com a participação da Sociedade das Nações. O empréstimo acabou por não ser concedido porque Portugal não aceitou as condições impostas à sua concessão[242]. É conveniente recordar que Salazar era um nacionalista muito cioso das prerrogativas da soberania nacional e que uma das suas primeiras acções à frente do Ministério das Finanças e, posteriormente, na Presidência do Conselho foi, precisamente, a redução da dívida externa, tendo conseguido mantê-la a níveis muito baixos[243].

A questão da ajuda americana, até ao termo da 1.ª Conferência de Paris, vista como uma questão de empréstimo a taxas bonificadas. Havendo o receio de poder criar dependências em relação aos EUA. Como afirmou António Pinto Barbosa[244], sobre a questão da não solicitação da ajuda financeira no primeiro ano da vigência do auxílio Marshall: «Não custaria [...] admitir que um país periférico, formado por territórios dispersos por vários continentes e com elevados riscos de vulnerabilidade externa, tivesse tido receios e até hesitações, ante um movimento de internacionalização das economias que, liderado por uma economia dominante mundial, se apresentava ainda mal definido nos objectos a médio e a longo prazo, dispondo de mecanismos cuja novidade dificultava uma avaliação prévia das suas implicações, nomeadamente do ponto de vista da localização do poder de decisão»[245]. Efectivamente, no início do processo, era muito difícil prever o evoluir da situação e quais seriam as exigên-

---

[242] As condições do empréstimo impunham que «em caso de incumprimento, as receitas consignadas ao serviço da dívida contraída passassem a ser administradas por uma comissão» nomeada pelo comité financeiro da Sociedade das Nações, entidade avalista. Cf. FRANCO, António de Sousa – «Empréstimos Externos» in *Dicionário de História do Estado Novo*. Vol. I, *op. cit.*, p. 298.

[243] A dívida pública externa representava 44,3% do PIB em 1926, 20,2% em 1933 e 4,7% em 1940, tendo-se mantido abaixo deste último nível até 1961, com um mínimo de 1,07% em 1957. *Ibid.*, p. 300.

[244] António Manuel Pinto Barbosa, professor universitário, integrado até 1950 em missões de trabalho em Paris relacionadas com a OECE, subsecretário de Estado do Tesouro entre 5 de Agosto de 1950 e 7 de Julho de 1955. Ver referências biográficas no Apêndice 1.

[245] BARBOSA, António Pinto – «O lado menos visível do Plano Marshall em Portugal. Sua actualidade» in *Memórias da Academia das Ciências de Lisboa*, Classe de Letras, Tomo XXV, Lisboa, 1986, p. 286.

cias americanas ou as suas condições à concessão das ajudas, que, em Portugal, no início, eram vistas como simples empréstimos a taxas bonificadas com prazos mais alargados. As reticências de carácter político não transparecem nos documentos diplomáticos. Só são referidas em textos posteriores à tomada de decisão. A verdadeira decisão da não solicitação da Ajuda Marshall foi tomada em 28 de Agosto de 1947, por Salazar, quando concordou com o parecer de Costa Leite e mandou transmitir para Paris a posição do Governo português sobre a não solicitação de créditos em dólares. A partir desse momento, Portugal pôs-se à margem da primeira fase da Ajuda Marshall, em 1948-1949, passando à condição de país não beneficiário, tal como a Suíça. Esta posição foi confirmada pelo ministro Caeiro da Matta no seu discurso na sessão de encerramento da 1.ª Conferência de Paris, no dia 22 de Setembro de 1947. Quando Salazar submete esta questão ao Conselho de Ministros, em 27 de Janeiro de 1948, já não havia qualquer possibilidade de Portugal ainda fazer parte da lista dos países beneficiários da Ajuda Marshall, pelo que não faz muito sentido a tomada de decisão do Conselho; se não for interpretada como uma forma de sustentação da decisão anterior de Salazar ou uma posição oficial para o futuro. De qualquer forma, Salazar tomava sempre a decisão final nas matérias que submetia ao Conselho.

Apesar de considerarmos que a decisão do Conselho veio fora de tempo, tem interesse transcrever na íntegra a descrição que Franco Nogueira[246] faz da discussão, certamente baseada na respectiva acta, que foi a seguinte:

> «Deve Portugal aceitar empréstimos, créditos e mesmo dádivas dos Estados Unidos para acorrer às necessidades mais prementes e para fomento em geral? Alguns ministros, mais directamente ligados ao fomento, inclinar-se-iam para aceitar a aplicação do Plano Marshall ao país. Salazar segue, no entanto, um ponto de vista diverso. Tem o

[246] António Franco Nogueira, biógrafo apologético de Salazar, que teve acesso à documentação pessoal e oficial de Salazar.

governo suspeitas dos objectivos americanos: receia que a penetração dos Estados Unidos no sentido da Europa constitua, mais do que um auxílio a esta, um desígnio imperial de Washington; teme que uma preponderância económica e financeira americana no Ocidente Europeu seja apenas uma forma de acesso às posições europeias no continente africano; apavora-o a ideia de que a vulnerabilidade das estruturas portuguesas possa tornar estas presa fácil de um credor poderoso, que para mais se julga predestinado ao exercício da hegemonia global. Estes aspectos, expostos pelo chefe do governo ao Conselho de Ministros, levam o gabinete a uma decisão negativa. Portugal comunica aos demais quinze que, em princípio, dispensa largos créditos americanos: prefere pagar com exportações portuguesas o que houver de adquirir: e apenas deseja, além de uma ou outra ajuda limitada, que sejam progressivamente eliminadas as restrições impostas pelos outros países e que nestes se abram mercados aos produtos portugueses»[247].

Também Marcello Caetano[248], um dos elementos fundamentais do regime do Estado Novo, numa interpretação *a posteriori*, apresenta a sua versão da renúncia inicial ao auxílio Marshall como um «gesto de elegância e de abnegação» por parte de um país que, tendo «escapado incólume aos horrores da guerra e saído dessa época em excelente posição financeira, entendia que não devia tirar aos países destroçados e aos seus povos famintos nenhum quinhão do que para eles significava pão para a boca»[249].

Ainda em relação à questão da não solicitação do auxílio Marshall, é de salientar a opinião do diplomata Ruy Guerra, que esteve desde o início na 1.ª Conferência de Paris e que virá a ser um dos elementos centrais da aproximação de Portugal à Europa, quando afirmou que Portugal foi vítima «da anunciada decisão de nada receber» e que «durante muito

---

[247] NOGUEIRA, Franco – *Salazar-Volume IV – O Ataque (1945-1958)*, *op. cit.*, p. 89-90.

[248] Marcello Caetano, professor universitário e político, um dos elementos mais importantes do regime do Estado Novo. Ver referências biográficas no Apêndice 1.

[249] CAETANO, Marcello – *Minhas Memórias de Salazar*, *op. cit.*, p. 336.

tempo, o [...] Governo não acreditava no êxito de uma empresa do mais vasto alcance»[250]. Mais à frente, acrescenta o seguinte: «Para se avaliar até que ponto foi insensata a nossa atitude de céptica descrença, não deixarei de lembrar que chegou a ser-me dito que a América continuaria a dar as sua esmolas como mais lhe conviesse, sem se preocupar para nada com os planos que tão laboriosamente em Paris se preparavam»[251].

Através da documentação diplomática, é possível corroborar esta posição de cepticismo. Ao longo de toda a 1.ª Conferência de Paris parece estar subjacente uma certa falta de empenho na participação portuguesa. Uma espécie de *profil bas*. Houve uma expectativa em relação ao desenrolar dos acontecimentos e do processo de cooperação na Europa. Portugal tinha a perfeita noção que a sua influência no curso do processo era mínima ou inexistente e continuou a estimar que a Ajuda Marshall seria uma espécie de prolongamento das ajudas anteriores, com uma maior intervenção dos europeus na distribuição e gestão do auxílio dos EUA[252]. Nesta primeira fase, Portugal agiu como um participante muito discreto que não pretende pôr-se em destaque, até por saber a sua posição como ambígua no seio de países democráticos. No fundo, não pretendia ser marginalizado, mas agia com muita prudência. Só quando o processo da sua entrada de pleno direito na organização se tornou irreversível é que vai exprimir abertamente a sua posição em relação a assuntos polémicos, como mais tarde veremos quando abordarmos a questão da Espanha. Em relação aos atrasos na entrega dos documentos solicitados durante a conferência, a sua explicação passa, em parte, pelas grandes dificuldades em conseguir mobilizar rapidamente especialistas competentes para responderem cabalmente aos pedidos e

[250] GUERRA, Ruy Teixeira, FREIRE, António Siqueira e MAGALHÃES, José Calvet de – *Os Movimentos de Cooperação e Integração Europeia no Pós-Guerra e a Participação de Portugal nesses Movimentos*. Oeiras: Instituto Nacional de Administração – Departamento de Integração Europeia, 1981, p. 5.

[251] *Ibid.*.

[252] Esta questão da capacidade de intervenção vai alterar-se mais tarde através da regra da unanimidade no seio da OECE.

integrarem os comités técnicos. O ritmo muito acelerado da conferência, que funcionava contra o tempo, e a falta de técnicos capazes de tratarem rapidamente e com competência os dossiês, tanto em Paris como em Lisboa, tornaram deveras complicado responder às solicitações dos diferentes comités. Tanto mais que o essencial da conferência decorreu durante o período estival, em que era mais complicado mobilizar esforços. Também é de assinalar que ainda não tinha sido constituída uma comissão interministerial em Lisboa para dar resposta às inúmeras solicitações de Paris e que as estatísticas em Portugal ainda tinham algumas lacunas que foi necessário, nalguns casos, resolver à última da hora. De qualquer forma, o ritmo de trabalho e a rapidez com que era necessário tomar decisões era fundamentalmente diferente do que era habitual em Portugal, e disso se queixa Salazar, que prefere tratar dos assuntos a um ritmo mais lento e com maior ponderação. Só no dia 1 de Setembro de 1948, por despacho do Conselho de Ministros, será criada uma comissão interministerial que se intitulará Comissão Técnica de Cooperação Económica Europeia (CTCEE).

Um outro elemento que deve entrar em linha de conta na análise da decisão portuguesa de não solicitação do auxílio Marshall foi explicitamente indicado por Costa Leite no seu Parecer[253] de 27 de Agosto, que mereceu a aprovação de Salazar no dia seguinte, ou seja: o receio de que a participação portuguesa implicasse a cedência de uma parte dos dólares em seu poder aos países participantes, através de uma eventual multilateralidade dos pagamentos na Europa. Uma espécie de convertibilidade forçada que Portugal queria evitar naquele momento. Este receio baseava-se fundamentalmente na experiência do Reino Unido, que tinha gasto uma parte significativa do empréstimo concedido depois da guerra pelos EUA e Canadá, de 937 milhões de dólares[254], porque os países europeus, com falta de dólares, tudo faziam, do ponto de vista comercial,

---

[253] Parecer do ministro das Finanças, ver Anexo 4.

[254] Cf. CHARLOT, Monica – *L'Angleterre 1945-1980. Le temps des incertitudes*. Paris: Imprimerie nationale, 1981, p. 86.

para obter no Reino Unido os dólares que mais necessitavam, pelo que as reservas em dólares se esgotaram em pouco tempo. Ainda estava muito actual esta questão. O parecer de Costa Leite data de 27 de Agosto, ou seja, uma semana depois de o Reino Unido ter anunciado o fim da convertibilidade da libra esterlina[255]. Um novo pedido de empréstimo já estava em perspectiva no Reino Unido e Portugal via na experiência britânica um caminho a evitar a todo o custo, pois ainda era um dos raros países da Europa com substanciais reservas de dólares[256].

Também devemos ter em consideração, na análise deste assunto, que não existia em Portugal uma grande experiência em matéria de planeamento económico a médio e longo prazo e havia uma grande relutância em apresentar estimativas ou previsões. Quando foi solicitada a previsão da balança de pagamentos para o período 1948-1951, Costa Leite afirma no seu parecer: «Nem o Ministério das Finanças nem o Banco de Portugal têm possibilidade de apresentar com seriedade estimativas de balança de pagamentos dos anos próximos». Considera que as estimativas que se estão a fazer em Paris «não têm base séria e representam apenas um expediente para justificar o crédito a pedir aos Estados Unidos»[257]. Para Costa Leite, as previsões da balança de pagamentos, com alguma credibilidade, só podiam ser efectuada mediante uma «rígida planificação» da economia – que não era desejada por Portugal –, pelo que estava fora de causa a apresentação de estimativas da balança de pagamentos (o

[255] Segundo os historiadores da economia britânica, a saída de capitais não pode ser explicada unicamente pelas transacções comerciais. Também deve ter havido uma forte fuga de capitais. *Ibid.*, p. 87.

[256] No momento da suspensão da convertibilidade da libra esterlina em dólares, Salazar deu imediatamente instruções ao seu embaixador em Londres, Domingos Palmela, para que transmitisse ao Governo britânico a indicação de que Portugal estava disposto a renunciar aos seus direitos de transferência de libras em dólares. Ellis Rees, do *Foreign Office*, agradeceu a Palmela esse gesto, assim como o facto de o Governo português se ter abstido de converter libras esterlinas nos dias antes da suspensão da convertibilidade. PRO/FO 371-67859 A, Carta de J.M. Hundted para Sir E. Hall-Patch, de 27 de Agosto de 1947.

[257] Parecer do Ministro das Finanças. Ver Anexo 4.

que implicava, segundo os delegados junto da Conferência, a exclusão de Portugal da lista dos países beneficiários).

Houve ainda duas questões que poderão ter exercido alguma influência na decisão portuguesa de não solicitação de auxílio financeiro ao abrigo do Plano Marshall: as negociações com os EUA sobre a utilização pelos americanos das bases dos Açores e a existência em Portugal de ouro espoliado pelo Alemanha nazi durante a Segunda Guerra Mundial.

Quanto à primeira questão, dir-se-á o seguinte: apesar de Salazar reconhecer a importância vital dos EUA no sistema defensivo ocidental contra as tentativas hegemónicas da URSS, tinha o maior receio da penetração económica dos EUA na Europa, em geral, e particularmente em Portugal. Ao princípio, Salazar pode ter receado que a penetração americana se fizesse através do Plano Marshall e que a solicitação de créditos por parte de Portugal constituísse uma cedência às posições americanas. De facto, de início não acreditava totalmente numa atitude desinteressada por parte dos EUA. Impunha-se, por conseguinte, uma atitude de reserva e uma atenção especial ao desenrolar das relações entre os EUA e a Europa. Uma espécie de período de observação sobre eventuais dependências externas resultantes do Plano Marshall. Esta atitude era tanto mais importante para Salazar, que nesse momento, estavam a decorrer negociações muito difíceis com os EUA sobre a prorrogação da utilização, pelos militares americanos, das bases dos Açores[258], um dos "trunfos" fundamen-

---

[258] Portugal concedeu durante a Segunda Guerra Mundial facilidades militares nos Açores ao Reino Unido, a partir de 8 de Outubro de 1943, e aos EUA, a partir de 28 de Novembro de 1944. A utilização das bases aéreas continuou depois da guerra e os americanos conseguiram a prorrogação do prazo de utilização das bases aéreas até ao dia 2 de Dezembro de 1947. As negociações entre Portugal e os EUA, com vista a um acordo sobre a utilização das bases, iniciou-se no Verão de 1947. No dia 2 de Fevereiro de 1948 foi assinado um acordo em que Portugal concedeu a utilização da base das Lages por 3 anos prorrogáveis para cinco anos se as partes não o denunciassem. Logo a seguir à celebração deste último acordo das Lages, os EUA bloquearam os bens portugueses e espanhóis nos EUA até à resolução da questão do ouro nazi. Segundo o embaixador norte-americano, se isso se tivesse sabido antes da assinatura, o acordo para a utilização da bases das Lages não teria

tais – se não o fundamental – da política externa portuguesa durante o regime do Estado Novo[259]. Salazar sempre receou que os americanos, uma vez instalados, não quisessem sair dos Açores. É de salientar que, após a guerra, os americanos mantiveram nas Lages cerca de 525 homens, contrariamente ao estabelecido pelos acordos anteriores[260].

Para além das questões inerentes à soberania nacional, as bases dos Açores eram de tal forma importantes no contexto da política externa portuguesa que Salazar não queria autorizar concessões firmes a longo prazo, sob pena de ver reduzida a sua importância negocial noutros domínios. Salazar pode ter tido receio de que uma dependência financeira no âmbito do Plano Marshall reduzisse a sua já bastante estreita capacidade negocial na questão das bases dos Açores – por via da importância económica, militar e política dos EUA e da tensão crescente com a URSS.

A outra questão que pode ter pesado na decisão portuguesa de não solicitação de créditos Marshall foi a questão do ouro saqueado e utilizado pela Alemanha nazi, durante a guerra, para pagamento de mercadorias portuguesas, e reclamado pelos Aliados no termo da guerra. Para o ministro das Finanças, Costa Leite, este problema era da maior importância e no seu parecer sobre o eventual pedido de créditos ao abrigo do Plano Marshall foca esta questão como condicionante da posição portu-

---

sido assinado. Sobre esta questão ver: «The Ambassador in Portugal (Wiley) to the Secretary of State», Secret, NIACT, Telegram, Lisbon, February 4, 1948 in *Foreign Relations of the United States (FRUS), 1948, Vol. III, Western Europe*. Washington: United States Government Printing Office, 1974, p. 995-996. Mais tarde, o secretário de Estado George Marshall irá tomar posição sobre o assunto, indicando que a intransigência portuguesa nesta questão do ouro nazi não devia ser "premiada" com o desbloqueio dos bens portugueses nos EUA. Cf. «The Secretary of State to the Embassy in Portugal», Secret, May 10, 1948. *Ibid.* p. 1 000.

[259] Para utilizar a pista aérea de Santa Maria (Açores), a partir de 1944, os EUA deram a garantia de respeitar a soberania portuguesa nas colónias portuguesas e «apoiar Portugal na recuperação do território de Timor, ocupado pelo Japão». ANTUNES, José Freire – *Os Americanos e Portugal (1961). Kennedy e Salazar: o leão e a raposa.* Lisboa: Difusão Cultural, 1992, p. 30.

[260] ROLLO, Fernanda – *Portugal e o Plano Marshall, op. cit.*, p. 198.

guesa[261]. No seu Parecer de 27 de Agosto alude como segundo argumento contra a solicitação dos créditos, a questão do ouro, pois tinha receio que as reservas portuguesas fossem postas à disposição dos restantes países participantes através de uma eventual convertibilidade imposta do escudo. Este receio baseava-se, como vimos mais atrás, na experiência britânica, que tinha sido bastante negativa para as reservas em ouro e divisas fortes do Reino Unido. Se tal acontecesse, segundo Costa Leite, colocava-se o problema de saber qual seria a parte do ouro que pertencia realmente a Portugal. A Resolução n.º 6 de *Bretton Woods*, à qual Portugal aderiu, comprometia o país a identificar e restituir o ouro espoliado que se encontrasse na sua jurisdição[262]. Nestas circunstâncias, as reservas de ouro de Portugal estavam por apurar porque, como indica Costa Leite no seu parecer, «está ainda pendente [...] o problema do ouro recebido da Alemanha, e não podemos pensar em pôr à disposição alheia ouro, cuja legitimidade de posse nos é contestada». Esta questão tinha razão de ser, pois segundo uma Nota enviada para o Ministério dos Negócios Estrangeiros pelos embaixadores dos EUA e Reino Unido e pelo ministro da Legação da França, com o mesmo teor, o Subcomité do Ouro, designado por Portugal e pelos Aliados, tinha confrontado a documentação do Banco de Portugal com a documentação obtida pelos Aliados na Alemanha e estava habilitado a identificar 3 626 barras de ouro, representando um peso total de 43 951 033,36 gramas de ouro fino, adquiridas à Alemanha por Portugal[263]. Este problema do ouro espoliado foi considerado pelos Aliados como «um problema importante ainda em suspenso entre Portugal e os Governos Aliados, problema que seria do interesse de todas as partes em causa resolver, nomeadamente por via da atenção crescente que o mundo

---

[261] Parecer do ministro das Finanças. Ver Anexo 4.

[262] Arquivos Nacionais/Torre do Tombo (ANTT), Arquivo Oliveira Salazar (AOS), CO/NE--2C1, Nota da Legação da França (n.º 235), de 10 de Setembro de 1947, dirigida ao ministro dos Negócios Estrangeiros, Pasta 17, f. 915.

[263] *Ibid.*, f. 914,

dedica a esta questão»[264]. Mas a Nota vai mais longe e indica que «os Aliados possuem provas irrefutáveis da proveniência da maior parte deste metal transferido pelos Alemães para Portugal durante a guerra, que não deixa pairar qualquer dúvida sobre o facto de ser ouro espoliado. Foi estabelecido, nomeadamente, que uma parte do ouro holandês tinha ficado na sua forma original e nem tinha sido refundido»[265].

As negociações de âmbito técnico estavam a decorrer em Lisboa, entre os representantes do Governo português e dos Aliados, e foram extremamente difíceis, pois era deveras complicado provar que o ouro refundido pelos alemães era ou não espoliado. Estas negociações estavam a ser acompanhadas de muito perto por Salazar e pelos ministros das Finanças e dos Negócios Estrangeiros, e encontrava-se num certo impasse no Verão de 1947, em virtude de o Governo português ter declinado oficiosamente um convite para que as negociações prosseguissem em Washington. Os Aliados acabaram por aceitar continuar as negociações em Lisboa[266].

Podemos, assim considerar que há todo um conjunto de elementos que levaram Salazar a tomar a decisão de não solicitação do auxílio Marshall no seu primeiro exercício de 1948-49. Desconhecemos, contudo, se houve na decisão uma preponderância específica de um dos elementos sobre os outros. As razões da não solicitação são múltiplas, indo da subavaliação da crise económica e financeira em Portugal e na Europa até ao receio de dependência externa em relação aos EUA, bem como da assunção de compromissos que impliquem perda de soberania, capacidade negocial ou controlo da política monetária. Como denominador co-

---

[264] *Ibid.*, f.914-915. [t.a.]

[265] *Ibid.*, f. 915. [t.a.]

[266] Esta questão vai pesar substancialmente nas relações de Portugal com os países Aliados, principalmente com os EUA e só ficará resolvida em 1958. Ver sobre esta questão o *Relatório da Comissão de Investigação sobre as Transacções de Ouro Efectuadas entre as Autoridades Portuguesas e Alemãs durante o Período Compreendido entre 1939 e 1945*, *op. cit.*.

mum a todas estas questões poderemos invocar a prudência com que Salazar manobrava na defesa daquilo que considerava ser os interesses de Portugal. As incertezas derivadas da tensão crescente entre os dois blocos, que se estavam a formar, e o receio das hegemonias que se iam instalando, levam Salazar a estabelecer uma atitude de participação expectante, sem se deixar marginalizar, à espera da clarificação das condições da ajuda e da situação mundial.

A adesão de Portugal à OECE

Capítulo 2

> «A verdade é que a longa hereditariedade da pluralidade da Europa, das suas lutas e das suas estruturas nacionais, a hipersensibilidade histórica do Continente tornam fatalmente espinhosa, lenta, gradual e delicada qualquer acção de unidade europeia».
>
> Augusto de Castro, 28 de Outubro de 1949

No seguimento do que lhe tinha sido sugerido pelos EUA e pelo Reino Unido, o Governo português apresentou, em Agosto de 1946, a sua candidatura à ONU. A candidatura será rejeitada pelo Conselho de Segurança, mediante um veto da URSS. Está assim limitado o campo de acção da política externa portuguesa. Neste contexto, a adesão de Portugal à OECE vai tornar-se um elemento da maior importância e uma ocasião inesperada para se aproximar da Europa.

I. As razões da aproximação à Europa e da adesão à OECE

Ao longo da sua história, a ligação de Portugal com o mar foi um elemento determinante na formação da sua própria identidade, tendo como expoente máximo o período dos descobrimentos e da expansão portuguesa. A rivalidade com a vizinha Espanha, que constitui fronteira terrestre única, a sua situação periférica no contexto europeu e as lutas intestinas no seio da Europa, levaram Portugal a um certo distanciamento em relação ao continente europeu e ao estabelecimento de uma ligação privilegiada com o espaço atlântico. As esporádicas participações portuguesas nas guerras intereuropeias e nas respectivas políticas, assim como as suas ligações económicas e culturais com o continente, não foram de molde a alterar significativamente a sua propensão manifesta pelo Atlântico Sul e pelo Índico. O seu domínio de vastas áreas da costa e do mar, em situação de supremacia tecnológica, tinha como objectivo fundamental o comércio. Pouco a pouco foi-se definindo o seu império colonial, que vai conseguindo manter, no essencial, até à independência do Brasil, em 1822. Chegamos, pois, ao século XX e Portugal continua a possuir um espaço colonial em África bastante considerável, apesar de pouco explorado, grandes afinidades culturais com o Brasil e algumas ligações com o Oriente. O distanciamento em relação a uma Europa mais desenvolvida, mais culta e, também, mais conflituosa, mantém-se. Como uma força centrífuga, Portugal era impelido para fora da Europa, um pouco à imagem da Grã-Bretanha[267]. A barreira física que constituía o território espanhol terá sido, porventura, um dos obstáculos mais difíceis de transpor. A rivalidade foi considerável e perdurou durante vários séculos, como uma ameaça real ou imaginada, que pairava sobre as relações entre os dois países[268].

A diferença do desenvolvimento económico e cultural em relação à Europa era de tal ordem que Portugal dificilmente podia competir com a maior parte dos países europeus. Havia um certo sentimento de inferioridade. O apelo do largo era, também, uma "vocação forçada". Portugal, no contexto europeu, era considerado como um pequeno país atrasado e periférico, possuidor de um vasto território colonial e protegido pela Grã-Bretanha. Portugal tinha a noção dos seus limites na Europa. A sua

---

[267] A Aliança luso-inglesa, a mais antiga aliança do mundo, foi estabelecida em 1386, através do Tratado de Windsor. Foi um elemento preponderante da política externa portuguesa através dos séculos e manteve a sua actualidade até meados do século XX.

[268] Os conflitos entre Espanha e Portugal foram quase uma constante desde, e por causa, da independência de Portugal, que sempre foi vista por Espanha como uma "aberração" e por Portugal como uma necessidade. Os reis Filipes de Espanha ocuparam o trono português entre 1580 e 1640, por via da sucessão monárquica.

projecção exterior dava-lhe a grandeza e a importância que não possuía no continente. A supremacia nos territórios sob o seu domínio era a razão da sua glória. O Brasil é um caso paradigmático, na medida em que, mesmo depois da independência, proclamada por um príncipe português[269], continuou a ser o destino para centenas de milhares de portugueses, até meados do nosso século XX (A "América" dos portugueses). A Primeira Guerra Mundial e a participação de um corpo expedicionário português no seio dos exércitos britânicos marca uma viragem na política portuguesa em relação à Europa. Por razões que se prendem com os interesses coloniais (a Alemanha cobiçava e chegou a atacar algumas colónias portuguesas) e com a necessidade de reconhecimento internacional da recém-criada República Portuguesa, foi decidida a participação de Portugal na guerra. Esta participação não veio, contudo, mudar significativamente a postura de Portugal em relação à Europa. A segunda grande intervenção nas questões europeias, foi a participação de um corpo expedicionário português (*Os Viriatos*) na guerra civil de Espanha e todo o apoio concedido por Salazar à insurreição dos nacionalistas chefiados por Franco. Era uma evidente defesa indirecta do regime do Estado Novo através do apoio aos franquistas. Segue-se o Tratado de Amizade e Não Agressão entre Portugal e Espanha, em Março de 1939. Entretanto, a neutralidade de Portugal e de Espanha durante o segundo conflito mundial, que só foi possível graças a um desvio das tropas alemãs para os Balcãs, veio reforçar ainda mais a ideia de que Portugal se devia manter alheado das questões europeias.

---

[269] O rei de Portugal D. João VI refugiou-se no Brasil com a Corte, tendo feito a viagem protegido por uma esquadra inglesa, aquando da invasão de Portugal pelas tropas franco-espanholas, em 1807. A Corte instalou-se no Rio de Janeiro, tal como estava previsto em caso de ataque do território continental. Só em Julho de 1821 é que o rei aceitou regressar a Portugal, apesar dos sucessivos apelos do reino – desde 1813 – para que voltasse. Durante esses anos, o governo do reino foi assegurado pela Regência (até 1820), sob o controlo apertado do marechal Beresford. Deve ser um caso único na história, o de um rei que não desejou regressar ao seu reino. A independência do Brasil foi proclamada, em 1822, pelo príncipe primogénito D. Pedro, sucessor do trono de Portugal, do qual abdicou, tendo-se tornado o primeiro Imperador do Brasil, com o título de D. Pedro I.

1. A posição estratégica de Portugal no Mundo no pós-guerra

A crise económico-financeira que se segue à Segunda Guerra Mundial vai demonstrar a importância da Europa para Portugal. Os graves problemas comerciais que Portugal atravessa em matéria de colocação dos seus produtos, vão revelar, ainda mais, a grande dependência do país em relação ao comércio intereuropeu, nomeadamente em relação ao Reino Unido, seu primeiro cliente e fornecedor. Ainda que, do ponto de vista cultural, as ligações com a Europa fossem evidentes, havia uma vontade própria de situar Portugal num contexto mais amplo, de ligações privilegiadas com as Colónias, a Espanha, o Brasil e o Reino Unido. Uma espécie de espaço Ibero-Atlântico onde Portugal exercesse o essencial do seu relacionamento cultural e económico. A realidade era diferente, pois havia uma grande dependência cultural em relação à França (que já vinha de longe) e as relações comerciais efectuavam-se sobretudo com a Europa (principalmente o Reino Unido), com os EUA e, de uma forma mais reduzida, com as Colónias. As relações comerciais com a Espanha sempre foram diminutas e com o Brasil também não atingiam níveis significativos. Apesar da grande comunidade portuguesa residente no Brasil e dos esforços efectuados pelo Governo português, o comércio entre os dois países sempre se revelou muito limitado. A importância do Brasil era, sobretudo, como terra de acolhimento de emigrantes portugueses e fonte de divisas, por via das transferências desses mesmos emigrantes. Essas transferências eram bastante elevadas, mas pressupunham um fluxo constante de emigrantes, pois a sua integração no país processava-se de uma forma bastante rápida, por razões que se prendem com as afinidades culturais, a existência de uma língua comum e a grande distância entre os dois países. As remessas deixavam de fazer grande sentido após os reagrupamentos familiares.

Havia, pois, que optar entre o sentimento nacional, que pendia mais para uma ligação privilegiada com as Colónias, o Reino Unido, o Brasil e a vizinha Espanha, e um pragmatismo económico que pretendia conciliar uma abertura à Europa desenvolvida com os interesses estratégicos da política portuguesa em matéria de relacionamento externo. O relativo distanciamento do país em relação à Europa não tinha sido benéfico em termos económicos e culturais. Os responsáveis políticos tinham a noção desse atraso, que era por demais evidente quando se comparavam situações, números, tecnologias ou poderes.

Com a vitória das democracias no ocidente europeu, após a Segunda Guerra Mundial, Portugal ficou isolado, juntamente com a Espanha, num meio envolvente democrático. Era grande o risco de assimilar Portugal à Espanha – países unidos por um Tratado de Amizade e Não-Agressão. Apesar de haver algumas afinidades entre os respectivos regimes políticos, a situação da Espanha era bem pior, pois encontrava-se marginalizada no concerto das nações europeias. Constituía um "padrão" muito negativo, que tornava mais tolerável o caso português. Por comparação, Portugal até era uma ditadura "aceitável" para muitos países. Tanto mais que a violência política era considerada "moderada", numa época em que se tinha saído de uma guerra onde os níveis de atrocidade atingiram o seu expoente máximo. Os EUA e o Reino Unido não tinham esquecido a concessão por Portugal, durante a guerra, das bases dos Açores e a autorização de passagem a muitos milhares de refugiados em fuga da barbárie nazi. A ausência da Espanha no concerto das nações ocidentais dava um destaque ainda maior à importância estratégica do território português. A pequena abertura política que Salazar decidiu efectuar a seguir à guerra foi uma concessão formal à necessária aproximação de Portugal à Europa e aos EUA. Portugal não tinha qualquer interesse em se deixar isolar em companhia da Espanha. Tanto mais que qualquer aproximação excessiva com a Espanha contrariava os objectivos nacionalistas – a Espanha sempre foi considerada como uma ameaça à independência nacional. A Espanha "comprometia", de uma certa forma, Portugal. Era, contudo, do interesse do mundo ocidental que Portugal servisse de ponte com a Espanha – nomeadamente para os britânicos –, como se verificou durante a Segunda Guerra Mundial, em que Portugal contribuiu para a neutralidade espanhola.

Em 23 de Fevereiro de 1946, num discurso feito alguns meses antes da candidatura à entrada na ONU (que será rejeitada), Salazar afirmou o seguinte: «Dentro ou fora das Nações Unidas, a nossa política externa não tem senão que seguir, ao lado dos tradicionais imperativos históricos e geográficos, as claras indicações do último conflito»[270]. Estava pois traçado o caminho definido por Salazar, que ia no sentido da aproximação às nações vitoriosas do ocidente, preservando, contudo, as ligações históricas (colónias, relação privilegiada com o Reino Unido, Brasil) e geográfica (Espanha). O sentido era, claramente, o da aproximação às democracias sem abdicar do regime instituído.

No dia 3 de Agosto de 1946, o Governo português apresenta, em Nova Iorque, o seu pedido de admissão à ONU[271]. Depois de ter obtido uma recomendação favorável da Assembleia Geral, o pedido é vetado pela URSS. Passados alguns dias, o Governo divulga uma Nota oficiosa a propósito da não admissão de Portugal, em que revela que fez o pedido por sugestão dos EUA e do Reino Unido e que «não está arrependido de ter solicitado a admissão nem pesaroso de não entrar»[272]. Segundo Salazar: «Os soviéticos estavam dentro da sua lógica, mas não estavam no seu direito»[273]. Na realidade, esta recusa vai constituir uma derrota para o regime, apesar de se situar num contexto de tensão crescente entre os EUA e a URSS. Está, assim, limitado o campo de acção da política externa portuguesa. A adesão de Portugal ao Plano Marshall e à OECE vai tornar-se um elemento determinante na abertura à Europa e aos EUA.

---

[270] SALAZAR, António de Oliveira – «Ideias falsas e palavras vãs» in *Discursos e Notas Políticas – IV – 1943-1950*. Coimbra: Coimbra Editora Limitada, 1951, p. 211.

[271] O MUD divulgou no dia 27 de Agosto dois documentos contra o pedido de adesão à ONU.

[272] MORAIS, João e VIOLANTE, Luís – *Contribuição para uma Cronologia dos Factos Económicos e Sociais. Portugal 1926-1985*. Lisboa: Livros Horizonte, 1986, p. 113.

[273] SALAZAR, António de Oliveira – «Miséria e medo, características do momento actual» in *Discursos e Notas Políticas – IV-1943-1950, op. cit.*, p. 302.

No importante discurso «Miséria e medo, características do momento actual», Salazar vai desenvolver a sua visão da situação internacional[274]. Para ele, é bem evidente que a Europa, mesmo unida num esforço comum, não pode resistir sozinha à URSS. Depois da Segunda Guerra Mundial, houve um nítido deslocamento do «centro de gravidade da política mundial» para Oeste. Só uma aliança euro-americana, incluindo a Comunidade Britânica, pode combater eficazmente a ameaça da URSS, que Salazar não prevê que passe à guerra aberta. Salazar acredita na prudência da URSS. Considera que os dirigentes soviéticos «preferirão sobretudo esgotar as possibilidades de acção indirecta, através do prestígio do seu regime»[275]. Para contrariar essa ameaça, propõe que se combata a doutrina comunista, considerando-a como uma «doutrina integral» – na sua «essência» e nas «verdadeiras intenções da potência inspiradora»[276].

Neste discurso, Salazar refere que a recuperação da Europa ainda é possível; tanto mais que as colónias africanas dos europeus podem ser um contributo importante nessa recuperação económica. Considera, igualmente, a crise como «passageira» e «superficial»[277] e faz um rasgado elogio aos EUA:

> «Eu admiro a largueza de espírito, a generosidade, a prontidão com que a América acorre em auxílio à Europa, quer para protecção individual de necessidades quer com o fim de dar à economia europeia meios de recuperação. E admiro-as tanto mais quanto nem sequer vejo que esse auxílio seja seriamente condicionado por exigências políticas ou outras capazes de garantirem a sua eficácia. A influência crescente que deste acto especial e da direcção dos negócios mundiais advirá para aquela nação em face da Europa não é discutível; mas o que isso represente como tendência hegemónica, domínio económico ou político, desvio ou deformação do espírito europeu

---

[274] *Ibid.*, p. 286-311.

[275] *Ibid.*, p. 295.

[276] *Ibid.*, p. 296.

[277] *Ibid.*, p. 293.

não depende de qualquer propósito (aliás certamente estranho às preocupações dos Estados Unidos), mas dos meios de resistência que a Europa possa opor à diminuição do seu ser colectivo, das reservas de força moral e material que ainda possua para continuar a afirmar-se no Mundo»[278].

Deste discurso podemos concluir que Salazar acredita na generosidade dos EUA quanto à sua ajuda efectiva à Europa e que essa ajuda provocará inevitavelmente, uma maior influência dos EUA nas questões europeias. Competiria à Europa resistir a essa mesma influência e «restabelecer e reconquistar o seu lugar»[279]. O futuro da Europa estava nas suas próprias mãos, pois esta ainda tinha as condições necessárias para sair da crise.

Para Salazar, a posição da Europa no mundo era muito importante, pois havia no seu seio várias potências coloniais. O restabelecimento do poder destes países coloniais era uma garantia que permitia a Portugal diluir a sua questão colonial num conjunto mais vasto. Tanto mais que novos ventos de mudança começavam a soprar. A independência da Índia e do Paquistão constituíam uma ameaça real para a Índia Portuguesa (Goa, Damão e Diu), os problemas da Indonésia podiam ter reflexos em Timor-Leste e as mudanças na China podiam ter consequências em Macau[280]. Em África, o panorama ainda era calmo mas nada garantia que assim continuasse. Era necessário estar atento e começar a criar alianças estratégicas.

---

[278] *Ibid.*, p. 292-293.

[279] *Ibid.*, p. 293.

[280] Apesar de não ter havido relações diplomáticas entre Portugal e a República Popular da China, houve durante todo o período do Estado Novo um clima de entendimento em Macau, à excepção de alguns incidentes graves no Verão de 1952 (combates na fronteira) e de grandes manifestações de protesto, que provocaram mortos, na altura da chamada Revolução Cultural. O Território de Macau foi utilizado pela República Popular da China, para contornar o bloqueio existente, nomeadamente de produtos estratégicos. Como se sabe, Macau passou para o controlo da República Popular da China em Dezembro de 1999.

2. A importância das questões políticas na aproximação à Europa

Um outro problema que preocupava Salazar era o da ameaça comunista. O susto antes e durante a Guerra Civil de Espanha tinha sido grande. Apesar de não acreditar, pelo menos no imediato, numa guerra aberta desencadeada pela URSS, havia vários elementos de preocupação: guerra civil na Grécia, que já durava há mais de uma ano, as greves em França e Itália, a consolidação do domínio soviético na Europa oriental e a recente adopção pelo *Kominform* das teses de Jdanov[281] sobre a divisão do mundo em dois blocos. A nível interno, também havia sinais de preocupação, com greves e revoltas no mundo operário e campesino. Neste contexto, uma aproximação à Europa e aos EUA podia ser considerada como um reforço da sua posição estratégica de defesa contra a proclamada acção indirecta da URSS na Europa – incluindo em Portugal. Na ausência de um sistema de defesa militar conjunto, a cooperação económica era considerada como um elemento de estabilização. Parecia evidente que a penetração do comunismo, nomeadamente através dos diferentes partidos comunistas europeus, era favorecida pela crise que se tinha instalado na Europa.

A política dos EUA, no âmbito do Plano Marshall, não escondia que um dos objectivos era o de impedir que se criasse um terreno favorável à implantação, ou desenvolvimento, da ideologia comunista na Europa. «A desconfiança histórica entre os EUA e a URSS, mais do que entre a Europa continental e a URSS no Verão de 1947, fazia do Plano Marshall um dos elementos do *containment* e da Guerra Fria»[282].

Aquando da passagem em Lisboa da delegação do Senado e da Câmara dos Representantes dos EUA, em 9 e 10 de Outubro de 1947, após

---

[281] Andreï Alexandrovitch Jdanov, colaborador de Estaline, que desenvolveu a teoria dos dois campos opostos, que esteve na base da Guerra Fria. Ver referências biográficas no Apêndice 1.

[282] BOSSUAT, Gérard – *L'Europe occidentale à l'heure américaine. Le Plan Marshall et l'unité européenne 1945-1952*. Bruxelles: Ed. Complexe, 1992, p. 91. [t.a.]

um périplo por 21 capitais de países europeus e Genebra[283], esta foi recebida por Salazar. Nesse encontro, a ameaça comunista e as dificuldades da Europa foram os principais temas da conversa que se estabeleceu entre o embaixador dos EUA, alguns membros da delegação e Salazar. Este último, num telegrama enviado para o embaixador de Portugal em Washington, sintetizou as conclusões da conversa da seguinte forma:

> «a) grande receio [é o] alastramento [do] comunismo e sujeição [à] Rússia [dos] países isentos;
> b) ideia de que [o] processo mais eficaz de combater [o] perigo iminente vindo [de] leste é [a] reconstrução económica [das] nações europeias;
> c) impossibilidade [de os] Estados Unidos fazerem [um] grande esforço [de] financiamento [da] Europa enfraquecendo-se eles próprios com esse acto se aquela não se revigorar económica e politicamente compensando assim esforço e sacrifício norte-americano;
> d) para tanto [há] necessidade [de] auxílio mútuo na mais larga proporção possível de países europeus que deviam pôr em comum seus meios (sobretudo no respeitante [à] alimentação e combustíveis) ajudando então Estados Unidos com o que faltasse»[284].

Salazar tentou saber qual seria a orientação oficial dos EUA em matéria de meios de auxílio americano, e em como é que a Europa se podia organizar para ultrapassar a crise, mas não obteve resposta. Os delegados afirmaram que ainda não tinham terminado o estudo e que o relatório oficial seria entregue às autoridades americanas. Em relação à questão do comunismo, Salazar considera que a «questão é sobretudo política e ideo-

---

[283] As cidades visitadas foram: Londres, Paris, Genebra, Berna, Luxemburgo, Bruxelas, Haia, Copenhaga, Oslo, Estocolmo, Helsínquia, Varsóvia, Berlim, Praga, Viena, Budapeste, Bucareste, Sofia, Atenas, Istambul, Roma, Madrid e Lisboa. No regresso aos EUA, passaram pelos Açores e pelas Bermudas.

[284] AHDMNE, RNP, Plano Marshall, Telegrama n.º 362, de 11 de Outubro de 1947, do ministro dos Negócios Estrangeiros (Caeiro da Matta) para o embaixador de Portugal em Washington (Pedro Theotónio Pereira), M. 381, 2.º P.-A. 60, d.l.: 1947-1949.

lógica» e que, por conseguinte, é um risco considerar que a resolução das questões económicas afasta todos os «perigos [de] contágio»[285].

Relativamente às iniciativas dos países da Europa na esforço de reconstrução, afirma que não se pode esperar que as «nações europeias independentes cooperassem tão estreitamente como podem fazer [os] diferentes Estados da federação americana». Compara com a situação que se está a viver na Europa oriental, em que a URSS «dirige e coordena» as economias dos países limítrofes como se fizesse parte da sua própria economia. Dá a entender que não é isso que se pretende para a Europa Ocidental. Para Salazar, a «dificuldade a ocidente estava precisamente em encontrar o meio de cooperação económica na independência política»[286]. Esta seria a fórmula ideal para Salazar, apesar de ter consciência das dificuldades existentes para atingir este objectivo. Receia abertamente que os egoísmos nacionais dificultem a sua concretização. Neste aspecto, considera que a atitude de Portugal tem sido positiva pois, segundo ele, Portugal tem «sido sempre [o] último país [a] abandonar [os] princípios [da] liberdade [do] comércio, câmbios e circulação [de] capitais exactamente para dentro do possível não [criar] dificuldades a outros». Aproveita ainda a ocasião para alertar a delegação para a urgência do apoio aos países necessitados da Europa, de forma a que estes não caiam no «desânimo completo» e se refugiem no isolamento.

Em relação às apreciações que os delegados terão feito sobre a situação portuguesa, em termos políticos e administrativos, Salazar diz que foram de «francos elogios», e que aqueles afirmaram mesmo que Portugal podia «servir de exemplo [a] outras nações europeias»[287].

---

[285] *Ibid.*.

[286] *Ibid.*.

[287] *Ibid.*. Segundo o embaixador do Reino Unido, o seu colega dos EUA ter-lhe-á dito que «Todos os membros do grupo ficaram muito impressionados com a personalidade do Dr. Salazar e todos caíram rapidamente e facilmente debaixo do seu charme»[t.a.] (também disse que os congressistas tinham ficado impressionados com Francisco Franco). PRO/FO 371-61037, n.º 209, do embaixador Sir Nigel Ronald para Ernest Bevin, ministro dos Negócios Estrangeiros, de 18 de Outubro de 1947.

Uma das razões que levou Salazar a desejar a aproximação à Europa, através do Plano Marshall, foi o de ter a noção que tinha chegado o momento de optar abertamente pelo pólo aglutinante que se constituíra na Europa sob a égide dos EUA. Uma Europa atlântica em que Portugal se situava mais naturalmente. O regime político em Portugal era para Salazar um assunto do foro interno e, por conseguinte, insusceptível de ser questionado do exterior. Não lhe fazia confusão o facto de os outros países serem democráticos (com algumas reservas em relação à Grécia e à Turquia), pois considerava que Portugal, apesar de todos os limites existentes ao exercício das liberdades cívicas e políticas, possuía o regime que lhe convinha.

A Primeira República, com a sua instabilidade política e os seus numerosos golpes e contra-golpes militares, pairava sobre o poder político e sobre muitos portugueses como uma imagem muito negativa do exercício do poder partidário e parlamentar em Portugal[288]. Esse receio era largamente utilizado pelo regime do Estado Novo, tanto a nível interno como externo, para justificar as limitações ao exercício dos direitos cívicos e políticos em Portugal. A partir de 1944 Salazar começa a abordar nos seus discursos a questão da democracia[289]. Para Salazar, o caminho a seguir por Portugal, com algumas eventuais correcções, já estava traçado, tal como afirmou em 1944: «Quanto a nós fizemos em poucas décadas

---

[288] Entre Outubro de 1910 e Maio de 1926 (1.ª República) houve 45 ministérios. Os governos duraram, em média, 4 meses. Esta situação foi um prolongamento da instabilidade do tempo da Monarquia constitucional, instituída em 1822. Cf. MARQUES, António de Oliveira – *Breve História de Portugal*. Lisboa: Editorial Presença, 1995, p. 591.

[289] SALAZAR, António de Oliveira – «Preparação nacional para o pós-guerra» (Discurso na inauguração do II Congresso da União Nacional, em 25 de Maio de 1944); «Portugal, a guerra e a paz» (Discurso na Assembleia Nacional, em 18 de Maio de 1945); «Votar é um dever» (Discurso aos deputados, em 7 de Outubro de 1945); «Ideias falsas e palavras vãs» (Discurso à União Nacional, em 23 de Fevereiro de 1946); «Relevância do factor político e a solução portuguesa» (Discurso na inauguração da I Conferência da União Nacional, em 9 de Novembro de 1946); «Governo e política» (Discurso à União Nacional, em 4 de Março de 1947) in *Discursos e Notas Políticas – IV – 1943-1950, op. cit.*.

todas as experiências e percorremos todos os caminhos: sabemos o nosso»[290]. O «nosso» caminho não passava, contudo, pela democratização, pois, segundo Salazar, era necessário na Europa governos fortes com «um grande poder de decisão [...] para enfrentar dificuldades e soluções, seriar necessidades, subordinar interesses, reconstruir cada qual a sua pátria, concertar-se com os mais para refazer a Europa»[291]. Segundo Salazar, em Portugal o governo forte não era possível em democracia; a democracia seria uma má solução; a criação de partidos políticos era inaceitável à luz da experiência do passado e dos interesses que ele considerava serem os da Nação[292].

Num discurso intitulado «Portugal, a guerra e a paz», Salazar vai ser muito claro nesta matéria ao comentar o apelo que Winston Churchill fez ao povo da Itália a favor da democracia. Diz Salazar: «se é indiscutível ter o totalitarismo morrido por efeito da vitória, a democracia, tanto na sua definição doutrinária como nas suas modalidades de aplicação, continua sujeita a discussões. E bem»[293].

A aproximação de Portugal à Europa faz-se, pois, com um regime antidemocrático e autoritário convencido da justeza da sua posição. A política é dirigida com determinação por Salazar, que conseguiu, ao longo dos anos, moldar o regime segundo as suas convicções e conveniências. A designação do Estado Novo como "Salazarismo" corresponde à verdade dos factos. Salazar, paulatinamente, e ao longo do tempo, "construiu" o regime segundo as suas próprias convicções, limitado, contudo, pelas

---

290 SALAZAR, António de Oliveira – «Preparação nacional para o pós-guerra» (Discurso na inauguração do II Congresso da União Nacional, em 25 de Maio de 1944) in *Discursos e Notas Políticas – IV – 1943-1950, op. cit.* p. 67.

291 *Ibid.*.

292 SALAZAR, António de Oliveira – «Votar é um grande dever» (Discurso aos deputados, em 7 de Outubro de 1945) in *Discursos e Notas Políticas – IV – 1943-1950, op. cit.*, p. 167-191.

293 SALAZAR, António de Oliveira – «Portugal, a guerra e a paz» (Discurso na Assembleia Nacional (AN), em 18 de Maio de 1945) in *Discursos e Notas Políticas – IV – 1943-1950, op. cit.*, p. 116.

circunstâncias do momento. Apesar de ter havido pequenas melhorias entre 1945 e 1947, para obter uma melhor aceitação interna e externa, o regime manteve-se fiel aos seus princípios essenciais. Não se pode considerar que tenha havido uma cedência política para ser aceite pela Europa. O regime era visto no exterior como conservador e autoritário, no limite do aceitável para um país periférico e atrasado (embora com uma grande importância estratégica por causa, essencialmente, dos Açores). Para os EUA e para a Europa Ocidental era melhor tolerar o regime existente – francamente favorável às democracias ocidentais – do que se ver a braços com uma eventual desestabilização política que poderia ter consequências nos interesses ocidentais em matéria de defesa estratégica. A imagem da instabilidade política em Portugal antes do Estado Novo ainda estava bem presente nalguns altos responsáveis norte-americanos[294].

No contexto de Guerra Fria que se estava a instalar, o regime ditatorial português era um mal menor para a Europa Ocidental e para os EUA. E para Portugal a aceitação externa do seu regime uma condição prévia a qualquer aproximação à Europa. A partir do momento em que o regime não foi questionado e não foram colocadas condições à participação de Portugal, estava aberto o processo de aproximação com a Europa, que se encontrava ainda numa fase muito embrionária de cooperação. Quando foram tomadas as primeiras decisões políticas em matéria de inclusão de Portugal no Plano Marshall, não havia ainda a noção objectiva da orientação que seria tomada. Falava-se abertamente de várias possibilidades, mas não havia ainda uma proposta concreta. Para Salazar, seria muito difícil que a Europa avançasse para além «do entendimento e concerto das soberanias nacionais» e justifica a sua ideia da seguinte forma: «A ideia de uma Europa Federal parece-me fora das possibilidades de realização por muitas razões; mas para já o que interessa salientar é que se começaria por tirar aos estados europeus uma das principais razões por que através dos

---

[294] Ver a este propósito: CHOTARD, Jean-René – *La politique américaine en Europe, 1944/1948. Etude des archives Officielles US*. Paris: Messidor, 1991, p. 135.

tempos tanto se têm sacrificado em guerras – a garantia de os diferentes povos disporem de si mesmos»[295].

Augusto de Castro corrobora esta posição e resume o pensamento dominante sobre esta questão ao escrever o seguinte: «A verdade é que a longa hereditariedade da pluralidade da Europa, das suas lutas e das suas estruturas nacionais, a hipersensibilidade histórica do Continente tornam fatalmente espinhosa, lenta, gradual e delicada qualquer acção de unidade europeia»[296]. Neste contexto, Portugal pouco ou nada teria a temer no imediato, tanto mais que, ao não alienar soberania, não poderia ser obrigado a participar em esquemas políticos ou económicos que Salazar considerasse inaceitáveis. Nesta base, e tendo em consideração a posição do Reino Unido nestas matérias – que servia de referência a Portugal, por ser uma potência imperial –, a opção em participar no Plano Marshall e na futura organização não acarretaria para Portugal quaisquer consequências irreversíveis. Não havia razões objectivas para não participar. Portugal

---

[295] SALAZAR, António de Oliveira «O Ocidente em face da Rússia» (Discurso aos oficiais de terra e mar que o cumprimentaram por ocasião do 20.º aniversário da entrada para o Governo, 28 de Abril de 1948) in *Discursos e Notas Políticas – IV – 1943-1950. op. cit.*, p. 332. O embaixador britânico Sir Nigel Ronald comentou para o Bevin este discurso, da seguinte forma: «A insistência do Dr. Salazar na independência nacional, em plena crise cuja inteira gravidade ele reconhece, pelo menos em teoria, pode afigurar-se desajustada, mas é característico da mórbida preocupação de Portugal com a ideia da soberania, e é reforçada, ao que penso, pelo pressentimento de que o seu sistema político não é correctamente apreciado pelas potências democráticos, que um dia talvez possam tentar forçar Portugal a adoptar uma forma de governo que ele crê inadaptada ao seu povo. Contudo, a declaração reflecte o vigor do seu interesse pela União Ocidental, e espero que, tal como os outros, Portugal aprenda muito com os ensinamentos emergentes da prática da cooperação, antes que o progresso da Unificação Europeia suscite a questão da soberania de uma qualquer forma crucial». PRO/FO 371-73305, n.º 86, (Restricted), do embaixador do Reino Unido em Lisboa, Sir Nigel Ronald, para Ernest Bevin, ministro dos Negócios Estrangeiros britânico, de 30 de Abril de 1948. [t.a.]

[296] CASTRO, Augusto – *A Crise internacional e a Política Externa Portuguesa* (Conferência realizada na Academia de Ciências de Lisboa, em 28 de Outubro de 1949). Lisboa: Tipografia da Empresa Nacional de Publicações, 1949, p. 40.

continuaria a manter a integridade do seu poder de decisão e a liberdade para aceitar ou recusar as futuras opções em matéria de cooperação ou, mesmo, de integração.

A adesão de Portugal à futura organização tinha grandes vantagens. A primeira delas seria de ordem comercial. A dependência em matéria de importações e exportações em relação aos EUA e à Europa era muito grande e nada fazia prever que a situação se alterasse a curto ou a médio prazo. Portugal tinha grandes dificuldades em colocar os seus produtos e, igualmente, em se abastecer no estrangeiro. A criação de organizações regionais na Europa com a ajuda dos EUA, sem a participação de Portugal, poderia constituir um risco de marginalização ainda maior do país. Os acordos bilaterais, que se tinham, entretanto, estabelecido, não se mostraram completamente satisfatórios, pois o défice da balança comercial continuava a aumentar. O interesse de Portugal era tanto maior que se previa uma vertente de cooperação monetária na Europa, de forma a facilitar as suas trocas comerciais. Apesar de Portugal não querer ceder a terceiros as suas disponibilidades em divisas fortes e em ouro, perspectivava a necessidade de «colaborar na possível multilateralidade de pagamentos dentro dos países europeus»[297]. Também se colocavam graves problemas em matéria de abastecimentos nos EUA. Era preferível pertencer à futura organização, pois estava previsto que isso tivesse uma influência decisiva na concessão pelo Departamento do Comércio dos EUA das autorizações de exportação. O embaixador de Portugal em Washington, Theotónio Pereira, chega mesmo a propor que se informasse a população das dificuldades que se aproximavam em termos alimentares[298]. Os EUA tinham anunciado, em fins de Setembro de 1947, grandes restrições nas suas

---

[297] AHDMNE, RQE, Conferência de Paris, Parecer do Ministério das Finanças, de 27 de Agosto de 1947, M. 53 (I), 2.º P.-A. 39, d.l.: 1947. Ver Anexo 4.

[298] AHDMNE, RNP, Plano Marshall, Telegrama n.º 408, de 1 de Outubro de 1947, do embaixador de Portugal em Washington (Pedro Theotónio Pereira) para o ministro dos Negócios Estrangeiros (Caeiro da Matta), M. 381, 2.º P.-A. 60, d.l.: 1947-1949.

exportações de trigo e Portugal necessitava absolutamente de importar esse produto.

A segunda grande vantagem, relativamente à participação de Portugal na futura organização com vista à cooperação na Europa, era a de integrar o país no sistema internacional que se estabeleceu entre os países ocidentais no pós-guerra. Portugal tinha todo o interesse, mesmo por razões de política interna, em se aliar ao bloco ocidental. Entre os dois blocos em formação só poderia existir a via do isolamento internacional. Se tal sucedesse, seria para Portugal muito difícil manter o regime e encontrar-se-ia desamparado na questão colonial (questão fundamental para o regime). A cooperação entre a Europa e os EUA dava uma certa garantia de estabilidade internacional para Portugal e uma projecção internacional maior do que se deixasse isolar. Nomeadamente no caso da Índia Portuguesa (Goa, Damão e Diu), que já nessa altura constituía uma preocupação maior para o Governo português[299]. A adesão à futura organização de cooperação na Europa não punha em causa o colonialismo português e, segundo Salazar, a África poderia mesmo ajudar à reconstrução da Europa[300]. Não havia que escolher entre África e Europa. Era possível uma aproximação à Europa mantendo as colónias. As grandes potências coloniais encontravam-se entre os países que encabeçavam o movimento de cooperação europeia, pelo que tudo indicava que esta perspectiva de Salazar tinha fundamento. As grandes opções estratégicas de Portugal em matéria de política internacional (Colónias, Reino Unido, Espanha e Brasil) eram conciliáveis com a cooperação europeia. O ponto fraco na altura seria a Espanha mas mesmo essa opção baseava-se fundamentalmente num entendimento político, porquanto os dois povos conti-

---

299 Cf. SALAZAR, António de Oliveira – «Miséria e medo, características do momento actual» in *Discursos e Notas Políticas – IV-1943-1950. op. cit.*, p. 305-306 e NOGUEIRA, Franco – *Salazar – Volume IV – O Ataque (1945-1958), op. cit.*, p. 87 e 90-91.

300 SALAZAR, António de Oliveira – *Discursos e Notas Políticas – IV – 1943-1950, op. cit.*, p. 293-294.

nuavam ainda de "costas voltadas" A partir do momento em que os dois regimes sobreviveram ao pós-guerra, a aproximação política anteriormente efectuada perdia muita da sua importância. A solidariedade vai manter-se ainda alguns anos, mas o isolamento da Espanha vai levar Portugal a fazer o seu percurso de uma forma autónoma, como veremos mais à frente.

Um outro elemento importante na opção de Salazar pela participação de Portugal na futura organização de cooperação na Europa pode ter sido de carácter político. Ao convidarem Portugal para participar na futura organização de cooperação europeia, as democracias ocidentais não estavam a legitimar uma situação interna mas, na realidade, a participação de Portugal podia ser explorada internamente como uma legitimação internacional do regime instituído em Portugal e, mesmo, de um certo reconhecimento. O processo de adesão à futura organização é já posterior ao aumento da repressão política em Portugal, após um período de modesta abertura política, e não alterou, fundamentalmente, a situação política existente. Para o regime português, a participação de Portugal no processo de cooperação europeia foi uma ocasião inesperada para dar uma imagem, tanto a nível interno como externo, de "normalidade". As forças da Oposição, que tão dificilmente tentavam avançar no espinhoso caminho do derrube do regime, nomeadamente através de golpes militares, vão ressentir-se desta aceitação internacional e, assim, integrar o país no bloco ocidental. Ao contrário da Espanha, que se mantinha num grande isolamento internacional e sem qualquer perspectiva de abertura a curto prazo – caso não renunciasse ao seu regime político –, Portugal vai ser recebido e tolerado pelas democracias ocidentais[301]. Abriam-se, assim, novas vias para a manutenção de um regime que tinha como preocupação

[301] A Assembleia Geral da ONU tinha recomendado o corte de relações com Madrid, em 12 de Dezembro de 1946. Só Portugal, a Argentina e o Vaticano mantiveram as suas representações diplomáticas ao mais alto nível. Todas as outras ficaram representadas por encarregados de negócio. A fronteira franco-espanhola, que tinha sido encerrada por iniciativa de Franco, em 27 de Fevereiro de 1946, só foi reaberta no dia 5 de Fevereiro de 1948.

não dar uma imagem de radicalismo político. O argumento da oposição política, de que Portugal estava isolado internacionalmente por força do seu regime, tornava-se difícil de defender após o convite formulado a Portugal para participar na futura organização de cooperação na Europa. Apesar das incógnitas do processo de cooperação europeia, ainda por definir, interessava a Portugal seguir o seu aliado britânico e ir moldando a sua atitude em função das conveniências do momento. Uma aproximação prudente em relação à Europa na base daquilo que era considerado fundamental pelo regime. Aproveitar as condições económicas favoráveis que o movimento de cooperação iria provavelmente criar a nível interno e externo para, assim, consolidar o próprio regime político português nos seus princípios basilares.

II. A questão da Espanha

A grande questão antes da adesão de Portugal à futura Organização de Cooperação Económica Europeia (OECE) foi, sem qualquer margem de dúvida, a eventual inclusão da Espanha no Plano Marshall e na OECE. Esta questão vai mobilizar os esforços dos diplomatas portugueses e do Governo e vai revelar os limites da capacidade de Portugal em matéria de política externa.

Como já foi referido anteriormente, a Espanha constituía uma das prioridades da política externa portuguesa. Por razões ligadas à sua posição geográfica, às afinidades de regime político, às questões de defesa e, de uma forma muito menos significativa, a uma certa aproximação cultural e económica, havia a noção de que o destino dos dois países da Península Ibérica deveria ser paralelo. O Tratado de Amizade e Não-Agressão Luso-Espanhol, de Março de 1939, e o Protocolo Adicional de Julho de 1940, consubstanciavam essa relação mais ou menos estreita entre os dois regimes. Em termos económicos, as relações luso-espanholas, mesmo no período de isolamento internacional da Espanha, eram muito insípidas.

Basta referir que em 1945, 1946 e 1947, os produtos portugueses representaram, respectivamente, 1,92%, 1,41% e 0,94% das importações totais da Espanha. Para Portugal o mercado espanhol, após um período de maior incremento durante a Segunda Guerra Mundial, por razões ligadas essencialmente aos problemas de abastecimento, era considerado como marginal. Em 1946 só representava 2,32% da totalidade do comércio externo e a tendência era para a sua diminuição[302].

Apesar de a Espanha ter sido expressamente excluída do Plano Marshall, encarou contudo, desde o seu início, a possibilidade de ainda poder vir a integrar a lista dos países participantes. Logo a seguir à apresentação do Plano Marshall, Madrid solicita a integração da Espanha[303]. A firme oposição dos governos britânico e francês vai, contudo, como veremos mais à frente, impedir qualquer tentativa de inclusão da Espanha. A ditadura militar de Franco, pela sua violência e intransigência, impedia a aceitação da Espanha no seio da Europa[304].

1. Os primeiros sinais sobre a questão da Espanha

O primeiro sinal escrito sobre a questão da Espanha veio do exterior, através do director dos Negócios Políticos da Holanda, que disse ao

[302] Cf. GIRAO, Fernando – «Spain's role in Western European Relief and Reconstruction, 1945 to Spring of 1947» in *Plans des temps de guerre pour l'Europe d'après-guerre 1940-1947*. (Actas do Colóquio de Bruxelas, 12-14 de maio de 1993, Dir. de Michel Dumoulin). Bruxelles: Bruylant, 1995, p. 585, e Cf. ROSAS, Fernando – *O Estado Novo (1926-1974)*. Vol. VII, *op. cit.*, Quadro XLII, p. 477.

[303] OLIVEIRA, César de – *Cem anos nas relações luso-espanholas*. Lisboa: Edições Cosmos, 1995, p. 114-115.

[304] «Quer tenham sido 30 000 (segundo as estimativas de Salas) ou 150 000 (segundo os cálculos de Fontana) as vítimas da repressão do após-guerra, não há a menor dúvida de que não têm comparação com as três centenas de mortos atribuídos por Gallagher ao salazarismo». TUSELL, Javier – «Franquismo e Salazarismo» in *O Estado Novo das Origens ao Fim da Autarcia (1926-1959)*. Vol. I, *op. cit.*, p. 43.

encarregado de Negócios, Mário Reymão Nogueira, por volta do dia 9 de Julho de 1947, que a Holanda tinha chamado a atenção da França e do Reino Unido para a dificuldade em reorganizar a economia ocidental sem a participação da Espanha, por causa da sua posição geográfica. Segundo ele, há no Ministério dos Negócios Estrangeiros holandês a «impressão de que se não cometer as habituais gafes, Madrid dentro de seis meses será ouvida na Conferência Europeia se nações agora convidadas chegarem [a] acordo [na] próxima reunião [de] Paris»[305]. Poucos dias depois, ainda antes do discurso do ministro dos Negócios Estrangeiros do Reino Unido, Ernest Bevin, no CCEE – onde foi confirmada a exclusão temporária da Espanha –, um membro da delegação britânica pediu à delegação portuguesa para «não fazer objecção». Augusto de Castro, que estava a representar o ministro dos Negócios Estrangeiros, respondeu que a «delegação portuguesa não tinha intenção de levantar qualquer objecção»[306].

Após um período em que não há registo de tomadas de posição por parte de Portugal sobre a não participação da Espanha, uma primeira intervenção de Portugal sobre esta matéria foi protagonizada por Ruy Guerra, aquando da intervenção sobre a exclusão da Espanha da lista de países a convidar para o Grupo de Estudo sobre a união aduaneira. Conforme já foi referido, todos os países da Europa, e mesmo países da *Commonwealth*, foram convidados, à excepção da Espanha. A intervenção de Ruy Guerra, que tinha pedido instruções ao ministro, foi no sentido de não se excluir nenhum país do Grupo de Estudo. Logo a seguir, a Irlanda «referindo-se expressamente [à] Espanha declarou aprovar inteiramente

---

[305] AHDMNE, RNP, Plano Marshall, Telegrama Referência n.º 3495, de 9 de Julho de 1947, da Legação de Portugal na Haia (Reymão Nogueira) para o ministro dos Negócios Estrangeiros (Caeiro da Matta), M. 381, 2.º P.-A. 60, d.l.: 1947-1949. Recorde-se que a Holanda foi o primeiro país a expressar directamente a Portugal a sua posição em relação ao Plano Marshall.

[306] AHDMNE, RNP, Plano Marshall, Telegrama n.º 253, de 15 de Julho de 1947, da Legação de Portugal em Paris (Augusto de Castro) para o ministro dos Negócios Estrangeiros (Caeiro da Matta), M. 381, 2.º P.-A. 60, d.l.: 1947-1949.

os princípios» expostos por Portugal e manifestou o «pesar que ao seu Governo causava a exclusão da Espanha»[307].

A questão volta a ser aflorada no discurso de Caeiro da Matta, no dia 22 de Setembro de 1947, aquando do encerramento da Conferência de Paris, em que ele faz uma alusão à Espanha. Mais uma vez, este país não é mencionado abertamente. A generalização é grande, pois indica que «todas as Potências europeias, sem limitações de ordem ideológica ou de sistemas políticos, sejam admitidas a cooperar na tarefa comum de restabelecimento europeu»[308]. É óbvio que foi interpretado como se estando a referir à Espanha, mas não havia ainda a frontalidade para a nomear abertamente, o que é sintomático da posição ainda pouco segura de Portugal no CCEE.

A iniciativa para levantar a questão da eventual inclusão da Espanha no Plano Marshall veio do embaixador extraordinário e plenipotenciário de Portugal em Madrid, Carneiro Pacheco, que, em telegrama urgente e confidencial, no dia 14 de Janeiro de 1948, vai alertar o ministro dos Negócios Estrangeiros para esta situação. Transmite a opinião dos jornais espanhóis sobre a exclusão da Espanha do Plano Marshall, indicando que tinha sido por deliberação dos países europeus e que a «fórmula genérica [de] imputação [de] responsabilidades» da exclusão da Espanha abrange Portugal. Solicita ao ministro que o habilite com o conhecimento dos factos relativos à atitude portuguesa no que lhe possa interessar no seu exercício em Madrid[309].

No Ministério dos Negócios Estrangeiros vai ser estudada a questão colocada pelo embaixador em Madrid e preparado um relatório sobre a

---

307 AHDMNE, RNP, Plano Marshall, Telegrama n.º 377, de 8 de Setembro de 1947, da Legação em Paris (Ruy Guerra), para o ministro dos Negócios Estrangeiros (Caeiro da Matta), M. 381, 2.º P.-A. 60, d.l.: 1947-1949.

308 AHDMNE, RQE, «Discours prononcé pendant la Conférence de Paris par Caeiro da Matta, ministre des Affaires étrangères, le 22 septembre 1947», M. 53 (I), 2.º P.-A. 39, d.l.: 1947.[t.a.]

309 AHDMNE, RNP, Plano Marshall, Telegrama n.º 9, de 14 de Janeiro de 1948, da Embaixada de Portugal em Madrid (Carneiro Pacheco) para o ministro dos Negócios Estrangeiros (Caeiro da Matta), M. 381, 2.º P.-A. 60, d.l.: 1947-1949.

não inclusão da Espanha. O relatório refere a atitude portuguesa aquando da criação do Grupo de Estudo sobre a união aduaneira, nomeadamente as instruções do ministro, e considera que os jornais espanhóis ao ignorar esta «atitude desassombrada de Portugal demonstram (visto não o poderem ignorar) uma das facetas do orgulho espanhol» e acrescenta: «Se não fosse o facto de não convir dar demasiado relevo a este caso para evitar explorações à atitude da imprensa espanhola merecia franco reparo»[310]. É pois de uma forma muito crítica que o Ministério dos Negócios Estrangeiros reage às notícias da imprensa espanhola, que nem mencionavam directamente Portugal. Na realidade, como já foi descrito, Portugal teve até essa altura uma atitude muito frouxa. Também não foi por acaso que Salazar omitiu esta questão nos discursos em que definiu a política externa portuguesa.

A resposta ao embaixador em Madrid vai ser dada, no dia 21 de Janeiro, por António de Faria[311], que estava a assumir as funções de director-geral dos Negócios Políticos e da Administração Interna. A título confidencial, vai descrever as intervenções portuguesas sobre a matéria e acrescenta o seguinte: «Além das declarações feitas publicamente pelos representantes do Governo Português, Sua Excelência o ministro dos Negócios Estrangeiros em conversas tidas com homens de Estado de vários países, incluindo Mr. Bevin, sempre manteve o ponto de vista de que a Espanha não deveria ter sido excluída»[312].

---

[310] AHDMNE, RNP, Relatório sobre a exclusão da Espanha na Reconstrução Económica da Europa (autor não mencionado, assinatura ilegível) do Ministério dos Negócios Estrangeiros, de 17 Janeiro de 1948, M. 381, 2.º P.-A. 60, d.l.: 1947-1949.

[311] António de Faria, director-geral dos Negócios Políticos e da Administração Interna de 11 de Fevereiro de 1948 a Junho de 1950, tendo exercido as funções de director-geral em Julho e Agosto de 1947 e no mês anterior à tomada de posse. Também foi secretário-geral do Ministério dos Negócios Estrangeiros entre 11 de Fevereiro de 1948 e Junho de 1950, tendo exercido igualmente as funções de secretário-geral nos meses de Julho e Agosto de 1947. Ver referências biográficas no Apêndice 1.

[312] AHDMNE, RNP, Despacho n.º 4/Proc. 39,314 (Confidencial) do Ministério dos Negócios Estrangeiros (António Faria) para a Embaixada de Portugal em Madrid (Carneiro Pacheco), de 21 Janeiro de 1948, M. 381, 2.º P.-A. 60, d.l.: 1947-1949.

2. O pedido de intervenção portuguesa e as iniciativas diplomáticas empreendidas

A questão da adesão da Espanha vai ser reactivada poucos dias depois pelo embaixador da Espanha em Portugal, Nicolás Franco[313], que vai falar com o ministro Caeiro da Matta e manifestar o desejo da Espanha em participar no CCEE. Informa que o Governo espanhol já tinha sondado os governos da Suíça, Suécia, Irlanda e Turquia e que estes governos estavam «dispostos a apoiar pretensão espanhola»[314]. Pedia oficialmente ao Governo português que tomasse a iniciativa de propor admissão da Espanha[315]. Informa, também, que a Espanha fará diligências junto dos restantes países participantes. Tem a impressão que a Holanda, a França e outros países estão mais favoráveis, e assegura poder contar com a «boa vontade» dos Estados Unidos.

O ministro Caeiro da Matta descreveu ao embaixador Nicolás Franco as diligências efectuadas por Portugal e limitou-se, igualmente, a manifestar a «boa vontade» do Governo português[316].

---

313 Nicolás Franco Bahamonde, irmão do ditador Francisco Franco (Bahamonde), foi embaixador de Espanha em Lisboa, entre 1938 e 1958.

314 AHDMNE, RNP, Telegrama n.º 3 (Confidencial) do ministro dos Negócios Estrangeiros (Caeiro da Matta) para a Embaixada de Portugal em Madrid, de 30 Janeiro de 1948, M. 381, 2.º P.-A. 60, d.l.: 1947-1949.

315 Segundo o ministro Caeiro da Matta, o embaixador Nicolás Franco utilizou, pela primeira vez, neste pedido do Governo espanhol, a expressão «meu irmão» ao referir-se a Francisco Franco e disse-lhe que sabia «muito bem que alguns países desejavam apresentar à Conferência uma proposta [de] admissão [da] Espanha mas teria [Francisco Franco] o maior empenho que fosse Portugal a fazê-lo». Cf. AHDMNE, RNP, Telegrama n.º 51, de 19 de Março de 1948, do ministro dos Negócios Estrangeiros José Caeiro da Matta, na Legação de Portugal em Paris, para o Ministério dos Negócios Estrangeiros (Presidente do Conselho), M. 381, 2.º P.-A. 60, d.l.: 1947-1949.

316 AHDMNE, RNP, Telegrama n.º 3 (Confidencial), de 30 Janeiro de 1948, do ministro dos Negócios Estrangeiros (Caeiro da Matta) para a Embaixada de Portugal em Madrid, M. 381, 2.º P.-A. 60, d.l.: 1947-1949.

Na carta em que o ministro descreve ao embaixador em Madrid a conversa com Nicolás Franco, o mesmo menciona o seu desagrado pela anterior atitude espanhola, em virtude de o Governo português nunca ter recebido «nenhuma palavra de agradecimento do Governo espanhol, acerca deste caso ou de outros semelhantes em que [Portugal tem] defendido a presença de Espanha em conferências internacionais». Parece-lhe preferível «não fazer desde já qualquer promessa concreta» e aguardar pelas diligências espanholas junto dos outros países[317].

Poucos dias mais tarde, a 3 de Fevereiro, o ministro vai enviar uma circular (n.º1) às embaixadas e legações em que volta a focar a questão espanhola no âmbito das directivas da política externa portuguesa. Nessa circular, indica que considera que a política anglo-saxónica em relação à Espanha tem sido errada desde há muito tempo. Segundo o ministro, «Parece que nos últimos tempos [a] opinião americana vem reconhecendo necessidade modificar orientação seguida» devido aos perigos eminentes e que «é preferível pensar mais no futuro do que no passado»[318]. Menciona as dificuldades em trazer a Espanha para o concerto das nações devido às resoluções da ONU, mas considera que é necessário, para benefício da Europa, «ir aproveitando todas [as] oportunidades para a tirar do seu isolamento». Menciona os apoios que a Espanha diz possuir e indica «que se poderia defender [a] entrada [de] Espanha numa próxima Conferência [de] Cooperação Económica com [o] fundamento [de que] é necessário aproveitar suas riquezas para o esforço [de] reabilitação comum». Termina a circular dizendo: «Não se trata ainda [de] fazer ingressar Franco [no] convívio internacional mas poderia ser um primeiro passo para fazer sair [a] Espanha [da] situação actual»[319].

---

317 *Ibid.*.

318 AHDMNE, RNP, Circular n.º 1, de 3 de Fevereiro de 1948, do ministro dos Negócios Estrangeiros (Caeiro da Matta) para as embaixadas e legações de Portugal, M. 381, 2.º P.-A. 60, d.l.: 1947-1949.

319 *Ibid.*.

No próprio dia do envio da Circular n.º 1 pelo Ministério dos Negócios Estrangeiros, é remetido um telegrama do ministro de Portugal em Dublin, Henrique Queirós[320], para o ministro Caeiro da Matta, a dizer que teve um encontro com o secretário-geral do Ministério dos Negócios Estrangeiros irlandês em que lhe foi transmitido que os irlandeses têm a «melhor boa vontade» em relação ao princípio da inclusão da Espanha no Plano Marshall, mas que «os esforços só devem ser feitos após a aprovação do Congresso [dos EUA]». Esta inclusão da Espanha devia ser defendida «sobre base estritamente económica». Acrescenta que a posição do *Foreign Office* tem evoluído na questão da Espanha, mas não a do Governo britânico[321]. Passados cinco dias, Henrique Queirós volta a falar com o secretário-geral. Este último diz-lhe que «países como Portugal e Irlanda podem por via diplomática e com toda a discrição apontar a outros utilidade trazer Espanha para o grupo projectado»[322].

No seguimento da Circular n.º 1, a diplomacia portuguesa vai mobilizar-se e começam a chegar ao Ministério dos Negócios Estrangeiros informações sobre a posição dos diferentes países participantes em relação à inclusão da Espanha no CCEE. No dia 20 de Fevereiro, o ministro da Legação de Portugal em Bruxelas, Eduardo Leitão[323], transmite a informação, a título confidencial, de que Paul-Henri Spaak[324] «está disposto a

---

[320] Henrique Bacelar Caldeira Queirós, ministro de Portugal em Dublin, de 18 de Outubro de 1947 a Novembro de 1948. Ver referências biográficas no Apêndice 1.

[321] AHDMNE, RNP, Telegrama n.º 8, de 3 de Fevereiro de 1948, da Legação de Portugal em Dublin (Henrique Queirós) para o ministro dos Negócios Estrangeiros (Caeiro da Matta), M. 381, 2.º P.-A. 60, d.l.: 1947-1949.

[322] AHDMNE, RNP, Telegrama n.º 11, de 8 de Fevereiro de 1948, da Legação de Portugal em Dublin (Henrique Queirós) para o ministro dos Negócios Estrangeiros (Caeiro da Matta), M. 381, 2.º P.-A. 60, d.l.: 1947-1949.

[323] Eduardo Leitão, ministro de Portugal na Legação em Bruxelas, de 2 de Fevereiro de 1945 a 14 de Janeiro de 1956, e embaixador em seguida. Ver referências biográficas no Apêndice 1.

[324] Paul-Henri Spaak, ministro dos Negócios Estrangeiros belga, de 1945 até 1957. Ver referências biográficas no Apêndice 1.

seguir orientação mais conforme realidade e interesse Europa Ocidental, mas de começo prudentemente porque tem em conta reacção seu partido onde existe grande massa que odeia Generalíssimo»[325].

Entretanto, chegam ao Ministério dos Negócios Estrangeiros informações confidenciais da Embaixada dos EUA em Lisboa a indicar que o Governo dos EUA deseja normalizar as relações políticas e económicas entre a Espanha e as democracias ocidentais (incluindo os EUA), mas que tal seria «difícil senão impossível sem substanciais modificações políticas e económicas em Espanha»[326]. Estas informações tinham sido transmitidas, no dia 26 de Fevereiro, a António de Faria, secretário-geral e director-geral dos Negócios Políticos do Ministério dos Negócios Estrangeiros, por um conselheiro da Embaixada dos EUA, Theodore Xanthaky[327], que lhe deu a ler um telegrama enviado pelo Departamento de Estado para os postos diplomáticos de Lisboa, Londres, Madrid, para conhecimento dos respectivos governos, assim como para a Santa Sé[328]. As informações inclusas no respectivo telegrama mostram que o Governo dos EUA não desejava que as mudanças em Espanha, que se aconselhava no sentido da liberalização e da democracia, enfraquecessem o Estado. Havia o receio de uma nova guerra civil. Apesar de os EUA considerarem que a

---

[325] AHDMNE, RNP, Telegrama n.º 24 (Confidencial), de 20 de Fevereiro de 1948, da Legação de Portugal em Bruxelas (Eduardo Leitão) para o ministro dos Negócios Estrangeiros (Caeiro da Matta), M. 381, 2.º P.-A. 60, d.l.: 1947-1949.

[326] AHDMNE, RNP, Telegrama n.º 7 (Confidencial), de 29 de Fevereiro de 1948, do ministro dos Negócios Estrangeiros (Caeiro da Matta) para a Embaixada de Portugal em Madrid (Carneiro Pacheco), M. 381, 2.º P.-A. 60, d.l.: 1947-1949 ou AHDMNE, RNP, Informação-Resumo do encontro entre o conselheiro da Embaixada dos EUA, Theodore Xanthaky e o secretário-geral do Ministério dos Negócios Estrangeiros, António de Faria, de 26 de Fevereiro de 1948, M. 381, 2.º P.-A. 60, d.l.: 1947-1949.

[327] Theodore Xanthaky era um influente membro da Embaixada dos EUA. Apesar de só ter o estatuto de conselheiro, era, na realidade, muito influente, tendo permanecido colocado em Lisboa de 1945 até 1963. Depois reformou-se e ficou em Portugal.

[328] AHDMNE, RNP, Informação-Resumo do encontro entre o conselheiro da Embaixada dos EUA, Theodore Xanthaky. e o secretário-geral do Ministério dos Negócios Estrangeiros, António de Faria, de 26 de Fevereiro de 1948, M. 381, 2.º P.-A. 60, d.l.: 1947-1949.

liberalização é a melhor política a seguir e que a «repressão exagerada pode eventualmente provocar explosão violenta dos movimentos subterrâneos», admite-se que as questões de «reforma ou composição do governo» são questões internas do Estado espanhol. Os EUA «não favorecem de maneira alguma [uma] intervenção estrangeira em Espanha, nem pretendem modificar (reverse) o resultado da guerra civil». Também se congratulam pelo «afrouxamento gradual e sem alarde das restrições comerciais actualmente existentes»[329].

Também vão nesse sentido as declarações do novo ministro dos Negócios Estrangeiros da Irlanda, pois diz a Henrique Queirós que ajudaria a inclusão da Espanha, mas que os espanhóis deviam fazer «um pequeno gesto» para facilitar o consentimento do Partido Trabalhista britânico, principal fonte de oposição. Pede a Portugal para interceder junto dos espanhóis sobre a necessidade desse gesto de abertura política[330].

No dia 8 de Março, o embaixador Carneiro Pacheco envia de Madrid um telegrama confidencial a informar o ministro de que os representantes da França e da Suíça lhe tinham perguntado se Portugal ia propor a entrada da Espanha no Plano Marshall. Carneiro Pacheco respondeu-lhes que Portugal votaria favoravelmente uma proposta nesse sentido e que considerava «absurdo e gravemente comprometedora dos interesses do Ocidente persistir [na] exclusão da Espanha», numa altura em que o «Ocidente deveria mostrar-se totalmente unido como um bloco» (referindo a proximidade das eleições na Itália)[331].

Como o embaixador de Portugal em Londres, Domingos Palmela, ia ser recebido pelo ministro dos Negócios Estrangeiros britânico, Ernest

---

[329] *Ibid.*.

[330] AHDMNE, RNP, Telegrama n.º 24, de 1 de Março de 1948, da Legação de Portugal em Dublin (Henrique Queirós) para o ministro dos Negócios Estrangeiros (Caeiro da Matta), M. 381, 2.º P.-A. 60, d.l.: 1947-1949.

[331] AHDMNE, RNP, Plano Marshall, Telegrama n.º 63, de 8 de Março de 1948, da Embaixada de Portugal em Madrid (Carneiro Pacheco) para o ministro dos Negócios Estrangeiros (Caeiro da Matta), M. 381, 2.º P.-A. 60, d.l.: 1947-1949.

Bevin, pede instruções ao Ministério dos Negócios Estrangeiros. O ministro vai enviar-lhe, no dia 9 de Março, um telegrama em que resume as suas posições e acrescenta um novo dado relacionado com a possível proposta de inclusão no CCEE dos representantes das zonas ocidentais da Alemanha, que merece todo o apoio de Portugal[332]. O ministro pede para questionar como é que se pode «trazer para a Cooperação Económica dos países ocidentais zonas de um país ex-inimigo, com o qual nem sequer há por enquanto tratado de paz» e, ao mesmo tempo, impedir a entrada da Espanha. Refere que a inclusão da Espanha seria benéfica do ponto de vista económico e comercial e que Portugal tem informações que levam a crer que um certo número de países modificaram as suas posições e apoiaram a eventual integração da Espanha. Por via da situação internacional que se está a viver, o ministro pensa que «seria agora o momento oportuno para apresentar [na] Conferência de Paris uma proposta concreta» e diz que em Paris irá falar com os delegados dos outros países. Pede a Domingos Palmela para «sondar atitude» de Ernest Bevin e remete-lhe o resumo das informações recebidas do embaixador dos EUA sobre a questão da Espanha[333].

No dia seguinte, o ministro envia novo telegrama ao embaixador em Londres a comunicar que tinha pedido a Marcello Mathias para prevenir o Governo francês que Portugal ia levantar o caso espanhol na Conferência. Segundo o ministro, «todos compreenderão» que é impossível para Portugal votar a admissão das zonas ocidentais da Alemanha (com a qual se concorda) «sem tomar posição nitidamente favorável [à] entrada [da] Espanha»[334]. Acrescenta que Portugal tem razões para supor que os EUA

---

[332] AHDMNE, RNP, Plano Marshall, Telegrama n.º 53, de 9 de Março de 1948, do ministro dos Negócios Estrangeiros (Caeiro da Matta) para a Embaixada de Portugal em Londres, M. 381, 2.º P.-A. 60, d.l.: 1947-1949.

[333] *Ibid.*.

[334] AHDMNE, RNP, Plano Marshall, Telegrama n.º 56, de 10 de Março de 1948, do ministro dos Negócios Estrangeiros (Caeiro da Matta) para a Embaixada de Portugal em Londres, M. 381, 2.º P.-A. 60, d.l.: 1947-1949.

não têm objecção em relação à admissão da Espanha[335]. O Governo português sentia-se na obrigação de tomar uma atitude sobre esta questão[336].

A posição de Domingos Palmela, nessa altura, era a de que o Governo britânico seria levado a rever a sua posição sobre a Espanha, pela força das circunstâncias, mas que seria um processo extremamente difícil por via das declarações anteriormente feitas sobre a matéria pelos dirigentes do Partido Trabalhista. Seria muito complicado, sem desprestígio para Bevin, operar uma mudança de atitude. Considera que este é o «ponto nevrálgico do problema»[337].

Entretanto, ainda no dia 10 de Março, o ministro Caeiro da Matta segue de carro para Paris, ficando a substituí-lo no Ministério dos Negócios Estrangeiros o próprio Salazar.

Do embaixador de Portugal em Madrid chega no dia seguinte, ao Ministério dos Negócios Estrangeiros, um telegrama urgente a comunicar que o ministro dos Negócios Estrangeiro espanhol o tinha informado de que Francisco Franco[338] estava reconhecido pela atitude de Portugal em relação à «defesa da posição internacional de Espanha», nomeadamente na Organização para a Alimentação e Agricultura (*Food and Agriculture*

---

[335] *Ibid.*.

[336] Num telegrama para Marcello Mathias, o ministro, além das informações acima referidas nos dois telegramas para a Embaixada em Londres, acrescenta o seguinte: «Se alguns Governos para não ferirem susceptibilidades [dos] elementos [da] extrema esquerda [das] suas maiorias parlamentares pretendem subordinar a consideração política partidária [os] interesses superiores [da] cooperação europeia, [o] Governo português julga que deve tomar clara [a] sua atitude». AHDMNE, RNP, Plano Marshall, Telegrama n.º 45, de 10 de Março de 1948, do ministro dos Negócios Estrangeiros (Caeiro da Matta) para a Legação de Portugal em Paris, M. 381, 2.º P.-A. 60, d.l.: 1947-1949.

[337] AHDMNE, RNP, Plano Marshall, Ofício n.º 250, de 9 de Março de 1948, da Embaixada de Portugal em Londres (Domingos Palmela) para o ministro dos Negócios Estrangeiros (Caeiro da Matta), M. 381, 2.º P.-A. 60, d.l.: 1947-1949.

[338] Francisco Franco y Bahamonde Salgado Prado governou a Espanha de 1939 a 1975. Ver referências biográficas no Apêndice 1.

Organisation) e que «à Espanha agradaria mais iniciativa de Portugal para seu ingresso Plano Marshall fosse qual fosse [o] resultado do que qualquer outra»[339]. Também lhe comunicou que se podia contar com a votação favorável da Irlanda, da Turquia, da Suíça, da Itália, da Bélgica, da Holanda e do Luxemburgo. Em relação aos países escandinavos não se sabia ainda qual o sentido de voto, pelo que valia a pena insistir. As «más vontades» vinham do Reino Unido e da França (a Grécia seguiria a posição britânica). Quando o embaixador português disse ao ministro espanhol que convinha «acompanhar mesmo os do primeiro grupo defendendo-os das conversações [de] bastidores», este último referiu que a Espanha «se abstém de fazê-lo por natural melindre»[340].

No dia seguinte, chega ao Ministério dos Negócios Estrangeiros um telegrama de Marcello Mathias com informações recolhidas junto do embaixador dos EUA em Paris, Jefferson Caffery[341]. O embaixador disse-lhe que os EUA tinham a intenção que fosse a própria Conferência a convidar as zonas ocidentais, que seriam representadas pelas potências ocupantes assistidas por técnicos alemães, dada a importância dos recursos industriais para a cooperação económica da Europa Ocidental. Em relação à Espanha, o embaixador Caffery afirma que está de acordo com a utilidade da presença da Espanha, mas que apesar das diligências efectuadas em Madrid pelo representante diplomático dos EUA, o encarregado de Negócios Paul Culbertson[342], para que Franco efectuasse medidas de abertura política, com o objectivo de conciliar a opinião pública americana com a

---

[339] AHDMNE, RNP, Plano Marshall, Telegrama n.º 71 (Urgente), de 11 de Março de 1948, da Embaixada de Portugal em Madrid (Carneiro Pacheco) para o ministro dos Negócios Estrangeiros (substituído por Salazar), M. 381, 2.º P.-A. 60, d.l.: 1947-1949. A Comissão Nacional da *Food and Agriculture Organisation* foi criada por Decreto-Lei, em 19 de Março de 1947.

[340] *Ibid.*.

[341] Jefferson Caffery, embaixador dos EUA em Paris, entre 1944 e 1949.

[342] Paul Trauger Culbertson, encarregado de negócios em Madrid, de 1947 a 1950. Ver referências biográficas no Apêndice 1.

Espanha, não houve da parte deste a «menor compreensão ou gesto para facilitar essa solução». Acrescenta que «a porta continua aberta» e pede a Portugal para ajudar a facilitar a acção dos EUA a seu favor. Os EUA têm plena consciência da importância estratégica da Espanha em caso de conflito. Marcello Mathias perguntou ao embaixador Caffery qual seria a reacção da Conferência se se argumentasse o «absurdo da exclusão da Espanha de uma reunião [de] carácter exclusivamente económico». Ele respondeu que tal iniciativa não resultaria e que poderia mesmo provocar reacções negativas, porque «Franco nada [fez] para criar uma atmosfera favorável»[343].

Marcello Mathias continuou a sua sondagem a alguns embaixadores em Paris e, nesse dia, transmite ao Ministério dos Negócios Estrangeiros a posição de outros países sobre a questão da Espanha. Em relação à Holanda, avança com uma posição favorável, de princípio, mas impossibilidade prática de votar a favor por causa da oposição socialista. Considera que a questão é prematura e que pode mesmo prejudicar a política do Governo holandês em relação à URSS[344]. Nesse mesmo telegrama informa que a Turquia está a favor por razões estratégicas, mas que a sua posição face à URSS não lhe permite tomar «iniciativa ou assumir papel destacado em tal assunto»[345]. No que diz respeito à posição da Itália, o respectivo embaixador considera que a proposta de inclusão da Espanha seria inviabilizada em virtude da predominância de governos socialistas na Europa Ocidental e da hostilidade contra Franco. As eleições em Itália também dificultariam uma atitude favorável. Acrescenta que não se pode estabelecer um paralelo com a inclusão das zonas ocidentais da Alema-

---

[343] AHDMNE, RNP, Plano Marshall, Telegrama n.º 35, de 11 de Março de 1948, da Legação em Paris (Marcello Mathias) para o ministro dos Negócios Estrangeiros (substituído por Salazar), M. 381, 2.º P.-A. 60, d.l.: 1947-1949.

[344] AHDMNE, RNP, Plano Marshall, Telegrama n.º 36, de 11 de Março de 1948, da Legação em Paris (Marcello Mathias), para o ministro dos Negócios Estrangeiros, (substituído por Salazar), M. 381, 2.º P.-A. 60, d.l.: 1947-1949.

[345] *Ibid.*.

nha, pois «não oferece qualquer significado político porque se trata duma Alemanha inorgânica, ocupada e sem Governo»[346]. Visavam-se, unicamente, as questões económicas. Em relação à posição do Reino Unido, ela era nitidamente desfavorável à adesão da Espanha[347].

Igualmente no dia 11 de Março, chega ao Ministério dos Negócios Estrangeiros um telegrama urgente e confidencial do embaixador de Portugal em Madrid a transmitir informações do ministro da França em Madrid, Hardion[348]. Segundo Hardion, previa-se uma iniciativa por parte de Portugal, Irlanda e Turquia para a inclusão da Espanha, mas como o Governo francês é socialista torna-se difícil apoiar tal iniciativa[349]. Mais tarde, Carneiro Pacheco comunicará ao Ministério dos Negócios Estrangeiros que tem esperança que o diplomata francês possa fazer algo pela causa da admissão da Espanha[350]. Nesse mesmo dia transmite novo telegrama ao Ministério dos Negócios Estrangeiros em Lisboa a comunicar que o Ministério dos Negócios Estrangeiros espanhol o informara de que a Grécia votará ingresso da Espanha, se os EUA não se opuserem, e que a Suíça é favorável[351].

---

[346] AHDMNE, RNP, Plano Marshall, Telegrama n.º 37, de 11 de Março de 1948, da Legação em Paris (Marcello Mathias) para o ministro dos Negócios Estrangeiros (substituído por Salazar), M. 381, 2.º P.-A. 60, d.l.: 1947-1949.

[347] *Ibid.*.

[348] AHDMNE, RNP, Plano Marshall, Telegrama n.º 67 (Urgente e Confidencial), de 11 de Março de 1948, da Embaixada de Portugal em Madrid (Carneiro Pacheco) para o ministro dos Negócios Estrangeiros (substituído por Salazar), M. 381, 2.º P.-A. 60, d.l.: 1947-1949.

[349] O embaixador Carneiro Pacheco manifesta o seu desejo que em França se faça uma «revolução pela autoridade (como Portugal e Espanha), a fim de governar-se por princípios, desembaraçando-se dos socialistas pela união de esforços abrangendo De Gaulle» e que se submeta à maioria. *Ibid.*.

[350] AHDMNE, RNP, Plano Marshall, Telegrama n.º 68 (Urgente e Confidencial), de 11 de Março de 1948, da Embaixada de Portugal em Madrid (Carneiro Pacheco) para o ministro dos Negócios Estrangeiros (substituído por Salazar), M. 381, 2.º P.-A. 60, d.l.: 1947-1949.

[351] AHDMNE, RNP, Plano Marshall, Telegrama n.º 74 (Confidencial), de 11 de Março de 1948, da Embaixada de Portugal em Madrid (Carneiro Pacheco) para o ministro dos Negócios Estrangeiros (substituído por Salazar), M. 381, 2.º P.-A. 60, d.l.: 1947-1949.

A Espanha estava de tal forma interessada nas diligências portuguesas em prol da sua inclusão no Plano Marshall que, por instruções pessoais de Franco, irá mesmo propor uma «renovação expressa» (em vez da simples prorrogação) do Tratado de Amizade e Não-Agressão entre Portugal e Espanha, com o intuito de valorizar a Península Ibérica «em face da anunciada aliança [do] Ocidente»[352].

Face a todas estas informações relativas à inclusão da Espanha no Plano Marshall, Salazar, que estava a substituir Caeiro da Matta no Ministério dos Negócios Estrangeiros, enquanto este estivesse ausente por via da Conferência de Paris[353], vai enviar para a Embaixada de Portugal em Londres, na perspectiva do esperado encontro entre o embaixador e Ernest Bevin, um telegrama a fazer um balanço da situação[354]. Apresenta-a como sendo favorável, baseando-se, quase exclusivamente, nos dados fornecidos pela parte espanhola. Até ao momento, a diplomacia portuguesa, de fonte directa, só tinha avançado como favorável a posição irlandesa mas, mesmo essa, tinha mudado após a mudança de governo, condicionando agora a sua posição à atitude de Franco em matéria de abertura política. Só as indicações dadas por Madrid iam no sentido de haver votos favoráveis à inclusão da Espanha. No telegrama para o embaixador Domingos Palmela está indicado que já estavam assegurados, além do voto português, os votos da Irlanda, Turquia, Suécia, Itália e Suíça, e que havia boas perspectivas em relação aos países do Benelux. Quanto aos

---

[352] AHDMNE, RNP, Plano Marshall, Telegrama n.º 70 (Confidencialíssimo), de 11 de Março de 1948, da Embaixada de Portugal em Madrid (Carneiro Pacheco) para o ministro dos Negócios Estrangeiros (substituído por Salazar), M. 381, 2.º P.-A. 60, d.l.: 1947-1949.

[353] Quando na ausência do ministro dos Negócios Estrangeiros os telegramas mencionam «ministro», isto significa que são da responsabilidade do próprio Presidente de Conselho, que assegura em Lisboa a chefia do Ministério dos Negócios Estrangeiros. Também se pode concluir neste sentido através do teor do texto e da sua autoridade.

[354] AHDMNE, RNP, Plano Marshall, Telegrama n.º 59, de 11 de Março de 1948, do Ministério dos Negócios Estrangeiros (Salazar) para a Embaixada de Portugal em Londres, M. 381, 2.º P.-A. 60, d.l.: 1947-1949.

países escandinavos, ainda não havia garantias sobre o seu sentido de voto (apesar de não se absterem). Parecia, portanto, possível votar a inclusão da Espanha se os EUA não se opusessem, pois os EUA condicionavam a atitude de alguns dos países já mencionados. Segundo Salazar, se a conferência decidir convidar a Espanha, os EUA aceitarão. Também assinala que a Espanha preferia que a iniciativa fosse portuguesa. Comunica, igualmente, a disponibilidade de Portugal em se associar a uma votação favorável se a proposta «se tornar viável». Mostra-se consciente de que a decisão depende da atitude da França e do Reino Unido, pois ela influenciará grandemente a posição dos países ainda hesitantes. Para Salazar, é o momento mais oportuno, visto ir-se votar a participação das zonas ocidentais da Alemanha. Seria ilógico aceitar a Alemanha – «ainda juridicamente um país inimigo» – sem admitir a Espanha, que tinha sido um país neutral[355].

Nesse mesmo dia, segue um telegrama-circular (n.º 2) para as Legações de Portugal na Bélgica, Holanda, Suíça, Irlanda, Turquia, Suécia e Noruega sobre a questão da Espanha[356]. Neste telegrama-circular, Salazar baseia o sentido de oportunidade da inclusão da Espanha no facto de se ir levantar a questão da participação das zonas ocidentais da Alemanha na Conferência. Salazar vai utilizar a argumentação anteriormente exposta e indica que é intenção do Governo português propor a admissão da Espanha. Pede aos diplomatas para tentarem ser recebidos pelos ministros dos Negócios Estrangeiros, antes que estes partam para Paris (este pedido é efectuado na quinta-feira e a conferência ia começar na segunda-feira seguinte), e indica que o ministro Caeiro da Matta deve chegar a Paris no dia 13 de Março.

---

[355] *Ibid.*.

[356] AHDMNE, RNP, Plano Marshall, Telegrama-Circular n.º 2 (Confidencial), de 11 de Março de 1948, do Ministério dos Negócios Estrangeiros (Salazar) para as Legações de Portugal em Bruxelas, Ankara, Berna, Dublin, Haia, Estocolmo e Oslo, M. 381, 2.º P.-A. 60, d.l.: 1947-1949.

Os representantes diplomáticos portugueses em Ankara e Dublin informam de que os ministros já partiram para Paris; o representante de Portugal na Haia diz que Ministério dos Negócios Estrangeiros holandês o informou de que não crê que a Holanda vote favoravelmente, sobretudo se o Reino Unido e os EUA não apoiarem tal iniciativa[357]; o de Estocolmo informa que foi recebido pelo secretário-geral do Ministério dos Negócios Estrangeiros sueco e transmite que a Suécia seguirá o Reino Unido[358]; o de Oslo, que o secretário-geral do Ministério dos Negócios Estrangeiros norueguês lhe comunicou que a Noruega tem receio que um eventual apoio provoque dificuldades políticas no país[359].

O ministro de Portugal em Bruxelas, Eduardo Leitão, conseguiu ser recebido pelo ministro dos Negócios Estrangeiros belga, Paul-Henri Spaak, e transmite o relato da conversa, em que fica claro que a Bélgica não apoiaria a inclusão da Espanha[360]. Spaak compreende a posição portuguesa, que qualifica de «perfeitamente lógica», mas entende que é uma situação perigosa pela reacção de «ordem psicológica e sentimental que provoca». Considera que só se pode avançar neste domínio com uma aprovação unânime e simultânea de todos os países e que apesar de ser uma questão de carácter económico exige «mudança [de] posição política». Seria mais uma vez uma «arma empregada a fundo pelos comu-

---

357 AHDMNE, RNP, Plano Marshall, Telegrama n.º 54, de 13 de Março de 1948, do Ministério dos Negócios Estrangeiros (assegurado por Salazar) para a Legação de Portugal em Paris, M. 381, 2.º P.-A. 60, d.l.: 1947-1949.

358 AHDMNE, RNP, Plano Marshall, Telegrama n.º 13 da Legação de Portugal em Estocolmo para o ministro dos Negócios Estrangeiros (substituído por Salazar), 13 de Março de 1948, M. 381, 2.º P.-A. 60, d.l.: 1947-1949.

359 AHDMNE, RNP, Plano Marshall, Telegrama n.º 13, de 13 de Março de 1948, da Legação de Portugal em Oslo para o ministro dos Negócios Estrangeiros (substituído por Salazar), M. 381, 2.º P.-A. 60, d.l.: 1947-1949.

360 AHDMNE, RNP, Plano Marshall, Telegrama n.º 32, de 13 de Março de 1948, da Legação de Portugal em Bruxelas (Eduardo Leitão) para o ministro dos Negócios Estrangeiros (substituído por Salazar), M. 381, 2.º P.-A. 60, d.l.: 1947-1949.

nistas contra [o] Plano Marshall» que permitiria interpretações de anticomunismo no momento em que cinco países vão assinar um tratado de defesa que causa «as maiores suspeitas e inquietações» à URSS[361]. Também refere as consequências internas em termos de alianças políticas. Uma tomada de posição a favor da Espanha poderia provocar uma cisão no partido socialista belga, provocada pelos comunistas que, segundo Spaak, só esperam por uma oportunidade para influenciar a extrema-esquerda do partido. Considera a iniciativa portuguesa votada a «completo insucesso», mas indica que irá abordar o assunto com os seus colegas do Benelux, que pensa tomarem idêntica posição[362]. Mais tarde, Eduardo Leitão envia outro telegrama a comunicar que uma moção aprovada, por unanimidade, pelo Partido Socialista, de apoio ao Governo na sua política europeia, se opõe «expressamente» à admissão da Espanha[363].

O ministro de Portugal em Berna informa que foi recebido pelo director-geral do Ministério dos Negócios Estrangeiros suíço, que afirma que a Suíça é favorável, constando mesmo que há outros países favoráveis, como a Irlanda, a Itália, a Bélgica, os Países escandinavos, a Grécia e a Turquia (o que não se confirmará mais tarde)[364].

De Roma chega, entretanto, um telegrama a comunicar informações recolhidas junto do respectivo director-geral dos Negócios Políticos, que indicam que o Governo italiano não tomaria qualquer iniciativa própria na questão espanhola e, assim como noutros assuntos, seguiria a posição da

---

361 Obviamente, está a referir-se ao Tratado de Bruxelas, que será assinado entre a França, o Reino Unido e os países do Benelux, a 17 de Março de 1948.

362 *Ibid.*.

363 AHDMNE, RNP, Plano Marshall, Telegrama n.º 33, de 13 de Março de 1948, da Legação de Portugal em Bruxelas (Eduardo Leitão) para o ministro dos Negócios Estrangeiros (substituído por Salazar), M. 381, 2.º P.-A. 60, d.l.: 1947-1949.

364 AHDMNE, RNP, Plano Marshall, Telegrama n.º 19, de 14 de Março de 1948, da Legação de Portugal em Berna para o ministro dos Negócios Estrangeiros (substituído por Salazar), M. 381, 2.º P.-A. 60, d.l.: 1947-1949.

França e do Reino Unido. Considera-se que a questão ainda «não tinha amadurecido suficientemente»[365].

Em Madrid, o embaixador Carneiro Pacheco continua os seus contactos, com vista à inclusão da Espanha e transmite a informação prestada, a título muito confidencial e reservado pelo ministro dos Negócios Estrangeiros espanhol, indicando que os países do Benelux, a Irlanda, a Itália e a Suíça eram favoráveis, a Noruega, a Suécia, a Islândia e a Dinamarca não se opunham, e que a França e o Reino Unido estavam indecisos[366].

Apesar de estar consciente do exagero desta informação, o embaixador vai insistir na oportunidade da intervenção portuguesa e dramatizar a situação na Europa. Começa por salientar que a inclusão da Espanha não se justifica unicamente pela inclusão das zonas ocidentais da Alemanha, mas também «em nome dos princípios». Considera, em seguida, que haverá, desde o início, «um grupo disposto [a] apoiar» a proposta portuguesa e aconselha firmeza e determinação, pois poderá influenciar favoravelmente alguns países hesitantes. Qualquer adiamento da questão é visto por Carneiro Pacheco como um «sacrifício à política interna» do Reino Unido e da França – a posição dos outros países, segundo ele, seria o reflexo da decisão destes dois últimos – e mostraria fraqueza mesmo antes das eleições em Itália, o que «ajudaria a trazer comunismo à fronteira da França». Julga que um isolamento de Portugal nesta questão seria «imoral» e complicaria os objectivos da conferência. Só um «alinhamento total» da Europa Ocidental é que poderia servir «a causa de todos os que não querem tornar-se escravos de Staline[367], podendo ainda levá-lo a

---

[365] AHDMNE, RNP, Plano Marshall, Telegrama n.º 36, de 14 de Março de 1948, da Legação de Portugal em Roma para o ministro dos Negócios Estrangeiros (substituído por Salazar), M. 381, 2.º P.-A. 60, d.l.: 1947-1949.

[366] AHDMNE, RNP, Plano Marshall, Telegrama n.º 75 da Embaixada de Portugal em Madrid (Carneiro Pacheco) para o ministro dos Negócios Estrangeiros (substituído por Salazar), 12 de Março de 1948, M. 381, 2.º P.-A. 60, d.l.: 1947-1949.

[367] Estaline, Joseph V. Djougatchvili, à frente da URSS de 1924 até à sua morte, em 1953. Ver referências biográficas no Apêndice 1.

reflectir na sorte [das] ambições [de] Napoleão e Hitler[368]»[369]. Termina fazendo um elogio à Espanha, que «sacrificou a sua economia e um milhão de mortos no combate ao comunismo», e alega que, por uma questão de «bom senso e de prudência», a França e o Reino Unido deviam, no mínimo, abster-se. Interroga-se, contudo, se estes «dois grandes países» terão «homens à altura» de compreenderem a situação e afirma que se não os tiverem «correrão para o suicídio», mas que tal não será por culpa de Portugal[370]. No dia seguinte, um sábado, envia um novo telegrama (Urgentíssimo e Confidencial) em que descreve as suas diligências junto do Núncio Apostólico da Santa Sé em Madrid no sentido de alertar o Papa Pio XII[371] para a importância de fazer ver ao embaixador da França no Vaticano, Jacques Marritain, «quanto seria prudente» para a França apoiar, ou pelo menos não se opor, à proposta de inclusão da Espanha no Plano Marshall. As eleições em Itália com o «risco inerente tanto para [a] Santa Sé como para [a] França, justificariam alta diligência». O Núncio Apostólico confirmou que nesse próprio dia faria uma comunicação para o Vaticano[372].

No domingo imediato, dia 14 de Março, Carneiro Pacheco, volta a telegrafar para o Ministério dos Negócios Estrangeiros a relatar uma conversa com o representante diplomático dos EUA em Madrid, Paul

---

[368] Adolf Hitler, chefe de Estado da Alemanha, entre 1934 e 1945. Ver referências biográficas no Apêndice 1.

[369] *Ibid.*.

[370] *Ibid.*.

[371] Eugénio Maria Giuseppe Giovanni Pacelli, Pio XII, Papa entre 1939 e 1958. Ver referências biográficas no Apêndice 1.

[372] AHDMNE, RNP, Plano Marshall, Telegrama n.º 77 da Embaixada de Portugal em Madrid (Carneiro Pacheco) para o ministro dos Negócios Estrangeiros (substituído por Salazar), 13 de Março de 1948, M. 381, 2.º P.-A. 60, d.l.: 1947-1949. É interessante assinalar que, em Julho de 1944, o Papa Pio XII apoiou publicamente a ditadura de Francisco Franco numa alocução pública ao dizer que «a Espanha demonstra as possibilidades inesgotáveis que a Divina Providência colocou na religião católica, sinceramente praticada, para a edificação e reunião dos povos». [t.a.] Cit. in BACHOUD, Andrée – *Franco ou la réussite d'un homme ordinaire*. Paris: Fayard, 1997, p. 245.

Culbertson, em que o diplomata lhe terá dito que sabia que Portugal estava interessado em apresentar a proposta de inclusão da Espanha no Plano Marshall. Segundo Carneiro Pacheco, Culbertson terá reafirmado que os EUA não se vão opor e acrescenta que a proposta portuguesa poderia «reunir sem grande dificuldade 9 votos favoráveis». Considera que seria melhor haver unanimidade, mas «não vê inconveniente» em que o Reino Unido vote contra. Carneiro Pacheco acrescenta que crê que o Reino Unido se abstenha ou vote favoravelmente «a fim de se obter a unanimidade». Paul Culbertson aproveita para tentar saber em que momento é que Portugal apresentaria a sua proposta, se antes ou depois da questão da inclusão das zonas ocidentais da Alemanha. Carneiro Pacheco responde que seria um assunto a debater entre o ministro português e a delegação britânica, mas que lhe parecia que as propostas deviam estar associadas. Paul Culbertson aconselhou que a proposta portuguesa se «baseasse predominantemente» nas questões de carácter económico e que não se pode compreender que se proceda à reorganização económica europeia excluindo a Espanha, o que «separaria Portugal do resto da Europa». No fim da conversa, Paul Culbertson terá dito a Carneiro Pacheco que já tinha telegrafado ao seu Governo alertando para a conveniência de não criar dificuldades à admissão da Espanha no Plano Marshall[373].

Em Londres, o embaixador Domingos Palmela acabou por ser recebido por Ernest Bevin. O embaixador começou por expor a Bevin a argumentação do Governo português a favor da inclusão da Espanha no Plano Marshall (coordenação de esforços na Europa, questão da Alemanha, participação económica da Espanha – nomeadamente na sua riqueza em ferro e cobre – e o apoio de vários países à sua admissão) e acrescentou dois dados novos à argumentação antes utilizada: a informação de que os EUA iam prestar auxílio financeiro a Espanha e a melhoria das relações

373 AHDMNE, RNP, Plano Marshall, Telegrama n.º 78, de 14 de Março de 1948, da Embaixada de Portugal em Madrid (Carneiro Pacheco) para o ministro dos Negócios Estrangeiros (substituído por Salazar), M. 381, 2.º P.-A. 60, d.l.: 1947-1949.

franco-espanholas manifestada através da reabertura da fronteira[374]. Como a decisão de alguns países estava dependente da atitude francesa e britânica, o embaixador gostaria de saber o que é que Bevin pensava sobre o assunto, visto Portugal pretender levantar a questão na próxima conferência de Paris. Bevin vai responder de uma forma muito clara pedindo-lhe, imediatamente, que Portugal não trouxesse esta questão para o domínio público e que «seria da maior conveniência» que o ministro Caeiro da Matta falasse com ele e com Georges Bidault antes de a levantar. De qualquer forma, o Reino Unido votaria contra a admissão da Espanha. Os motivos invocados por Bevin são os seguintes: a) o momento era inoportuno pois iria dividir a conferência, expondo-a aos ataques dos comunistas e prejudicar a situação em Itália; b) os EUA podem dar apoio financeiro à Espanha, mas através de bancos particulares, de forma a não sofrerem consequências eleitorais no sul dos EUA, onde «a opinião pública é muito anti-Franco»; c) o Governo britânico «procura por todos os meios evitar que a questão Espanhola dê origem à agitação na Imprensa e no Parlamento»; d) o objectivo da próxima conferência em Paris é a constituição de um Comité Permanente e que, mais tarde, talvez haja necessidade de consultar a Espanha por razões comerciais, tendo focado em especial a importância do minério de ferro espanhol[375].

Depois de Bevin ter reiterado o seu desejo que Portugal não levantasse a questão espanhola, perguntou ao embaixador se achava possível uma

---

374 AHDMNE, RNP, Plano Marshall, Telegrama n.º 94, de 13 de Março de 1948, da Embaixada de Portugal em Londres (Domingos Palmela) para o ministro dos Negócios Estrangeiros (substituído por Salazar), M. 381, 2.º P.-A. 60, d.l.: 1947-1949.

375 Segundo Ernest Bevin, o Reino Unido opôs-se «tenazmente» à aplicação de sanções económicas à Espanha na ONU porque «não podia dispensar» o minério de ferro espanhol que, para ser transformado em aço, «consome 10% do carvão que consomem as pirites de ferro doutras proveniências». *Ibid.*. Em 8 de Abril de 1937, o Reino Unido assinou com o governo de Burgos «um acordo comercial que lhe assegura o fornecimento de 20% da produção de pirite espanhola». BACHOUD, Andrée – *Franco ou la réussite d'un homme ordinaire*, *op. cit.*, p. 163.

transformação política em Espanha. Domingos Palmela disse-lhe que julgava difícil tal situação por receio, tanto à esquerda como à direita, de uma nova guerra. Bevin, em forma de desabafo, acrescentou: – «As guerras civis levam muitos anos a esquecer»[376].

Logo após ter recebido o telegrama de Palmela a relatar a conversa com Bevin, Salazar vai transmitir para Paris, onde iria estar o ministro Caeiro da Matta, o teor do telegrama de Palmela e, igualmente, o de Carneiro Pacheco, da véspera, a informar quais seriam os países que, segundo o Governo espanhol, iriam votar a favor da Espanha. Nesse telegrama, Salazar considera que o optimismo da Espanha «parece muito exagerado» e que as informações transmitidas por Marcello Mathias devem estar mais próximas da realidade. Qualifica a argumentação de Bevin de «muito fraca e destituída [de] valor», pois se depreende que a tomada de posição internacional depende de razões de política interna. Julga «ingénuo» que não se admita a Espanha para se preservar dos ataques comunistas porquanto segundo ele, os partidos comunistas «seguirão [o] seu caminho». Bem pelo contrário, para Salazar é preciso enfrentá-los com firmeza, pois esta é a «única esperança de influenciar massas estranhas ao comunismo». Uma «fraqueza» na Conferência de Paris seria «muito proveitosa no actual momento» para os comunistas[377].

No dia seguinte, o representante diplomático de Portugal em Paris, Marcello Mathias, depois de ter acolhido e conversado com o ministro dos Negócios Estrangeiros, vai ser recebido pelo ministro Georges Bidault (num domingo) para abordar a questão da Espanha. Marcello Mathias

---

[376] AHDMNE, RNP, Plano Marshall, Telegrama n.º 94, de 13 de Março de 1948, da Embaixada de Portugal em Londres (Domingos Palmela) para o ministro dos Negócios Estrangeiros (substituído por Salazar), M. 381, 2.º P.-A. 60, d.l.: 1947-1949.

[377] AHDMNE, RNP, Plano Marshall, Telegrama n.º 53, de 13 de Março de 1948, do Ministério dos Negócios Estrangeiros (Salazar) para a Legação de Portugal em Paris, M. 381, 2.º P.-A. 60, d.l.: 1947-1949. Recorde-se que Marcello Mathias tinha informado o Ministério dos Negócios Estrangeiros, em 11 de Março de 1948, que a Itália e o Reino Unido votariam contra e que os EUA, a Turquia e a Holanda tinham condicionado fortemente o seu voto.

começa por expor a argumentação do Governo português (inclusão das zonas ocidentais da Alemanha, interesses da reconstrução económica da Europa, riquezas e importância estratégica da Espanha) e informa que é propósito da delegação portuguesa levantar a questão da admissão da Espanha. Marcello Mathias considera que o assunto deve ser colocado num campo estritamente económico e não pode ser influenciado por «considerações de carácter exclusivamente doutrinário ou ideológico». Julga ser o momento mais oportuno[378].

Georges Bidault vai indicar que a eventual inclusão das zonas ocidentais da Alemanha era uma ideia dos EUA que «lhe não agradava excessivamente». Em seguida diz que tinha lido nos jornais da tarde uma notícia falsa sobre a questão espanhola em que era associada a Irlanda à iniciativa portuguesa. Tinha acabado de receber o ministro dos Negócios Estrangeiros irlandês que lhe tinha desmentido a informação, pois nem sequer ainda tinha falado com o ministro Caeiro da Matta, ao contrário do que indica a notícia. De qualquer forma, Bidault, apesar de manifestar compreensão em relação à posição portuguesa, considera que no momento se devem unir os esforços das 16 nações para «fins comuns» e que a questão da Espanha «sem poder alcançar qualquer resultado prático ia desunir e dividir de maneira grave»[379].

Para Bidault, Portugal sabe que não pode contar com a França, Reino Unido, Suécia, Noruega, Bélgica, Holanda, Itália, Luxemburgo e Dinamarca. Para além destes países, Bidault diz que provavelmente haverá outros que votarão contra, mas que não conhece ainda as suas posições. Avança, como provável, «uma cristalização e agravamento do problema espanhol, paralisando a lenta e gradual tendência» a favor da Espanha. Remete para a Espanha a culpa da situação e dá como exemplo os ataques contra a

---

[378] AHDMNE, RNP, Plano Marshall, Telegrama n.º 41 da Legação de Portugal em Paris (Marcello Mathias) para o Ministério dos Negócios Estrangeiros (Salazar), 14 de Março de 1948, M. 381, 2.º P.-A. 60, d.l.: 1947-1949.

[379] *Ibid.*.

França (que considera da mesma ordem do que os desferidos pela imprensa checoslovaca). Não se pode mudar de repente a política francesa em relação à Espanha quando este país não altera em nada a sua posição. De qualquer forma, para Bidault, levantar a questão da Espanha provocaria a desestabilização da conferência e fazia o jogo dos comunistas. Pede a Marcello Mathias para não se esquecer que a acção política que o Governo francês «vem exercendo em relação [à] Rússia é realizada com 186 deputados comunistas [na] Assembleia Nacional». Marcello Mathias responde-lhe que a Espanha «teria muito mais vantagens se tivesse combatido contra [a] França e [os] Aliados do que tendo ficado neutra». Bidault pôs em causa essa neutralidade e argumentou que a França tinha cópia de arquivos alemães e italianos que indicavam que a Espanha tinha pretendido ocupar Marrocos francês e outros territórios da França. Voltou à conversa a Alemanha, tendo Bidault argumentado que a Alemanha estava ocupada e a Espanha não mudara[380].

Para Marcello Mathias, a cooperação económica na Europa é simplesmente um meio. O fim deve ser o de «criar condições que barrem [o] caminho ao comunismo», pelo que não se pode ignorar a Espanha, por via do seu passado de luta contra o comunismo. Segundo Marcello Mathias, Bidault concordou, insistindo ser necessário ter em conta «as realidades políticas» internas. Para além do mais, Bidault considera que é impossível para Bevin votar em 48 horas a admissão da Espanha depois de todas as declarações que fez sobre este país e acrescentou: «Não peçam impossíveis». Marcello Mathias não desarmou e levanta de novo a questão da ameaça de guerra e da posição estratégica da Espanha que, segundo ele, «pode ser decisiva». Bidault respondeu-lhe declarando que estava «pronto

---

[380] *Ibid.*. Em relação a este assunto, é de assinalar que, segundo Andrée Bachoud, nos primeiros dois anos da Segunda Guerra Mundial o Governo espanhol colocou a Hitler como condição da sua participação na guerra a obtenção de meios para retomar Gibraltar e, igualmente, ocupar a totalidade de Marrocos. Cf. BACHOUD, Andrée – *Franco ou la réussite d'un homme ordinaire*, *op. cit.*, p. 214.

a estabelecer com a Espanha negociações para um pacto militar secreto, porque é secreto», mas não pode tomar uma atitude pública favorável à Espanha porque «não existem ainda as condições indispensáveis». Diz já ter falado com o embaixador espanhol há três semanas sobre a admissão da Espanha e, igualmente, com os republicanos que o foram ver, considerando que a situação em Espanha não se pode eternizar. Franco tem de ter consciência que não pode esperar que os outros países façam um esforço de aproximação sem que ele mude, nem que seja um pouco, a situação em Espanha. Para acabar, sem querer dar conselhos sobre a atitude a tomar por Portugal, volta a dizer que a iniciativa portuguesa não terá «resultados práticos» e que pode provocar muita confusão. Pergunta a Marcello Mathias se conhece a declaração conjunta entre os EUA, a França e o Reino Unido sobre o regime de Franco. Mathias diz que conhece e que, precisamente, nessa declaração ficou estabelecido que não haveria intervenção destas potências em Espanha e que, já posteriormente, Clement Attlee[381] tinha dito na 1.ª Conferência de Paris que a Espanha ficava «provisoriamente» de fora; pelo que estava implicitamente reconhecida e aceite a possibilidade de uma futura admissão[382].

Quando Bidault acompanhou Mathias à porta, disse-lhe para não se esquecer das declarações de Bevin sobre Franco, tendo Mathias respondido: – «Não devemos cortar as pontes». Bidault sorriu e terá respondido o seguinte: – «Sim, é verdade, mas se antes que as pontes estejam reconstruídas tentarmos passar, caímos à água»[383].

Esta posição de Bidault conforta as informações que Marcello Mathias já possuía. Na véspera tinha enviado uma carta pessoal a Salazar que ia nesse sentido. Escreve que tinha receio que na conferência as coisas não

---

381 Clement Attlee, Primeiro-ministro britânico, entre 1945 e 1951. Ver referências biográficas no Apêndice 1.

382 AHDMNE, RNP, Plano Marshall, Telegrama n.º 41, de 14 de Março de 1948, da Legação de Portugal em Paris (Marcello Mathias) para o Ministério dos Negócios Estrangeiros (Salazar), M. 381, 2.º P.-A. 60, d.I.: 1947-1949.

383 *Ibid.*.[t.a.]

se passassem favoravelmente para a Espanha e considera que só a iminência de uma guerra poder levar a que «as demais considerações passem a plano secundário»[384]. Considera que alguns países para manterem a estabilidade governamental aceitavam sacrificar certos interesses comuns. Marcello Mathias descreve uma conversa com o embaixador dos EUA em Paris, Jefferson Caffery, em que este terá criticado Franco «por estar a manobrar (utilizando a carta da necessidade estratégica da Espanha na luta contra o comunismo)». Sobre o regime português, disse a Mathias o seguinte: «embora [...] não sejam um regime democrático como nós o concebemos, as vossas relações connosco são excelentes e ninguém hoje vos ataca, porque o Dr. Salazar, com o agudo sentido das realidades que sempre tem revelado, veio manobrando com tal habilidade política que não há hoje internacionalmente a menor reserva para com Portugal»[385].

Entretanto, o ministro Caeiro da Matta já se encontrava em Paris a estabelecer os contactos prévios e vai encontrar-se com o ministro dos Negócios Estrangeiros irlandês, Séan MacBride[386], a pedido deste último, para abordar a questão espanhola. Os jornais *Le Monde* e *L'Ordre*, daquele dia 14 de Março, tinham falado de uma combinação entre os dois ministros e MacBride desejava esclarecer o assunto[387]. O ministro irlandês tinha sido recebido por Bidault, que lhe dissera que nenhum dos países que a Espanha tinha avançado como favoráveis lhe dariam o seu voto e que existem dúvidas em relação à Turquia (o que confirmava o relato de Marcello Mathias). Quanto à posição da Irlanda, esperava da Espanha um gesto de modificação da «sua actual orientação política», tendo feito uma menção especial aos prisioneiros políticos. Segundo Caeiro da Matta, o ministro irlandês mostrou

---

384 MATHIAS, Marcello – *Correspondência Marcello Mathias/Salazar 1947/1968*. Lisboa: Difusão Editorial Lda, 1984, p. 119-120.

385 *Ibid.*, p. 120.

386 Séan MacBride, ministro da República da Irlanda entre 1948 e 1951. Ver referências biográficas no Apêndice 1.

387 AHDMNE, RNP, Plano Marshall, Telegrama n.º 42 (Urgentíssimo), de 14 de Março de 1948, do ministro dos Negócios Estrangeiros José Caeiro da Matta, na Legação de Portugal em Paris, para o Ministério dos Negócios Estrangeiros (Salazar), M. 381, 2.º P.-A. 60, d.l.: 1947-1949.

«as maiores dúvidas em apoiar qualquer proposta da delegação portuguesa» e aconselhou Portugal a adiar a sua tomada de posição.

Para o ministro Caeiro da Matta, as informações optimistas do ministro dos Negócios Estrangeiros espanhol, Martín Artajo, transmitidas ao embaixador de Portugal em Madrid, eram inteiramente destituídas de fundamento. Num telegrama para Salazar, em que pede instruções e informa que prosseguirá os contactos, sublinha o seguinte: «a impressão que já colhi não é de molde a alimentar esperança, não digo já quanto à aprovação de qualquer proposta nossa mas mesmo quanto à pretensão de um só voto a nosso favor»[388]. Caeiro da Matta acabava assim com as expectativas portuguesas em relação à inclusão da Espanha.

3. A posição portuguesa na 2.ª Conferência de Paris

É no dia 14 de Março que Salazar define a atitude a tomar por Portugal relativamente à Espanha, depois de ter falado com o Presidente da República, Marechal Óscar Carmona[389]. Comunica-a ao ministro dos Negócios Estrangeiros e aos embaixadores de Portugal em Madrid e Washington. Considera, antes de tudo, que o Governo «não pode deixar de apresentar questão, ainda que sob forma atenuada»[390]. Para Portugal, segundo Salazar, era uma questão impera-

---

[388] AHDMNE, RNP, Plano Marshall, Telegrama n.º 42 (Urgentíssimo), de 14 de Março de 1948, do ministro dos Negócios Estrangeiros José Caeiro da Matta, na Legação de Portugal em Paris, para o Ministério dos Negócios Estrangeiros (Salazar), M. 381, 2.º P.-A. 60, d.l.: 1947--1949. Na realidade, de fonte diplomática directa só a Irlanda e a Suíça tinham manifestado aos diplomatas portugueses uma posição nitidamente favorável à inclusão da Espanha, o que contrastou fortemente com as informações em provenientes de Madrid.

[389] António Óscar de Fragoso Carmona, Presidente da República de Portugal, entre 1926 a 1951, ano da sua morte. Ver referências biográficas no Apêndice 1. O facto de Salazar ter tido a necessidade de falar com o Presidente da República sobre esta questão pode significar que houve alguma intervenção do Presidente no sentido de se apoiar a candidatura espanhola.

[390] AHDMNE, RNP, Plano Marshall, Telegrama n.º 55 (Urgentíssimo), de 14 de Março de 1948, do Ministério dos Negócios Estrangeiros (Presidente do Conselho) para o ministro dos

tiva (no telegrama para Washington justifica-a pela votação da admissão das zonas ocupadas da Alemanha Ocidental)[391]. A moção que Salazar transmite ao ministro Caeiro da Matta, com a indicação de que poderá introduzir no projecto «alterações de pormenor», é a seguinte:

> «atendendo a que a Comissão [CCEE] tem por fim definir os recursos e meios de reabilitação económica da Europa com o apoio dos EUA;
>
> atendendo a que a cooperação que possa receber dos diversos países europeus deve ser tida por necessária em harmonia com o que se considerou em princípio aberta a todos eles;
>
> atendendo a que por tal motivo digna de aprovação a proposta para serem incluídas nesta obra de cooperação e reabilitação económica comum as regiões da Alemanha ocupadas por Potências aqui representadas e pelos Estados Unidos;
>
> atendendo à importância do valor económico da Espanha, bem como à sua função de país de trânsito entre outras nações que já fazem parte da organização;
>
> atendendo a que os EUA deixam à Comissão decidir livremente sobre as nações participantes na referida obra de cooperação económica;
>
> proponho que a Comissão estude a possibilidade de se conseguir a cooperação da Espanha na reabilitação económica europeia por intermédio da organização existente para o efeito»[392].

Negócios Estrangeiros José Caeiro da Matta, na Legação de Portugal em Paris, M. 381, 2.º P.-A. 60, d.l.: 1947-1949.

391 AHDMNE, RNP, Plano Marshall, Telegrama n.º 82 (Confidencial), de 14 de Março de 1948, do Ministério dos Negócios Estrangeiros (Presidente do Conselho) para a Embaixada de Portugal em Washington (Theotónio Pereira), M. 381, 2.º P.-A. 60, d.l.: 1947-1949.

392 AHDMNE, RNP, Plano Marshall, Telegrama n.º 55 (Urgentíssimo), de 14 de Março de 1948, do Ministério dos Negócios Estrangeiros (Presidente do Conselho) para o ministro dos Negócios Estrangeiros José Caeiro da Matta, na Legação de Portugal em Paris, M. 381, 2.º P.-A. 60, d.l.: 1947-1949. Neste telegrama, Salazar considera que a moção não deve suscitar qualquer oposição, pois foca somente o aspecto económico.

No telegrama que enviará logo a seguir para o embaixador de Portugal em Madrid, dá-lhe conta que todas as informações que chegavam a Portugal não confirmavam as informações do ministro dos Negócios Estrangeiros de Espanha. Avança mesmo a hipótese de haver um isolamento total de Portugal numa eventual votação. Confirma-lhe, contudo, o propósito de o Governo português levantar a questão de uma «forma mais atenuada»[393].

Entretanto, em Paris, Marcello Mathias e Caeiro da Matta prosseguem os contactos preparatórios para a Conferência. O primeiro, a nível de embaixadores, e o segundo, a nível ministerial. Marcello Mathias envia no dia seguinte um telegrama a dizer que a Turquia não considera possível votar a admissão; que a Suíça só votaria favoravelmente se a proposta fosse apresentada pela França e pelo Reino Unido; que a Islândia só votaria a favor se houvesse unanimidade; e que a Áustria o máximo que poderia fazer era abster-se. Marcello Mathias põe em causa a interpretação que o embaixador de Portugal em Madrid deu às palavras de Paul Culbertson, sobre a posição dos EUA em relação à questão espanhola[394].

Logo a seguir à chegada de Bevin a Paris, na própria manhã do dia 15 de Março, Caeiro da Matta é convidado a deslocar-se à Embaixada britânica para falar sobre a questão da Espanha. Bevin repete o apelo para que Portugal não levante a questão na Conferência e indica duas razões. A primeira razão é de ordem internacional, pois na Conferência de Potsdam o Reino Unido «tinha tomado posição contra o regime de Franco», e o Reino Unido, tal como Portugal, continua a «honrar os seus compromissos

---

393 AHDMNE, RNP, Plano Marshall, Telegrama n.º 14 (Confidencial), de 14 de Março de 1948, do Ministério dos Negócios Estrangeiros (Presidente do Conselho) para o embaixador de Portugal em Madrid, M. 381, 2.º P.-A. 60, d.l.: 1947-1949.

394 AHDMNE, RNP, Plano Marshall, Telegrama n.º 45, de 15 de Março de 1948, da Legação de Portugal em Paris (Marcello Mathias) para o Ministério dos Negócios Estrangeiros (Salazar), M. 381, 2.º P.-A. 60, d.l.: 1947-1949. «Conhecendo como conheço prudência Culbertson e dadas minhas conversas com Caffery receio tenha havido qualquer equívoco interpretação suas palavras». *Ibid.*.

internacionais», e a segunda razão é de ordem interna, já que no Reino Unido «é viva [...] a reacção contra Franco»[395]. Bevin confirma ao ministro português o isolamento de Portugal numa eventual votação. Depois de ter argumentado a favor da Espanha, Caeiro da Matta fala do texto da moção recebido de Salazar. Bevin pede-lhe cópia do texto para estudar o assunto. No termo do encontro, Caeiro da Matta solicita a Bevin que conduza os trabalhos da Conferência, nessa própria tarde, de forma a ainda poder falar com outros ministros sobre a questão antes dela ser debatida. No telegrama que envia a Salazar, a relatar a conversa com Bevin, confirma, mais uma vez, que as informações em proveniência de Espanha não são exactas e que nenhum dos países indicados votará favoravelmente[396].

No dia seguinte, Caeiro da Matta manda um novo telegrama para o Presidente do Conselho a relatar encontros com ministros dos Negócios Estrangeiros e diplomatas numa recepção no *Quai d'Orsay*. Insiste em que as informações em proveniência de Madrid sobre eventuais apoios à adesão da Espanha eram «inteiramente destituídas de fundamento»[397]. Segundo as personalidades sondadas, não havia ambiente propício nem era oportuno levantar a questão[398]. Neste telegrama, aproveita para informar Salazar que vai fazer uma breve introdução à declaração sobre a Espanha, em que focará a situação da Europa e o lugar que este país deve ter no contexto europeu[399]. Pouco antes da reunião da Conferência, Caeiro

---

[395] AHDMNE, RNP, Plano Marshall, Telegrama n.º 46, de 16 de Março de 1948, do ministro dos Negócios Estrangeiros José Caeiro da Matta, na Legação de Portugal em Paris, para o Presidente do Conselho, no Ministério dos Negócios Estrangeiros, M. 381, 2.º P.-A. 60, d.l.: 1947-1949.

[396] *Ibid.*.

[397] AHDMNE, RNP, Plano Marshall, Telegrama n.º 47, de 16 de Março de 1948, do ministro dos Negócios Estrangeiros José Caeiro da Matta, na Legação de Portugal em Paris, para o Presidente do Conselho, no Ministério dos Negócios Estrangeiros, M. 381, 2.º P.-A. 60, d.l.: 1947-1949.

[398] *Ibid.*.

[399] *Ibid.*.

da Matta vai ser contactado pelo diplomata britânico Ashley Clark que lhe transmitiu um apelo de Bevin no sentido de se encontrar uma fórmula de compromisso que permitisse a Portugal defender a admissão da Espanha sem que se chegasse a uma votação. Qualquer proposta de votação obrigaria Bevin a uma intervenção imediata contra a proposta e contra a Espanha, o que provocaria uma crise entre a Espanha e o Reino Unido «que os interesses comuns do Ocidente da Europa impunham que se evitasse»[400]. Para além dos argumentos já defendidos anteriormente pelos britânicos, o emissário de Bevin referiu que um tal debate sobre a Espanha poderia ser prejudicial para o Plano Marshall e que os Trabalhistas e os sindicatos norte-americanos eram hostis a Franco. Paralelamente a esta iniciativa, o secretário-geral do *Quai d'Orsay*, embaixador Jean Chauvel[401], pede a Marcello Mathias para o ir ver de imediato e declara-lhe que Bidault e Bevin tinham tido nessa manhã uma reunião para falarem sobre a questão da Espanha. Os dois ministros tinham chegado à conclusão, segundo o embaixador Chauvel, que seria contraproducente para a própria Espanha uma proposta portuguesa no sentido da admissão deste país. Argumenta que se estava a assistir a uma aproximação com a Espanha através da abertura da fronteira franco-espanhola e das negociações com vista a um acordo comercial, e que tal proposta só iria provocar uma reacção negativa da França, do Reino Unido e de outros países e um «recrudescimento de campanhas contra a [Espanha], o que mais do que nunca seria agora inoportuno». Em seguida, a título ultra confidencial, diz a Marcello Mathias que se encontrava no *Quai d'Orsay* um emissário do Governo espanhol, sem conhecimento da própria Embaixada de Espanha,

---

[400] AHDMNE, RNP, Plano Marshall, Telegrama n.º 48, de 16 de Março de 1948, do ministro dos Negócios Estrangeiros José Caeiro da Matta, na Legação de Portugal em Paris, para o Presidente do Conselho, no Ministério dos Negócios Estrangeiros, M. 381, 2.º P.-A. 60, d.l.: 1947-1949.

[401] Jean Chauvel, secretário-geral do *Quai d'Orsay* entre 1945 e 1949. Ver referências biográficas no Apêndice 1.

que declarara «não haver já quaisquer dúvidas de que Espanha não conseguiria beneficiar do Plano Marshall»[402].

O ministro Caeiro da Matta será o segundo orador da sessão plenária da 2.ª Conferência de Paris. No seu discurso, começa por fazer um elogio a Bevin e a Bidault e, em seguida, por apoiar «muito calorosamente a proposta anglo-francesa relativamente à participação nos trabalhos da Conferência dos representantes das zonas ocupadas da Alemanha Ocidental»; que classifica como «um passo muito importante na via da reconstituição da Europa»[403]. Justifica esse apoio nos recursos existentes e na necessidade de cooperação e solidariedade económicas. Faz um elogio à França e ao Reino Unido por terem apresentado esta proposta apesar dos sacrifícios da guerra e considera que é necessário «constituir um bloco sólido do qual dependem a vida e a salvação desta Europa empobrecida, diminuída e também dominada pelo medo, onde a situação dos vencidos não é diferente daquela dos vencedores»[404].

Em seguida, faz a declaração sobre a Espanha. Depois de mencionar a contribuição da Espanha para a civilização, a sua população, as suas riquezas e a sua posição geográfica, declara que «o Governo português, no momento em que vota a participação nos trabalhos dos delegados da Alemanha, exprime os seus votos de ver também a Espanha presente num dia não longínquo, de forma a tornar possível a cooperação pacífica e completa de todos os povos do Ocidente europeu na tarefa de reconstrução económica que constitui o único objectivo que as nações unidas [...] se propõem atingir»[405]. Conclui indicando que na reconstrução económica da Europa é necessária a cooperação dos diferentes países, em articulação com os EUA, tendo estes últimos deixado ao critério dos 16 a escolha dos

---

[402] *Ibid.*.

[403] Matta, José Caeiro da – *Ao Serviço de Portugal*. Lisboa: Imprensa Portugal-Brasil, 1951, p. 169-175. [t.a.]

[404] *Ibid.*. [t.a.]

[405] *Ibid.*. [t.a.] Sublinhado nosso.

países participantes. Depois, acrescenta: «É por isso que, tendo em conta a importância dos recursos económicos da Espanha, assim como a sua posição como país de trânsito importante para as nações que fazem parte desta organização, convido o Comité a estudar no momento oportuno a admissão da Espanha na obra de reconstrução económica da Europa»[406].

Depois da intervenção do ministro Caeiro da Matta, o presidente da conferência, Bevin, perguntou aos delegados se desejavam fazer uma intervenção sobre o assunto. Não houve, contudo, qualquer delegado a desejar manifestar-se sobre a questão da Espanha, e Bevin acrescentou: – «Nós tomamos nota disso»[407]. Passou-se, em seguida, a outras questões, que foram todas aprovadas por unanimidade[408]. Estava assim encerrada a questão espanhola[409].

O desalento do ministro Caeiro da Matta, apesar de já se estar à espera de uma reacção negativa, foi tanto maior que não houve o mais pequeno sinal de compreensão em relação à sua declaração. Nesse próprio dia, à noite, transmite para Salazar as suas impressões sobre a conferência. Indica que tinha feito intencionalmente um discurso que não permitisse «qualquer especulação política», de forma a ser secundada por outros países e poder ver assim quais seriam os eventuais apoios. Afirma que, se tivesse havido abertura por parte de outros países, teria apresentado uma proposta concreta com vista a uma votação sobre a admissão da Espanha. Apesar

---

[406] *Ibid.*. [t.a.] Sublinhado nosso.

[407] *Daily Express*, de 17 de Março de 1948. [t.a.]

[408] As moções aprovadas foram as cinco seguintes: 1. Transmitir aos EUA o relatório sobre a cooperação económica na Europa; 2. Disponibilizar aos 16 governos e aos EUA os relatórios das comissões técnicas; 3. Admitir os representantes da bizona anglo-americana e da zona francesa da Alemanha nos trabalhos do CCEE; 4. Dar instruções à Comissão do Trabalho para elaborar um projecto de criação e funcionamento de um organismo central de cooperação europeia; 5. Distribuir à imprensa o relatório da CCEE, a resolução relativa à Alemanha e as instruções dadas à Comissão do Trabalho. *Diário de Notícias*, de 17 de Março de 1947.

[409] A Espanha começará a participar nalguns comités a partir de 1955 e será membro da OECE a partir de 1959.

de já estar à espera de uma reacção globalmente negativa ou indiferente em relação à moção portuguesa, Caeiro da Matta mostra a sua surpresa a Salazar por não ter havido, para além da sua intervenção, a menor referência à Espanha no decurso de toda a conferência.

4. As reacções ao discurso do ministro Caeiro da Matta e a decisão abortada da Câmara dos Representantes dos EUA

Apesar de todos os esforços empreendidos, a iniciativa portuguesa foi um fracasso. Caeiro da Matta comenta a este propósito o seguinte: «Não posso deixar de confessar que fiquei desagradavelmente impressionado quando me vi inteiramente isolado apesar de todas as informações recebidas de Lisboa». Para Caeiro da Matta foi um risco para Portugal ter defendido com tanto empenho a inclusão da Espanha, uma vez que, segundo o ministro, poderia ter tido consequências no relacionamento com a França e o Reino Unido. Pensa mesmo que «algumas nuvens não se dissiparão tão cedo». Também constata que esta questão expôs Portugal a uma intensa campanha de imprensa por parte de jornais que «há muito guardavam silêncio ou se mostravam favoráveis a Portugal»[410].

Salazar vai responder ao ministro, logo após a recepção do telegrama, comentando o discurso na base das informações que tinha recolhido dos jornais portugueses, que reproduziam o texto da *France Press*[411]. Apesar de considerar o discurso «muito bem elaborado», em que foram focados

[410] AHDMNE, RNP, Plano Marshall, Telegrama n.º 49, de 16 de Março de 1948, do ministro dos Negócios Estrangeiros José Caeiro da Matta, na Legação de Portugal em Paris, para o Presidente do Conselho, no Ministério dos Negócios Estrangeiros, M. 381, 2.º P.-A. 60, d.l.: 1947-1949.

[411] AHDMNE, RNP, Plano Marshall, Telegrama n.º 58, de 17 de Março de 1948, do Ministério dos Negócios Estrangeiros (Presidente do Conselho) para o ministro dos Negócios Estrangeiros José Caeiro da Matta, na Legação de Portugal em Paris, M. 381, 2.º P.-A. 60, d.l.: 1947-1949.

todos os pontos que tinham sido anteriormente assinalados por Salazar, vai, contudo, fazer uma crítica subtil ao mesmo. Para Salazar, e apesar do «peso [da] atmosfera local», não se justifica que o ministro tivesse utilizado, no que concerne a eventualidade da participação da Espanha, as expressões «um dia não longínquo» ou «no momento oportuno». Como se tratava de uma simples declaração sem votação por parte dos delegados, estas expressões eram inúteis e enfraqueciam a tomada de posição portuguesa. Para Salazar, Portugal poderia ter marcado a sua posição de princípio de uma forma menos diplomática, pois de qualquer maneira, não teria a possibilidade de avançar com uma proposta de votação cujo resultado negativo seria contraproducente para a própria Espanha. Não teve em grande consideração o argumento avançado, sem grande convicção, por Caeiro da Matta, ao dizer que os propósitos voluntariamente abrangentes e conciliatórios do discurso tinham como objectivo permitir a outros países manifestarem as suas opiniões sobre a Espanha para poder, se se revelasse viável, avançar para um pedido de votação. A posição de Salazar neste particular é muito clara: «cumprimos dever em dizer o que outros pensam mas não podem afirmar». No fundo, considera que os países tinham era receio que Portugal os obrigasse a tomar uma posição clara a favor ou contra a admissão da Espanha[412].

Nesse mesmo telegrama, Salazar vai descrever resumidamente a Caeiro da Matta o encontro que teve com o embaixador de Espanha em Lisboa, Nicolás Franco, em que este lhe teria dito que a Espanha não estava interessada no Plano Marshall. Só estaria eventualmente interessada no aspecto político, e não julgava que tivesse apoio dos países anteriormente mencionados por Madrid. Para Salazar, esta tomada de posição revela a vontade da Espanha de «não ter de agradecer»[413]. Na realidade, no dia seguinte, o embaixador de Portugal em Madrid informa o Ministério dos Negócios Estrangeiros português que o ministro dos Negócios Estrangei-

---

[412] *Ibid.*.

[413] *Ibid.*.

ros espanhol tinha telegrafado para os seus embaixadores em Lisboa e Paris a pedir para agradecer ao Governo português a sua intervenção em favor da Espanha[414]. Logo depois será feita a diligência oficial em Lisboa de agradecimento pelo trabalho desenvolvido por Portugal durante a 2.ª Conferência de Paris[415]. Em Paris, onde se encontrava o ministro Caeiro da Matta, também será efectuada uma diligência oficial através do embaixador espanhol Aguirre de Cacer [416]. Primeiro, junto de Marcello Mathias, e, em seguida, junto do ministro. O próprio embaixador espanhol reconheceu que, num primeiro tempo, Madrid não se tinha apercebido exactamente do alcance da atitude portuguesa «por desconhecer atmosfera conferência e graves dificuldades Portugal tivera de vencer para conseguir que pela primeira vez numa reunião internacional desta importância fosse possível Espanha ser defendida em termos tão calorosos e amigos sem suscitar protestos (embaixador disse «vociferações») nem sequer reparos desagradáveis»[417]. Tinham sido as informações prestadas pela Embaixada de Espanha em Paris sobre a Conferência que tinham consciencializado Madrid para o esforço desenvolvido por Portugal[418].

Também o ministro Caeiro da Matta fará a Salazar, no dia seguinte, um balanço do pós-conferência em que acentua que o embaixador Aguirre

[414] AHDMNE, RNP, Plano Marshall, Telegrama n.º 83, de 17 de Março de 1948, da Embaixada de Portugal em Madrid (Carneiro Pacheco) para o Ministério dos Negócios Estrangeiros (assegurado por Salazar), M. 381, 2.º P.-A. 60, d.l.: 1947-1949.

[415] AHDMNE, RNP, Plano Marshall, Telegrama n.º 60, de 18 de Março de 1948, do Ministério dos Negócios Estrangeiros (Presidente do Conselho) para o ministro dos Negócios Estrangeiros José Caeiro da Matta, na Legação de Portugal em Paris, M. 381, 2.º P.-A. 60, d.l.: 1947-1949.

[416] Aguirre de Carcer y de Tejada, nomeado delegado espanhol junto do Governo francês em 1 de Maio de 1947. Depois passou a chefiar a Embaixada de Espanha.

[417] AHDMNE, RNP, Plano Marshall, Telegrama n.º 50, de 19 de Março de 1948, da Legação de Portugal em Paris para o Ministério dos Negócios Estrangeiros, M. 381, 2.º P.-A. 60, d.l.: 1947-1949.

[418] Segundo Marcello Mathias, foi o ministro conselheiro Bermejo, que estava como encarregado de Negócios na Embaixada de Espanha em Paris, que transmitiu informações muito favoráveis em relação à atitude portuguesa. *Ibid.*.

de Carcer lhe tinha exprimido, em nome de Franco e «nos termos mais calorosos o reconhecimento e apreço pelas palavras de Portugal «nobilíssimas eloquentes e corajosas» testemunho da perfeita compreensão e amizade que liga os dois países»[419].

O balanço feito por Caeiro da Matta é bastante positivo. Depois da indecisão sobre o procedimento a adoptar por causa da «profunda divergência» entre as informações em proveniência de Madrid e as recolhidas em Paris, a atitude tomada por Portugal na 2.ª Conferência de Paris foi, segundo ele, muito apreciada nos meios diplomáticos e conservadores[420]. Avança mesmo que a própria imprensa de esquerda se acalmou ao constatar que Portugal não solicitou uma votação sobre a inclusão da Espanha, como anteriormente tinha sido ventilado.

Aquando de uma recepção de despedida de Bevin na Embaixada britânica, o ministro Caeiro da Matta encontrava-se a conversar com o Presidente do Conselho de Ministros, Robert Schuman,[421] e com o ministro Bidault, e este último agradeceu ao ministro português o «tacto e a elevada compreensão que Portugal mostrara na delicada situação que se atravessara» na Conferência, pois tinha sabido conciliar o ponto de vista português com «superiores interesses [da] cooperação internacional». Bidault disse na altura que Caeiro da Matta, apesar de ter defendido a posição da Espanha, não tinha provocado uma reacção da Conferência, e completou com a seguinte frase: «Ministro da Matta prestou sem dúvida grande serviço à Espanha e não menos serviço à cooperação [dos] países do Ocidente da Europa»[422]. Também Bevin exprimiu ao ministro português

---

[419] AHDMNE, RNP, Plano Marshall, Telegrama n.º 51, de 19 de Março de 1948, do ministro dos Negócios Estrangeiros José Caeiro da Matta, na Legação de Portugal em Paris, para o Presidente do Conselho, no Ministério dos Negócios Estrangeiros, M. 381, 2.º P.-A. 60, d.l.: 1947-1949.

[420] *Ibid.*.

[421] Robert Schuman, Presidente do Conselho e, a partir de 26 de Julho de 1948, ministro dos Negócios Estrangeiros. Ver referências biográficas no Apêndice 1.

[422] *Ibid.*.

os seus «agradecimentos efusivos pela atitude assumida manifestando seu profundo e evidentemente sincero agrado pelo êxito dos esforços». Robert Schuman aproveitou a ocasião para, ainda segundo Caeiro da Matta, elogiar altamente a acção governativa de Salazar e «a sua grande figura moral e intelectual»[423].

Para terminar a sua exposição sobre a Conferência, o ministro relata a conversa com outros ministros que, também eles, elogiaram a «coragem» de Portugal dada a atmosfera da Conferência e o sentido de equilíbrio manifestado. Estranha as declarações do embaixador Nicolás Franco, entretanto já rectificadas[424]. O ministro Caeiro da Matta regressará a Portugal no dia 28 de Março para retomar as suas funções no Ministério dos Negócios Estrangeiros[425].

O impacto na imprensa internacional da moção portuguesa sobre a Espanha, que já se aguardava, vai ser grande. Os primeiros sinais de que a questão espanhola ia ser levantada começaram na semana anterior e, desde o dia 12 de Março, o Ministério dos Negócios Estrangeiros foi

---

[423] *Ibid.*. É crível supor como exacto o relato desta afirmação de Robert Schuman, pois em 22 de Março de 1951, afirmou ao embaixador Jacques Dumaine, antes da sua partida para a Embaixada em Lisboa, o seguinte: «Há menos pessoas na prisão em Portugal por razões políticas do que na maior parte dos países da Europa [...]. As ideias do Senhor Salazar não são novas [...] mas elas são sãs e ele torna-as aceitáveis ao povo português. Eu gostaria que ele soubesse quanto nós apreciamos o serviço que ele presta à Europa assegurando a tranquilidade e o trabalho dos seus concidadãos». DUMAINE, Jacques – *Quai d'Orsay, 1945-1951*. Paris: René Julliard, 1956, p. 574.

[424] AHDMNE, RNP, Plano Marshall, Telegrama n.º 51, de 19 de Março de 1948, do ministro dos Negócios Estrangeiros José Caeiro da Matta, na Legação de Portugal em Paris, para o Presidente do Conselho, no Ministério dos Negócios Estrangeiros, M. 381, 2.º P.-A. 60, d.l.: 1947-1949.

[425] Inicialmente o ministro tinha previsto o seu regresso no dia 21 de Março mas decidiu adiar por uma semana o seu regresso, de carro, para, entre outros assuntos, abordar com o Governo francês a passagem das respectivas legações a embaixadas. É possível que também tenha desejado acompanhar as negociações em curso no CCEE. Cf. AHDMNE, RNP, Plano Marshall, Telegrama n.º 63, de 28 de Março de 1948, da Legação de Portugal em Paris para o Ministério dos Negócios Estrangeiros, M. 381, 2.º P.-A. 60, d.l.: 1947-1949.

alertado por Marcello Mathias de que a *International News Service* lhe telegrafara a perguntar se confirmava ou desmentia a informação de que Portugal e a Holanda iam propor a admissão da Espanha[426]. Apesar do desmentido de Marcello Mathias, a informação começou a circular centrando em Portugal a iniciativa. Dois dias depois, também o jornal comunista italiano *Unitá* anuncia esta iniciativa de Portugal, comentando que a proposta é «encorajada» pelo Departamento de Estado dos EUA. Afirmando-se mesmo que George Marshall tinha declarado na Comissão dos Estrangeiros do Senado americano que «a Espanha poderia ser incluída entre as nações que beneficiariam do Plano Marshall, desde que as outras 16 nações a convidassem»[427]. Também os jornais *Le Monde* e *L'Ordre* abordaram esta questão, no dia 14 de Março, e o *New York Times,* no dia 16 de Março, mas invocando uma acção conjunta entre Portugal e a Irlanda. Na imprensa portuguesa o silêncio sobre a questão é total.

No dia 17 de Março, nos jornais europeus, americanos e de outras partes do mundo, vai ser comentado o discurso do ministro português. O tom de alguns desses artigos é de que a conferência não deu qualquer atenção à sugestão portuguesa e que o ministro português já estava à espera dessa reacção[428]. Apesar de Caeiro da Matta ter exprimido os votos de ver a Espanha presente num futuro indeterminado, Portugal revelou-se como um defensor dos interesses espanhóis num contexto de uma Europa largamente hostil a Franco. Curiosamente, na transcrição do texto "completo" do discurso do ministro no *Diário de Notícias*[429], de 21 de Março, a

---

[426] AHDMNE, RNP, Plano Marshall, Telegrama n.º 38, 12 de Março de 1948, da Legação de Portugal em Paris (Marcello Mathias) para o Ministério dos Negócios Estrangeiros (assegurado por Salazar), M. 381, 2.º P.-A. 60, d.l.: 1947-1949.

[427] AHDMNE, RNP, Plano Marshall, Boletim de Imprensa da Legação de Portugal em Roma, n.º 24, de 16 de Março de 1948, M. 381, 2.º P.-A. 60, d.l.: 1947-1949.

[428] Nomeadamente o *Washington Post* e o *New York Times,* o *Daily Herald,* o *Manchester Guardien,* o *Daily Graphic,* o *The Times,* o *Daily Express,* o *Diário de Notícias,* o *Gazette de Lausanne* de 17 de Março de 1948.

[429] *Diário de Notícias* de 21 de Março de 1948.

expressão «no momento oportuno» do discurso será substituída por «apelo instante», numa clara e voluntária inversão do sentido da frase[430].

Portugal colocou a questão da Espanha e começou-se a abordar mais abertamente a sua inclusão no Plano Marshall, nomeadamente por razões estratégicas. Alguns artigos começam a surgir na imprensa sobre este assunto, tendo como pano de fundo a crescente tensão provocada pelos acontecimentos a Leste, sendo de assinalar o golpe comunista na Checoslováquia e a morte de Jan Masaryk[431]. François Poncet[432] sintetiza bem, no jornal *Le Figaro*, a opinião dos meios mais conservadores num artigo intitulado «L'Occident s'est réveillé. Qu'il ne se rendorme pas» (O Ocidente acordou. Que ele não volte a adormecer), onde defende que a Europa não será totalmente Mediterrânica e Atlântica sem a incorporação da Espanha. Escreve que os países ocidentais se devem «despir, sem tardar, do resíduo dos seus preconceitos»[433].

Quando já se pensava que a questão da Espanha estava oficialmente encerrada por algum tempo, surge a notícia de que a Câmara dos Representantes dos EUA tinha votado, no dia 30 de Março, por uma esmagadora maioria de 149 votos a favor e 52 contra, uma moção da autoria do republicano Alvin O'Konski[434] que incluía a Espanha na lista dos países

---

430 Convém recordar que o director do *Diário de Notícias* era Augusto de Castro, que tinha sido ministro de Portugal em Paris até princípios de Agosto de 1947, e pessoa da inteira confiança de Salazar. Por várias vezes Salazar "encomendou" artigos ao seu amigo Augusto de Castro. Desconhecemos se houve alguma intervenção de Salazar com vista à alteração do discurso, mas não nos parece plausível que a alteração tivesse sido efectuada por iniciativa de Augusto de Castro. Curiosamente, o texto do discurso antes publicado no *Diário de Notícias*, do dia 17 de Março de 1948, tinha respeitado o texto original transmitido pela *France Presse*.

431 Jan Masaryk, ministro dos Negócios Estrangeiros da Checoslováquia, de 1940 a 1948, que se terá suicidado no dia 10 de Março de 1948.

432 André François-Poncet, conselheiro diplomático do Governo francês, em 1948. Ver referências biográficas no Apêndice 1.

433 *Le Figaro* de 30 de Março de 1948. [t.a.]

434 Alvin E. O'Konski, deputado republicano do Wisconsin.

beneficiários do Plano Marshall[435]. A reacção da imprensa norte-americana e de alguns governos ocidentais contra esta moção não se fez esperar[436]. Três dias depois, a Comissão Mista do Senado e da Câmara dos Representantes decide anular a moção[437]. O embaixador de Portugal em Washington vai exprimir a sua opinião sobre a mudança de atitude dos EUA da seguinte forma:

> «Na sua falta de prejuízos e paixões ideológicas, e quasi imunes das taras socialistas (graças ao predomínio duma massa individualista que aspira a melhorar o seu nível de vida), foi muito fácil ao povo americano convencer-se que o russo soviético é afinal ainda mais perigoso e explosivo que o próprio nazi e reconhecer com o seu espírito pratico que a Espanha seria um aliado automático dos Estados Unidos na luta contra as maquinações do comunismo.[...] Mas como tudo isto tem raízes pouco profundas e os ventos da Europa conservam a despeito da ruína actual alguma coisa do seu velho prestígio, os

---

[435] *Diário de Notícias,* do dia 31 de Março de 1948.

[436] Um dos estadistas que reclamou contra a moção da Câmara dos Representantes foi Ernest Bevin, logo no dia 1 de Abril. Cf. *FRUS, 1948, Vol. III, Western Europe, op. cit.,* p. 1 036.

[437] O *New York Times* chega mesmo a qualificar de «leviana» a decisão da Câmara dos Representantes e o *Washington Post* depois de condenar a decisão, mesmo tendo em consideração as questões estratégicas que lhe estão subjacentes, indica que o ERP deve ter como objectivo impedir a guerra e não promovê-la, pelo que se deve ter em consideração os imponderáveis da política. Cf. AHDMNE, RNP, Plano Marshall, Ofício n.º 185, de 1 de Abril de 1948, da Embaixada de Portugal em Washington (Theotónio Pereira) para o ministro dos Negócios Estrangeiros (Caeiro da Matta), M. 381, 2.º P.-A. 60, d.l.: 1947-1949. Efectivamente, a Câmara dos Representantes contava 435 deputados, pelo que se pode levantar a hipótese da moção só ter sido aprovada por via da ausência da maioria dos seus deputados. Ver a este propósito: «La participation éventuelle de l'Espagne» in *Chronique de Politique Etrangère,* Vol. I, n.º 3, Maio de 1948, Bruxelas, Institut des Relations Internationales, p. 36-37. É curioso assinalar que o antigo presidente do Conselho da República espanhola, Negrin, enviou uma série de artigos para o *New York Herald Tribune* (edição europeia), 1, 2, e 3 de Abril de 1949, nos quais se mostra favorável à participação da Espanha no Plano Marshall. Cf. *Ibid.*.

Estados Unidos não se atreveram a avançar sozinhos quando de tantos países se ergueram clamores de pasmo ou protesto»[438].

O representante do Presidente Harry Truman junto do Papa Pio XII, Myron Taylor[439], estava precisamente em Madrid, para efectuar conversações com Franco e o seu ministro dos Negócios Estrangeiros, quando chega a notícia da anulação da moção da Câmara dos Representantes. Segundo o embaixador Carneiro Pacheco a decisão da Comissão Mista «causou péssima impressão», tendo-se ressentido mesmo no banquete oferecido em honra de Taylor[440]. Para Carneiro Pacheco, estava-se a assistir ao alastramento da ideia de que a Espanha tinha ganho uma «terceira neutralidade» em conflitos mundiais[441].

Na realidade, os EUA pretendiam uma aproximação da Espanha com o resto da Europa e com os EUA, mas exigiam da parte de Franco uma abertura política[442]. A opinião pública e a maior parte dos governos ocidentais não estavam preparados para aceitar o regime espanhol, por

---

[438] AHDMNE, RNP, Plano Marshall, Ofício n.º 188, de 5 de Abril de 1948, da Embaixada de Portugal em Washington (Theotónio Pereira) para o Ministério dos Negócios Estrangeiros (Caeiro da Matta), M. 381, 2.º P.-A. 60, d.l.: 1947-1949.

[439] Myron Taylor, representante pessoal de Franklin Roosevelt e, em seguida, de Harry Truman junto do Papa Pio XII entre 1939 e 1950. Embaixador no Vaticano de 1950 a 1953.

[440] AHDMNE, RNP, Plano Marshall, Telegrama n.º 89, de 2 de Abril de 1948, da Embaixada de Portugal em Madrid (Carneiro Pacheco) para o Ministério dos Negócios Estrangeiros (Caeiro da Matta), M. 381, 2.º P.-A. 60, d.l.: 1947-1949.

[441] AHDMNE, RNP, Plano Marshall, Telegrama n.º 91, da Embaixada de Portugal em Madrid para o Ministério dos Negócios Estrangeiros, 3 de Abril de 1948, M. 381, 2.º P.-A. 60, d.l.: 1947-1949.

[442] No que diz respeito ao Partido Republicano dos EUA, conforme indica Sir A. Bullock, membros desse partido, após a anulação da moção a favor da entrada da Espanha «Continuaram a exprimir a opinião de que não só a Espanha teria mesmo de fazer parte de qualquer ERP como fazê-lo com um exército forte, aeroportos bem situados e uma posição chave na defesa da Europa Ocidental e do Mediterrâneo – tudo isto sem necessidade de mencionar a posição anticomunista da Franco – os espanhóis, evidentemente, tinham forçosamente que fazer parte de qualquer pacto de Defesa do Ocidente». BULLOCK, Sir A. – *Ernest Bevin – Foreign Secretary, 1945-1951*. Londres: Norton, 1983, p. 619. [t.a.]

ser uma ditadura militar e se ter associado tão abertamente aos regimes fascistas europeus, durante e após a Guerra Civil. Por razões de afinidades políticas, Portugal será utilizado como meio suplementar de sensibilização do Governo espanhol. Não é por acaso que os diplomatas norte-americanos e europeus repetem aos diplomatas portugueses a mensagem da necessidade de abertura política em Espanha. Ainda no dia 28 de Março, Theodore Xanthaky irá ao Ministério dos Negócios Estrangeiros para pedir audiência ao Presidente do Conselho para o embaixador Myron Taylor. Nesta ocasião, mostra ao secretário-geral António de Faria outro telegrama do Departamento de Estado para o seu embaixador em Lisboa (recorde-se que já tinha feito o mesmo no dia 26 de Fevereiro). Neste telegrama está marcado que «Qualquer demonstração da intenção espanhola de efectuar substanciais reformas políticas e económicas concorreria para melhorar relações com os Estados Unidos e facilitar a integração de Espanha nos arranjos da Europa Ocidental»[443]. Obviamente, não é de uma forma desinteressada que, mais uma vez, se transmite ao Governo português a posição dos EUA sobre a Espanha. O voto na Câmara dos Representantes mostra bem que uma parte da classe política vê como muito útil a participação da Espanha no reforço do campo ocidental. A atitude de Paul Cubertson, nas conversas que teve em Madrid com Carneiro Pacheco, – se é que este último soube interpretar as suas palavras – pode, eventualmente, ser vista como um incentivo a uma tomada de atitude portuguesa em Paris na defesa da admissão da Espanha. Uma espécie de "balão de ensaio" para testar a posição dos restantes países participantes no Plano Marshall. O futuro próximo demonstrará como era grande a vontade dos EUA de possuírem bases militares em Espanha[444].

---

[443] AHDMNE, RNP, Plano Marshall, Apontamento de conversa do secretário-geral do Ministério dos Negócios Estrangeiros António de Faria com Xanthaky, 28 de Março de 1948, M. 381, 2.º P.-A. 60, d.l.: 1947-1949.

[444] Em 9 de Outubro de 1948 o secretário de Estado George Marshall declarou numa conferência de imprensa que já não se justificava a aplicação da Resolução da ONU, de 12 de Dezembro de 1946, que tinha recomendado aos países membros a retirada dos embai-

Também Paul-Henri Spaak transmite essa mesma mensagem de necessidade de abertura política em Espanha ao ministro de Portugal em Bruxelas, Eduardo Leitão, ao dizer-lhe o seguinte: «Se Generalíssimo quiser dar primeiro passo, e é ele como vencedor que pode dá-lo sem desprestígio, as dificuldades irão desaparecendo pouco a pouco e daqui a algum tempo provável vida internacional [da] Espanha se normalize»[445]. O mesmo Spaak poucos dias depois, numa visita oficial aos EUA, irá esclarecer a sua posição em relação à Espanha. Interrogado pelos jornalistas em Washington, no dia 9 de Abril, sobre as condições necessárias à aceitação dos países no recém-criado Pacto de Bruxelas, considera que o país candidato deve ser um país democrático e acrescenta: «Nós nunca aceitaremos entre nós uma ditadura de direita ou de esquerda»[446]. Interrogado sobre se excluiria a Espanha, respondeu: – «Certamente, sem sombra de dúvida». Um jornalista aproveitou para colocar a questão de Portugal (sobre se seria aceite), ao que Spaak respondeu: «Não compreendi a pergunta», o que provoca um riso comunicativo e prova, segundo o jornalista, «que a República Portuguesa não encontraria necessariamente uma recusa formal se ela apresentasse a sua candidatura»[447].

Apesar da interpretação do jornalista sobre a questão da aceitação de Portugal no Pacto de Bruxelas não ser evidente, a reacção de Spaak e dos

---

xadores e ministros plenipotenciários de Madrid. Apesar de os EUA continuarem a respeitar esta Resolução da ONU, acham que ela já não se adequa à situação do momento. Cf. *The Times*, de 11 de Outubro de 1948. A partir de 1949 os EUA começaram a apoiar económica e militarmente a Espanha e, em 1953, foram assinados acordos económicos e de defesa, o que possibilitou a instalação de bases militares norte-americanas em Espanha.

[445] AHDMNE, RNP, Plano Marshall, telegrama n.º 47, de 3 de Abril de 1948, da Legação de Portugal em Bruxelas (Eduardo Leitão) para o ministro dos Negócios Estrangeiros (Caeiro da Matta), M. 381, 2.º P.-A. 60, d.l.: 1947-1949.

[446] AHDMNE, RNP, Plano Marshall, Recorte de jornal não identificado (em francês), anexo ao Ofício n.º 508, de 10 de Abril de 1948, da Legação de Portugal em Bruxelas (Eduardo Leitão) para o ministro dos Negócios Estrangeiros (Caeiro da Matta), M. 381, 2.º P.-A. 60, d.l.: 1947-1949. [t.a.]

[447] *Ibid.*. [t.a.]

jornalistas presentes é, porém, sintomática de um estado de espírito em relação ao regime português, considerado por muitos como uma ditadura "moderada" e "aceitável" no contexto da época. A grande tensão existente entre os países ocidentais e o bloco que se estava a constituir à volta da URSS levavam as democracias ocidentais a serem mais tolerantes em relação a regimes políticos pouco respeitosos das liberdades políticas, como era o caso de Portugal. A Espanha, pela sua atitude radical, era a grande excepção na Europa Ocidental. A posição de Portugal em relação à Espanha era a de apoiar Franco sem se comprometer com a política interna espanhola, que considerava como a expressão da sua soberania. Esse apoio não deveria, contudo, impedir, ou mesmo condicionar, a aproximação de Portugal à Europa e aos EUA. A solidariedade com o regime franquista não devia interferir nas opções de Salazar em matéria de política externa.

III. A atitude portuguesa até à criação da OECE

Apesar de ter sido discreta a participação de Portugal nas negociações com vista à criação da OECE, é de referir algumas tomadas de posição em relação ao Plano Marshall e oportuno analisar o desenrolar do processo até à assinatura da respectiva Convenção, em 16 de Abril de 1948.

1. As informações da Embaixada de Portugal em Washington

Os diplomatas portugueses em Washington foram informando regularmente o Ministério dos Negócios Estrangeiros sobre o desenrolar dos debates no Senado e no Congresso dos EUA, assim como do resultado de algumas conversações entre os 16 países interessados e a Administração americana. Após o regresso à Europa da delegação do CCEE em Washington, ficou decidido que todas as questões relativas ao auxílio à

Europa fossem acompanhadas, na parte que lhes dissesse respeito, pelas respectivas missões diplomáticas. Para tal, foram designados representantes diplomáticos encarregados de acompanhar as questões e participar nas reuniões de informação sobre o Plano Marshall. Para representar a Embaixada de Portugal em Washington nessas reuniões foi designado Jorge Braga de Oliveira[448], segundo-secretário de embaixada. As questões gerais eram acompanhadas pela Embaixada de França, que, em coordenação com o Secretariado-Geral do CCEE, em Paris, transmitia às outras 15 missões diplomáticas em Washington as informações necessárias. O Secretariado do CCEE em Washington, por sua vez, organizava reuniões de informação quinzenais para pôr ao corrente as 16 Missões diplomáticas sobre o desenrolar dos trabalhos com a Administração americana e das negociações diplomáticas mais significativas[449].

Em 15 de Janeiro de 1948, Manuel Rocheta[450], encarregado de negócios na Embaixada em Washington, informa o Ministério dos Negócios Estrangeiros que o Plano Marshall atravessa uma «fase de lentidão» da qual os 16 países, o Presidente Harry Truman e o secretário de Estado George Marshall «pretendem arrancá-lo», e explica quais são as controvérsias existentes no Congresso sobre o Plano Marshall[451]. Nesse próprio dia, transmite um ofício a relatar um documento apresentado ao Congresso dos

---

[448] Jorge Braga de Oliveira, na Embaixada de Portugal em Washington, desde Maio de 1947 até 1953. Ver referências biográficas no Apêndice 1.

[449] AHDMNE, RNP, Plano Marshall, Ofício n.º 27, 15 de Janeiro de 1948, da Embaixada de Portugal em Washington (encarregado de negócios) para o ministro dos Negócios Estrangeiros (Caeiro da Matta), M. 381, 2.º P.-A. 60, d.l.: 1947-1949.

[450] Manuel Farrajota Rocheta, na Embaixada de Portugal em Washington, de 1 de Março de 1946 a 2 de Fevereiro de 1951. Ver referências biográficas no Apêndice 1.

[451] Para Manuel Rocheta as controvérsias no Congresso sobre o Plano Marshall giram à volta de 3 pontos: 1) o montante considerado como excessivo «pelos republicanos dirigidos por Taft, com fins notórios de propaganda eleitoral» (ao que o Governo americano contrapõe comparando-o com as despesas de uma guerra eventual); 2) divergências sobre a entidade que deverá administrar o Plano (preocupação do Senador Vandenberg); 3) exigência de um grupo de senadores à volta do senador republicano Lodge no sentido de haver a garantia de um maior empenho da Europa na sua própria reconstrução. *Ibid.*.

EUA, descrito pelo *New York Times* de 14 de Janeiro, que divide os 16 países em quatro categorias no âmbito da Ajuda Marshall. De Portugal, tal como da Suíça e da Turquia, espera-se simplesmente o pagamento imediato das suas importações dos EUA[452]. Segundo o *Washington Post*, Portugal estaria mesmo pronto a facilitar créditos aos restantes países do Plano Marshall de forma a encontrar ou a manter os mercados para as suas exportações.

Poucos dias depois, Manuel Rocheta envia um ofício a comentar o documento sobre o Plano Marshall apresentado no Congresso dos EUA. Nesse ofício chama a atenção do ministro dos Negócios Estrangeiros para a posição de Portugal onde se prevê, contrariamente à Suíça e à Turquia, um saldo deficitário nas sua trocas comerciais com os EUA. O défice previsto para os 15 meses que se seguem é da ordem dos 72 milhões de dólares. Manuel Rocheta acrescenta que a «importância do sacrifício» resultante da posição assumida por Portugal o coloca numa situação única em relação aos restantes países e mostra «o espírito de genuína cooperação internacional» com o qual o país aceitou colaborar. Apesar disso, o diplomata queixa-se da dificuldade de abastecimento em cereais nos EUA, por parte de Portugal, o que obrigaria o país a ter de importar de outros mercados, onde o preço dos cereais seria mais elevado e onde também se tinha de pagar em dólares – «o que não deixaria de sobrecarregar excessivamente uma posição, assumida já com pesado sacrifício das possibilidades da economia nacional»[453]. Tendo-se queixado desta situação ao Departamento de Estado, foi-lhe respondido que se tratava de

---

[452] Os países foram divididos nas seguintes categorias: «1) Países que devem receber donativos puros e simples: Grécia e Áustria; 2) Países dos quais se espera o pagamento à boca do cofre: Portugal, Suíça e Turquia; 3) Países que devem receber empréstimos: Suécia, Noruega e Irlanda; 4) Países que devem receber empréstimos para certos fins e donativos para outros: Inglaterra, França, Itália, Holanda, Bélgica, Luxemburgo, Dinamarca e Islândia». AHDMNE, RNP, Plano Marshall, Ofício n.º 28, de 15 de Janeiro de 1948, da Embaixada de Portugal em Washington (encarregado de Negócios) para o ministro dos Negócios Estrangeiros José Caeiro da Matta, M. 381, 2.º P.-A. 60, d.l.: 1947-1949.

[453] AHDMNE, RNP, Plano Marshall, Ofício n.º 44, de 22 de Janeiro de 1948, da Embaixada de Portugal em Washington (encarregado de negócios Manuel Rocheta) para o ministro dos Negócios Estrangeiros (Caeiro da Matta), M. 381, 2.º P.-A. 60, d.l.: 1947-1949.

simples estimativas e que os argumentos avançados por Portugal eram válidos e deveriam ser apresentados na devida altura, com os «necessários elementos de correcção», para serem tidos em conta aquando da elaboração do Programa definitivo de ajuda à Europa[454]. Esta questão dos aprovisionamentos vai tornar-se uma questão central para Portugal e requerer a maior atenção dos diplomatas. Em Portugal havia grandes carências alimentares, e só os EUA e o Canadá tinham capacidade para satisfazer rapidamente. Poucos dias depois, Manuel Rocheta volta a alertar o Ministério dos Negócios Estrangeiros para os cortes (e receios de novos cortes) nas quantidades de cereais e outros produtos pedidos em Paris e chama a atenção para o retorno à política das licenças de exportação. Apesar de o Governo norte-americano explicar que tais licenças visavam melhorar os dados estatísticos, ele crê que esta medida tem em vista, efectivamente, «o controlo perfeito da exportação, de modo a vir a subordinar esta, no futuro, relativamente à Europa, inteiramente às disposições do Plano Marshall»[455].

Entretanto, no dia 8 de Março, o embaixador de Portugal em Washington, Pedro Theotónio Pereira, irá enviar para o ministro Caeiro da Matta informações sobre as reacções à volta do Plano Marshall. Para o embaixador, o golpe comunista na Checoslováquia tinha intensificado nos EUA a questão da «extrema necessidade duma união do ocidente europeu», e afima o seguinte:

> «E desde a sugestão razoável dum acordo político, económico e militar até à velha utopia dos Estados Unidos da Europa tão de agrado desta simplista maneira de ver, tudo são conselhos ou convites a que os países livres da Europa se reúnam sem tardança. E assim, entre os que regateiam a ajuda económica e procuram todos os dias diminuir o montante proposto por Marshall e aqueles que crêem possível com

[454] *Ibid.*.

[455] *Ibid.*.

duas pernadas dum tratado escrito anular as milenárias fronteiras dos países europeus, vai-se arrastando a acção dos Estados Unidos neste gravíssimo momento da História»[456].

Passados dois dias envia novo ofício a indicar que um comité da Câmara dos Representantes[457] tinha escrito um relatório onde se considera que «as vastas possibilidades das Colónias têm de ser mobilizadas com vista a qualquer programa de auxílio à Europa»[458]. Para o embaixador, a Europa e Portugal já o sabem, e Salazar foi o primeiro a afirmá-lo[459]. Este aproveitamento das colónias («uma tão vasta como legítima reserva») é tanto mais importante para o embaixador quanto considera que poderá ser a sua última oportunidade para que não se dê o «crepúsculo definitivo» da Europa. Logo a seguir afirma o seguinte: «não deixa de fazer sorrir esta superficialidade com que se encaram aqui os problemas mais complexos e a pressa com que se chega a conclusões simplistas»[460].

2. A definição da política externa portuguesa em princípios de 1948

Em princípios de 1948 a posição de Portugal perante a cooperação europeia ainda não tinha mudado em relação à sua posição inicial. Num

---

[456] AHDMNE, RNP, Plano Marshall, Ofício n.º 128, de 8 de Março de 1948, da Embaixada de Portugal em Washington (Theotónio Pereira) para o ministro dos Negócios Estrangeiros (Caeiro da Matta), M. 381, 2.º P.-A. 60, d.l.: 1947-1949.

[457] O *Select Committee on Foreign Aid* da Câmara dos Representantes dos EUA.

[458] Tradução de uma frase do documento. Cf. AHDMNE, RNP, Plano Marshall, Ofício n.º 136, de 8 de Março de 1948, da Embaixada de Portugal em Washington para o ministro dos Negócios Estrangeiros (Caeiro da Matta), M. 381, 2.º P.-A. 60, d.l.: 1947-1949.

[459] SALAZAR, António de Oliveira – «Miséria e medo, características do momento actual» in *Discursos e Notas Políticas – IV – 1943-1950, op. cit.*, p. 293-294.

[460] AHDMNE, RNP, Plano Marshall, Ofício n.º 136, de 8 de Março de 1948, da Embaixada de Portugal em Washington (Theotónio Pereira) para o ministro dos Negócios Estrangeiros (Caeiro da Matta), M. 381, 2.º P.-A. 60, d.l.: 1947-1949.

telegrama circular às embaixadas e legações de Portugal, o ministro Caeiro da Matta vai voltar a definir a posição portuguesa sobre o Plano Marshall e outros assuntos colaterais[461].

No que diz respeito ao Plano Marshall, Caeiro da Matta indica que a posição portuguesa «ainda» é a anteriormente definida e utiliza a expressão «a manter-se a situação actual», o que deixa em aberto a possibilidade de evolução futura. A posição de momento continua a ser a seguinte: Portugal não tem necessidade de créditos ou donativos dos EUA se se respeitarem três condições: 1) que os EUA continuem a facilitar o fornecimento de produtos alimentares, combustíveis e matérias-primas; 2) que os EUA e os países europeus, tradicionais clientes das exportações portuguesas, continuem a adquirir os produtos portugueses; 3) que os países com os quais Portugal possui uma balança comercial desfavorável não utilizem «em seu próprio benefício» as disponibilidades portuguesas em dólares. Ora, como já pudemos verificar, as tendências eram contrárias às três condições avançadas por Caeiro da Matta. As dificuldades de importar produtos dos EUA eram cada vez maiores, Portugal tinha cada vez mais problemas para exportar os seus produtos e, obviamente, a falta de dólares levava, muito naturalmente, os países europeus a fazer todos os possíveis para captarem onde fosse possível a moeda americana (como em Portugal)[462].

Outro argumento de peso de Caeiro da Matta, que surge aqui abertamente mencionado, é o da questão da independência necessária às negociações em curso com os EUA (sobre a utilização das bases dos Açores, que foram concluídas em 2 de Fevereiro de 1948). Neste ponto, o ministro é

---

[461] AHDMNE, RNP, Plano Marshall, Telegrama Circular n.º 1, de 3 de Fevereiro de 1948, do ministro dos Negócios Estrangeiros José Caeiro da Matta para as embaixadas e legações, M. 381, 2.º P.-A. 60, d.l.: 1947-1949.

[462] O embaixador Sir Nigel Ronald alertou o *Foreign Office*, já em Fevereiro de 1948, para esta situação. Para ele, Portugal «mal tinha começado a sentir uma carência de dólares». [t.a.] PRO/FO 371- 73296, Of. n.º 27, confidencial, de 12 de Fevereiro de 1948, de Sir Nigel Ronald to Ernest Bevin.

muito claro: «Tendo tido [...] negociações políticas com os Estados Unidos pareceu-nos preferível tratar com o governo americano livres de quaisquer dependências de ordem financeira que de uma maneira ou outra poderia ser susceptível de limitar nossa liberdade de acção»[463]. Portugal não deseja de forma alguma perder capacidade negocial na questão dos Açores. Trata-se de um assunto considerado como da maior importância, uma vez ligado ao princípio da soberania nacional, tão ciosamente defendido pelo Estado Novo.

Em relação às colónias africanas, Caeiro da Matta reitera a posição anteriormente definida por Salazar, considerando os recursos africanos como um «elemento primacial para [a] restauração económica» da Europa, tanto mais que uma grande parte do continente está sob o seu domínio, mas tem receio que se pretenda «ir longe de mais à procura de fórmulas» que alguns poderão não aceitar[464]. A questão das colónias também era assunto a tratar com a maior prudência pois subsistia o receio de abrir as colónias aos interesses estrangeiros.

3. A questão da União Aduaneira

Conforme já foi focado anteriormente, Portugal vai fazer parte do Grupo de Estudos para a União Aduaneira, com sede em Bruxelas. Nos dias 10 e 11 de Novembro de 1947 vai realizar-se uma importante reunião nesta cidade. O delegado designado pelo Governo português foi António da Costa Rodrigues[465], Juiz dos Tribunais Técnicos das Alfândegas. Devido a problemas de transporte, o delegado português só esteve presente na segunda parte da

---

[463] AHDMNE, RNP, Plano Marshall, Telegrama Circular n.º 1, de 3 de Fevereiro de 1948, do ministro dos Negócios Estrangeiros José Caeiro da Matta para as embaixadas e legações, M. 381, 2.º P.-A. 60, d.l.: 1947-1949.

[464] *Ibid.*.

[465] António da Costa Rodrigues, juiz dos Tribunais Técnicos das Alfândegas. A partir de 1949 fez parte da CTCEE.

reunião do Grupo de Estudo[466]. Na sua intervenção do dia 11 de Novembro, António da Costa Rodrigues vai indicar que, em relação ao ponto da ordem de trabalhos sobre a determinação do carácter de uma união aduaneira com uma tarifa externa comum, era necessário «um estudo muito atento e muito prudente»[467]. Uma eventual tarifa comum teria necessariamente de ser baixa e só poderia ser estabelecida após um estudo exaustivo de todos os produtos. Justificou, em seguida, o aumento de algumas tarifas aduaneiras em Portugal como forma de protecção das novas indústrias, tendo defendido o condicionamento industrial e a restrição à importação de certas mercadorias, como medida provisória «para corrigir o profundo desequilíbrio» da balança comercial de Portugal. O desequilíbrio do comércio externo deve-se, segundo ele, à «importação desordenada de uma série de artigos supérfluos». Face às ideias desenvolvidas na reunião de uniões aduaneiras restritas (Itália e França, países escandinavos, Benelux, Grécia e Turquia), o delegado português vai afirmar que a ausência da Espanha será certamente para Portugal «uma fonte de dificuldades a ultrapassar, no caso mesmo de ser possível ultrapassá-las»[468].

No termo da reunião do dia 11 de Novembro, ficou assente que «nem uma união económica, nem uma união aduaneira perfeita são susceptíveis de serem realizadas rapidamente» pelo que seria desejável «proceder por etapas». O primeiro objectivo seria o de estudar a possibilidade de criação de uma «união tarifária entre vários países», à imagem do Benelux.

Esta questão da União Aduaneira também será abordada no telegrama circular n.º 1, de 3 de Fevereiro de 1948. O ministro Caeiro da Matta

---

[466] Tendo chegado atrasado por problemas ligados ao transporte aéreo, foi substituído no dia 10 de Novembro por Caldeira Coelho, segundo-secretário da Legação de Portugal em Bruxelas.

[467] AHDMNE, RQE, Conferência de Paris, Lettre n.º 5 306, de 27 de Outubro de 1947, da Legação da Bélgica em Lisboa ao Ministério dos Negócios Estrangeiros português, M. 53 (I), 2.º P.-A. 39, d.l.: 1947. [t.a.]

[468] AHDMNE, RQE, Conferência de Paris, «Procès Verbal du Groupe d'études pour l'union douanière», da sessão do dia 11 de Novembro de 1947, d.l.: 1947. [t.a.]

indica a este propósito que não julga possível, mesmo por um tempo limitado, a criação de uma União Aduaneira, visto esta exigir «estudos complexos e adaptações demoradas susceptíveis de prejudicar interesses fundamentais [às] economias [de] vários estados». Para o ministro, é preferível «um simples entendimento económico de cooperação de boa vontade, um certo alinhamento geral independentemente de fórmulas rígidas e escritas»[469]. No fundo, era grande o receio que a Europa avançasse para uma união aduaneira para a qual a economia portuguesa, devido ao seu grande atraso em relação aos outros países da Europa, não estava minimamente preparada. Mesmo em relação à vizinha Espanha, tal hipótese nem sequer foi realmente considerada.

4. A criação da OECE

Aquando do convite para a 2.ª Conferência de Paris, transmitido pelo embaixador do Reino Unido e pelo ministro da Legação da França em Lisboa, ao ministro Caeiro da Matta, em 28 de Fevereiro de 1948, tinha ficado claro que os dois governos desejavam que Portugal enviasse um alto funcionário para integrar um Grupo de Trabalho do CCEE com o objectivo de colaborar na elaboração dos textos constituintes da futura Organização. Segundo a Nota entregue a Caeiro da Matta, o seu representante deveria estar «dotado de poderes bastante extensos» de forma a poder falar em nome do Governo português e, assim, «fazer um trabalho útil»[470]. O Governo português irá enviar, como seu representante no Grupo de Trabalho e

[469] AHDMNE, RQE, Conferência de Paris, «Rapport présenté au Groupe d'études pour l'union douanière, au sujet de l'étude d'un tarif commun», de 13 de Novembro de 1947, d.l.: 1947. Ver a este propósito: *Chronique de Politique Etrangère*. Vol. I, n.º 1, *op. cit.*, p. 20-21.

[470] ANTT/AOS/CO/NE-15, *Aide-Mémoire* do ministro dos Negócios Estrangeiros, de 28 de Fevereiro de 1948, do convite dos governos da França e do Reino Unido para as sessões do CCEE e Informação do ministro dos Negócios Estrangeiros para o Presidente do Conselho, Pasta 2, f. 169. [t.a.]

delegado substituto do ministro no CCEE, o coronel Tomás Fernandes[471], consultor económico do Ministério dos Negócios Estrangeiros, acompanhado de Cabral Pessoa, secretário-geral do Banco de Portugal. A experiência do coronel Tomás Fernandes, em matéria de negociações diplomáticas, era muito reduzida e limitava-se aos anos 1918-1920. A escolha de um consultor económico, sem grande experiência de negociações diplomáticas, permite avançar a hipótese de o ministro não ter considerado suficientemente importante a negociação em curso ou, eventualmente, de ter estimado a participação portuguesa como pouco influente no curso das negociações.

O trabalho do CCEE, a nível dos substitutos dos ministros, começou logo a seguir ao termo da conferência de ministros dos Negócios Estrangeiros, no dia 17 de Março, tendo ficado decidido que «não [se] daria publicidade às suas deliberações, as quais seriam conduzidas com toda a necessária discrição»[472]. As tarefas consignadas ao Grupo de Trabalho foram as de preparar um projecto de acordo multilateral com os EUA, constituir uma organização internacional e preparar a próxima reunião do CCEE.

Logo no início vai ser distribuído aos representantes dos governos um documento de trabalho, elaborado em conjunto pelos delegados do Benelux, em que já estavam mais ou menos definidas as grandes linhas da futura organização[473]. O objectivo primordial da organização era a coope-

---

[471] Tomás Wylie Fernandes, consultor económico do Ministério dos Negócios Estrangeiros. Ver referências biográficas no Apêndice 1.

[472] ANTT/AOS/CO/NE-15, Relatório sobre o trabalho do CCEE constituído pelos delegados substitutos dos ministros, 20 de Março de 1948, Pasta 2, f. 181.

[473] Nesse documento estava definido que: a) a organização estava aberta a países que «aderissem a um programa comum de recuperação europeia baseado nos esforços nacionais e na cooperação mútua»; b) as decisões de fundo seriam por unanimidade e nas questões de processo por maioria; c) os órgãos seriam o Conselho de ministros e Conselho de substitutos, composto por representantes de todos os países, o Comité Executivo (com um número mais reduzido) e um Secretariado; d) a Organização destinava-se à cooperação europeia e, por conseguinte, deveria ir para além do auxílio norte-americano; e) era favorável ao estabelecimento de um acordo multilateral com os EUA. *Ibid.*, f. 181-183.

ração europeia, mas esta devia exercer-se de forma a poder dispensar o auxílio norte-americano – se possível antes de 1952.

Este documento é, no fundo, um documento de compromisso, ainda que provisório, resultante de negociações anteriores entre os principais países participantes[474]. Portugal esteve totalmente à margem dessas negociações. Nesta fase do processo, a França, o Reino Unido e os países do Benelux já tinham chegado a um entendimento e, nesse mesmo dia, da parte da tarde, o CCEE volta a reunir-se e todos os delegados puderam dar o seu parecer sobre o documento. Após esta fase, em que não há registo da posição portuguesa, foi decidido constituir um subcomité no seio do CCEE[475] para elaborar um texto com as instruções a dar ao Grupo de Trabalho, «tendo em conta as observações feitas pelos vários delegados»[476]. O subcomité trabalhou a proposta a seguir à reunião do CCEE e, no dia seguinte de manhã, dia 18 de Março, submeteu-a ao CCEE. Depois de ter sido discutido o projecto estabeleceu-se um texto com as instruções para o Grupo de Trabalho.

As instruções são relativamente claras. A futura Organização será de carácter económico, devendo procurar-se a cooperação nesse domínio, de forma a poder dispensar o mais depressa possível o auxílio dos EUA; a Assembleia de representantes do conjunto dos países – que decide por comum acordo – será o órgão de decisão e estabelecerá os organismos necessários à aplicação das suas decisões (incluindo um Comité Executivo e um Secretariado-Geral); a Organização estará aberta aos países que adiram ao «programa comum de recuperação europeia» desde que aceites pelos demais; e, por último, será elaborado «um projecto de acordo multilateral de harmonia com as declarações e compromissos constantes

---

[474] Cf. BOSSUAT, Gérard – *L'Europe occidentale à l'heure américaine. Le Plan Marshall et l'unité européenne 1945-1952*, *op. cit.*, p. 101-103.

[475] Para além do britânico Sir Oliver Franks, fizeram parte do subcomité os delegados do Benelux, França, Itália, Noruega, Suécia e Turquia.

[476] ANTT/AOS/CO/NE-15, *op. cit.*, f. 185-186.

do relatório do CCEE e outros documentos pertinentes»[477]. Estavam assim definidas as directivas com vista à elaboração da convenção que iria instituir a OECE. Até àquele momento não tinha havido da parte de Portugal qualquer objecção às propostas avançadas pelo CCEE.

O Grupo de Trabalho iniciou imediatamente as suas funções, pois estava previsto que a Lei de Auxílio do Governo americano pudesse entrar em vigor até ao dia 15 de Abril. Era imperioso que a Organização estivesse pronta a funcionar nessa altura, de modo a que a Administração norte-americana não se encontrasse «perante um vazio»[478]. Os projectos de convenção e de acordo multilateral deviam estar prontos até dia 27 de Março para serem submetidos aos respectivos governos e revistos em Paris no início de Abril. Os documentos seriam submetidos à Conferência de Ministros, cuja realização estava prevista ser realizada por volta do dia 15 de Abril. Para avançar mais rapidamente, foram criados três subcomités, com representantes de todos os países participantes em cada um deles. O Subcomité n.º 1, que se ocupava da estrutura geral, das funções e dos objectivos da Organização, o Subcomité n.º 2, que se debruçava sobre as questões jurídicas, administrativas e financeiras da Organização, e o Subcomité n.º 3 que tinha a tarefa de elaborar um projecto de acordo multilateral com os EUA. Os subcomités começaram a elaborar textos provisórios a partir do dia 19 de Março[479].

As negociações não colocaram problemas de maior à parte portuguesa, já que foi a posição britânica que prevaleceu. Foram postas de lado as tentativas, nomeadamente da França e do Benelux, para ir mais longe na cooperação europeia e querer dotar a futura organização de meios mais eficazes de integração económica. A regra da unanimidade vai tornar-se um freio a qualquer tentativa de aprofundamento no sentido da supranacionalidade.

---

[477] *Ibid.*, f. 185-186.

[478] *Ibid.*, f. 186.

[479] *Ibid.*, f. 186-187.

Os documentos produzidos pelo Grupo de Trabalho serão enviados para o Ministério dos Negócios Estrangeiros, em 27 de Março, sendo que o ministro Caeiro da Matta só retomaria as suas funções por volta do dia 31 de Março. No início de Abril ainda não havia reacção do Governo português aos documentos. No dia 5 de Abril, Marcello Mathias envia um telegrama a transmitir uma mensagem do delegado Tomás Fernandes a dizer que tinha solicitado autorização aos restantes países para que Portugal apresentasse o seu ponto de vista posteriormente, pois ainda não tinha recebido instruções do seu Governo (tal como a Islândia e a Turquia). Marcello Mathias pede ao ministro Caeiro da Matta para intervir de maneira a que as instruções cheguem urgentemente à delegação, sob pena de não se conseguir «fazer valer qualquer ponto de vista que eventualmente deva ser por [Portugal] apresentado»[480].

O ministro Caeiro da Matta irá responder no dia 8 de Abril, levantando algumas questões sem grande impacto, mas que demostram bem as preocupações portuguesas. Para além das reservas quanto à possibilidade prática de alcançar os objectivos propostos, à vaga definição dos poderes da Organização e à complexidade do seu funcionamento (à excepção do Secretariado-Geral), podem-se resumir em três pontos as questões portuguesas sobre o projecto de convenção: a) a utilização da expressão «zonas de livre câmbio»; b) a referência às colónias e c) as questões financeiras[481].

Em relação ao primeiro ponto, sobre a possibilidade de se criarem zonas de livre câmbio entre os países da futura Organização (artigo 5.º), Tomás Fernandes informa que essa possibilidade tinha sido inicialmente

---

[480] AHDMNE, RNP, Plano Marshall, telegrama n.º 69, de 4 de Abril de 1948, da Legação de Portugal em Paris (Marcello Mathias) para o ministro dos Negócios Estrangeiros (Caeiro da Matta), M. 381, 2.º P.-A. 60, d.l.: 1947-1949.

[481] AHDMNE, RNP, Plano Marshall, telegrama n.º 73, de 8 de Abril de 1948, do ministro dos Negócios Estrangeiros José Caeiro da Matta para a Legação de Portugal em Paris, M. 381, 2.º P.-A. 60, d.l.: 1947-1949. Este telegrama do ministro dos Negócios Estrangeiros reproduz «no seu conjunto a maior parte das observações incluídas no parecer elaborado pelo Ministro das Finanças», ROLLO, Fernanda – *Portugal e o Plano Marshall*, *op. cit.*, p. 163.

omitido na proposta americana (documento n.º 20), mas, posteriormente, inscrita nas propostas de emendas efectuadas pelos EUA e entregues pelos representantes diplomáticos britânico e francês, no dia 1 de Abril, no Ministério dos Negócios Estrangeiros. Para o delegado português, a sugestão americana já tinha sido aceite e não seria possível retirar a referência às zonas de livre câmbio «em virtude [da] sua origem»[482].

Quanto ao segundo ponto, sobre a referência às colónias (artigo 2.º), também aqui não há qualquer possibilidade de alteração. As reservas iniciais das potências coloniais, sobre a menção dos Territórios Ultramarinos na Convenção, já tinham sido levantadas pela Bélgica, França, Itália e Reino Unido, desde o dia 5 de Abril, e estes insistiram com Portugal para que fizesse o mesmo. A inclusão dos Territórios Ultramarinos (em Portugal ainda intitulado «Colónias»)[483] na Organização é considerada pelos britânicos como evidente, pois no texto do projecto de Convenção faz-se referência aos «recursos de que dispõem» as partes contratantes, sendo assim normal que os recursos dos territórios coloniais estejam incluídos. Ainda sobre esta questão, Marcello Mathias vai afirmar o seguinte: «Afigura-se-me que fazer por nossa parte restrições sobre Colónias poderia, em face atitude tomada todas as outras Potências Coloniais, causar impressão desfavorável dada referência feita à África no último discurso [do] Presidente do Conselho sobre política internacional»[484]. Nessa mesma

---

[482] AHDMNE, RNP, Plano Marshall, telegrama n.º 76, de 9 de Abril de 1948, da Legação de Portugal em Paris (Tomás Fernandes) para o ministro dos Negócios Estrangeiros (Caeiro da Matta), M. 381, 2.º P.-A. 60, d.l.: 1947-1949.

[483] A nomenclatura utilizada na OECE em relação às colónias é «Territórios Ultramarinos» *(Territoires d'Outre-Mer).* Em Portugal, só após a revisão constitucional de 1951 e a revogação do Acto Colonial (1930), é que se começou a utilizar a nomenclatura de «Províncias Ultramarinas». Por uma questão de equiparação com os restantes países coloniais da OECE, utilizaremos doravante a expressão Territórios Ultramarinos, como equivalente a Colónias.

[484] AHDMNE, RNP, Plano Marshall, telegrama n.º 76, de 9 de Abril de 1948, da Legação de Portugal em Paris (Tomás Fernandes) para o ministro dos Negócios Estrangeiros (Caeiro da Matta), M. 381, 2.º P.-A. 60, d.l.: 1947-1949. Cit., com outra referência, in ROLLO, Fernanda – *Portugal e o Plano Marshall. op. cit.,* p. 163. Recorde-se que no discurso «Miséria e medo,

noite de 9 de Abril, Marcello Mathias pede que o ministro o informe telefonicamente se Portugal pode acompanhar a posição das restantes potências coloniais. O ministro, que ainda se encontrava no Ministério dos Negócios Estrangeiros a acompanhar o assunto, vai telefonar a Marcello Mathias e perguntar-lhe quais seriam as implicações da menção dos territórios coloniais. Quem vai responder logo a seguir, por telegrama urgente, será o próprio Tomás Fernandes, que indica que o único compromisso para os países contratantes é o de desenvolverem a produção dos seus territórios coloniais. Depois, acrescenta que não há nada na convenção sobre uma eventual «redução ou abolição [de] preferências em vigor no intercâmbio comercial entre [a] Metrópole e [as] Colónias»[485]. No dia seguinte, último dia das negociações, a delegação portuguesa retirará as suas reservas em relação à menção dos territórios coloniais.

No que diz respeito às observações de carácter financeiro ou orçamental, o ministro tinha colocado a questão de saber qual era o critério da repartição das despesas da Organização, em que moeda se efectuariam os pagamentos, e se não seria melhor que se estabelecessem já estimativas globais e respectivas contribuições para o orçamento normal da Organização (dá como exemplo um período de três anos). A resposta será a de que a base de cálculo das contribuições nacionais será a adoptada pelas organizações internacionais existentes, mas que competirá ao Conselho da futura Organização fixá-la em definitivo, assim como a moeda a utilizar e a respectiva percentagem (a contribuição portuguesa

---

características do momento actual», de 25 de Novembro de 1947, Salazar tinha afirmado que os destinos da Europa e da África eram solidários e que África, pelos seus recursos, «é base suficiente para a política que se deseje fazer». SALAZAR, António de Oliveira – *Discursos e Notas Políticas – IV – 1943-1950*, *op. cit.*, p. 293-294.

485 AHDMNE, RNP, Plano Marshall, telegrama n.º 78 (Urgente), de 9 de Abril de 1948, da Legação de Portugal em Paris (Tomás Fernandes) para o ministro dos Negócios Estrangeiros (Caeiro da Matta), M. 381, 2.º P.-A. 60, d.I.: 1947-1949. No dia 12 de Abril de 1948 será extensivo às Colónias o regime de registo prévio das operações de comércio externo em vigor em Portugal (Decreto-Lei n.º 36 827).

tinha sido estabelecida, a título provisório, em 2,65% do orçamento geral). Quanto à ideia do ministro em estabelecer já um orçamento estimativo, Marcello Mathias responderá que é «impossível no presente fazer ou sequer prever»[486]. Estava assim concluída a negociação sobre o texto do projecto de Convenção, não tendo Portugal tido qualquer influência significativa no seu desenrolar. De qualquer forma, a Convenção, tal como estava definida, não oferecia qualquer problema à adesão de Portugal e enquadrava-se perfeitamente no espírito da colaboração desejada pelo Governo português. Não havia qualquer perda de soberania e a unanimidade era a regra para as grandes decisões da OECE.

Tendo sido estabelecido que o Comité Executivo da futura Organização seria constituído por sete membros, Marcello Mathias pergunta ao Ministério dos Negócios Estrangeiros se havia interesse em candidatar Portugal. Já estava estabelecido que fariam parte do Comité: o Reino Unido, a França, a Itália, a Turquia, um dos países do Benelux e um país escandinavo. Apesar de o ministro considerar que Portugal deveria fazer parte do Comité Executivo, não desejava que se soubesse da sua intenção sem ter a segurança prévia de ser eleito. Nestas circunstâncias, o ministro vai pedir ao seu embaixador em Londres para sondar o Governo britânico de forma a tentar saber se já existe um país previsto para completar a sétima vaga. O embaixador Domingos Palmela irá falar com o secretário particular de Bevin, que lhe dirá que o sétimo país seria a Áustria, por vontade dos EUA em incluir um país «limítrofe [da] cortina de ferro»[487]. Não havendo qualquer possibilidade de ser eleito, estava assim posta de lado a hipótese de Portugal se candidatar ao Comité Executivo.

---

[486] AHDMNE, RNP, Plano Marshall, telegrama n.º 76, de 9 de Abril de 1948, da Legação de Portugal em Paris (Marcello Mathias) para o ministro dos Negócios Estrangeiros (Caeiro da Matta), M. 381, 2.º P.-A. 60, d.l.: 1947-1949.

[487] AHDMNE, RNP, Plano Marshall, telegrama n.º 129, de 14 de Abril de 1948, da Embaixada de Portugal em Londres (Domingos Palmela) para o ministro dos Negócios Estrangeiros (Caeiro da Matta), M. 381, 2.º P.-A. 60, d.l.: 1947-1949.

No dia 7 de Abril, o delegado português no CCEE informa Marcello Mathias que o ministro Caeiro da Matta iria ser convidado para o acto de assinatura da Convenção de Cooperação Económica Europeia, informação essa que será de imediato transmitida para o Ministério dos Negócios Estrangeiros. Logo no dia seguinte, o ministro Caeiro da Matta, que tinha acabado de chegar de Paris havia uma semana (o ministro costumava viajar de carro), manda enviar um telegrama circular para todas as legações de Portugal nos países participantes, à excepção da França e do Reino Unido, a perguntar se os respectivos ministros fariam a viagem a Paris. O ministro é claro na sua posição ao indicar no telegrama que não vê «motivo imperioso» para uma ida a Paris naquela altura, e acrescenta que lhe parece difícil que todos os ministros «estejam dispostos ausentar-se novamente [dos] seus países»[488]. Não estando prevista a presença de alguns dos ministros dos Negócios Estrangeiros, Caeiro da Matta decide não se deslocar a Paris, delegando em Marcello Mathias a capacidade de assinar a Convenção em nome de Portugal, como plenipotenciário.

Em Paris, a delegação portuguesa continua a trabalhar e, ainda antes da assinatura da Convenção, começa a alertar o Ministério dos Negócios Estrangeiros para a necessidade de se preparar um programa sobre o comércio externo e a produção nacional relativos ao segundo semestre de 1948. Efectivamente, segundo o Artigo 3.º, todos os países participantes deviam estabelecer, no âmbito da OECE, um programa geral «de produção e trocas de bens e serviços»[489], tendo em consideração os programas dos

---

[488] AHDMNE, RNP, Plano Marshall, telegrama circular n.º 4 do ministro dos Negócios Estrangeiros para as legações de Portugal em Bruxelas, Haia, Estocolmo, Oslo, Roma, Berna. Ankara e Dublin, 14 de Abril de 1948, M. 381, 2.º P.-A. 60, d.l.: 1947-1949.

[489] «Convention de Coopération Economique Européenne et Protocoles Additionnels N.º I et II» in *Annuaire Européen.* Vol. I, La Haye: N. Nijhoff, 1955, p. 230-257 ou Decreto-Lei n.º 37 058 publicado no *Diário do Governo* n.º 216, 1.ª série, de 15 de Setembro de 1948, ou *Relatório do Conselho de Administração, Gerência de 1949, Balanço, Documentos e Parecer do Conselho Fiscal* (Banco de Portugal). Lisboa: Banco de Portugal – Tipografia do Banco de Portugal, 1950, p. 113-120.

outros países e as condições da economia mundial. Para Tomás Fernandes, Portugal devia começar a preparar os programas para satisfazer os futuros pedidos da OECE[490].

A Convenção entraria em vigor, a título provisório e até à ratificação, a partir da assinatura da mesma[491]. A primeira sessão oficial do Conselho da OECE realizou-se na parte da tarde do dia 16 de Abril, a seguir à cerimónia de assinatura da Convenção. Foram designados os países para a presidência e vice-presidência, os membros do Comité Executivo, nomeado o secretário-geral e escolhida a sede. Obviamente, todos estas atribuições já estavam pré-estabelecidas, tratando-se de uma simples ratificação pelo Conselho. Houve complicadas negociações de bastidores antes de se chegar a um consenso entre os principais países[492]. A Portugal não foi atribuído qualquer cargo especial na Organização. Consciente desta situação, Bevin dirigiu-se a Marcello Mathias dizendo-lhe que, apesar de Portugal no primeiro ano da Organização não ter cargos na OECE e não fazer parte do Comité Executivo, «era pensamento [do] Governo Britânico» que no ano seguinte Portugal integrasse o Comité Executivo[493].

---

[490] AHDMNE, RNP, Plano Marshall, telegrama n.º 76 da Legação de Portugal em Paris para o ministro dos Negócios Estrangeiros, 9 de Abril de 1948, M. 381, 2.º P.-A. 60, d.l.: 1947-1949.

[491] A Convenção de Cooperação Económica Europeia encontra-se publicada em francês em: COLLIARD, Claude-Albert e MANIN, Aleth – *Droit International et Histoire Diplomatique. Documents choisis, tome II, Europe. op. cit.*, p. 247-254; em francês e inglês (com os Protocolos adicionais) no *Annuaire Européen*. Vol. I, *op. cit.*, p. 230-257; em português no *Relatório do Conselho de Administração, Gerência de 1949, Balanço, Documentos e Parecer do Conselho Fiscal* (Banco de Portugal), *op. cit.*, p. 113-120.

[492] Segundo Marcello Mathias, Bidault teria pronunciado no fim a seguinte frase: «Nós não dançámos muito mal este ballet» referindo-se às complicadas negociações que conseguiram resultar num aparente consenso. AHDMNE, RNP, Plano Marshall, telegrama n.º 95, de 19 de Abril de 1948, da Embaixada de Portugal em Paris (Marcello Mathias) para o ministro dos Negócios Estrangeiros (Caeiro da Matta), M. 381, 2.º P.-A. 60, d.l.: 1947-1949.

[493] AHDMNE, RNP, Plano Marshall, telegrama n.º 89, de 16 de Abril de 1948, da Embaixada de Portugal em Paris (Marcello Mathias) para o ministro dos Negócios Estrangeiros (Caeiro da Matta), M. 381, 2.º P.-A. 60, d.l.: 1947-1949.

Marcello Mathias será nomeado embaixador[494] no dia seguinte e Tomás Fernandes e Cabral Pessoa prosseguirão o seu trabalho no seio da OECE, regressando a Portugal no dia 21 de Abril.

5. A visita de parlamentares franceses, as relações luso-francesas e a posição de Salazar sobre a Europa

Na mesma altura em que as representações diplomáticas de Portugal e da França eram elevadas à categoria de embaixadas, chega a Portugal uma delegação de parlamentares franceses, composta pelos deputados Edouard Bonnefous[495], presidente da Comissão dos Negócios Estrangeiros da Assembleia Nacional francesa, Patrice Bougrain[496], secretário da Comissão da Defesa Nacional francesa e Max Brusset[497]. Esta delegação vai efectuar uma visita de mais de uma semana a Portugal e encontrar-se com Salazar, com ministros e com jornalistas. Um dos objectivos da visita era o de promover a ideia da integração europeia tentando saber, ao mesmo tempo, qual era exactamente a posição de Portugal sobre o assunto[498]. Esta iniciativa é tanto mais importante que se trata de uma das raras iniciativas de parlamentares estrangeiros nesse sentido.

Numa conferência de imprensa realizada no dia 15 de Abril, que contou com a presença de uma vintena de jornalistas, Bonnefous, declarando falar em nome pessoal, vai fazer a apologia da integração europeia, chegando mesmo a afirmar que ia ser pedido na Assembleia Nacional francesa a reunião de uma «Assembleia Europeia tendo por missão fundar

---

[494] No dia 10 de Abril foram elevadas a embaixadas as legações da França em Lisboa e de Portugal em Paris.

[495] Edouard Bonnefous, deputado francês. Ver referências biográficas no Apêndice 1.

[496] Patrice Bougrain, deputado francês. Ver referências biográficas no Apêndice 1.

[497] Max Brusset, deputado francês. Ver referências biográficas no Apêndice 1.

[498] ADMAE, S. Europe/1944-1960, S.s. Portugal, lettre n.º 346, de 17de Abril de 1948, de Jean du Sault, ministro da França em Lisboa, para Georges Bidault, ministro dos Negócios Estrangeiros, f. 97-98, Vol. 23, d.l.: 1944-1949.

as instituições permanentes de uma Federação Europeia [...] constituída por representantes dos Parlamentos de cada uma das nações prontas para se associarem numa Federação Europeia»[499]. Sobre a questão colocada por um jornalista do jornal *O Sol*, de saber se era necessário ser um país democrático para fazer parte do Pacto de Bruxelas, o deputado francês, numa clara alusão à situação portuguesa, responderá que «a questão democrática não era a única a ter em conta, que o interesse económico era primordial»[500]. Os jornais portugueses do dia seguinte deram algum destaque à conferência de imprensa, mas sem desenvolvimento das ideias avançadas pelo deputado em matéria de Federação Europeia. Só *O Sol* é que vai dar um certo relevo ao acontecimento, não deixando o seu director, Alberto Portela,[501] de salientar que é favorável à ideia e à causa do projecto de união da Europa Ocidental. A condição, segundo ele, é que essa união seja «concebida em vasto quadro, guiada por elevado sentimento de colaboração e tendo como fundamento uma unidade espiritual expressa por um estatuto moral moldado nos princípios humanos estabelecidos na Carta [da ONU] em que se respeitem os particularismos nacionais e se salvaguarde a independência dos países participantes»[502].

---

[499] *Ibid.*. [t.a.]

[500] *Ibid.*. [t.a.] Em relação à Espanha, assunto que não desejava abordar, Bonnefous disse, contudo, que a questão da Espanha podia ter inviabilizado o Plano Marshall. Em relação à integração da Alemanha no Pacto de Bruxelas, afirmou que teria primeiro de dar «provas da sua ligação à democracia». *Ibid.*. [t.a.]

[501] Alberto Lello Portela, director do jornal *O Sol*. Ver referências biográficas no Apêndice 1.

[502] *O Sol*, 24 de Abril de 1948. Mais tarde, neste mesmo semanário, num artigo escrito por Lusus (pseudónimo) intitulado «Portugal e o Plano Marshall», está escrito o seguinte: «Parece, através do que se conhece e da consulta das estatísticas, que não devemos sacrificar a nossa liberdade económica, assumindo compromissos sem as recíprocas vantagens a outros concedidos. Será, sobretudo, prudente não nos deixarmos prender demasiado e tomar outras ligações que podem derivar da evolução do «Plano Marshall» do campo económico para os compromissos no plano político. Devemos observar atentamente a evolução política do «Plano Marshall». Estamos certos, e confiantes, que o nosso Governo a segue atentamente, e que saberá ter a previsão necessária para defender eficazmente o interesse da Nação». *O Sol*, de 8 de Maio de 1948.

No dia 16 de Abril os deputados franceses, acompanhados de Jean du Sault, ministro da França em Lisboa, vão ser recebidos por Salazar. Tal como na véspera, Bonnefous expôs as suas ideias sobre o futuro da Europa e, principalmente, sobre a necessidade de criação, logo que possível, de uma «federação cujos esforços poderiam ser coordenados por um organismo supranacional». Segundo a descrição de Jean du Sault, Salazar respondeu ao deputado que a federação só é possível num país como os EUA, com uma história relativamente recente e composto por «cidadãos vindos um pouco de todos os cantos do mundo sem ter tradições comuns». Para Salazar, a Europa Ocidental «é composta de países tendo cada um a sua personalidade, a sua cultura, as suas aspirações e cuja história vem em geral de muito longe»[503]. Face à insistência de Bonnefous no sentido da necessidade imperiosa de a Europa se associar para fazer face aos perigos que a ameaçam, Salazar responderá o seguinte:

> «[...] que era possível encarar três concepções. Segundo a concepção russa, um Estado forte é rodeado por Estados mais fracos nominalmente independentes mas na realidade submetidos à sua autoridade. A segunda concepção, a de Bonnefous, é a de uma solução federalista que, pelas razões indicadas [...], não aprova inteiramente. [...] numa tal organização, só um ou dois grandes Estados como a França e a Grã-Bretanha poderiam contar, mas que um pequeno país como Portugal não teria influência. A solução que, contrariamente, lhe agradaria mais seria a de uma aliança entre os diferentes países da Europa, países que seguiriam a mesma linha política, sem que seja necessário para isso um organismo federativo situado acima dos governos»[504].

---

[503] ADMAE, S. Europe/1944-1960, S.s. Portugal, lettre n.º 347, de 17 de Abril de 1948, de Jean du Sault, ministro da França em Lisboa, para Georges Bidault, ministro dos Negócios Estrangeiros francês, f. 99-101, Vol. 23, d.l.: 1944-1949.[t.a.]

[504] *Ibid.*. [t.a.]

Nessa mesma altura, a *Sous-Direction d'Europe Méridionale* da *Direction d'Europe* do Quai *d'Orsay* vai produzir uma Nota para a Presidência da República francesa sobre as relações franco-portuguesas. Nesta Nota está claramente indicado que as relações entre a França e Portugal, desde a Libertação, são fáceis, coisa que «se tornou muito rara na vida internacional». O único problema que ainda não se conseguiu resolver é a questão do ouro espoliado pelos nazis e que se encontra na posse de Portugal. Confirma-se nesta Nota que a França apoiou com «todo o seu poder» o pedido de adesão de Portugal à ONU[505].

Do ponto de vista económico, Portugal é considerado como um mercado importante, apesar de se indicar que o país tinha sentido a necessidade, por razões financeiras, de voltar atrás em relação à liberalização das trocas do pós-guerra. Estão, todavia, previstas negociações para desenvolver as trocas comerciais. Depois de se realçar as afinidades culturais, consideradas como profundas, o lugar importante da língua francesa em Portugal, nomeadamente no ensino, e os contactos existentes entre as respectivas administrações coloniais, a Nota termina com a seguinte frase: «No que concerne a França e Portugal, podemos dizer que o humanismo elevado, a ligação profunda à paz que lhes são comuns, permite-lhes atenuar bastante a diferença dos regimes internos, que noutros casos é fonte de tantas dificuldades»[506].

Poucos dias depois da visita dos deputados franceses e da conversa que tiveram sobre a Europa, Salazar vai expor mais em detalhe as suas

---

[505] ADMAE, S. Europe/1944-1960, S.s. Portugal, «Note pour la Présidence de la République de la Sous-Direction d'Europe Méridionale du ministère des Affaires Etrangères, du 15 avril 1948», f. 94-96, Vol. 23, d.l.: 1944-1949. [t.a.]

[506] *Ibid.*. [t.a.] É curioso assinalar que para o embaixador britânico, Sir Nigel Ronald, a influência francesa em Portugal está a declinar e assim continuará «enquanto a França persistir em demonstrar de maneira contundente todas as fraquezas das regras actualmente vigentes em Portugal; consideradas como sendo características dos governos democráticos nos países latinos». Cf. PRO/FO-371-39627, «Portugal: Annual Review for 1948», Confidentiel, Of. n.º 18, de 19 de Janeiro de 1949, de Sir Nigel Ronald para Ernest Bevin. [t.a.]

ideias sobre o assunto num importante discurso por ocasião do vigésimo aniversário da sua entrada para o Governo. O discurso pronunciado no Palácio de São Bento, e dirigido aos militares, será intitulado «O Ocidente em face da Rússia»[507]. Vai ter como tema central a ameaça da URSS e as formas de resistência às suas tentativas hegemónicas. Este discurso virá a ser enviado para o Presidente Harry Truman pelo seu representante pessoal junto do Papa Pio XII, Myron Taylor, com a seguinte indicação ao Presidente: «Acho que deve lê-lo cuidadosamente porque é, a meu ver, a mais sensata e clara análise das questões europeias que até à data foi publicada»[508].

Na análise da situação de Guerra Fria que se estava a viver, Salazar irá introduzir no discurso político interno o tema da organização da Europa como meio de «resistência» em relação à URSS. Para Salazar, é necessário definir quais devem ser as bases e a orientação da reconstrução económica e, também, se «a adopção de uma linha geral» pelos diferentes países exige, ou não, a «constituição prévia de um superestado ou de uma soberania de tipo federal»[509]. A resposta de Salazar é clara:

> «A organização do mundo interessado em manter as bases da civilização ocidental não pode fazer-se integralmente, como é visível, no plano supranacional, mas apenas no do entendimento e concerto de soberanias nacionais. E a parte europeia desse conjunto menos possibilidades que as restantes terá ainda de ignorar as realidades existentes, embaraçando-se em criações políticas que, podendo crer-se

---

[507] SALAZAR, António de Oliveira – «O Ocidente em face da Rússia» in *Discursos e Notas Políticas – IV – 1943-1950, op. cit.*, p. 323-337.

[508] «Letter to the President (Harry S. Truman). From Myron C. Taylor (the Personal Representative of the President of the United States of America to His Holliness Pope Pius XII)». Roma, 25 de Junho de 1948. CONFIDENTIAL. Harry S. Truman (Independence, Missouri). Cit. in ANTUNES, José Freire – *Os Americanos e Portugal (1961). Kennedy e Salazar: o leão e a raposa, op. cit.*, p. 28.

[509] SALAZAR, António de Oliveira – «O Ocidente em face da Rússia» in *Discursos e Notas Políticas – IV – 1943-1950, op. cit.*, p. 331-332.

no campo teórico mais coesas, depressa revelariam a fragilidade ou artifício da construção»[510].

A ideia de Federação Europeia parece a Salazar fora de alcance, pois põe em causa as soberanias nacionais e a Europa não está preparada para tal. Para ele, a «fase de internacionalismo febril» que se estava a viver – referência evidente à OECE – é compatível com o respeito das soberanias nacionais e declara o seguinte:

> «A lição das duas últimas guerras não é no sentido da extinção dos nacionalismos, mas da sua exacerbação, com a nota de pretenderem agora dispor de uma garantia internacional. É certo que, como toda a vida de relação, a vida internacional comporta limitações, evidentemente no mesmo plano em que essa vida se organiza. Fora disso parece-me só se ter logrado confusão e descrédito com a tendência para limitar através de organizações internacionais a independência ou liberdade interna dos estados no que à vida internacional não interessa. [...] Por nós somos apenas lógicos afirmando que não servem a defesa do Ocidente as intervenções, directas ou indirectas, nos negócios internos de cada estado»[511].

Para Salazar, era absolutamente claro que a Europa se devia desenvolver na «base nacional» e no respeito dos «negócios internos» de cada Estado. As limitações impostas pelas relações internacionais parecem-lhe normais numa relação que ele compara à vivência das sociedades humanas, em que deve haver organização e, por conseguinte, limitações mutuamente aceites. Essas limitações devem restringir-se, contudo, só àquilo que se considere imprescindível ao bom relacionamento internacional entre nações independentes. Pode-se resumir a posição de Salazar como uma vontade de cooperação europeia sem abdicação da soberania nacional.

---

[510] *Ibid.*, p. 332.

[511] *Ibid.*, p. 332-333.

6. O início da participação portuguesa na OECE

Logo a seguir à criação da OECE começam os trabalhos de elaboração dos questionários a serem enviados aos países membros. A partir dos questionários preenchidos pelos diferentes países seriam estabelecidos os planos de compras a realizar de 1 de Julho de 1948 a 30 de Junho de 1949. Marcello Mathias alerta o ministro dos Negócios Estrangeiros para a importância dos questionários e pede o envio urgente de técnicos a Paris, para participarem na elaboração dos mesmos[512]. A questão já estava a ser tratada pela Direcção-Geral dos Negócios Económicos do Ministério dos Negócios Estrangeiros, que coordenava o processo a partir de Lisboa.

A delegação portuguesa junto da OECE estava praticamente reduzida a Ruy Guerra, com o apoio pontual de outros diplomatas da Embaixada em Paris e dos técnicos que se deslocavam à OECE. O acompanhamento das questões que se estavam a debater na organização é praticamente limitado aos interesses específicos de Portugal. Mesmo assim, logo a seguir à criação da OECE, o director-geral dos Negócios Económicos e Consulares, Esteves Fernandes, vai dar o parecer de que não é necessário manter qualquer técnico em Paris e «muito menos uma missão permanente»[513]. Este parecer foi submetido a Salazar. Para Esteves Fernandes, é suficiente a deslocação regular de um técnico do Ministério da Economia à OECE para explicar «os algarismos representativos das importações que precisamos efectuar, pois o programa total de auxílio à Europa não poderá ser o somatório dos dados apresentados pelos 16 países e, portanto, temos precisão de defender a razão de ser dos elementos que apresentamos»[514].

---

[512] AHDMNE, RNP, Plano Marshall, telegrama n.º 92, de 17 de Abril de 1948, da Embaixada de Portugal em Paris (Marcello Mathias) para o ministro dos Negócios Estrangeiros (Caeiro da Matta), M. 381, 2.º P.-A. 60, d.l.: 1947-1949.

[513] ANTT/AOS/CO/NE-15, Informação sobre a Conferência de Cooperação Económica Europeia da autoria de Luís Esteves Fernandes, director-geral dos Negócios Económicos e Consulares, de 23 de Abril de 1948, f. 198-199.

[514] *Ibid.*.

Esta desvalorização do papel da OECE tem como argumento a futura instalação de missões da *Economic Cooperation Administration* (ECA) nas capitais dos países participantes, que iriam negociar os acordos bilaterais com os EUA. Segundo Esteves Fernandes, é em Lisboa que se vão tratar as questões da cooperação económica entre Portugal e os EUA, pelo que se deverá estabelecer um contacto cada vez mais estreito com a missão da ECA e habilitá-la com «todos os elementos precisos ao exercício das suas actividades». Ainda, segundo Esteves Fernandes, os EUA pretendem, com a OECE, estabelecer um organismo intermediário entre os países participantes e os EUA, como forma de «evitar a intervenção directa» das missões diplomáticas em Washington e dos respectivos ministérios dos Negócios Estrangeiros[515].

No dia 3 de Maio, Esteves Fernandes volta a enviar novo telegrama sobre o assunto. Estima que a tendência em curso no seio da OECE é a da criação de uma «espécie [de] sociedade [das] nações [de] carácter económico com múltiplos órgãos e largas delegações permanentes»[516]. As representações em Paris variariam, segundo ele, em função do «grau [de] subordinação económica [e] financeira» aos EUA. Nestas circunstâncias, a posição de Portugal era diferente, pois não ia recorrer aos créditos do Plano Marshall e apresentava-se no «quadro limitado de procurar equilíbrio económico» nas relações comerciais com a OECE. Portugal devia prosseguir a sua política de celebração de acordos bilaterais com os outros países membros, pois, segundo Esteves Fernandes, o comércio externo com estes países tem-se «desenvolvido satisfatoriamente». Num «futuro não distante» Portugal encontrará uma «fórmula» que possibilite que o comércio com a OECE seja encarado «sem preocupações». Apesar das

---

[515] *Ibid.*.

[516] AHDMNE, RNP, Plano Marshall, telegrama n.º 108, de 3 de Maio de 1948, da Embaixada de Portugal em Paris (Delegação junto da OECE) para o ministro dos Negócios Estrangeiros (Caeiro da Matta), M. 381, 2.º P.-A. 60, d.l.: 1947-1949 ou ANTT/AOS/CO/NE-15, Telegrama n.º 108, de 3 de Maio de 1948, da Embaixada de Portugal em Paris (Delegação junto da OECE) para o ministro dos Negócios Estrangeiros (Caeiro da Matta), f. 235.

grandes dificuldades que Portugal estava a atravessar no seu comércio externo, como vimos mais atrás, Esteves Fernandes apresenta um quadro muito optimista, contando, nomeadamente, com as exportações coloniais. Neste telegrama, dá o parecer de que a solução passa pela criação de um organismo dependente do Ministério da Economia, tal como está a ser pensado nos outros países, com o objectivo de fazer um acompanhamento mais apertado da situação económica e dos principais produtos do comércio externo português. Este organismo deveria organizar os dados estatísticos necessários à análise das situações. Estes dados serviriam, posteriormente, para fornecer os elementos de informação necessários à missão da ECA, que se iria instalar em Lisboa, e aos delegados a enviar à OECE, em Paris[517].

No início da OECE não houve, por conseguinte, uma consciência completa do papel que a organização iria ter no futuro. Era considerada uma simples organização temporária, enquanto durasse a Ajuda Marshall, e perfeitamente *ad hoc*[518]. Esta perspectiva vai influenciar grandemente o início da participação portuguesa e desvalorizar a OECE como elemento catalisador da cooperação europeia. A perspectiva portuguesa de participação na OECE, excluindo as reuniões do Conselho da OECE, era, no início, a de participar nas reuniões dos comités técnicos quando as circunstâncias aconselhassem a respectiva participação[519].

Portugal foi convidado a fazer parte do Comité do Orçamento, juntamente com o Reino Unido, a Noruega, a Áustria e a França, tendo aceite prontamente a sua participação. O Comité do Orçamento tinha como tarefa imediata a de preparar o programa geral a submeter ao Conselho da OECE, em fins de Maio, e a enviar logo de seguida para Washington.

---

517 *Ibid.*, f. 235-236.

518 Portugal considera, mesmo, que a OECE não deve adquirir edifícios para o seu próprio funcionamento e que se devem evitar despesas não essenciais.

519 AHDMNE, RNP, Plano Marshall, telegrama n.º 115, de 7 de Maio de 1948, da Embaixada de Portugal em Paris (Delegação junto da OECE) para o ministro dos Negócios Estrangeiros (Caeiro da Matta), M. 381, 2.º P.-A. 60, d.l.: 1947-1949.

Também participou, à imagem dos restantes países, num comité de estudo sobre as trocas e pagamentos intereuropeus e noutro comité encarregado de estudar o défice em dólares e das trocas comerciais com os países da zona dólar. Nos restantes comités técnicos, ficou estabelecido que só fariam parte os países que o desejassem. Os que não participassem permanentemente tinham o direito de se fazerem ouvir em função das suas próprias conveniências[520]. Em princípios de Maio estavam em Paris, para assegurar a participação nas reuniões, além de Ruy Guerra, o director-geral dos Negócios Económicos e Consulares, Esteves Fernandes, e um técnico superior do Conselho Corporativo, Correia de Oliveira, além dos diplomatas da Embaixada, que também podiam acompanhar as reuniões.

Para Ruy Guerra, a estrutura da OECE, tal como ficou estabelecida, visava realizar, de forma eficaz, o plano de coordenação económica da Europa, que os EUA «persistem em impor»[521]. No dia 12 de Maio, W. Averell Harriman[522] teria mesmo dito, num Conselho da OECE, que esperara que os programas e planos da OECE fossem «suficientemente perfeitos» para os poder enviar para Washington «sem grande modificação»[523]. Segundo Ruy Guerra, o representante especial dos EUA teria acentuado, por várias vezes, «que o seu país procura ajudar uma empresa nitidamente europeia e que o êxito dessa empresa no primeiro ano influenciará profundamente as probabilidades de continuação do auxílio nos anos seguintes»[524]. Também afirmou que as licenças de exportação de produtos escassos nos EUA

---

[520] AHDMNE, RNP, Plano Marshall, telegrama n.º 121, de 13 de Maio de 1948, da Embaixada de Portugal em Paris (Delegação junto da OECE) para o ministro dos Negócios Estrangeiros (Caeiro da Matta), M. 381, 2.º P.-A. 60, d.l.: 1947-1949.

[521] *Ibid.*.

[522] W. Averell Harriman, representante especial dos EUA, com a categoria de embaixador extraordinário, na Europa, entre 1948 e 1952, na ECA e, depois, na MSA. Ver referências biográficas no Apêndice 1.

[523] AHDMNE, RNP, Plano Marshall, telegrama n.º 121, de 13 de Maio de 1948, da Embaixada de Portugal em Paris (Delegação junto da OECE) para o ministro dos Negócios Estrangeiros (Caeiro da Matta), M. 381, 2.º P.-A. 60, d.l.: 1947-1949.

[524] *Ibid.*.

estavam dependentes de uma análise pormenorizada das necessidades dos países participantes, pelo que se devia dar a maior atenção aos questionários submetidos aos respectivos governos. É neste contexto de dependência da potência financiadora que se vão desenrolar os primeiros trabalhos da recém-criada OECE.

A situação económica da Europa era considerada muito grave em Maio de 1948. Na OECE entendia-se que só através de um sistema de assistência mútua entre os seus membros, com a ajuda dos EUA durante o período de realização do programa de recuperação económica, é que se poderia resolver a situação. O objectivo principal do plano a elaborar pelo Comité de Pagamentos era o de tentar colmatar os défices de pagamentos entre os países da OECE, de forma a dar um novo alento ao comércio intereuropeu[525].

Mesmo Esteves Fernandes, que alguns dias antes só perspectivava participações pontuais, vai considerar que é de todo o interesse que Portugal participe efectivamente nos trabalhos que se estão a desenrolar na OECE, sob pena do país ser «altamente prejudicado»[526]. Pede que sejam enviados com urgência para Paris técnicos qualificados nos mais diversos domínios (combustíveis, petróleo, carvão, máquinas industriais e balança de pagamentos). Roga mesmo a Caeiro da Matta que insista junto do Ministério da Economia que este último responda aos questionários que lhe foram enviados e que os mesmos deverão ser analisados a partir de 22 de Maio, correndo Portugal o risco de ficar privado das exportações dos EUA ou, na melhor das hipóteses, ter dificuldades em obtê-las. Nessa missiva, propõe, inclusive, que o técnico que estava em Paris, Correia de

---

525 AHDMNE, RNP, Plano Marshall, telegrama n.º 127, de 15 de Maio de 1948, da Embaixada de Portugal em Paris (Delegação junto da OECE) para o ministro dos Negócios Estrangeiros (Caeiro da Matta), M. 381, 2.º P.-A. 60, d.l.: 1947-1949.

526 AHDMNE, RNP, Plano Marshall, telegrama n.º 129 da Embaixada de Portugal em Paris (Delegação junto da OECE – telegrama do director-geral dos Negócios Económicos e Consulares) para o ministro dos Negócios Estrangeiros, 13 de Maio de 1948, M. 381, 2.º P.-A. 60, d.l.: 1947-1949.

Oliveira, se desloque a Lisboa para ajudar o Ministério da Economia a preencher os questionários. Esta proposta será prontamente aceite e Correia de Oliveira irá a Lisboa esclarecer os técnicos do Ministério da Economia, regressando com os questionários para a reunião do Comité técnico que os ia analisar e, finalmente, elaborar o relatório. Para as reuniões a nível ministerial, que tiveram lugar em Paris logo no início de Junho, vai ser enviado como representante do Governo português o ministro Costa Leite[527]. O relatório final, acompanhado das respostas aos questionários, será entregue a W. Averell Harriman no dia 5 de Junho.

Na interpretação do desenvolvimento político no seio da OECE, Esteves Fernandes distingue um primeiro grupo de países, constituído pelo Reino Unido, França e pelos países do Benelux, que considera serem os «grandes beneficiários» da Ajuda Marshall, e que fazem um grande esforço para se integrarem «dentro [do] actual espírito [da] política americana»; um segundo grupo, constituído pela Itália, Grécia, Turquia e Áustria, que, por razões de estratégia, também serão, de qualquer forma, beneficiados; e um terceiro e último grupo constituído por países, onde ele inclui Portugal, que terão de participar efectivamente nos trabalhos para não serem prejudicados.

Estava assim definido que Portugal não se devia alhear das questões em debate na OECE. Uma primeira perspectiva de participação, muito discreta e desinteressada, foi posta de lado, passando-se para uma participação mais activa, assegurada pelos melhores técnicos portugueses da altura. Portugal será representado pelo diplomata Ruy Guerra que, desde o início, se empenhou totalmente no processo. No dia 5 de Julho de 1948,

---

[527] Sobre a participação de Costa Leite nos trabalhos da OECE, Marcello Mathias escreverá mais tarde a Salazar que «foi muito útil» a ida dele, pois pô-lo em contacto com a «confraria da OECE que tende, como todas as organizações do género, a trabalhar em roda livre, um pouco à revelia dos Governos que a compõem, e onde, por isso, convém a superintendência, presença e orientação de quem não perca de vista o sentimento nacional». MATHIAS, Marcello – *Correspondência Marcello Mathias/Salazar 1947-1968, op. cit.*, p. 130.

Ruy Guerra será nomeado Representante permanente de Portugal junto da OECE e desempenhará, como veremos mais à frente, um papel notável na defesa dos interesses de Portugal junto da Organização e, também, na sensibilização do Governo português para as novas perspectivas abertas através da cooperação europeia[528].

---

[528] Segundo o embaixador José Tomás Cabral Calvet de Magalhães (entrevista de 30 de Setembro de 2000), foi um golpe de sorte extraordinário Ruy Guerra estar colocado em Paris e ter sido indigitado para acompanhar os assuntos relacionados com a CCEE e, posteriormente, a OECE. As óptimas relações de amizade com Marcello Mathias, o qual foi responsável pela sua ida para Paris, o seu empenhamento, e a sua elevada competência técnica, possibilitaram a Portugal, apesar de estar representado por um simples primeiro-secretário de Legação, estar muito bem representado na Organização (a amizade entre Ruy Guerra e Marcello Mathias irá ser abalada pouco depois, como veremos mais à frente). Ruy Guerra virá mesmo a ser nomeado presidente do Comité Executivo da OECE, em 1955, o que comprova o reconhecimento pelo trabalho desenvolvido anteriormente.

O Acordo Bilateral luso-americano, a Ajuda Marshall e o Plano Director Português

Capítulo 3

> «O objectivo presente da política dos EUA é o de manter e melhorar a actual relação cordial com Portugal e encorajar a cooperação portuguesa na reabilitação económica e política da Europa Ocidental»
>
> John Hickerson, director da Divisão para Assuntos Europeus no Departamento de Estado, 10 de Maio de 1948

I. O Acordo Bilateral luso-americano e o pedido de Ajuda Marshall

Desde o dia 23 de Março de 1948 que o Ministério dos Negócios Estrangeiros estava alertado para a vontade dos EUA em estabelecerem acordos bilaterais com os diferentes países participantes, abandonando assim a ideia de um acordo multilateral[529]. Contudo, a dúvida subsistiu alguns dias, pois ainda aquando da constituição dos subcomités do Grupo de Trabalho de preparação da Convenção de Cooperação Económica Europeia se criou um subcomité com o objectivo de estabelecer um projecto de acordo multilateral com os EUA.

---

529 AHDMNE, RNP, Plano Marshall, telegrama n.º 58, de 23 de Março de 1948, da Legação de Portugal em Paris para o ministro dos Negócios Estrangeiros (Caeiro da Matta), M. 381, 2.º P.-A. 60, d.l.: 1947-1949.

1. A Lei de Cooperação Económica de 1948

A Lei de Cooperação Económica de 1948, de 3 de Abril, que vai constituir o enquadramento legal da ajuda norte-americana à Europa, é muito explícita em relação aos objectivos americanos[530]. Logo no seu preâmbulo, na Declaração Política (Secção 102-(a)) está marcado que os EUA «conscientes das vantagens que beneficiaram graças à existência de um mercado interior sem barreiras internas, e acreditando que vantagens análogas podem caber aos países da Europa», têm como política levar os países europeus, através de uma organização comum, à cooperação económica na Europa. Condição que os EUA consideram «essencial a uma paz e uma prosperidade duráveis»[531]. A ajuda dos EUA estava condicionada à mobilização dos europeus no sentido de serem os motores do seu próprio desenvolvimento e cooperarem entre si, de forma a poderem dispensar, a breve trecho, a ajuda americana.

Apesar de Portugal inicialmente não ter solicitado ajuda financeira, como país participante no Plano Marshall deveria, em princípio, assinar com os EUA um acordo bilateral, conforme o estipulado nas Secções 103 a) 1) e 115 b) da referida Lei[532]. Mesmo em matéria de obtenção de licenças de exportação nos EUA, era muito mais favorável obtê-las no quadro do Plano Marshall. Nessa mesma Lei estava estabelecido que seria criada uma missão especial em cada um dos países participantes. Essas missões

---

[530] O *Economic Cooperation Act of 1948* constitui o Título I do *Foreign Assistance Act*, que abrange, igualmente, o *International of Children's Emergency Fund Assistance Act 1948*, o *Grek-Turkish Assistance Act of 1948* e o *China Aid Act of 1948*.

[531] «La Loi de Coopération Economique» in *Revista de Economia*, Vol. II, Fascículo IV, Dezembro de 1949, p. 293-302. [t.a.]

[532] A Secção 103 a) 1) indica que «países participantes» significa: «todos os países, incluindo as regiões dependentes colocadas sob a sua administração, que assinaram o relatório da Comissão de Cooperação Económica Europeia, no dia 22 de Setembro», e a Secção 115 b) que «cada um destes países deverá concluir um acordo com os Estados Unidos, a fim de ter a qualidade para receber a ajuda prevista pela presente lei». *Ibid.*, p. 293 e 299. [t.a.]

especiais de cooperação económica funcionariam em colaboração com as representações diplomáticas dos EUA e seriam responsáveis pelas operações ao abrigo da Lei de Cooperação. Estava-se pois em presença de um esquema em que coexistiriam relações bilaterais, entre os diferentes países participantes e os EUA, e multilaterais, através da OECE, na concretização do Plano Marshall. Se os EUA, por um lado, pretendiam uma maior cooperação entre os diferentes países europeus, por outro, não abdicaram de um sistema perfeitamente tradicional de relacionamento com os países europeus através de acordos bilaterais. Esta situação era do agrado do Governo português, pois ia ao encontro da sua própria perspectiva das relações internacionais, que deviam ser de Estado a Estado, em função das suas concepções políticas e económicas. Teria sido extremamente difícil para Portugal aceitar participar num eventual acordo multilateral entre os países da OECE e os EUA, conforme se estava a perspectivar inicialmente.

Era uma lei interna, aprovada pelo Congresso dos EUA, que estipulava o tipo de relacionamento que se devia instaurar com os países participantes e que servia de quadro de referência, nalguns pontos bastante específico, aos acordos bilaterais a negociar. A margem de manobra das negociações que se iam instaurar era bastante reduzida. A absoluta necessidade de ajuda norte-americana colocava a maior parte dos países numa situação de dependência e reduzia fortemente a respectiva capacidade negocial. Mesmo assim, algumas negociações bilaterais vão revelar-se bastante difíceis. Houve mesmo, no caso francês, uma ameaça de suspensão da ajuda por parte dos EUA[533]. No caso dos países habilitados a receber ajuda no âmbito do Plano Marshall, as negociações deviam estar con-

---

[533] Cf. GERBET, Pierre com a colaboração de Jean Laloy, Jacques Dupuy, Jacques de Folin e Henry Rollet – *Le Relèvement, 1944-1949*. Paris: Imprimerie Nationale, 1991, p. 326--327. A propósito da questão da ajuda norte-americana à França ver: BOSSUAT, Gérard – *La France, l'aide américaine et la construction européenne, 1944-1954*. Comité pour l'histoire économique et financière de la France – Ministère des Finances. Paris: Imprimerie nationale, 1992, 2 tomos.

cluídas até fins de Junho de 1948. O administrador geral da ECA só tinha poderes para prestar ajuda à Europa, fora de um acordo bilateral, até ao dia 30 de Junho de 1948 (Secção 115, 10 c) (2) da Lei de Cooperação Económica de 1948). No que diz respeito a Portugal, como o país não pretendia naquele momento receber ajuda financeira dos EUA, a questão apresentava-se de forma diferente. As negociações vão ser mais demoradas e os compromissos assumidos acabarão por ser pouco constrangedores.

2. As negociações com vista ao Acordo Bilateral de Cooperação Económica entre Portugal e os EUA

No dia 15 de Abril de 1948 há uma comunicação do Departamento de Estado ao embaixador de Portugal em Washington, imediatamente remetida para o Ministério dos Negócios Estrangeiros, com o projecto de notas a serem trocadas entre os EUA e Portugal com vista à preparação do acordo bilateral[534]. O projecto de nota visava essencialmente obter um acordo de princípio e urgente em relação ao que estava definido na Secção 115 da Lei de Cooperação Económica de 1948. Pouco dias depois de ter sido recebido o projecto, o director-geral dos Negócios Económicos e Consulares, Luís Esteves Fernandes, irá dar o seu parecer sobre o assunto, numa informação ao ministro dos Negócios Estrangeiros, que será transmitida a Salazar[535]. Nessa informação, Esteves Fernandes classifica os acordos a celebrar entre os EUA e os países participantes como «acordos comerciais» e indica que era esta a política seguida há muito tempo por

[534] ANTT/AOS/CO/NE-15, Ofício n.º 219, de 15 de Abril de 1948, do embaixador de Portugal em Washington (Theotónio Pereira) para o ministro dos Negócios Estrangeiros (Caeiro da Matta), f. 197.

[535] ANTT/AOS/CO/NE-15, Informação do Ministério dos Negócios Estrangeiros sobre a Conferência de Cooperação Económica Europeia, de L. Esteves Fernandes, datada de 23 de Abril de 1948, f. 198-200.

Portugal. É uma clara alusão ao facto de Portugal considerar que a cooperação se deve realizar através da celebração de acordos bilaterais de carácter comercial. Esteves Fernandes considera que um acordo bilateral luso-americano «poderá ser de alto interesse para Portugal» se os EUA adquirirem, para além das matérias-primas habituais como o volfrâmio, estanho e manganês – que permitem obter dólares mas não constituem a «base da economia nacional» – outros produtos de exportação que Portugal não conseguisse colocar. Depois de referir que o auxílio norte-americano depende da aceitação, por parte dos países participantes, «do compromisso de desenvolver a política estabelecida na Secção 115» da Lei de Cooperação Económica de 1948, marca o seguinte:

> «Dado o espírito e letra das referidas disposições (Secção 115), em meu parecer, pode o Governo Português, sem qualquer inconveniente aceitar o que ali se estipule.
>
> Assim, parece conveniente não tardar em efectuar a troca de notas proposta pelo Governo Americano, condição necessária para que se efectue a assistência dos Estados Unidos às nações signatárias dos acordos da Conferência de Cooperação Económica Europeia»[536].

Entretanto, será solicitado pelo Ministério dos Negócios Estrangeiros um parecer ao Ministério das Finanças sobre o assunto. O influente ministro Costa Leite irá dar o seu parecer poucos dias depois, em 5 de Maio, enviando um exemplar do mesmo para Salazar. O parecer do Ministério das Finanças, assinado pelo ministro, será dividido em duas partes, a primeira intitulada *Orientação geral do acordo proposto* e, a segunda, *Reservas quanto à secção 115 alínea b) do Economic Cooperation Act of 1948*[537].

---

[536] *Ibid.*.

[537] ANTT/AOS/CO/NE-15, Parecer do Ministério das Finanças sobre a troca de notas entre os governos português e americano, de 5 de Maio de 1948, f. 239-242. Uma grande parte deste Parecer está transcrito e comentado, utilizando como fonte um documento do AHDMNE, in ROLLO, Fernanda – *Portugal e o Plano Marshall*, *op. cit.*, p. 221-222.

No que diz respeito à orientação geral do acordo proposto, o Ministério das Finanças considera que «há que distinguir entre uma orientação geral de redução de barreiras administrativas, e as medidas de protecção indispensáveis à manutenção de actividades fundamentais para o pleno emprego [...] ou segurança de abastecimento, ou o desenvolvimento de indústrias incipientes. Caso contrário podem criar-se embaraços sérios à industrialização do país»[538]. É necessário, pois, conciliar uma certa abertura das fronteiras com a protecção dos interesses nacionais presentes ou em formação. Mais à frente volta a reconhecer essa necessidade de redução das barreiras comerciais ao indicar que «a Europa não poderá por si subsistir em regime de economia fechada».

Em relação à secção 115 b), Costa Leite considera que se devem levantar reservas em relação a vários pontos. A Lei de Cooperação, elaborada fundamentalmente para enquadrar o auxílio norte-americano à Europa, visava em grande parte estabelecer um conjunto de princípios reguladores das economias dos países participantes carentes de auxílio dos EUA. Apesar de serem, na maior parte dos casos, princípios genéricos, havia uma nítida dependência em relação aos EUA.

Para Costa Leite, é necessário: a) contrariar a orientação económica da Lei, que ele considera essencialmente baseada nos interesses da economia dos EUA; b) proteger as produções nacionais consideradas fundamentais para a satisfação das necessidades da população ou para defender o emprego; c) defender as indústrias nascentes («incipientes»); d) guardar o controlo dos capitais portugueses nos EUA, não levantando qualquer precedente nesta matéria; e, para terminar, e) não inviabilizar futuras negociações comerciais com os EUA ao conceder-lhe garantias unilaterais na exportação de alguns produtos que interessavam especialmente aos norte-americanos. Em relação a esta última alínea, Costa Leite afirma que, segundo os pontos 5 e 9 da Secção 115 b), Portugal concederia aos EUA «uma opção para compra de parte dos seus produtos disponíveis [poden-

---

[538] *Ibid.*, f. 239.

do] ficar impedido de negociar [...] a colocação de muitos dos seus produtos»[539].

De qualquer forma, o parecer do Ministério das Finanças reflecte uma posição nitidamente crítica em relação a um eventual acordo baseado numa lei que, por força da situação económico-financeira, colocava os países europeus numa situação de dependência em relação aos EUA. Sobre a questão de «determinar, identificar, e utilizar de forma apropriada, para a realização [do programa comum de restabelecimento] os bens e benefícios dos haveres, que pertencem a cidadãos do país interessado, e que encontram nos Estados Unidos, ou no seu território ou territórios sobre o seu domínio» (ponto 4 da Secção 115 b)[540] Costa Leite vai mesmo ao ponto de afirmar o seguinte: «Aceitar no princípio para facilitar um auxílio imediato e ocasional deixando-nos assustar pelo ambiente de miséria da Europa, será, no parecer deste Ministério, imprudência grave»[541]. Era pois fundamental avançar com muita prudência e negociar com os EUA o melhor acordo possível sem concessões substanciais. Entretanto, em Maio de 1948, iniciaram-se as negociações com vista ao estabelecimento do acordo bilateral. As negociações tiveram lugar principalmente em Washington, entre diplomatas da Embaixada de Portugal, o segundo-secretário Braga de Oliveira e o encarregado de Negócios Manuel Rocheta, e funcionários do Departamento de Estado[542]. No Ministério dos

[539] *Ibid.*, p. 240-241. Recorde-se que naquela época era corrente que nos acordos comerciais estivesse estipulado que os países aceitavam importar certos produtos que lhes eram menos necessários afim de poderem importar aqueles que consideravam prioritários. Havia uma espécie de «carteira de produtos». Ao ficar estipulada a lista de produtos e quantidades, em percentagem ou em termos absolutos, que deveriam ser exportados para os EUA, Portugal perderia, eventualmente, margem de manobra para negociar a colocação de outros produtos menos interessantes para EUA.

[540] «La Loi de Coopération Economique» in *Revista de Economia, op. cit.*, p. 299-300. [t.a.]

[541] ANTT/AOS/CO/NE-15, «Parecer do Ministério das Finanças sobre a troca de notas entre os Governos Português e Americano», *op. cit.*, f. 241.

[542] Num Memorando enviado por John Hickerson a George Marshall, depois de referir a grande satisfação no que diz respeito ao Acordo sobre a utilização das Lages (Açores) e de

Negócios Estrangeiros quem orientava as negociações era fundamentalmente o director-geral dos Negócios Económicos e Consulares, Luís Esteves Fernandes. Havia para esse efeito contactos regulares com o Ministério das Finanças, com a Embaixada dos EUA e mesmo, na fase final, com o próprio Salazar[543].

Logo de início foram introduzidas pelos EUA novas cláusulas no sentido de impedir que se estabelecessem novas práticas restritivas ao comércio internacional e, igualmente, com vista à concessão por Portugal do tratamento de nação mais favorecida aos EUA, aos países participantes da OECE, incluindo Trieste e zonas ocidentais da Alemanha, e, igualmente, à Coreia e ao Japão. As negociações foram demoradas e como Portugal não tinha solicitado ajuda ao abrigo do Plano Marshall os EUA dispensaram a assinatura da troca de notas ou acordo preliminar[544]. A maior parte das reservas portuguesas foram aceites[545]. Durante o período das negociações verificaram-se várias situações que irão provocar uma mudança de atitude de Portugal em relação ao Plano Marshall mas que, curiosamente – como vermos mais à frente – não vão ter grande influência na negociação do Acordo Bilateral. A posição portuguesa vai ser sempre a

---

sublinhar que se pretende obter um acordo de longo prazo, salienta o seguinte: «O objectivo presente da política dos EUA é o de manter e melhorar a actual relação cordial com Portugal e encorajar a cooperação portuguesa na reabilitação económica e política da Europa Ocidental». «Memorandum by the Director of the Office of European Affairs (Hickerson) to the Secretary of State, Secret, Washington, May, 10, 1948» in *FRUS, 1948, Vol. III, Western Europe. op. cit.*, p. 999. [t.a.]

543 O ministro Caeiro da Matta vai ter um papel relativamente secundário nestas negociações, pois vai estar ausente em França a partir da segunda quinzena de Julho e até fins de Agosto, primeiro em serviço e, depois, de férias.

544 Os acordos bilaterais entre os EUA e os países membros da OECE estavam todos assinados em princípios de Julho, à excepção dos acordos com Portugal e a Suíça. Levantou-se mesmo a questão, posteriormente abandonada, de só se fazer uma troca de notas. Cf. *Foreign Relations of the United States (FRUS), 1948, Vol. III, Western Europe*, op. cit., p. 459.

545 ROLLO, Fernanda – *Portugal e o Plano Marshall, op. cit.*, p. 224. Sobre o princípio das negociações do Acordo Bilateral de Cooperação Económica entre Portugal e os EUA ver: ROLLO, Fernanda – *Portugal e o Plano Marshall, op. cit.*, p. 223-233.

de não assumir compromissos rígidos que possam influenciar posições futuras.

Entretanto, continuam as negociações com vista ao acordo bilateral e numa das comunicações de Costa Leite para Luís Esteves Fernandes – que, como foi dito, tinha no Ministério dos Negócios Estrangeiros a responsabilidade das negociações –, num cartão manuscrito datado de 9 de Julho de 1948, vai chamar à atenção para a questão das garantias do projecto de acordo e marca o seguinte: «Embora não solicitemos agora auxílio financeiro, por uma questão de prudência e pelo mais que ache [...]»[546]. A utilização da palavra «agora» é reveladora de uma mudança de atitude. A situação tinha-se alterado e começava-se a pensar em recorrer a prazo ao auxílio do Governo norte-americano para travar a redução das reservas em divisas do Banco de Portugal. Faltava encontrar a forma de o fazer sem perder a face.

Já na fase final das negociações, um projecto quase definitivo do texto do Acordo Bilateral vai ser enviado a Salazar para apreciação. Salazar vai levantar algumas objecções ao projecto e pedir alguns esclarecimentos. Como já vinha sendo hábito, essas informações foram comunicadas ao conselheiro Comercial da Embaixada dos EUA em Lisboa, com o pedido de transmissão ao seu governo, e, igualmente, ao embaixador de Portugal em Washington para ter em conta nas negociações. Havia, pois, a preocupação do Governo português de que as propostas portuguesas fossem do conhecimento prévio dos responsáveis políticos das negociações antes de as submeter, via Embaixada, aos peritos americanos que asseguravam as negociações técnicas.

As questões levantadas por Salazar podem ser consideradas já como um acerto final do Acordo Bilateral[547]. Considera que não é de aceitar uma das frase dos Compromissos gerais do projecto, que indica que o Governo

[546] AHDMNE, RNP, Plano Marshall – Acordo bilateral Portugal-EUA, Cartão manuscrito do Gabinete do Ministro, Ministério das Finanças, de 9 de Julho de 1948, M. 237, d.l.: 1948.

[547] AHDMNE, Embaixada de Washington, Plano Marshall, Ofício n.º 48, de 11 de Agosto de 1948, do director-geral dos Negócios Económicos e Consulares (Esteves Fernandes) para o embaixador de Portugal em Washington (Theotónio Pereira), M. 140, d.l.: 1948.

português deve fazer esforços no sentido de cooperar com os países participantes no sentido de «reduzir as barreiras ao comércio, quer públicas quer privadas, entre eles e outros países»[548]. Pede a eliminação de um dos parágrafos relativos às garantias dadas por Portugal na aquisição de certos produtos não portugueses. Contesta que o recurso ao Tribunal de Justiça Internacional, em caso de litígio entre as duas partes, se possa fazer antes de esgotar os meios de recurso internos e pede um esclarecimento sobre uma excepção a esse recurso no que se relaciona com «propriedades ou bens inimigos». Em relação ao texto da troca de Notas que acompanharia a assinatura do referido Acordo Bilateral, sobre a aplicação por parte de Portugal da cláusula de nação mais favorecida às zonas ocupadas da Alemanha Ocidental e da zona de Trieste, Salazar pede esclarecimento sobre uma frase pouco clara sobre a aplicação de excepções[549].

As negociações para efectuar os últimos acertos ao texto final do Acordo Bilateral foram retomadas no dia 22 de Agosto, em Washington, entre Braga de Oliveira, segundo-secretário da Embaixada de Portugal, e os dois peritos americanos que vinham acompanhando as negociações. Braga de Oliveira irá formular os pedidos de alteração e de esclarecimento de Salazar (já do conhecimento dos negociadores). Em relação ao pedido de eliminação da frase dos Compromissos gerais sobre a redução das barreiras ao comércio internacional, foi considerada pelos negociadores norte-americanas como impossível, visto ser «um dos pontos em que o Congresso mais havia insistido como princípio de colaboração europeia»[550]. Face à insistência por parte de Braga de Oliveira, os negociadores norte-americanos acrescentam que a posição portuguesa é «incompreen-

[548] «Acordo Bilateral de Cooperação Económica assinado entre Portugal e os E.U.A.N.» in *Revista de Economia*. Vol. II, Fascículo I, Março de 1949, p. 65.

[549] AHDMNE, Embaixada de Washington, Plano Marshall, Ofício n.º 48, de 11 de Agosto de 1948, do director-geral dos Negócios Económicos e Consulares (Esteves Fernandes) para o embaixador de Portugal em Washington (Theotónio Pereira), M. 140, d.l.: 1948.

[550] AHDMNE, Embaixada de Washington, Plano Marshall, Ofício n.º 497, de 22 de Agosto de 1948, do embaixador de Portugal em Washington (Theotónio Pereira) para o ministro dos Negócios Estrangeiros (Caeiro da Matta), M. 140, d.l.: 1948.

sível» em virtude de Portugal ter assinado a Convenção de Cooperação Económica Europeia, onde já está consagrado tal princípio, e que, esse princípio, no Acordo Bilateral só consistia uma «vaga promessa». O texto, nesta parte, manteve-se inalterado.

No que se relaciona com a eliminação de um dos parágrafos – sobre as garantias dadas por Portugal ao acesso pelos EUA aos produtos não portugueses –, o pedido estava em estudo nos respectivos departamentos governamentais, tendo sido posteriormente aceite pela parte norte-americana.

No que se refere ao recurso ao Tribunal Internacional de Justiça, a posição dos negociadores norte-americanos era de grande reticência em relação à modificação do espírito de um artigo que tinha sido «matéria uniformemente aceite pelos catorze acordos já assinados»[551]. Salazar desejava que ficasse inscrito no texto do Acordo Bilateral que o recurso ao Tribunal Internacional de Justiça só se efectuaria após se terem esgotado as possibilidades de recurso interno. Esta proposta acabará por ser aceite pelos EUA. Em matéria de aceitação compulsória da jurisdição do Tribunal Internacional de Justiça, como Portugal não pertencia à ONU, não tinha feito qualquer declaração nesse sentido. Quanto à excepção, sobre «a propriedade ou bens inimigos», ela dizia respeito principalmente à questão do ouro saqueado pelos nazis na posse de alguns países e cuja legitimidade de propriedade era contestada pelos países Aliados. Portugal possuía uma considerável quantidade de ouro cuja legitimidade de posse lhe era contestada. Os EUA não aceitavam que, por via de um Acordo Bilateral, se abrisse a possibilidade jurídica de submeter a questão ao Tribunal Internacional de Justiça, por considerarem que seria julgada «por nações não interessadas»[552].

No que diz respeito à troca de Notas entre os dois governos, os negociadores norte-americanos esclareceram que a aplicação da cláusula de nação mais favorecida às zonas ocupadas da Alemanha Ocidental e ao

---

[551] *Ibid.*.

[552] *Ibid.*. Também não aceitavam que a questão fosse julgada por um tribunal arbitral.

Território de Trieste se fazia segundo as disposições do *General Agreement of Tariffs and Trade* (GATT), da qual Portugal não fazia parte.

Estava, portanto, tudo preparado para que se procedesse à assinatura do último acordo bilateral entre os EUA e os países participantes no Plano Marshall após demoradas negociações. No texto do Acordo Bilateral estão inclusos vários compromissos gerais e específicos pouco rígidos que permitem considerar o acordo como um documento orientador dos países signatários. Trata-se, como o nome indica, de um acordo de cooperação económica que enquadra a participação de Portugal no Plano Marshall. Baseia-se na colaboração intergovernamental para atingir os objectivos de cooperação económica e deixa em aberto, portanto sujeitas a negociação, as formas concretas de implementação do acordo. Há, contudo, alguns pontos no acordo que convém referir. Portugal reitera formalmente o compromisso de participar de imediato na elaboração do programa conjunto de recuperação dos países da OECE, tal como estava definido na Convenção de Cooperação Económica Europeia, e compromete-se a actuar no sentido do cumprimento da referida convenção. Por outro lado, está estabelecido no acordo que Portugal terá facilidades de aquisição das mercadorias que necessite nos EUA para execução do programa acima referido e em função do que for acordado entre os dois países. Estão estabelecidas as regras gerais de assistência a Portugal. Em contrapartida, o país compromete-se a fazer esforços no sentido do emprego racional da assistência recebida, em desenvolver a cooperação no seio da OECE e em fomentar a produção nacional. Para além do mais, deverá fornecer aos EUA, após negociações, os produtos que os EUA necessitem e manterá devidamente informado este país da aplicação do Acordo Bilateral e da Convenção de Cooperação Económica Europeia.

No Acordo Bilateral ficou claramente expresso o reconhecimento que «Portugal» significava não só Portugal continental e ilhas (Açores e Madeira) como, igualmente, «os demais territórios sob a sua administração»[553],

---

553 «Acordo Bilateral de Cooperação Económica assinado entre Portugal e os E.U.A.N.» in *Revista de Economia*, *op. cit.*, p. 67.

indicando em seguida todas as suas colónias (na Convenção da OECE utiliza-se a expressão «Territórios Ultramarinos» (Artigo 2.º). No Acordo está especificamente marcado que pode ser «rectificado em qualquer momento por decisão comum dos dois Governos»[554], o que permite as necessárias alterações sem grandes negociações.

Apesar de Portugal e os EUA terem negociado este acordo no pressuposto da não solicitação da Ajuda Marshall, já perto do seu termo começaram a surgir indícios de que Portugal poderia alterar a sua posição. Não houve, contudo, reflexos desta mudança de posição no desenrolar das negociações. Pode considerar-se, pelo articulado geral do acordo e, nomeadamente, pelo ponto 1 do seu Artigo II, que estava aberta a possibilidade de Portugal vir a beneficiar de um auxílio dos EUA[555]. O Acordo Bilateral de Cooperação Económica entre Portugal e os EUA será assinado em Lisboa, pelo ministro Caeiro da Matta e pelo embaixador dos EUA, Lincoln MacVeagh, no dia 28 de Setembro de 1948. Nessa mesma altura, efectuou-se uma troca de Notas sobre a concessão por Portugal da cláusula de nação mais favorecida às zonas ocupadas da Alemanha ocidental e do Território de Trieste. Após a leitura, por parte do embaixador, de uma breve declaração de George Marshall, o ministro Caeiro da Matta fez o seu discurso. Depois de enobrecer a atitude dos EUA e realçar a participação portuguesa na cooperação europeia diz o seguinte: «Este esquema de cooperação e reconstrução demonstrou já os seus méritos. Mas o valor desta enorme empresa não pode facilmente ser provado dada a natureza complicada dos problemas a enfrentar e da crise que afecta a Europa»[556].

Estava assim concluído o processo de inclusão de Portugal no Plano Marshall sem ter havido, por parte de Portugal, cedências significativas em

---

[554] *Ibid.*.

[555] No ponto 1 do Artigo II descreve-se as contrapartidas portuguesas da «assistência recebida do Governo dos EUA». *Ibid.*, p. 65.

[556] AHDMNE, Embaixada de Washington, Plano Marshall, texto do discurso do ministro dos Negócios Estrangeiros por ocasião da assinatura do Acordo Bilateral entre Portugal e os EUA, em 28 de Setembro de 1948, M. 140, d.l.: 1948. [t.a.]

matéria política, económica ou financeira. Durante o período das negociações, os problemas ligados ao comércio externo estavam a ter reflexos muito negativos na situação das reservas de ouro e divisas portuguesas e foi necessário começar a estabelecer cenários com vista à sua solução. Estas questões não tiveram, contudo, reflexo na posição portuguesa nas negociações. Portugal manteve sempre ao longo das negociações a posição de não solicitar a Ajuda Marshall[557].

Em Portugal, os jornais deram algum relevo ao acontecimento, mas nos EUA foi necessária a intervenção do embaixador português junto do Departamento de Estado para que, através de um comunicado de imprensa, fosse divulgada a notícia da assinatura do acordo bilateral[558].

3. O pedido português de transferência de créditos sobre o Reino Unido, a recusa dos EUA e o pedido de Ajuda Marshall

No dia 21 de Junho Salazar reúne-se com Costa Leite para analisarem juntos um relatório do Banco de Portugal intitulado *Portugal e o Plano Marshall*[559]. O relatório, da autoria de António Carlos de Sousa, da Divisão de Estatística e Estudos Económicos do Banco de Portugal, foi elaborado a pedido de Álvaro de Sousa[560], vice-governador do Banco de Portugal, em 15 de Junho, com o intuito de comparar as posições de Portugal, da Suíça

---

[557] Pode levantar-se a questão de saber se esta estratégia não terá sido voluntária de forma a obter dos EUA o melhor acordo e poder vir a solicitar, mais tarde, a Ajuda Marshall, invocando uma mudança inesperada das condições económico-finaceiras.

[558] AHDMNE, Embaixada de Washington, Plano Marshall, Ofício n.º 568, de 29 de Setembro de 1948, do embaixador de Portugal em Washington (Theotónio Pereira) para o ministro dos Negócios Estrangeiros (Caeiro da Matta), M. 140, d.l.: 1948.

[559] ANTT/AOS/CO/NE-15, Relatório do Banco de Portugal de A. Carlos de Sousa, de 15 de Junho de 1948, f. 295-305.

[560] Álvaro Pedro de Sousa, vice-governador no Banco de Portugal, entre 1931 e 1960. Ver referências biográficas no Apêndice 1.

e da Turquia em relação ao Plano Marshall. Neste relatório está indicado que a situação das reservas de ouro do Banco de Portugal se tinham degradado significativamente entre 1946 e 1947 (passando de 416 para 293 milhões de dólares) e que a procura de dólares se tinha intensificado «extraordinariamente» entre a declaração da Conferência de Paris, em 22 de Setembro de 1947 (em que Portugal prescindiu, sob condições, à ajuda financeira no âmbito do Plano Marshall), e a Primavera de 1948, por via da «política monetária e comercial relativamente livre adoptada [...] pelo Governo Português»[561]. A procura de dólares tinha como consequência uma «avultada redução na reserva de ouro do Banco [de Portugal]» pelo que o relator avança com a hipótese de se recorrer à ajuda, nos seguintes termos: «Se, por este motivo [redução das reservas de ouro] se admitir a conveniência do nosso país recorrer ao ERP, há que considerar vários aspectos do problema e um dos mais importantes e delicados é o da forma de auxílio»[562].

Neste contexto, e dado que a forma de doação era considerada inaplicável a Portugal em virtude do Presidente Harry Truman ter declarado, segundo o relator, que ««doação alguma se deve fazer a países com capacidade para pagar importações a dinheiro ou para liquidar créditos recebidos»»[563] só restava a possibilidade de recorrer aos créditos Marshall ou a «outras formas de pagamento que [se] reputar adequadas, incluindo a da transferência para os Estados Unidos de materiais que este país necessite»[564].

Três dias depois de ter analisado com Salazar este documento, o ministro das Finanças vai elaborar um relatório (confidencial) com a sua leitura da situação; fazendo propostas concretas com vista à resolução do

---

561 ANTT/AOS/CO/NE-15, «Relatório do Banco de Portugal de A. Carlos de Sousa, de 15 de Junho de 1948», f. 302.

562 *Ibid.*, f. 303.

563 *Ibid.*, f. 304. O Presidente Harry Truman terá feito esta declaração aquando da apresentação do projecto da Lei de Cooperação Económica de 1948, no Congresso dos EUA.

564 *Ibid.*, f. 303-304.

problema sem recorrer aos créditos Marshall[565]. Nesse relatório, Costa Leite vai descrever as dificuldades do comércio externo português, já mencionadas anteriormente, e relembrar as recentes directrizes em matéria de comércio externo no sentido de dar preferência absoluta às importações na área do esterlino e só se adquirir nos EUA o que fosse imprescindível. Era necessário economizar dólares, pois as reservas estavam a diminuir significativamente. Em seguida, ciente que estas medidas eram insuficientes para travarem a diminuição das reservas de ouro, apresenta uma proposta concreta para a solução das dificuldades que se estavam a verificar. A solução era relativamente simples de equacionar, mas de difícil aceitação: a transferência para os EUA de uma parte do crédito que Portugal possuía no Reino Unido (de aproximadamente 75 milhões de libras esterlinas com garantia de câmbio e pagamento em ouro a vencer os juros dos Bilhetes de Tesouro do Banco de Inglaterra). A proposta era a de transferir 50% dos créditos ou 40 milhões de libras de créditos – com a manutenção das garantias – para os EUA de forma a poder aí fazer os abastecimentos considerados essenciais[566]. A proposta de transferência de 40 milhões de libras esterlinas de créditos em troca de dólares será apresentada ao embaixador dos EUA em Lisboa, Lincoln MacVeagh, que a apoiou, e, posteriormente, foi formalizada pelo Ministério dos Negócios Estrangeiros junto do conselheiro Comercial da referida embaixada[567]. O embaixador MacVeagh enviará, no dia 3 de Julho, a proposta para o secretário de Estado, tendo manifestado «algum apoio» em relação à mesma[568]. A proposta foi rodeada do maior secretismo e nem o Governo

---

[565] AHDMNE, RQE, Plano Marshall, Relatório (confidencial) do Ministério das Finanças, de 24 de Junho de 1948, M. 771, d.l. 1948. Este relatório foi amplamente transcrito, descrito e comentado in ROLLO, Fernanda – *Portugal e o Plano Marshall*, *op. cit.*, p. 242-246.

[566] Entre 151 e 161 milhões de dólares.

[567] AHDMNE, RQE, Plano Marshall, Telegrama n.º 184, de 3 de Julho de 1948, do ministro dos Negócios Estrangeiros (Caeiro da Matta) para a Embaixada de Portugal em Washington (Theotónio Pereira), M. 771, d.l.: 1948.

[568] ROLLO, Fernanda, *op. cit.*, p. 247.

do Reino Unido foi informado desta iniciativa portuguesa. A posição do Governo português é a de que só se deveria apresentar uma proposta oficial se o Governo EUA a aceitasse. A referida transferência só se efectuaria obviamente com o acordo do Governo do Reino Unido e «nos termos [do] Acordo financeiro anglo-português»[569]. Esta eventual transferência de uma parte dos créditos, em troca de dólares, era uma tentativa para manter o fluxo de importações consideradas importantes, tanto dos EUA como do Reino Unido, absorvendo créditos externos de longo prazo, e, assim, evitar o recurso aos créditos Marshall.

Pouco antes da partida para Paris do ministro Caeiro da Matta, onde ia participar com o ministro das Finanças Costa Leite em reuniões da OECE e onde pensavam contactar Paul Hoffman[570] e W. Averell Harriman sobre a questão da transferência de créditos, o ministro dos Negócios Estrangeiros ainda telegrafa para o embaixador em Washington a indicar que o «Governo liga a maior importância» à questão e que «[não] é intenção do Governo português que problema a considerar seja integrado no Plano Marshall devendo ser objecto [de] acordo à parte»[571]. No dia seguinte, Caeiro da Matta parte para Paris para participar nos trabalhos da OECE e passar férias em França, ficando Salazar a assegurar a direcção do Ministério dos Negócios Estrangeiros, tal como no ano anterior. No dia 16 de Julho, Salazar recebe uma mensagem escrita de Esteves Fernandes a comunicar que o conselheiro Comercial da Embaixada dos EUA o tinha procurado para lhe comunicar que o Governo dos EUA tinha recusado o pedido português de receber dólares em troca da transferência para os

---

569 AHDMNE, RQE, Plano Marshall, Telegrama n.º 184, de 3 de Julho de 1948, do ministro dos Negócios Estrangeiros (Caeiro da Matta) para a Embaixada de Portugal em Washington (Theotónio Pereira), M. 771, d.l. 1948.

570 Paul G. Hoffman, industrial e membro do Partido Republicano, foi administrador da ECA entre 1948 e 1950. Demitiu-se em Setembro de 1950 para ir dirigir a Fundação Ford.

571 AHDMNE, RQE, Plano Marshall, Telegrama n.º 196, de 3 de Julho de 1948, do ministro dos Negócios Estrangeiros (Caeiro da Matta) para a Embaixada de Portugal em Washington (Theotónio Pereira), M. 771, d.l. 1948.

EUA de 40 milhões de libras esterlinas do crédito português sobre o Reino Unido. O conselheiro Comercial, que inicialmente declarou não poder transmitir por escrito a decisão do Departamento de Estado, aceitou escrever, após a insistência de Esteves Fernandes, uma declaração formal na qual comunica a recusa do Departamento de Estado, depois de este organismo ter consultado de uma forma «muito discreta» as respectivas autoridades fiscais[572].

Nesse próprio dia, Salazar pede ao embaixador Marcello Mathias para informar o ministro Caeiro da Matta – que ia estar em Paris com W. Averell Harriman – para falar principalmente sobre este assunto e dizer qual tinha sido a decisão do Governo dos EUA[573]. Também foi enviado um telegrama para a Embaixada em Washington a comunicar essa mesma informação[574].

No dia seguinte é enviado um telegrama de aditamento para Paris, no qual, depois de se mencionar o teor do comunicado do conselheiro Comercial, está marcado que se ficou com a impressão de que o Departa-

---

[572] ANTT/AOS/CO/NE-2C1, Comunicação ao Presidente do Conselho da Direcção-Geral dos Negócios Políticos e Económicos do Ministério dos Negócios Estrangeiros, assinada por Luís Esteves Fernandes (director-geral dos Negócios Económicos e Consulares), de 16 de Julho de 1948, f. 936-937.

[573] AHDMNE, RQE, Plano Marshall, Telegrama n.º 172, de 16 de Julho de 1948, do ministro (Presidente do Conselho) para a Embaixada de Portugal em Paris (Caeiro da Matta), M. 771, d.l.: 1948. Como é óbvio, apesar de estar marcado «ministro» no telegrama, não era da autoria do ministro dos Negócios Estrangeiros, visto lhe ser dirigido. Como já aconteceu anteriormente, na ausência do ministro as suas funções no Ministério dos Negócios Estrangeiros eram asseguradas pelo próprio Presidente do Conselho, que dava instruções e mandava enviar certos telegramas. Nem sempre nesses telegramas estava marcado «Presidente do Conselho». Como, para todos os efeitos, ele exercia as funções do ministro em Portugal, podia-se continuar a utilizar a palavra «ministro». Obviamente, nenhum director-geral tinha a delegação para assinar «ministro». Na ausência do ministro dos Negócios Estrangeiros, os diplomatas continuavam a dirigir as suas missivas ao ministro, apesar de saberem estar a ser substituído pelo Presidente do Conselho.

[574] AHDMNE, RQE, Plano Marshall, Telegrama n.º 199, de 16 de Julho de 1948, do ministro (Presidente do Conselho) para a Embaixada de Portugal em Washington (Theotónio Pereira), M. 771, d.l.: 1948.

mento de Estado «prefere considerar [a] proposta como não apresentada e manter silêncio a seu respeito»[575].

Aquando da resposta do secretário de Estado George Marshall ao seu embaixador em Lisboa, em relação ao pedido de transferência de créditos, tinha marcado, para conhecimento exclusivo deste último, que «qualquer assistência da ECA a Portugal deve assumir a forma de crédito ECA nos termos usuais. Na ausência de desenvolvimentos críticos é improvável que Portugal possa obter essa assistência num futuro próximo, tendo em consideração os fundos limitados da ECA e a necessidade urgente em dólares de outros países»[576].

Poucos dias depois, em 20 de Julho, Salazar volta a enviar um telegrama para Caeiro da Matta, em Paris, onde indica que, face «à reserva e laconismo» da resposta norte-americana sobre a proposta portuguesa de transferência de créditos britânicos, não é possível saber exactamente qual é o seu fundamento. Nestas circunstâncias, solicitou a Theotónio Pereira, em Washington, para «redobrar esforços» para tentar esclarecer a situação, mas julga que, em Paris, onde se encontravam Paul Hoffman e W. Averell Harriman, seria mais fácil obter informações sobre as razões da recusa e declara o seguinte:

> «É admissível supor que Estados Unidos tendo votado lei e créditos [de] auxílio [à] Europa entendam que toda [a] sua actuação ao menos durante a vigência daquela se deverá desenvolver ao abrigo [do] mecanismo criado. Daqui a sua recusa [em] considerar outras

---

575 AHDMNE, RQE, Plano Marshall, Telegrama n.º 174, de 17 de Julho de 1948, do ministro (Presidente do Conselho) para a Embaixada de Portugal em Paris (Caeiro da Matta), M. 771, d.l.: 1948.

576 WNRC, RG 469 – Records of the US Foreign Assistance Agencies, 1948-61, Administrative Services Division Communications and Records Unit, Geographical Files, Portugal, Box 275, telegrama n.º 347, de 15 de Julho de 1948, do secretário de Estado dos EUA para o embaixador dos EUA em Lisboa. Cit. in ROLLO, Fernanda – *Portugal e o Plano Marshall, op. cit.*, p. 247-248.

operações com idêntica finalidade. [...]. Se interpretação acima fosse exacta e Estados Unidos não pudessem considerar sugestão portuguesa como declaram [que as] nossas dificuldades só poderiam ser resolvidas através funcionamento referido plano e com inversão aliás justificada [da] posição tomada [na] reunião [de] Paris [do] ano findo. Aí foi apresentada situação portuguesa como não exigindo imediata subvenção ou auxílio americano para operações correntes e tomou-se essa posição para [que a] nossa participação não restringisse outras destinadas outros países mais necessitados. Esta posição foi expressamente condicionada a que comércio se desenvolvesse livremente e não fossemos vítimas restrições importações por parte [de] outros países. Por outro lado entendia-se que [o] reapetrechamento industrial se poderia conseguir em prazos razoáveis em Inglaterra por conta [dos] saldos. Desde aquela reunião várias Nações a braços [com] dificuldades têm limitado o seu comércio e [as] restrições vão alastrando de país para país preferindo todos o que chamam mercadorias essenciais»[577].

Prossegue ainda Salazar, indicando que o Reino Unido se tem mostrado sem capacidade para satisfazer as necessidades portuguesas para o reequipamento industrial e que a «crise política na Europa» tem reduzido a sua produção e dificultado o comércio. Os EUA, por si só, não podem servir de mercado aos produtos portugueses, pelo que Portugal se encontra muito limitado em matéria comercial e, por conseguinte, limitado em dólares. As reservas de ouro portuguesas que se encontram nos EUA não podem ser consideradas como uma solução, pois, a partir de um certo ponto, o ouro «é todo exigido» como reserva monetária «à face [da] lei». Nestas circunstâncias, Salazar alerta o ministro Caeiro da Matta para a necessidade de tentar saber as razões que estão na base da resposta

---

[577] AHDMNE, RQE, Plano Marshall, Telegrama n.º 177 (Secreto), de 20 de Julho de 1948, do Presidente do Conselho para a Embaixada de Portugal em Paris (ministro dos Negócios Estrangeiros), M. 771, d.l.: 1948.

norte-americana. Sugere mesmo que se utilize Ricardo Espírito Santo[578], que se encontra em Paris sem funções oficiais e que está ligado aos meios económicos, para fazer a sondagem, visto não ter responsabilidades oficiais e poder «mostrar-se desconhecedor» da resposta dos norte-americanos ao Governo português[579].

Ainda no dia 20 de Julho, envia um telegrama para o embaixador em Washington onde avança com a hipótese da recusa do Departamento de Estado ter como intenção englobar no Plano Marshall «todo o auxílio directo e indirecto [à] Europa não complicando sua situação com negociações de outro género ou orientação». Se se confirmasse esta hipótese, «não haveria objecção do lado americano» a que Portugal levantasse a questão das suas necessidades em dólares, mas desta vez no âmbito do Plano Marshall. Pede, igualmente, para não tratar o assunto por escrito e para averiguar as razões da resposta negativa «pois como continuamos [a] ser excluídos dos créditos americanos do plano não vimos processo [de] vencer dificuldades senão por meio [da] sugestão que apresentamos»[580]. Estava-se portanto perante um impasse que convinha ultrapassar. Curiosamente, nesta fase do processo, Salazar situa Portugal numa posição de "vítima", perfeitamente injustificada, ao indicar que o país continua a «ser excluído»[581]. Se é certo que o Governo tinha indicado que poderia prescindia dos créditos se se respeitassem certas condições no âmbito do comércio externo, a deterioração da situação das reservas em ouro e divisas era por demais evidente desde há largos meses e, mesmo assim, manteve-se

---

[578] Ricardo Espírito Santo (1900-1955), banqueiro e amigo de Salazar. Coleccionador de obras de arte, presidente do Conselho de Administração do Banco Espírito Santo.

[579] AHDMNE, RQE, Plano Marshall, Telegrama n.º 177 (Secreto), de 20 de Julho de 1948, do Presidente do Conselho para a Embaixada de Portugal em Paris (ministro dos Negócios Estrangeiros), M. 771, d.l.: 1948.

[580] AHDMNE, RQE, Plano Marshall, Telegrama n.º 202 (Secreto), de 20 de Julho de 1948, do ministro (Presidente do Conselho) para a Embaixada de Portugal em Washington (Theotónio Pereira), M. 771, d.l. 1948.

[581] *Ibid.*.

a posição inicial portuguesa, sem que a tal fosse obrigado. Verificando-se que todos os outros países, à excepção da Suíça, estavam a solicitar o auxílio norte-americano – mesmo os restantes países neutros – Salazar começou, face às dificuldades existentes e à não imposição de regras muito apertadas como condição à Ajuda Marshall, a avançar abertamente para a hipótese de recorrer à ajuda do Plano Marshall. A República da Irlanda também tinha tentado efectuar uma transferência de créditos britânicos para os EUA sem qualquer êxito. Restava saber se ainda era possível que o Governo dos EUA reexaminasse a sua posição e quais tinham sido exactamente as razões da recusa do Departamento de Estado.

O embaixador de Portugal vai responder três dias depois, indicado que a recusa era devida ao parecer desfavorável dos conselheiros financeiros do Departamento de Estado e que o «assunto foi examinado no prisma puramente financeiro» e recusado por representar como um novo crédito em dólares ao Reino Unido «que já tem situação tão difícil»[582]. O assunto vai, contudo, ser reexaminado pelo Departamento de Estado. Em relação à necessidade de dólares por parte de Portugal (que ainda não era real), Theotónio Pereira indica que se recorda de lhe ter sido dito no Departamento de Estado que, de momento, um recurso de Portugal a um auxílio através do Plano Marshall «seria propaganda prejudicial» para Portugal e não teria cabimento nos créditos já autorizados pelo Congresso dos EUA. Aconselha que nas conversas em Paris com Paul Hoffman só se fale de questões estritamente ligadas ao Plano Marshall. Com Averell Harriman, contudo, já se pode abordar a questão da transferência de créditos[583].

---

[582] AHDMNE, RQE, Plano Marshall, Telegrama n.º 272 (Secreto e Confidencial), de 23 de Julho de 1948, da Embaixada de Portugal em Washington (Theotónio Pereira) para o ministro dos Negócios Estrangeiros (Presidente do Conselho), M. 771, d.l.: 1948. Este telegrama foi amplamente transcrito in ROLLO, Fernanda – *Portugal e o Plano Marshall, op. cit.*, p. 252.

[583] *Ibid.*. Neste telegrama refere que lhe pareceu que o Departamento de Estado está também com curiosidade em conhecer a reacção do Reino Unido sobre o pedido de transferência de créditos.

A questão da transferência de créditos vai ser finalmente inviabilizada pelo Departamento de Estado, pelo que começa a germinar a ideia de se recorrer finalmente à Ajuda Marshall. Mesmo antes de estar assinado o Acordo Bilateral com os EUA, já se estava a estudar a possibilidade de Portugal vir a recorrer à Ajuda Marshall. O Acordo Bilateral era uma garantia bastante sólida do tipo de compromisso dos EUA em relação a Portugal e demonstrava, se necessário fosse, que não havia nos propósitos norte-americanos medidas que pudessem pôr em causa o regime do Estado Novo e as suas opções económicas. Outra razão de peso para esta mudança de atitude foi, como já vimos, a deterioração da situação financeira, principalmente por via do défice da balança comercial, e da falta de perspectiva de alteração a curto prazo. Havia uma tendência nitidamente descendente sem mudança à vista. A situação internacional também não era estável, visto se estar em pleno bloqueio de Berlim ocidental, com todas as suas consequências na tensão Este-Oeste. Acresce ainda, que outros países neutros estavam a solicitar a ajuda dos EUA e que a ajuda norte-americana, três anos após o termo da guerra, já não estava tão ligada, como no seu início, à vertente reconstrução, mas, muito mais, à gravíssima crise financeira e comercial que se estava a assistir.

O representante permanente de Portugal na OECE, o primeiro-secretário de embaixada Ruy Guerra, deslocar-se-á a Lisboa para se encontrar com Salazar e Costa Leite, onde tomou «conhecimento das novas intenções dos dois políticos face ao Plano Marshall, foi consultado sobre as possibilidades existentes de integrar Portugal entre os países beneficiários da ajuda financeira Marshall e instruído no sentido de dar continuidade a essa determinação junto da OECE»[584]. O que o delegado português fez

[584] ROLLO, Fernanda – *Portugal e o Plano Marshall. op. cit.*, p. 253. Em entrevista oral a Fernanda Rollo, datada de 22 de Agosto de 1992, o embaixador Ruy Teixeira Guerra contou que antes de ter conhecimento da mudança de atitude portuguesa, tinha impedido que se votasse uma cláusula que estipulava que «cada país não podia nos anos seguintes usufruir de uma verba superior ou igual à que se atribuía no primeiro exercício Marshall» (o que poderia, eventualmente, ter dificultado a posterior ajuda financeira a Portugal). *Ibid.*. Cf. MAGALHÃES, José Calvet de – *Os Movimentos de Cooperação e Integração Europeia no Pós-Guerra e a Participação de Portugal nesses Movimentos*, *op. cit.*, p. 47.

com a maior prudência e empenho, apesar de saber que a hipótese de Portugal vir a beneficiar já em 1948-49 da Ajuda Marshall ser mínima ou inexistente[585].

Tendo sido pedido um parecer à recém-criada Comissão Técnica de Cooperação Económica Europeia (CTCEE), presidida por José Araújo Correia, esta dará um parecer favorável para se recorrer aos créditos Marshall para o fomento. Este parecer mereceu o acordo dos ministros das Finanças e dos Negócios Estrangeiros. Este último, contudo, levantará dúvidas em relação à sua efectivação já em 1948-49[586]. No dia 27 de Setembro de 1948, o delegado português na OECE avisa informalmente o representante especial dos EUA, Averell Harriman, que Portugal, devido à deterioração da situação económica, «ia requerer ajuda da ECA» e que tinha sido «instruído por Lisboa para sondar as possibilidades de atribuição de ajuda indirecta» através dos direitos de saque, para 1948-49. Tendo Averell Harriman respondido que era um assunto «a ser considerado e recomendado pela OECE antes de ser submetido à ECA». Segundo Harriman, «Guerra reconheceu a impossibilidade de reabrir agora o processo. Deixou claro que Portugal ia requerer ajuda em 1949/50»[587].

A sondagem portuguesa com vista a receber, já em 1948-49, ajuda indirecta através dos direitos de saque, tem toda a lógica, pois o grande problema de Portugal era o profundo desequilíbrio do comércio externo,

---

[585] Em entrevista que nos concedeu em 30 de Setembro de 2000, José Calvet de Magalhães, afirmou que Ruy Guerra neste seu encontro com Salazar e Costa Leite se queixou das deficientes condições de trabalho e falta de pessoal para assegurar convenientemente a sua missão junto da OECE. O embaixador Marcello Mathias, tendo conhecimento desta queixa de Ruy Guerra, e tendo-a interpretado como uma crítica à acção da Embaixada em Paris, ficou muito ofendido com ele, tendo resultado um resfriamento da grande amizade que existia entre eles.

[586] *Ibid.*, p. 258.

[587] WNRC, RC 469 – Records of the US Foreign Assistance Agencies, 1948-61, Administrative Services Division Communications and Records Unit, Geographical Files, Portugal, Box 275, telegrama n.º 1014, de Paris – Harriman para o secretário de Estado dos EUA. Cit. in ROLLO, Fernanda – *Portugal e o Plano Marshall*, *op. cit.*, p. 262.

nomeadamente com os países da OECE. Uma parte significativa do comércio intereuropeu iria ser efectuado, devido à falta de dólares e às facilidades concedidas pelo sistema de direitos de saque (bilaterais e, eventualmente, multilaterais), através desta nova modalidade. Portugal tendo ainda reservas suficientes, tinha todo interesse em, prioritariamente, tentar equilibrar o seu comércio externo de forma a não ter de reduzir drasticamente as suas importações de produtos essenciais ou esgotar a médio prazo as suas reservas em ouro e divisas.

Feita esta sondagem informal com vista à eventual candidatura portuguesa às verbas para 1948-1949 e concluindo-se que era impraticável, viraram-se as atenções para a preparação do programa nacional e a sua apresentação na OECE, de forma a poder receber ajuda em 1949-1950, no âmbito do Plano Marshall.

II. A criação da Comissão Técnica de Cooperação Económica Europeia e o Plano Director Português

Após a decisão de recorrer finalmente ao auxílio do Plano Marshall, começa a revelar-se de uma forma muito concreta a necessidade de se criar em Portugal um organismo capaz de responder às solicitações resultantes da sua participação na OECE. Para o efeito foi criada a CTCEE, que viria a ter como tarefa inicial a elaboração do Plano Director Português, a apresentar na OECE[588].

---

[588] Conforme indica o embaixador britânico Sir Nigel Ronald no seu Relatório relativo ao ano de 1948, Portugal tornou-se mais consciente em 1948 das grandes dificuldades económicas que a Europa Ocidental estava a atravessar. Se em 1947 o interesse de Portugal pelo Plano Marshall estava mais relacionado com o estabelecimento de uma «posição na comunidade das nações ocidentais», agora sente a necessidade de participar mais activamente na OECE, o que impôs «sérios esforços na sua máquina administrativa». PRO/FO 371-39627, «Portugal: Annual Review for 1948», de Sir Nigel Ronald para Ernest Bevin, de 19 de Janeiro de 1949.

1. A criação da Comissão Técnica de Cooperação Económica Europeia

O princípio dos trabalhos no seio da OECE tinha vindo confirmar a necessidade de criar um organismo flexível, capaz de trabalhar de uma forma interministerial e susceptível de dar resposta rápida às sucessivas necessidades de pareceres e relatórios circunstanciados. Por sugestão de Costa Leite, Salazar decide criar esse organismo, a que se dará o nome de Comissão Técnica de Cooperação Económica Europeia. Para Salazar, a CTCEE emerge da necessidade de haver um organismo encarregado dos trabalhos resultantes da participação portuguesa no Plano Marshall e que «não podem ficar directamente a cargo dos Ministérios»[589]. A solução passa pela criação da CTCEE, enquanto comissão técnica dependente do Conselho de Ministros para o Comércio Externo. A Comissão tem como tarefa essencial apoiá-lo com estudos e informações, de forma a que possa estar habilitado a tomar decisões devidamente fundamentadas. Para Salazar, visto se tratar de uma necessidade temporária, não convém criar um novo órgão permanente nem reforçar a CTCEE com pessoal vindo de outros organismos do Estado. O que se pretende é que a CTCEE seja criada com orientações muito vagas de forma a que o Conselho de Ministros para o Comércio Externo a possa utilizar adaptando-a «às necessidades provocadas pelas circunstâncias a enfrentar». Salazar envia o projecto de decreto para os ministérios da Economia, Colónias e Negócios Estrangeiros no início de Julho com a indicação que as sugestões devem ser dadas com brevidade, pois é necessário enfrentar os problemas da balança comercial e elaborar planos de fomento[590]. Apesar deste pedido, só no dia 1 de Setembro é que é publicado o Despacho do Conselho de Ministros que cria a CTCEE e define as

---

[589] ANTT/AOS/CO/NE-15, Texto manuscrito de Salazar (para minuta de ofício) a remeter o projecto de decreto sobre a criação da CTCEE, de 3 de Julho de 1948, f. 306.

[590] *Ibid.*, f. 306-310.

suas atribuições[591]. Sob a presidência de José Araújo Correia este organismo vai começar a trabalhar imediatamente sobre o denominado Plano Director Português, plano este que vai ser determinante na candidatura portuguesa à Ajuda Marshall para 1949-1950.

2. O Plano Director Português

À imagem do que estavam a fazer os restantes países membros da OECE, Portugal também começou, desde logo, a elaborar um plano económico a que deu o nome de Plano Director Português, para um período de 4 anos. A análise deste plano director permite-nos determinar as perspectivas macroeconómicas em Portugal e verificar as dificuldades existentes.

O Plano Director Português foi concebido a pensar na sua apresentação em Paris e reflecte no seu desenvolvimento a preocupação de se colocar a tónica no contributo de Portugal na reconstrução da Europa. Foi elaborado pela CTCEE, sob a presidência de Araújo Correia, no seguimento de um memorando aprovado em Conselho de Ministros do Comércio Externo, em 4 de Agosto de 1948, e seguiu os parâmetros estabelecidos pela OECE nos questionários enviados aos governos dos países participantes[592]. O Plano Director foi elaborado na base das directivas gerais enviadas pela OECE, estando definidos os objectivos. Segundo Araújo Correia, as «instruções gerais foram mostrando a orientação geral a seguir no seu delineamento, de modo a obter no conjunto dos dezasseis países tão

---

[591] Em 6 de Outubro de 1948 o Decreto-Lei n.º 37 085 concede à CTCEE o financiamento e define-lhe as regras de administração.

[592] O exemplar que utilizámos na nossa análise encontra-se no ANTT, no AOS, com a seguinte referência: ANTT/AOS/CO/EC-16A, Relatório Plano Director (para 4 anos), Notas sobre o anexo B ao memorando aprovado pelo Conselho na 30.ª sessão, em 4 de Agosto de 1948, f. 2-15.

grande homogeneidade quanto possível»[593]. Ainda segundo o seu principal mentor, o Plano Director foi «delineado, sobre a pressão da urgência dos acontecimentos, em muito pouco tempo. Havia poucos dados, sobretudo no que diz respeito às colónias. Na parte metropolitana também não abundavam os elementos, pelo menos na forma requerida»[594].

Logo no seu início, o relatório estabelece os grandes objectivos do Plano Director Português:

> «1) Reduzir as importações de produtos alimentares que pesam fortemente na balança comercial, depois da guerra; 2) Aumentar as possibilidades de exportação de produtos alimentares para a Europa; 3) Criar condições para o desenvolvimento interno de matérias-primas necessárias à indústria europeia e também de exportação fácil para a área dólar, como minérios, sobretudo de ferro e oleaginosas; 4) Reduzir, tanto quanto possível, a importação de combustíveis sólidos e líquidos pela aceleração de obras em curso e execução de novos projectos de aproveitamento hidroeléctricos nos rios portugueses»[595].

Para poder implementar este ambicioso plano, Portugal considerava como essencial o aumento da produção de energia eléctrica e um bom sistema de irrigação. É, pois, à volta da energia eléctrica e da irrigação que se vai estruturar o plano económico português. Há, igualmente, uma vontade manifesta de se proceder ao reequipamento industrial e ao desenvolvimento da produção agrícola, como forma de produzir em Portugal muitos dos produtos que estavam a ser

---

[593] CORREIA, José Araújo – *Estudos de Economia Aplicada. O Programa Económico Nacional*. Lisboa: Imprensa Nacional de Lisboa, 1950, p. 205.

[594] *Ibid.*, p. 206.

[595] *Ibid.*, p. 2. Este texto corresponde sensivelmente ao resumo feito por Fernanda Rollo do *Portuguese Long Term Program*, p. 1, in WNRC, RG 469 – Records of the US Foreign Assistance Agencies, 1948-61, Administrative Services Division Communications and Records Unit, Geographical Files, Portugal, Box 280 in ROLLO, Fernanda – *Portugal e o Plano Marshall*, *op. cit.*, p. 266.

importados, desde que houvesse condições internas para a sua produção.

Para os relatores, os problemas que o país estava a viver resultavam de uma redução significativa das exportações tradicionais portuguesas, por via da crise que se estava a viver na Europa e na América do Sul, e de uma quebra na entrada de divisas provenientes da emigração (sobretudo do Brasil) e do turismo. Paralelamente, assistia-se em Portugal a um aumento das importações «por virtude de melhorias no nível de vida e da alta de preços»[596]. Um pouco mais à frente está marcado o seguinte: «Pensava-se, no interesse da Europa, que Portugal poderia dispensar os auxílios do plano Marshall, mas as próprias condições do continente europeu, e as suas repercussões nos preços, impuseram a necessidade de recorrer aos benefícios desse plano»[597].

Está-se pois perante um cenário em que se pretende promover a exportação de matérias-primas de Portugal e das suas colónias e fomentar o desenvolvimento industrial e agrícola para satisfazer necessidades de consumo interno. Só assim é que, segundo os relatores, se poderá reduzir as necessidades em dólares, aumentar os fornecimentos à Europa, e equilibrar a balança de pagamentos. A análise mais circunstanciada do comércio externo português, em 1947, revela que os produtos alimentares, os combustíveis, os metais e as despesas de transporte representam perto de 60% das importações portuguesas. Precisamente, são estes os produtos de que mais necessita a Europa. Os produtos alimentares e os combustíveis vêm em grande parte da área do dólar. De forma a tentar resolver o problema português e, ao mesmo tempo, ajudar a resolver o problema Europeu, Portugal propõe-se desenvolver a agricultura a fim de aumentar a produção alimentar e, igualmente, aumentar a sua produção de energia eléctrica hidráulica, de forma a reduzir as suas importações de combustíveis sólidos e líquidos. Tanto no domínio da agricultura como no

---

[596] *Ibid.*, p. 8.

[597] *Ibid.*.

da produção eléctrica, a solução passa, em grande parte, pela construção de barragens hidroeléctricas.

No domínio da agricultura, o Plano Director estabelece que o aumento da produtividade dos solos passa pelo aproveitamento da água dos rios, para além das captações subterrâneas, de forma a aumentar substancialmente a superfície irrigada. Está mesmo indicado que este factor poderia «ter grande influência no abastecimento da Europa» – tal era a esperança depositada na projecto de irrigação (obviamente exagerada). A solução passaria pela transferência de «população habituada a regar, sobretudo do norte do país» para as novas zonas a irrigar. Para efectuar esta transferência, utilizar-se-ia a projectada reforma agrária. Estava-se, portanto, perante um cenário de grandes transformações estruturais na agricultura, dificilmente compatível com a pobreza da maior parte dos solos nacionais e o baixíssimo nível de instrução da esmagadora maioria da população agrícola portuguesa que, na época, representa cerca de metade da população activa. Havia no Plano Director a perspectiva de que o investimento em grandes obras estruturais de irrigação, acompanhadas da maior utilização de adubos, seria suficiente para aumentar muito significativamente a produtividade agrícola. Também se preconiza o aumento da produção de gado em Portugal e em Angola, de forma a satisfazer uma grande parte das necessidades alimentares portuguesas. Quase um terço das importações totais de produtos alimentares em 1947, no valor de 92 milhões de dólares, vinha dos EUA (sobretudo trigo, milho, carnes e laticínios).

Um outro sector de actividade que mereceu algum destaque no Plano Director foi o da indústria. Pretendia-se efectuar um reequipamento industrial como forma de aumentar a manufactura de alguns produtos industriais que estavam a ser importados. Nesta perspectiva, a produção de energia eléctrica barata era fundamental como forma de reduzir substancialmente as importações de combustíveis sólidos e líquidos necessários à produção de energia eléctrica. Estimava-se a população portuguesa, em Junho de 1947, em cerca de 8 470.000 pessoas e perspectivava-se um crescimento global de 6,25% até Junho de 1953. Tornava-se, pois, necessário aumentar a produção industrial de forma a fazer face ao forte crescimento da população em Portugal e, igualmente, ao desejável aumento do nível de vida[598]. Mas a perspectiva de industrialização do Estado Novo nessa altura é muito clara e, para além de algumas produções consideradas fundamentais, mesmo do ponto de vista estratégico, o sector industrial deve alicerçar-se essencialmente no sector agrícola e nas matérias-primas nacionais. No relatório do Plano Director, que foi devidamente aprovado, está bem explícita a orientação do Governo nesta matéria:

> «Portugal tem características especiais de actividade agrícola que não deseja perder porque foram elas que lhe asseguraram a sua estabilidade através dos séculos. Contudo, o aumento da população muito grande nos últimos tempos, exige maior produção por unidade de superfície, e o aproveitamento das matérias-primas e outros factores económicos dentro do próprio país. Não se pretende criar com isso actividades económicas parasitárias, antes de produzir aquilo que seja económico produzir para consumo interno e exportação.[...] A existência de matérias-primas adequadas permite maior industrialização, mas não há o objectivo [...] de alterar profundamente a estrutura económica e social do País, que repousa ainda hoje em grande parte, sobre a exploração florestal e agrícola. [...] é de manter a feição agrícola do País, numa salutar especialização europeia, e apenas se admitir o estabelecimento de indústrias que as condições naturais imponham com económicas e essenciais, convém modernizar as fábricas existentes, de modo a poderem fornecer artigos que se harmonizem com os que derivam da exploração agrícola, e os suplementem»[599].

---

598 Esse crescimento da população resultaria, em grande parte, do facto de as taxas de natalidade se terem mantido a um nível muito elevado e do fluxo emigratório ter diminuído.

599 ANTT/AOS/CO/EC-16A, Relatório Plano Director, *op. cit.*, f. 18-23. Também o general Norton de Matos, no seu Manifesto como candidato presidencial, em Fevereiro de 1949, exprime a sua posição em defesa da actividade agrícola em Portugal e nas Colónias. Cf. AMAECECD, Correspondance diplomatique, D.12 082, «Portugal-1948», Anexo ao Ofício n.º 3 252, de 16 de Julho de 1948.

Estavam pois traçadas as grandes linhas da industrialização desejada para Portugal na perspectiva do Estado Novo. As indústrias consideradas importantes eram as do têxtil, papel e madeira, cimento e conservas, e serão estas, em grande medida, as que se vão desenvolver mais no futuro. A indústria têxtil aproveitará os excedentes de mão-de-obra barata e a produção de algodão das colónias, a indústria do papel e da madeira, recorrerá às condições florestais do país (quase 30% coberto de florestas), a indústria de cimento utilizará a matéria-prima existente no solo nacional e, no que diz respeito à fonte energética, o programa hidráulico em curso, e, por fim, a indústria de conservas de peixe será abastecida pelas frotas pesqueiras nacionais (principalmente em sardinha e atum) e empregará mão-de-obra barata e muito pouco qualificada – principalmente mulheres e crianças – junto dos grandes portos de pesca.

Em 1948 estavam em construção em Portugal fábricas de cimento, celulose, sulfato de amónio e cianamida (adubos), contraplacados de madeira, fibrocimento, aproveitamento de subprodutos agrícolas e outras fábricas de manufacturas diversas. Pretendia-se, paralelamente, fazer a extensão da refinaria de Cabo Ruivo e instalar uma potente electrosiderurgia, como forma de aproveitamento dos excedentes previstos de produção hidroeléctrica. A primazia é dada à construção de grandes barragens hidroeléctricas, que servissem, igualmente, nalguns casos, para a rega e para a navegação com transporte de matérias-primas (nomeadamente de minérios de ferro). Há projectos para os rios Douro, Zêzere, Tejo, Mondego e outros, alguns dos quais a completar até ao ano de 1952.

Nesta perspectiva, o Plano Director prevê que a balança de pagamentos portuguesa estará em equilíbrio em 1953, «quando já estiverem em produção bastantes dos empreendimentos agora em andamento» estimando-se que, em termos de balança comercial, haja ainda um défice de 147,2 milhões de dólares no biénio 1949-1950 e de 77,9 milhões de dólares em 1952-53, o qual poderia ser colmatado pela entrada de invisíveis correntes. Os relatores consideram que para atingir este resultados em tão curto espaço de tempo é imprescindível a cooperação da Europa e dos EUA, e acrescentam: «Houve sobretudo o cuidado [no Plano Director] de tentar aliviar a economia europeia dos produtos de importação essenciais, susceptíveis de ser produzidos dentro do País, deixando-os por este modo livres para uso noutros países»[600].

No Plano Director também são considerados avultados investimentos nas colónias (principalmente em Angola e Moçambique), de forma a melhorar as infra-estruturas de transportes, energia e irrigação, assim como na indústria e agricultura. Os grandes projectos são os dos portos de Luanda, Lobito, Lourenço Marques e Beira (mais resgate do porto e do caminho-de-ferro da Beira), assim como a construção e modernização de caminhos-de-ferro em Angola e Moçambique e a construção de estradas.

Considera-se o Plano Director como uma simples estimativa e reconhece-se a dificuldade em planificar economicamente um país, devido à variedade de factores que influem na sua economia, e considera-se que o auxílio externo é imprescindível para a sua efectivação «em escala razoável», devendo ser esse auxílio igualmente de âmbito técnico. Está indicado, igualmente, que «está em estudo o plano financeiro destinado a assegurar o financiamento em escudos, sem afectar sensivelmente o poder de compra» e sem provocar inflação. Considera-se que não há problema de mão-de-obra nem de emprego em Portugal e que se deve continuar a combater o «excesso de consumo» até ser necessário[601].

Em termos de comércio externo, o Plano Director coloca como pressuposto essencial que a Europa e as outras zonas comerciais adquiram os excedentes da produção nacional pois, de outro modo, «acentuar-se-ia o desequilíbrio da economia interna e não seria possível, por esse facto, obter o êxito indispensável do programa de reconstrução e aproveitamento económico dos recursos nacionais»[602]. Manifesta-se igualmente o desejo de ver intensificar as suas relações comerciais com países de outros

---

600 *Ibid.*, f. 26-29.

601 *Ibid.*.

602 *Ibid.*, f. 29.

continentes, principalmente o Brasil e os EUA, «logo que esteja restabelecido o equilíbrio europeu»[603].

Os investimentos totais necessários para financiar o Plano Director estão mencionados num anexo do referido relatório. O investimento total previsto é de 625,24 milhões de dólares, conforme abaixo se discrimina.

Quadro 5: Investimentos totais previstos pelo Plano Director Português (milhões de dólares)

	Despesas de equipamento	Despesas totais
Portugal	320,00	423,60
Colónias	132,48	201,64
Totais	452,48	625,24

Fonte: ANTT/AOS/CO/EC-16A, Relatório Plano Director, *op. cit.*, Anexo 1.

Em relação às despesas de equipamento, a distribuição prevista por sectores de actividade, tanto em Portugal como nas Colónias, demonstra as grandes opções do Plano Director. A distribuição é a que abaixo se discrimina.

Quadro 6: Despesas de equipamento previstas pelo Plano Director Português (milhões de dólares)

Portugal	
1. Energia, irrigação e siderurgia	160
2. Indústria	60
3. Transportes	50
4. Agricultura	30
5. Obras sociais	20
Subtotal	320
Colónias	
1. Energia e irrigação	28,68
2. Indústria	51,8
3. Transportes	31,0
4. Agricultura	20,0
5. Obras sociais	1,0
Subtotal	132,48
Total	452,48

Fonte: ANTT/AOS/CO/EC-16A, Relatório Plano Director, *op. cit.*, Anexo 1.

603 *Ibid.*.

É interessante observar que os investimentos previstos para as Colónias portuguesas atingiam os 32,25% dos investimentos totais, o que é sintomático de um interesse crescente pelas potencialidades aí existentes, principalmente em Angola e Moçambique. Também é de assinalar que o Plano Director é praticamente omisso no que diz respeito ao papel da iniciativa privada. Trata-se de um plano fundamentalmente orientado para as grandes opções nacionais em matéria de infra-estruturas básicas ao desenvolvimento económico. O objectivo implícito é o de criar as condições mínimas a um arranque industrial com alguma coerência e aberto à iniciativa privada nos espaços previamente definidos pelo poder político, tanto em Portugal como nas Colónias. Tendo sido realizado de uma forma *ad hoc* para ser apresentado na OECE, com fortes limitações em tempo, em técnicos e em conhecimentos em matéria de planificação económica (muito pouco desenvolvida na época), o Plano Director Português serviu, mesmo assim, para que se efectuasse, a nível do Governo, uma reflexão importante sobre as grandes opções económicas em Portugal[604].

Em Paris Ruy Guerra preocupa-se com o atraso no envio do programa português e alerta o Ministério dos Negócios Estrangeiros e a CTCEE, indicando que na sua opinião as probabilidades de Portugal obter em 1949-1950 uma Ajuda Marshall «substancial e em boas condições diminuirão consideravelmente se [o país não apresentar] a tempo os programas a

[604] A questão da cooperação europeia está praticamente omissa no Plano Director Português. Só surge como resultado previsível do desenvolvimento da economia portuguesa, através do acréscimo das exportações de produções necessárias à Europa ou da diminuição das importações portuguesas desses mesmos produtos. O caso português não é, contudo, singular. Jean Monnet escreve a este propósito o seguinte: «a cooperação é certamente necessária, mas ela virá a seguir, tomando apoio sobre os esforços nacionais que a precedem e preparam». Ref. F 60 ter 389, Jean Monnet au Président du Conseil, 13 de Julho de 1949. Cit. in BOSSUAT, Gérard – «Les enjeux des constructions européennes pour la France et le Portugal (1944-60)» in *O fim da Segunda Guerra Mundial e os novos rumos da Europa*, *op. cit.*, p. 71. Gérad Bossuat refere a propósito do projecto de ERP, preparado pela OECE, em Dezembro de 1948, que este «era sempre uma justaposição de PLT (planos a longo prazo) contraditórios». *Ibid.*. [t.a.]

longo prazo e anual bem organizados e suficientemente explicados e justificados pelos memoranda exigidos pelas respectivas directivas». Alerta, igualmente, para a necessidade do envio de técnicos portugueses para acompanharem os assuntos nos comités e defender a posição portuguesa e, baseando-se na experiência de 1948-1949, para a absoluta necessidade de seguir as recomendações dos EUA. Essas recomendações vão no sentido de aplicar a Ajuda Marshall de forma a aumentar a produção para que os países beneficiários possam dispensar, a partir de 1952-1953, da ajuda norte-americana. No fundo, a atribuição de verbas «dependerá da qualidade do seu programa nacional e da competência com que for feita a demonstração de que esse programa nacional corresponde aos fins do Plano de auxílio à Europa». Para terminar, Ruy Guerra afirma que o aumento da produção «é a base de todo o sistema Marshall»[605].

No dia 17 de Novembro partiram para Paris, de avião, Araújo Correia, presidente da CTCEE, Trigo de Morais[606], do Ministério da Agricultura, e Correia de Oliveira, director do Gabinete de Estudos do Conselho Técnico Corporativo e vogal da CTCEE, para participarem na discussão dos programas económicos na OECE[607].

O Plano Director Português e um Programa específico para 1949-1950 foram submetidos à apreciação da OECE em Novembro de 1948, tendo sido discutidos em sessão pública. Primeiro o Plano Director e, em seguida, o Programa específico para 1949-1950. Depois, o Plano Director e o Programa específico passaram por diferentes comités especializados, onde foi possível «colher elementos e coordená-los de modo a conhecer com o possível rigor o estado e as necessidades de várias formas de activida-

---

[605] AHDMNE, RQE, Plano Marshall, Extracto de uma comunicação da Embaixada de Portugal em Paris, recebida em 23 de Outubro de 1948 (mensagem de Ruy Guerra), M. 238, d.l.: 1948. Esta comunicação está parcialmente transcrita in ROLLO, Fernanda – *Portugal e o Plano Marshall, op. cit.*, p. 264.

[606] António Trigo de Morais, perito em questões agrícolas e hidráulica agrícola. Ver referências biográficas no Apêndice 1.

[607] *Diário da Manhã*, de 18 de Novembro de 1948.

de»[608]. Segundo Correia Araújo, «o programa português foi considerado um programa ambicioso». Apesar de se reconhecer que a análise efectuada no programa está correcta, considera-se que o mesmo não é exequível em três anos, principalmente pela dificuldade da Europa em abastecer Portugal nos equipamentos essenciais. Estima, contudo, que o caso português não é caso único pois todos os outros programas estão na mesma situação, não sendo exequíveis até 1952-1953[609]. A ECA examinou o Plano Director Português para o pedido de atribuição da Ajuda Marshall e «considerou que os seus objectivos interessavam especialmente ao fomento económico do País. Entendia assim que parte do seu financiamento se deveria fazer por créditos a conceder por entidades particulares fora do plano de auxílio americano, mas sob a sua égide». Esta análise ia ao encontro do que tinha sido avançado em Paris por alguns países que, segundo Araújo Correia, procuravam «reduzir ao mínimo» a atribuição de verbas a «um país que meses antes explicitamente declarara não necessitar de financiamento», pois elas seriam necessariamente retiradas da verba global da Ajuda Marshall[610]. A apreciação da ECA vai, contudo, ser alterada no sentido favorável à atribuição de ajuda a Portugal[611].

---

608 Para Araújo Correia «foi possível analisar os problemas da energia, dos combustíveis líquidos e sólidos, das madeiras, da electricidade, da agricultura, dos minérios, da siderurgia, da balança comercial e de pagamentos, das colónias, das matérias-primas mais importantes, da pesca, dos transportes, da mão-de-obra, do turismo e de muitas outras coisas de grande interesse para a Europa Ocidental, entre as quais avultam os consumos e as disponibilidades». CORREIA, José Araújo – *Estudos de Economia Aplicada. O Programa Económico Nacional, op. cit.*, p. 206.

609 *Ibid.*, p. 207.

610 *Ibid.*.

611 A apreciação que Sir Nigel Ronald faz sobre o desempenho da representação de Portugal na OECE está expresso no seu «Portugal: Anual Review for 1948» e é a seguinte: «A representação portuguesa nos diferentes comités da Organização em Paris não foi até agora muito adequada e os documentos que submeteu como suporte aos seus programas algo incompletos. [...] um comité interdepartamental de cooperação económica foi criado em Lisboa sob a direcção de um competente e influente economista, o Doutor Araújo Correia. É de esperar que isto, em colaboração com a Missão em Lisboa da Administração de

Os planos portugueses virão a ser reformulados, em meados do ano de 1949, na base das directivas da OECE e dos novos dados da economia portuguesa e europeia. A ajuda solicitada por Portugal, para 1949-1950, foi de 100,6 milhões de dólares[612]. O montante atribuído a Portugal será, contudo, de 31,5 milhões de dólares de ajuda directa e 27,2 milhões de dólares de ajuda indirecta, após diversas negociações, como veremos mais à frente.

---

cooperação económica [...] traga a este propósito uma melhoria». PRO/FO 371-39627, Despatch n.º 18, (Confidential), «Portugal: Annual Review for 1948» de Sir Nigel Ronald, embaixador do Reino Unido em Lisboa para Ernest Bevin, ministro dos Negócios Estrangeiros, de 19 de Janeiro de 1949. [t.a.]

612 Segundo Fernanda Rollo: «Aqueles objectivos e os meios que o Governo português julgava necessários à sua prossecução [do Plano Director], apesar de terem sido considerados ambiciosos [...], foram vistos com alguma benevolência quer pela OECE quer pela Administração americana». ROLLO, Fernanda – *Portugal e o Plano Marshall*, *op. cit.* p. 267-272.

Portugal e o Pacto do Atlântico

Capítulo 4

> «A Europa não pode sem o auxílio americano salvar nesta hora o que resta do seu património moral e da sua liberdade; a América sai contrariada do isolamento, filho da suficiência, para, protegendo-se a si própria, socorrer e apoiar a Europa Ocidental, guarda avançada da sua segurança. Ninguém pode querer nem a morte do velho continente europeu nem a sua abdicação».
>
> Salazar, 25 de Julho de 1949

A adesão de Portugal ao Pacto do Atlântico vai constituir, sem dúvida, um dos actos mais importantes de política externa do regime do Estado Novo. A atitude de Portugal durante todo o processo que conduziu à assinatura do Tratado do Atlântico Norte, em Washington, assim como a sua aceitação pelos restantes países participantes, vai revelar a importância geoestratégica de Portugal continental e insular, a dimensão da ameaça soviética e a verdadeira consistência do Pacto Ibérico num mundo bipolar. A sua participação na Organização do Tratado do Atlântico Norte (OTAN) e na OECE vai ser determinante na aceitação internacional de Portugal, apesar do seu regime político antidemocrático.

I. A situação internacional e a perspectiva portuguesa

Para estabelecer a perspectiva portuguesa da situação internacional no pós-guerra e, mais precisamente, em 1948-49, é conveniente ter presente que a grande tensão internacional existente na altura estava a constituir rapidamente dois blocos antagónicos mas, no seio desses blocos, havia divergências significativas que era necessário ter em conta e, por vezes, tolerar. Neste contexto, torna-se necessário ao Governo português definir uma posição no espaço atlântico, europeu e ibérico. Na definição da sua política externa, a ameaça soviética vai constituir um factor determinante. Ainda estava fresca a memória da Guerra Civil de Espanha. O "susto" para o Estado Novo tinha sido suficientemente grande para não encarar de ânimo leve a ameaça soviética nos domínios ideológico, político e militar. Tanto mais, que sob a bandeira do anticomunismo se poderia melhor defender o regime político português do ponto de vista interno e, igualmente, ser aceite – ou "tolerado" – no campo ocidental que, apesar de ser predominantemente democrático, se encontrava sob a pressão da Guerra Fria.

1. A percepção da ameaça soviética

Num contexto de crescente consolidação do sistema político comunista nos países contíguos da URSS, que passaram a estar sob o seu controlo após a Segunda Guerra Mundial, torna-se por demais evidente a fractura entre o Leste e o Oeste, em 1948. «A presença dos exércitos soviéticos vitoriosos no coração da Europa, em conjunto com a infiltração comunista nos governos ditos de «frente popular», constrangiram a Albânia, a Bulgária, a Roménia, a Alemanha de Leste, a Polónia, a Hungria e a Checoslováquia a cair no domínio soviético»[613].Também no outro extremo da Ásia, a China está em vias de passar para o controlo dos comunistas. Objectivamente, o comunismo, sob as suas diferentes formas, adquiriu no contexto mundial uma importância que ultrapassa largamente a própria URSS. Mesmo nalguns países democráticos, como em Itália e França, o

[613] Organisation du Traité de l'Atlantique Nord – *L'Alliance atlantique. Données et structures*, Bruxelas: Service de l'Information de l'OTAN, 1989, p. 6.

peso dos partidos comunistas é considerável. A situação para os países ocidentais é deveras problemática e a ameaça bem real.

Face a esta situação de conflito latente e de bipolarização progressiva, Salazar vai marcar claramente posição, desde Novembro de 1947, num importante discurso intitulado «Miséria e medo, características do momento actual»[614]. Neste discurso, Salazar critica abertamente a política de guerra das potências ocidentais ao procederem ao «esmagamento da Alemanha»[615]. A Alemanha devia constituir um «factor de equilíbrio» no seio da Europa e uma barreira contra a hegemonia soviética. «Historicamente o germano representa o fronteiro da Europa em face do eslavo invasor; e as lutas para a hegemonia continental não lhe fizeram perder esse carácter nem diminuíram o valor daquela missão»[616]. Ora, para Salazar a situação a Leste era a de um completo domínio militar, económico e político por parte da Rússia, sem qualquer espécie de respeito pela soberanias nacionais (Salazar sempre utilizou a designação de «Rússia» em vez de URSS, provavelmente por considerar que esta última é, já por si, um resultado da hegemonia russa). Para Salazar, a Europa está numa situação aflitiva e não pode pensar em resistir sozinha à Rússia, mesmo unida pela «pressão das circunstâncias». O papel dos EUA e da Comunidade Britânica é determinante. A guerra não é uma fatalidade «se houver a perfeita consciência da situação» que se está a viver e, com a ajuda imprescindível dos EUA, se se fizer face à Rússia para contrariar as suas tendências hegemónicas na Europa[617]. É pois necessário que o Ocidente demonstre determinação face às tendências expansionistas dos soviéticos. De qualquer forma, Salazar considera que os dirigentes soviéticos são «duros, tenazes, mas também prudentes» e que tendo sob controlo a situação a

---

614 SALAZAR, António de Oliveira – «Miséria e medo, características do momento actual» in *Discursos e Notas Políticas – IV – 1943-1950, op. cit.*, p. 285-311.

615 *Ibid.*, p. 288-289.

616 *Ibid.*, p. 290.

617 *Ibid.*, p. 291-292.

Leste não vão arriscar uma guerra, pois «preferirão sobretudo esgotar as possibilidades de acção indirecta, através do prestígio do seu regime»[618]. Independentemente da necessidade de fazer face militarmente à Rússia, o grande perigo para Salazar é a própria ideologia comunista e a influência que pode ter nos países ocidentais.

Passados cinco meses, no dia 28 de Abril de 1948, Salazar volta ao tema através de um discurso aos representantes das forças armadas intitulado «O Ocidente em face da Rússia»[619], onde expõe o seu pensamento sobre a situação internacional que se está a viver. Volta a referir a questão da Alemanha e considera absolutamente necessária a sua colaboração, assim como a da Itália e a da Espanha, num esforço comum de «reconstituição europeia» que, com a «ajuda efectiva da América, disporá de elementos materiais e morais suficientes» para resistir à Rússia[620]. Considera que a vitória dos Aliados na Segunda Guerra Mundial representou a paz para os Ocidentais mas não para a Rússia, que continuou a «desenvolver as suas forças e a utilizar as suas posições, como se a guerra houvesse ainda de prosseguir»[621]. Apesar disto, Salazar estima que se deve prosseguir a colaboração com a Rússia pois, independentemente das divergências existentes, o Mundo só tem a ganhar com essa colaboração, nos seus diferentes domínios. A Rússia é, talvez, segundo ele, «o único país que pode fechar-se sobre si mesmo e prescindir quase completamente de intercâmbio com outras nações»[622]. Este isolamento ou autarcia, que Salazar estima não ser uma preferência dos dirigentes soviéticos, provocaria muito provavelmente o isolamento dos países satélites da Rússia. Coloca, por fim, a hipótese da guerra e diz ficar estarrecido com a facilidade com que

---

[618] *Ibid.*, 295.

[619] SALAZAR, António de Oliveira – «O Ocidente em face da Rússia» in *Discursos e Notas Políticas – IV – 1943-1950, op. cit.*, p. 225-237.

[620] *Ibid.*, p 331-334.

[621] *Ibid.*, p. 327.

[622] *Ibid.*, p. 329.

se apresenta esta hipótese e «a criação de um estado emocional a ela conducente», o que pode, inclusive, «tirar das mãos dos responsáveis a direcção dos acontecimentos»[623].

Salazar considera que na eventualidade de haver uma guerra com a Rússia ela seria mundial e as neutralidades pouco prováveis. A guerra implicaria «a mobilização integral dos seus recursos» e provocaria uma «catástrofe demográfica sem paralelo na história». A Europa Ocidental «mergulharia então na decadência, na sua longa, trágica e porventura definitiva noite»[624]. Mas vai mais longe na sua análise e considera que, apesar do Ocidente ser mais vulnerável, devido «ao desenvolvimento de centros urbanos, nível de cultura e de vida», não interessa estimar as possibilidades de vencer a guerra, pois julga «as consequências dessa catástrofe quase independentes do sinal da vitória». Por fim, tira duas ilações: «primeira, o Ocidente não se lançará por deliberado intento em guerra contra a Rússia; segunda, o Ocidente tem de empregar os máximos esforços para evitar que a Rússia se lance em guerra contra ele»[625]. É necessário resistir por todos os meios, nomeadamente através da ideologia, ao expansionismo soviético pois esta será a única forma de barrar o seu caminho e, assim, evitar a sua progressão. A solução para Salazar passa por uma consolidação económica, moral, ideológica (no sentido do

---

[623] *Ibid.*.

[624] *Ibid.*, p. 330. Sobre a questão da neutralidade, Salazar dirá mais tarde, numa entrevista ao jornal *O Século*, que só vê «eventualmente, no caso de um conflito generalizado, a Suíça e a Suécia como países que podem escapar à tentação da ocupação, contando que a respectiva economia se integre na do invasor e este não tenha a recear pela sua segurança». Depois acrescenta: «a neutralidade, para existir, precisa de ser respeitada ou fazer-se respeitar, a sério, e exige uma força capaz de enfrentar qualquer dos adversários ou até os dois ao mesmo tempo. Se a «neutralidade» é apenas a complacência, a cedência e permissão de passagem de tropas e do espaço aéreo aos primeiros que chegam, essa, realmente, sob o ponto de vista político, parece mais uma demissão colectiva». *O Século*, 10 de Agosto de 1950.

[625] SALAZAR, António de Oliveira – «O Ocidente em face da Rússia» in *Discursos e Notas Políticas – IV – 1943-1950, op. cit.*, p. 331.

anti-comunismo) e militar que possibilite uma defesa efectiva da Europa Ocidental. Desta forma, só restaria à Rússia a alternativa da conquista militar; o que Salazar considera como possibilidade muito remota, devido às consequências catastróficas que resultariam para a própria Rússia.

2. As questões geoestratégicas e militares

A intervenção cada vez mais evidente e apertada da URSS nos países sob o seu controlo, no leste europeu, e o desencadeamento do bloqueio de Berlim-Este vai provocar um aumento muito significativo da tensão Este-Oeste em 1948. Neste contexto, começa-se a estimar como mais provável a eclosão de uma guerra provocada pela URSS. Torna-se, pois, necessário reforçar a defesa militar, mobilizar os meios necessários e estabelecer estratégias. Apesar do monopólio atómico por parte dos EUA – que era ainda insuficiente para se tornar decisivo – a URSS possuía uma superioridade esmagadora de meios militares no continente europeu, face a uma Europa Ocidental pouco coesa, enfraquecida e muito dependente da ajuda norte-americana.

A posição de Portugal no concerto das nações europeias é muito específica, por via da respectiva situação geográfica, das suas forças armadas, do regime político, e das suas relações externas. Mesmo antes do fim da Segunda Guerra Mundial, Salazar vinha alertando, tanto a nível interno como externo, para o deslocamento do campo ocidental para oeste, centrando-se agora no Atlântico. O papel dos EUA tinha-se tornado fundamental na defesa daquilo que considera ser a «civilização ocidental». Complementar ao poderia militar e económico dos EUA aparece o Reino Unido e a sua *Commonwealth*, e, de uma forma menos significativa, mas também determinante, a França e as restantes potências continentais. A Alemanha, como já foi dito, também é considerada como essencial para o equilíbrio Este-Oeste, pelo que há todo o interesse em a associar o mais cedo possível ao campo ocidental. Salazar considera-a como um elemento muito importante num eventual futuro conflito com a URSS.

No fundo, esta análise da situação efectuada por Salazar põe em relevo a importância de Portugal continental e insular e, igualmente, de uma forma indirecta, das Colónias portuguesas da África ocidental no espaço Atlântico. Este deslocamento do poderio económico e militar para oeste, reforça significativamente a importância de Portugal em termos geoestratégicos, principalmente por causa dos Açores. Neste novo contexto, Portugal tinha todo o interesse em manter as suas boas relações com o Reino Unido, nomeadamente por razões ligadas à sua política colonial, e em reforçar a sua ligação com os EUA. Obviamente, os Açores constituíam o grande "trunfo" da política de aproximação com os EUA.

Em caso de guerra, Portugal muito dificilmente poderia manter, tal como aconteceu na Segunda Guerra Mundial, um estatuto de neutralidade. A sua posição estratégica, tanto continental como insular, era suficientemente importante para que Portugal fosse deixado de fora de um eventual conflito mundial. Salazar estava consciente dessa situação[626].

Em relação a uma hipotética invasão soviética da Europa Ocidental, a posição geográfica de Portugal era peculiar. Situando-se na ponta sudoeste da Europa e sendo a ameaça soviética fundamentalmente terrestre e aérea, por via da superioridade manifesta das marinhas norte-americana e britânica nesta zona do globo, Portugal era o país mais afastado da zona de partida de uma invasão terrestre. Para além do mais, os Pirinéus constituíam uma barreira defensiva de algum valor estratégico numa tentativa de invasão terrestre da Península Ibérica. Obviamente, haveria sempre a possibilidade de utilizar as forças aerotransportadas numa hipotética

---

[626] Mais tarde irá mesmo ao ponto de criticar Augusto de Castro a propósito de um artigo no *Diário de Notícias* em que este falava da neutralidade. Salazar escreve o seguinte: «Pode supor-se ingénuo o reparo que V.Exa. faz, porque no próximo conflito ninguém respeitará nenhuma neutralidade. Ele estender-se-á por vastas zonas geográficas dotadas de contiguidade e que a bem ou a mal serão levadas a jogar o mesmo jogo» in NOGUEIRA, Franco – *Salazar-Volume IV – O Ataque (1945-1958), op. cit.*, nota da p. 180.

invasão soviética. Já dentro da Península, as grandes barreiras geográficas deixam de existir e o acesso a Portugal tornar-se-ia relativamente fácil. Na perspectiva inversa, de uma reacção norte-americana a uma invasão soviética da Europa continental, que ainda não tivesse ocupado a Península Ibérica, Portugal continental também constituía um ponto estratégico de grande importância. A existência de bons portos de águas profundas e de alguns aeroportos poderia permitir a utilização da Península Ibérica como plataforma para uma eventual contra-ofensiva[627].

O grande trunfo geoestratégico de Portugal na defesa da Europa Ocidental foram, sem qualquer sombra de dúvida, as bases aéreas dos Açores. Estas bases eram indispensáveis para uma boa articulação estratégica entre os EUA e a Europa, principalmente no Inverno, e para o acesso à zona do Mediterrâneo e ao Médio Oriente, assim como para um bom controlo operacional do Atlântico Norte, tanto na luta anti-submarino como nas comunicações[628]. Os Açores constituíam a "jóia da coroa" de Portugal e, como veremos mais à frente, um trunfo decisivo na aceitação internacional do país. Sem os Açores, o interesse geoestratégico do país reduzir-se-ia consideravelmente; não justificando, por conseguinte, uma tão evidente tolerância internacional do regime português.

A política externa de Portugal em matéria de alianças militares defensivas passa pela sua ligação à Espanha, através do Pacto Ibérico, e pela sua tradicional aliança com o Reino Unido. Face à tensão existente e ao poder crescente dos EUA, o país tinha todo o interesse em se associar à única grande potência mundial que tinha capacidade de fazer frente ao enorme poder bélico da URSS; tanto mais que era a única potência nuclear existen-

---

[627] Poucos anos depois, os EUA irão instalar uma importante base aérea perto de Madrid.

[628] Sobre esta questão, ver os documentos compilados em: «Portugal»/«Negotiations between the United States and Portugal regarding a new agreement granting to American military aircraft transit rights thought Lages airfield in the Azores for the duration of the occupation of Germany and Japan» in *FRUS, The British Commonwealth; Europe, 1947, Vol. III*. Washington: U. S. Government Printing Office, 1972, p. 1 019-1 052.

te[629]. Só uma aliança com os EUA constituiria uma garantia suficientemente credível para merecer uma mudança de atitude de Portugal em matéria de defesa. Portugal estava cada vez mais ligado aos EUA; por via do Acordo com vista à utilização pelos EUA da base das Lages (Açores), de 2 de Fevereiro de 1948, e do Acordo Bilateral de Cooperação Económica, de 28 de Setembro de 1948, no âmbito do Plano Marshall[630]. Contudo, o Tratado de Bruxelas e a União da Europa Ocidental não mereceram de Portugal qualquer interesse, como veremos mais à frente, pois, entre outras razões,

---

[629] «Uma realidade se impõe no fim da Segunda Guerra Mundial, e mais ainda nos anos que se seguem, os Estados Unidos tornaram-se a principal potência mundial. Em todos os domínios, económico, político, militar, tecnológico, ver mesmo «cultural», a sua superioridade é evidente» GIRAULT, René ; FRANK, Robert e JACQUES, Thobie – *Histoire des relations internationales – tome 3 – La loi des géants 1941-1964, op. cit.*, p. 107. [t.a.]

[630] Em relação ao Acordo sobre os Açores de 1948, há que referir que os EUA pediram o apoio do Reino Unido, em Maio de 1947 (ver a este propósito: *FRUS, The British Commonwealth; Europe, 1947, Vol. III. op. cit..*, p. 1 021 e 1 023-1 024), para as negociações que se iam iniciar. A resposta de Ernest Bevin, no dia 13 de Junho de 1947, é a seguinte: «Estou preocupado com esta matéria. Os EUA desejam ter um controlo completo dos Açores. Se eu passo um cheque em branco de apoio desde o início, a minha influência seria de imediato perdida. Eu sinto que tenho obrigação de dar apoio, mas só por um período limitado. Devemos prevenir os EUA que se eles avançam com um longo período, isso pode causar uma ruptura, e todo o processo da negociação transformar-se em disputa, em vez prosseguir como um entendimento amigável» PRO/FO 371-67861, «Copy of a Minute by the Secretary of State on the Azores», de 13 de Junho de 1947. [t.a.] O embaixador britânico em Lisboa, Sir Nigel Ronald, vai efectivamente apoiar e aconselhar os norte-americanos nas negociações com o Governo português. Este apoio é dado de uma forma aberta e com conhecimento do ministro Caeiro da Matta, sendo as sugestões britânicas consideradas pelo Governo português como bem-vindas. Segundo Sir Nigel Ronald, parece que a atitude obstinada de Salazar relativamente ao pedido norte-americano se deve ao ministro da Guerra, Santos Costa, que o embaixador qualifica de «indivíduo de aspecto sinistro» em relação ao qual ele nunca poderá «sentir nenhuma confiança». PRO/FO 371-67861, n.º 231, (Secret), de Sir Nigel Ronald, embaixador do Reino Unido em Lisboa, para Ernest Bevin, ministro dos Negócios Estrangeiros, em 29 de Novembro de 1947. [t.a.] Para provar a atitude positiva de Portugal para com o Reino Unido, Caeiro da Matta, enviará, mesmo antes da assinatura do Acordo de 1948, não só os termos do acordo como o próprio acordo técnico com os EUA (Secreto), no dia 31 de Janeiro de 1948.

o Governo português não desejava, de forma alguma, ver-se arrastado para conflitos intereuropeus, que tantas catástrofes tinham provocado nas décadas passadas. A memória das guerras ainda estava viva e havia, segundo Salazar, suficientes razões de conflito no seio da Europa para Portugal não querer envolver-se numa aliança puramente europeia. Ainda por cima, a questão alemã continuava por resolver, o que constituía uma grande preocupação para os países que tinham sido vítimas da Alemanha nazi.

Do ponto de vista militar, as forças armadas portuguesas não tinham grande capacidade operacional numa guerra moderna e utilizavam em muitos casos material já obsoleto. Não poderiam ser de grande utilidade contra um exército, uma marinha ou uma aviação tecnologicamente mais avançados e contra tropas bem treinadas e habituadas às novas tácticas de combate. Eram forças com fraca mobilidade e principalmente vocacionadas para o combate estático, em posição. De qualquer forma, «a política de defesa é encarada como a principal forma de defender e manter o regime, pois sabe-se que só um golpe militar o pode derrubar»[631]. Também tinham como um dos objectivos principais o de defender as Colónias portuguesas de insurreições internas ou de eventuais ataques exteriores. No que toca à Índia Portuguesa e ao território de Macau, havia grandes ameaças. A União Indiana pedia a transferência da soberania e os comunistas chineses estavam em vias de conquistar toda a China continental[632]. O cenário era no mínimo preocupante. Apesar de saber que era totalmente impossível resistir eficazmente a um ataque em massa, Salazar queria que houvesse sempre um acto de resistência, mesmo que inglório,

---

[631] TELO, António José – «Política de Defesa» in *Dicionário de História do Estado Novo*, *op. cit.*, p. 762.

[632] A União Indiana acabará por invadir os territórios da chamada Índia Portuguesa em 18 de Dezembro de 1961, após largos anos de conflito diplomático e escaramuças internas. Também Macau sofreu ataques de comunistas chineses, no Verão de 1952, tendo a República Popular da China decidido autorizar a continuação da presença portuguesa no território. O território passou para a administração chinesa nos finais de 1999.

para demonstrar ao mundo que não se aceitaria sem lutar a perda dos territórios que Portugal considerava como sua pertença[633].

II. A questão da eventual participação de Portugal nos primeiros esboços de defesa ocidental

Desde fins de Janeiro de 1948 que o Ministério dos Negócios Estrangeiros em Lisboa, por informação do seu representante diplomático em Bruxelas, estava ao corrente das negociações em curso com vista à assinatura de um tratado entre os países do Benelux, a França e o Reino Unido. Aquando da entrega a Paul-Henri Spaak do projecto britânico para a negociação, o embaixador do Reino Unido teria mesmo dito a Spaak que Portugal fazia parte, indirectamente, da organização da Europa através da Aliança luso-britânica e, igualmente, que a Espanha poderia vir a ser convidada[634]. Os Britânicos tinham, efectivamente, a vontade de «criar um sistema ocidental muito alargado agrupando a Escandinávia, a Holanda, a Bélgica, o Luxemburgo, a França, a Itália, a Grécia, Portugal e associar a Espanha e a Alemanha»[635]. Ernest Bevin no seu discurso na *House of Communs* avançou com a hipótese de se convidar Portugal para uma

---

[633] É curioso assinalar que, quando o diplomata Vasco Garin se vai despedir de Salazar, em Outubro de 1948, antes da sua partida para a Legação de Portugal em Nova Deli, Salazar lhe teria dito o seguinte: «Garin, espero que o não matem por lá. Mas se tiver de morrer, saiba morrer bem». NOGUEIRA, Franco – *Salazar – Volume IV – O Ataque (1945-1958), op. cit.*, p. 140.

[634] AHDMNE, RNP, Política interna e externa da Europa, Telegrama n.º 7, de 26 de Janeiro de 1948, da Legação de Portugal em Bruxelas (Eduardo Leitão) para o ministro dos Negócios Estrangeiros (Caeiro da Matta), M. 37, 2.º P.-A. 50, d.l.: 1948-1949.

[635] BOSSUAT, Gérard – *L'Europe occidentale á l'heure américaine 1945-1952, op. cit.*, p. 97. e Cf. «Summary of a Memorandum Representing Mr. Bevin's Views on the Formation of a Western Union» (Enclosure in the British Ambassador (Inverchapel) to the Secretary of State, Top Secret, Personal, Washington, January 13, 1948) in *FRUS, Western Europe, 1948, Vol. III, op. cit.*, p. 5. [t.a.]

«união» e, também, tão cedo que as circunstância o permitissem, «incluir a Espanha e a Alemanha, sem as quais nenhum sistema poderá estar completo»[636]. Contudo, a questão da Espanha era ainda um assunto extremamente polémico e susceptível de provocar grandes divisões internas, nomeadamente no Reino Unido. Em suma: os fins não justificam todos os meios.

No dia 4 de Março o embaixador de Portugal em Londres, Domingos Palmela, envia um telegrama a relatar a conversa com o subsecretário do *Foreign Office*, Orne Sargent[637], no qual está indicado que o Governo britânico «conta com a adesão de Portugal» à União Ocidental. O Reino Unido, depois de ter falado com a França e os países do Benelux sobre a União Ocidental, ia, em seguida, tratar do assunto com outros países, incluindo Portugal. O embaixador, manifestando um óbvio desconhecimento das reais implicações da questão, respondeu a Sargent que podiam «contar com a colaboração portuguesa» e que lhe parecia que a União Ocidental não se devia «prender muito com fórmulas rígidas»[638]. Em seguida, Sargent chegou mesmo a falar do melhor método de trabalho indicando que era preferível que nas reuniões preparatórias já houvesse uma agenda e estudos efectuados de forma a que se eliminassem «muitas

---

[636] Extracto do discurso de Ernest Bevin, na House of Commons, no dia 22 de Janeiro. Cit. in BAYLIS, John – «Britain and the Formation of NATO» in *The Origins of NATO* (Edited by Joseph Smith) Exeter: BPCC Wheatons Ltd, 1990, p. 11. [t.a.] Já em 1944, Gladwyn Jebb, *Head of the Economic and Reconstruction Department* do *Foreign Office*, num *combined memorandum on Western Europe*, que foi submetido ao *Foreign Secretary and Chiefs of Staff*, tinha avançado com a possibilidade de se formar um «sistema regional de segurança» negociando um tratado multilateral entre o Reino Unido, França, Holanda, Dinamarca, Noruega e Islândia; levantando logo a seguir a hipótese de se associar a Suécia, Espanha, Portugal e Itália. *Ibid.*, p. 4.

[637] Sir Orne Sargent (1884-1961), diplomata britânico, que foi subsecretário de Estado dos Negócios Estrangeiros entre 1946 e 1949.

[638] AHDMNE, RNP, Plano Marshall, Telegrama n.º 79, de 4 de Março de 1948, da Embaixada de Portugal em Londres para o ministro dos Negócios Estrangeiros, M. 381, 2.º P.-A. 60, d.l. 1947-1949.

arestas que provocariam dificuldades se aparecessem de surpresa numa reunião magna»[639].

Poucos dia depois, em meados do mês de Março, vários jornais britânicos avançam com a notícia de que Portugal iria ser, muito provavelmente, convidado a aderir ao futuro Pacto de Bruxelas[640]. No decurso da tarde do dia 18 de Março, os jornais portugueses, referindo informações provenientes de Bruxelas, falam abertamente de um possível convite a Portugal e à Itália para aderirem ao Tratado que tinha sido assinado na véspera. Face a todas estas notícias, Salazar reage de imediato e envia um telegrama para o ministro Caeiro da Matta, que se encontrava na segunda Conferência de cooperação económica europeia, em Paris, pedindo-lhe para que nas conversas que vai certamente ter sobre o assunto «se guarde a reserva bastante para deixar ao Governo inteira liberdade de acção»[641]. Nesse mesmo telegrama define a primeira posição sobre o assunto:

> «Considero prematuro tomar qualquer posição em face eventual convite que aliás nos conviria não ser feito pelo menos antes de esclarecido ambiente geral e de se tornarem mais nítidas atitudes

---

[639] *Ibid.*. Para terminar, falaram das questões coloniais, tendo Sargent dito ao embaixador Palmela que Bevin desejava conversações entre as quatro potências coloniais com vista à contribuição das colónias para o restabelecimento da Europa. Já no seu discurso na *House of Commons*, de 22 de Janeiro de 1948, Ernest Bevin tinha abordado esta questão realçando a importância económica das Colónias, nomeadamente portuguesas, na organização da Europa Ocidental. Ver: «Appendix A: Extracts from a Speech by Ernest Bevin to the House of Commons, 22 January 1948» in *The Origins of NATO* (Edited by Joseph Smith) Exeter: BPCC Wheatons Ltd, 1990, p. 158.

[640] Num Aide-Mémoire enviado pelo embaixador britânico para o Departamento de Estado, em 11 de Março de 1948, Portugal está na lista de países a convidar para essa união ocidental. Os países mencionados são: Estados Unidos, Reino Unido, Canadá, República da Irlanda, Islândia, Noruega, Dinamarca, Portugal, e França «assim como a Espanha quando for um regime democrático». Cf. *FRUS, Western Europe, 1948, Vol. III, op. cit..*, p. 47. [t.a.]

[641] AHDMNE, RNP, Plano Marshall, Telegrama n.º 60, de 18 de Março de 1948, do Presidente do Conselho para a Embaixada de Portugal em Paris (ministro dos Negócios Estrangeiros), M. 381, 2.º P.-A. 60, d.l.: 1947-1949.

outros países interessados. Demais nossa posição muito especial de aliados Inglaterra, facto de não pertencermos Nações Unidas e nossa vizinhança com Espanha, para o momento afastada colaboração Europa Ocidental, não tem paralelo com restantes Nações já ligadas pacto.[...] A verdade é que este [governo] não vê motivos de confiança na orientação da política internacional para alienar ligeiramente sua liberdade determinação em ponto tão grave»[642].

No dia seguinte, o *Diário de Notícias* refere, igualmente, que Portugal e Itália são «os primeiros países a serem admitidos na União Ocidental», reproduzindo assim a informação veiculada na véspera pelos jornais da tarde. Apesar das notícias divulgadas pela imprensa, não há nenhum convite formal, tal como era de prever. Seria difícil, senão impossível, aceitar Portugal num Pacto onde, logo no preâmbulo do tratado, se fazia referência aos «princípios de democráticos». Também não há intenção do Governo português em candidatar-se ao Pacto de Bruxelas que, por si só, não dá credibilidade militar à defesa da Europa Ocidental. A participação dos EUA continua a ser imprescindível. Nos EUA, o *Policy Planning Staff*, em 23 de Março de 1948, considera que a inclusão de Portugal no Pacto de Bruxelas deveria acontecer rapidamente[643].

A arquitectura provável do sistema de defesa ocidental face à ameaça da URSS, começa-se a definir mais nitidamente a partir do Verão de 1948. A aprovação pelo Senado dos EUA da Resolução Vandenberg, no dia 11 de Junho de 1948, e o início das negociações entre os EUA, o Canadá e os países do Pacto de Bruxelas, em 6 de Julho, vão reforçar a ideia de que a defesa ocidental passa por uma participação mais activa dos EUA na defesa da Europa, numa perspectiva mais atlântica e menos continental.

---

642 *Ibid.*.

643 «Report of the Policy Planning Staff – Recommendations (Secret)» e «Minutes of the Second Meeting of the United States – United Kingdom – Canada Security Conversations, Held at Washington (Top Secret)», de 23 de Março de 1948, in *FRUS, Western Europe, 1948, Vol. III, op. cit.*, p. 61-62 e 64-65.

Nesta altura, a França manifesta, sem qualquer sucesso, a sua oposição à entrada de Portugal no futuro Pacto[644]. Estas negociações seguiram-se a negociações prévias e secretas entre os EUA, o Reino Unido e o Canadá, que se desenrolaram entre os dias 22 de Março e 1 de Abril de 1948. Nestas negociações secretas, a eventual participação de Portugal foi questionada, por via do seu regime autoritário, mas, por fim, houve acordo para que o país fosse incluído na lista devido ao seu «grande interesse estratégico»[645]. Efectivamente, apesar das reticências do Canadá, os EUA conseguem impor a inclusão de Portugal na lista dos países a convidar, por razões estratégicas ligadas com os Açores. Pensou-se, inicialmente, num estatuto diferente para Portugal, nomeadamente através de uma associação com o Pacto de Bruxelas, mas, por fim, decidiu-se, por vontade dos EUA, por um convite aberto a Portugal[646].

No dia 15 de Junho, o novo embaixador dos EUA, Lincoln MacVeagh, vai apresentar cumprimentos a Salazar e entrega-lhe em mão o texto de uma carta do secretário de Estado da Defesa dos EUA, James Forrestal[647], em que este último agradece as facilidades militares concedidas aos EUA nos Açores através do Acordo de 2 de Fevereiro de 1948 e reconhece que a autorização do Governo português para a sua utilização durante a Segunda Guerra Mundial «demonstrou ser uma contribuição inestimável

---

[644] Cf. Lovett to Caffery, August 24, 1948, NASP., file 283 (s), part 2. Cit. in REID, Escott – *Time of Fear and Hope. The Making of the North Atlantic Treaty 1947-1949*. Toronto: McClelland and Stewart, 1977, p. 121.

[645] GERBET, Pierre – *Le Relèvement, 1944-1949. op. cit.*, p. 346-347. Houve diferença de pontos de vista entre as três delegações no que diz respeito à eventual participação da Suíça, de Portugal, de Espanha e de Itália. Por fim, as delegações chegaram a acordo na inclusão de Portugal e de Itália na lista dos países a convidar. Cf. BAYLIS, John – «Britain and the Formation of NATO» in *The Origins of NATO* (Edited by Joseph Smith) Exeter: BPCC Wheatons Ltd, 1990, p. 16.

[646] Sobre esta questão ver: Reid (Escott), *Time of Fear and Hope. The Making of the North Atlantic Treaty 1947-1949, op. cit.*, p. 198-200 e *FRUS, Western Europe, 1948, Vol. III, op. cit.*., p. 107, 117-118, 122, 141, 203, 205, 211.

[647] James V. Forrestal, secretário de Estado da Defesa dos EUA a partir de Julho de 1947.

para a vitória final das Nações Unidas[648]. Depois de falar das facilidades concedidas depois da guerra e da sua importância, acrescenta o seguinte:

> «As responsabilidades do governo dos Estados Unidos como uma das potências de ocupação subsistem ainda e nós apreciamos com uma profunda gratidão a boa vontade e o espírito de cooperação internacional que o Governo português demonstrou, assim como a prontidão em nos apoiar e em participar na manutenção da paz internacional, da segurança e da reconstrução da Europa»[649].

Num contexto de Guerra Fria em que os EUA pretenderam mesmo convidar a Espanha para o futuro Pacto, Portugal estava bem situado para ser aceite, ou, mais exactamente, "tolerado", dada a sua importância em termos geoestratégicos. Desde, pelo menos, fins de Setembro que o embaixador Lincoln MacVeagh estava ao corrente do interesse que existia em integrar Portugal no futuro pacto. John Hicckerson tinha escrito ao embaixador em Lisboa, em 22 de Setembro, a dizer o seguinte: «Para além dos países representados nas nossas conversações exploratórias aqui, gostaríamos de ver Portugal, Noruega, Dinamarca, Islândia e possivelmente Irlanda e outros países, tornarem-se membros deste pacto»[650].

A questão da União Ocidental e a eventual participação de Portugal vai voltar mais tarde a ser notícia. No Verão de 1948 começa-se a falar das negociações entre os países do Pacto de Bruxelas, os EUA e o Canadá[651]. Quando em Outubro de 1948 se começa a ter conhecimento mais detalhado das negociações em curso fala-se de «União Atlântica» ou «Pacto

---

648 ANTT/AOS/CO/NE-2C1, Carta do embaixador dos EUA para o Presidente do Conselho, datada de 14 de Junho de 1948 e entregue em mão a Salazar no dia 15 de Junho, f. 936-937. [t.a.]

649 *Ibid.*, f. 937. [t.a.]

650 «The Director of the Office of European Affairs (Hickerson) to the Ambassador in Portugal (MacVeagh)» in *FRUS, Western Europe, 1948, Vol. III*. Top Secret, Washington, September 22, 1948, *op. cit.*, f. 1 006. [t.a.]

651 Cf. DUROSELLE, Jean-Baptiste – *Histoire diplomatique de 1919 à nos jours*. Paris: Dalloz, 1985, p. 497.

Atlântico», o que é interpretado nalguns meios como um sistema de defesa articulado entre o Pacto de Bruxelas, os EUA e o Canadá[652].

Mesmo antes de o assunto ser submetido aos ministros dos Negócios Estrangeiros do Pacto de Bruxelas, o embaixador do Reino Unido em Lisboa, Sir Nigel Ronald anuncia a Caeiro da Matta, no dia 4 de Outubro, que lhe vai entregar uma Nota acerca das reuniões que tinham decorrido em Washington no passado mês de Julho entre os países do Pacto de Bruxelas, os EUA e o Canadá. Efectivamente, no dia 6 de Outubro de 1948 Sir Nigel Ronald desloca-se ao Ministério dos Negócios Estrangeiros onde entrega a Caeiro da Matta um *Pro Memoire* sobre o assunto[653]. Na conversa que tem com o ministro, indica que não se trata de «pedir uma decisão do Governo português», numa altura em que só se procede a «conversações exploratórias», mas, sim, de obter a sua opinião sobre o assunto. Caeiro da Matta levanta logo a questão da Espanha, tendo o embaixador respondido que a Espanha tinha que evoluir no sentido da «concessão de liberdades». O embaixador referiu, igualmente, que «os Estados Unidos estavam intransigentes na sua atitude para com a Espanha, que era idêntica à de Inglaterra» (Caeiro da Matta põe em dúvida esta afirmação). Pouco depois, num almoço, encontra o embaixador dos EUA, Lincoln MacVeagh, que lhe

---

[652] Esta ideia é perfeitamente plausível na altura. Numa carta de John Hickerson para o embaixador em Lisboa, MacVaegh, está escrito o seguinte: «A questão da ajuda militar americana às nações da Europa Ocidental, usando os participantes no Pacto de Bruxelas como núcleo central, é uma ideia com a qual temos estado activamente envolvidos estes últimos meses, como se recordará de eu ter referido aquando da nossa última conversa mesmo antes da vossa partida. Desde o início de Julho nós estivemos activamente empenhados em explorar com os embaixadores do Canadá e os participantes do Tratado de Bruxelas as possibilidades de estabelecer, no contexto da Carta das Nações Unidas e da Resolução Vandenberg, um Pacto de Segurança do Atlântico Norte, similar ao Tratado do Rio» *FRUS, Western Europe, 1948, Vol. III*, «The Director of the Office of European Affairs (Hickerson) to the Ambassador in Portugal (MacVeagh)», *op. cit.*, f. 1 006. [t.a.]

[653] António Telo refere que o *Pro Memoria* da Embaixada do Reino Unido foi entregue no dia 4 de Outubro mas, apesar de a Nota ter sido anunciada nesse dia, só foi entregue no dia 6 de Outubro. Cf. TELO, António – *Portugal e a NATO, o reencontro da tradição atlântica.* Lisboa: Edições Cosmos, 1996, p. 64.

diz que o seu Governo conhece e concorda com o *Pro Memoria* britânico e lhe vai comunicar oficialmente isso mesmo[654].

O *Pro Memoria* britânico invoca as conversações que começaram em Julho entre os países do Pacto de Bruxelas, os EUA e o Canadá e a proposta de criação de um «pacto de assistência mútua entre os países do Atlântico Norte». Refere neste particular que, juntos, os países poderão melhor assegurar a defesa em caso de agressão e manter a «lei e a ordem». O pacto em discussão está em harmonia com a Carta da ONU, assim como com o Pacto do Rio (1947). É referido, igualmente, que se chegou a acordo no sentido de alargar o pacto a alguns países, incluindo Portugal, mas que os governos dos países negociadores é que tomarão uma decisão final sobre este ponto. O *Pro Memoria* termina com a seguinte indicação «Se, contudo, as propostas forem eventualmente aprovadas, há intenção de

---

[654] ANTT/AOS/CO/NE-1E, «Resumo da conversa entre o ministro dos Negócios Estrangeiros e o embaixador do Reino Unido, em 6 de Outubro de 1948», f. 131-132. O ministro Caeiro da Matta marca ainda à mão, no dia seguinte, no Resumo da conversa enviado para Salazar, que o embaixador dos EUA estava ao corrente da Nota britânica e que concordava inteiramente com ela. No resumo da conversa, por lapso, Caeiro da Matta refere «os países do Benelux, os Estados Unidos e o Canadá». [t.a.]

Convém referir que MacVeagh já estava ao corrente da posição do Governo português em matéria de «Federação Europeia» e da necessidade de integrar a Espanha no concerto das nações europeias. A este propósito, o embaixador, em Setembro de 1948, escreve o seguinte: «(1) [...] O Governo português tem hoje um interesse crescente em relação à União ocidental, mas na ideia de que o abandono da palavra «federação» – ao menos nos tempos mais próximos – em benefício de expressões como «associação» e «integração», indicia uma reorientação real do pensamento sobre esta questão; (2) que ele deseja ver as bases firmes do entendimento estabelecidas entre as nações livres do Oeste enquanto preparação para qualquer coisa eventualmente mais concreta; (3) que ele tem a percepção de que um entendimento dificilmente poderá tornar-se efectivo, a menos que a Espanha seja incluída de uma ou de outra forma; (4) que se as coisas continuam a evoluir como actualmente, é possível que possa estar representado no próximo congresso da União ocidental por um observador de alto nível; (5) que a concepção de União ocidental inclui o apoio dos Estados Unidos como uma essencial pré-condição para o seu êxito» *FRUS, Western Europe, 1948, Vol. III*. «The Ambassador in Portugal (MacVeagh) to the Secretary of State», N.º 332, Confidential, Lisbon, September 8, 1948, *op. cit.*, f. 1 005. [t.a.]

sondar outros governos que possam estar disponíveis para passarem a ser participantes no projecto de Pacto de Segurança do Atlântico Norte»[655].

O ministro Caeiro da Matta envia imediatamente para o Presidente do Conselho o *Pro Memoria* e o Resumo da conversa com o embaixador britânico. Salazar classifica o *Pro Memoria* de «Secreto» e sublinha no documento duas expressões: «Tratado de Bruxelas» e «países do Atlântico Norte»[656]. Pouco depois, Salazar envia para o ministro da Guerra, Santos Costa[657], o Relato da conversa entre o embaixador britânico e Caeiro da Matta[658]. Aparentemente, o assunto irá ficar em "hibernação" à espera de novos desenvolvimentos e de um eventual convite formal.

No início de Outubro, os jornais britânicos começam a falar da visita ao Reino Unido do Chefe de Estado-Maior português, general Barros Rodrigues, a partir do dia 9 de Outubro, por um período de duas semanas, a convite do Ministério da Guerra britânico. O general Barros Rodrigues vai encontrar os altos responsáveis militares britânicos, incluindo o ministro da Guerra Marechal Montgomery[659], que tinha acabado de ser nomeado Presidente da Comissão de Defesa da União Ocidental[660], e o ministro da

---

[655] ANTT/AOS/CO/NE-1E, *Pro Memoria* do embaixador do Reino Unido, de 6 de Outubro de 1948, f. 130. Classificado de «Secreto» por Salazar.

[656] É interessante assinalar este facto, visto ainda se associar nesta altura em Portugal o pacto em discussão a uma extensão do Pacto de Bruxelas aos países do Atlântico Norte.

[657] Fernando dos Santos Costa, secretário de Estado da Guerra, entre 1936 e 1944, e, em seguida, ministro da Guerra até 1950. Em seguida, foi ministro da Defesa Nacional, até 1958. Ver referências biográficas no Apêndice 1.

[658] Ignoramos se também enviou cópia do *Pro Memoria*. Salazar deixou uma nota manuscrita, datada de 8 de Outubro, a indicar o seguinte: «Falta o relato da conversa do Doutor Caeiro com o Embaixador da Inglaterra que enviei ao ministro da Guerra com o pedido de devolução». ANTT/AOS/CO/NE-1E, Nota manuscrita de Salazar, 8 de Outubro, f. 128.

[659] Marechal Bernard Law Montgomery (Montegomery of Alamein), ministro da Guerra do Reino Unido e presidente da Comissão de Defesa da União Ocidental. Ver referências biográficas no Apêndice 1.

[660] No mês de Setembro de 1948, foi criada, no âmbito do Tratado de Bruxelas, a Organização de Defesa da União Ocidental. Cf. Organisation du Traité de l'Atlantique Nord – *L'Alliance atlantique. Données et structures, op. cit.*, p. 11.

Defesa. A sua visita, apesar de ter sido qualificada como uma visita de cortesia, foi interpretada por alguns jornais como se enquadrando numa aproximação com vista a uma coordenação de esforços em matéria de defesa, nomeadamente com os países do Pacto de Bruxelas e no âmbito de uma eventual «União Atlântica». Coloca-se como provável a discussão sobre «o papel dos Açores como base de aviação militar [da] União Atlântica»[661]. Portugal começa a aparecer mencionado como possível sexto membro do Pacto de Bruxelas e é dada a indicação de que a questão será debatida na conferência de ministros dos Negócios Estrangeiros do Pacto no dia 25 de Outubro. A informação veiculada pela *Associated Press* vai ter alguma repercussão internacional[662].

Ainda no dia 26 de Outubro, o embaixador de Portugal em Washington, Theotónio Pereira, num ofício para o ministro dos Negócios Estrangeiros, faz uma análise das informações sobre a reunião que está a ter lugar em Paris entre os ministros dos Negócios Estrangeiros dos cinco países constitutivos do Pacto de Bruxelas. Refere especificamente que os ministros «tomaram como tema principal dos seus trabalhos o estudo [da] projectada Aliança do Atlântico Norte que se realizaria com a adesão dos Estados Unidos e do Canadá ao bloco de Bruxelas»[663]. Aos EUA e ao Canadá caberia o papel de fornecer armamento moderno aos países do Pacto. O comando seria entregue, segundo informações que circulavam «com grande insistência» em Washington, ao general americano Mark Clark[664] e os

---

661 AHDMNE, RNP, Política interna e externa da Europa, Telegrama especial da *United Press*, de Londres, de 8 de Outubro de 1948, reproduzido no jornal *Vårt Land* (Noruega), tradução da Legação de Portugal em Oslo, M. 37, 2.º P.-A. 50, d.l.: 1948-1949.

662 AHDMNE, RNP, Política interna e externa da Europa, *The Scotsman*, de 6 de Outubro de 1948 e Comunicado da *Associated Press* de 15 de Outubro de 1948, M. 37, 2.º P.-A. 50, d.l.: 1948-1949.

663 AHDMNE, RNP, Política interna e externa da Europa, Ofício n.º 641, de 26 de Outubro de 1948, da Embaixada de Portugal em Washington (Theotónio Pereira) para o ministro dos Negócios Estrangeiros (Caeiro da Matta), M. 37, 2.º P.-A. 50, d.l.: 1948-1949.

664 General Mark Wayne Clark, que tinha comandado as forças de ocupação norte-americanas na Áustria, entre 1945 e 1947.

EUA e Canadá estabeleceriam as bases necessárias nos países do Pacto. Segundo o embaixador Theotónio Pereira, estas informações são muito credíveis e revelam que o projecto já pode ser considerado como uma realidade futura. Só falta, segundo o embaixador, a aprovação do futuro Congresso, que julga poder vir a ser dominado pelos Republicanos nas eleições de Novembro, assim como a aprovação do Parlamento Canadiano. Indica, igualmente, que os jornais falam de acordos militares prováveis com Portugal, Espanha, Itália, países escandinavos, Grécia e Turquia[665]. Em seguida, informa que o Pacto de Bruxelas poderá «ser alargado a outros países europeus que presentemente se opõem ao comunismo» e que, segundo parece, o Reino Unido estabeleceu uma lista de prioridade de países a convidar, em que situa Portugal em terceiro lugar, depois da República da Irlanda e da Islândia[666].

Deste ofício do embaixador Theotónio Pereira – porventura um dos portugueses mais bem informados sobre as negociações em curso em Washington –, transparece claramente a ideia de que a «Aliança Atlântica», apesar de vir a ser controlada pelos norte-americanos, resultaria da adesão dos EUA e do Canadá ao Pacto de Bruxelas. O ponto de partida da «Aliança Atlântica» seria o Pacto de Bruxelas e Portugal seria muito provavelmente convidado a fazer parte desse pacto. A separação entre um Pacto de Bruxelas alargado, ou «Pacto Ocidental», o projecto britânico de *Western Union* e o projecto de «Aliança Atlântica», ou «Pacto do Atlântico», era de difícil de estabelecer naquela altura devido ao secretismo das negociações em curso. De qualquer forma, no momento falava-se da provável adesão de Portugal ao Pacto de Bruxelas. Apesar de infundadas, as informações eram veiculadas, nomeadamente, pela agências noticiosas *Associated Press*, *United Press* e *France Press*.

---

[665] AHDMNE, RNP, Política interna e externa da Europa, Ofício n.º 641, de 26 de Outubro de 1948, da Embaixada de Portugal em Washington (Theotónio Pereira) para o ministro dos Negócios Estrangeiros (Caeiro da Matta), M. 37, 2.º P.-A. 50, d.l.: 1948-1949.

[666] *Ibid.*.

No dia 29 de Outubro, a *France Press* divulga a notícia de que Portugal estava em vias de aderir ao «Pacto do Atlântico». O próprio *Diário de Notícias*, considerado como o "órgão oficioso" do Ministério dos Negócios Estrangeiros, noticia no dia seguinte, na primeira página, que «Portugal será provavelmente um dos primeiros países a aderir ao Pacto do Atlântico – na opinião dos meios oficiais britânicos»[667].

Face a estas notícias, Salazar decide intervir e manda oficiosamente para os jornais e agências noticiosas um texto, sob a forma de "artigo", sobre o assunto. Esse mesmo texto é enviado em telegrama do Ministério dos Negócios Estrangeiros para o embaixador em Londres. O embaixador tinha solicitado, anteriormente, informações sobre a posição portuguesa em relação à União Ocidental. Nesse telegrama para Londres está indicado que «em meios que reputamos bem informados» se tinha recebido «com cepticismo a notícia». A aliança com o Reino Unido e as facilidades concedidas aos EUA tornavam «pouco menos de irrelevante», em termos práticos, uma adesão de Portugal ao Pacto Ocidental[668]. Logo a seguir acrescenta:

> «Julga-se aqui que a situação respeitante à defesa do Ocidente e na parte em que se tem procurado fazer interferir com esta determinadas formas de organização política europeia, é ainda bastante confusa e não pode deixar de suscitar as maiores dúvidas num país muito apegado à sua independência e naturalmente desejoso de não deixar atingir uma concepção de soberania que estende por igual às suas províncias ultramarinas»[669].

Entretanto, no domingo dia 31 de Outubro, será publicado no *Diário de Notícias*, quase na íntegra, o texto de Salazar. O título do "artigo" é o

---

[667] *Diário de Notícias*, 30 de Outubro de 1948.

[668] AHDMNE, RNP, Política interna e externa da Europa, Telegrama n.º 232 e 233, de 30 de Outubro de 1948, do ministro dos Negócios Estrangeiros (Caeiro da Matta) para a Embaixada de Portugal em Londres (Domingos Palmela), M. 37, 2.º P.-A. 50, d.l.: 1948-1949.

[669] *Ibid.*.

seguinte: «A hipótese de adesão de Portugal ao Pacto Ocidental é recebida com cepticismo nos meios bem informados»[670].

III. O processo de adesão de Portugal ao Tratado do Atlântico Norte

A questão da criação de um pacto entre os EUA, o Canadá e alguns países europeus continuou a ser muito debatido na imprensa internacional, e Portugal regularmente citado como um potencial membro[671]. Marcello Mathias, embaixador em Paris, pede mesmo que lhe sejam «dadas directivas de carácter geral sobre [o] pensamento do Governo nesta matéria» para sua orientação[672]. Também as informações provenientes de Washington confirmavam o interesse em se convidar Portugal a fazer parte do futuro Pacto. A perspectiva era relativamente evidente. Era neces-

[670] *Diário de Notícias*, 31 de Outubro de 1948. Curiosamente, as gralhas e o tipo de letra levam a pensar que o "artigo" tenha sido introduzido à última hora. Ao ler este "artigo", os embaixadores do Reino Unido e dos EUA interpretaram-no como uma resposta indirecta ao *Pro Memoria*. Ficam «estupefactos» e interpelam o ministro Caeiro da Matta, que nega uma tal relação e diz ser uma resposta às notícias surgidas na imprensa. Cf. *FRUS, Western Europe, 1948, Vol. III*, «The Ambassador in Portugal (MacVeagh) to the Secretary of State», Top Secret, N.º 412, Lisbon, November 8, 1948, *op. cit.*, f. 1 009. Neste mesmo ofício, Lincoln MacVeagh faz uma análise da posição de Portugal em relação à integração europeia e escreve o seguinte: «Bem ou mal, há certamente uma profunda ansiedade nos círculos governamentais aqui, com o receio que a União ocidental implique o estabelecimento de superparlamentos ou assembleias de modelo democrático, os quais, mesmo que não interfiram actualmente com os negócios internos da nação, entrariam em conflito com os ideais e o Estado corporativo e, desta forma, enfraqueçam a posição interna» *Ibid.*, p. 1 011. [t.a.]

[671] No *The Times* de 23 de Outubro de 1948 está mesmo marcado o seguinte: «talvez Portugal seja o único país que do ponto de vista prático, pode ser visto como maduro para a admissão». [t.a.]

[672] AHDMNE, RNP, Política interna e externa da Europa, Telegrama n.º 314 da Embaixada de Portugal em Paris para o ministro dos Negócios Estrangeiros, de 13 de Novembro de 1948, M. 37, 2.º P.-A. 50, d.l. 1948-1949.

sário associar ao Pacto, por razões estratégicas, um país do sudoeste da Europa e países nórdicos com ilhas e territórios no Atlântico Norte a servirem de bases estratégicas[673]. Deviam manter-se as diferentes possibilidades de rotas aéreas e marítimas de acesso à Europa. O futuro Pacto devia preservar esta situação.

O Governo português, contudo, não tinha pressa em definir uma posição sobre o assunto, tal como foi afirmado por Salazar ao *New York Times*, publicado em 20 de Novembro[674]. O ambiente internacional ainda era muito confuso e não se conheciam exactamente os contornos do futuro pacto. A divisa do Governo português era esperar para ver. Na conversa que Salazar teve com o redactor Cyrus Sultzberger[675], do *New York Times*, publicada sob a forma de telegrama de Lisboa, ficou claro que Salazar era muito favorável a um bloco Atlântico. Considera, no entanto, poder haver problemas na constituição da aliança se se tentasse avançar com os «ambiciosos e nebulosos projectos [de] federação europeia»[676].

Poucos dias depois, o embaixador de Portugal em Londres, Domingos Palmela, relatando informações sobre uma reunião dos países do Pacto de Bruxelas, indica que estes desejavam que a admissão de novos membros se fizesse posteriormente, mas que os EUA queriam incluí-los desde o início «a fim de assegurarem bases estratégicas». Portugal continua a ser mencionado como país a ser admitido desde o início[677]. Entretanto, foi

---

[673] AHDMNE, RNP, Política interna e externa da Europa, Telegrama n.º 379, de 28 de Outubro de 1948, da Embaixada de Portugal em Washington para o ministro dos Negócios Estrangeiros, M. 37, 2.º P.-A. 50, d.l. 1948-1949.

[674] Cf. TELO, António – *Portugal e a NATO, o reencontro da tradição atlântica, op. cit.*, p. 65.

[675] Cyrus Leo Sultzemberger, formado em Harvard, jornalista responsável pelos correspondentes no estrangeiro do *New York Times*.

[676] AHDMNE, RNP, Política interna e externa da Europa, Telegrama n.º 400, de 20 de Novembro de 1948, da Embaixada de Portugal em Washington (Theotónio Pereira) para o ministro dos Negócios Estrangeiros (Caeiro da Matta), M. 37, 2.º P.-A. 50, d.l.: 1948-1949.

[677] AHDMNE, RNP, Política interna e externa da Europa, Telegrama n.º 411, de 29 de Novembro de 1948, da Embaixada de Portugal em Londres (Domingos Palmela) para o ministro dos Negócios Estrangeiros (Caeiro da Matta), M. 37, 2.º P.-A. 50, d.l.: 1948-1949.

publicada em Lisboa uma declaração indicando que Portugal, sem repudiar a ideia da adesão, preferia manter as ligações existentes com os EUA e o Reino Unido, enquanto não estivesse esclarecida a questão dos projectos relacionados com uma eventual federação europeia. Esta declaração terá ampla divulgação na imprensa dos EUA[678].

No Ministério dos Negócios Estrangeiros, o seu secretário-geral e, igualmente, director-geral dos Negócios Políticos e da Administração Interna, António de Faria, um dos diplomatas mais influentes no Ministério dos Negócios Estrangeiros e junto de Salazar, começa a elaborar um documento sobre o projecto de Pacto de Assistência mútua das Nações do Atlântico Norte. No dia 10 de Dezembro, António de Faria envia a Salazar uma carta a acompanhar uma Informação-Parecer que tinha acabado de elaborar, intitulada «Pacto do Atlântico», assim como um projecto de resposta ao *Pro Memoria* britânico, de 6 de Outubro. Submete a Salazar o projecto de resposta ao *Pro Memoria* antes mesmo de o apresentar ao ministro Caeiro da Matta, pois quer saber se «a orientação seguida tem a [sua] aprovação». No que toca à Espanha, António de Faria indica que «será preferível suprimir algumas palavras» se o ministro Caeiro da Matta «levar para diante a sua ideia de dar ou mostrar uma cópia» ao embaixador da Espanha. Em substituição, propõe que se diga ao embaixador britânico que se compreende «as razões por que não tem sido possível associar até agora Espanha a estes projectos, mas que [se fazem] votos para que isso seja possível num futuro próximo».

Na Informação-Parecer «Pacto do Atlântico», António de Faria exprime a opinião que é «urgente responder» ao *Pro Memoria* britânico. A pressa é tanto maior que a "notícia" enviada para os jornais e agências noticiosas, em 31 de Outubro, tinha sido interpretada como Nota oficiosa

---

678 AHDMNE, RNP, Política interna e externa da Europa, Ofício n.º 757, de 14 de Dezembro de 1948, da Embaixada de Portugal em Washington (Encarregado de Negócios Manuel Rocheta) para o ministro dos Negócios Estrangeiros (Caeiro da Matta), M. 37, 2.º P.-A. 50, d.l.: 1948-1949.

e dava a entender que o Governo português não estava interessado no Pacto do Atlântico. Ora a "notícia" só se referia ao Pacto de Bruxelas, e não há intenção de convidar Portugal; pois o Pacto «está redigido de tal forma (em especial os seus considerandos relativos à defesa das liberdades democráticas e resistência à agressão alemã) que [...] seria difícil ou impossível tal adesão»[679].

Para António de Faria, o Pacto do Atlântico está «despido de fantasias ideológicas que têm rodeado os trabalhos de cooperação europeia, [pelo que se lhe afigura] que não conviria tomar à priori posição de marcado desinteresse, tanto mais que nas linhas gerais ou nos seus objectivos tal Pacto poderia enquadrar-se no sistema defensivo a que estamos ligados pela aliança inglesa e até certo ponto pelo Acordo dos Açores». Convém, pois, mesmo antes de conhecer os termos exactos do tratado, transmitir o interesse de Portugal pelo assunto, que se justifica pela situação internacional que se está a viver, e o desejo do Governo português em ser mantido ao corrente do desenrolar das negociações. Reconhece, contudo, que é previsível que os EUA «desejem a inclusão de Portugal principalmente para obterem à sombra do Pacto bases em território português, de que actualmente, sob a forma de facilidades de trânsito, só dispõem a título muito precário», mas que isso dependerá, em última análise, do Governo português. Avança, mesmo, que não se poderá ir «mais longe do que o Acordo dos Açores» (à margem Salazar marcou um ponto de interrogação)[680]. Informa, igualmente, que tanto a carta da ONU como o

---

[679] ANTT/AOS/CO/NE-1E, Ministério dos Negócios Estrangeiros, Informação-Parecer sobre o Pacto do Atlântico da autoria de António de Faria, Secreto, de 10 de Dezembro de 1948. f. 133-139. Este documento foi transcrito na íntegra (cópia do Ministério dos Negócios Estrangeiros) na revista *Política Internacional*, «*Documentos*» (Documento n.º 3), n.º 19, Primavera-Verão, Vol. 3, p. 122-125. Também foi parcialmente transcrito e comentado por António Telo in *Portugal e a NATO, reencontro da tradição atlântica*, *op. cit.*, p. 65-66.

[680] Curiosamente, esta afirmação ultrapassa o âmbito de um parecer e das competências próprias do diplomata, mas dá um ênfase ainda maior à sua posição sobre o assunto. Este documento foi publicado pela revista *Política Internacional*. Nos «*Documentos*» (docu-

Pacto do Rio não obrigam os estados membros a ceder bases em tempo de paz. É pois de opinião que Portugal deve ponderar as vantagens do Pacto do Atlântico que, se for para a frente, «substituirá na prática o que no fim da guerra se pensava que a ONU deveria ser». António de Faria é, pois, de opinião que se o texto do futuro tratado do Atlântico Norte, pelo seu teor, não impossibilitar a eventual adesão de Portugal, o país teria a «oportunidade de entrar de direito próprio no organismo internacional de segurança do mundo ocidental, sem os inconvenientes e perigos já hoje manifestos pela ONU principalmente em matéria colonial», e pode vir a beneficiar em matéria de armamento. A adesão seria tanto mais importante que, em caso de guerra com a URSS, não seria possível manter de novo a neutralidade do país[681].

No que toca à Espanha, António de Faria é muito claro: existe uma vontade explícita da Espanha em entrar no Pacto do Atlântico. Caso não entre, convém-lhe que Portugal também não entre para mostrar ao mundo que há uma «identidade de situação internacional» o que, obviamente, não interessa de forma alguma a Portugal. Ainda segundo António Faria, Portugal pode ser advogado da Espanha no Pacto do Atlântico e levar à sua inclusão. Depois acrescenta: «se a situação internacional continuar a agravar-se, a Espanha acabará por entrar na organização», pelo que seria preferível que entrasse com a ajuda de Portugal do que «antes ou independentemente» de Portugal[682].

---

mento n.º 3). Na nota 3, certamente relativa ao documento existente no AHDMNE (sem referência), está indicado que à margem deste parágrafo está inscrita a seguinte anotação: «Sua Ex.ª o Presidente do Conselho foi de opinião que não poderemos mesmo ir tão longe. O Acordo dos Açores é um prazo limitado que não há qualquer intenção de alargar». *Política Internacional*, n.º 19, Primavera-Verão, Vol. 3, nota 3, p. 162. Esta anotação foi inscrita em resultado de um contacto entre Salazar e António de Faria, conforme nos confirmou António de Faria, em entrevista datada de 24 de Julho de 2000.

[681] ANTT/AOS/CO/NE-1E, Ministério dos Negócios Estrangeiros, «Informação-Parecer sobre o Pacto do Atlântico» da autoria de António de Faria, Secreto, de 10 de Dezembro de 1948. f. 133-139.

[682] *Ibid.*.

Por essa altura, Domingos Palmela passa por Paris, numa viagem para Lisboa e, num jantar na residência do embaixador Marcello Mathias, encontra-se com o embaixador dos EUA, Caffery, que o questiona sobre a eventualidade da entrada de Portugal no Pacto do Atlântico. Nesta ocasião, refere a Palmela a importância da Espanha em caso de guerra. Ao chegar a Lisboa, Palmela transmite imediatamente a Salazar o teor da conversa com Caffery[683].

1. As reservas do Governo português

O secretário-geral, António de Faria, envia a Salazar, tal como foi referido anteriormente, um primeiro projecto de resposta ao *Pro Memoria* britânico, mesmo antes de o submeter ao seu ministro. Este projecto de resposta, classificado como secreto, contém algumas passagens que são praticamente copiadas de uma carta de Salazar a Domingos Palmela, embaixador de Portugal em Londres. António de Faria submete o texto a Salazar para confirmar se o seu conteúdo corresponde exactamente às suas orientações sobre a matéria[684]. As raras alterações que Salazar faz no texto só têm a ver com a pontuação ou com a precisão de uma ideia. Posteriormente, já no Ministério dos Negócios Estrangeiros, o texto vai sofrer bastantes alterações[685]. Apesar de se guardarem os três aspectos essenciais para o Governo português (a «Federação Europeia», as bases

---

[683] ANTT/AOS/CO/NE-1E, «Resumo de conversa com Caffery, Embaixador dos EUA em Paris», 21 de Dezembro de 1948. f. 79-82.

[684] ANTT/AOS/CO/NE-1E, Ministério dos Negócios Estrangeiros, Carta de António de Faria a Salazar, de 10 de Dezembro de 1948. f. 140 e «Esboço de Resposta ao Pro-Memória de 6 de Outubro», Secreto, s.d., f. 141-144.

[685] AHDMNE, RNP, Política interna e externa da Europa, «Projecto de Resposta ao Pro-Memória de 6 de Outubro» (Secreto), documento do Ministério dos Negócios Estrangeiros sem data e sem a indicação do organismo de produção (mal classificado), M. 309, d.l.: 1953-1959.

estratégicas e a Espanha), pode-se concluir, da análise das alterações efectuadas ao primeiro documento, que se procurou acentuar a desconfiança do Governo português em relação aos projectos de integração europeia e, por outro lado, manifestar alguma compreensão em relação à não aceitação imediata da Espanha; apesar de se insistir na unidade estratégica peninsular e da sua importância para a defesa da Europa[686].

Na fase final da elaboração do texto este vai sofrer bastantes alterações e reforçou-se ainda mais a oposição do Governo português em relação aos projectos de integração europeia e à possibilidade de, através do Pacto do Atlântico, se obterem bases estratégicas O projecto definitivo só estará pronto no dia 31 de Dezembro[687]. Tem interesse descrever algumas passagens do *Pro Memoria* português de resposta, pois este define uma primeira atitude oficial e permite compreender onde se encontram efectivamente os grandes receios do Governo português em relação à criação de um Pacto do Atlântico, em fins de 1948. O documento reflecte uma falta de informações seguras sobre o teor das negociações de Washington.

Está claramente indicado no documento que se trata apenas de uma posição provisória sobre o assunto que não compromete, por isso, a «decisão que venha a ser tomada em momento oportuno». Manifesta o

---

[686] Pode depreender-se desta "compreensão" da atitude em relação à Espanha que o texto já não iria ser mostrado ao embaixador Nicolás Franco, tal como pretendia inicialmente Caeiro da Matta. Foram suprimidas duas frases que merecem especial relevo. Em relação à «Federação Europeia» foi suprimida a frase «Na opinião do Governo Português, a coordenação da política de defesa dos países dos dois lados do Atlântico só poderá fazer-se inteiramente à margem de ambiciosos projectos de Federação Europeia, por melhor intencionados que sejam». No que toca às relações entre Espanha e Portugal foi suprimida a seguinte frase: «pelo que só se concebe uma política paralela, e isto significa necessidade de reforçar a unidade geográfica com suficiente unidade moral». Comparação do «Esboço de Resposta ao Pro-Memória de 6 de Outubro», *op. cit.*, e do «Projecto de Resposta ao Pro-Memória de 6 de Outubro», *op. cit.*.

[687] O «Pro-Memória» definitivo foi publicado na revista *Política Internacional*, «Documentos» (Documento n.º 4), *op. cit.*, p. 125-127. Sem referências.

desejo de ser mantido ao corrente da evolução das negociações. O pressuposto de base do Governo português é de que «a situação internacional aconselha a existência dum instrumento diplomático, de carácter defensivo, tendente a coordenar os esforços dos vários países do Atlântico Norte para o caso de agressão». O Pacto do Atlântico «parece dever ser complementar de arranjo semelhante entre nações do Ocidente europeu» (Pacto de Bruxelas)[688]. Mas para que esse «instrumento diplomático» possa resultar, o Governo português considera que se deve ter em atenção três aspectos da questão: a «Federação Europeia», as bases estratégicas e a questão da Espanha[689].

Em relação à «Federação Europeia», a posição do Governo português é a de que a Europa Ocidental, aproveitando os recursos africanos e ajudada pelos EUA, «possui os elementos morais e materiais necessários para a sua reconstituição» de forma a salvar os «princípios basilares da civilização europeia»[690]. Considera que não é necessário recorrer à

---

[688] Esta frase «parece dever ser complementar de arranjo semelhante entre as nações do Ocidente europeu» foi acrescentada só na versão final. Em fins de Dezembro levanta-se pois a hipótese da simples complementaridade dos dois Pactos. Recorde-se que anteriormente se avançava com a hipótese de o Pacto do Atlântico ser um alargamento do Pacto de Bruxelas aos EUA e ao Canadá. Neste ponto preciso, a frase do *Pro Memoria* não permite tirar ilações sobre a posição do Governo português sobre este ponto preciso. Cf. «Projecto de Resposta ao Pro-Memória» e «Pro-Memória», *op. cit.*.

[689] Cf. «Pro-Memória», *op. cit.*.

[690] *Ibid.*. Recorde-se que também Ernest Bevin considera fundamental a utilização dos recursos coloniais, como se constatou, nomeadamente, através do seu discurso, de 22 de Janeiro de 1948, na *House of Commons*. Nesta altura Bevin fez a seguinte declaração a este propósito: «A organização da Europa Ocidental deve ser suportada economicamente. Isto implica a colaboração o mais aproximada possível com a *Commonwealth* e os Territórios Ultramarinos, não somente britânicos mas também franceses, holandeses, belgas e portugueses». [t.a.] Parliamentary Debates, 5th series, Vol. 446, p. 385-411 in *The origins of NATO, op. cit.*, «Appendix A: Extracts from a Speech by Ernest Bevin to the House of Commons, 22 January 1948», p. 158. Ver, igualmente, a este propósito: WARNER, Geoffrey – «Britain and Europe in 1948: the View from the Cabinet» in *Power in Europe ? Great Britain, France, Italy and Germany in a Postwar World, 1945-1950.* (Edited by Josef Becker et Franz Knilling), Berlin: New York, Walter de Gruyter, 1986, p. 35.

integração económica e política para resolver os problemas da Europa. Tem interesse reproduzir na íntegra esta parte do documento:

> «Para a realização de tal propósito (reconstituição e consequente salvação dos princípios basilares da civilização europeia) – que implica a ideia de resistência à política expansionista e à ideologia soviética – torna-se porém necessária a exacta compreensão dos limites dentro dos quais deve exercer-se a acção das potências interessadas, pois de contrário resultaria inútil. É o que, no entender do Governo português, forçosamente viria a suceder se viessem a ser incluídos entre os princípios que devem servir de base ao entendimento das potências ocidentais ideias difíceis de aceitar ou de todo inaceitáveis para algumas dessas potências. Entre essas ideias se devem incluir as contidas nos projectos de inteira fusão económica e política, de união ou de federação como têm sido entendidas. Tais projectos implicitamente desconheceriam a realidade viva da existência de Estados multiseculares, com maneiras de ser que lhes são próprias e um ideal de independência que os tornam irredutíveis a um nivelamento que só seria possível quando aplicado a Estados de criação recente, e portanto sem largas tradições no exercício do poder soberano. A insistência nessas construções políticas cuja possibilidade se não enxerga para os tempos próximos acabará por destruir o espírito de confiança mútua que pelo contrário seria necessário reforçar e terá como resultado único adiar e dificultar um entendimento que noutras condições se afigura viável»[691].

Está pois bem expresso neste documento o receio do Governo em relação às tendências integracionistas ou federalistas na Europa. Conhecedor do papel dos EUA na dinamização dessas mesmas tendências, e da existência na Europa de uma forte corrente federalista, tal como se pôde observar no Congresso da Europa, na Haia, de 7 a 10 de Maio de 1948, o Governo

---

[691] «Pro-Memória», *op. cit.*.

português julga, num primeiro tempo, que o Pacto do Atlântico Norte vai ser um alargamento do Pacto de Bruxelas e que se caminhe no sentido da constituição de uma federação europeia. Apesar de, nesta altura, já se começar a falar no Pacto do Atlântico como de um instrumento diplomático complementar do Pacto de Bruxelas – e não como uma sua extensão aos EUA e Canadá –; o Governo português continua a recear que o Pacto do Atlântico tenha como consequência natural o reforço da Europa Ocidental no sentido da integração. Este texto expressa bem este receio, que só veio a ser dissipado progressivamente, como veremos mais à frente.

O segundo aspecto, está relacionado com as bases estratégicas. Conforme foi noticiado na imprensa internacional, há a possibilidade de, através do futuro Pacto, se procurar obter, mesmo em tempo de paz, bases estratégicas ou zonas de valor estratégico nalguns territórios dos países que fizessem parte do Pacto de defesa do Atlântico. Para o Governo português, tal situação seria absolutamente inaceitável. O Governo era profundamente contra o estabelecimento de bases estrangeiras em Portugal a longo prazo, limitando-se a autorizar a utilização das bases dos Açores por períodos relativamente curtos. Se o Pacto implicasse uma qualquer obrigação de cedência de bases, isso seria considerado inaceitável para Portugal. Caso se confirmasse este último propósito, para o Governo português isso destruiria (tal como relativamente à questão da «Federação Europeia»), «a confiança que o Pacto em projecto se propõe e deveria inspirar». Mas o documento vai mais longe, e afirma que tal propósito, a confirmar-se, «iria para além senão contra o que prevê a Carta das Nações Unidas de que o Pacto se propõe fazer uma aplicação concreta». O Governo português pede, pois, uma especial atenção relativamente a este ponto, «pois pode impossibilitar a adesão de alguns Governos cuja associação ou entendimento para o fim desejado seria vantajoso conseguir»[692]. Obvia-

---

[692] *Ibid.*. No «Pro-Memória» foi retirada a frase «sem ter na devida conta os direitos das soberanias locais» quando se indica que pela leitura da imprensa fica a impressão que com o Pacto do Atlântico se pode obter o estabelecimento, em tempo de paz, de bases militares ou áreas de valor estratégico (que se encontrava no «Projecto de Resposta ao Pro-Memória», *op. cit.*.

mente, o Governo português encontra-se na situação de não aceitar que a adesão ao Pacto possa implicar a cedência de bases em tempo de paz.

O último aspecto tem a ver com a participação da Espanha. Para Portugal, a participação da Espanha na defesa da Europa Ocidental é crucial. Embora o Governo português «bem compreenda as dificuldades que (o caso espanhol) tem suscitado e porventura suscite ainda nalguns países [...] [não] pode, porém, haver divergências de opiniões acerca da importância da Península Ibérica». Em caso de invasão vinda de Leste, a Península Ibérica é uma «unidade geográfica e estratégica». Se a Europa tiver de ceder ao exército invasor, a Península Ibérica constitui um «elemento essencial de defesa»[693]. A atitude de um dos países, neste caso, pode «prejudicar inteiramente a atitude do outro». É por esta razão, que o Governo português «considera não ser possível construir afinal um sistema defensivo eficaz dos países do Atlântico sem a oportuna revisão da situação da Espanha no concerto ocidental»[694].

Estava assim definida a posição inicial do Governo português, através deste documento, que reflecte as suas preocupações iniciais, mesmo antes de ter conhecimento das grandes linhas do tratado em negociação.

O próprio candidato da Oposição nas eleições presidenciais, que iriam ter lugar em Fevereiro de 1949, o general Norton de Matos[695], toma posição sobre o assunto numa entrevista ao jornal brasileiro *Vanguarda*. Respondendo a uma pergunta do jornalista, classifica o projecto de Pacto do Atlântico Norte como «criminal» e acrescenta: «Se eu for eleito [...]

---

693 *Ibid.*. A expressão inicialmente utilizada nesta frase, foi: «peça principal».

694 *Ibid.*. No texto anterior estava marcado que o Governo português «considera não ser possível construir um sistema defensivo eficaz dos Países do Atlântico sem nele se incluir a totalidade da Península Ibérica». Mais uma vez se confirma a vontade do Governo português de não se «prender» com a questão da Espanha e deixá-la para mais tarde. O Governo português já está consciente nesta altura da impossibilidade de se integrar a Espanha naquele momento. Cf. «Projecto de Resposta ao Pro-Memória», *op. cit.*.

695 General José Maria Mendes Ribeiro Norton de Matos, candidato da Oposição às eleições presidenciais de Fevereiro de 1949 (retirou a candidatura na fase final das eleições). Ver referências biográficas no Apêndice 1.

procurarei manter a aliança com a Inglaterra, uma das bases da nossa política estrangeira, mas não farei nada mais do que isso. Nós não adereríamos a essa aliança do Atlântico [...]»[696].

No dia 31 de Dezembro, o ministro Caeiro da Matta entrega ao embaixador do Reino Unido o *Pro Memoria* com as observações, ou reservas, do Governo português[697]. Seguiu-se uma conversa, na qual o ministro expôs ao embaixador algumas questões relacionadas com o Pacto.

2. O longo processo até à tomada de decisão

Antes de o embaixador do Reino Unido ter recebido o *Pro Memoria* do ministro Caeiro da Matta, com a posição do Governo português, os Governos dos EUA e do Reino Unido já tinham dado instruções aos seus embaixadores em Lisboa para transmitirem ao Governo português uma comunicação contendo as linhas gerais do Pacto do Atlântico. A entrega ao ministro dessa comunicação foi, contudo, adiada, de forma a se poder analisar a posição portuguesa; o que será feito na semana seguinte. No dia 10 de Janeiro de 1949, os embaixadores dos EUA e do Reino Unido deslocam-se ao Ministério dos Negócios Estrangeiros em Lisboa, onde entregam pessoalmente ao ministro memoriais com as instruções dos respectivos governos. O embaixador do Reino Unido entrega um *Aide-Mémoire*, com as instruções anteriores e um *Pro Memoria* com a resposta às questões levantadas no memorando do Governo português. O

---

696 ADMAE, S. Europe/1944-1960, S.s. Portugal, Telegrama n.º 441-442, de 23 de Dezembro de 1948, de Jean du Sault, embaixador da França em Lisboa para Robert Schuman, ministro dos Negócios Estrangeiros, f. 254, Vol. 22, d.l.: 1944-1949. [t.a.]

697 AHDMNE, RNP, Política interna e externa da Europa, Telegrama n.º 275 (Confidencial), de 31 de Dezembro de 1948, do ministro dos Negócios Estrangeiros (Caeiro da Matta) para a Embaixada de Portugal em Londres (Domingos Palmela), M. 37, 2.º P.-A. 50, d.l.: 1948-1949.

embaixador dos EUA procede da mesma forma, mas integrando todas as informações num só documento, a que deu o nome de *Aide Memoire*. Também entregou uma pequena carta de acompanhamento.

O ponto 1 do *Aide Memoire* norte-americano coincide quase integralmente com o *Aide Memoire* britânico. De qualquer forma, está claramente indicado que os dois embaixadores tinham a responsabilidade de consultar o Governo português «no momento oportuno e, no intervalo, mantê-lo informado»[698]. O ministro Caeiro da Matta entregou a resposta portuguesa ao embaixador britânico, pelo facto de as primeiras informações oficiais terem sido entregues ao Governo português através da Embaixada britânica, mas os embaixadores do Reino Unido e dos EUA tratavam em sintonia a questão da participação de Portugal no futuro Pacto do Atlântico. No texto elaborado em conjunto por estes dois governos e enviado para os países a convidar (Portugal, República da Irlanda, Islândia, Dinamarca e Noruega), estão definidas algumas grandes linhas do futuro Tratado. No projecto de Tratado está mencionado que se pretende tornar a guerra menos provável através de uma determinação colectiva forte de forma a que se possa organizar e resistir em conjunto a uma eventual ameaça. Para isso, pretende-se «um contínuo e efectivo esforço individual e mútuo», mecanismos de consultas de âmbito político e militar com a presença de todos os países. Todos os países «devem concretizar as acções que forem necessárias para restaurar e assegurar a segurança da área»[699].

Nestes documentos está ainda definido que os países, apesar de não terem a obrigação de entrar em guerra em caso de agressão exterior, têm a «obrigação definitiva de contribuir no sentido de uma defesa colectiva da área, antes e depois que um ataque armado possa ocorrer»; na medida

---

[698] ANTT/AOS/CO/NE-17-1, «Aide Memoire» do embaixador do Reino Unido entregue em mão ao ministro dos Negócios Estrangeiros, 10 de Janeiro de 1949, f. 2. [t.a.]

[699] ANTT/AOS/CO/NE-17-1, «Aide Memoire» do embaixador do Reino Unido e «Aide Memoire» do embaixador dos EUA entregues em mão ao ministro dos Negócios Estrangeiros, 10 de Janeiro de 1949, f. 2-3 e f. 7-9. [t.a.]

dos seus recursos e da sua situação geográfica. Está mesmo mencionado que «nalguns casos pode ser mais vantajoso para a segurança da área como um todo se certos países não se envolverem na guerra sem serem directamente atacados». Também está indicado que o Tratado estipulará que as futuras adesões se farão por convite, mediante acordo dos fundadores. Poderão ser convidados países situados na zona do Atlântico Norte ou da Europa Ocidental. Prevê-se a conclusão das negociações em princípios de Fevereiro de 1949. É solicitado ao Governo português que transmita, informalmente, e logo que seja possível, a sua opinião no que concerne «a forma e o timing de uma aproximação oficial sobre o assunto»[700].

No documento que acompanhou o *Aide Memoire* dos EUA está claramente indicado que se trata de uma primeira aproximação à qual se vão seguir outras de carácter oficial. Pretende-se informar e consultar Portugal sobre o Pacto do Atlântico. Caso esteja interessado nesta iniciativa, será convidado a participar nas conversações finais[701]. Também no *Aide Memoire* entregue pelo Reino Unido está indicado que se tratam de informações preliminares e que Portugal é consultado a fim de saber a sua disposição em ser membro fundador do Pacto do Atlântico e «se estiver preparado para isso, participar na elaboração dos termos definitivos»[702].

No intuito de responder às questões colocadas por Portugal, os documentos vão focar os principais pontos colocados pelo ministro Caeiro da Matta no seu documento e nas conversas que teve com os dois embaixadores sobre o Pacto. As questões focadas são as seguintes: a ONU, as colónias, a «Federação Europeia», as bases estratégicas e a Espanha. No que diz respeito à ONU, no *Aide Memoire* britânico está marcado que o

---

[700] *Ibid.*.

[701] ANTT/AOS/CO/NE-17-1, Texto introdutório ao «Aide Memoire» do embaixador dos EUA entregue ao ministro dos Negócios Estrangeiros, 10 de Janeiro de 1949, f. 1.

[702] ANTT/AOS/CO/NE-17-1, «Aide Memoire» do embaixador do Reino Unido entregue em mão ao ministro dos Negócios Estrangeiros, 10 de Janeiro de 1949, f. 2.[t.a.]

futuro Tratado estará em harmonia com Carta da ONU, mas que mesmo um país não membro da ONU o pode subscrever. Em relação aos territórios coloniais, é o *Aide Memoire* norte-americano que responde. Para os EUA o futuro Tratado não deverá ser «aplicável nos territórios coloniais de qualquer dos membros à excepção do que diz respeito às condições de consulta em caso de ameaça»[703].

No que diz respeito aos três pontos levantados pelo ministro Caeiro da Matta no documento entregue no dia 31 de Dezembro, o *Pro Memoria* britânico e o *Aide Memoire* norte-americano são muito claros. No que toca à «Federação Europeia», o documento norte-americano indica que se trata de um Tratado com vista a aumentar as capacidades militares defensivas dos diferentes países, no respeito das respectivas soberanias nacionais, de forma a poder assegurar a segurança colectiva face a uma «agressão de qualquer origem»[704]. Isto não deve ser confundido com as «medidas agora tomadas para promover uma política de aproximação ou a integração económica dos países da Europa ocidental». O Governo dos EUA esclarece que é favorável a uma progressiva integração europeia «à medida que as próprias nações a considerarem viável», mas que as duas coisas não devem ser confundidas, pois se tratam de projectos totalmente diferentes[705]. O *Pro Memoria* britânico está em sintonia com a posição norte-americana e considera que não existe divergência entre a perspectiva portuguesa e britânica[706].

No que toca à questão das bases estratégicas, a posição norte-americana é a de que a concessão de facilidades militares nos países membros

---

703 ANTT/AOS/CO/NE-17-1, «Aide Memoire» do embaixador dos EUA entregue em mão ao ministro dos Negócios Estrangeiros, 10 de Janeiro de 1949, f. 9-10. O «Aide Memoire» do embaixador dos EUA está reproduzido igualmente in *FRUS, Western Europe, 1949, Vol. IV*, Washinton, U.S. Government Printing Office, 1977, p. 19-20. [t.a.]

704 ANTT/AOS/CO/NE-17-1, *op. cit.*, f. 9. [t.a.]

705 *Ibid.*, f. 9 e 11. [t.a.]

706 ANTT/AOS/CO/NE-17-1, «Pro Memoria» do embaixador do Reino Unido entregue em mão ao ministro dos Negócios Estrangeiros, 10 de Janeiro de 1949, f. 4.

que se estimem necessárias para a segurança do Atlântico Norte, passa por um mecanismo institucional de consulta mútua, em que todos estarão representados. Essa concessão de facilidades só se concretizará se houver um «acordo total» do país respectivo e poderá ser concedida a todos os países membros ou a um desses países[707]. No texto norte-americano não se faz a distinção entre o tempo de paz e de guerra. O texto britânico é diferente, pois não menciona explicitamente a questão da soberania nacional e faz referência ao estabelecimento de bases estratégicas em tempo de paz. Apesar de estar claramente indicado que o tratado não impõe condições ao estabelecimento de bases aéreas ou militares em tempo de paz, no documento britânico está marcado o seguinte:

> «Poderá ser estabelecido pela organização de defesa ao abrigo do tratado, no qual todas as partes estarão representadas, fazer recomendações acerca das facilidades necessárias para a defesa da zona norte-atlântica. Se a organização de defesa pensa que facilidades são desejáveis no território de qualquer um dos países membros, isso deverá ser assumido em nome de todos os signatários do Pacto»[708].

Há, pois, algumas diferenças entre a resposta norte-americana e britânica sobre este assunto, não ficando completamente esclarecida a questão das bases estratégicas em tempo de paz no que concerne a necessidade de plena autorização do país para a concessão, ou não, de facilidades de acesso às bases. Esta questão voltará a ser levantada por Portugal, como veremos mais à frente.

Em relação à questão da Espanha, a posição norte-americana e britânica completam-se. No documento norte-americano está mencionado que a opinião do Governo dos EUA sobre o assunto é a de que gostaria de

---

[707] ANTT/AOS/CO/NE-17-1, «Aide Memoire» do embaixador dos EUA entregue em mão ao ministro dos Negócios Estrangeiros, 10 de Janeiro de 1949, f. 9-12.

[708] ANTT/AOS/CO/NE-17-1, «Pro Memoria» do embaixador do Reino Unido entregue em mão ao ministro dos Negócios Estrangeiros, 10 de Janeiro de 1949, f. 5. [t.a.]

«ver a Espanha incluída quando tal se torne politicamente possível, mas nas presentes circunstâncias a inclusão da Espanha não é politicamente possível para a maior parte dos participantes europeus». O Governo dos EUA compreende a posição portuguesa na matéria, mas considera que a não inclusão da Espanha não deve constituir um obstáculo à sua participação. Se Portugal participar no Pacto do Atlântico poderá mais facilmente incluir «o elemento espanhol nas questões estratégicas»[709]. No que concerne a posição britânica, apesar do Governo britânico reconhecer a validade da posição portuguesa no que diz respeito às questões de defesa (integridade estratégica da Península Ibérica na defesa da Europa Ocidental), considera que, de momento, ainda subsistem «dificuldades políticas». Mas o Governo britânico vai mais longe e declara que está «ansioso por ver a Espanha totalmente associada à Europa ocidental, no ponto de vista político, económico e estratégico» logo que essas dificuldades políticas possam ser ultrapassadas[710]. A posição destes dois países em relação à questão da Espanha é muito clara: apesar da sua importância estratégica, não é politicamente possível integrá-la no sistema defensivo ocidental sem uma mudança de regime político. A questão da Espanha era fundamentalmente um problema da própria Espanha, que deveria ser resolvido internamente[711].

No próprio dia em que os embaixadores dos EUA e do Reino Unido se deslocaram ao Ministério dos Negócios Estrangeiros para entregarem os memorandos, o embaixador de Portugal em Washington, Theotónio Perei-

---

[709] ANTT/AOS/CO/NE-17-1, «Aide Memoire» do embaixador dos EUA entregue em mão ao ministro dos Negócios Estrangeiros, 10 de Janeiro de 1949, f. 10 e 12. [t.a.]

[710] ANTT/AOS/CO/NE-17-1, «Pro Memoria» do embaixador do Reino Unido entregue em mão ao ministro dos Negócios Estrangeiros, 10 de Janeiro de 1949, f. 5. [t.a.]

[711] Num encontro entre o embaixador MacVeagh e o ministro Caeiro da Matta, este último terá dito ao embaixador, a propósito da Espanha, o seguinte: «Eu não gosto de Franco nem do regime, mas a estabilidade em Espanha é necessária para nós todos». Depois transmitiu a ideia de que «é muito provável que Franco projecte continuar como ditador enquanto viver». *FRUS, Western Europe, 1948. Vol. III*, «The Ambassador in Portugal (MacVeagh) to the Secretary of State», N.º 332, Confidential, Lisbon, September 8, 1948, *op. cit.*, p. 1004.

ra, foi convocado de urgência ao Departamento de Estado para encontrar o director do Divisão dos Assuntos Europeus, John Hickerson[712]. No encontro foi-lhe entregue cópia do memorial dos EUA e comunicado que todos os países «desejavam sinceramente» a adesão de Portugal e, em particular, os Estados Unidos. Nessa conversa, Hickerson reconhece que foram abordadas ideias de cooperação intereuropeia nas discussões sobre o Pacto do Atlântico mas que, agora, já tinham sido aprovadas as suas linhas gerais. Em relação à Espanha, Hickerson indica que não tinha sido possível abrangê-la mas que ficava para logo que surja uma «primeira oportunidade». No termo da conversa, pede que a resposta de Portugal à sondagem efectuada seja dada com brevidade, assim como eventuais pedidos de esclarecimentos ou sugestões. Indica, igualmente, que no caso de Portugal decidir aderir poderia, desde logo, «cooperar na redacção final do Pacto»[713].

Sendo público que os EUA e o Reino Unido desejam a adesão de Portugal, fundamentalmente por causa dos Açores, Salazar permite-se não tomar uma decisão antes de uma definição total da situação e de um amadurecimento interno da questão que, eventualmente, poderia ser conflituosa. É uma decisão que afecta directamente as estruturas militares, sendo provável que Salazar tenha gerido a questão tentando evitar tensões e mesmo conflitos abertos com a instituição militar. Como já foi referido, subsistia a possibilidade de um golpe militar, praticamente a única possibilidade de derrubar o regime. Era necessário estar muito atento às questões militares. Ainda para mais, Portugal não possui o texto do projecto de Tratado – sendo difícil dar uma resposta concreta – e a sua capacidade em influenciar a posição dos restantes países é quase nula. Só lhe resta, na prática, a opção de aceitar ou recusar o Tratado, tal como este tinha sido definido pelas principais potências negociadoras.

---

[712] John Dewey Hickerson, director da Divisão dos Assuntos Europeus no Departamento de Estado norte-americano a partir de Agosto de 1947. Em 1949 passou a ser adjunto do secretário de Estado para as questões relacionadas com a ONU.

No dia 19 de Janeiro, o embaixador britânico Sir Nigel Ronald, no seu relatório anual relativo a 1948, comenta que houve muito interesse de Portugal em relação às negociações de Washington relativas ao Pacto do Atlântico[714]. Depois de assinalar que o Governo português está convencido da necessidade de um pacto, acrescenta que este «indicou de modo razoavelmente claro a sua prontidão relativa a participar nas negociações». Em seguida descreve os três aspectos em relação aos quais o Governo português gostaria de ser esclarecido:

> «(i) a questão da soberania e independência das pequenas nações, onde se espera que não haja interferências (ii) a questão das bases estratégicas, em relação às quais exprimem algumas inquietações, evidentemente com receio de ver os seus territórios ocupados em tempo de paz pelas forças americanas (iii) a questão espanhola, a qual desejam ardentemente que seja resolvida antes que o Pacto proposto esteja em plena validade no concernente à Península [Ibérica]»[715].

Depois desta iniciativa dos EUA e do Reino Unido, vai suceder um período de silêncio, de ambas as partes. As informações que chegam a Portugal sobre o projecto têm como fonte principalmente a imprensa. Em Portugal, tinha-se entrado em pleno período eleitoral para a Presidência da República (de 1 de Janeiro a 13 de Fevereiro de 1949). Havia, pela primeira vez, um confronto político entre um candidato do regime, o marechal Óscar Carmona, presidente em exercício, e uma candidatura da

---

[713] AHDMNE, RNP, Política interna e externa da Europa, Ofício n.º 10, de 10 de Janeiro de 1949, da Embaixada de Portugal em Washington (Theotónio Pereira) para o ministro dos Negócios Estrangeiros (Caeiro da Matta), M. 37, 2.º P.-A. 50, d.l.: 1948-1949.

[714] PRO/FO 371-79627, n.º 18, Confidential, Portugal: Annual Review for 1948, do embaixador do Reino Unido em Lisboa, Sir Nigel Ronald, para o ministro dos Negócios Estrangeiros, Ernest Bevin, de 19 de Janeiro de 1949. Neste mesmo relatório, Sir Nigel Ronald assinala que existe, tanto nos meios políticos como económicos, uma vontade «para associar Portugal mais estreitamente à Europa Ocidental». [t.a.]

[715] *Ibid.*. [t.a.]

Oposição, unida em torno do general Norton de Matos. Apesar de todas as limitações em matéria de liberdades cívicas e políticas, as eleições presidenciais são de sufrágio universal directo e há um risco real para o regime instituído. O Presidente da República tem, segundo a Constituição Portuguesa de 1933, poderes para demitir o Presidente do Conselho e convocar eleições legislativas antecipadas. Excluindo o golpe de Estado, é a única possibilidade de destituir Salazar. Apesar de todos os condicionalismos, a campanha do general Norton de Matos tem algum impacto a nível do país. Contudo, no dia 7 de Fevereiro, a Oposição decide não ir a votos[716].

A questão da eventual adesão de Portugal ao Pacto do Atlântico é suficientemente polémica para que Salazar não deseje que se inicie um debate naquele momento, nomeadamente no seio das Forças Armadas. Tanto mais que o general Norton de Matos já tinha dito ser contra a adesão de Portugal. Interessa a Salazar deixar a questão em aberto, dando a entender que coloca muitas reservas à eventual participação do país. Ou seja: que Portugal ia ser convidado – o que dava um prestígio óbvio ao regime –, mas só decidiria depois de uma análise aprofundada da questão. Não era o momento para se falar do assunto, pois, independentemente da questão eleitoral, ainda subsistiam algumas dúvidas e desacordos em relação ao projecto de Tratado. É conveniente deixar amadurecer a questão.

Também do lado dos países negociadores, não há grande pressa em associar Portugal às negociações em curso. As questões já levantadas por Portugal eram suficientemente esclarecedoras do estado de espírito de Salazar sobre o assunto. Uma eventual integração de Portugal no

---

[716] Sobre estas eleições, ver o artigo: «Les élections présidentielles au Portugal» in *Chronique de Politique Etrangère*, Vol. 2, n.º 2, *op. cit.*, p. 257-258. Ver, igualmente, o artigo do *The Times*, de 12 de Fevereiro de 1949, no qual estão explicadas as razões pelas quais o general Norton de Matos retirou a sua candidatura, por não ter tido acesso às listas eleitorais. Os resultados "oficiais" (o Governo não aceitou a desistência) foram os seguintes: marechal Óscar Carmona 941 863 votos, general Norton de Matos 4 789 votos, e 2 046 votos em branco.

grupo negociador – tal como viria a acontecer com a Noruega – não era desejável, se tivermos em consideração a diferença de pontos de vista sobre algumas cláusulas essenciais do projecto de Tratado. A questão da duração do Tratado e a questão da Espanha, por exemplo, são, já por si, duas divergências muito significativa em relação aos restantes países europeus.

Entretanto, informações veiculadas pelo *Sunday Times*[717] indicam que Portugal poderia, eventualmente, vir a integrar o grupo de países negociadores que em Washington estão a ultimar as negociações para a celebração do Pacto do Atlântico. Também o *New York Times*[718] menciona Portugal e refere que, antes de o tratado ser assinado, Portugal vai ser sondado para saber se está interessado em participar. Só em caso afirmativo é que receberá um convite nesse sentido.

Em Washington, o embaixador Theotónio Pereira continua na expectativa da posição portuguesa e pede ao ministro que lhe transmita notícias sobre o assunto[719]. A decisão política ainda não tinha sido tomada e não interessa ao Governo definir a sua posição antes de saber exactamente, pela via oficial, os contornos precisos do futuro tratado. Mesmo Theotónio Pereira, que se encontra na primeira linha, vai ter de aguardar pela decisão política, não lhe sendo facultada qualquer indicação que lhe permita antecipar a decisão final. Contudo, quando é consultado sobre a posição do Governo português, deixa em aberto o caminho às duas opções, dando uma nota de optimismo sobre a decisão final.

No dia 8 de Março, o embaixador Theotónio Pereira é chamado ao Departamento de Estado, para ser recebido pelo director da Divisão dos Assuntos Europeus, John Hickerson, que lhe comunica que o texto do

---

[717] *Sunday Times*, de 23 de Janeiro de 1949.

[718] *New York Times*, de 28 de Janeiro de 1949.

[719] AHDMNE, RNP, Política interna e externa da Europa, Telegrama n.º 26, de 30 de Janeiro de 1949, da Embaixada de Portugal em Washington (Theotónio Pereira) para o ministro dos Negócios Estrangeiros (Caeiro da Matta), M. 37, 2.º P.-A. 50, d.l.: 1948-1949.

tratado já está delineado e que se aguarda para breve a aprovação das nações negociadoras. Logo que isso se concretize, o texto será comunicado a Portugal e tornado público no dia 15 de Março (essa publicitação será adiada para 18). Hickerson confirma que todas as nações negociadoras desejam que Portugal faça parte dos países signatários e que, se tal fosse o desejo do Governo português, ser-lhe-ia enviado um convite nesse sentido. Segundo o embaixador Theotónio Pereira, os EUA querem tornar público o texto do tratado e a lista dos países convidados, pelo que a resposta portuguesa deveria de ser comunicada antes da sua publicitação. Em caso afirmativo, Portugal estaria desde logo convidado a participar nas «discussões [de] ultimação [do] Pacto»[720]. Graças a um telefonema que o embaixador Theotónio Pereira efectuou para o Ministério dos Negócios Estrangeiros (tendo falado com António de Faria), pouco antes de se deslocar ao Departamento de Estado, pôde informar Hickerson que, nesse mesmo dia, seria entregue ao embaixador dos EUA em Lisboa uma Nota do Governo português a pedir esclarecimentos sobre o Pacto. Hickerson responde que seria respondido à Nota portuguesa «imediatamente», de forma a tornar possível ao Governo português uma decisão antes do dia 15 de Março[721].

Na Nota do Governo português, entregue aos embaixadores dos EUA e do Reino Unido, no dia 8 de Março, em resposta aos memoriais de 10 de

---

[720] AHDMNE, RNP, Política interna e externa da Europa, Telegrama n.º 73, de 8 de Março de 1949, da Embaixada de Portugal em Washington (Theotónio Pereira) para o ministro dos Negócios Estrangeiros (Caeiro da Matta), M. 37, 2.º P.-A. 50, d.l.: 1948-1949. Na véspera, Hickerson tinha sugerido no *Sixteenth Meeting of the Washington Exploratory Talks on Security*, que Portugal (assim como a Dinamarca, Islândia e Itália) fosse convidado para as negociações finais e que lhe fosse transmitido que o texto do acordo. Esta proposta foi aceite por todos. Cf. *FRUS, Western Europe, 1949, Vol. IV, op. cit.*, p. 174.

[721] *Ibid.*. Nesse telegrama Theotónio Pereira marca que graças ao telefonema tornou-se «ao menos possível» estar ao corrente da ida do embaixador dos EUA ao Ministério dos Negócios Estrangeiros, manifestando assim, de uma forma subtil, o seu descontentamento por não estar a ser informado sobre os desenvolvimentos em Lisboa da questão do Pacto.

Janeiro, pede-se esclarecimentos, a fim de se tomar uma decisão relativamente a quatro questões ainda consideradas importantes: «duração do tratado, Espanha, situação das colónias e garantias [de] integridade territorial»[722]. Nesse mesmo dia, informa-se os embaixadores em Washington e Londres sobre as questões levantadas e envia-se, por mala diplomática, o texto da Nota portuguesa.

No dia seguinte, o embaixador Theotónio Pereira escreve a Salazar uma carta pessoal – levada para Portugal pelo seu irmão – onde lhe transmite abertamente a sua posição sobre a questão do Pacto do Atlântico e se insurge pelo seu afastamento do processo. Nesta carta, Theotónio Pereira tece várias considerações e críticas que convém referir. Começa por dizer que se encontra sem informações sobre o desenrolar das conversações em Lisboa e que Portugal deve tomar uma posição urgente sobre o assunto. Para ele, os portugueses ainda têm «uma oportunidade para entrar bem» no Pacto. «Depois – ou já será tarde ou [serão] mal recebidos». Mas vai mais longe, e considera que o «silêncio» de Portugal tinha sido bastante prejudicial «no momento das eleições» (presidenciais). Para Theotónio Pereira, Portugal perdeu uma «oportunidade excepcional» de poder participar nos trabalhos da Comissão negociadora com todas as suas vantagens, nomeadamente em termos de visibilidade e de simpatia. Considera que Portugal não se pode «desligar nem desinteressar do Pacto». Logo a seguir acrescenta: «Se temos de aderir algum dia, melhor não sermos os últimos nem fazermos quando a nossa entrada possa ser mal interpretada»[723].

---

722 AHDMNE, RNP, Política interna e externa da Europa, Telegrama n.º 40, de 8 de Março de 1949, do ministro dos Negócios Estrangeiros (Caeiro da Matta) para a Embaixada de Portugal em Washington (Theotónio Pereira), M. 37, 2.º P.-A. 50, d.l.: 1948-1949. O texto do Memorando do Governo português, de 8 de Março, está traduzido no Telegrama N.º 85 que o embaixador Lincoln MacVeagh enviou para Washington no dia seguinte in *FRUS, Western Europe, 1949, Vol. IV, op. cit.*, p. 179-182.

723 «Documentos» (Documento n.º 9), Carta de Teotónio Pereira a Salazar, Classificada de Secreta por Salazar, de 9 de Março de 1949, in *Política Internacional, op. cit.*, p. 136-139.

Para o embaixador Theotónio Pereira, a ligação de Portugal à Espanha neste assunto é um erro. Com toda a autoridade que lhe confere o facto de ter sido «agente especial» do Governo português junto do Governo de Burgos (desde Dezembro de 1937) e, depois, embaixador junto do Governo espanhol (até 1945), declara que se fosse a Espanha que tivesse sido convidada para aderir ao Pacto do Atlântico «não perderia dez minutos» com Portugal. Logo a seguir acrescenta uma frase crucial: «Só há colaboração quando interesses fundamentalíssimos coincidem. Fora disso, ela trata-nos [Portugal] como o parente pobre». Para Theotónio Pereira, o país ajudaria muito mais a Espanha fazendo parte do Pacto. Considera que não se deve «ir longe de mais na defesa da Espanha ou na solidariedade para com ela», pois isso seria prejudicial para Portugal. Mesmo no que concerne a eventual visita do general Franco a Lisboa, Theotónio Pereira considera que ela só deve ter lugar depois de Portugal ter a sua posição «bem consolidada» em relação ao Pacto[724].

Nesta carta, Theotónio Pereira escreve ainda que a decisão de Salazar deverá ser tomada nos três dias que se seguem. Segundo ele, a «forma» como se fizer condicionará a posição de Portugal «para o tempo que vem». Depois acrescenta: «Fomos infelizes no plano Marshall – apesar de lá estarmos dentro – por falta de ligação suficiente. Pior será que fiquemos de fora do Pacto do Atlântico». Considera que se Portugal não aderir vai-se pensar que foi por causa da Espanha. Estima que Portugal deve tomar posição e que, apesar de ter sido um dos primeiros a colaborar com os EUA, através do Acordo dos Açores, pode «ser [dos] últimos ou mesmo não entrar [no Pacto do Atlântico]». Tal é a visão de Theotónio Pereira sobre a atitude mais correcta a tomar por Portugal, ou seja, desligar-se da questão de Espanha e entrar de uma forma decidida. Considera mesmo que se ele está em erro, é porque, então, ele fez uma análise muito má da situação e Salazar, neste caso, «está [...] mal servido» com o seu embaixador em Washington[725]. Esta carta foi

---

[724] *Ibid.*.

[725] *Ibid.*. [t.a.]

recebida por Salazar no dia 11 de Março e, segundo Theotónio Pereira, tê-lo-ia irritado[726].

O embaixador Theotónio Pereira vai transmitindo informações recolhidas em Washington e assinala que Hickerson lhe tinha dito que a Nota portuguesa lhe parecera «desencorajante»[727], que a aprovação ficou adiada para o dia 16 de Março e que a publicitação está prevista para o dia 18 de Março.

Sendo a Aliança Atlântica um tema de grande impacto mundial, a questão da eventual adesão de Portugal é focada na imprensa internacional[728]. Aproveitando essa cobertura mediática, o embaixador Theotónio Pereira irá divulgar um comunicado de imprensa, no dia 15 de Março, transmitindo a posição portuguesa sobre o Pacto do Atlântico. O objectivo era o de marcar o ponto de vista português, mesmo antes do anúncio público sobre o texto do tratado. Neste comunicado de imprensa, o embaixador, depois de reconhecer o apoio americano à Europa durante a guerra e na defesa da «civilização ocidental», diz que o Governo português, consciente dos problemas do mundo, celebrou com os EUA um acordo concedendo facilidades nos Açores e deu o seu apoio ao Pacto. Em seguida esclarece a posição portuguesa. Em relação às bases militares

---

[726] Cf. Carta de Teotónio Pereira a Salazar, de 30 de Março de 1949, «Documentos» (Documento 24), in *Política Internacional, op. cit.*, p. 161. Dean Acheson considerou mais tarde que Theotónio Pereira (que ele qualificou de «amigo íntimo») «foi capaz de transmitir que as consultações entre Portugal e a Espanha tinham convencido [Salazar] que o Tratado do Atlântico Norte não era incompatível com o Tratado de Amizade entre eles». ACHESON, Dean – *Present at the creation. My years in the State Department*. Londres: H. Hamilton, 1969, p. 279. [t.a.]

[727] AHDMNE, RNP, Política interna e externa da Europa, Telegrama n.º 78, de 11 de Março de 1949, da Embaixada de Portugal em Washington (Theotónio Pereira) para o ministro dos Negócios Estrangeiros (Caeiro da Matta), M. 37, 2.º P.-A. 50, d.l.: 1948-1949. [t.a.]

[728] Num editorial do *Le Monde*, por exemplo, está marcado o seguinte: «Tratou-se da questão de Portugal, e mesmo da Espanha. Se olharmos para o mapa, estes países, mais cedo ou mais tarde, deveriam ser incluídos no Pacto. Eles constituem posições de recuo e não deveriam ser negligenciados. Contudo, a sua tomada em consideração não parece urgente». *Le Monde*, de 11 de Março de 1949.

estrangeiras, indica que o Governo não aceitará um acordo internacional que o obrigue a conceder a potências estrangeiras a utilização de bases militares em tem-po de paz. «Esta ideia poderia ser inteiramente contrária ao princípio – em relação ao qual não admitem violação – da soberania nacional»[729]. No que diz respeito à duração do tratado, a posição portuguesa é a de que uma duração de dez anos, com a possibilidade de prolongamento, seria a solução ideal. Em relação à questão da Espanha, considera que a sua exclusão enfraquece o papel que a «Península Ibérica, como um bloco estratégico da maior importância, poderia vir a desempenhar». Para terminar, informa que estão em curso conversações entre Lisboa e Washington sobre a «amplitude geográfica do Pacto e as garantias recíprocas, incluindo a integridade territorial dos países participantes»[730].

O comunicado vai ter um grande impacto em Washington e marcar assim a posição portuguesa de uma forma pública, para que, independentemente da decisão que venha a ser tomada, ficasse bem explícita e conhecida de todos a importância que o Governo dá às questões mencionadas. A dúvida cresce, tanto nos EUA como no Reino Unido, sobre a possibilidade de a decisão portuguesa vir a ser positiva. Torna-se necessário promover uma acção concertada e discreta destes dois países junto do Governo português para tentar convencê-lo a tomar uma decisão favorável. Não se prevê, contudo, qualquer modificação do texto já aprovado pelos países negociadores.

No dia 17 de Março, o embaixador dos EUA desloca-se ao Ministério dos Negócios Estrangeiros, onde entrega ao ministro Caeiro da Matta o convite formal para participar no acto de assinatura do tratado do Atlântico Norte, em Washington, previsto para o dia 4 de Abril, assim como o texto do tratado e um memorando de resposta ao memorando do Gover-

[729] AHDMNE, RNP, Política interna e externa da Europa, Telegrama n.º 90, de 15 de Março de 1949, da Embaixada de Portugal em Washington (Theotónio Pereira) para o ministro dos Negócios Estrangeiros (Caeiro da Matta), M. 37, 2.º P.-A. 50, d.l.: 1948-1949. [t.a.]

[730] *Ibid.*. [t.a.]

no português, do dia 8 de Março. Também nesse mesmo dia, o embaixador do Reino Unido, Sir Nigel Ronald, entrega no Ministério dos Negócios Estrangeiros um *Pro Memoria* de resposta ao memorando português, como veremos mais à frente.

Para o Governo dos EUA, a questão da duração do tratado não é um problema, visto estar prevista a possibilidade de se rever os termos do tratado ao fim de dez anos. Em relação à Espanha, é de opinião de que não há incompatibilidade entre o Pacto Ibérico e o tratado e que este último permite mesmo futuros entendimentos entre Portugal e a Espanha em matéria de defesa. Quanto às colónias portuguesas, fica claro que existe uma obrigação de consulta nos termos do tratado, sempre que solicitado por um Estado membro. Em relação às garantias oferecidas pelo tratado em matéria de integridade territorial, o Governo dos EUA considera que estão dadas todas as garantias e que, no que diz respeito às bases militares, se mantém a promessa formal do *Aide Memoire* do dia 10 de Janeiro. O tratado não obriga nenhum país a conceder facilidades militares no seu território sem o seu total consentimento, apesar de a organização recomendar nesta matéria medidas e acordos de facilidades entre as partes. Para terminar o memorando indica o seguinte: «[...] o tratado está destinado a reforçar as capacidades defensivas das partes soberanas de forma a melhor assegurar a segurança de todos, e não obriga cada um dos membros a contribuir a favor da defesa colectiva da zona, tanto antes como depois de um ataque armado ocorra, mas promovendo uma concessão de assistência em função dos seus próprios recursos e situação geográfica»[731].

No que diz respeito ao *Pro Memoria* do Governo Britânico, entregue no mesmo dia, avança com argumentos semelhantes aos do Governo dos EUA no que diz respeito à duração do tratado e às colónias (que também

---

[731] ANTT/AOS/CO/NE-2B2, «Memorandum» do embaixador dos EUA para o ministro dos Negócios Estrangeiros, datado de 17 de Março de 1949 e entregue em mão ao ministro, f. 264-266. Este memorando baseia-se no Telegrama de Dean Acheson para o embaixador MacVeagh, datado de 14 de Março de 1949. Publicado em *FRUS, Western Europe, 1949, Vol. IV, op. cit.*, p. 201-202. [t.a.]

constitui preocupação para o Reino Unido), mas singulariza-se em relação à Espanha e à questão das bases. Na questão da Espanha, apesar de compreender a posição portuguesa e considerar, tal como os EUA, que não há incompatibilidades entre o Pacto Ibérico e o Tratado em apreço – nem sequer impede futuros acordos no âmbito da defesa – marca uma posição muito nítida. No *Pro Memoria* está explícito que «[...] nas actuais circunstâncias não há qualquer hipótese de mudança alguma nas relações entre o Governo do Reino Unido e a Espanha, no presente momento»[732]. Na questão das bases, apesar de garantir que não há obrigação de cedência de bases em tempo de paz, indica que os planos militares do Pacto «podem muito bem contemplar a preparação destas bases pelo país nas quais elas estão situadas, de forma a que elas possam encontrar-se disponíveis para utilização pelas forças aliadas em caso de abertura das hostilidades». Obviamente, esta preparação de bases militares não é de carácter obrigatório, pressupondo uma aceitação do respectivo país[733].

No dia 18 de Março, tal como estava previsto, há uma conferência de imprensa sobre o Pacto do Atlântico, em Washington, dada pelo Secretário de Estado Dean Acheson, em que, respondendo a perguntas sobre a Espanha, indicou que tinha de haver unanimidade na admissão de novos membros e considerou como fundamental que estes, por um lado, respeitassem os princípios democráticos e, por outro, tivessem condições para fortalecer a segurança na área do Atlântico Norte. Interrogado sobre a questão de saber em qual das categorias tinha sido incluído Portugal para ter sido convidado, Acheson terá respondido, segundo o embaixador Theotónio Pereira, «que não podia falar pelos outros negociadores mas que [o] seu voto tinha sido lançado em consideração [por] ambas [as] qualificações»[734]. Nesse mesmo

---

[732] ANTT/AOS/CO/NE-2B2, «Pro-Memoria» do Governo do Reino Unido para o ministro dos Negócios Estrangeiros, datado de 17 de Março de 1949, f. 269-270. [t.a.]

[733] *Ibid.*. [t.a.]

[734] ANTT/AOS/CO/NE-2B 2, Telegrama n.º 95, de 18 de Março de 1949, da Embaixada de Portugal em Washington (Theotónio Pereira) para o ministro dos Negócios Estrangeiros (Caeiro da Matta), f. 272.

dia, Theotónio Pereira telegrafa ao ministro indicando que não vê possibilidade de Portugal aderir com reservas ao Pacto (hipótese avançada por Lisboa), que a questão da eventual adesão da Espanha só poderia ser analisada no futuro e, sobretudo, que a questão da duração do Pacto não pode ser revista. Também informa que, tal como receava, a imprensa em Washington questionou o regime político português. No *Washington Post* estava marcado que «Portugal mostrou ser uma nação pacífica que [auxiliou os EUA] grandemente quando da guerra, mas os juristas do Departamento de Estado terão dificuldade em demonstrar que Portugal, com o seu regime ditatorial de hoje, se empenha na defesa dos direitos do homem e das liberdades fundamentais»[735].

Logo após a recepção destas informações, e na iminência do processo de tomada de decisão final em Portugal, o ministro Caeiro da Matta dá instruções a Theotónio Pereira para fazer, com toda a urgência, diligências junto do Departamento de Estado sobre a questão do prazo do tratado. Caeiro da Matta tinha tido na véspera uma conversa com os embaixadores dos EUA e do Reino Unido e, ao contrário do que Theotónio Pereira afirmou, considera que «não era de concluir impossibilidade de aceitação» de uma alteração do prazo do tratado. Informa, igualmente, que nesse próprio dia o embaixador dos EUA enviou para o Departamento de Estado o pedido português de redução para dez anos do prazo do tratado, de forma a que o governo dos EUA consultasse os outros governos sobre a proposta portuguesa. Caeiro da Matta termina o telegrama chamando à atenção de Theotónio Pereira para o facto de lhe ter pedido anteriormente para efectuar diligências no Departamento de Estado e não ter ainda obtido resposta[736]. Pelo texto, depreende-se uma certa irritação do minis-

---

735 *Washington Post*, de 18 de Março de 1949. O embaixador atribui as reservas manifestadas no *Washington Post* ao «silêncio» de Portugal até àquela altura.

736 ANTT/AOS/CO/NE-2B2, Telegrama n.º 54 (Urgentíssimo), de 19 de Março de 1949, do ministro dos Negócios Estrangeiros (Caeiro da Matta) para a Embaixada de Portugal em Washington (Theotónio Pereira), f. 282. Efectivamente, o embaixador Lincoln MacVeagh tinha transmitido as questões do Governo português no dia 18 de Março, por telegrama, e

tro em relação ao desempenho do embaixador. Nesse próprio dia à noite, Theotónio Pereira responde ao ministro dizendo que a diligência ordenada já tinha sido «virtualmente feita» em conversas com Hickerson e Achilles[737], que lhe tinham afirmado que já não era possível fazer alterações na questão do prazo do tratado. Para Theotónio Pereira, é impossível voltar atrás nesta fase do processo. Tendo sido o prazo de vinte anos uma cedência dos EUA aos países europeus, e já estando aprovado pelos governos, com a intervenção dos Parlamentos dos países onde tal era necessário, não havia possibilidade de voltar a discutir o assunto[738].

No próprio dia do início da discussão em Conselho de Ministros, a 19 de Março, sobre a eventualidade da adesão de Portugal ao Pacto, vai haver duas diligências por parte do Reino Unido sobre esta matéria. A primeira diligência foi efectuada, ao início da tarde, em Londres, pelo próprio Ernest Bevin, junto do embaixador Palmela. A segunda diligência foi efectuada pelo embaixador Sir Nigel Ronald, em Lisboa, junto de António de Faria, secretário-geral do Ministério dos Negócios Estrangeiros.

O embaixador Palmela foi contactado às doze horas com o pedido de se apresentar meia-hora depois no *Foreign Office*, onde foi imediatamente recebido por Ernest Bevin. No conversa que se seguiu, Bevin começou por pedir ao embaixador que fizesse ao Governo português um «apelo instante em seu nome pessoal para a assinatura do Pacto do Atlântico» e «lastimou não ter tido tempo para manter mais informado» o Governo português[739].

---

tinha mesmo considerado que «a assinatura é actualmente praticamente certa se as coisas correrem tal como está sugerido pela mensagem final e na medida das possibilidades». *FRUS, Western Europe, 1949, Vol. IV, op. cit.*, p. 237-238. [t.a.]

737 Theodore Carter Achilles, director em chefe do *Western European Affairs*, no Departamento de Estado norte-americano. Nascido em 1905. Diplomata norte-americano, formado pela Universidade de Yale, tendo estado colocado em Havana, Roma e Londres. Foi chefe director do *Western European Affaires* do departamento de Estado. Negociou o Pacto do Atlântico em 1948 e 1949.

738 ANTT/AOS/CO/NE-2B2, Telegrama n.º 96, de 19 de Março de 1949, da Embaixada de Portugal em Washington (Theotónio Pereira) para o ministro dos Negócios Estrangeiros (Caeiro da Matta), f. 284-286.

Responsabilizou-se pelo fixação do prazo do tratado em vinte anos – tendo ele defendido mesmo o prazo de vinte e cinco – pois considera que para a «salvação da civilização ocidental» um prazo de dez anos é muito curto. É necessário mostrar aos «países hesitantes» que o Pacto os protege por um período longo. Falou inclusive do Tratado de Windsor, de 1386, como exemplo de como devem ser os tratados e acrescentou: «Assim, no momento da assinatura, nunca as partes imaginaram que 600 anos depois esse tratado ainda vigora». Para Bevin, nos próximos vinte anos o perigo só pode vir da URSS. Tem de haver uma luta contra as ideias comunistas – a Alemanha seria mesmo, mais tarde, associada ao Pacto. Uma recusa por parte de Portugal seria, segundo Bevin, explorada pela URSS. Bevin, depois de fazer um elogio à visão de Salazar, pede ao embaixador para lhe transmitir um apelo pessoal para que aceite a participação de Portugal no Pacto. Antes de se despedir, Bevin diz a Palmela que o receberia «a qualquer hora do dia ou da noite» e confidencia que «ninguém tinha conhecimento da conversa pois não tinha avisado nem o seu Embaixador nem mesmo os Americanos; era apenas um apelo muito pessoal ao Doutor Salazar»[740].

Para Palmela a conversa é reveladora do papel importante de Bevin na concepção do Plano (atribuindo-lhe mesmo a qualificação de «arquitecto do Pacto»). A não participação de Portugal seria considerada como uma falha grave no sistema. Termina recordando uma conversa que teve em Paris com o embaixador dos EUA em Paris, Jefferson Caffey, na qual este último teria dito que «sem as garantias das rotas Norte e Sul, o Pacto

[739] ANTT/AOS/CO/NE-2B2, Telegrama n.º 79 e 80, de 19 de Março de 1949, da Embaixada de Portugal em Londres (Domingos Palmela) para o ministro dos Negócios Estrangeiros (Caeiro da Matta), f. 289-303.

[740] *Ibid.*.

[741] *Ibid.*. Conforme escreve Kaplan: «os Açores estão bastante longe no meio do Atlântico para dar a Portugal a posição que eles não gozariam de outra forma» KAPLAN, Lawrence S. – *The long entanglement: NATO's first fifty years.* Westport, Connecticut, London: Praeger, 1999, p. 33. [t.a.]

seria inexequível»[741]. Poucas horas depois, Bevin faz um discurso no Parlamento britânico, no qual refere o convite efectuado a Portugal e manifesta a esperança que o país aceite participar no Pacto.

Nesse mesmo dia, o embaixador Sir Nigel Ronald desloca-se ao Ministério dos Negócios Estrangeiros, ao fim da tarde, onde é recebido pelo secretário-geral, António de Faria. Durante a entrevista o embaixador mostra a António de Faria alguns documentos que recebeu do *Foreign Office* e entrega-lhe, igualmente, um texto sobre a questão do prazo do tratado. Para além de utilizar alguns dos argumentos já avançados por Bevin, tenta demonstrar o interesse para Portugal em fazer parte do Pacto. O primeiro reside no facto de a adesão de Portugal ao Pacto compensar, de uma certa forma, as desvantagens em não fazer parte da ONU. Também refere que se Portugal não aceitar ser membro fundador, no futuro só poderia entrar através de um convite unânime, deixando no ar a hipótese de isso poder não acontecer. Em relação à pergunta portuguesa relacionada com um adesão com reservas ao Pacto, o embaixador indica que o Reino Unido não gostaria que isso acontecesse, pois poderia abrir um precedente e outros países, incluindo os EUA, poderiam aproveitar-se dessa situação para também querer assinar com reservas. O Departamento de Estado dos EUA já estava a efectuar consultas diplomáticas sobre as questões levantadas por Portugal. Nessas consultas, o próprio Departamento de Estado indicava que não considerava aceitáveis ou viáveis as propostas portuguesas e que se Portugal não aceitasse isso seria considerado como uma falta de visão e o país ficaria prejudicado «no conceito da opinião pública americana»[742].

A questão principal do encontro foi, contudo, a questão do prazo de duração do Pacto. O embaixador assinala que todas as nações europeias se mostraram favoráveis ao prazo de vinte anos e que tal evidencia

---

742 ANTT/AOS/CO/NE-2B2, «Resumo de conversa com o embaixador de Inglaterra» (Secreto), da autoria do secretário-geral António de Faria, datado de 19 de Março de 1949, f. 304-307.

claramente que o Pacto do Atlântico é concebido como «obstáculo geral para a guerra, e não para fazer face a uma determinada ameaça temporária». Na carta entregue pelo embaixador está indicado que a questão da revisão do tratado ao fim de dez anos não é um simples *pro form*, oferecendo aos signatários a possibilidade de expressar as suas opiniões e sugestões para o futuro. Logo a seguir, está escrito o seguinte[743]:

> «O Governo do Reino Unido sempre viu a duração de 20 anos como muito desejável e teria acolhido um período mais longo se tivesse tido qualquer possibilidade de obter. Na sua opinião, a duração de 20 anos põe em evidência que é uma associação a longo prazo pela paz e segurança, e não simplesmente uma aliança efémera contra a União Soviética. Ao comprometer os Estados Unidos e o Canadá ainda mais plenamente na cooperação militar com a Europa Ocidental e com esta amplitude, quebra não só os hábitos isolacionistas do outro lado do Atlântico mas também dá uma maior e extensa confiança à Europa do que daria uma disposição de curto prazo. Na opinião do Governo do Reino Unido a interdependência passa a ser uma condição indispensável para a sobrevivência dos países da Europa ocidental»[744].

No termo do encontro, o embaixador desejou que Portugal fizesse «a coisa certa» e indicou que só a Portugal «competia decidir o que era a coisa certa»[745].

Como já foi assinalado, o primeiro Conselho de Ministros dedicado à questão do Pacto do Atlântico teve lugar no dia 19 de Março. Nesse

---

743 ANTT/AOS/CO/NE-2B2, Texto entregue pelo embaixador de Inglaterra, datado de 19 de Março de 1949, f. 289. [t.a.]

744 *Ibid.*.[t.a.]. Sublinhado no texto original. Salazar assinalou a vermelho, à margem, esta parte do texto.

745 ANTT/AOS/CO/NE-2B2, «Resumo de conversa com o embaixador de Inglaterra» (Secreto), da autoria do secretário-geral António de Faria, datado de 19 de Março de 1949, f. 307.

conselho, segundo Franco Nogueira – que teve acesso às actas – Salazar faz o respectivo historial e considera «que se está perante uma atitude positiva, e corajosa, sobretudo por parte dos Estados Unidos». Depois de afirmar que se está perante uma iniciativa positiva que corresponde àquilo que ele vinha declarando desde há tempos nos seus discursos, considera que «o texto do Tratado pode conter dois elementos de risco: a alusão à Carta da ONU e a profissão de defesa dos ideais democráticos, entendendo-se por estes os sistemas anglo-saxónicos. [...]; muitas disposições da Carta, em especial quanto a territórios coloniais, podem no futuro suscitar dificuldades; e a menção de regimes democráticos pode constituir um princípio de divisão». Salazar também menciona que tinha feito «alguns reparos, que não foram atendidos, e designadamente solicitou em vão que o prazo de vigência do Pacto fosse reduzido de vinte para dez anos. Que fazer?». É convocada nova sessão do Conselho para a segunda-feira, dia 21 de Março[746].

No domingo, dia 20 de Março, Achilles desloca-se à residência de Theotónio Pereira e repete aquilo que já tinha sido avançado pelo Departamento de Estado ao embaixador português. Em relação ao pedido de alteração do prazo do tratado e da uma eventual adesão de Portugal com reservas – apesar de se estar a efectuar as respectivas consultas –, «não via a mais ligeira possibilidade» de se poder aceitar tais hipóteses, pois «seria abrir a porta a toda a classe de reservas». Em relação à terceira hipótese, de uma adesão posterior, adianta que «[nada] fazia crer que nessa altura fosse mais fácil aceitar reservas». Mas Achilles vai mais longe. Afirma claramente que é uma oportunidade rara, pois seria difícil que o país viesse a «encontrar posteriormente atmosfera excepcionalmente amigável como aquela que resultava do convite por unanimidade agora dirigido a Portugal»[747]. Sabendo que o assunto ia ser decidido nos próximos dias, o embaixador envia

---

[746] NOGUEIRA, Franco – *Salazar – Volume IV – O Ataque (1945-1958)*, *op. cit.*, p. 142.

[747] ANTT/AOS/CO/NE-2B2, Telegramas 97 e 98, de 20 de Março de 1949, da Embaixada de Portugal em Washington (Theotónio Pereira) para o ministro dos Negócios Estrangeiros (Caeiro da Matta), f. 308-310.

estas informações para o Ministério dos Negócios Estrangeiros nessa mesma noite.

No dia seguinte, volta-se a reunir o Conselho de Ministros para discutir a questão da adesão ao Pacto do Atlântico. O ministro Caeiro da Matta informa o conselho que Madrid tinha acabado de intervir porque considera que Portugal não pode aderir ao Pacto do Atlântico por via do Pacto Ibérico e que, de qualquer forma, este último obriga à realização de consultas mútuas. A questão espanhola vai adquirir um relevo especial, tal como veremos mais à frente, mas não vai, contudo, condicionar a decisão portuguesa. No seio do conselho fala-se das consequências negativas da não adesão de Portugal, pois a Oposição iria «explorar essa circunstância» que, junto com a não aceitação de Portugal na ONU, daria a imagem de um país «repelido pelo próprio Ocidente». Segundo Franco Nogueira, o ministro das Finanças, Costa Leite, é favorável à adesão, alegando razões económicas, Caeiro da Matta «apoia a assinatura sem hesitações», assim como o ministro da Marinha, Américo Thomaz[748]. O ministro da Justiça, Manuel Cavaleiro Ferreira[749], defende a posição que se deve aguardar e «insistir no prazo de dez anos» e o ministro da Obras Públicas, José Ulrich[750], é contra a adesão. Os outros ministros presentes «não se pronunciam [...] com clareza: sem o afirmarem abertamente, dão a entender a sua relutância pela adesão de Portugal»[751]. Como estavam ausentes os ministros da Guerra, Santos Costa, e do Interior, Cancela de Abreu[752], Salazar considera que a decisão só poderá ser tomada depois de os ouvir, pelo que convoca uma nova sessão para o dia seguinte.

---

[748] Américo Deus Rodrigues Thomaz, ministro da Marinha, entre 1944 e 1958 e, em seguida, Presidente da República. Ver referências biográficas no Apêndice 1.

[749] Manuel Gonçalves Cavaleiro Ferreira, ministro da Justiça, entre 1944 e 1954. Ver referências biográficas no Apêndice 1.

[750] José Frederico do Casal Ribeiro Ulrich, ministro das Obras Públicas, entre 1947 e 1954. Ver referências biográficas no Apêndice 1.

[751] NOGUEIRA, Franco – *Salazar – Volume IV – O Ataque (1945-1958), op. cit.*, p. 143-144.

[752] Augusto Cancela de Abreu, ministro do Interior, entre 1947 e 1950. Ver referências biográficas no Apêndice 1.

Entretanto, ainda no dia 22 de Março à tarde, o embaixador dos EUA entrega directamente ao ministro Caeiro da Matta uma carta de Dean Acheson dirigida a Salazar. Esta carta tinha sido pedida pelo próprio embaixador MacVeagh ao verificar que havia grandes possibilidades de o Governo português recusar o convite[753]. A carta é um verdadeiro apelo à adesão. Nesta carta Acheson começa por manifestar a maior compreensão em relação ao receio português de se envolver em conflitos na Europa continental. Tanto mais que os próprios EUA «desde o início da sua independência, sempre agiram da mesma forma [que Portugal] de modo a evitar envolvimentos nos conflitos europeus». Para os EUA, a questão do prazo foi analisada com o maior atenção pois a sua participação no Pacto do Atlântico representa uma mudança importante na sua «história política». Os EUA tinham recusado a proposta europeia de um prazo de cinquenta anos, mas consideram que o prazo de vinte anos, com a possibilidade de revisão ao fim de dez, representa a melhor opção. Depois acrescenta que uma duração mais curta «não seria adequada para assegurar na Europa a necessária estabilidade a longo prazo e o sentimento de segurança»[754].

---

[753] Face à recusa dos EUA e do Reino Unido em aceitarem as pretensões portuguesas em matéria de alterações ao projecto de tratado, os embaixador Lincoln MacVeagh e Sir Nigel Ronald estavam muito cépticos em relação à possível adesão de Portugal. Num telegrama para o Departamento de Estado, de 19 de Março, o embaixador Lincoln MacVeagh marca o seguinte: «Nestas circunstâncias e contando que o Departamento queira realmente a assinatura de Portugal agora, recomendo que seja enviada, o mais cedo possível, uma calorosa e fervente mensagem pessoal do Secretário [de Estado] Acheson a Salazar, enfatizando a grande importância dada ao máximo de unidade entre as potências atlânticas, para desencorajar uma agressão, e jogar de uma certa forma por causa das susceptibilidades agora claramente afectadas por receberem o texto como um facto consumado com a única concessão de alguns dias para tomar a decisão de aderir». Depois refere as questões da duração, Açores, e Espanha, indicando como tratar o assunto. Indica que Bevin também enviou uma mensagem para Salazar, via embaixador de Portugal em Londres Domingos Palmela. *FRUS, Western Europe, 1949, Vol. IV, op. cit.*, p. 239. [t.a.]

[754] ANTT/AOS/CO/NE-2B2, Carta do Secretário de Estado Dean Acheson dirigida ao Presidente do Conselho António Salazar, datada de 22 de Março de 1949, f. 315-317. O texto do Telegrama de Dean Acheson para o embaixador MacVeagh foi publicado no *FRUS, Western Europe, 1949, Vol. IV, op. cit.*, p. 242-243. [t.a.]

No que diz respeito às outras pretensões portuguesas (aderir com reservas ou mais tarde), a resposta americana é muito diplomática, pois indica que o Governo dos EUA ficaria, por um lado, «infeliz de ver Portugal participar numa situação de inferioridade em relação aos outros participantes» e, por outro lado, preocupadíssimo com a possibilidade de outros países também aproveitarem para fazer reservas; o que desvirtuaria o tratado. Quanto à possibilidade de uma adesão futura, Acheson lembra que pressupõe uma unanimidade na aceitação do país e das respectivas condições de adesão.

Depois de salientar que Portugal é de um ponto de vista geográfico e histórico uma «nação Atlântica e Europeia», Acheson indica que o Governo português «tinha dado muitas indicações da sua visão atlântica e do seu interesse em contribuir para a segurança da zona do Atlântico Norte», dando como exemplo as facilidades concedidas nos Açores. Acaba a sua carta nos seguintes termos:

> «O Tratado proposto fornece uma oportunidade sem precedentes para os nossos dois países se associarem num acordo de segurança mutuamente benéfico. Nestas circunstâncias, espero muito convictamente que Portugal decida juntar-se aos Estados Unidos e às outras nações atlânticas como parceiro integral e fundador neste grande passo para a cooperação, de forma a promover a paz na zona do Atlântico Norte»[755].

Esta carta do secretário de Estado Dean Acheson será um dos elementos levados por Salazar a Conselho de Ministros no dia seguinte. A terceira sessão do Conselho dedicado ao Pacto do Atlântico reúne-se no dia 23 de Março, já com a presença dos ministros da Guerra, Santos Costa, e do Interior, Cancela de Abreu. Ainda segundo Franco Nogueira, «[ambos] defendem a adesão portuguesa, em particular o ministro da Guerra; e este

[755] ANTT/AOS/CO/NE-2B2, *op. cit.*, f. 315-316. [t.a.]

recomenda também que se abram conversações com a Espanha. Salazar conclui que o governo se pronuncia no sentido afirmativo»[756]. Estava, pois, tomada a decisão de Portugal aderir ao Pacto Atlântico. Foram dadas instruções a Caeiro da Matta para se deslocar a Washington para assinar em nome de Portugal, em 4 de Abril de 1949, o Tratado do Atlântico Norte. A decisão, contudo, não deveria ser divulgada, pois iriam iniciar-se as conversações solicitadas pela Espanha, ao abrigo do Protocolo de 29 de Julho de 1940 do Pacto Ibérico. Só após o seu termo é que Portugal deseja revelar a sua decisão[757]. Estava assim concluído um processo durante o qual foram levantadas questões relacionadas com as bases estratégicas em tempo de paz, a questão da Espanha, os territórios coloniais e, sobretudo, com a duração do tratado (a mais problemática para Portugal). Para Caeiro da Matta, os pedidos de esclarecimento foram prestados de «maneira mais ou menos satisfatória», possibilitando assim uma decisão favorável[758]. Vão, pois, iniciar-se em Lisboa conversações entre o Ministério dos Negócios Estrangeiros e o embaixador da Espanha, Nicolás Franco, sobre este assunto.

3. A questão espanhola e a tensão no Pacto Ibérico

A questão da Espanha esteve presente desde o início do processo relativo ao Pacto do Atlântico. Como já foi referido anteriormente, a posição portuguesa *ab initio* foi a de que a Espanha deveria ser incorporada no sistema de defesa ocidental.

Desde o Verão de 1948 que estava assente o princípio de uma visita oficial de Francisco Franco a Portugal. Em princípios de Setembro, o

---

[756] NOGUEIRA, Franco – *Salazar – Volume IV – O Ataque (1945-1958), op. cit.*, p. 144.

[757] AHDMNE, RNP, Política interna e externa da Europa, Telegrama-Circular n.º 14, de 24 de Março de 1949, do ministro dos Negócios Estrangeiros (Caeiro da Matta) para as embaixadas e legações de Portugal, M. 37, 2.º P.-A. 50, d.l.: 1948-1949.

[758] *Ibid.*.

embaixador de Portugal em Londres informa o *Foreign Office* dessa eventualidade, tendo-lhe sido manifestado na altura o desagrado britânico e indicado que o embaixador britânico em Lisboa não deveria estar presente caso essa visita se concretizasse[759]. A forte tensão internacional leva os jornais portugueses, nomeadamente o *Diário de Notícias*, desde princípios de Setembro, a insistir na necessidade de estabelecer uma maior aproximação luso-espanhola no domínio da defesa. Havia claramente o objectivo de fazer aceitar na opinião pública essa aproximação, coroada pela prorrogação por dez anos do Tratado de Amizade e Não-Agressão e do Protocolo Adicional entre Portugal e Espanha (Pacto Ibérico), em 20 de Setembro de 1948 (o período de validade do Pacto só terminava em 30 de Março de 1949). A Espanha tinha a noção de que Portugal poderia ser associado ao projectado sistema defensivo do Atlântico Norte. Dado o grande isolamento internacional da Espanha, esta tinha todo o interesse em manter a sua relação com Portugal ao mais alto nível possível. No que toca a Portugal, a questão já se coloca de uma forma menos premente, dado o país estar a participar na OECE e ser tolerado pelas potências ocidentais, apesar do seu regime político. As informações diplomáticas vindas de Londres, de Paris ou de Washington, mostravam claramente que a ditadura franquista era inaceitável para esses países. Apesar de haver algumas divergências de opinião sobre a atitude a adoptar em relação à Espanha, nomeadamente por razões estratégicas, a posição dominante, como Portugal se pôde aperceber quando pediu a integração da Espanha na OECE, era a de um claro repúdio internacional. Havia, contudo, alguma compreensão no que diz respeito à posição portuguesa, pois, por razões geoestratégicas, era facilmente compreensível a atitude de Portugal ao reivindicar a necessidade de uma defesa conjunta incorporando a totalidade da Península Ibérica. Esta também era a posição de alguns estrategas

---

759 ADMAE, S. Europe/1944-1960, S.s. Portugal, Telegrama n.º 300-301, de 11 de Setembro de 1948, de Jean du Sault, embaixador da França em Lisboa, para Robert Schuman, ministro dos Negócios Estrangeiros, Vol. 24, d.l.: 1944-1949.

militares ocidentais, nomeadamente de alguns norte-americanos, para os quais as questões políticas relacionadas com o regime franquista deviam passar para segundo plano face à ameaça soviética[760].

O primeiro grande documento do Ministério dos Negócios Estrangeiros de análise da posição da Espanha no contexto internacional é produzido pelo jovem diplomata Vasco Futscher Pereira[761], recém-chegado da Universidade de Roma, onde tinha sido leitor de português. Numa lúcida e pragmática análise da situação, vai indicar, numa Parecer datado de 7 de Janeiro de 1949, que qualquer projecto de incorporar a Espanha ao Plano Marshall ou à «União Ocidental» está «votado ao fracasso»[762]. Tal tentativa só poderia partir de «certos meios anglo-saxónicos» ou do Vaticano. Em relação ao Vaticano, acrescenta que «protegeu sempre Franco, que, por seu turno sempre nele buscou apoiar a sua política externa». Parece-lhe claro que qualquer tentativa de integração da Espanha de Franco seria fatal para as alianças existentes na Europa entre «os partidos católicos e os socialistas democráticos». Depois de salientar a decisão da ONU de condenação do regime franquista, recorda que tanto os EUA como o Reino Unido votaram a respectiva resolução. Considera que a integração da Espanha é impossível do ponto de vista moral e jurídico e põe em causa os próprios argumentos geoestratégicos que justificariam essa integração. Futscher Pereira afirma que «é lícito pôr em dúvida que uma barreira de montanhas constitua defesa militar eficaz, em tempos de bomba atómica e de avião ultra-sónico [...][e] que embora se possa comprar a aliança de

[760] Sobre as relações entre os EUA e a Espanha, em 1948, ver a correspondência entre Paul T. Culbertson (encarregado de negócios) e o Departamento de Estado norte-americano in *FRUS, Western Europe, 1948, Vol. III, op. cit.*, p. 1 017-1 064.

[761] Vasco Luís Caldeira Coelho Futscher Pereira, diplomata português, colocado no Ministério dos Negócios Estrangeiros entre 1948 e 1952. Ver referências biográficas no Apêndice 1.

[762] AHDMNE, RNP, Plano Marshall, Ministério dos Negócios Estrangeiros, Informação – Parecer do diplomata Vasco Futcher Pereira, de 4 de Março de 1948, M. 381, 2.º P.-A. 60, d.l. 1947-1949.

Franco não se pode comprar a do povo espanhol, que não estaria unido por detrás dessa barreira». Com a continuação dos Democratas no poder nos EUA e dos Trabalhistas no Reino Unido é ilusório pensar numa mudança de atitude em relação à Espanha de Franco. Termina o seu Parecer citando uma frase de um panfleto, editado pelo Partido Trabalhista, em que está escrito que «enquanto não estiver liberta de Franco, a Espanha não poderá participar na obra de unificação da Europa, bastião da liberdade política [...]. E é justo. Porque se os países ocidentais são anti-comunistas, são-no por amor à liberdade e à tolerância, mas não o são à maneira de Franco»[763].

Três dias depois deste Parecer ser elaborado, os embaixadores dos EUA e do Reino Unido entregam, como já foi referido anteriormente, os respectivos *Aide Memoire* e *Pro Memoria*, onde está claramente indicado que há um forte desejo de integração da Espanha mas que tal é momentaneamente impossível por razões políticas. Não se especifica nos documentos diplomáticos se as «razões políticas» têm a ver com a política interna dos EUA e do Reino Unido ou com a política seguida por Franco em Espanha. Há uma zona de ambiguidade, a nosso ver voluntária, de forma a dar a entender a Salazar que a questão ficará em aberto até surgir um momento oportuno, que poderá estar próximo. O documento norte-americano é elucidativo, na medida em que diz explicitamente que Portugal poderá melhor defender os interesses da Espanha no seio do Pacto do Atlântico do que fora dele. Este argumento invalida, de uma certa forma, o argumento de que Portugal deveria entrar com a Espanha ou não entrar. No fundo, havia uma vontade forte de integrar a Espanha no sistema ocidental, sob todos os pontos de vista, mas tal possibilidade só se poderia concretizar se houvesse uma mudança de atitude muito significativa do regime espanhol. Isto não é dito porque se houvesse referências explícitas ao regime político em Espanha isso poderia causar um certo mal-estar, visto Portugal também se encontrar sob um regime ditatorial. A

---

763 *Ibid.*.

decisão política de aderir ainda não tinha sido tomada e era necessário proceder com muita prudência e não ferir susceptibilidades políticas. A questão espanhola não vai ser, contudo, um elemento central no processo de adesão de Portugal. Basta ao país manifestar abertamente a sua posição, nitidamente favorável à participação da Espanha, para ter a noção do "dever cumprido". Como muito bem assinalou o embaixador da França em Lisboa, Jean du Sault, no dia 24 de Janeiro, ao escrever: «a esperança, alimentada aqui durante muito tempo, de ver incluir a Espanha num sistema de defesa comum é agora reconhecida como ilusória»[764]. As informações vindas do estrangeiro confirmavam esta posição. Apesar da natureza das organizações ser muito diferente, o esforço inglório de Portugal em fazer aceitar a Espanha aquando da criação da OECE tinha sido suficientemente esclarecedor para não nutrir grandes ilusões a respeito do Pacto do Atlântico. Tanto mais que a importância de Portugal saía reforçada ao integrar o Pacto sozinho. A não participação da Espanha criava, de uma certa forma, uma lacuna no sistema defensivo ocidental, dando a Portugal continental um maior relevo no contexto estratégico.

No dia 15 de Março, o embaixador Theotónio Pereira faz a sua comunicação à imprensa de Washington, frisando bem que Portugal reprova a ausência da Espanha e considera que ela enfraquece «o papel da Península Ibérica, como um bloco estratégico da mais alta importância, pode vir a desempenhar»[765]. Não estando a decisão portuguesa dependente de uma eventual integração da Espanha no Pacto do Atlântico, o assunto passou para segundo plano das preocupações portuguesas. Uma tomada de posição de princípio, para que em termos internos e externos, nomea-

---

[764] ADMAE, S. Europe/1944-1960, S.s. Portugal, Lettre n.º 69/EU, de 21 de Janeiro de 1949, de Jean du Sault, embaixador de França em Lisboa, para Robert Schuman, ministro dos Negócios Estrangeiros francês, f. 260 bis, Vol. 22, d.l.: 1944-1949.

[765] AHDMNE, RNP, Política interna e externa da Europa, Telegrama n.º 90, de 15 de Março de 1949, da Embaixada de Portugal em Washington (Theotónio Pereira) para o ministro dos Negócios Estrangeiros (Caeiro da Matta), M. 37, 2.º P.-A. 50, d.l. 1948-1949.

damente em Espanha, se tivesse conhecimento da posição portuguesa sobre esta questão, passou a ser o objectivo essencial.

Quando em 17 de Março o embaixador do Reino Unido transmite o seu *Pro Memoria*, estava nele nitidamente indicado que o Governo britânico compreendia a posição portuguesa, mas não podia alterar as relações com a Espanha. Apesar disso, considera que não há incompatibilidade entre o Pacto Ibérico e o Pacto do Atlântico (nem mesmo com futuros acordos de defesa luso-espanhóis)[766]. Nesse mesmo dia, o adido de imprensa da Embaixada de Espanha em Lisboa, Martínez de Bedoya, escreve num relatório para Madrid o seguinte: «Portugal, por egoísmo, arrasta-nos para uma situação delicada e grave, e continuo sem ver outra solução possível – ainda que não seja só para salvar o sentido da nossa responsabilidade perante a história – senão denunciar o Pacto Ibérico, dentro dos prazos, relacionando esta decisão, de uma forma solene e pública, com a questão do Pacto Atlântico, tomando todas as garantias necessárias para que nem Portugal nem os outros países interessados no mencionado Pacto, possam ter uma ideia errada acerca da nossa posição»[767].

Nos dias seguintes começam a verificar-se fortes movimentações diplomáticas, por parte da Espanha, com vista a tentar dissuadir Portugal de aderir sozinho ao Pacto do Atlântico. A partir do dia 18 de Março surgem em Espanha artigos, baseados em informações da *United Press*, indicando que tinham começado negociações em Washington e Londres com vista à adesão de Portugal ao Pacto do Atlântico. Nesses artigos já vinha mencionada a posição de Portugal em relação à questão espanhola. O seu teor dava a entender que a Espanha não estava excluída. Em Espanha teimava-se em não compreender por que razão é que sendo um

---

[766] ANTT/AOS/CO/NE-2B2, *Pro Memoria* do Governo do Reino Unido para o ministro dos Negócios Estrangeiros, datado de 17 de Março de 1949, f. 270.

[767] Ref.ª: lg. R. 3372, ex. 19 (Relatório de 17 de Março de 1949) cit. in VICENTE, Ana – *Portugal visto pela Espanha. Correspondência Diplomática 1939-1960*. Lisboa: Assírio e Alvim, 1992, p. 59. [t.a.]

país «colocado na vanguarda do anti-comunismo» seja considerado «indigno de participar na vasta cruzada para a qual são convidados os países do Ocidente e uma parte do novo mundo»[768].

Em 21 de Março, no próprio dia do segundo Conselho de Ministros sobre o Pacto, o embaixador da Espanha Nicolás Franco desloca-se ao Ministério dos Negócios Estrangeiros onde encontra o ministro Caeiro da Matta. No encontro, o embaixador espanhol entrega ao ministro Caeiro da Matta um Memorando, assinado por ele, sobre a posição do Governo espanhol em relação à questão da eventual adesão de Portugal ao Pacto do Atlântico. No Memorando está indicado que a situação que se está a verificar é interpretada pela Espanha como um «incumprimento dos compromissos» assumidos por Portugal no Pacto Ibérico. O embaixador escreve o seguinte:

> «A assinatura por Portugal do Pacto atlântico que, apesar de uma certa falta de definição, obriga os Estados a defender um dos seus membros agredidos ou atacados faz prever certamente situações que pela sua natureza podem comprometer a inviolabilidade dos territórios metropolitanos ou representar um perigo para a segurança ou independência dos dois países ibéricos.
>
> A negociação por Portugal de forma unilateral opõe-se ao conceito de colaboração em política internacional, que inspira o espírito do Pacto»[769].

---

768 ADMAE, S. Europe/1944-1960, S.s. Portugal, Ofício n.º 489/EU, de 22 de Março de 1949, de Bernard Hardion, encarregado da Delegação do Governo da República Francesa em Espanha, para Robert Schuman, ministro dos Negócios Estrangeiros, f. 272, Vol. 22, d.l.: 1944-1949.

769 «Documentos» (Documento 20), in *Política Internacional*, n.º 19, Primavera-Verão, Vol. 3, p. 152-155. [t.a.] Não foram indicadas as referências do documento, mas presume-se que o documento se encontre no AHDMNE. Medeiros Ferreira transcreve parcialmente a tradução deste Memorando in *Um século de Problemas, as relações Luso-Espanholas da União Ibérica à Comunidade Europeia*, Lisboa, Livros Horizonte, 1989, p. 65, fazendo referência à cópia existente no Archivo General do Ministério de Assuntos Exteriores, Madrid, Referência 3 372, Expediente 22.

Apesar de se reconhecer no documento que Portugal tem defendido sempre a necessidade de participação da Espanha, por razões ligadas à «unidade geográfica e estratégica da Península Ibérica» e dos seus compromissos no âmbito do Pacto Ibérico, afirma que se trata de uma mudança unilateral de atitude por parte de Portugal e que ela pode afectar muito seriamente a Espanha. «A situação de Espanha fora do Pacto Atlântico em caso de emergência, seria de inferioridade e desvantagem, dado que ao atrair Portugal a guerra sobre si, ou ao correr um risco proveniente da sua qualidade de membro do Pacto Atlântico, a Espanha ver-se-ia envolvida nesse risco sem a garantia da assistência directa que Portugal teria de direito próprio»[770].

O argumento da entrada prévia de Portugal para preparar a entrada da Espanha não convence o Governo espanhol pois, nesse entretanto, o perigo aumenta por via da participação portuguesa, nomeadamente pelo risco de invasão de Portugal através da Espanha. De qualquer forma, segundo os espanhóis, o Pacto Ibérico obriga Portugal a uma consulta prévia e a uma resposta «de acordo com Espanha». O embaixador escreve mesmo que há o perigo de os dois países seguirem «política adversa», o que tornaria o Pacto Ibérico um «peso morto» sem «eficácia política», pelo que seria «mais conveniente para Espanha ter as mãos livres para jogar a sua política livremente da forma que mais lhe convenha». Nicolás Franco termina o Memorando indicando que «se examine a fundo e conjuntamente [...] as situações que se podem criar antes de dar um passo mais ou firmar um compromisso mais por parte de Portugal no caminho do Pacto do Atlântico»[771]. Estava assim exposta a duríssima posição da Espanha em

---

[770] Archivo General do Ministério de Assuntos Exteriores, Madrid, Referência 3 372, Expediente 22. Cit. in FERREIRA, José Medeiros – *Um século de Problemas, as relações Luso-Espanholas da União Ibérica à Comunidade Europeia*, *op. cit.*, p. 65.

[771] *Ibid.* Nesse mesmo dia, o adido de imprensa da Embaixada de Espanha volta a enviar um ofício em que faz a sua análise da situação. Faz uma crítica acérrima à atitude de Theotónio Pereira em Washington. «*La maniobra, propiamente dicha, de Portugal respecto a nosotros, en el ámbito internacional, se ha desarrollado en Washington a través de uno de los*

relação à eventualidade de Portugal poder vir a aderir ao Pacto do Atlântico sem consulta ou "consentimento" da Espanha.

O embaixador Nicolás Franco agiu com instruções muito precisas do seu irmão Francisco Franco, que lhe foram enviadas no dia 19 de Março, através de um telegrama do Ministério dos Negócios Estrangeiros espanhol, em oito pontos, em que está marcado que o embaixador pode «insinuar discretamente, apesar de a título pessoal, que se Portugal tomasse a decisão sózinho, isso levaria a Espanha a rever a sua posição internacional e, talvez mesmo, a cancelar, por não respeito por parte de Portugal, o Pacto Ibérico», repetindo assim o que já tinha dito anteriormente a Caeiro da Matta[772].

Entretanto, Carneiro Pacheco, embaixador político em Madrid, continua a defender com energia a Espanha franquista e a sua ligação com Portugal. Num encontro com o representante diplomático francês, Bernard Hardion, diz-lhe mesmo que o Reino Unido tinha declarado por escrito «admitir uma eventual inclusão da Espanha, sob a condição de poder, nas suas declarações públicas, poupar a opinião trabalhista [...][e] não teria,

---

más finos diplomáticos – y por eso el más enemigo – que España ha tenido que padecer en sus relaciones con Portugal: Theotónio Pereira. La maniobra consistió en decir, hace meses, a Washington que Portugal estaba decidido a entrar en el Pacto del Atlántico sin reservas, pero encontraba la dificultad de una reacción fuerte de España que, deshaciendo el Bloque Ibérico, invalidase el concurso español para la acción militar y política que se pretendía con la inclusión de la Península en el Pacto del Atlántico. Para deshacer esta dificultad, Theotónio Pereira y el Departamento de Estado norteamericano combinaron en dorarnos la píldora de la mejor manera posible. Estoy seguro que, una vez más, Theotónio Pereira fingiéndose nuestro mejor amigo, habrá tendido por parte de la Embajada de España en Washington toda clase de informaciones respecto a nuestra actitud – no en balde, repito, es un gran diplomático! – y teniendo en la mano toda clase de elementos, ha podido realizar impecablemente su plan. En efecto, la nota que ha dado sobre el Pacto del Atlántico es completa y en ella destaca, por su brío, la aparente defensa de España. Con ello queda cubierto, ante nosotros, el Gobierno portugués, el mismo que ha impedido que esa nota, que hace la defensa de España, se haya publicado en los periódicos de Portugal» Ref.ª lg. R. 3372, ex 19 cit. in VICENTE, Ana – *Portugal visto pela Espanha. Correspondência Diplomática 1939-1960*, *op. cit.*, p. 59.

[772] *Ibid.*, p. 60. [t.a.]

nessa ocasião, posto como condição à adesão da Espanha, a necessidade de uma mudança de regime». Ainda segundo Bernard Hardion, o embaixador não lhe teria escondido que o Governo português dava mais importância ao Pacto Ibérico do que ao Pacto do Atlântico[773].

Ainda nessa altura, o embaixador Marcello Mathias, em Paris, pede que lhe seja comunicado por telegrama a decisão do Governo sobre a matéria. No dia 22 de Março transcreve uma nota do jornal *L'Aurore* – publicada igualmente pelo *Le Figaro* – com a indicação que o Governo dos EUA colocava a possibilidade de incluir a Espanha e a Alemanha Ocidental no Pacto do Atlântico. Face a esta possibilidade, o *Quai d'Orsay* tinha reagido de imediato declarando oficiosamente que a posição do Governo francês se mantinha inalterada e que não se deveria «convidar um país não democrático a participar no Pacto». Ainda para mais, os sete países que convidam têm o direito de veto e o convite à Espanha está fora de questão[774]. Estava, assim, claramente dito que a adesão da Espanha nesta fase inicial era impossível. Não valia a pena insistir, pois tal seria inoportuno e fútil. No dia seguinte, de madrugada, Marcello Mathias escreveu uma carta pessoal a Salazar na qual critica as diligências de Madrid com vista à não adesão de Portugal ao Pacto. Afirma que lhe parece «delicado» ficar-se ligado à Espanha – «cuja ingratidão só encontra paralelo no seu orgulho» – pois tal enfraquece Portugal sem fortalecer a Espanha[775]. Em seguida acrescenta o seguinte:

[773] ADMAE, S. Europe/1944-1960, S.s. Portugal, Lettre n.º 489/EU, de 22 de Março de 1949, de Bernard Hardion, encarregado da Delegação do Governo da República Francesa em Espanha, para Robert Schuman, ministro dos Negócios Estrangeiros, f. 270, Vol. 22, d.l.: 1944-1949.

[774] AHDMNE, RNP, Política interna e externa da Europa, Telegrama n.º 381, de 22 de Março de 1949, da Embaixada de Portugal em Paris (Marcello Mathias) para o ministro dos Negócios Estrangeiros (Caeiro da Matta), M. 37, 2.º P.-A. 50, d.l.: 1948-1949.

[775] MATHIAS, Marcello – *Correspondência Marcello Mathias/Salazar 1947-1968, op. cit.*, p. 128.

«Suponhamos, por simples hipótese, que surge uma perturbação interna na Espanha nestes próximos dez ou vinte anos, hipótese que é de considerar pois que durante um tal período muita água corre sob as pontes; não estaremos mais fortes para fazer-lhe face estando dentro do Pacto que fora dele? E que vantagens reais decorrem para a Espanha da nossa ausência? A satisfação da sua arrogância castelhana e do seu egoísmo interno, pois estou convencido que muito dói aos dirigentes espanhóis que V. Ex.a tenha sempre conduzido as nossas coisas por forma tão hábil em paralelo com a inabilidade diplomática com que Madrid as tem conduzido, e que esse paralelo lhes não agrade perante a própria opinião espanhola. Na verdade, o mundo está em guerra, sob fórmulas novas e slogans pacifistas. O problema é, portanto, o de sabermos (sempre o mesmo) se podemos ser neutrais. A Espanha – não por convicção política mas por reacção temperamental, porque absurdamente a põem de parte – diz que sim. Salvo o devido respeito, o bom senso e a geografia dizem que não. E a aceitar-se esta conclusão o nosso campo está marcado – até sem nós»[776].

A agência noticiosa *Reuter* difunde, a partir de Madrid, no dia 23 de Março, a informação de que nos meios diplomáticos da capital se indicava que a Espanha estava a pressionar o Governo português para não aderir ao Pacto do Atlântico, invocando que uma adesão isolada era contrária ao espírito do Pacto Ibérico[777]. Já não se fala da letra do Pacto Ibérico mas sim do seu "espírito" pois, efectivamente, não há no Tratado de Amizade e Não-Agressão entre Portugal e a Espanha, de 17 de Março de 1939, nem nos

---

[776] *Ibid.*. Marcello Mathias termina a sua carta focando a questão do prazo do tratado, dizendo que o Pacto do Atlântico é uma «expressão instrumental [de uma] situação já existente [...][e] que se um dia essa situação de facto se modificar essencialmente, o Pacto deixará de valer...E queira Deus que não sejam os próprios norte-americanos que nalguma revoada de isolacionismo o não destruam dentro de meia dúzia de anos mais». *Ibid.*.

[777] AHDMNE, RNP, Política interna e externa da Europa, Relatos da Imprensa dos EUA, Spain and Portugal, de 24 de Março de 1949,, M. 37, 2.º P.-A. 50, d.l.: 1948-1949.

Protocolos Adicionais, de 29 de Julho de 1940 e 20 de Setembro de 1948, nenhuma cláusula que impeça a adesão isolada de Portugal ao Pacto do Atlântico. Outras agências noticiosas transmitem também informações nesse sentido e das principais capitais chegam ao Ministério dos Negócios Estrangeiros informações dos diplomatas sobre o assunto. Segundo Theotónio Pereira, em Washington, a *United Press* está a tentar suster a circulação da notícia mas que lhe tinha sido dito que se não houver melhor informação sobre o assunto as agências noticiosas darão «publicidade [ao] noticiário tendencioso que estão recebendo». Em seguida diz o seguinte: «É evidente tratar-se de boatos postos a correr com intuito manifesto [de] estabelecer confusão e influenciar nossa decisão ligando-a fundamentalmente [ao] caso espanhol». Também comenta que, apesar de ter feito circular o comunicado sobre a posição do Governo português, em que defende «corajosamente» a adesão da Espanha, não recebeu até à data da Embaixada da Espanha o «menor gesto de apreço o que de resto não destoa [do] procedimento a que já devemos estar habituados»[778].

No dia seguinte, volta a abordar o assunto em telegrama para o Ministério dos Negócios Estrangeiros, indicando que as Agências noticiosas têm ouvido a Embaixada antes de difundir notícias sobre as tentativas espanholas com vista a tentar contrariar a adesão isolada de Portugal. Face a pedidos de informação sobre a eventual existência de cláusulas secretas no Tratado luso-espanhol ou nos seus Protocolos Adicionais, que impedissem a adesão isolada de Portugal, Theotónio Pereira afirma que os textos são públicos e não existem cláusulas secretas (o que é uma realidade). Acrescenta mesmo, que o Pacto Ibérico só representa a «expressão corrente que ficou da política [de] entendimento durante [a] guerra mundial». Na segunda parte do seu telegrama, critica de uma forma subtil a falta de informações sobre o que se está a passar em Lisboa sobre o Pacto do

---

778 AHDMNE, RNP, Política interna e externa da Europa, Telegrama n.º 104, de 23 de Março de 1949, da Embaixada de Portugal em Washington (Theotónio Pereira) para o ministro dos Negócios Estrangeiros (Caeiro da Matta), M. 37, 2.º P.-A. 50, d.l.: 1948-1949.

Atlântico. Sobre a atitude da Espanha considera de «mau gosto» os rumores «postos a circular pela Espanha» e recorda que este país «tem evitado sempre mencionar seus compromissos» com Portugal. Para Theotónio Pereira, a Espanha «pretende a todo o custo impedir que Portugal tome posição que ela própria desejaria tomar se tal iniciativa estivesse ao seu alcance»[779].

No próprio dia 24 de Março, é entregue ao ministro Caeiro da Matta, no Ministério dos Negócios Estrangeiros, uma carta do embaixador Nicolás Franco a oficializar o pedido de conversações sobre a eventualidade da adesão de Portugal ao Pacto do Atlântico. O pedido expõe as razões pelas quais se considera serem necessárias conversações. Para a Espanha, os compromissos assumidos por Portugal ao aderir ao Pacto do Atlântico poderão provocar situações, já no presente ou no futuro, que contrariam o disposto no Pacto Ibérico. Nestas circunstâncias, e ao abrigo Protocolo Adicional, o «exame conjunto» dessas situações torna-se necessário. Nesse mesmo dia, Nicolás Franco parte para Madrid, onde vai expor a posição portuguesa e receber orientações para as conversas que vão decorrer em Lisboa. Ainda no dia 24 de Março, o ministro Caeiro da Matta envia para as embaixadas e legações um Telegrama-circular onde afirma que, apesar de Portugal considerar que a adesão ao Pacto do Atlântico não implica necessariamente uma obrigação de consulta, «depois de ponderadas todas as circunstâncias e atendendo ao próprio interesse da Europa na valorização da posição da Espanha», convinha aceitar a proposta espanhola de conversações[780].

A notícia das pressões espanholas sobre o Governo português começa a ser divulgada mesmo na imprensa portuguesa. Até o oficioso *Diário*

---

[779] AHDMNE, RNP, Política interna e externa da Europa, Telegrama n.º 106 (2), de 24 de Março de 1949, da Embaixada de Portugal em Washington (Theotónio Pereira) para o ministro dos Negócios Estrangeiros (Caeiro da Matta), M. 37, 2.º P.-A. 50, d.l.: 1948-1949.

[780] AHDMNE, RNP, Política interna e externa da Europa, Telegrama circular n.º 14, de 24 de Março de 1949, do ministro dos Negócios Estrangeiros (Caeiro da Matta) para as missões diplomáticas, M. 37, 2.º P.-A. 50, d.l.: 1948-1949.

da Manhã, na sua edição de 25 de Março, anuncia como «incerta a posição de Portugal». Baseando-se na informação da *United Press*, em proveniência de Madrid, escreve: «Esferas informadas dizem que a Espanha está decidida a denunciar o chamado «Pacto Ibérico» concertado entre as duas ditaduras peninsulares, logo que Portugal assine o Pacto Atlântico». Há informações contraditórias, mesmo em Lisboa, e é muito difícil de saber qual tinha sido a decisão do Governo português, visto este ter levantado ao longo do processo algumas reservas significativas e não ter tomado qualquer posição pública, mesmo após três conselhos de ministros.

As rápidas conversações entre Portugal e a Espanha decorreram no Ministério dos Negócios Estrangeiros, em Lisboa, entre o embaixador Nicolás Franco e o secretário-geral António de Faria. É elaborado, pela parte portuguesa, um relato dos principais pontos focados durante as conversações num documento secreto entregue em 28 de Março a Nicolás Franco[781]. Em catorze pontos resume-se a posição portuguesa de uma forma muito bem elaborada. Neste documento, que faz a síntese da argumentação portuguesa, considera-se que o Governo português não só sempre defendeu a necessidade da admissão da Espanha no Pacto do Atlântico como considera que a adesão de Portugal é vantajosa para os dois países. Após a adesão, Portugal poderá melhor defender a posição da Espanha no seio da organização, nomeadamente junto do futuro comité de defesa, que, obviamente, será mais sensível à argumentação estratégico-militar. Caso Portugal não aderisse, isso não só agravaria o isolamento da Espanha como poderia criar problemas ao Governo português. A adesão isolada de Portugal não prejudicará as relações entre os dois países, nomeadamente em matéria de defesa, bem pelo contrário, pois reforça o conjunto. «Estudado o problema em todos os seus aspectos e

---

[781] «Documentos» (Documento 22, sem título, com a menção «Secreto» e com a seguinte anotação escrita: «Entregue ao Embaixador de Espanha em 28-3-1949») in *Política Internacional*, n.º 19, Primavera-Verão, Vol. 3, p. 156-160. Não foram indicadas as referências do documento.

consequências, chegou o Governo português à conclusão de que a admissão de Portugal no momento presente era vantajosa, tanto para os seus próprios interesses como para os interesses dos dois países e da própria Europa»[782].

A parte portuguesa reconhece, contudo, que a regra da unanimidade para a entrada de novos membros constitui um problema muito sério em desfavor da Espanha. Diz lamentar essa «exigência». Após consulta dos governos britânico e norte-americano, o Governo português reitera a posição de que não há «qualquer incompatibilidade» entre o Pacto do Atlântico e o Pacto Ibérico. Neste particular, e por sugestão da parte espanhola, Portugal compromete-se a fazer uma declaração neste sentido aquando da assinatura do Tratado. No que toca à interpretação que Portugal faz do artigo 5.º do Tratado, está claro que não há obrigação de entrada em guerra mesmo que haja agressão contra um dos Estados membros. Portugal guarda assim o poder decisório na matéria. Pode até ser preferível para os membros do Pacto do Atlântico que um país mantenha a sua neutralidade. Quanto à eventualidade, avançada pela Espanha, da sua possível aproximação com a URSS, o Governo português considera que «ainda que viesse a ser politicamente possível – do que se duvida – não seria susceptível de ter sob o aspecto militar quaisquer consequências de ordem prática favoráveis à segurança ou integridade territorial da Espanha» em caso de agressão militar da URSS contra os países do Pacto do Atlântico. O facto de Portugal aderir isolado não aumenta os perigos para a Espanha, pois a atitude da URSS em relação à Espanha, em caso de agressão, não seria condicionada pelo facto de Portugal ser membro do Pacto[783].

No que concerne o pedido espanhol no sentido de Portugal sugerir aos EUA a «conclusão de um pacto de assistência mútua» entre os três países «como maneira indirecta de resolver a dificuldade actual da não

---

[782] *Ibid.*.

[783] *Ibid.*.

admissão de Espanha no Pacto do Atlântico», o Governo português julga-o «absolutamente impossível» no momento. Mostra-se, contudo, disponível para «se associar a quaisquer esforços que por parte da Espanha venham a ser feitos [nessa] orientação em oportunidade mais favorável». Por fim, manifesta a sua divergência em relação à interpretação do Protocolo de 29 de Julho de 1940. Enquanto o embaixador Nicolás Franco estima que o Protocolo tinha transformado o Tratado de Amizade e Não-Agressão num «Pacto de colaboração política e assistência mútua», o Governo português interpreta-o como um «instrumento de colaboração política», que só mediante consultas entre os dois governos poderia, em caso de necessidade, «dar lugar a um entendimento mais largo»[784].

Após esta breve troca de opiniões, estava assim ultrapassada a questão formal do processo de consulta solicitado pelo Governo espanhol, pelo que se podia avançar enfim para a declaração oficial de adesão de Portugal ao Pacto do Atlântico. Como seria de esperar, Portugal não abdicou da sua capacidade de decisão em matéria de política externa, tendo mesmo conseguido manter o Pacto Ibérico. Apesar das ameaças de denúncia do Pacto, terá sido «em última instância o próprio general Franco» a não aceitar esta hipótese radical[785]. A prudente atitude de Salazar e de Caeiro da Matta durante todo o processo e os sucessivos apelos à aceitação da participação da Espanha (mesmo sabendo que seria quase impossível) poderão ter contribuído decididamente para a manutenção do Pacto Ibérico.

No dia 27 de Março surge enfim a notícia, em proveniência de Madrid, indicando que Portugal ia aderir ao Pacto. Theotónio Pereira comunica ao Ministério dos Negócios Estrangeiros o teor dessa notícia, em que está explicitamente marcado que a Espanha decidiu, na véspera, «aprovar que o seu aliado no Pacto Ibérico aceite convite para ingressar» no Pacto do Atlântico. O embaixador comenta a notícia indicando que não lhe surpreende o facto de a Espanha não ter esperado pelo comunicado portu-

[784] *Ibid.*.

guês[786]. Trata-se, nitidamente, de uma atitude com vista a fazer crer aos outros países que Portugal foi «autorizado» pela Espanha a aderir, o que não corresponde à realidade, visto o Protocolo só obrigar a consultas mútuas. Ainda nesse dia é publicado no *New York Times* uma entrevista do ministro dos Negócios Estrangeiros de Espanha, Martín Artajo, em que este elogia o Pacto do Atlântico, manifesta o desejo da Espanha de poder aderir e considera que a «cooperação portuguesa será da maior importância», atribuindo a Portugal uma força de 60 000 homens e 575 aviões[787]. Dois dias depois, o embaixador Theotónio Pereira volta a focar a questão dos «rumores postos a circular» pela Espanha, considerando que tinham como «único fim atrair atenção para Espanha (mesmo não convidada) e também como costume querer ligar à sua a política portuguesa»[788].

Na madruga do dia 30 de Março Theotónio Pereira ainda não possuía a posição oficial do Governo português sobre o Pacto. Num telegrama para o Ministério dos Negócios Estrangeiros comunica o programa da assinatura do Tratado e indica que tinha sido dito a um diplomata português que, se o Governo português decidisse favoravelmente, os EUA «deplorariam a ausência» do ministro dos Negócios Estrangeiros, «não só por se tratar de país com tão amigáveis relações mas por ser o único que

---

[785] REDONDO, Juan Carlos Jiménez – «Portugal, Espanha e a formação da NATO» in *Política Internacional*, n.º 19, Primavera-Verão, Vol. 3, p. 105. Juan Redondo baseia-se no opinião do historiador espanhol Luis Suárez Fernández, responsável pela publicação *Franco. La historia y sus documentos*, em 20 volumes, Madrid, Ubión,

[786] AHDMNE, RNP, Política interna e externa da Europa, Telegrama n.º 113, de 27 de Março de 1949, da Embaixada de Portugal em Washington (Theotónio Pereira) para o ministro dos Negócios Estrangeiros (Caeiro da Matta), M. 37, 2.º P.-A. 50, d.l.: 1948-1949.

[787] AHDMNE, RNP, Política interna e externa da Europa, Telegrama n.º 115, de 27 de Março de 1949, da Embaixada de Portugal em Washington (Theotónio Pereira) para o ministro dos Negócios Estrangeiros (Caeiro da Matta), M. 37, 2.º P.-A. 50, d.l.: 1948-1949.

[788] AHDMNE, RNP, Política interna e externa da Europa, Telegrama n.º 117, de 29 de Março de 1949, da Embaixada de Portugal em Washington (Theotónio Pereira) para o ministro dos Negócios Estrangeiros (Caeiro da Matta), M. 37, 2.º P.-A. 50, d.l.: 1948-1949.

faltaria»[789]. Nesse mesmo telegrama, manifesta ao ministro um «sentimento de inutilidade» na sua acção em Washington; numa clara crítica à falta de informação sobre o que se estava a passar em Lisboa e na sua marginalização na fase final do processo. Pouco horas depois, após a leitura dos jornais de Washington e ter recebido do ministro a indicação da decisão portuguesa, Theotónio Pereira comunica ao Ministério dos Negócios Estrangeiros que os jornais estavam a anunciar que, segundo um telegrama de Madrid, tinham terminado dez dias de conversas luso-espanholas, «que abriram caminho» à adesão de Portugal ao Pacto do Atlântico. Para o embaixador Theotónio Pereira, a Espanha «continua pois não perdendo ocasião [para] fazer seu jogo a nosso respeito só lhe faltando dizer que nos deu licença»[790].

Na manhã do dia 30 de Março, já dadas por terminadas as conversações com a Espanha, foi comunicado oficialmente ao embaixador dos EUA a decisão portuguesa de assinar como membro originário o Tratado do Atlântico Norte. Pouco depois, foram entregues Notas do Ministério dos Negócios Estrangeiros nas Embaixadas dos EUA e do Reino Unido sobre essa decisão, onde o ministro aproveita a ocasião para manifestar o seu descontentamento pelo facto de, contrariamente ao que tinha sido comunicado oficialmente a Portugal no dia 10 de Janeiro, em vez de ser enviado um projecto de Tratado «sujeito discussão sobre o qual não teríamos deixado [de] formular observações [de] forma e [de] fundo, [...] foi apresentado texto dum Tratado na forma definitiva ao qual se soube não ser mesmo possível fazer reservas»[791].

---

[789] AHDMNE, RNP, Política interna e externa da Europa, Telegrama n.º 118, de 30 de Março de 1949, da Embaixada de Portugal em Washington (Theotónio Pereira) para o ministro dos Negócios Estrangeiros (Caeiro da Matta), M. 37, 2.º P.-A. 50, d.l.: 1948-1949.

[790] AHDMNE, RNP, Política interna e externa da Europa, Telegrama n.º 119, de 30 de Março de 1949, da Embaixada de Portugal em Washington (Theotónio Pereira) para o ministro dos Negócios Estrangeiros (Caeiro da Matta), M. 37, 2.º P.-A. 50, d.l. 1948-1949. O Comunicado de imprensa do Governo espanhol foi publicado, em francês, in *Chronique de Politique Etrangère*, Vol. 2, n.º 2, Março de 1949, *op. cit.*, p. 352.

[791] AHDMNE, RNP, Política interna e externa da Europa, Telegrama n.º 50, de 30 de Março de 1949, do ministro dos Negócios Estrangeiros (Caeiro da Matta) para a Embaixada

Em Washington, Theotónio Pereira escreve nesse mesmo dia mais uma carta a Salazar a queixar-se da gestão que foi feita do processo de adesão ao Pacto do Atlântico. Para o embaixador, Portugal deixou «que outros falassem por [ele]», referindo-se certamente à Espanha, e acrescenta: «O procedimento da Espanha, embora nunca pudesse ser surpresa, foi contudo além da medida». Depois, reforça a sua posição sobre a Espanha, dizendo que ainda nesse mesmo dia tinha sido publicado nos jornais a indicação que Portugal só ficou habilitado a aderir após as negociações com Espanha. Logo a seguir acrescenta: «Não percebi realmente a orientação seguida em Lisboa e depressa verifiquei que nenhuma orientação minha era atendida. Paciência». Depois de se queixar das dificuldades que vai ter em organizar – à última da hora – um programa por ocasião da viagem de Caeiro da Matta a Washington para a assinatura do Tratado, afirma que não mereceu a «confiança» de lhe ter sido dito «o que se pensava fazer», e que esteve para perguntar ao ministro se ele não queria mandar outro embaixador para Washington; mas convenceu-se que não se tratava dessa questão (supomos que de uma questão de confiança pessoal no embaixador). Indica, todavia, que irá esclarecer a questão após a chegada do ministro. Termina a carta com a seguinte frase (sintomática do seu desacordo em relação à condução do processo): «Oxalá o avião se não atrase, pois é caso de dizer que chegamos no último comboio»[792].

---

de Portugal em Londres, M. 37, 2.º P.-A. 50, d.l.: 1948-1949. O embaixador da Espanha em Lisboa, Nicolás Franco, já tinha telefonado na véspera, dia 29 de Março, para indicar que «o seu governo não fez nada para impedir Portugal de aderir ao Pacto e o rumor pretendendo que ele ameaçou denunciar o Tratado luso-espanhol de Amizade se Portugal insistisse, era falso». Neste telefonema, Nicolás Franco menciona «a possibilidade de, talvez, pedir aos Estados Unidos que adiram de uma certa forma ao actual Pacto Ibérico, e argumentou que de qualquer forma as necessidades estratégicas de defesa da Europa Ocidental apelam a um qualquer entendimento, através do qual as capacidades espanholas para a defesa da Península possam ser reforçadas». «Memorandum of Conversation, by the Ambassador in Portugal (MacVeagh)», Top Secret, March 30, 1949 in *FRUS, Western Europe, 1949, Vol. IV, op. cit.*, p. 254-255. [t.a.]

[792] Carta de Teotónio Pereira a Salazar, de 30 de Março de 1949 transcrita em «Documentos» (Documento 24) in *Política Internacional*, n.º 19, Primavera-Verão, Vol. 3, p. 161.

Em Paris, o jornal pró-comunista *L'Humanité* anuncia em primeira página que «O ditador Salazar, com o acordo de Franco, adere à coalição anti-soviética» – «Pacto Atlântico de agressão» –, e acrescenta o seguinte: «Esta adesão de última hora, que resulta de activas negociações entre os representantes de Salazar e os de Franco, dá todo o significado à viagem de Schuman»[793].

Em Lisboa, Augusto de Castro, num editorial do *Diário de Notícias* intitulado «A Nossa Entrada no Pacto do Atlântico» enaltece a decisão do Governo português. Escreve que a entrada no Pacto do Atlântico «não implica o reconhecimento de qualquer doutrina que não tivesse já recebido a adesão de Portugal, nem de práticas internacionais que há muito não fizessem parte do nosso sistema de relações com os outros povos», e refere as vantagens de Portugal estar ligado «a um sistema defensivo eficiente e operante que se apresenta como o melhor meio de evitar a guerra»[794]. Pouco depois, num claro aproveitamento da situação, para fins de política interna, escreve o seguinte:

> «Podemos dizer orgulhosamente que nem só a geografia jogou no caso como parte determinante. A personalidade moral do País, a coesão dos princípios que o governam, a coerência da sua política externa, o rigor com que tem sabido cumprir as suas obrigações internacionais, a sua devoção pela paz, pela ordem e pela moralidade internacional e a posição de destaque assumida, mais duma vez, em defesa destes princípios, garantiram-lhe o respeito de todos os povos e tornaram a sua presença desejada, pelas nações portadoras da mesma doutrina, nos organismos actuantes da política mundial»[795].

---

[793] *L'Humanité*, de 31 de Março de 1949. [t.a.] O ministro dos Negócios Estrangeiros francês também tinha partido para os EUA para assinar o Tratado do Atlântico Norte.

[794] *Diário de Notícias*, de 1 de Janeiro de 1949.

[795] *Ibid.*.

4. A adesão ao Pacto do Atlântico

Na noite do dia 30 para 31 de Março o ministro Caeiro da Matta parte para os EUA, na companhia do secretário-geral do Ministério dos Negócios Estrangeiros, António de Faria, e do seu secretário particular, José Figueiredo. Participa, no dia 1 de Abril, num encontro com Dean Acheson, no dia 2 de Abril numa reunião preliminar entre Dean Acheson e todos os ministros e embaixadores dos países participantes no Pacto, e, no dia 4 de Abril, na assinatura do Tratado do Atlântico Norte, em Washington[796]. Por ocasião do encontro entre ministros dos Negócios Estrangeiros, no dia 2 de Abril, o ministro Caeiro da Matta, tal como tinha sido combinado com a Espanha, vai levantar a questão da compatibilidade entre o Pacto Ibérico e o Pacto do Atlântico[797]. Segundo *Minutes of a Conference of Foreign Ministers at Washington*, Caeiro da Matta levantou a questão da interpretação do Artigo 8.º do Tratado[798]. Apesar de já possuir

[796] Dean Acheson, nas suas memórias, fez o seguinte comentário sobre o encontro que teve com Caeiro da Matta: «Dr. Caeiro da Mata, um professor reformado de Direito internacional, o mais cortês e encantador dos homens, parece crer – talvez baseado na sua experiência – que as suas dúvidas acabaram e sua função terminou quando explicou, com precaução e minuciosamente, os seus pontos de vista. Como eles foram aceites não parecia incomodá-lo minimamente. Ele fez-me pensar na frase do princípio do excelente livro de Ann Bridge *Peking Picnic*. «Ele era uma espécie de diplomata», escreveu ela, «que telegrafa para a sua sede: «Hoje repeti a Sua Excelência o que lhe havia dito na semana passada»». ACHESON, Dean – *Present at the creation. My years in the State Department, op. cit.*, p. 328-329. [t.a.]

[797] Estas declarações tiveram lugar no encontro entre os ministros dos Negócios Estrangeiros, que teve lugar em Washington, no dia 2 de Abril de 1949. No pequeno discurso formal durante a cerimónia de assinatura do Tratado, Caeiro da Matta não se referiu à Espanha.

[798] «ARTIGO 8.º Cada uma das Partes declara que nenhum dos compromissos internacionais actualmente em vigor entre ela e qualquer outra Parte ou qualquer outro Estado está em contradição com as disposições do presente Tratado, e assume a obrigação de não subscrever qualquer compromisso internacional que o contradiga». Parlamento Europeu – *50 Anos de Europa, os grandes textos da construção europeia*. 2.ª edição revista e aumentada. Lisboa: Parlamento Europeu – Gabinete em Portugal, 2001, p. 21.

a interpretação dos Governos dos EUA e do Reino Unido, que consideram compatíveis os tratados, «[ele] quer ficar completamente seguro de como é que deve ser interpretado o artigo 8.º». A partir daí gera-se uma discussão. Paul-Henri Spaak, que parece ter compreendido pretender Caeiro da Matta uma declaração formal de compatibilidade assumida pelos países do Pacto, insurge-se contra tal pretensão. Para Spaak, «nenhum representante pediu a Portugal para renunciar a qualquer um dos seus tratados, mas, ao mesmo tempo, os outros representantes não estão em situação de poderem declarar que o tratado entre Portugal e Espanha estava em conformidade com o Tratado do Atlântico Norte. Não compete aos outros representantes fazer esse tipo de declaração». Competia, pois, a cada um dos países membros declarar que os seus tratados são ou não compatíveis com o Pacto. Depois da intervenção de Dean Acheson, que fez os possíveis por conciliar as posições, Caeiro da Matta aceitou a interpretação de Spaak em relação ao Artigo 8.º[799].

Ainda no dia 2 de Abril, o ministro Caeiro da Matta, recebeu os jornalistas na Embaixada de Portugal, para uma conferência de imprensa. Antes da intervenção do ministro, Theotónio Pereira leu uma declaração em inglês na qual enalteceu as relações existentes entre Portugal e os EUA e o Pacto do Atlântico. Na conferência de imprensa, Caeiro da Matta realça a importância que a Espanha pode ter no sistema de defesa ocidental, a importância da sua neutralidade aquando da Segunda Guerra Mundial e as ligações existentes com Portugal por via do Pacto Ibérico. Nesta ocasião, também justificou a razão de ser das conversações efectuadas entre os dois países antes da adesão de Portugal ao Pacto do Atlântico. Na conversa com os jornalistas, que se seguiu, focou ainda a compatibilidade entre o Pacto Ibérico e o Pacto do Atlântico e a não aceitação por parte de

---

[799] Cf. *FRUS, Western Europe, 1949, Vol. IV, op. cit.*, p. 274-277. [t.a.] Esta situação é comentada in TELO, António – *Portugal e a NATO, o reencontro da tradição atlântica, op. cit.*, p. 79. Interpreta-a como uma *gaffe*.

Portugal da instalação de bases militares estrangeiras nos Açores em tempo de paz[800].

No dia seguinte o ministro Caeiro da Matta escreveu uma carta a Dean Acheson. Nesta carta tenta justificar a sua intervenção da véspera da seguinte forma:

> «No momento em que na reunião do dia 2, com a presença de Vossa Excelência e de todos os representantes dos países signatários do Pacto, íamos tomar a decisão da aprovação definitiva do respectivo texto, tive conhecimento dum documento relativo à interpretação de «certas frases e de certos artigos» resultante de troca de impressões entre os negociadores de aquele instrumento diplomático e que me chegou às mãos pelos bons ofícios do Departamento de Estado. A alínea N.º 5 do mencionado documento era assim redigida: «Relativamente ao artigo 8.º, está assente que nenhum compromisso internacional já existente em relação a qualquer Estado Membro pode, de qualquer forma que seja, ir contra o cumprimento das suas obrigações em relação a este Tratado». [t.a.]
>
> Não podendo só pela rápida leitura daquela alínea conhecer com precisão o seu exacto alcance, suscitaram-se dúvidas no meu espírito, que tornaram indispensável o completo esclarecimento.
>
> Da discussão havida resultou para mim a conclusão evidente de que em nada era alterado o Artigo 8.º do Pacto tal como tinha sido até ali interpretado. Isso me permitiu portanto dar a aprovação do Governo Português ao texto definitivo do Pacto fornecendo-me ao mesmo tempo o ensejo para declarar que aceitação por parte de Portugal daquele instrumento diplomático é inteiramente compatível com as

---

800 *Diário de Notícias*, de 3 de Abril de 1949. Nesta ocasião, Caeiro da Matta «explicou [...] que Portugal pediu auxílio económico directo, ao abrigo do Plano Marshall, somente em virtude das más colheitas recentes. Portugal pediu um empréstimo de 28 milhões de dólares para financiamento de importações de trigo, tornadas necessárias por essas más colheitas». *Idem*.

obrigações decorrentes dos compromissos anteriormente assumidos pelo Governo Português e nomeadamente os do mencionado Tratado de Amizade e Não Agressão com a Espanha, de 17 de Março de 1939 e seu Protocolo adicional de 29 de Junho de 1940.

Muito agradeceria a Vossa Excelência que do conteúdo desta Nota fosse dado conhecimento aos Ministros dos Negócios Estrangeiros dos países comparticipantes do Pacto»[801].

Tal como aconteceu anteriormente na Conferência de Paris, a declaração do ministro revelou-se inoportuna, mas conseguiu marcar claramente a posição formal, e de princípio, de Portugal. Esta Nota enviada a Dean Acheson, com o pedido de transmissão às restantes partes do tratado, mais do que uma tentativa de justificação de uma atitude, pode ser considerada como uma forma de oficializar a declaração de compatibilidade entre os Pactos, mesmo antes da assinatura do tratado. Apesar de a questão da Espanha não ter constituído uma questão central na adesão de Portugal ao Pacto do Atlântico, assim como não o foi em relação à OECE, teve, contudo, em termos internacionais, um impacto significativo.

No acto de assinatura do Tratado do Atlântico Norte, em Washington, no dia 4 de Abril, o ministro Caeiro da Matta irá efectuar um pequeno discurso de circunstância. Pôs em relevo a vontade de Portugal em cooperar com os países ocidentais na defesa dos «ideais da civilização ocidental», realçou a importância do Atlântico para Portugal, e qualificou o Pacto como «um precioso instrumento de paz». No que toca à importância do Pacto para a Europa, declarou o seguinte: «A Europa, que tem grande património moral a defender, diminuída na ordem dos valores políticos, lutando contra a maior e mais perigosa epidemia mental de todos os

---

[801] Nota do Ministro dos Negócios Estrangeiros, (Embaixada de Portugal – Washington), datada de 3 de Abril de 1949, dirigida a Sua Excelência o Senhor Dean Acheson, Secretário de Estado. A Nota e a sua tradução inglesa, do *Department of State*, Division of Language Services (translation), Top Secret, foram-nos facultadas pelo embaixador António de Faria (arquivo pessoal). Está escrito no topo da Nota a seguinte frase: «Entregue em mão no State Dep. em 3 de Abril, 1949, pelo sr. Dr. Rocheta».

tempos, que ameaça envenenar a flor da nossa cultura, procura ansiosamente uma fórmula de paz»[802].

Para a Espanha, a adesão de Portugal ao Pacto do Atlântico é mais um sinal do seu isolamento internacional. Apesar da tensão que se criou no momento e de algum ressentimento, a Espanha não se podia permitir abandonar a sua relação privilegiada com Portugal, um dos poucos elos de ligação com a comunidade internacional[803]. Como comentou Bernard Hardion, representante diplomático francês em Madrid: «No isolamento actual em que se encontra a Espanha, a Península Ibérica continua a ser a única ligação que a liga à política internacional. Apesar da decepção que ele acabou de sofrer, o Governo do general Franco não se pode arriscar a comprometer o entendimento com Lisboa, que continua a ser o fundamento da sua política e a garantia necessária do seu regime»[804]. Esta situação não invalida, contudo, o mal-estar causado em Madrid com a adesão de Portugal; sendo sintomático que os jornais espanhóis não tenham publicado as declarações de Caeiro da Matta sobre a Espanha.

5. O pós-adesão ao Pacto do Atlântico

Dois dias depois da assinatura do Tratado do Atlântico Norte, Augusto de Castro, num editorial, escreve que com este acto o isolacionismo

---

[802] *Diário de Notícias*, de 5 de Abril de 1949. O discurso em inglês foi publicado in *Chronique de Politique Etrangère*, Vol. 2, n.º 2, Março de 1949, *op. cit.*, p. 345-346.

[803] Ver a este propósito REDONDO, Juan Carlos Jiménez – «Portugal, Espanha e a formação da NATO» in *Política Internacional*, n.º 19, Primavera-Verão, Vol. 3, p. 104-106.

[804] ADMAE, S. Europe/1944-1960, S.s. Portugal, Lettre n.º 580/EU, de 12 de Abril de 1949, de Bernard Hardion, encarregado da Delegação do Governo da República Francesa em Espanha, para Robert Schuman, ministro dos Negócios Estrangeiros, Vol. 24, d.l.: 1944-1949. [t.a.]

Neste ofício, Bernard Hardion marca ainda o seguinte: «O Governo espanhol terá sido enganado pelo grande egoísmo dissimulado na amiga e branda obstinação do Governo de Lisboa? É muito provável que não». [t.a.]

norte-americano «ficou solenemente sepultado como doutrina». Para ele, há «uma mentalidade internacional nova». Em seguida escreve: «A consciência do perigo criou uma solidariedade que sucessivamente se alarga entre os Povos ameaçados pela mesma catástrofe. [...] Ao feroz e sombrio expansionismo moscovita as Nações Atlânticas, naturais defensoras duma civilização oceânica e ocidental, respondem organizando, não já na reserva das chancelarias, mas à clara luz do Sol, uma defesa comum». No fim do editorial salienta ainda a importância da Alemanha e da Espanha e termina indicando que o Pacto do Atlântico será «o que os seus signatários dele fizerem»[805].

Um mês e meio mais tarde, Salazar aproveita a estada em Lisboa de Domingos Palmela para escrever uma carta a Bevin, em forma de resposta ao apelo que este último lhe dirigira em 19 de Março. A carta foi elaborada pelo próprio Salazar e sofreu pequenas alterações após conversa com o secretário-geral António Faria. Tem interesse referir alguns excertos que mostram muito claramente o descontentamento de Salazar em relação à forma como Portugal foi tratado por ocasião do processo de formação do Pacto do Atlântico. Indica, logo de início, que «a condução das negociações para a conclusão do Pacto do Atlântico se afastou demasiado das formas habituais» e que o país «foi ouvido sobre uma ideia em projecto mas não sobre um texto»[806]. Se tivesse sido feito de outra forma, Portugal não teria deixado de fazer mais observações[807]. Tanto mais que considera que Portugal está numa das posições mais relevantes, depois dos EUA e do Reino Unido, na segurança do Atlântico Norte (neste ponto, Salazar exage-

---

[805] *Diário de Notícias*, de 6 de Abril de 1949.

[806] ANTT/AOS/CO/NE-1E, Carta de Salazar a Bevin, datada de 12 (ou 17) de Maio de 1949, com alterações manuscritas de Salazar, f. 154-157.

[807] Neste ponto Salazar riscou duas frases: uma frase que indicava que a forma como foram conduzidas as negociações não permitiu que fosse «bem acolhida pelos interessados» e, outra, indicando que é «de supor que com a colaboração de outras nações o Pacto pudesse ser melhorado com vantagem geral» (referindo-se, muito provavelmente, à Espanha). *Ibid.*, f. 154-155.

ra manifestamente o valor estratégico dos Açores). Aproveita, igualmente, para manifestar o seu desagrado pelo facto de se terem criado duas categorias de nações – «uma das quais se reconheceu apenas o direito de assinar um texto concertado entre as restantes». Salazar também reitera aqui a sua discordância relativamente à questão da ratificação, visto se ter estabelecido uma discriminação entre países[808]. Sobre a questão do prazo do Tratado e possíveis conflitos a posição de Salazar é a seguinte:

> «A atitude do Governo português [...], é dispor-se aos sacrifícios indispensáveis e à solidariedade com o Ocidente europeu no que importa à defesa da sua civilização, mas não desejar envolver-se em conflitos (riscou «possíveis») entre algumas das nações que o constituem, conflitos porventura emergentes das próprias condições de paz em cuja elaboração não tem de intervir ou da condução da política geral em que, dentro das actuais condições, não poderá ter voz»[809].

Depois, Salazar chama mais uma vez à atenção para a questão da Espanha. Afirma que o Governo português não quis condicionar a sua adesão à adesão da Espanha, por considerar «ser do interesse geral ir resolvendo como se puder as dificuldades de ordem externa e não complicar estas com questões internas que poderiam levantar-se». Também estima como infeliz «a exigência da unanimidade» para se convidar outros países (pensando, obviamente, na Espanha). Esta situação não permite, segundo Salazar, «preencher uma lacuna grave na política europeia do Ocidente»[810].

---

[808] No Tratado está previsto, no que toca à ratificação (artigo 11.º), o seguinte: «[...] O Tratado entrará em vigor entre os Estados que o tiverem ratificado logo que tiverem sido depositadas as ratificações da maioria dos signatários, incluindo as da Bélgica, do Canadá, dos Estados Unidos, da França, do Luxemburgo, dos Países Baixos e do Reino Unido; e entrará em vigor para os outros Estados na data do depósito da respectiva ratificação». Parlamento Europeu – *50 Anos de Europa, os grandes textos da construção europeia*, *op. cit.*, p. 22.

[809] ANTT/AOS/CO/NE-1E, Carta de Salazar a Bevin, *op. cit.*, f. 155-156.

[810] *Ibid.*, f. 156.

Já no que toca à questão da democracia, Salazar reprova aquilo que considera ser a tendência existente para transformar o Pacto do Atlântico na «base de uma organização ideológica no sentido muito restrito de afinidades de política interna». Para ele, o importante não é haver uma «identidade de regime político mas, sim, a existência e a observância das instituições e princípios fundamentais da civilização cristã do Ocidente»[811].

No termo da sua carta, Salazar escreve que, «apesar das observações expostas, o Governo português se sentia feliz por ter podido acompanhar mais uma vez a política da Grã-Bretanha e corresponder à boa vontade dos Estados Unidos no que se refere à defesa mútua das Nações atlânticas, e faz votos por que na execução o Pacto corresponda ao seu espírito e fins e dele se aufiram as vantagens de segurança e de paz por todos ansiosamente esperadas»[812].

Estando assinado o Tratado do Atlântico Norte, sem grande discussão fora do âmbito do Governo, trata-se, em seguida, de apresentar o assunto à Assembleia Nacional, para ratificação, e à opinião pública, para conhecimento. No dia 17 de Maio, o embaixador dos EUA, Lincoln MacVeagh, comunica verbalmente a Caeiro da Matta o interesse dos EUA em que todas as ratificações fossem efectuadas até meados de Junho. No dia seguinte, envia a Caeiro da Matta uma carta a confirmar a comunicação verbal. Nessa carta, assinala que, tal como o Governo português, Washington estima que «as exigências do momento aconselham a concretização do importante acordo, em toda a sua extensão, e no mais curto espaço de tempo possível»[813].

---

[811] *Ibid.*, f. 156-157.

[812] *Ibid.*, f. 157.

[813] ANTT/AOS/CO/NE-1E, Carta do embaixador Lincoln MacVeagh ao ministro dos Negócios Estrangeiros Caeiro da Matta, datada de 18 de Maio de 1949, com anotações manuscritas de Salazar, f.158. [t.a.]

6. O Parecer da Câmara Corporativa e o discurso de Salazar sobre o Pacto do Atlântico

Tendo o Governo submetido à Assembleia Nacional o Tratado do Atlântico Norte, esta remeteu-o para a Câmara Corporativa, para parecer, antes de se reunir, em plenário, para apreciação. Depois de uma análise do respectivo Tratado, a Comissão dos Negócios Estrangeiros emite um parecer muito favorável e fundamentado sobre a adesão de Portugal, dando a conhecer a Salazar e às outras secções o respectivo parecer num relatório de dezasseis páginas, no dia 21 de Junho de 1949[814]. Tem interesse focar alguns pontos deste parecer.

Para a Comissão dos Negócios Estrangeiros, o Pacto do Atlântico vem na linha do Pacto do Rio e do Pacto de Bruxelas. É uma sequência lógica de um processo que visa defender a «civilização ocidental e cristã» contra o «imperialismo agressivo de Moscovo». Trata-se de uma resposta à URSS, pois os países do Pacto do Atlântico «opõem a sua sólida aliança à expansão de um povo que, inapto para se governar a si próprio, menos competente ainda será para governar outros povos»[815]. Apesar de considerar o Pacto como uma questão de «autodefesa», a Comissão define-o, mesmo assim, como a «expressão de uma nova cruzada», na qual Portugal deve participar. Não se trata só de uma questão de segurança colectiva, trata-se também de uma questão de civilização. A agressão poderia vir tanto do exterior como do interior e «a firmeza de uma união que agrupa 350 milhões de homens é a mais sólida garantia de paz». Sendo o Pacto do

---

[814] A Comissão dos Negócios Estrangeiros foi constituída pelos seguintes elementos: José Gabriel Pinto Coelho, presidente, Afonso de Melo Pinto Veloso, Afonso Rodrigues Queiró, João Serras e Silva, Rafael da Silva Neves Duque, João Carlos de Sá Nogueira, Joaquim de Sousa Uva, Ezequiel de Campos e Rui Ennes Ulrich, relator. ANTT/AOS/CO/NE--17-1, Parecer da Câmara Corporativa sobre a adesão de Portugal ao Tratado do Atlântico Norte, datado de 20 de Junho de 1949, f. 19-35. (Este Parecer foi publicado in *Política Internacional*, n.º 1, Vol. 1, Janeiro de 1990, p. 180-193).

[815] *Ibid.*, f. 21.

Atlântico respeitador das soberanias nacionais e não tendo como objectivo a constituição de uma federação, de união política, ou de uma união económica, não há razão objectiva para que Portugal não participe. Tanto mais, que o tratado não obriga a uma intervenção militar imediata em caso de guerra. Esta cláusula foi, segundo a Comissão, uma imposição dos EUA e do Reino Unido pois lhes «repugna tomar compromissos muito precisos que possam levar os seus aliados, confiados absolutamente no seu apoio, a cometer qualquer imprudência». Mas logo a seguir acrescenta-se: «Nem por isso eles faltam às obrigações assumidas, respeitando o seu espírito ainda mais do que a sua letra»[816].

Para a Comissão, é claro que os países membros do Pacto do Atlântico têm a prioridade no que diz respeito ao fornecimento de armas e munições e Portugal será contemplado. Também refere que em caso de ameaça fora do âmbito geográfico do Pacto o país poderá solicitar a realização de consultas a nível da organização, o que dá a entender que Portugal possui, em caso de uma ameaça às suas colónias, a possibilidade de levantar a questão no seio do Pacto. Em contrapartida, ao vincular-se ao Pacto o país assume o compromisso de contribuir para a defesa colectiva da organização e, principalmente, de promover a sua própria defesa, no limite dos seus recursos e com o auxílio dos países mais poderosos. Apesar de implicar encargos acrescidos, esta é uma situação normal para a Comissão, pois, segundo ela, «não têm direito à vida os Estados que descuram o seu mais elementar dever: o da defesa própria». Caso contrário, o tratado, seria «de protectorado e não de aliança»[817]. Também se refere que tinha ficado estabelecido que os Açores não seriam utilizados, em tempo de paz, como bases militares «por nações estrangeiras»[818].

No que diz respeito aos prazos, a Comissão explica a existência de um prazo obrigatório de vinte anos, havendo a possibilidade de uma revisão

---

[816] *Ibid.*, f. 29.

[817] *Ibid.*, f. 27.

[818] *Ibid.*, f. 35.

do tratado na sua segunda metade, e justifica este prazo pela necessidade de dar ao Pacto «uma duração em harmonia com a sua importância»[819].

Quanto ao papel dos EUA e do Canadá, a Comissão enaltece a sua atitude de uma forma muito clara:

> «Pela primeira vez na sua história as grandes democracias americanas do Norte não tiveram hesitações em firmar compromissos preciosos e solenes com as nações mais perigosamente sujeitas aos riscos de uma agressão directa. O Atlântico deixou de ser a barreira que daria aos Estados, para além dos seus vastos limites, uma segurança em que talvez tivessem confiado demasiadamente! Passou a ser um elo de ligação numa estreita solidariedade comum»[820].

Para a Comissão, o Pacto é a vertente político-militar de uma aliança global mais vasta com uma forte componente económica. No parecer qualifica-se o auxílio Marshall de «grande lição» dada à Europa – do ponto de vista moral e de visão política – ao fazer suportar aos cidadãos norte-americanos o «encargo pesadíssimo dos auxílios à Europa»[821].

A questão mais difícil do parecer é a da não inclusão da Espanha e a da compatibilidade do Pacto do Atlântico com o Pacto Ibérico. No que toca à não inclusão da Espanha, a Comissão vai recorrer às próprias palavras de Salazar, pronunciadas numa entrevista à *United Press*, para fundamentar a sua posição nitidamente favorável à participação da Espanha. A declaração de Salazar foi transcrita no Parecer e é a seguinte:

> «A Espanha deveria ser incluída no Pacto do Atlântico: primeiro, pela falta geográfica e estratégica que a sua ausência traduz; segundo, pela real importância da sua eventual contribuição, e terceiro, porque o valor e significado da própria adesão de Portugal são

---

[819] *Ibid.*, f. 33.

[820] *Ibid.*, f. 20.

[821] *Ibid.*, f. 26.

diversos, conforme a Espanha esteja ligada ou não ao Pacto e, na hipótese de não estar, conforme a política que seguir em caso de conflito que ponha o Pacto em funcionamento. Nestes termos, Portugal é partidário de que se procure a entrada da Espanha no Pacto do Atlântico ou, por qualquer outro entendimento, se substitua a sua adesão formal, se continuarem a verificar-se dificuldades políticas que se lhe oponham. O funcionamento pleno duma frente ocidental contra a possibilidade duma agressão é condicionado por uma política de idêntico sentido na Península Ibérica»[822].

A posição da Comissão é, evidentemente, a de que a Espanha deveria integrar o Pacto do Atlântico.

Sobre a questão da compatibilidade ou não do Pacto do Atlântico com o Pacto Ibérico, a Comissão vai recorrer de novo à entrevista de Salazar e à argumentação de Caeiro da Matta. Enquanto para Caeiro da Matta não há qualquer incompatibilidade entre os dois Pactos, já para Salazar, mais prudente e objectivo, os Pactos são compatíveis «em princípio», pois, tal como declarou à *United Press*, «os compromissos eventualmente emergentes do Pacto [do Atlântico] ou assumidos em virtude dele têm de ser a cada momento confrontados com os princípios» do Pacto Ibérico. A conclusão da Comissão, contudo, é de que não existem quaisquer incompatibilidades[823].

Está-se perante um parecer totalmente favorável à adesão de Portugal. Considera-se que o Tratado do Atlântico Norte deverá ser ratificado rapidamente e «sem qualquer hesitação». Para a Comissão, o convite feito a Portugal, mesmo sem ser membro da ONU[824], é uma «merecida homenagem» ao Governo[825].

---

[822] *Ibid.*, f. 32.

[823] *Ibid.*, f. 30.

[824] Em relação à ONU, o parecer indica que «o vicioso regime estabelecido para as votações deu azo a que um só Estado anulasse as decisões mais justas e mais bem fundamentadas, aprovadas pela maioria das nações». *Ibid.*, f. 22.

[825] *Ibid.*, f. 34.

Para expor a posição do Governo sobre a assinatura por Portugal do Tratado do Atlântico Norte, Salazar deslocou-se à Assembleia Nacional, no dia 25 de Julho, onde pronunciou na sala das sessões um discurso intitulado «Portugal no Pacto do Atlântico»[826]. A Assembleia Nacional tinha sido convocada para uma sessão extraordinária pelo Presidente da República, depois de ouvido o Conselho de Estado. No discurso introdutório ao debate, Salazar vai marcar, de uma forma muito nítida, a posição do Governo em relação ao Pacto do Atlântico e às questões internacionais que lhe estão subjacentes. Salazar volta a criticar o «esmagamento» da Alemanha e a preponderância de alguns estados na ONU. Considera que o expansionismo da URSS na Europa Ocidental foi possibilitado pela «política de guerra das potências ocidentais». Faz uma crítica serrada à URSS e considera mesmo que «se a glória pertenceu a uns, a vitória coube efectivamente a outros»[827]. A hegemonia alemã na Europa foi substituída por uma «forte e bem estabelecida hegemonia russa». Para Salazar, face a uma Europa em declínio e a um Ocidente que tem vindo a ceder posições, encontra-se uma URSS que, se quiser, pode «levar os seus exércitos, numa arrancada, até à Mancha e aos Pirinéus». Em seguida acrescenta: «À superioridade que deriva da força das posições acresce o prestígio do sistema doutrinário que os exércitos moscovitas levam consigo, como os da França alçavam nas baionetas as ideias da Revolução»[828]. O expansionismo soviético repugna-o tanto mais que considera que a URSS não só utiliza a violência para instalar o seu poder como para o manter, pelo que se coloca «no polo oposto ao da ordem social europeia». É para fazer face a esta situação tão perigosa para o Ocidente, e que se vai manter por alguns anos, que se torna imperativo a criação de «forças opostas, tanto no terreno militar e económico como no campo moral». Nesta base,

---

[826] SALAZAR, António Oliveira – «Portugal no Pacto do Atlântico» in *Discursos e Notas Políticas – IV-1943-1950, op. cit.*, p. 403-422.

[827] *Ibid.*, p. 405.

[828] *Ibid.*, p. 406.

foi considerado muito importante mobilizar esforços no sentido de uma organização do Ocidente para fazer face ao expansionismo soviético. O Pacto de Bruxelas parece nitidamente insuficiente para enfrentar o desafio, tanto mais que tinha deixado de lado os países escandinavos e a Itália. Só a participação dos EUA e do Canadá poderia dar a capacidade militar e económica para responder aos desafios existentes. É neste sentido que Salazar considera que a participação destes dois países é fundamental na recuperação económica e na eficiente defesa da Europa[829].

Em relação aos motivos que levam os EUA a apoiar a Europa, Salazar considera que o fazem por razões de «solidariedade humana», de «responsabilidades na direcção política do Mundo que a grandeza do seu esforço de guerra lhes granjeou e a alteração do valor relativo das grandes potências inegavelmente lhes impôs», e «por bem conduzido cálculo dos seus interesses materiais e morais»[830].

Passando em seguida ao Tratado do Atlântico Norte propriamente dito, Salazar considera-o como uma «fonte provável de outros desenvolvimentos futuros» e acrescenta:

> «A hesitação da doutrina, a fluidez dos preceitos, o impreciso de certas fórmulas, que saltam ao exame minucioso do texto, não se devem considerar filhos da falta de clareza na visão dos problemas, mas da natural indecisão dos começos, do desejo de evitar as maiores reacções internas ou externas ou até da inadaptação da máquina constitucional ao exercício de tão vasta acção. Mas as realidades mandam e impor-se-ão fatalmente nos momentos decisivos da história euro-americana, que para os próximos decénios se me afigura comum»[831].

No que toca ao conteúdo ideológico do tratado, Salazar considera como «manifestamente infeliz» o seu preâmbulo, quando se utilizam

---

829 *Ibid.*, p. 407-408.

830 *Ibid.*, p. 409.

831 *Ibid.*, p. 409-410.

«fórmulas já gastas e perturbadoras, porque empregadas por toda a parte nas mais diversas acepções»[832]. Compreende, contudo, a sua utilização, no seu «significado profundo», como uma reacção à situação que a provoca. Critica no tratado as fórmulas que considera apresentarem «conteúdo negativo anticomunista, em vez de afirmações consentâneas com os princípios de uma civilização que se entendeu dever defender»[833]. Sem especificar quais são os princípios que se deviam defender, para além dos mencionados no preâmbulo, Salazar avança com algumas críticas em relação ao momento que se está a viver. Menciona as consequências do «liberalismo individual» e denuncia as tentativas de conciliação entre a liberdade e o socialismo e entre o comunismo e o cristianismo. Há pois, para Salazar, uma confusão crescente, do ponto de vista ideológico, que urge combater. De qualquer forma, apesar de Portugal ter assinado o tratado e se sentir ligado ao Pacto, não se sente comprometido com os princípios democráticos mencionados no preâmbulo, que Salazar classifica de «afirmações doutrinárias tendentes à uniformização de regimes políticos». Os princípios democráticos não se devem aplicar a Portugal, por se considerar que a experiência passada foi negativa para o país.

Em relação à posição internacional de Portugal, Salazar refere que o país não se desvia da aliança luso-britânica, que constitui a base da sua política externa e garante apoio em matéria de segurança marítima e colonial. Tanto mais que a aliança luso-britânica, para além da sua duração, fidelidade e flexibilidade, permite que cada uma das partes decida da

---

[832] *Ibid.*, p. 410.

Recorde-se que no Preâmbulo do Tratado do Atlântico Norte está marcado o seguinte: «Os Estados Partes no presente Tratado, reafirmando a sua fé nos intuitos e princípios da Carta das Nações Unidas e o desejo de viver em paz com todos os povos e com todos os governos. Decididos a salvaguardar a liberdade, herança comum e civilização dos seus povos, fundadas nos princípios da democracia, das liberdades individuais e do respeito pelo direito [...].Parlamento Europeu – *50 Anos de Europa, os grandes textos da construção europeia, op. cit.*, p. 20.

[833] Salazar (António Oliveira) – «Portugal no Pacto do Atlântico» in *Discursos e Notas Políticas – IV – 1943-1950, op. cit.*, p. 410.

«atitude de neutralidade ou beligerância a manter nas lutas em que o outro intervenha, bem como da importância e natureza do auxílio a prestar». Segundo Salazar, para além das questões coloniais, onde existe uma obrigação assumida pelo Reino Unido de intervir, o outro ponto que poderia implicar uma intervenção mútua seria a questão da «liberdade e segurança do Atlântico». Reside aí, para Salazar, o interesse fundamental de Portugal, que não se deve deixar implicar nos conflitos internos da Europa. Tanto mais que considera as intervenções portuguesas na Europa como tendo sido prejudiciais para o país, obrigando-o mesmo a desviar-se das suas «tarefas ultramarinas», que considera prioritárias. Deve evitar-se a participação nos conflitos europeus porque as «necessidades vitais» de Portugal encontram-se fora da Europa. O posicionamento do país deve ser «face ao mar, costas à terra»[834]. Apesar disso, o Governo decidiu aderir ao Pacto do Atlântico porque a participação dos EUA constitui um reforço da aliança luso-britânica e, segundo as previsões, nos próximos vinte anos um conflito na Europa só poder vir da URSS. Neste caso, esse ataque «deveria supor-se contra todos e contra os princípios da cultura e da civilização que representam». Com o deslocamento para oeste do «centro de gravidade da política mundial», o Atlântico tornou-se um elemento central na defesa dos EUA, da Europa e da África. Nesta perspectiva, o território português – principalmente no que concerne os Açores – tornou-se numa posição estratégica muito relevantes, sendo uma preocupação para o Governo não «permitir a criação de servidões indesejáveis em território português». Tendo sido dadas as garantias necessárias, não havia razão para não aderir. Tanto mais que havia no tratado a possibilidade de se proceder a consultas entre os seus membros se surgissem ameaças aos territórios coloniais[835].

No que toca à Espanha, Salazar vai repetir, quase textualmente, as suas declarações à *United Press*, acrescentando que não existe «nenhum

---

[834] *Ibid.*, p. 412.

[835] *Ibid.*, p. 413-414. Apesar de Salazar ter consciência desta disposição ser muito ténue, julga que não se deve desprezar tal possibilidade.

compromisso de regime ou solidariedade política» entre Portugal e Espanha[836].

Na última parte do seu discurso, Salazar faz um grande elogio à Europa e à sua «marcada superioridade [...] na tarefa civilizadora, entre todos os povos da Terra». Uma Europa «que criou, sob inspiração cristã, valores universais, generosamente, gratuitamente postos ao dispor do Mundo, na sua ânsia de transplantar civilização»[837]. Para Salazar a Europa só poderá sair da crise que a assola através da assistência norte-americana e dos recursos coloniais. Neste particular, declara o seguinte:

> «A Europa não pode sem o auxílio americano salvar nesta hora o que resta do seu património moral e da sua liberdade; a América sai contrariada do isolamento, filho da suficiência, para, protegendo-se a si própria, socorrer e apoiar a Europa Ocidental, guarda avançada da sua segurança. Ninguém pode querer nem a morte do velho continente europeu nem a sua abdicação. O problema que está posto é se ele dispõe, com a África, de reservas materiais e morais que lhe permitam recobrar forças para prosseguir o seu papel histórico [...] com a convicção de estudioso e como acto de fé – fé com que havemos de enfrentar os que, desistindo de todo o esforço, se interrogam sobre se a Europa não está condenada a escolher entre a América e a Rússia»[838].

No que se refere à intervenção do Governo português nas negociações que conduziram à assinatura do Tratado do Atlântico Norte, reconhece que foi «relativamente modesta» e que se limitou a «apresentar as suas observações, chamar a atenção para alguns aspectos, esclarecer-se suficientemente sobre o alcance de disposições cujo sentido preciso acima de tudo lhe interessava penetrar». Esta situação provocou a demora com que Portugal respondeu ao convite, mas Salazar considera que «um governo

[836] *Ibid.*, p. 415-418.

[837] *Ibid.*, p. 419.

[838] *Ibid.*, p. 420-421.

responsável não pode praticar actos irrelevantes, sobretudo em política externa». Conclui o seu discurso da seguinte forma: «Tudo são, porém, coisas de somenos ao lado deste facto fundamental: grande número de países europeus, ameaçados na sua vida e liberdade, contam desde agora com o auxílio dos Estados Unidos e uns com o auxílio dos outros para a defesa do seu património de civilização. Pareceu difícil em tais circunstâncias estarmos ausentes»[839].

Passados dois dias, decorreu o debate na Assembleia Nacional com vista à ratificação do Tratado do Atlântico Norte. Intervieram no debate os deputados José Nasolini, Cazaes Ribeiro, Bustorff da Silva, Jorge Botelho Moniz, Carvalho Viegas, e Mário de Figueiredo, presidente da Assembleia Nacional[840].

Durante os debates falou-se essencialmente da questão da Espanha, com apaixonadas intervenções em prol da sua adesão, da Alemanha, como factor determinante para a defesa da Europa Ocidental, da ineficácia da ONU, da referência à democracia no Preâmbulo do Tratado e, mais secundariamente, das questões militares e da defesa das colónias. Tem interesse reportar e transcrever algumas dessas intervenções que vêm dar ainda mais ênfase às reservas apresentadas pelo Governo português mas também, noutros pontos, confirmar a necessidade de se aderir decididamente ao Pacto. Obviamente, muitas das intervenções entraram na "brecha" aberta pelo próprio Salazar dois dias antes, aquando do seu discurso. As suas próprias reservas ao Tratado possibilitaram as críticas que se seguiram.

Na primeira intervenção, o deputado José Nasolini afirma que «o Pacto do Atlântico constitui uma expressão mais ampla da política inter-

---

[839] *Ibid.*, p. 421-422. Sublinhado nosso.

[840] Assembleia Nacional e Câmara Corporativa – *Diário das Sessões (IV legislatura), Sessão legislativa de 25 de Novembro de 1948 a 27 de Julho de 1949*. Lisboa: Imprensa Nacional de Lisboa, 1950. p. 741-751. Os textos dos debates foram publicados em: *Política Internacional*, n.º 1, Vol. 1, Janeiro de 1990, p. 158-180.

nacional iniciada em princípio de 1948». Portugal para aderir não teve de «corrigir ideias, de alterar princípios». Apesar de estar mencionado no preâmbulo a questão da democracia, Portugal não fica, segundo ele, sujeito «a fórmulas doutrinárias de interpretação imprecisa». Mas vai mais longe ao afirmar que a entrada no Pacto do Atlântico «não é inteiramente um bem que se apeteça – é um dever e uma necessidade. Interessa mais, por isso, referir o valor do Pacto – o seu valor real e o âmbito das suas possibilidades»[841].

O deputado Cazaes Ribeiro, por sua vez, apesar de considerar que o tratado «está em plena concordância com os sentimentos do povo português» e que a adesão de Portugal constitui «um acto de coerência», reprova o facto de não se incluir a Espanha (sem a nomear). Tanto mais, que o Tratado, no seu artigo 10.º, impõe que as futuras adesões sejam efectuadas por acordo unânime. Segundo ele, essa necessidade de «unanimidade de opinião opõe-se [...] à essência da democracia» e encontra-se em discordância com os princípios democráticos invocados no Preâmbulo do Tratado. Depois de afirmar que se fosse o «espírito de revanche» que o animasse daria o seu voto à ratificação, como forma de desagravo à não entrada de Portugal na ONU, declara que, por uma questão de «elegância moral», não o faz. A conclusão do discurso é a seguinte: «Formalmente não me satisfaz [o Tratado]. Se não se compreende que um país seja obstáculo à paz do mundo, muito menos se aceita que um partido político se torne árbitro do bom entendimento entre os povos»[842].

O deputado Bustorff da Silva[843], por sua vez, depois de condenar veementemente a atitude dos Aliados em relação à Alemanha na parte final e após a Segunda Guerra Mundial, afirma que a «ideia dominante do Pacto é a de formar um bloco europeu que possa resistir à invasão russa

[841] *Política Internacional*, *op. cit.*, p. 164-168.

[842] *Ibid.*, p. 168-169.

[843] António Júdice Bustorff da Silva (1895-1979), deputado da União Nacional em várias legislaturas. Presidente da Casa de Bragança.

através da Alemanha». Para ele, o Pacto tem todo o interesse, nomeadamente por causa da ajuda militar. Acredita na futura adesão da Espanha ao Pacto e considera – num claríssimo exagero – que a «posição geográfica de Portugal, com as ilhas dos Açores situadas no caminho da América, está mostrando que é ele o estado da Europa cujas relações mais proveitosas podem ser à república americana»[844].

Já Jorge Botelho Moniz[845], militar que participou na Missão de Observação Portuguesa na Guerra Civil Espanhola, faz a apologia da adesão da Espanha ao Pacto do Atlântico. Vai mesmo ao ponto de afirmar que assistiu ao aparecimento em Espanha «de uma corrente de opinião que preconizava uma política de aproximação com a Rússia, por ser esta a mais forte potência terrestre do continente». Botelho Moniz explica esta bizarria através de uma «desafronta contra o isolamento internacional»[846]. Prosseguindo a sua ideia, Botelho Moniz avança, em seguida, para as questões estratégicas que justificam, segundo ele, a necessidade da participação da Espanha. Nesta ocasião, relembra o facto de o candidato da Oposição à presidência da República, general Norton de Matos, ter classificado o Pacto do Atlântico em formação de «aliança criminosa». Considera mesmo o ponto de vista do general Norton de Matos «idêntico ao da Rússia» e que «seria bastante, se não existissem outras provas, para denunciar o domínio comunista na elaboração do seu programa de Governo»[847].

O orador seguinte, o militar Carvalho Viegas, da Comissão de Defesa Nacional, estima que as forças armadas «não podem deixar de reconhecer a premente e urgente necessidade que há em defender princípios agora

---

[844] *Ibid.*, p. 169-174.

[845] Jorge Botelho Moniz, oficial do exército português e deputado da União Nacional. Ver referências biográficas no Apêndice 1.

[846] Recorde-se que nas conversações com Portugal, o embaixador Nicolás Franco já tinha avançado com esta possibilidade. Rapidamente considerada pela parte portuguesa como muito improvável.

[847] *Ibid.* p. 174-176.

tão fortemente ameaçados». Na continuação da sua intervenção, refere explicitamente que do ponto de vista militar interessava a adesão pelas perspectivas que se abrem em termos de aumento do potencial militar de Portugal. Por fim, considera o Tratado do Atlântico como «um real instrumento decisivo para a paz na Europa e um elemento decisivo de defesa do bem e segurança da comunidade de nações do Atlântico»[848].

O último a intervir foi Mário de Figueiredo[849], amigo íntimo de Salazar, que se manifesta abertamente pelo Pacto. Depois de declarar que é o Atlântico que chama Portugal à assinatura do Pacto, vaticina, no que toca à Espanha, que «a pressão dos factos há-de ser mais forte do que os preconceitos da política. [...] [A] não inclusão da Espanha é contrária à própria lógica do pensamento do Pacto». Depois, aborda a questão da democracia, referida no Preâmbulo, e desenvolve toda uma teoria tentando conciliar a adesão de Portugal com os princípios da democracia invocados no Tratado. Para ele, o conceito de democracia do Pacto do Atlântico é «toda a forma [de Estado] oposta ao totalitarismo soviético e que não seja ela mesma totalitária». Trata-se, segundo Mário de Figueiredo, de um conceito pela negativa da democracia, ou seja: «as formas de estado que não forem totalitárias». Nesta fórmula, também se pode incluir o regime político português. Para terminar a sua intervenção, refere que o Pacto deve servir para que as nações «mais fortes ou as mais ricas» prestem auxílio «não com o intuito de criar relações de subordinação ou de fazer colonização capitalista, mas com o de criar o condicionamento favorável à realização do objectivo comum». É necessário, pois, criar uma «comunidade de nações» para assegurar a «defesa de uma civilização comum»[850]. É o próprio Mário de Figueiredo que apresenta a proposta de resolução com vista à ratificação do Tratado do Atlântico Norte. O Tratado foi aprovado para ratificação por oitenta votos a favor e três contra, pelo

---

[848] *Ibid.*, p. 176-177.

[849] Mário de Figueiredo, deputado da União Nacional e seu líder. Considerado como porta-voz do Governo. Grande amigo de Salazar. Ver referências biográficas no Apêndice 1.

que foi enviada a respectiva Carta de ratificação para Washington. O Tratado entrou em vigor em 24 de Agosto de 1949.

No início de Setembro, o ministro Caeiro da Matta parte para os EUA para participar no primeiro Conselho do Atlântico Norte, que teve lugar em Washington no dia 17 de Setembro, onde ficou estabelecida a estrutura orgânica do Pacto do Atlântico. Na véspera, Caeiro da Matta tinha tido um encontro com Dean Acheson, na companhia do embaixador Theotónio Pereira, onde se discutiram assuntos relacionados com o Pacto do Atlântico e com a situação na China, que estava a preocupar grandemente o Governo português, por causa de Macau[851]. O Conselho de Ministros do Pacto do Atlântico decidiu reunir-se anualmente em sessão ordinária e sempre que achasse necessário em sessão extraordinária. Nesta primeira reunião do Conselho, reconheceu-se «a necessidade de estudar de uma forma aprofundada questões como a da produção e abastecimento militares, as repercussões económicas e financeiras do esforço de defesa, tal como as perspectivas de produção coordenadas, de standarização e de melhoria técnica dos armamentos»[852]. Decidiu-se, ainda, em aplicação do estipulado no Tratado, criar um Comité de Defesa, constituído por todos os ministros da Defesa, encarregado de estabelecer planos coordenados para a defesa do Atlântico Norte[853]. Este Comité devia reunir-se pelo

---

[850] *Ibid.*, p. 177-179.

[851] NOGUEIRA, Franco – *Salazar-Volume IV – O Ataque (1945-1958), op. cit.*, p. 157-158.

[852] Organisation du Traité de l'Atlantique Nord – *L'Alliance atlantique. Données et structures, op. cit.* p. 36-37. [t.a.]

[853] Em relação a esta primeira reunião do Conselho dos ministros dos Negócios Estrangeiros, vale a pena citar o comentário que faz Augusto de Castro, certamente com base em informações de Caeiro da Matta (de quem era amigo): «Pormenor curioso e sinal dos tempos de democracia internacional sumária que nos rege. A reunião, à qual concorreram, atravessando os ares e os mares, onze Ministros dos Negócios Estrangeiros, durou quarenta e tantos minutos. O sr. Bevin não teve mesmo tempo de fumar o seu cachimbo». CASTRO, Augusto – *A Crise Internacional e a Política Externa Portuguesa.* (Conferência realizada na Academia das Ciências de Lisboa, em 28 de Outubro de 1949), Lisboa: Tipografia da Empresa Nacional de Publicações, 1949, p. 18-19.

menos uma vez por ano. Como Portugal não tinha ainda um ministério da Defesa, foi representado na primeira reunião em Paris, no dia 1 de Dezembro de 1949, pelo ministro da Guerra, Santos Costa. Nessa primeira reunião do Comité de Defesa, foram feitas recomendações em matéria de conceitos estratégicos de defesa do Atlântico Norte e de produção e fornecimento de armas e equipamentos. Estas recomendações serão aprovadas no Conselho seguinte, que teve lugar de novo em Washington, em 6 de Janeiro de 1950[854]. Estava assim concluída uma grande viragem na política externa portuguesa do Estado Novo e consolidada a posição de Portugal no seio da Europa Ocidental, em articulação com os EUA.

O embaixador britânico Sir Nigel Ronald, no seu relatório anual relativo a 1949, escreve o seguinte texto sobre o assunto:

> «Através da decisão de se tornar um dos signatários do Pacto do Atlântico, Portugal deu prova irrefutável de que, na sua opinião, não pode ver mais a idade de ouro da sua aliança com a Inglaterra como um fundamento suficiente, por si só, da política externa de Portugal, enquanto a mesma não tinha já capacidade de proporcionar-lhe os meios e as necessárias protecções, pelo que havia necessidade de ser apoiado pela medida adicional de protecção a ser proporcionada pela associação dos Estados Unidos e do Canadá com o Pacto»[855].

7. Os fundamentos da decisão portuguesa e suas consequências

A decisão do Governo português de assinar como membro fundador o Tratado do Atlântico Norte teve como fundamento toda uma séria de

---

[854] Organisation du Traité de l'Atlantique Nord – *L'Alliance atlantique. Données et structures, op. cit.* p. 37.

[855] PRO/FO 371-89420, Ofício n.º 16 (Confidencial), Annual Political Report for 1949, Portugal: Annual review for 1949, do embaixador Sir Nigel Ronald para Ernest Bevin, datado de 16 de Janeiro de 1950.

elementos que convém referir. Antes de mais, é de assinalar que em nenhum momento das conversações foi posto em causa o regime político português, nem estabelecida qualquer condição em relação ao futuro do regime. Ao admitirem Portugal num Pacto que se pretendia fundado sobre «os princípios da democracia», relegam para segundo plano a verdadeira natureza do regime do Estado Novo, que não se considerava (e não era) uma democracia. Um outro factor que pesou muito favoravelmente foi o facto de não haver, por via do Tratado, uma perda de soberania. Não estava prevista uma estrutura supranacional na Europa, como inicialmente se receava; tal como não existia a obrigação de entrar em estado de guerra caso outro Estado membro fosse atacado. O poder de decisão continuava a basear-se na estrutura nacional, o que corresponde exactamente à visão do Governo português em matéria de política internacional. O país, pelo seu tamanho e falta de capacidade de intervenção nos problemas mundiais, temia, acima de tudo, ser arrastado involuntariamente para uma guerra generalizada na Europa contrária àquilo que considerava serem os seus interesses fundamentais.

No que toca à situação do país no contexto da política internacional, é de assinalar que a sua entrada no Pacto compensou, de uma certa maneira, a não aceitação do país na ONU, por causa do veto da URSS e de alguns países sob o seu domínio. Apesar de o regime criticar a forma como estava organizada a ONU e de haver riscos para o regime na respectiva admissão, havia certamente um ressentimento por não fazer parte desta organização, que congregava a grande maioria dos países do mundo. A participação no Pacto do Atlântico dava ao país, e, por tabela, ao seu regime, um prestígio interno e externo bastante considerável, compensando, de uma certa forma, a sua não participação na ONU, sem o expor às críticas e ataques de outros países membros. Este reposicionamento era tanto mais importante que Portugal aparecia demarcado da Espanha, visto ter sido notória a oposição inicial deste país à participação isolada de Portugal no Pacto. Este distanciamento facilitava a aceitação do regime português. O regime franquista continuava a ser "odiado" em muitos meios políticos e era considerado como uma reminiscência do fascismo europeu que tinha assolado a Europa pouco tempo antes. Certos responsáveis militares americanos eram, contudo, favoráveis à futura integração da Espanha por razões estratégicas[856].

No caso de uma recusa portuguesa em participar no Pacto, havia o receio que isso pudesse implicar uma marginalização do país, ou uma "irritação" por parte de algumas potências ocidentais, o que poderia ter consequências económicas muito significativas. O país estava a necessitar do apoio económico e financeiro dos EUA e uma recusa podia influenciar a decisão de atribuição a Portugal do auxílio Marshall. Quem manifestou este receio foi o próprio ministro da Finanças, Costa Leite, no Conselho de Ministros de 21 de Março[857]. Não é por acaso que os jornais portugueses, logo a seguir à assinatura do Tratado, começam a falar do apoio económico que os restantes países signatários do Pacto do Atlântico, e em particular os EUA e o Reino Unido, deveriam fornecer a Portugal como forma de promover o seu desenvolvimento.

Um outro elemento que pode ter pesado na decisão portuguesa foi a progressiva aceitação da ideia da liderança dos EUA no Ocidente e na Europa, na condução da política defensiva face à URSS. Esta liderança era indiscutível e as realidades impunham-se às outras considerações de ordem ideológica, visto não haver cedências por parte de Portugal. Apesar dela implicar largos receios no início, não havia uma alternativa credível a essa liderança, pelo menos a médio prazo. Esta liderança era, pois, considerada como necessária e positiva enquanto a Europa não se restabelecesse. O desempenho dos EUA em matéria de auxílio económico e financeiro, depois da Segunda Guerra Mundial, nomeadamente na Europa, era de tal ordem e com tão poucas contrapartidas que mesmo Salazar se teve de render à evidência de uma acção tão generosa, tanto do ponto de vista

---

[856] Ver a este propósito: TRUMAN, Harry – *Années d'épreuve et d'espérance, L'Alliance Atlantique (1946-1950)*. Tomo II. Vol. I. Paris: Librairie Plon, 1956, p. 300.

[857] NOGUEIRA, Franco – *Salazar – Volume IV – O Ataque (1945-1958), op. cit.*, p. 143.

económico como político. Os receios iniciais de Salazar foram-se diluindo à medida que a acção dos EUA se foi desenvolvendo. Tanto nos domínios económico, político ou colonial não houve quaisquer intervenções dos EUA consideradas nefastas pelo Governo português. Já em relação ao Reino Unido, não se pode afirmar o mesmo, visto estar-se a viver nessa altura um momento de alguma tensão em domínios considerados importantes por Portugal. A decisão do Governo português de pôr fim às concessões das companhias britânicas no porto e caminho-de-ferro da Beira, em Moçambique (que servia fundamentalmente a Rodésia do Sul e do Norte), e as difíceis negociações comerciais e financeiras, tiveram repercussões óbvias no relacionamento entre os dois países. A questão da adesão de Portugal ao Pacto surge precisamente num momento em que estavam em curso essas difíceis negociações, com larga repercussão na imprensa portuguesa, tendo mesmo o Governo português, no início do mês de Abril, decidido suspender as importações provenientes do Reino Unido até estarem concluídas as negociações. Apesar de esta situação não significar uma desvalorização da aliança secular luso-britânica, facilitou certamente a aproximação com os EUA, como uma espécie de contrapeso a uma ligação considerada, por vezes, como pesada para Portugal.

Também é de considerar a questão dos territórios coloniais na tomada de decisão. Efectivamente, havia na altura riscos muito sérios no que diz respeito ao território de Macau, com o avanço das tropas comunistas, e nos territórios portugueses da Índia, com a independência da União Indiana. Apesar de o Pacto do Atlântico não incluir os territórios coloniais portugueses, o facto de Portugal pertencer ao Pacto dava-lhe um suplemento de capacidade de afirmação internacional. Quanto mais não fosse através da possibilidade de, mais facilmente, poder expor a sua argumentação junto das potências ocidentais. Salazar previa grandes tensões nesses territórios e interessava-lhe cativar o apoio dos EUA, que sabia ser preponderante no desenrolar dos acontecimentos. Apesar do receio que se tinha da atitude norte-americana em relação à política colonial portuguesa, havia a esperança de que a tensão internacional favorecesse o *statu quo* existente. Alguns sinais nesse sentido tinham vindo via OECE, com as indicações para o aproveitamento dos recursos coloniais. A garantia do apoio britânico nessa matéria poderia revelar-se insuficiente nalguns domínios, dada a evolução da própria política colonial britânica. A participação de Portugal no Pacto do Atlântico, pelo peso que este representa a nível internacional, aumenta a capacidade de manobra de Portugal em matéria de política colonial, considerada como fundamental pelo regime do Estado Novo. É pois um elemento a considerar na tomada de decisão por parte do Governo português[858]. A União Indiana ou a República Popular da China teriam certamente mais reticências em invadir, respectivamente, os territórios de Goa, Damão e Diu, ou Macau, pertencendo Portugal ao Pacto do Atlântico do que estando fora dele e limitado ao Pacto Ibérico[859].

Por fim, e não menos importante, deve ter-se em consideração as próprias questões militares, inerentes a um pacto de defesa criado como reacção à atitude expansionista da URSS. Tudo indicava que a ameaça soviética iria durar ainda alguns anos e que era necessário tomar posição, visto se tratar de uma ameaça global. Em caso de conflito armado, provavelmente não se respeitariam neutralidades e Portugal, pequeno país com um insignificante poder bélico, poderia ser arrastado para o conflito mesmo não pertencendo ao Pacto do Atlântico, o que seria ainda pior (por não possuir nessa altura qualquer espécie de garantia em matéria de apoio militar). Para Salazar, os EUA ofereciam a garantia da liderança e da supremacia nuclear. O Acordo com os EUA sobre a utilização das bases das Lages, nos Açores, de 2 de Fevereiro de 1948, tinha sido mais um passo

---

[858] Ver a este propósito a carta de Marcello Mathias a Salazar, de 23 de Março de 1949. MATHIAS, Marcello – *Correspondência Marcello Mathias/Salazar 1947-1968, op. cit.*, p. 127.

[859] Recorde-se que apesar da União Indiana ter começado a reclamar a integração dos territórios de Goa, Damão e Diu pouco depois da sua criação, só invadiu e anexou militarmente estes territórios em 18 de Dezembro de 1961.

muito importante no caminho da aproximação militar com os EUA. As contrapartidas para Portugal, em matéria de equipamento militar, não foram significativas, em virtude de Salazar não pretender que a cedência provisória de facilidades militares nos Açores fosse considerada como um "negócio", mas simplesmente uma questão de cooperação militar com o objectivo de defesa comum. A participação no Pacto, contudo, já justificava um maior apoio em matéria de fornecimento de material militar, pois Portugal ia participar numa acção conjunta de defesa do Atlântico Norte, pelo que lhe deveria ser facultado o equipamento moderno que necessitava para fazer face às exigências do Pacto, sem agravar substancialmente o orçamento do Ministério da Guerra. Sem poder assegurar sozinho o equipamento em material militar das Forças Armadas, que já se encontrava muito ultrapassado, Portugal vê no Pacto do Atlântico, tal como os outros países signatários, uma oportunidade única de receber dos EUA o apoio em material militar que tanto necessita para modernizar as suas Forças Armadas[860]. Este fornecimento torna-se tanto mais importante que, mesmo pagando a preço forte, havia grandes dificuldades em matéria de fornecimento, como se verificou com algumas encomendas efectuadas ao Reino Unido algum tempo antes.

No processo que levou à assinatura por Portugal do Tratado do Atlântico Norte, é de salientar a gestão do espaço temporal das conversações e consultas. Não tendo Salazar qualquer pressa em responder às consultas efectuadas e ao convite formulado, reserva-se voluntariamente para o último momento, forçando os EUA e o Reino Unido a insistir no pedido de adesão portuguesa. Salazar estava plenamente consciente dos interesses estratégicos envolvidos que estavam na base do convite a Portugal. A credibilidade estratégica do Pacto do Atlântico dependia, em

---

[860] É interessante assinalar que em 1949, as despesas da NATO foram asseguradas pelos EUA em 74% das despesas totais (13 952 em 18 777 milhões de dólares). DELMAS, Claude – *Nécessité et légitimité de l'Alliance atlantique*. Paris: Association Française pour la Communauté Atlantique, 1980, p. 24.

parte, do acesso às bases dos Açores. É de salientar, igualmente, que se assistiu a uma certa irritação por parte de Portugal ao deparar-se perante um tratado político fechado, que não lhe permitia verdadeira margem de negociação. Ainda por cima, o Governo português não foi devidamente informado do desenrolar das negociações, ao contrário do que tinha sido anunciado pelo embaixador britânico.

Em matéria de conversações diplomáticas, é de referir a atitude do embaixador britânico Sir Nigel Ronald ao longo deste processo. A sua opção foi a de não tentar forçar a decisão portuguesa, considerando que se o fizesse feria a susceptibilidade do Governo português, o que, obviamente, seria contraproducente para o fim em vista[861]. Deixou a Espanha exercer todas as pressões para que Portugal não participasse no Pacto do Atlântico sem intervir, pois sabia perfeitamente que, para além das aparências e de alguns interesses comuns, a rivalidade luso-espanhola se mantinha a um alto nível. O Governo português era suficientemente cioso da sua independência para não aceitar pressões externas. O embaixador dos EUA, Lincoln MacVeagh, tomou uma atitude similar, não tendo tentado forçar a posição portuguesa[862]. Em todo o processo, colaborou intimamente com o seu colega britânico. Neste processo, o ministro Caeiro da Matta manteve até quase ao fim uma posição reservada, pois sabia que a decisão seria iminentemente política e que ela seria tomada, em última, por Salazar. Aparentemente, manteve quase até ao fim a esperança de poder vir a conseguir uma mudança de posição dos outros países nalgu-

---

[861] ADMAE, S. Europe/1944-1960, S.s. Portugal, Ofício n.º 367/EU, de Jean du Sault, embaixador da França em Lisboa, para Robert Schuman, ministro dos Negócios Estrangeiros, f. 273, Vol. 22, d.l.: 1944-1949.

[862] O embaixador dos EUA, Lincoln MacVeagh, tinha sido colega de escola e amigo de Dean Acheson, tendo negociado com a Islândia a utilização de base militar pelos EUA. Depois da guerra, esteve colocado na Grécia «onde ele deu uma ajuda inestimável para salvar a Grécia da subversão interna e dos ataques externos». [t.a.] Posteriormente, efectuou com a Espanha negociações para a utilização de bases militares pelos EUA. ACHESON, Dean – *Present at the creation. My years in the State Department, op. cit.*, p. 622.

mas questões consideradas importantes para Portugal. Ignoramos, contudo, se esta posição correspondia a uma convicção ou a uma questão de princípio, que se sabia à partida vazia de efeitos reais. Quando chegou o momento da decisão teve, contudo, como já foi referido, uma posição nitidamente favorável, tal como os ministros da Guerra, Santos Costa, e das Finanças, Costa Leite, dois ministros da mais alta importância. O primeiro, por ser o responsável da Defesa (ministro da Guerra), desde 1944, e da maior confiança de Salazar, e o segundo, por ser seu amigo de há longa data e o seu maior homem de confiança no seio do Governo. Também o ministro do Interior, Cancela de Abreu, e da Marinha, Américo Thomaz, que tinham alguma influência junto de Salazar, responderam favoravelmente. Fora do Governo, no Ministério dos Negócios Estrangeiros, o secretário-geral António de Faria, e os embaixadores Marcello Mathias e Theotónio Pereira, igualmente da inteira confiança de Salazar, também viam com muito agrado a participação de Portugal[863]. Os principais intervenientes estavam, pois, reunidos à volta de uma posição favorável no processo, o que facilitou a decisão final. De qualquer forma, se Portugal recusasse o convite, isso poderia ser interpretado como uma cedência à Espanha e, tal como terá afirmado Caeiro da Matta no Conselho de Ministros de 21 de Março, o Governo português sairia «diminuído do conceito internacional»[864]. A decisão portuguesa de fazer parte do Pacto do Atlântico foi, pois, o resultado de uma ponderada, lenta e progressiva tomada de consciência de que era esta a melhor atitude a tomar por Portugal num contexto internacional tão tenso e perigoso para a Europa e para o Mundo. Não se estimava a situação internacional como sendo puramente conjuntural. A URSS tinha consolidado as suas posições de

---

[863] Convém referir que Dean Acheson realça nas suas memórias o papel de Theotónio Pereira na resolução da questão da compatibilidade do Pacto do Atlântico com o Pacto Ibérico (apesar de, na realidade, ele não ter tido grande influência nesta questão) e considera-o como um seu «amigo íntimo». [t.a.] *Ibid.*, p. 279.

[864] NOGUEIRA, Franco – *Salazar – Volume IV – O Ataque (1945-1958), op. cit.*, p. 143.

forma dificilmente reversível a médio prazo. Como muito bem resumiu Salazar ao terminar o seu discurso na Assembleia Nacional: «Pareceu difícil em tais circunstâncias estarmos ausentes»[865].

A participação de Portugal no Pacto do Atlântico tem como resultado imediato a consolidação da opção europeia anteriormente tomada com a adesão à OECE (cooperação sem cedência de soberania), assim como o reforço da ligação com os EUA. Portugal integra, como membro de pleno direito, o sistema defensivo ocidental e reforça, desta forma, o prestígio interno e externo do regime ditatorial português, graças ao grande interesse estratégico dos Açores na articulação militar do espaço atlântico. Estava dado um segundo grande passo na aproximação de Portugal aos EUA e à Europa atlântica, com vista a uma prudente abertura do país ao exterior, sem abdicação do essencial da sua política interna e externa.

---

[865] SALAZAR, António de Oliveira – «Portugal no Pacto do Atlântico» in *Discursos e Notas Políticas, Vol. IV – 1943-1950, op. cit.*, p. 422.

Segunda Parte
Os Limites da Cooperação com a Europa

A atitude face aos movimentos europeus e ao Conselho da Europa

Capítulo 5

> «Uma reorganização da vida europeia que nos pusesse em contacto directo com o Ocidente Europeu [...] arrancar-nos-ia a esta apagada e vil tristeza, a este marasmo em que caímos e em que vegetamos, sem produção científica que preste, uma produção agrícola ou industrial que nos imponha, e até sem aquele brilho literário que ainda tínhamos há umas dezenas de anos».
>
> Diogo Pacheco Amorim, 25 de Maio de 1948

A situação política em Portugal, onde estava instituído um regime autoritário, conservador e monopartidário, sob a tutela de Salazar, não era de molde a permitir a participação do país em qualquer iniciativa de cooperação política com os países ocidentais. Também tal não era a vontade dos políticos portugueses, que viam com o maior cepticismo a cooperação política e os movimentos com vista à integração europeia.

1. Do Congresso da Haia ao Conselho da Europa

Os grandes debates sobre a Europa tiveram alguma repercussão em Portugal, principalmente em artigos nos principais jornais diários. Muitas das análises iam no sentido de um excesso de ideias em matéria de Europa. Apesar de se reconhecer o interesse de um maior entendimento entre os países ocidentais, principalmente por causa da ameaça soviética e das dificuldades económicas e financeiras no seio da Europa, não se considerava viável qualquer tentativa de integração europeia[866].

No fim do ano de 1947 o ministro dos Negócios Estrangeiros, Caeiro da Matta, tentou criar em Portugal um comité europeu, composto por personalidades do mundo da cultura e da economia. Este comité seria formado por uma dezena de pessoas sob a presidência de Reinaldo dos Santos[867], médico e historiador de arte. Segundo o ministro da Bélgica em Lisboa, barão van der Elst: «Tudo estava pronto e o comité português da «Europa Unida» devia corresponder às Uniões fundadas na Bélgica sob a presidência de Van [Paul Van Zeeland] e em França, sob a presidência de [Édouard] Herriot. No caso de Portugal, a contribuição no movimento europeu teria [...] entre outros objectivos, um interesse prático. O interesse de obter a criação em Lisboa de uma espécie de central europeia para as questões africanas, com sociedades de desenvolvimento colonial, bancos e, talvez, uma «sociedade europeia de navegação africana». Apesar deste interesse evidente, [Salazar] parou as iniciativas que o seu ministro já tinha desencadeado»[868].

Esta iniciativa de Caeiro da Matta reflecte um interesse real pelas questões europeias. Já em Agosto de 1947, depois de ter efectuado a sua cura termal anual na cidade francesa de Vittel, deslocou-se à Suíça, onde assistiu ao Congresso de Montreaux, que foi considerado como a primeira grande manifestação pró-europeia do imediato pós-guerra[869].

---

[866] Sobre as posições da imprensa relativamente ao Congresso da Haia, consultar: SILVA, António Martins da – «Portugal e a unidade europeia no pós-guerra (1945-1948): reacções e tomadas de posição» in *Revista Portuguesa de História*, t. XXXII (1997-1998), p. 455--468.

[867] Reinaldo dos Santos, médico e historiador de arte. Ver referências biográficas no Anexo I.

[868] AMAECECD, Correspondance diplomatique, D. 10 967 bis, «Lisbonne-1947», lettre n.º 6 182, de 31 de Dezembro de 1947, do barão van der Elst, ministro da Bélgica em Lisboa, para Paul-Henri Spaak, ministro dos Negócios Estrangeiros belga. [t.a.]

[869] A deslocação de Caeiro da Matta à Suíça nesta altura está referenciada num ofício do encarregado de Negócios da França, de Nerciat (AMAE, S. Europe 1944-1960, S.s. Portu-

Hendrick Brugmans, vice-presidente holandês do Comité de coordenação europeu, efectuou uma missão a Espanha e a Portugal antes do Congresso da Haia, em meados de Janeiro de 1948, «a fim de recrutar, se possível, uma eventual delegação de inspiração democrática [...], ou, pelo menos, estabelecer contactos com elementos que tenham alguma independência»[870]. Esta deslocação a Portugal foi anunciada pela Legação de Portugal na Haia, no dia 6 de Janeiro, que informou o Ministério dos Negócios Estrangeiros de que Brugmans desejava contactar «representantes das Universidades, do Jornalismo, da Igreja e dos Sindicatos» com vista à constituição de uma delegação portuguesa que incluísse personalidades independentes. Segundo a Legação, Brugmans não desejava que a delegação portuguesa ao Congresso da Haia se limitasse aos delegados escolhidos pelo Governo português, pois havia o risco das suas «opiniões não [serem] tomadas em grande conta, e possíveis ataques da parte de outras delegações que representam a livre opinião dos restantes países europeus»[871]. Brugmans afirma o seguinte sobre os contactos estabelecidos: «Em relação a Portugal, contrariamente ao que sucedeu em Espanha, nós não encontrámos nenhum interesse pela construção europeia»[872]. O barão van der Elst descreve esta vista a Portugal de Hendrick Brugmans, onde foi recebido pelo ministro Caeiro da Matta. Segundo o ministro da Bélgica a visita «produziu um efeito refrigerante». Quando Caeiro da Matta

---

gal, Lettre n.º 171, de 123 de Julho de 1947, f. 171, vol. 22, d.l.: 1944-1949) e a presença do ministro no Congresso, referida num ofício da Legação de Portugal na Haia, datado de 6 de Janeiro de 1948 (AHDMNE, 2.º P., A. 50, M. 39-A) transcrito in: SILVA, António Martins da – «Portugal e a unidade europeia no pós-guerra (1945-1948): reacções e tomadas de posição», *op. cit.*, p. 455

[870] BRUGMANS, Hendrick – «Le Congrès de La Haye – avant, pendant et après» in *Annuaire Européen*. Vol. XV. Haia: M.Nijhoff, 1969, p. 13. [t.a.]

[871] Ofício da Legação de Portugal na Haia, de 6 de Janeiro de 1948 (AHDMNE, 2.º P, A.50, M. 39-A) Cf: SILVA, António Martins da – «Portugal e a unidade europeia no pós-guerra (1945-1948): reacções e tomadas de posição», *op. cit.*, p. 455

[872] BRUGMANS, Hendrick – «Le Congrès de La Haye – avant, pendant et après», *op. cit.*, p. 13. [t.a.]

e Salazar souberam que os países da Europa oriental seriam convidados ao Congresso da Haia e a Espanha não, não se mostraram muito satisfeitos com a ideia. «Foi respondido ao emissário holandês que o Governo português estudaria a formação de um comité e pensaria num eventual envio de um observador»[873].

Nessa altura, Augusto de Castro escreve um editorial no *Diário de Notícias* intitulado «Mais Ideias Não!». O director do *Diário de Notícias*, pessoa muito bem informada e que acompanhava de perto os debates sobre as questões europeias, vai desenvolver todo um raciocínio à volta da ideia que a Europa não precisa de mais ideias sobre a forma como se deve federar, pois a verdadeira força da Europa está na sua pluralidade, que deve ser mantida em seu benefício. A federação é considerada por Augusto Castro como uma «utopia». Deve respeitar-se, segundo ele, as realidades. Há o perigo de, ao avançar com estas ideias federativas, «destruir o «possível» e, perdendo-se nas nebulosas do «irrealizável», eliminar o que seria, em outras proporções, «realizável». À força de querer tudo, não obter nada»[874].

No dia 10 de Março de 1948, o ministro de Portugal em Bruxelas, Eduardo Leitão, informa Caeiro da Matta que, segundo o secretário-geral do Comité de coordenação europeu, Joseph Retinger, Portugal era o único país que ainda não tinha indicado o nome dos seus representantes ao Congresso da Haia. Esperava-se que Portugal enviasse 15 delegados. Aparentemente, não houve resposta escrita à missiva de Eduardo Leitão[875].

---

[873] AMAECECD, Correspondance diplomatique, D. 12 082, «Portugal-1948», lettre n.º 2 274, de 13 de Maio de 1948, do barão van der Elst, ministro da Bélgica em Lisboa, para Paul-Henri Spaak, ministro dos Negócios Estrangeiros belga. [t.a.]

[874] *Diário de Notícias*, de 15 de Março de 1948.

[875] Cf: Ofício da Legação de Portugal em Bruxelas, de 10 de Março de 1948 (AHDMNE, 2.º P., A.50, M. 39-A) parcialmente transcrito e comentado in SILVA, António Martins da – «Portugal e a unidade europeia no pós-guerra (1945-1948): reacções e tomadas de posição», *op. cit.*, p. 456.

Aquando do Congresso da Haia, que teve lugar de 7 a 10 de Maio de 1948, Portugal não envia um observador oficial. O ex-diplomata Narciso Vieira de Andrade[876] foi convidado pelo Governo português a estar presente, mas foi-lhe recusada a possibilidade de dizer que representava Portugal, de qualquer forma que fosse. Foi-lhe mesmo «severamente proibido» de dizer que estava de acordo com a posição do Governo português». Como Narciso Freire de Andrade «queria, mesmo assim, dizer que ele representava alguém, dirigiu-se ao Cardeal-Patriarca que, afirmou ele, lhe deu autorização de se apresentar em seu nome». Segundo o barão van der Elst: «A censura só permitiu uma única vez que o seu nome fosse mencionado e, depois, caiu no esquecimento, onde parece que a sua actividade na Haia não lhe permitiu de sair»[877].

De Genebra, Freire de Andrade envia um pequeno artigo, datado de 21 de Abril de 1948, que será publicado no jornal *A Voz*, um artigo intitulado «O Congresso da Europa». Neste artigo, Freire de Andrade refere os objectivos e a evolução da ideia federalista, assim como a importância do Congresso da Haia. Termina o artigo da seguinte forma:

> «Tal é a vasta empresa, a que se abalançou em boa hora a «União Europeia dos Federalistas» e de que o «Congresso da Europa» será a primeira expressão espectacular.
>
> A união europeia é por enquanto uma questão da alçada dos Governos. Mas ela só criará raízes se os povos e a opinião pública lhe trouxerem a sua indispensável e espontânea adesão.
>
> Não podem os portugueses, pelo sentido ecuménico do seu papel no Mundo, deixar de prestar atenção a uma doutrina de paz e de união que consagra esse universalismo tão caro ao espírito e ao coração lusitanos»[878].

---

[876] Narciso Freire de Andrade, diplomata em licença ilimitada. Ver referências biográficas no Anexo I.

[877] AMAECECD, Correspondance diplomatique, D. 12 082, «Portugal-1948», lettre n.º 2 274, de 13 de Maio de 1948, do barão van der Elst, ministro da Bélgica em Lisboa, para Paul-Henri Spaak, ministro dos Negócios Estrangeiros belga. [t.a.]

A participação de Narciso Freire de Andrade no Congresso da Haia foi comentada por Anthony Eden ao responsável pela Legação de Portugal na Haia. Segundo Eden, quando presidia à Comissão política do Congresso, houve um delegado que se referiu «à ausência dos povos da Península Ibérica», tendo Freire de Andrade reagido e indicado «que representava os católicos portugueses e que o Governo de Portugal aderira às decisões da Conferência dos 16, em Paris». A seguir, Eden terá dito à Comissão política que «estando representados os católicos, estavam, praticamente, representados todos os portugueses». Para o diplomata português, o «incidente» ficou encerrado mas «talvez mostre ter sido pena não se haverem deslocado à Haia mais delegados de Portugal». Eden manifestou interesse em conhecer a posição do Governo português em matéria de integração europeia[879].

Em Portugal, Augusto de Castro escreve um editorial no *Diário de Notícias* intitulado «Haia ou Bizâncio», no qual ele escreve que a Europa está mais carente de medidas de defesa do que de reformas[880]. Vários outros jornais abordam algumas questões levantadas durante o Congresso da Haia, quase sempre de uma forma crítica em relação à integração europeia – mesmo o jornal da Oposição *República*. As excepções são os jornais *O Sol* e o *Diário Popular*.

O interesse dos portugueses pelos grandes debates sobre as diferentes modalidades de uma possível integração europeia é, até ao Congresso da Haia, muito limitado. Só depois do Congresso da Haia é que a questão da «Federação europeia» começa a ter algum impacto em Portugal. É de assinalar um artigo muito interessante de um economista e professor

[878] *A Voz*, de 8 de Maio de 1948. Cf: SILVA, António Martins da – «Portugal e a unidade europeia no pós-guerra (1945-1948): reacções e tomadas de posição», *op. cit.*, p. 461-462.

[879] Ofício da Legação de Portugal na Haia, de 2 de Julho de 1948 (AHDMNE, 2.º P., A.50, M. 39-A, p. 10-11). Cf: SILVA, António Martins da – «Portugal e a unidade europeia no pós-guerra (1945-1948): reacções e tomadas de posição», *op. cit.*, p. 457-458

[880] *Diário de Notícias*, de 9 de Maio de 1948.

universitário, Diogo Pacheco Amorim[881], que, após um inquérito realizado junto dos meios industriais e comerciais, escreveu um artigo no jornal *O Comércio do Porto*, no dia 25 de Maio de 1948, onde diz que «a União da Europa do Ocidente, que os Estados Unidos se propõem levar a cabo nos meios nacionais e pacíficos, impõe-se de tal modo que não pode deixar de vir a ser uma realidade em futuro próximo». Em seguida, conclui o artigo referindo-se à questão de Portugal, escrevendo o seguinte:

> «Pela parte que nos diz respeito, nós portugueses somos dos que mais têm a ganhar. A nossa posição geográfica que nos asfixia, porque estamos longe de todas as partes da civilização e da cultura que são a lei do mundo moderno. Uma reorganização da vida europeia que nos pusesse em contacto directo com o Ocidente Europeu, através do Exército, da Marinha, da Política, da Economia, etc., arrancar-nos-ia a esta apagada e vil tristeza, a este marasmo em que caímos e em que vegetamos, sem produção científica que preste, uma produção agrícola ou industrial que nos imponha, e até sem aquele brilho literário que ainda tínhamos há umas dezenas de anos. Diz-nos a experiência que o português em Portugal não faz nada. Se quiser fazer alguma coisa tem de emigrar e nesta não faz tanto como os outros, faz mais do que eles. Se a força das circunstâncias nos obrigasse a fazer vida comum com os povos civilizados, Portugal em poucos anos rejuvenesceria. Mas fiquemos por aqui hoje»[882].

É no jornal *Diário Popular* que, a partir do início de Junho, é lançada uma iniciativa, promovida pelo colaborador do jornal Pedro de Moura e Sá, com vista à criação em Portugal de um «Centro de Estudos Europeu».

---

[881] Diogo Pacheco de Amorim, matemático, economista e professor da Universidade de Coimbra. Ver referências biográficas, no Anexo I.

[882] *O Comércio do Porto*, de 25 de Maio de 1948. Ignoramos como é que foi possível que este artigo tivesse passado pela Censura. O título do artigo (*Finanças e Economia. Plano Marshall*) e o seu carácter técnico, até chegar à questão portuguesa, podem ter "enganado" o censor.

Esta iniciativa pretende «promover a realização de conferências pelos europeus de todos os países que melhor representam o espírito europeu [...], onde se apresentem teses sobre temas europeus, mas onde se mostrasse sobretudo que a presença da Europa no mundo é um problema espiritual, pois é no plano do espírito que ela tem função e grandeza»[883]. Esta iniciativa «suscitou apoios e depoimentos diversificados por parte de homens da intelectualidade portuguesa da época». Segundo o *Diário Popular*, esta iniciativa «provocou um movimento de adesão em todo o país»[884]. Augusto de Castro, director do *Diário de Notícias*, é um dos seus apoiantes. O professor e escritor Vitorino Nemésio escreve um texto de apoio ao «Centro de Estudos Europeus», publicado *Diário Popular* em 24 de Junho de 1948, intitulado «Soberba Europa», onde marca que é necessário intensificar «a consciência de europeidade de que os portugueses são dotados, e de pô-la em contacto e troca com os outros europeus». Para Vitorino Nemésio:

> «O que é preciso é aplaudir a iniciativa, e sobretudo ajudá-la a realizar [...]. Moura e Sá pretende evitar – e bem! – os escolhos políticos que em largo acervo de temas de europeidade pode naturalmente levantar. Mas eu não sei, em verdade, qual será mais urgente: se determinar historicamente que coisa é Europa e que ideias, crenças, sentimentos, valores lhe estão na base – se, partindo-se de uma realidade empírica, civil e histórica, a que se dá, também praticamente, o nome de europeu, procura[r] satisfazê-la por meio dos alicerces de uma cidadania ultra-, supra- e inter-nacional (e quantos prefixos...melhor!), que de uma vez para sempre apazigúe esta vontade desabalada que

[883] *Diário Popular*, de 3 de Junho de 1948. Cf: SILVA, António Martins da – «Portugal e a unidade europeia no pós-guerra (1945-1948): reacções e tomadas de posição», *op. cit.*, p. 469-470.

[884] *Diário Popular*, de 5 de Junho de 1948. Cf: SILVA, António Martins da – «Portugal e a unidade europeia no pós-guerra (1945-1948): reacções e tomadas de posição», *op. cit.*, p. 470.

todos nós sentimos, aqui por Oeste, de sermos unos, universais, geral e verdadeiramente homens de bem e de paz!»[885].

No seguimento do Congresso da Haia, e da dinâmica que se instaurou graças ao seu sucesso, a questão da integração europeia passou a ser encarada com mais preocupação nos meios oficiais portugueses[886]. A criação de uma assembleia europeia, com representantes dos parlamentos nacionais, deixou de ser considerada uma "utopia". A resolução adoptada no Congresso da Haia sobre esta matéria começou a ser discutida oficialmente no seio do Pacto de Bruxelas por iniciativa francesa, com o apoio da Bélgica[887]. O assunto começava a tomar uma dimensão preocupante para Portugal.

Poucos dias depois do Congresso da Haia, nos dias 9 e 14 de Junho, tem lugar em Amesterdão a Conferência sobre os Territórios Ultramarinos da Europa Ocidental. Portugal enviou uma delegação. O objectivo da conferência, segundo o relatório da Legação de Portugal na Haia: foi o de «dar uma unidade de acção das Potências Coloniais europeias, procurando que a experiência da cada um seja de utilidade para todos; acordando eventuais planos de conjunto na valorização dos territórios ultramarinos, com a integração das suas riquezas na economia europeia; e tendendo para a formação de uma frente comum contra a incompreensão pela obra civilizadora, já realizada e a realizar». Segundo este mesmo relatório, a conferência surge no seguimento do Congresso da Haia[888].

---

885 *Diário Popular*, de 24 de Junho de 1948. Cf: SILVA, António Martins da – «Portugal e a unidade europeia no pós-guerra (1945-1948): reacções e tomadas de posição», *op. cit.*, p. 470-470.

886 Sobre o Congresso da Haia ver: «Le Congrès de la Haye (7-10 mai 1948)» in *Chronique de Politique Etrangère*. Vol. 1. n.º 6, Novembro de 1948, *op. cit.*, p. 32-35.

887 GERBET, Pierre – *La Construction de l'Europe*, *op. cit.*, p. 91.

888 Ofício da Legação de Portugal na Haia, de 2 de Julho de 1948, (AHDMNE, 2.º P., A.50, M. 39-A, p. 10-11). Cf: SILVA, António Martins da – «Portugal e a unidade europeia no pós-guerra (1945-1948): reacções e tomadas de posição», *op. cit.*, p. 457-458

No dia 19 de Julho de 1948, o Presidente do Comité Executivo do Comité Internacional de Coordenação dos Movimentos Europeus, Duncan Sandys, enviou aos primeiros-ministros dos países signatários da Convenção da OECE, um memorando com vista à reunião de uma Assembleia Parlamentar Europeia, composta por parlamentares dos Estados signatários da Convenção. A correspondência deu entrada na Presidência do Conselho em 6 de Agosto, mas não se conhece qualquer reacção de Salazar[889].

Após a aprovação pelo Senado belga da moção do Congresso da Haia, no dia 29 de Julho, Paul-Henri Spaak anunciou que «tinha convidado o Comité dos movimentos europeus a submeter-lhe planos detalhados»[890]. No dia 18 de Agosto esses planos foram entregues ao Governo francês sob a forma de um memorando e, após a aprovação, ao Conselho do Pacto de Bruxelas. «Este texto especificava o que poderiam ser as atribuições de uma assembleia consultiva «até que as nações decidam a transferência de alguns dos seus direitos soberanos para uma autoridade europeia» e propunha a reunião de uma conferência preparatória composta de parlamentares»[891]. Estávamos, pois, perante uma iniciativa que ultrapassava a simples cooperação europeia e que apontava caminho para o processo de integração.

No início do mês de Setembro de 1948 realizou-se o Congresso de Interlaken (Suíça) da União Parlamentar Europeia. Apesar de ter sido convidado, Portugal não esteve presente. No termo do congresso, o seu presidente, Georges Bohy, enviou a Salazar uma carta com o Plano de Acção aprovado. É pedido a Salazar para submeter a questão ao Conselho de Ministros de

---

[889] Carta, datada de 19 de Julho de 1948, de Duncan Sandys, Presidente do Comité Executivo do Comité International de Coordenação dos Movimentos para a Unidade Europeia, e «Memorandum relatif à la convocation d'une Assemblée Européenne (AHDMNE, 2.º P., A.50, M. 39-A). Cf: SILVA, António Martins da – «Portugal e a unidade europeia no pós-guerra (1945-1948): reacções e tomadas de posição», *op. cit.*, p. 472

[890] GERBET, Pierre – *La Construction de l'Europe. op. cit.*, p. 91. [t.a.]

[891] *Ibid.*. [t.a.]

forma a que Portugal, se quisesse, se colocasse «entre os iniciadores [da] unidade europeia [o] que corresponde simultaneamente aos sentimentos dos povos e às realidades económicas e políticas mais prementes»[892].

No dia 27 de Setembro, Richard de Coudenhove-Kalergi[893], secretário-geral da União Parlamentar Europeia, escreve uma carta ao ministro da Legação de Portugal em Berna, César de Sousa Mendes[894], no seguimento de uma conversa que tinham tido com ele anteriormente, e pede-lhe para transmitir ao Governo português a informação de que «a União Parlamentar Europeia espera poder organizar um Grupo Parlamentar Europeu em Portugal para assegurar uma colaboração estreita entre Portugal e os outros grupos parlamentares, na Europa». Solicita, igualmente, que lhe seja indicado o nome da personalidade que deverá ser contactada para tratar do assunto[895]. A cópia desta carta deu entrada no Ministério dos Negócios Estrangeiros no dia 13 de Outubro, tendo sido mandada arquivar pelo ministro, sem qualquer resposta oficial[896].

Poucas semanas depois, no dia 23 de Novembro, o Presidente do Comité Executivo do recém-criado Movimento Europeu, Duncan Sandys[897], envia ao ministro Caeiro da Matta uma carta acompanhada de um memo-

---

892 Carta de Georges Bohy, Presidente da União Parlamentar Europeia, datada de 5 de Setembro de 1948, a António de Oliveira Salazar, Presidente do Conselho, acompanhada do Plan d'Action d'Interlaken [...] (AHDMNE, 2.º P., A.50, M. 37). Cf: SILVA, António Martins da – «Portugal e a unidade europeia no pós-guerra (1945-1948): reacções e tomadas de posição», *op. cit.*, p. 476-477

893 Richard de Coudenhove-Kalergi, fundador da União parlamentar europeia em 1947. Ver referências biográficas no Apêndice 1.

894 César de Sousa Mendes do Amaral e Abranches, ministro de Portugal em Berna, desde 1946. Ver referências biográficas no Apêndice 1.

895 AHDMNE, RNP, Política interna e externa da Europa, Anexo ao ofício n.º 498, de 28 de Setembro de 1948, da Legação de Portugal em Berna (César da Sousa Mendes) para o ministro dos Negócios Estrangeiros (Caeiro da Matta), M. 37, 2.º P.-A. 50, d.l.: 1948-1949. [t.a.]

896 *Ibid.*.

897 Duncan Sandys, político britânico, presidente do Comité Executivo do Movimento Europeu, em 1948.

rando com o projecto de criação de «uma assembleia consultiva formada de delegados dos parlamentos e de um Conselho de ministros encarregue da análise das recomendações da assembleia e ao qual seriam reservadas as decisões»[898]. Este memorando foi igualmente transmitido aos restantes países da OECE e à Comissão Especial constituída no seio do Pacto de Bruxelas para analisar as questões relativas à integração europeia. Na carta de remessa está indicado que se espera que o Governo português conceda ao projecto de «criação de uma Assembleia Consultiva Europeia e de um Conselho Europeu de Ministros [...] a sua atenção condescendente e o seu apoio»[899]. Estava pois informado o Governo português das propostas do Movimento Europeu.

Entretanto, no dia 20 de Novembro, o *New York Times* publica um artigo do seu redactor Saltzberger, que se encontrou com Salazar, em que este último lhe transmitiu a sua posição face a algumas questões de política internacional. Salazar pôs em relevo a necessidade de um verdadeiro bloco atlântico face à URSS, incluindo neste bloco a África, e pôs em causa os projectos de federação europeia[900].

Reagindo a estas tendências federativas, Augusto de Castro, no *Diário de Notícias,* escreve um editorial com o título «Os profetas do Ocidente» em que estima «absurdo pretender criar [...] um Superestado Ocidental – «sem unidade ocidental»». Segundo ele: existe uma «total ausência [de] unidade», apesar dos interesses comuns, mesmo nas questões fundamentais[901].

---

[898] GERBET, Pierre – *La Construction de l'Europe, op. cit.*, p. 94. [t.a.]

[899] AHDMNE, RNP, Política interna e externa da Europa, carta do presidente do Comité Executivo do Movimento Europeu (Duncan Sandys) para o ministro dos Negócios Estrangeiros (Caeiro da Matta), 23 de Novembro de 1948, M. 36, d.l.: 1949-1951. [t.a.]

[900] Artigo do *New York Times*, de 20 de Novembro de 1948, comentado por Theotónio Pereira. Cf. AHDMNE, RNP, Política interna e externa da Europa, telegrama n.º 400, de 20 de Novembro de 1948, do embaixador de Portugal em Washington (Theotónio Pereira) para o ministro dos Negócios Estrangeiros (Caeiro da Matta), M. 37, 2.º P.-A. 50, d.l.: 1948-1949.

[901] *Diário de Notícias*, de 7 de Novembro de 1948.

No início do mês de Dezembro de 1948, por ocasião da vista do ministro dos Negócios Estrangeiros do Brasil, Raul Fernandes, o ministro Caeiro da Matta fez um discurso no qual avalia a situação internacional e, sobre a questão europeia, declara o seguinte:

> «Seria desejável que entendimentos repousando sobre bases modestas, orientadas por realidades políticas e sociais, possam torna-se um factor eficaz na segurança do Mundo. Assim exige a dura época internacional que nós atravessamos. Esta fórmula seria mais feliz, pensamos nós, que a concepção federalista, concepção romântica que saiu abalada da reunião da Haia [...] cuja derrota, considerando a forma como ela foi apresentada, era fácil de prever. Esta fórmula seria talvez também mais feliz do que aquela de criar um super-governo europeu não dependendo dos governos nacionais»[902].

Entretanto já tinham começado as negociações com vista à implementação de uma nova estrutura europeia, havendo uma divergência substancial entre a posição francesa e britânica. A posição inicial britânica ia no sentido de «um organismo intergovernamental, restrito no início e limitado aos Cinco, com um alargamento possível em direcção aos membros da OECE» e a posição francesa preconizava a constituição de uma assembleia consultiva, com alguns poderes, e de um órgão governamental alargado a outros países. No fim do ano de 1948 «esboçava-se o esquema que se imporá: o de um organismo europeu formado por um Conselho e uma Assembleia consultiva»[903].

Em princípios do mês de Fevereiro de 1949, Paul-Henri Spaak declara, numa entrevista ao *International News Service,* que o Conselho europeu

---

[902] ADMAE, S. Europe/1944-1960, S.s. Portugal, Anexo ao ofício 1 098 de Jean du Sault, embaixador da França em Lisboa, para Robert Schuman, ministro dos Negócios Estrangeiros, de 6 de Dezembro de 1948, f. 237-246, Vol. 22, d.l.: 1944-1949. [t.a.]

[903] RAU, Elisabeth du – *L'idée d'Europa au XXe siècle. Des mythes aux réalités*. Bruxelas: Editions Complexe, 1996, p. 182-183. [t.a.]

que se encontra em formação «fechará a sua porta a todo o governo que não aplique e não respeite os princípios da verdadeira democracia. Admitir governos desta espécie não poderia que conduzir ao caos»[904]. Nestas circunstâncias, tornava-se extremamente difícil a Portugal ser aceite na nova estrutura em criação, caso não houvesse um princípio de democratização do regime. Esta situação não era uma preocupação para o Governo português, visto este discordar das concepções e objectivos inerentes ao Conselho da Europa. Sobre a questão da criação do Conselho da Europa, o ministro Caeiro da Matta irá responder a um pedido de informação da República da Irlanda, efectuado em Lisboa e, igualmente, junto do ministro de Portugal em Dublin, indicando que Portugal não foi convidado a participar na criação do Conselho da Europa «nem parece provável [que] o seja por agora». Depois acrescenta o seguinte:

> «Nosso ponto de vista acerca [do] organismo [que] acaba de ser criado é [o] de maior cepticismo relativamente [ao] seu alcance prático. Receamos perigos [que] podem advir [para as] pequenas Potências [através do] estabelecimento [de] assembleias, ainda que somente consultivas, nas quais [os] grandes países dispõem [de um] maior número de votos. [A] Ideia [de] dar voto individual [a] todos [os] delegados afigura-se-nos também inconveniente. De uma maneira geral trata-se [de] matéria que [a] nossa concepção soberania não pode ver com agrado, além de que [a] atitude [dos] partidos socialistas a este respeito nos aconselha também [uma] certa reserva»[905].

Um telegrama com um teor equivalente seguirá igualmente para o ministro de Portugal em Roma, pois o secretário-geral do Ministério dos

[904] AHDMNE, RNP, Política interna e externa da Europa, Recorte de um artigo do *International New Service*, datado de 7 de Fevereiro de 1949, M. 36, d.l.: 1949-1951. [t.a.]

[905] AHDMNE, RNP, Política interna e externa da Europa, Telegrama n.º 360, de 17 de Fevereiro de 1949, do ministro dos Negócios Estrangeiros (Caeiro da Matta) para a Legação de Portugal em Dublin, M. 36, d.l.: 1949-1951.

Negócios Estrangeiros italiano tinha transmitido ao ministro de Portugal, Calheiro e Menezes[906], «a título estritamente pessoal», que supunha ter sido Portugal «convidado a aderir, mas se assim não fosse a Itália estava inteiramente ao [...] dispor para facilitar a entrada de Portugal se nisso tivesse interesse»[907].

Poucos dias depois, no dia 21 de Fevereiro, Augusto de Castro é convidado, na véspera de uma partida para Paris, a participar como observador na sessão inaugural do Conselho Internacional do Movimento Europeu, de 25 a 28 de Fevereiro de 1949, em Bruxelas. Estando Caeiro da Matta ausente do país, Augusto de Castro consulta o secretário-geral do Ministério dos Negócios Estrangeiros, António de Faria, sobre se deve, ou não, aceitar o convite que lhe foi formulado. Depois de António de Faria ter consultado Salazar, ficou decidido que poderia aceitar o convite desde que se apresentasse como director do *Diário de Notícias;* salvaguardando-se assim de qualquer representação oficial. Contudo, como Augusto de Castro só chegou a Paris na véspera do início da sessão e só iria na qualidade de simples observador, decidiu não se deslocar a Bruxelas. Não deixou, contudo, de contactar, posteriormente, o secretário-geral do Movimento Europeu, Rebattat, de quem tinha partido o convite, para saber notícias sobre o que se tinha tratado na Conferência. Rebattat, depois de lhe ter prestado todas as informações, convida-o a ocupar-se urgentemente da organização do Comité português do Movimento Europeu e pede-lhe para lhe enviar uma proposta. Solicita-lhe, ainda, a indicação do nome de dois ou três «representantes de Portugal» para assistirem à próxima Conferência Económica Europeia de Westminster, a realizar de 20 a 25 de Abril[908].

---

[906] Calheiro de Menezes, ministro de Portugal em Roma, desde 1946. Ver referências biográficas no Apêndice 1.

[907] AHDMNE, RNP, Política interna e externa da Europa, Ofício n.º 78, de 18 de Fevereiro de 1949, da Legação de Portugal em Roma (Calheiro de Menezes) para o ministro dos Negócios Estrangeiros (Caeiro da Matta), M. 37, 2.º P.-A. 50, d.l.: 1948-1949.

[908] ANTT/AOS/CO/NE-1E, Carta de Augusto de Castro ao ministro dos Negócios Estrangeiros, José Caeiro da Matta, datada de 5 de Abril de 1949, f. 355-359.

Entretanto, no dia 4 de Março, o presidente do Comité Executivo do Movimento Europeu, Duncan Sandys, volta a enviar uma carta ao ministro Caeiro da Matta indicando que o Conselho Internacional do Movimento Europeu tinha acabado de reunir em Bruxelas e adoptado algumas resoluções, que enviava a título de informação. Chama, contudo, a atenção do ministro para as resoluções em matéria de criação da Assembleia Consultiva Europeia e do Tribunal Europeu dos Direitos do Homem. Em seguida, escreve o seguinte: «O Movimento Europeu exprime a sua esperança que [o Governo português] queira examinar estas propostas com interesse e apoiá-las»[909]. Apesar de Portugal não ter sido convidado a fazer parte, pedia-se, assim, o apoio do país ao processo em curso.

Nos jornais começa-se a falar, em princípios de Março, da participação da Dinamarca, República da Irlanda, Itália, Noruega e Suécia nas conversações com os países do Pacto de Bruxelas com vista à criação do Conselho da Europa. As conversações estão previstas começar no dia 28 de Março. Nestas circunstâncias, alguns diplomatas portugueses interrogam-se das razões da ausência portuguesa nas negociações e questionam o ministro dos Negócios Estrangeiros. O embaixador Domingos Palmela, em Londres, comunica ao Ministério dos Negócios Estrangeiros, em 9 de Março, algumas sugestões apresentadas pelo Movimento Europeu ao Comité dos Cinco, que estava reunido em Londres, e indica que estas sugestões faziam a síntese entre o plano britânico e o plano fanco-belga e propunham «a criação de uma Assembleia Consultiva Europeia de que, em princípio, deveriam unicamente fazer parte os 16 países do ERP, e de um Conselho de Ministros, que receberia recomendações da Assembleia e constituiria o meio de transmissão entre esta e os Governos nacionais»[910]. Não estava,

---

[909] AHDMNE, RNP, Política interna e externa da Europa, Carta do presidente da Comité Executivo do Movimento Europeu, Duncan Sandys, para o ministro dos Negócios Estrangeiros (Caeiro da Matta), de 4 de Março de 1949, M. 36, d.l.: 1949-1951. [t.a.]

[910] AHDMNE, RNP, Política interna e externa da Europa, Ofício n.º 244, de 9 de Março de 1949, do embaixador de Portugal em Londres (Domingos Palmela) para o ministro dos Negócios Estrangeiros (Caeiro da Matta), M. 36, d.l.: 1949-1951.

pois, completamente fora de parte a possibilidade de Portugal vir a ser convidado, segundo o embaixador Domingos Palmela.

No início de Abril, Augusto de Castro, tal como lhe tinha sido pedido em Paris, toma uma iniciativa no sentido de constituir um comité português do Movimento Europeu. Para o efeito, pede autorização ao ministro Caeiro da Matta para avançar com a proposta de criação do Comité português do Movimento Europeu e opina que Portugal tem «toda a vantagem» em indicar, por seu intermédio, os nomes daqueles que poderão constituir o Comité. Como o Movimento Europeu não é um organismo estatal, mas sim «constituído por personalidades representativas da opinião pública e de cultura dos diferentes Países da Europa e, a despeito do seu carácter um pouco frondeur, tem a adesão de algumas das mais ilustres figuras europeias». Depois de indicar os nomes de algumas altas personalidades que fazem parte do Movimento Europeu, assim como os seus objectivos e as informações sobre a última Conferência, Augusto de Castro marca o seguinte:

> «Permito-me emitir a opinião de que, dada a composição do Movimento Europeu, a qualidade de muitas das personalidades que o apoiam e a extensão que as suas reuniões tomaram, este organismo, embora não oficial, constitui uma tribuna de propaganda e de publicidade de que não vejo vantagem em nos desinteressarmos. O perigo é de que, não se aproveitando esta oportunidade, que me é oferecida, de indicarmos, nós próprios, os membros dum Comité Português, cuja actividade aliás, pode ser mais ou menos limitada, essa escolha dos representantes de Portugal ou que, como tal, se intitulem seja feita posteriormente por forma que não corresponda aos objectivos da política portuguesa actual»[911].

---

[911] *Ibid.* f. 359. Augusto de Castro explica nesta carta como é que se criou o Movimento Europeu e refere que a sua presidência de honra é constituída por Leon Blum, Winston Churchill, Alcides de Gasperi e Paul-Henri Spaak. Refere, igualmente, que a Comissão Política é presidida por Ramadier, a Comissão Económica e Social por Van Zeeland e a Comissão Cultural por Salvador de Madariaga. Parece-nos claro que Augusto de Castro transmite ao ministro o seu receio em ver a Oposição portuguesa conseguir introduzir membros seus num eventual Comité Português do Movimento Europeu.

Esta iniciativa de criação de um comité português, tal como as anteriores afins, abortou devido à não aceitação de Salazar. O Presidente do Conselho não deseja que se crie em Portugal uma dinâmica que possa levar à reflexão e à acção com vista à integração europeia. Há uma verdadeira desconfiança em relação a todo o processo de integração. A participação do país ou de individualidades em manifestações pró-europeias é vista com muitas reservas. Salazar só aceita a participação nestas iniciativas de pessoas da sua inteira confiança, partindo do pressuposto que nada será dito que possa ir contra a sua própria visão da Europa. Estar eventualmente presente, sem mais. Em relação à Oposição, nada há a assinalar, visto ter estado completamente ausente em todo este processo, por causas próprias ou impostas pelo regime.

2. A posição portuguesa em relação ao Conselho da Europa

A resposta às interrogações dos diplomatas sobre a eventualidade de Portugal vir a participar no Conselho da Europa vai basear-se, fundamentalmente, nas posições anteriormente manifestadas. No ofício para a Legação de Portugal em Oslo, o director-geral dos Negócios Políticos e secretário-geral do Ministério dos Negócios Estrangeiros, António de Faria, vai marcar, a pedido do ministro Caeiro da Matta, os argumentos portugueses sobre este assunto. Curiosamente, no princípio do ofício está marcado que «a posição de Portugal perante a União Europeia permanece a que foi exposta na notícia publicada na imprensa portuguesa em 31 de Outubro [de 1948]». A "notícia", a que já fizemos referência anteriormente, sobre a questão de um possível convite a Portugal para aderir ao Pacto de Bruxelas – da responsabilidade de Salazar –, vai ser retomada nos seus argumentos basilares[912]. Como as questões de defesa europeia, na parte

[912] São eles: a aliança luso-britânica, Açores, interferência das questões de defesa na integração europeia, soberania e colónias.

que interessava Portugal, já estavam a ser tratadas no âmbito das negociações do Pacto do Atlântico, não havia, por conseguinte, interesse nas negociações em curso. A questão do Conselho da Europa era encarada como uma questão de «União ou Federação Europeia» através do aprofundamento do sistema do Pacto de Bruxelas. A posição de Portugal era, mais uma vez, a de um «grande cepticismo relativamente ao seu alcance prático»[913]. Em seguida, volta a manifestar a desconfiança de Portugal em relação a uma assembleia, apesar de consultiva, onde os votos são proporcionais à dimensão do país; o que coloca, segundo ele, em situação de inferioridade os pequenos países, e onde existe uma «concessão de voto individual aos delegados»; o que pode ser perigoso por permitir tomadas de posição individuais em matéria de política internacional.

A reserva portuguesa é tanto maior, que o Conselho da Europa, tal como está previsto, vai contra a «concepção de soberania» portuguesa. Para além do mais, receia-se «a atitude dos partidos socialistas no assunto»[914]. Não há, por conseguinte, interesse, por parte de Portugal, em ser convidado a participar na criação do Conselho da Europa. A hipotética participação do país numa assembleia europeia iria, muito provavelmente, expor a situação política interna à crítica internacional. Isto seria inconveniente para um regime que se sabia excepção num contexto de países democráticos, no seio da OECE. Portugal desejava uma certa discrição, de forma a poder continuar a ser aceite internacionalmente apesar do seu regime ditatorial.

Logo após a primeira reunião do Conselho da Europa, que teve lugar em Estrasburgo no dia 9 de Agosto de 1949, o ministro de Portugal em Bruxelas, Eduardo Leitão, envia um ofício para o Ministério dos Negócios

---

913 AHDMNE, RNP, Política interna e externa da Europa, Ofício n.º 5, de 18 de Março de 1949, do director-geral dos Negócios Políticos (António de Faria) para o ministro da Legação de Portugal em Oslo (João de Deus Ramos), M. 37, 2.º P.-A. 50, d.l.: 1948-1949.

914 *Ibid.*.

Estrangeiros em que analisa os artigos de imprensa sobre a reunião de Estrasburgo. No ofício dá a entender que, apesar da imprensa belga ter dado muita cobertura ao acontecimento, ela mostra-se, na sua maioria, «céptica e prefere aguardar os acontecimentos»[915]. Para Eduardo Leitão, na Bélgica a primeira reunião do Conselho da Europa não despertou entusiasmo e a opinião que transparece em vários jornais e em certos meios políticos é a de que o Conselho da Europa «não é mais do que uma «ficção decorativa»». Depois acrescenta: «Geralmente pensam que há conveniência em abolir certas barreiras que tornam a vida cada vez mais difícil e ameaçam a existência do velho continente, mas não perdem de vista que isto só pode conseguir-se com o tempo, convencimento unânime e perfeita boa fé». Ora, segundo Eduardo Leitão, as divergências entre os cinco países iniciais são de tal forma que não se entende como é que o Conselho da Europa poderá funcionar convenientemente. Para que resulte é necessário «menos aparato, menos palavras inúteis e mais senso das realidades». Para ele, só os «idealistas» é que «[esperam] milagres [...] e vêem, a breve prazo, uma Europa totalmente remodelada». Acaba o ofício afirmando o desinteresse da maior parte dos belgas pela «União Europeia, cuja ideia ainda está longe de haver penetrado, ou sequer aflorado, no seu espírito, mais propenso aos aspectos positivos da vida do que às teorias de duvidosos resultados práticos»[916].

Também o jornal *A Voz*, num editorial de Pedro Marques Correia, intitulado «Novamente o «caso de Espanha»», promove um ataque cerrado ao Conselho da Europa e afirma mesmo que este «não vale grande coisa». Questiona para que é que serve o Conselho da Europa, pois só dá «pré-opiniões». Este editorial denuncia fortemente o pedido do Conselho da Europa no sentido de se efectuarem eleições livres em Espanha. O jornalista defende, com ímpeto, a situação espanhola[917].

---

[915] AHDMNE, RNP, Política interna e externa da Europa, Ofício n.º 799, de 10 de Agosto de 1949, do ministro da Legação de Portugal em Bruxelas (Eduardo Leitão) para o ministro dos Negócios Estrangeiros (Paulo Cunha), M. 36, d.l.: 1949-1951.

[916] *Ibid.*.

[917] *A Voz*, de 20 de Agosto de 1950.

Mesmo Theotónio Pereira, em Washington, estava atento ao desenrolar dos trabalhos em Estrasburgo. Logo a seguir ao início da primeira sessão da Assembleia Consultiva do Conselho da Europa (ACCE), no dia 10 de Agosto, o embaixador de Portugal em Washington escreve para o Ministério dos Negócios Estrangeiros a expor a visão que os EUA tinham sobre o assunto e afirma: «A ideia da federação europeia é muito cara à consciência americana [...], nela vê os remédios para todos os males europeus». A imprensa americana continua a afirmar que se os europeus não se federarem voluntariamente, serão obrigados a fazê-lo «pela força segundo o padrão soviético»[918]. Pouco depois, Theotónio Pereira volta a escrever para o Ministério dos Negócios Estrangeiros um longo ofício no qual regista as suas impressões sobre a questão. Critica abertamente alguns jornais pela «ingenuidade» com que apoiam «as tentativas pró-união europeia» do Conselho da Europa. Através da ACCE, «exprime-se a esperança de que os povos europeus passem por cima dos próprios Governos e arrastem estes num movimento avassalador». Para Theotónio Pereira, a posição de Winston Churchill e do Reino Unido nesta questão é difícil de compreender. Em relação à opinião americana, considera que ela não tem «conservado um capital suficiente de ideias estáveis acerca das experiências do passado que lhe permita enfrentar pelo ângulo do menor risco as transformações em curso no mundo» e compreender que as «nacionalidades europeias» são um elemento favorável para a Europa. Termina, contudo, dizendo que são em grande parte os próprios europeus os responsáveis pela «confusão que reina no espírito dos americanos a tal respeito»[919].

---

[918] AHDMNE, RNP, Política interna e externa da Europa, Ofício n.º 545, de 12 de Agosto de 1949, do embaixador de Portugal em Washington (Theotónio Pereira) para o ministro dos Negócios Estrangeiros (Paulo Cunha), M. 36, d.l.: 1949-1951.

[919] AHDMNE, RNP, Política interna e externa da Europa, Ofício n.º 558, de 14 de Agosto de 1949, do embaixador de Portugal em Washington (Theotónio Pereira) para o ministro dos Negócios Estrangeiros (Paulo Cunha), M. 36, d.l.: 1949-1951.

Também o ministro da Legação de Portugal em Roma, Calheiro de Menezes, escreveu para o Ministério dos Negócios Estrangeiros a propósito da reunião em Roma dos ministros dos Negócios Estrangeiros dos países membros do Conselho da Europa, em princípios de Novembro de 1950[920]. O representante diplomático de Portugal em Roma escreve, a propósito da assinatura da Convenção Europeia dos Direitos do Homem, no dia 4 de Novembro, que se tinha assinado esta Convenção «num mundo que na sua grande parte não os aceita ou reconhece». Em seguida, justifica as reticências do Reino Unido em relação a «hipotéticos benefícios da União europeia» por causa da garantia lhe vem da *Commonwealth*. Também considera que a «Federação europeia» sem o Reino Unido viria a ser dominada pela Alemanha, pelo que «muitos pensam que a solução estaria em alargar os horizontes e formar uma União Atlântica, englobando a América»[921]. Quanto a Portugal, havia um desacordo em relação aos princípios basilares do Conselho da Europa, não havendo qualquer interesse em que lhe fosse dirigido um convite formal. Como sublinhou o encarregado de negócios da Embaixada da França em Lisboa, de Sainte-Marie[922]: «Se o movimento europeu suscita interesse em Portugal, se no seu conjunto a imprensa relata as principais tendências que surgem na Assembleia de Estrasburgo, existem contudo nas esferas oficiais muitas reticências em relação ao parlamentarismo, julgado aqui ultrapassado, pelo que a não participação de Portugal nessa Assembleia não é verdadeiramente deplorada»[923]. Efectivamente, não existe da parte do Governo

---

920 Ernest Bevin foi substituído pelo subsecretário parlamentar do *Foreign Office*.

921 AHDMNE, RNP, Política interna e externa da Europa, Ofício n.º 476, de 6 de Novembro de 1949, do ministro de Portugal em Roma (Calheiro de Menezes) para o ministro dos Negócios Estrangeiros (Paulo Cunha), M. 36, d.l.: 1949-1951.

922 Christian de Sainte-Marie, encarregado de Negócios da França em Lisboa, de 1948 a 1952. Ver referências biográficas no Anexo I.

923 ADMAE, S. Europe/1944-1960, S.s. Portugal, Anexo ao ofício n.º 731/EU, de 27 de Dezembro de 1949, de C. de Sainte-Marie, encarregado de Negócios da Embaixada de França em Lisboa, para Robert Schuman, ministro dos Negócios Estrangeiros, f. 14-15, Vol. 41, d.l.: 1949-1955. [t.a.]

português qualquer interesse em participar neste órgão de cooperação política – tanto mais que para tal não foi convidado[924].

3. A questão da fusão da OECE com o Conselho da Europa

O primeiro sinal no sentido de uma maior aproximação, e mesmo de uma fusão, entre a OECE e o Conselho da Europa foi dado logo em finais de Outubro de 1949. Esteves Fernandes encontrava-se na sede da OECE em Paris quando é submetida a discussão a questão da proposta de Van Zeeland[925] de se estabelecer uma maior articulação entre a OECE e o Conselho da Europa; e, mesmo, de uma eventual fusão. Esta proposta, de grande alcance político, leva Esteves Fernandes a solicitar com a maior urgência a posição do Governo português sobre a matéria. Efectivamente, Portugal encontra-se numa situação peculiar, visto ser um dos raros países a pertencer à OECE e a não fazer parte do Conselho da Europa (tal como a Islândia (1950), Áustria e Suíça). Esteves Fernandes alerta, se necessário fosse, o Governo português para os perigos desta situação. Para ele, é um risco ligar um organismo de carácter económico com outro de «carácter eminentemente político». Esteves Fernandes considera que Portugal deve definir a sua posição. Apesar de ignorar qual vai ser o acolhimento relativamente à proposta belga, estima que existe uma corrente muito favorável no sentido da cooperação europeia e mesmo do federalismo, pelo que

---

[924] Em Setembro de 1953, o ministro de Portugal na Haia foi convidado pelo Movimento Europeu a assistir ao II Congresso da Haia, de 8 a 10 de Outubro de 1953, mas mesmo isso foi recusado pois «poderia dar lugar a dúvidas sobre a posição do Governo português em relação à «Comunidade Supranacional Europeia»». AHDMNE, RNP, Política interna e exterior da Europa, Ofício n.º 294 (Urgente) e n.º 310, de 24 de Setembro e 2 de Outubro de 1953, da Legação de Portugal na Haia para o ministro dos Negócios Estrangeiros (Paulo Cunha), e Telegrama n.º 24, de 6 de Outubro de 1953, do director-geral dos Negócios Políticos (Vasco da Cunha) para o ministro de Portugal na Haia, M. 309, d.l.: 1953-1959.

[925] Paul Van Zeeland, ministro dos Negócios Estrangeiros da Bélgica. Ver referências biográficas no Apêndice 1.

se podem prever «certos apoios» se a proposta for oficializada[926]. No dia seguinte, Esteves Fernades entra em contacto telefónico com o Ministério dos Negócios Estrangeiros, sendo-lhe respondido que, obviamente, Portugal é contra a fusão das instituições. O assunto não vai ter, contudo, grande desenvolvimento nessa altura.

A questão da fusão parcial da OECE e do Conselho da Europa vai voltar novamente a ser levantada no início de 1951, desta vez através de um memorando sueco e de uma carta de Guy Mollet[927]. Efectivamente, no dia 8 de Fevereiro de 1951, o ministro da Itália em Lisboa apresenta-se no Ministério dos Negócios Estrangeiros, onde foi recebido pelo Conde de Tovar. O objectivo da visita é o de sondar a posição do Governo português relativamente a uma proposta sueca de fusão da OECE e do Conselho da Europa. Mostra-lhe nesse momento o *Memorandum* sueco para análise (*Memorandum* de 5 de Janeiro). A resposta do Conde de Tovar[928] é imediata e categórica: Portugal certamente votaria contra[929]. Pouco depois desta visita, começam a chegar ao Ministério dos Negócios Estrangeiros informações concordantes no sentido de que a proposta sueca, renovada por um segundo *Memorandum* (de 22 de Janeiro), está a ser seriamente estudada na OECE. A questão é tanto mais importante que se iniciaram reuniões entre comissões da OECE e do Conselho da Europa com vista a uma maior articulação e aproximação entre as duas organizações. No Ministério dos Negócios Estrangeiros é produzida

---

[926] AHDMNE, RNP, Política interna e externa da Europa, Telegrama n.º 140, de 27 de Outubro de 1949, do embaixador de Portugal em Paris (a transmitir um texto de Esteves Fernandes) para o ministro dos Negócios Estrangeiros (Paulo Cunha), M. 36, d.l.: 1949-1951.

[927] Guy Mollet, deputado francês, representante da França na ACCE. Ver referências biográficas no Apêndice 1.

[928] Pedro Tovar de Lemos (Conde de Tovar), secretário-geral do Ministério dos Negócios Estrangeiros, de Junho de 1950 a Abril de 1952. Ver referências biográficas no Apêndice 1.

[929] AHDMNE, RQE, OECE, Apontamento sobre a recepção ao ministro da Itália em Lisboa, da autoria do Conde de Tovar, de 8 de Fevereiro de 1951, M. 16, d.l.: 1949-1951.

[930] Ruy Burnay Morales de los Rios da Silva Leitão, diplomata colocado no Ministério dos Negócios Estrangeiros de Abril de 1950 a Agosto de 1951. Ver referências biográficas no Apêndice 1.

uma Informação de Serviço sobre o assunto, da autoria de Ruy Leitão[930], que indica claramente que a proposta de fusão da OECE e do Conselho da Europa tem o seu fundamento na convergência de objectivos dos dois organismos e que seria, do ponto de vista administrativo, relativamente simples de os fundir. O Governo sueco propõe que o Conselho da OECE examine a questão e, igualmente, que se crie um comité *ad hoc* para estudar a forma de aglutinar os dois organismos[931].

No dia 3 de Março, Paulo Cunha[932] está preocupadíssimo com o que está a acontecer e escreve ao ministro da Presidência a alertá-lo para a situação. Indica no termo do ofício que o Ministério dos Negócios Estrangeiros «continua a ser francamente contrário às crescentes intervenções do Conselho da Europa junto da OECE»[933].

Entretanto, Paulo Cunha conversa com Costa Leite sobre o assunto e recebe deste último uma cópia do primeiro *Memorandum* sueco[934]. Após a sua análise, e continuando preocupado com a situação, Paulo Cunha escreve de novo a Costa Leite. O ministro é categórico: Portugal deve «fazer oposição firme a semelhantes tentativas». Para ele, a proposta da Suécia não faz muito sentido, visto pretender incorporar na OECE a ACCE, continuando o Conselho da OECE a decidir sem estar dependente das deliberações da Assembleia. Ou seja: «o conúbio das duas organizações, destinado a fornecer à OECE uma Assembleia Europeia, traduzir-se-ia

---

931 AHDMNE, RQE, OECE, Informação de Serviço intitulada «Relações OECE – Conselho da Europa», da autoria de Ruy Leitão, datada de 27 de Fevereiro de 1951, M. 16, d.l.: 1949-1951. No despacho do ministro dos Negócios Estrangeiros, datado de 1 de Março de 1951, está indicado que o Ministério dos Negócios Estrangeiros «continua a ser francamente desfavorável às intervenções do Conselho da Europa [na OECE]».

932 Paulo Arsénio Veríssimo Cunha, ministro dos Negócios Estrangeiros, entre 2 de Agosto de 1950 e 13 de Agosto de 1958. Ver referências biográficas no Apêndice 1.

933 AHDMNE, RQE, OECE, Ofício n.º 2, de 3 de Março de 1951, do ministro dos Negócios Estrangeiros (Paulo Cunha) para o ministro da Presidência (Costa Leite), M. 16, d.l.: 1949-1951.

934 O ministro da Presidência tinha sido indigitado por Salazar para acompanhar de perto as questões relacionadas com a OECE e havia sido o último a deslocar-se a Paris para a reunião do Conselho da OECE.

afinal em dotar a OECE com um órgão inútil e desorientador!». Há que fazer face a esta tentativa de uma forma decidida e, se ela prevalecer, Portugal terá, segundo o ministro, «de encarar a [...] saída da OECE»[935].

No próprio dia em que recebeu o segundo ofício de Paulo Cunha, o ministro da Presidência, que tinha entretanto recebido o segundo *Memorandum* sueco, manda enviá-lo para o Ministério dos Negócios Estrangeiros e exara um despacho (que será comunicado dois dias depois) no qual indica que as instruções dadas à Delegação de Portugal junto da OECE «são no sentido de manter em aberto os pontos de vista que têm sido defendidos [...] em relação ao Conselho da Europa, opondo-se a qualquer tentativa de fusão deste com a OECE»[936]. Nessa altura, no Ministério dos Negócios Estrangeiros tinha-se recebido um telegrama de Ruy Guerra a indicar que tinha sido convocado ao *Quai d'Orsay*, pelo embaixador Hervé Alphand, na companhia do representante da Suíça junto da OECE, para falar com Guy Mollet sobre uma carta deste último propondo a unificação política da Europa. Na reunião foi dito que se compreendia as «dificuldades» de Portugal e da Suíça na matéria e que Mollet estava disponível para substituir a sua carta por outra. Fala-se abertamente do projecto de criação de uma autoridade política europeia com poderes limitados, mas reais[937]. Ruy Guerra responde indicando que a OECE não pode ultrapassar os limites que foram estabelecidos pela Convenção.

---

[935] AHDMNE, RQE, OECE, Ofício, sem indicação de número, de 5 de Março de 1951, do ministro dos Negócios Estrangeiros (Paulo Cunha) ao ministro da Presidência (Costa Leite), M. 16, d.l.: 1949-1951.

[936] AHDMNE, RQE, OECE, Ofício n.º 19.976 do Chefe de Gabinete do ministro da Presidência (Joaquim Mexia) para o Chefe de Gabinete do ministro dos Negócios Estrangeiros, datado de 7 de Março de 1951 (despacho de 5 de Março), M. 16, d.l.: 1949-1951.

[937] AHDMNE, RQE, OECE, Telegrama n.º 1, de 6 de Março de 1951, da Delegação de Portugal junto da OECE para o ministro dos Negócios Estrangeiros (Paulo Cunha), M. 16, d.l.: 1949-1951. Depreende-se do texto, que Guy Mollet pretende submeter ao Conselho da OECE um texto que sirva de base de discussão e não provoque uma recusa radical dos dois países que, apesar de não fazerem parte do Conselho da Europa, podem impedir no seio da OECE qualquer evolução que vá no sentido da fusão entre as duas instituições.

Entretanto, é produzida no Ministério dos Negócios Estrangeiros uma nova Informação de Serviço sobre o assunto, igualmente da autoria de Ruy Leitão, pois tinham chegado ao Ministério dos Negócios Estrangeiros informações mais concretas do que se tinha passado nas reuniões entre as comissões da OECE e do Conselho da Europa, através de um documento da OECE[938]. Neste documento está claramente indicado que se deve procurar uma maior comunicação de informações e uma mais ampla colaboração entre os dois organismos. Levanta-se a hipótese de se ir no sentido da criação de um Conselho de Ministros comum aos dois organismos, mantendo-se, contudo, a independência de cada uma das instituições[939]. Ao ler esta Informação de Serviço, Paulo Cunha volta a alertar Costa Leite para a situação e pede-lhe que a Delegação de Portugal junto da OECE «faça oposição efectiva»[940]. Estava assim definida a posição portuguesa de recusa de qualquer fusão – parcial ou total – das duas instituições[941].

4. As referências a Portugal nas três primeiras sessões da Assembleia Consultiva do Conselho da Europa

Na primeira sessão da ACCE, que teve início no dia 10 de Agosto de 1948, a questão do regime político português só foi mencionada, apesar de indirectamente, pelo representante francês André Philip[942]. Para ele, a

---

938 Estas informações foram veiculadas pelo Documento da OECE (C(51)49).

939 AHDMNE, RQE, OECE, Informação de Serviço intitulada «Relações OECE – Conselho da Europa», da autoria de Ruy Leitão, datada de 7 de Março de 1951, M. 16, d.l.: 1949-1951.

940 *Ibid.*.

941 Ficou estabelecido que a OECE apresentaria à ACCE um relatório anual sobre as suas actividades. «Uma colaboração permanente entre os dois organismos de ligação e uma cooperação entre os secretários-gerais do Conselho da Europa e da OECE também foram previstas». *Le Monde*, de 20 de Março de 1951. [t.a.]

942 André Philip, deputado da Section française de l'International ouvrière, representante da França na ACCE, entre 1949 e 1951. Ver referências biográficas no Apêndice 1.

Europa que se pretende construir deve ser uma «federação de todos os povos livres da Europa». Se alguns países não estão presentes não é por culpa dos seus povos mas sim dos seus regimes políticos. Acrescenta que tanto na Península Ibérica como do outro lado do rio Elba «existem regimes políticos que não respeitam a primazia do direito, ou as liberdades fundamentais». Afirma, porém, que as portas do Conselho da Europa devem estar abertas para os ausentes[943]. Como foi mencionado pelo representante britânico Hugh Dalton[944], a questão de saber quais deviam ser os outros países a convidar para fazer parte do Conselho da Europa só devia ser abordada posteriormente. No imediato, devia-se «procurar os meios necessários para realizar a cooperação económica» entre os países que já se encontram no Conselho da Europa[945]. Curiosamente, um dos grandes debates nesta primeira sessão da ACCE foi a OECE e os limites da cooperação económica no seio desta organização. Há uma vontade manifesta, por parte da ACCE, de controlar a OECE e utilizá-la como instrumento com vista ao aprofundamento da cooperação europeia. Ora, Portugal é o único país membro da OECE que, por razões de política interna, não poderia integrar o Conselho da Europa. Parece claro que o processo de unificação da Europa deve ir muito além do Plano Marshall. O quadro da OECE não parece, a vários títulos, o mais adequado para isso. Como afirmou o representante francês Edouard Bonnefous: «A OECE é um corpo de peritos, de estatísticos, de diplomatas, de funcionários distintos, mas um corpo sem cabeça política, sem autoridade, sem poder real para impor aos governos nacionais essa harmonização da sua política, sem a qual o Plano Marshall não pode realizar-se»[946].

---

[943] Assemblée Consultative du Conseil de l'Europe (ACCE) – *Compte rendu Officiel des débats*. 1e Session. Vol. I. tomo (t.) 1. Estrasburgo: Conseil de l'Europe, 1949, p. 143. [t.a.]

[944] Hugh Dalton, deputado Trabalhista britânico, representante do Reino Unido na ACCE entre 1949 e Fevereiro de 1951.

[945] ACCE – *Compte rendu Officiel des débats*. 1e Session, Vol. I. t. 2. Estrasburgo: Conseil de l'Europe, 1949, p. 515. [t.a.]

[946] *Ibid.*, p. 537. [t.a.]

Na segunda sessão da ACCE, em Agosto de 1950, Portugal e a Espanha começam então a ser mencionados abertamente. O representante italiano Giovanni Persico[947] vai mesmo ao ponto de dizer que não se pode pensar nos «Estados Unidos da Europa» sem Portugal e Espanha, mas que, antes disso, terão de respeitar os princípios consignados no Preâmbulo do Estatuto do Conselho da Europa[948]. No Preâmbulo está indicado que os Estados membros estão decididamente «ligados aos valores espirituais e morais que são o património comum dos seus povos e que estão na origem dos princípios de liberdade individual, de liberdade política e de predominância do Direito, sobre os quais se funda toda a verdadeira democracia»[949]. Não havia, como era evidente, grandes possibilidades de Portugal poder vir a ser convidado a participar no Conselho da Europa. Mesmo assim, dois representantes conservadores irlandeses, James Crosbie[950] e John Finan[951], apresentam no dia 28 de Agosto, num debate sobre a situação em Espanha, a proposta de convidar os dois países na qualidade de observadores. Na intervenção do representante irlandês Finan, este enaltece a posição de Portugal e de Espanha face ao comunismo e considera que o Conselho da Europa devia deixar estes dois países decidir do seu futuro «como entendem». Depois acrescenta o seguinte: «Eu creio que a habilidade política não desapareceu da Europa e que uma fórmula pode ser encontrada que permita ter aqui representantes da Espanha e de Portugal na qualidade de observadores»[952]. Seria uma boa

---

[947] Giovanni Persico, senador Republicano, representante da Itália na ACCE, de 1949 a 1953.

[948] *Ibid.*, p. 677. [t.a.]

[949] *Statute of the Council of the Europe, Statut du Conseil de l'Europe*. Estrasburgo: Section des Publications, 1982, p. 3.

[950] James Crosbie, senador Conservador do Fine Gael, representante-substituto e representante da República da Irlanda na ACCE, entre 1949 e 1957.

[951] John Finan, deputado Conservador do Clann na Talmhan, representante-substituto e representante da República da Irlanda, entre 1949 e 1953.

[952] ACCE – *Compte rendu Officiel des débats*. 2e Session. Vol. II. t. 4. Estrasburgo: Conseil de l'Europe, 1950, p. 1161. [t.a.]

maneira, segundo o representante Finan, de fazer compreender aos países ibéricos a vontade existente nos países democráticos de se unir «contra o progresso do comunismo ateu»[953]. Neste debate sobre a Espanha, em que Portugal surge por tabela, foi aprovada uma Resolução (Documento 128), datada do dia 28 de Agosto, em que a ACCE «[e]mite o voto que num próximo futuro o povo espanhol possa ter eleições livres e estabelecer um regime constitucional cujos parlamentares poderão ser membros desta Assembleia»[954]. Portugal não é mencionado, para espanto do representante francês Paul Bastide[955], que ficou sem resposta à questão que colocou sobre a não referência a Portugal. Pouco depois, Harold Macmillan[956] propôs a criação de uma Comissão especial de defesa dos interesses das nações europeias não representadas no Conselho da Europa. Proposta esta que foi aceite pela ACCE, por unanimidade.

Entretanto, na Irlanda a imprensa publica no dia 28 de Agosto a notícia que representantes irlandeses tinham pedido em Estrasburgo a «inclusão» dos dois países ibéricos, sem especificar claramente que era simplesmente a título de «observadores»[957]. No dia seguinte, segue um telegrama para o Ministério dos Negócios Estrangeiros do encarregado de Negócios de Portugal em Dublin, Manuel Nunes da Silva[958], indicando que a imprensa irlandesa «dá particular relevo [...] [à] sugestão apresentada pela delegação irlandesa à Assembleia do Conselho da Europa para que Portugal e Espanha venham a participar mesmo organismo a fim de se obter maior cooperação e complementar-se unidade

---

953 *Ibid.*. [t.a.]

954 ACCE – *Documents de séance*. 2e Session. t. 3. Estrasburgo: Conseil de l'Europe, 1950. [t.a.]

955 Paul Bastide, antigo ministro, representante da França na ACCE, entre 1949 e 1951.

956 Harold Macmillan, deputado do partido conservador, representante do Reino Unido, entre 1949 e 1951. Ver referências biográficas no Apêndice 1.

957 Ver, por exemplo, o artigo do *Evening Herald*, de 28 de Agosto de 1950.

958 Manuel Nunes da Silva, diplomata português, que esteve colocado em Dublin, entre Dezembro de 1949 e 1951. Ver referências biográficas no Apêndice 1.

europeia»[959]. No Ministério dos Negócios Estrangeiros esta informação vai ser interpretada como uma proposta de admissão de Portugal ao Conselho da Europa e, poucos dias depois, o Ministério solicita a Manuel Nunes da Silva que dê informações mais detalhadas e que tente esclarecer se a «proposta de admissão» de Portugal pelos representantes irlandeses foi «o resultado de instruções recebidas do seu Governo ou [...] iniciativa própria»[960]. Em conversa com o secretário-geral do Ministério dos Negócios Estrangeiros irlandês, Manuel Nunes da Silva ficará a saber que o Governo irlandês nada tem a ver com esta proposta, pois conhece o pensamento do Governo português sobre o Conselho da Europa. Para o secretário-geral Boland, esta iniciativa cabe inteiramente aos representantes James Crosbie e Finan, que diz serem «pessoas de tendência conservadora e muito amigos de Portugal»[961].

Poucos dias antes da terceira sessão da ACCE, que se iniciou em Maio de 1951, foi elaborada uma Informação de Serviço sobre o Conselho da Europa, da autoria de António Fortunato de Almeida[962], segundo-secretário de legação em serviço na Repartição dos Negócios Políticos do Ministério dos Negócios Estrangeiros. Nesta Informação descreve-se muito genericamente as duas grandes correntes no seio do Conselho da Europa[963]. A primeira, à volta de uma simples cooperação, principalmente por razões

---

[959] AHDMNE, RNP, Política interna e externa da Europa, Ofício de 2 de Setembro de 1950, do director-geral dos Negócios Políticos para o encarregado de Negócios de Portugal em Dublin (Manuel Nunes da Silva), M. 36, d.l.: 1949-1951.

[960] AHDMNE, RNP, Política interna e externa da Europa, Ofício n.º 108, de 4 de Setembro de 1950, do encarregado de Negócios de Portugal em Dublin (Manuel Nunes da Silva) para o ministro dos Negócios Estrangeiros (Paulo Cunha), M. 36, d.l.: 1949-1951.

[961] *Ibid.*.

[962] António Braga Fortunato de Almeida, diplomata português, que esteve colocado no Ministério dos Negócios Estrangeiros, de 1947 a Fevereiro de 1953 e, em seguida, na Embaixada em Londres. Ver referências biográficas no Apêndice 1.

[963] AHDMNE, RNP, Política interna e externa da Europa, Informação de Serviço sobre os fins que se propõe o Conselho da Europa, da autoria de António Fortunato de Almeida, de 27 de Março de 1951, M. 36, d.l.: 1949-1951.

económicas, e a segunda, à volta da ideia de que o Conselho da Europa devia servir de trampolim para «a formação dos Estados Unidos da Europa». Segundo Fortunato de Almeida, a corrente federalista, liderada por Paul-Henri Spaak, foi «acarinhada pela maioria dos países interessados», mas encontrou pela frente a «tenacidade» do Reino Unido. O Estatuto do Conselho da Europa é, pois, «uma tentativa de conciliação entre as duas correntes». Contudo, reconhece que a ideia de federação europeia continua viva e se tem procurado desenvolver no plano económico (Plano Schuman), no plano militar («Exército Europeu») e, igualmente, no plano político. Em relação às realizações do Conselho da Europa, indica-se, todavia, que «não têm normalmente ultrapassado os limites de declarações mais ou menos vagas»[964].

Na terceira sessão da ACCE Portugal já vai ser referido, por várias vezes, no âmbito dos debates sobre um relatório da Comissão especial de defesa dos interesses das nações europeias não representadas no Conselho da Europa. A primeira referência será, contudo, aquando da análise do Relatório anual da OECE, em que um representante francês, Jacques Bardoux[965], declara que lhe é «agradável de pensar» que Portugal participe pelo menos na OECE e que não compreende porque é que não colabora com o Conselho da Europa[966].

Quando o representante alemão Karl Pfleiderer[967], no dia 14 de Maio, aborda a questão da eventual integração da OECE no Conselho da Europa, declara que tal permitiria «pelo menos fazer entrar no Conselho nações como Portugal e a Suíça»[968]. Pouco depois, o representante francês Ernest

---

[964] *Ibid.*.

[965] Jacques Bardoux, deputado da Action paysanne, representante suplente da França na ACCE, entre 1949 e 1951.

[966] ACCE, *Compte rendu Officiel des débats*, 3e Session, Vol. I, t. 1, Estrasburgo, Conselho da Europa, 1951, p. 85. [t.a.]

[967] Karl Georg Pfleidereer (1899-1957), deputado do Partido Liberal (FDP) da República Federal da Alemanha, representante suplente na ACCE, entre 1950 e 1955.

[968] ACCE, *Compte rendu Officiel des débats*, 3e Session, Vol. I, t. 3, Estrasburgo, Conselho da Europa, 1951, p. 380. [t.a.]

Pezet[969] volta a referir Portugal, assim como a Espanha, indicando que lhe parecia útil uma colaboração e, se não fosse possível com os Estados, que se fizesse com «as organizações representativas dos exilados, dos refugiados políticos, dos emigrantes»[970]. O representante britânico Lord Mittchison[971] reage de seguida a esta última declaração dizendo o seguinte: «Está a ser sugerido que a Espanha e Portugal, apesar de nós não os considerarmos como aptos a tornarem-se membros do Conselho, sejam, mesmo assim, convidados a participar nas nossas actividades? [...] Eu desejo reflectir sobre isso um pouco mais longamente»[972].

No dia 15 de Maio, a questão de Portugal volta a ser tratada na ACCE, mas desta vez muito mais longamente. O representante britânico Christopher Hollis[973], apesar de saber que o seu colega Hopkinson[974] vai falar sobre o caso português, insiste, mesmo assim, em exprimir o seu ponto de vista pessoal. Para ele «o facto de excluir Portugal [dos debates] é uma manifestação de pedanteria política pura e simples» e acrescenta o seguinte: «Eu não diria que o governo do senhor Salazar não tenha cometido erros, como qualquer outro governo, mas na minha opinião não é duvidoso, para todo aquele que estude a História de Portugal, que os Direito do Homem, no sentido real do termo, sejam muito melhor garantidos sob o regime actual do que sob os regimes ditos parlamentares que o precederam»[975]. Em seguida intervém o representante dinamarquês Frode

---

[969] Ernest Pezet, senador do *Mouvement républicain populaire,* representante suplente e, depois, representante da França na ACCE, entre 1950 e 1959.

[970] *Ibid.,* p. 384. [t.a.]

[971] Lord G. R. Mittchison, Trabalhista na *House of Lords*, representante do Reino Unido na ACCE.

[972] *Ibid.,* p. 386. [t.a.]

[973] Christopher Hollis, deputado Conservador Britânico, representante suplente e, em seguida, representante, de 1951 a 1954.

[974] H. L. d'A. Hopkinson (que veio a ser Lord Colyton), deputado Conservador, representante suplente e, mais tarde, representante do Reino Unido na ACCE, entre 1950 e 1951.

[975] *Ibid.,* p. 392. [t.a.] Depois fala da situação em Espanha em tom muito crítico.

Jakobsen[976] para dizer que o Conselho da Europa deve estar aberto em permanência aos restantes países da Europa, desde que respeitem a Convenção de Salvaguarda dos Direitos do Homem e das Liberdades Fundamentais. Classifica os regimes da Península Ibérica de «totalitários»[977].

Logo a seguir fala o representante britânico Hopkinson e faz a única verdadeira intervenção sobre Portugal durante os primeiros anos da ACCE. Hopkinson vai defender em toda a linha a participação de Portugal no Conselho da Europa. Começa por descrever as relações luso-britânicas, enaltecendo a longevidade da aliança existente entre os dois países – «a mais longa aliança do mundo» – e a sua fidelidade, nomeadamente na última guerra, durante a qual «o Governo português preencheu todas as obrigações que nós lhe pedimos no âmbito deste pacto»[978]. Depois introduz considerações ligadas ao passado e à contribuição de Portugal para a civilização europeia e mundial.

Para Hopkinson, o facto de Portugal ser membro da OECE, do Pacto do Atlântico e «ainda uma grande potência colonial, tendo pesadas responsabilidades ultramarinas», torna «absurdo» não o associar aos trabalhos do Conselho da Europa. Mas, para Hopkinson (mal informado sobre este assunto), foi o Governo português que não aceitou o «convite» (na realidade inexistente) logo quando a ideia da formação do Conselho da Europa se colocou pela primeira vez. O argumento do Governo português teria sido de que as ligações com a Espanha poderiam tornar difícil a participação do país nos trabalhos do Conselho da Europa. Segundo Hopkinson, a questão já não fazia sentido porque quase todos os países europeus tinham resta-

---

[976] Frode Jakobsen, deputado do *Folketing* (Social-democrata), representante da Dinamarca, entre 1949 e 1964.

[977] *Ibid.*, p. 394. [t.a.] A Convenção Europeia de Salvaguarda dos Direitos do Homem e das Liberdades Fundamentais foi assinada por todos os Estados membros do Conselho da Europa, em 1950, e entrou em vigor no dia 3 de Setembro de 1953. Cf. BRADSHAW, Kennethe e SWEETMAN, John – *L'Assemblée parlementaire: Procédure et pratique*. Estrasburgo: Conseil de l'Europe. 1984, p. 243.

[978] ACCE – *Compte rendu Officiel des débats*. 3e Session. Vol. I. t. 3. Estrasburgo: Conseil de l'Europe, 1951, p. 394-395. [t.a.]

belecido as suas relações diplomáticas com a Espanha, a situação mundial tinha mudado e, por último, «uma associação entre Portugal e a Europa tornou-se mais necessária do que nunca». Considera, pois, que o Comité de Ministros do Conselho da Europa devia analisar o problema nos meses seguintes e «obter a opinião do Governo português sobre esta questão». Insurgindo-se contra a opinião do seu colega britânico Mittchison (que tinha dado a entender, no dia anterior, que Portugal não estava «apto» para poder participar no Conselho da Europa), Hopkinson considera que o Governo e a Constituição de Portugal são compatíveis com os princípios impostos pelo artigo 3.º do estatuto do Conselho da Europa. A este propósito, recorda que Portugal aceitou o Preâmbulo e o artigo 2.º do Tratado do Atlântico Norte e que estes estão «estreitamente ligados» ao artigo 3.º do referido Estatuto. Reconhece, contudo, que a Constituição da República Portuguesa «contém disposições que não são aceitáveis» para os representantes, mas que o verdadeiro teste à Constituição será quando Portugal integrar o Conselho da Europa e assinar a Convenção Europeia dos Direitos Humanos, como ele pensa que acontecerá[979]. Partindo da hipótese de que Portugal assinaria a Convenção, pensa que não se deve «negligenciar nenhum esforço para [trazer Portugal] para o seio do Conselho o mais rapidamente possível». Termina a sua intervenção retomando os argumentos anteriores e considerando que Portugal «desempenha ainda um papel importante na protecção da segurança e da liberdade na Europa dos nossos dias»[980]. A seguir falou o representante belga Etienne de la Vallée Poussin[981], que exprimiu a opinião de que nada impedia os membros da Comissão especial de defesa dos interesses das nações europeias não representadas no Conselho da Europa de entrar em contacto com Governo português para se manterem informados sobre a sua situação interna[982].

---

[979] *Ibid.*. [t.a.]

[980] *Ibid.*. [t.a.]

[981] Etienne de la Vallée Poussin, senador, representante suplente e representante da Bélgica, entre 1949 e 1958.

[982] *Ibid.*, p. 396. [t.a.]

Ainda no decurso da terceira sessão ordinária do Conselho da Europa, no mês de Novembro de 1951, é apresentado o relatório da Comissão especial de defesa dos interesses das nações europeias não representadas no Conselho da Europa, presidida por Harold Macmillan, onde está marcado no seu ponto 5 que Portugal pertence ao grupo de países (assim como a Suíça, Áustria e Finlândia) «cujo sistema de governo corresponde às condições ditadas pelo Estatuto do Conselho da Europa mas que, por uma razão ou por outra, não se consideram em condições de se tornarem membros do Conselho da Europa»[983]. Também do ponto de vista cultural, a Comissão é do parecer (ponto 6) de que Portugal não apresenta nenhum problema especial. Estima-se mesmo conveniente o reforço nalguns outros domínios, da ligação entre Portugal e o Conselho da Europa, através OECE e outros organismos internacionais. No debate que se seguiu à apresentação deste relatório, houve duas intervenções em que se falou de Portugal. Ambas no dia 8 de Dezembro de 1951. A primeira, foi a do representante turco Nadir Nadi[984], para afirmar que Portugal não aderia ao Conselho por vontade própria, classificando esta atitude de «hesitação»[985]. A segunda intervenção, foi a do representante irlandês Crosbie, indicando que se devem fazer todos os esforços para integrar Portugal e Espanha no Conselho da Europa. Considera que não é tarefa fácil, mas que a presença destes dois países é «indispensável», pois são «dois países livres», apesar de a Espanha não possuir «uma forma democrática de governo no sentido em que nós entendemos um governo democrático»[986]. Com estas intervenções cessam, por vários anos, as referências directas a Portugal, com excepção de uma breve passagem num relatório, onde se aborda a questão do plano Eden, como veremos mais à frente.

---

[983] ACCE – *Documents de séance*. 3e Session. Vol. II. Estrasburgo: Conseil de l'Europe, 1951, p. 599. [t.a.] Havia ainda, segundo o documento, os países pertencentes ao grupo que não tinha um regime em conformidade com os Estatutos do Conselho (países do Bloco de Leste) e os países que estavam numa posição intermédia (Espanha e Jugoslávia).

[984] Nadir Nadi, deputado independente, representante da Turquia na ACCE, entre 1950 e 1954.

[985] ACCE – *Compte rendu Officiel des débats*. 3e Session. Vol. III. t. 4. Estrasburgo: Conseil de l'Europe, 1951, p. 945. [t.a.]

[986] *Ibid.*, p. 950. [t.a.]

A participação na OECE

Capítulo 6

> «Portugal acrescentou à contribuição passiva que trouxe ao restabelecimento dos outros países da Europa, ao abster-se de pedir a participação na ajuda americana para 1948-1949, a contribuição positiva de não impedir que as suas reservas de ouro e dólares tenham servido as necessidades dos outros».
>
> Portugal – Programme révisé 1949/50

Após a decisão portuguesa de solicitar a Ajuda Marshall, vai assistir-se a um maior envolvimento do país na OECE. Para além das questões directamente relacionadas com o auxílio económico e financeiro, Portugal interessa-se bastante pelo rumo que se pretende imprimir à organização e marca uma posição nítida neste domínio. Também se considera muito importante a participação do país na criação da União Europeia de Pagamentos (UEP).

Apesar de se encontrar praticamente sozinho na Delegação junto da OECE, Ruy Guerra vai desdobrar-se em esforços para manter o Ministério dos Negócios Estrangeiros informado dos rápidos desenvolvimentos que têm lugar em 1949 e 1950 na Organização e para assegurar a representação de Portugal nas reuniões que mais interessam o país. Nesta representação é auxiliado, pontualmente, por diplomatas colocados em Paris e pelos técnicos e diplomatas enviados por Lisboa com os elementos de informação a submeter à OECE. Em Lisboa, a CTCEE assegura o acompanhamento técnico dos dossiês, em coordenação com o Ministério dos Negócios Estrangeiros e sob o controlo do próprio Salazar, que acompanha de perto as questões mais importantes. Apesar disso,

Portugal tardou a ratificar a Convenção que criou a OECE e foi alertado para o fazer[987].

I. Portugal e a questão do Representante especial da OECE («Super-homem»)

Em finais de Janeiro de 1949, Ruy Guerra, pouco antes de iniciar um período de licença por doença, informa Lisboa que vai ter lugar a reunião do Comité dos Nove (os sete países do Comité Executivo mais a Irlanda e a Áustria) no dia 15 de Fevereiro, seguida da reunião do Conselho da OECE no dia 17 de Fevereiro. Chama a atenção para a importância de Portugal poder estar representado por um membro do governo na reunião do Conselho; visto estar em estudo o reforço da organização e poderem ser tomadas decisões importantes com consequências para Portugal. As duas reuniões vão ser presididas por Paul-Henri Spaak e, segundo Ruy Guerra, «Os esforços que o Chefe do Governo belga vem fazendo, a despeito da cautelosa reserva da Inglaterra, para intensificar a acção que a OECE até agora cuidadosamente limitou ao campo económico, parece corresponderem ao interesse febril com que no plano político alguns Governos estão procurando tornar mais efectiva a solidariedade dos países da Europa Ocidental»[988].

---

[987] É solicitado ao Governo português que se proceda à respectiva ratificação da Convenção assinada em 16 de Abril de 1948. O ofício da OECE, datado de 25 de Janeiro de 1950, é assinado pelo secretário-geral adjunto Lintott. ANTT/AOS/CO/NE-15, Cópia do ofício da OECE enviado por Ruy Guerra, em 26 de Janeiro de 1950, f. 445.

[988] ANTT/AOS/CO/NE-15, Ofício n.º 27, de 27 de Janeiro de 1949, de Ruy Guerra para o Eng.º José Araújo Correia, Presidente da CTCEE, f. 447. Neste mesmo ofício, Ruy Guerra, depois de indicar que no Conselho da OECE Portugal deveria estar representado por um membro do Governo, pelo Presidente da CTCEE, ou por um delegado nomeado para o efeito, diz que, se tal não for o caso, lhe seja indicado se deve, antes da sua partida para Lisboa, pedir ao Cônsul-Geral Augusto Potier para assistir à reunião do Conselho, prevista para 17 de Fevereiro (Ruy Guerra retomará as suas funções antes dessa data). Já no dia

Entretanto, o director-geral dos Negócios Económicos e Consulares, Luís Esteves Fernandes, passa por Paris, vindo de Bruxelas, onde tinha ido celebrar as negociações económicas e financeiras com a Bélgica. Na sua estada em Paris conversa com o embaixador Marcello Mathias sobre as questões relativas à OECE e ambos consideram importante informar o ministro dos Negócios Estrangeiros sobre uma conversa que Esteves Fernandes teve com o ministro belga do Comércio Exterior e que é do máximo interesse para Portugal. Efectivamente, o ministro belga terá dito a Esteves Fernandes que é intenção de Paul-Henri Spaak propor ao Conselho da OECE que esta organização «passe a ter também base política», acrescentado que Spaak já tinha a «concordância» de Bevin para o efeito. A reunião do Conselho revestia, pois, a maior importância e convinha que o representante de Portugal viesse a Paris habilitado para acompanhar esta questão e definir a posição portuguesa[989].

Na realidade, a questão do reforço da OECE, dando-lhe igualmente uma dimensão política, assunto que tanto preocupava o Governo português, vai-se esbater, pois já estava em curso o processo negocial com vista à criação do Conselho da Europa, que passaria a ser o fórum de cooperação política na Europa Ocidental. Durante os trabalhos do Comité Consultivo do Tratado de Bruxelas, que teve lugar nos dia 27 e 28 de Janeiro de 1949, o Reino Unido aceitou finalmente o princípio da criação de uma Assembleia parlamentar consultiva no âmbito do futuro Conselho da Europa. Esta concessão britânica, que só foi possível mediante limites

---

anterior, Ruy Guerra se tinha manifestado desgastado por ter de assegurar praticamente sozinho a Delegação junto da OECE e chamado à atenção de Lisboa para a necessidade de ter alguém para o ajudar ou substituir (*Ibid.*, f. 448). Ruy Guerra invoca razões de saúde e de cansaço e não coloca sequer a hipótese de adiar a sua partida ou de regressar mais cedo. Esta situação é sintomática do pouco interesse manifestado por Lisboa em relação à sua Delegação na OECE, cujo peso era suportado essencialmente por Ruy Guerra.

[989] AHDMNE, RNP, Plano Marshall, Telegrama n.º 31, de 11 de Fevereiro de 1949, do embaixador de Portugal em Paris (Marcello Mathias) para o ministro dos Negócios Estrangeiros (Caeiro da Matta), M. 381, 2.º P.-A. 60, d.l.: 1947-1949.

muito precisos nas representações nacionais e nas competências das Assembleia, possibilitou um acordo de princípio entre os cinco países negociadores e o início dos trabalhos da conferência diplomática que elaborou o estatuto do Conselho da Europa[990].

Quando Ruy Guerra retomou as suas funções na OECE (mais cedo do que estava previsto), manda de imediato um telegrama a descrever a situação no seio da organização. Parece-lhe nítido que a Bélgica e alguns outros países estão a tentar «criar os elementos para uma futura aproximação» entre de a OECE e o novo organismo de cooperação política[991]. Apesar de a OECE, aquando da sua criação, se ter limitado ao domínio económico, principalmente por via das «reservas» do Reino Unido e da «resistência de alguns, nomeadamente da Suécia e da Suíça», há, no momento, segundo Ruy Guerra, uma «atmosfera um pouco mais favorável à modificação da ideia inicial». Não acredita, todavia, «que se possa chegar desde já a qualquer modificação substancial do pacto da OECE» – apesar da vontade dos EUA –, pois existe uma clara oposição da Suíça e da Suécia[992]. Tanto a proposta belga, como irlandesa, não iam no sentido de reforçar a OECE com uma vertente política. Os documentos que foram entregues às diferentes delegações propunham, fundamentalmente, implementar uma maior fun-

---

[990] Cf. BURBAN, Jean-Louis – *Le Conseil de l'Europe*. Paris: Presses Universitaires de France, 1985, p. 12. Os representantes nacionais seriam designados pelos respectivos governos (até à revisão de 1951) e o poder decisional residiria no Comité de Ministros, órgão intergovernamental. *Ibid.*.

[991] AHDMNE, RNP, Plano Marshall, Telegrama n.º 18, de 11 de Janeiro de 1950, da Embaixada de Portugal em Paris (Ruy Guerra) para o ministro dos Negócios Estrangeiros (Caeiro da Matta), M. 381, 2.º P.-A. 60, d.l.: 1947-1949.

[992] A atitude da Suíça mudará mais tarde. Segundo o ministro da Legação de Portugal em Berna, o secretário-geral do Ministério dos Negócios Estrangeiros suíço ter-lhe-ia dito que «havia sido pedido à Suíça para não se opor [à] candidatura Spaak [...] visto desejar-se afastá-lo [da] actividade política [no] seu país durante este ano [1950] no qual será resolvida a questão real belga». AHDMNE, RNP, Plano Marshall, Telegrama n.º 4, de 31 de Janeiro de 1950, da Legação de Portugal em Berna para o ministro dos Negócios Estrangeiros (Caeiro da Matta), M. 381, 2.º P.-A. 60, d.l.: 1947-1949.

cionalidade no seio da OECE[993]. A Bélgica vai, contudo, mais longe, pois para além de propor que se criasse um Comité composto por cinco ministros que se reunisse mais frequentemente – para dar um impulso maior à organização –, avança com a proposta de «conceder à OECE o poder de tomar decisões em matéria de planificação económica». A iniciativa não resulta por oposição do Reino Unido[994]. Como descreve o próprio Spaak, presidente do Comité dos Nove e do Conselho da OECE, o Comité «estuda as reformas estruturais que haveria que trazer à OECE com vista à melhoria do seu funcionamento. Três notas foram submetidas. Uma cujo autor fui eu, outra de Mac Bride e a terceira dos Britânicos. As duas primeiras iam no sentido de estender as competências da OECE e dar ao presidente da Organização certos poderes. A terceira limitava-se a propor modificações técnicas. No compromisso que se seguiu nós tivemos de fazer grandes concessões. Nós só pudemos obter um comité consultivo a nível ministerial, encarregue de examinar, antecipadamente às discussões gerais, as questões importantes e definir o desenrolar dos trabalhos. Era um pequeníssimo sucesso»[995]. Estava, pois, posta de lado, pelo momento, a transformação da OECE no sentido de um aprofundamento e de um alargamento de competências, nomeadamente do campo político, tão desejados por Spaak, por MacBride e pelos responsáveis da ECA, nos EUA e na Europa[996].

Já em Outubro de 1948, Harriman desejara que fosse o próprio Paul-Henri Spaak a dirigir a OECE, e fez uma proposta nesse sentido. Nesse momento, Spaak disse ao presidente do seu partido, no dia 22 de Outubro,

---

993 AHDMNE, RNP, Plano Marshall, Telegrama n.º 18, de 11 de Janeiro de 1950, da Embaixada de Portugal em Paris (Ruy Guerra) para o ministro dos Negócios Estrangeiros (Caeiro da Matta), M. 381, 2.º P.-A. 60, d.l.: 1947-1949.

994 ALBONETTI, Achille – *Pré-histoire des Etats-Unis de l'Europe*. Paris: Sirey, 1963, p. 49.

995 SPAAK, Paul-Henri – *Combats inachevés – De l'espoir aux déceptions*. t. 2. Paris: Fayard, 1969, p. 18-19. [t.a.]

996 *Ibid.*, p. 17. [t.a.] Para além da criação de um Comité Consultivo, composto por ministros dos países do Comité Executivo, ficou estabelecido que o Conselho se reuniria mais frequentemente a nível ministerial, pelo menos quatro vezes por ano.

o seguinte: «A tarefa é muito importante. Eu creio mesmo que ela é essencial. Eu creio que o estabelecimento de relações de confiança entre os Estados Unidos e a Europa está na base do desenvolvimento satisfatório de qualquer situação internacional nos próximos anos. Eu creio que, neste domínio, poderei prestar grandes serviços e como eu estou intimamente convencido que é necessário absolutamente organizar a Europa, estou, reconheço, tentado de aceitar»[997]. Esta proposta de Harriman terá sido feita no seguimento de uma sugestão de Robert Schuman, segundo declarações de Harriman a Bevin[998]. Esta ideia será posta de lado em Novembro de 1948, em virtude de se recear uma desestabilização da situação belga com a ida de Spaak para Paris e, igualmente, devido às reticências britânicas em relação a um excesso de influência dos EUA na OECE[999].

A partir do Verão de 1949, a pressão dos EUA sobre alguns países membros da OECE, no sentido de se fazer um esforço no domínio da integração europeia, torna-se mais evidente. A crise económica nos EUA e as suas consequências na Europa, provocando a diminuição das exportações europeias para os EUA; a vitória dos comunistas na China; a dificuldade em resolver a questão alemã; e o domínio pelos soviéticos da tecnologia do fabrico da bomba atómica, levam os EUA a rever a sua política em relação à Europa e a insistirem mais abertamente na integração europeia como solução para os problemas da Europa. As tendências isolacionistas nos EUA começam de novo a tomar forma. Há um receio efectivo da atitude do Congresso em relação à Ajuda Marshall. Era necessário fazer alguns gestos

[997] Carta de Spaak a Buset, de 22 de Outubro de 1948 (pessoal e confidencial). Cit. in DUMOULIN, Michel - *Spaak*. Bruxelas: Editions Racine, 1999, p. 423-424. [t.a.]

[998] Cf. DUMOULIN, Michel - *Spaak, op. cit.*, p. 424.

[999] *Ibid.*, 424-425. Também Alfred Grosser refere que Averell Harriman tinha pedido a Spaak para abandonar o seu posto de Primeiro-ministro em troca de um lugar de director-geral na OECE criado para ele. Esta iniciativa não resultou por oposição dos Britânicos que o julgavam demasiado «integracionista». Cf. GROSSER, Alfred – *Les Occidentaux. Les pays d'Europe et les États-Unis depuis la Guerre*. Paris: Fayard, 1978, p. 102.

que satisfizessem os EUA[1000]. O Conselho da Europa, pelos seus próprios condicionalismos, não era suficiente para acalmar os norte-americanos, pois estes queriam promover uma verdadeira integração europeia capaz de resolver os principais problemas da Europa Ocidental e lhe dar a força necessária para contribuir decisivamente para a sua própria defesa face à ameaça soviética. Como referiu na altura Raymond Aron[1001]: «Ninguém se deixa voltar a enganar pela fachada da OECE e do Conselho da Europa, instituições destinadas tanto a lisonjear a ideologia do dador norte-americano como a preencher funções específicas. [...] Certos europeus enganaram-se ao cederem à ilusão que a opinião [pública] e os governos dos Estados Unidos não distinguiriam entre a ficção e a realidade»[1002].

A questão do reforço e aprofundamento da OECE volta a ser tema de debate no seio do Conselho da OECE, de 2 de Novembro, no qual Portugal esteve representado pelo ministro da Economia, António Castro Fernandes[1003]. Nessa ocasião, o ministro já tinha exprimido as suas reservas em relação aos projectos em estudo. Terá sido mesmo o único ministro que se opôs a um texto da delegação francesa, cuja redacção permitiria a Spaak, segundo a interpretação portuguesa, acumular as funções de director-geral da OECE com as de presidente da ACCE[1004]. Portugal é

[1000] Ver a este propósito: MELANDRI, Pierre – *Les Etats-Unis face à l'unification de l'Europe, 1945-1954, op. cit.*, p. 197-207, 227, 239-240.

[1001] Raymond Aron, professor universitário e editorialista no *Le Figaro*. Ver referências biográficas no Apêndice 1.

[1002] ARON, Raymond – «Plan Marshall et unité européenne» in *Les articles de politique internationale dans "Le Figaro" de 1947 à 1977. Tome Premier. La Guerre froide (juin 1947 à mai 1955)*. Paris: Editions de Fallois, p. 306. [t.a.]

[1003] António Júlio de Castro Fernandes, ministro da Economia de 16 de Outubro de 1948 a 2 de Agosto de 1950. Ver referências biográficas no Apêndice 1.

[1004] Segundo Ruy Guerra, os britânicos apresentaram também um texto onde estava explícito que havia uma «incompatibilidade absoluta» entre os dois cargos, mas retiraram a sua proposta «por não terem visto perigo [na] fórmula francesa». AHDMNE, RNP, Plano Marshall, Telegrama n.º 3, de 7 de Fevereiro de 1949, da Embaixada de Portugal em Paris (Delegação junto da OECE) para o ministro dos Negócios Estrangeiros (Caeiro da Matta), M. 381, 2.º P.-A. 60, d.l.: 1947-1949.

frontalmente contra esta situação por, entre outras razões, poder provocar uma maior aproximação entre a OECE e o Conselho da Europa, do qual, como se sabe, Portugal não faz parte nem aprova os seus princípios essenciais. Ficou decidido retomar o debate em Janeiro. Todavia, logo no início de Dezembro, o Governo norte-americano entrega, através do seu embaixador em Lisboa, uma mensagem ao Governo português «acerca do projecto americano de criação de um novo lugar nos corpos dirigentes da OECE»[1005].

Entretanto, o Conselho da OECE decidiu reunir-se de novo no dia 9 de Dezembro, tendo Ruy Guerra informado o Ministério dos Negócios Estrangeiros que ia ser debatida a questão de saber se seria possível efectuar reuniões mensais do Conselho e a questão da eventual nomeação de Spaak[1006]. O ministro Costa Leite manda enviar para Paris a informação que nenhum ministro poderia estar presente no Conselho porque estavam a ultimar, para aprovação, o orçamento para 1950, não se podendo ausentar do país. A posição portuguesa sobre a periodicidade das reuniões regulares do Conselho devia ser a de quatro reuniões anuais, aceitando-se a possibilidade de serem convocadas reuniões extraordinárias quando a urgência ou o assunto o justificassem. Se se optasse pelas reuniões mensais, Portugal não poderia assegurar a sua assiduidade, mas comprometia-se a dar a maior «assistência possível» após ponderação das exigências governativas e da importância dos assuntos a serem tratados no Conselho. Quando à questão da nomeação de Spaak, o ministro é muito claro. Apesar de toda a consideração havida por Spaak, não se pode estar de

---

[1005] ANTT/AOS/CO/NE-18-1, Ofício n.º 139 (Secreto) do Presidente do Conselho para o embaixador de Portugal em Washington, datado de 26 de Dezembro de 1949, f. 10.

[1006] Recorde-se que Paul-Henri Spaak tinha cessado as suas funções no Governo belga em 11 de Agosto de 1949. Segundo Michel Dumoulin, «Spaak deseja obter o posto de director-geral da OECE. Ele deseja-o porque se afastaria assim da cena política belga minada pela questão real. Também o deseja porque aspira a uma certa calma na sua vida pessoal e, por último, porque a remuneração ligada à função lhe permitiria deixar de ter preocupações de carácter material». DUMOULIN, Michel – *Spaak, op. cit.*, p. 434. [t.a.]

acordo com a sua nomeação porque «prejudicaria» um princípio julgado fundamental, o princípio de que a «OECE é uma organização de nações autónomas dispostas a manter colaboração e não uma organização supranacional com presidência independente da administração de qualquer dos membros. A ligação [da] OECE com [o] federalismo [de] Estrasburgo não pode ser aceite, consoante várias vezes foi definido pelo governo [pois] implicaria [uma] modificação radical [do] espírito e [dos] termos [do] pacto [da] OECE. Assim, votamos sempre contra qualquer modificação proposta»[1007].

Nos finais do mês de Dezembro, de novo, Ruy Guerra alerta, o Ministério dos Negócios Estrangeiros para a questão do representante especial e indica que os norte-americanos talvez se contentassem com a nomeação de um representante especial em simultâneo com a eleição no seio da Conselho da OECE de um ministro que se ocupasse em exclusivo dos assuntos da Organização. Em Londres, o novo embaixador de Portugal, Henrique Queirós, encontra no *Foreign Office* o subsecretário de Estado E. M. Berthould e envia para o Ministério dos Negócios Estrangeiros um telegrama em que foca este assunto. Para Berthould, já está praticamente decidido que Spaak seria a pessoa indigitada para liderar a OECE como director-geral desta Organização, mas que para isso não deveria acumular com funções de Estado. Tratar-se-ia de uma cedência do Reino Unido, claramente assumida, para poder preservar o essencial. Os EUA, segundo Berthoud, precisam que se lhes mostre que as suas sugestões foram «estudadas e consideradas a fundo». A

[1007] AHDMNE, RNP, Plano Marshall, Telegrama n.º 112, de 7 de Dezembro de 1949, do ministro dos Negócios Estrangeiros (Caeiro da Matta) para a Embaixada de Portugal em Paris (Delegação junto da OECE), M. 381, 2.º P.-A. 60, d.l.: 1947-1949. O ministro da Economia irá estar no na reunião do Grupo Consultivo do Conselho da OECE, em 20 de Dezembro. Nesta altura manifestou-se contra a acumulação de funções da personalidade a escolher para representar a OECE com a de outra organização internacional, desejando mesmo que se mencionasse especificamente o Conselho da Europa como uma dessas organizações. Cf. «The Acting United States Special Representative in Europe (Katz) to the Administrator for Economic Cooperation (Hoffman)», Telegram, Secret, Paris, December 21, 1949, in *FRUS, Western Europe, 1949, Vol. IV, op. cit.*, p. 464-467.

nomeação de Spaak não fazia antever «dificuldades ou atritos» com países não socialistas da Europa Ocidental. Ainda por cima, os poderes do director-geral (ou representante especial) não colidiriam nem subordinariam os poderes dos Estados. Pensava-se, pois, ceder aos EUA naquilo que se considerava como não essencial para poder ser intransigente naquilo que se considera como fundamental. O Reino Unido previa que as atribuições da Ajuda Marshall seriam em 1950 as mais difíceis e que houvesse um corte de 25% nas verbas a atribuir à Europa. Henrique Queirós sai do encontro com a ideia de que a posição do Reino Unido em relação à eventual designação de Spaak consistia numa cedência perfeitamente calculada às pressões dos EUA[1008].

No dia 7 de Janeiro de 1950, Ruy Guerra informa o Ministério dos Negócios Estrangeiros sobre a posição das restantes delegações em relação à nomeação de um representante especial da OECE (anteriormente designado por director-geral ou, oficiosamente, por «super-homem»). A posição era a de que a «generalidade [das] delegações preferia afastar Spaak mas vendo nele [o] candidato americano estão decididas com possível excepção [da] Suíça a não opor objecção [à] escolha [d]esse nome». Mesmo os britânicos estariam «resignados» a aceitar a nomeação de um representante especial, pois se convenceram que «conseguiriam reduzi-lo [a um] modesto papel [de] simples mandatário [do] Conselho encarregado de fazer sob estreita vigilância os discursos necessários para impressionar [o] Congresso». A aceitação pelo Reino Unido do princípio da nomeação de Spaak no Conselho, do dia 2 de Novembro, já tinha surpreendido o ministro da Economia de Portugal, pois os britânicos consideravam que Spaak poderia ser «muito perigoso». O seu dinamismo poderia transformá-lo no elo de ligação exclusivo entre os EUA e a OECE, «o que tornaria praticamente letra morta [os] textos [de] salvaguarda» votados no seio da Organização. Ruy

[1008] AHDMNE, RNP, Plano Marshall, Telegrama n.º 541, de 29 de Dezembro de 1949, da Embaixada de Portugal em Londres (Henrique Queirós) para o ministro dos Negócios Estrangeiros (Caeiro da Matta), M. 381, 2.º P.-A. 60, d.l.: 1947-1949.

Guerra considera ter elementos de informação suficientes para adiantar que a aceitação britânica foi feita dentro da «firme convicção» de que o «convite seria recusado fossem quais fossem as condições». Para Ruy Guerra o «cálculo saiu errado», pois acaba de saber de forma muito confidencial que «Spaak aceitará desde que lhe seja permitido conservar [as] suas funções [no] Conselho da Europa». Para além de Portugal, também outras delegações começam a manifestar as suas reticências[1009].

A questão da nomeação de um representante especial é considerada pelos EUA como fundamental e defendida com muita firmeza pela ECA. Resistir a essa pressão provocaria, ainda segundo Ruy Guerra, um «grave conflito». Os EUA teriam mesmo chegado a perguntar ao ministro dos Negócios Estrangeiros da Noruega se aceitaria tal cargo, tendo ele respondido negativamente. Também foi focada na OECE a possibilidade de se nomear Sir Olivier Franks, o que seria impossível por ele não ser parlamentar e a constituição britânica não permitir que se lhe atribua um cargo com «categoria «ministerial»», o que é «julgado indispensável [para o] desempenho eficaz [do] cargo que se pretende criar». Para acabar, informa que ainda há quem admita no seio da OECE que se pode «contentar» os norte-americanos através da eleição para a presidência do Conselho da OECE de um ministro que se pudesse dedicar a tempo inteiro à Organização[1010].

O Governo português continuava a tentar saber a posição dos outros principais governos antes do Conselho da OECE de Janeiro. Em Londres e Paris os embaixadores portugueses encarregaram-se de sondar a posição dos governos em relação à questão do representante especial. O embaixador Henrique Queirós, em Londres, volta a deslocar-se ao *Foreign Office*, no dia 11 de Janeiro, onde encontra o subsecretário de Estado Berthould. Este

---

[1009] AHDMNE, RNP, Plano Marshall, Telegrama n.º 3, de 7 de Janeiro de 1950, da Embaixada de Portugal em Paris (Delegação junto da OECE) para o ministro dos Negócios Estrangeiros (Caeiro da Matta), M. 381, 2.º P.-A. 60, d.l.: 1947-1949.

[1010] AHDMNE, RNP, Plano Marshall, Telegrama n.º 3, de 7 de Janeiro de 1950, da Embaixada de Portugal em Paris (Delegação junto da OECE) para o ministro dos Negócios Estrangeiros (Caeiro da Matta), M. 381, 2.º P.-A. 60, d.l.: 1947-1949.

dá a conhecer a Henrique Queirós, a título confidencial, uma carta que o presidente do Conselho da OECE, Paul Van Zelland, tinha enviado na véspera para o *Foreign Office*. Nesta carta, subscrita por Spaak, está claramente indicado que este último aceita ser representante especial à experiência, por um período de seis meses, sem renúncia ou interrupção das suas funções no Conselho da Europa. Quanto à decisão do Governo britânico sobre esta matéria, ainda não está definida a nível ministerial, pelo que Berthould não pode indicar qual será a posição britânica no próximo Conselho. Compromete-se, contudo, a transmitir ao embaixador a decisão governamental. Segundo Henrique Queirós, a «multiplicação das divergências anglo-americanas» causa preocupação no Reino Unido, pelo que não se espera uma atitude firme nesta matéria[1011]. Na manhã do dia 21 de Janeiro, Berthould telefona para Henrique Queirós e indica-lhe que não ia ser claro na sua mensagem, pelo que ele tinha de ler nas entrelinhas. Os três pontos da declaração de Berthould, que Henrique Queirós garante serem fiéis por lhe ter lido os apontamentos que tirou da conversa e Berthould lhe ter confirmado corresponderem ao seu pensamento, são os seguintes: a) o Governo britânico ainda não tomou posição definitiva, mas se o Governo português mantiver no Conselho o ponto de vista de que não deve haver acumulação de funções, o Governo britânico manifestará o seu acordo com a posição portuguesa; b) o Governo britânico não aceita outras modificações na constituição da OECE e «tem razões para supor» que se Spaak for eleito procurará introduzir mais modificações; c) a preferência do Governo britânico recai em Dirk Stikker[1012], ministro dos Negócios Estrangeiros holandês[1013]. Henrique Queirós avança

[1011] AHDMNE, RNP, Plano Marshall, Telegrama n.º 18, de 11 de Janeiro de 1950, da Embaixada de Portugal em Londres (Henrique Queirós) para o ministro dos Negócios Estrangeiros (Caeiro da Matta), M. 381, 2.º P.-A. 60, d.l.: 1947-1949.

[1012] Dick Uipho Stikker, ministro dos Negócios Estrangeiros holandês, entre 1948 e 1952.

[1013] AHDMNE, RNP, Plano Marshall, Telegrama n.º 35, de 21 de Janeiro de 1950, da Embaixada de Portugal em Londres (Henrique Queirós) para o ministro dos Negócios Estrangeiros (Caeiro da Matta), M. 381, 2.º P.-A. 60, d.l.: 1947-1949.

com a hipótese da alteração da posição britânica poder ter a ver com as recentes declarações de Spaak nos EUA num discurso em Filadélfia, de 12 de Janeiro, no qual Spaak falou da organização da Europa e do «papel pouco construtivo» que desempenhou o Reino Unido, e de um artigo no *Soir*, retomado pelo *Daily Telegraph*, logo a seguir ao anúncio da realização de eleições no Reino Unido, em que se pronuncia sobre a política britânica[1014]. A atitude britânica virá, contudo, a radicalizar-se. O representante permanente do Reino Unido junto da OECE, Sir Hall-Patch, «emite no dia 26 de Janeiro um veto contra a candidatura de Spaak, invocando o facto deste «ter intervido na política interna britânica». Em Londres, Cripps manifesta a sua revolta e denuncia o facto de Spaak, ter dado o seu apoio a Churchill. [...] Sem se tornar numa questão de Estado, o caso Spaak passa a estar durante várias semanas no cerne de uma polémica interna no *Foreign Office*, o único ponto de consenso sendo o de que será necessário aproveitar todas as oportunidades para consolar a vítima»[1015].

Também em Paris, Ruy Guerra e Marcello Mathias se desdobram em esforços para acompanhar o assunto da nomeação de um representante especial. Ruy Guerra encontra-se com Milton Katz, representante especial adjunto dos Estados Unidos na Europa, e com Guido Colonna[1016], secretário-geral adjunto da OECE, e Mathias encontra-se com Robert Schuman. No dia 22 de Janeiro Guerra envia um telegrama em que descreve esses encontros[1017].

É possível avançar com a hipótese de que o Governo britânico, devido aos problemas que tinham surgido nas relações com os EUA, não quisesse aparecer na primeira linha da contestação a Spaak e estivesse, por esta via, a incentivar o Governo português a avançar, garantindo-lhe o seu apoio. De qualquer forma, a decisão teria de ser tomada por unanimidade e bastava, por isso, um voto contra para se ter de procurar outra solução. Não parece inocente esta mensagem de Berthould, pouco antes do Conselho.

[1014] Dumoulin (Michel), *Spaak, op. cit.*, p. 437-438. [t.a.]

[1015] *Ibid.*. p. 438. [t.a.]

[1016] Guido Colonna (prince Colonna di Paliano), diplomata italiano, adjunto do secretário executivo da OECE.

[1017] AHDMNE, RNP, Plano Marshall, Telegrama n.º 9-A, de 22 de Janeiro de 1950, da Embaixada de Portugal em Paris (Delegação junto da OECE) para o ministro dos Negócios Estrangeiros (Caeiro da Matta), M. 381, 2.º P.-A. 60, d.l.: 1947-1949.

Em relação à conversa com Katz, é de referir que este descreve a situação internacional como preocupante e necessitando de uma coordenação dos esforços; o que explica a determinação dos EUA para que seja nomeado um representante especial apesar das reticências britânicas. Parece que os norte-americanos são neutros em relação à escolha da personalidade, mas nas circunstâncias actuais a «administração americana tenderia hoje a ver qualquer oposição [a Spaak] como traduzindo oposição ao próprio Plano [de] nomeação [de um] representante especial que Washington julga necessário pôr em prática sem mais demora». Fala-se, no seio da, em Sir Olivier Franks, Lange (ministro dos Negócios Estrangeiros da Noruega) e Stikker, mas só Spaak é candidato ao lugar. Sobre a acumulação de cargos de Spaak na OECE e no Conselho, Katz considera que «seria difícil obrigar Spaak» a renunciar desde já ao seu cargo no Conselho da Europa mas que a ECA «compreenderia exigência» de qualquer país em se fazer uma reavaliação ao fim de alguns meses de experiência de acumulação. Já no encontro de Ruy Guerra com Colonna, este último avança com uma hipótese concreta, que Guerra considera como arriscada: Portugal poderia fazer uma declaração «aceitando francamente Spaak mas exigindo deixe Estrasburgo». Uma declaração destas «poderia eventualmente reanimar hesitantes de modo a conseguir-se votar mesmo sentido três ou quatro delegações», julgando Colonna «provável» que Spaak renuncie ao seu lugar no Conselho da Europa; evitando-se assim as «complicações» ligadas à acumulação e inspirando-o para o «respeito pelas decisões» do Conselho da OECE[1018].

Entretanto, no dia 23 de Janeiro, o embaixador Marcello Mathias encontra o ministro Robert Schuman, tal como lhe tinha sido solicitado pelo Ministério dos Negócios Estrangeiros, para explicar a posição portuguesa e tentar saber qual é a posição do Governo francês sobre a questão do representante especial. Mathias transmite a Schuman a discordância

---

[1018] AHDMNE, RNP, Plano Marshall, Telegrama n.º 3, de 7 de Janeiro de 1950, da Embaixada de Portugal em Paris (Delegação junto da OECE) para o ministro dos Negócios Estrangeiros (Caeiro da Matta), M. 381, 2.º P.-A. 60, d.l.: 1947-1949.

portuguesa em relação à nomeação de Spaak sem renúncia ao cargo de presidente da ACCE, invocando a possibilidade de um diminuição da cooperação técnica e económica no seio da OECE, se se juntasse «os azedumes e dificuldades naturais aos organismos de carácter político». Dá como exemplos a ONU e a ACCE. Seria problemático, ainda segundo Mathias, transpor para a OECE «as incompatibilidades e ausência de unidade» da ACCE, tanto mais que há países da OECE que não são membros dessa assembleia. Mathias também referiu que não se via a «utilidade de se sacrificar por conformismo com norte-americanos princípios julgados essenciais», o que poderia comprometer mesmo os «próprios fins da OECE»[1019].

Para Schuman a opção por Spaak é porque os EUA pensam ser ele a pessoa indicada para o cargo[1020]. Apesar de concordar que a acumulação não é a melhor solução, nem dever a OECE entrar na «órbita» do Conselho da Europa, que reconhece estar sujeita a «vicissitudes políticas», os EUA eram partidários de que Spaak fosse nomeado provisoriamente, durante seis meses, devendo optar em seguida pela ACCE ou pela OECE. Neste último caso, o presidente em exercício do Conselho da OECE, Van Zelland, teria de deixar a presidência para que a Bélgica não acumulasse dois lugares de topo nesta Organização. Schuman considera correcta a solução de se nomear um representante especial, mas «impraticável» a proposta avançada pela Irlanda de se escolher um ministro no seio do Conselho da OECE para essa tarefa de coordenação entre os diferentes governos. Esta última proposta obrigaria o ministro nomeado a deslocar-se entre as diferentes capitais, não podendo, em consequência, exercer as suas fun-

---

[1019] *Ibid.*.

[1020] Robert Schuman terá dito a Harriman que seria necessário pressionar Portugal «para reduzir a oposição à candidatura de Spaak». WEXLER, Imanuel – *The Marshall Plan Revisited. The European Recovery Program in Economic Perspective*. Westport, Connecticut: Greenwood Press, 1983, n. 93 da p. 303-304, Cf. «US Special Representative in Europe to Secretary of State, January 12, 1950», *FRUS, Western Europe, 1950, Vol. III*, Washington, U. S. Government Printing Office, 1977, p. 612-613. [t.a.]

ções ministeriais. Apesar do Secretariado da OCDE estar a ser bem dirigido, há «deficiências que só a superintendência permanente de uma alta autoridade poderia suprir». Para Schuman nota-se uma «desigualdade no ritmo de trabalho dos diferentes países» e é necessário revitalizar a cooperação. Mathias intervém para dizer que a OECE é como um comboio de navios dispares em tamanho e velocidade, em que os mais rápidos tem de se alinhar pelos mais lentos para chegarem todos a bom porto. Schuman concordou, e disse que a imagem era «válida não só económica como também politicamente visto também sob este aspecto [as] diferenças históricas e mentalidades exigirem não se ir depressa demais». Mathias, no termo do encontro, ainda propôs que se avançasse para a elaboração de uma lista com outros nomes, de forma a que as delegações não ficassem limitadas na sua escolha. Schuman respondeu que havia a vontade de não nomear uma personalidade de um grande país, o que reduzia muito a escolha. Spaak era o elemento central do processo.

A impressão pessoal do embaixador Mathias no termo do encontro é a de que a França não irá contra a opinião norte-americana em relação à nomeação de Spaak. Os interesses políticos franceses na Sarre, na Indochina, na Alemanha, e a dependência económica em relação aos EUA, obrigam-na a estabelecer uma «hierarquia de valores», na qual a nomeação de Spaak «é apenas moeda de troca»[1021].

A posição oficial portuguesa sobre a questão do representante especial vai ser comunicada pelo ministro das Finanças, Costa Leite, que representou Portugal no Conselho da OECE a partir do dia 25 de Janeiro de 1950. Este ponto da ordem de trabalhos passou para último lugar e, ao contrário que se estava à espera na delegação portuguesa, não se insistiu na nomeação de Spaak. Mesmo assim, ia ser escolhido o representante especial, tendo Costa Leite feito uma declaração e saído da sessão en-

[1021] AHDMNE, RNP, Plano Marshall, Telegrama n.º 12, de 23 de Janeiro de 1950, da Embaixada de Portugal em Paris (Marcello Mathias) para o ministro dos Negócios Estrangeiros (Caeiro da Matta), M. 381, 2.º P.-A. 60, d.l.: 1947-1949.

quanto se debateu o assunto, de forma a não impedir a nomeação de um representante especial por não poder, por uma questão de princípio, votar favoravelmente. A declaração do representante do Governo português define pois a posição oficial sobre a matéria. Costa Leite começa por indicar que Portugal já se manifestou contra a criação do cargo e crê mesmo que tal vai contra a Convenção que instituiu a OECE. Não acredita que é com esta solução – que ele qualifica de solução de «circunstância» –, em que os poderes e as funções estão pouco precisos, que se poderá resolver «o problema posto do insuficiente rendimento da organização». Depois declara que Portugal procurou, sem pôr em causa a «consideração que merece» Spaak, clarificar alguns pontos da proposta e estabelecer regras «capazes de evitar os perigos mais graves que ela comportava», nomeadamente a acumulação de funções com as exercidas noutro organismo internacional. Esta última situação, claramente associada à função exercida por Spaak na ACCE, «além de contradizer a declarada necessidade de um serviço prestado em «full time», podia acarretar a intromissão, na OECE, de factores políticos perturbadores do seu espírito e da sua missão como organismo de cooperação económica»[1022].

Costa Leite termina a sua intervenção com a seguinte declaração:

> «O estudo do problema [nomeação de um representante especial], no tempo decorrido desde a última sessão do grupo consultativo, não modificou, antes confirmou as conclusões que então haviam sido expostas. Parece, porém, que todos os outros países aqui representados dão a sua aprovação à proposta cujos termos o Governo que represento continua a não poder aceitar, além do mais porque o povo português não o absolveria de uma atitude que julgasse poder implicar, ainda que remotamente, limitação da autonomia nacional. [...] Perante o dilema de, ou

---

1022 AHDMNE, RNP, Plano Marshall, Telegrama n.º 13, de 25 de Janeiro de 1950, da Embaixada de Portugal em Paris (ministro das Finanças, Costa Leite) para o ministro dos Negócios Estrangeiros (Caeiro da Matta), M. 381, 2.º P.-A. 60, d.l.: 1947-1949.

ter que trair o seu mandato nacional, ou ser obstáculo, pela sua voz discordante, à solução neste momento grave da vida da Europa que parece ser aceite por todos os outros países membros da organização, o Governo português só encontra um meio de resolver esta dificuldade: sem que isso represente a menor quebra de respeito ou falta de consideração [...], e apenas no desejo de não inutilizar pela exclusiva oposição do seu país, aquela solução o representante de Portugal pede licença para se ausentar desta sessão até que esteja esgotado este número da agenda»[1023].

Nessa mesma sessão, foi confiada a Dirk U. Stikker a missão de «Conciliador político» da OECE. Ficava assim resolvida uma questão que se arrastava desde há largos meses e que tinha preocupado tanto o Governo português. Havia o receio efectivo de que a OECE deixasse a via da simples cooperação económica para se aproximar do Conselho da Europa ou que entrasse mesmo na via da supranacionalidade, o que teria provocado a saída de Portugal.

Dois dias depois, reuniu-se a sessão do CTCEE onde foi relatado o que se tinha passado no Conselho da OECE, tendo ficado registado em acta a seguinte frase (sobre a questão do representante especial): «Que nos devemos congratular pois que a nossa posição não teve que ser alterada, sem que no entanto tivéssemos que nela persistir»[1024].

II. Os programas económicos portugueses de 1949

Em Novembro de 1948, como já foi referido anteriormente, foi apresentado na OECE o Plano Director Português (percursor do *Programme à*

[1023] AHDMNE, RNP, Plano Marshall, Telegrama n.º 13, de 25 de Janeiro de 1950, da Embaixada de Portugal em Paris (ministro das Finanças, Costa Leite) para o ministro dos Negócios Estrangeiros (Caeiro da Matta), M. 381, 2.º P.-A. 60, d.l.: 1947-1949.

[1024] AHDMNE, RQE, OECE-Diversos, Acta n.º 5 da CTCEE, de 27 de Janeiro de 1950, M. 20, 2.º P.-A.51, d.l.: 1950-1952.

Long Terme du Portugal), para quatro anos, e o Programa para 1949-1950, os quais foram sujeitos à apreciação da OECE e da ECA, com vista à concessão a Portugal de Ajuda Marshall. Numerosas observações foram efectuadas e nos meses seguintes estes planos foram revistos de forma a serem submetidos de novo à OECE, antes de serem analisados pela ECA, em Washington, e ser atribuída a Ajuda para o segundo ano do Plano Marshall de 1949-50. Este trabalho de elaboração dos programas foi conduzido pela CTCEE e só acaba no dia 9 ou 10 de Junho de 1949 em Paris, para onde se deslocara a maioria dos técnicos nomeados para a elaboração dos programas[1025].

Estranhamente, a Missão da ECA em Lisboa foi completamente posta de lado pela CTCEE. No exacto momento em que se estavam a ultimar em Paris os programas, deslocaram-se ao Ministério dos Negócios Estrangeiros o adjunto do chefe da Missão da ECA, Dameron, e o adido da Embaixada dos EUA, Hanley, os quais exprimiram abertamente a Esteves Fernandes, director-geral dos Negócios Económicos e Consulares, o descontentamento da Missão pela falta de colaboração com a CTCEE e com as outras entidades que tratavam de assuntos relacionados com o Plano Marshall. Foi transmitido a Esteves Fernandes que a Missão de Lisboa já tinha comunicado a Washington que não lhes tinham sido fornecidos «quaisquer elementos acerca [programa português] para 1949-50 e que nem sequer tinham sido ouvidos sobre o mesmo», o que ia contra as normas da ECA. A posição da Missão da ECA é muito clara, pois considera que é imprescindível a sua colaboração na elaboração dos programas. Os pedidos de assistência técnica deveriam passar obrigatoriamente por ela. A falta da intervenção da Missão da ECA em Lisboa na elaboração dos programas «poderá acarretar a sua não apreciação». Os emissários defendem, igualmente, que a actuação da Missão pode ser «muito útil» a Portugal, pois «conhecendo perfeitamente a mecânica de todos os serviços americanos, era a entidade

---

1025 ANTT/AOS/CO/NE-15, Ministério dos Negócios Estrangeiros, Apontamento de L. Esteves Fernandes, de 9 de Junho de 1949. f. 457-458.

indicada para dar todas as informações e mesmo sugestões [...] quanto aos diferentes planos que [Portugal desejasse] apresentar à ECA». Apesar da vontade que tinham, desde o início, em colaborar com as entidades portuguesas, não tinham conseguido contactar estas entidades, nomeadamente a CTCEE, o que os tem impedido de enviar para a ECA em Washington «quaisquer informações completas» sobre o país, o que consideram «altamente inconveniente» para Portugal. Esteves Fernandes, no termo do encontro, garante a colaboração do Ministério dos Negócios Estrangeiros na resolução do problema e indica que logo que recebesse de Paris o Programa para 1949-1950, ainda por concluir, enviá-lo-ia à Missão. Também afirmou que iria recomendar ao secretário-geral da CTCEE que apoiasse a Missão, nomeadamente no estabelecimento de contactos com as outras entidades interessadas. No dia 8 de Junho, Esteves Fernandes telefonou para Ruy Guerra, em Paris, a recomendar que mandasse regressar a Lisboa – urgentemente – um dos especialistas que lá se encontrava para estabelecer a ligação com a ECA[1026].

Logo na introdução do Programa para 1949-1950 está indicado que ele foi «profundamente revisto à luz de novas circunstâncias, cujas principais foram o crescimento das necessidades de importação de bens de consumo e a decisão governamental de reduzir a extensão dos projectos de investimento»[1027]. Na revisão do programa teve-se em consideração as observações feitas pelo Comité Executivo aquando da apresentação do primeiro programa, das conclusões do *Rapport intérimaire sur le Programme de Relèvement Européen,* de 30 de Dezembro de 1948, e do documento *Directives fixées pour l'Etablissement des programmes pour 1949/50,* de 14 de Abril de 1949[1028]. Também se teve

---

[1026] *Ibid.*.

[1027] ANTT/AOS/CO/NE-15, «Portugal – Programme révisé 1949/50», s.d., Pasta 1, f. 1. [t.a.] Ver a este propósito: OECE – *Le Rapport Intérimaire sur le Programme de Relèvement Européen.* Vol. I e II. Paris: OECE, 30 de Dezembro de 1948, p. 211 e p. 1 150.

[1028] «Directives fixées pour l'Etablissement des programmes pour 1949/50» (doc. C(49) 46 (Fin)), de 14 de Abril de 1949 referido in «Programme portugais à long terme», ANTT/AOS/CO/NE-15, s.d., Pasta 2, f. 116.

em consideração as observações feitas nos comités verticais e nos respectivos relatórios, aquando da apresentação dos primeiros programas na OECE.

Toda a primeira parte do Programa para 1949-1950 reside na justificação da mudança de atitude portuguesa em termos de pedido de Ajuda Marshall. Tem interesse referir alguns aspectos da longa descrição da situação económica e financeira. Para os responsáveis portugueses, a Segunda Guerra Mundial tinha provocado em Portugal «uma valorização excepcional de certos produtos de exportação e, por outro lado, a baixa inevitável das importações. O resultado destes dois movimentos em sentido inverso foi um saldo de crédito da balança comercial que não estava na tradição da vida económica do país». Esta situação teve como consequência psicológica e económica uma falsa ideia de riqueza, um «excesso de poder de compra», e uma pressão social para o consumo, fartos que estavam os portugueses das restrições. Portugal teimava, segundo os relatores, em manter a liberdade de comércio sem verdadeira contrapartida, num mundo que se fechava cada vez mais, o que vai provocar uma situação «muito desfavorável». Apesar de um certo agravamento ser previsível, não se esperava que tomasse uma amplitude tão grande. O agravamento da situação económico-financeira é imputado às compras em dólares nos EUA e noutros países, e igualmente à política seguida por Portugal em matéria de liberdade comercial. Neste segundo aspecto, os relatores fundamentam a política seguida pelo Governo português nas recomendações da Conferência de Paris de 1947, em matéria de comércio internacional. Mas os relatores vão mais longe na análise e afirmam que esta política seguida por Portugal – supostamente por causa da OECE –, permitia a outros países obter dólares ou ouro em Portugal, através das suas exportações ou de operações financeiras. Neste contexto, e até ao momento presente, «Portugal acrescentou à contribuição passiva que trouxe ao restabelecimento dos outros países da Europa, ao abster-se de pedir a participação na ajuda americana para 1948-1949, a contribuição positiva de não impedir que as suas reservas de ouro e dólares tenham servido as necessidades dos outros»[1029].

Ainda segundo os relatores, apesar de no início de 1948 Portugal ter verificado que estava a seguir uma via que era «excessivemente perigosa», manteve, apesar de ter estabelecido um condicionamento das importações, «a liberdade quase completa do comércio com a Europa ocidental». Considera-se, pois, que se está perante uma situação grave que ultrapassa as previsões anteriores. «Colocado perante o muito grave problema do défice de uma balança comercial onde o valor das importações ultrapassa o dobro do valor das exportações, o Governo teve de modificar a posição tomada em 1947 e solicitar a participação na ajuda americana». Portugal reconhece que se encontra numa «situação grave que não pode ser remediada só com os recursos do país e justifica a inclusão de Portugal no grupo dos países beneficiários da generosa ajuda dada pela América com vista ao restabelecimento económico da Europa»[1030].

Nestas circunstâncias, Portugal estabelece o programa em conformidade com as directrizes da OECE. Os objectivos são os seguintes: o acréscimo da produção nacional e dos Territórios Ultramarinos; aumentar as exportações tradicionais portuguesas (que só necessitam que os mercados se abram) e, igualmente, de outros produtos; «limitar as importações da zona dólar aos produtos indispensáveis»; «coordenar as trocas com os outros países participantes, de forma a tornar possível, tendo em vista os interesses comuns, a atenuação gradual dos controlos que esperamos vir

[1029] ANTT/AOS/CO/NE-15, «Portugal - Programme révisé 1949/50», s.d., Pasta 1, f. 1-5. [t.a.] A versão final do «Programme 1949-1950 du Portugal» (sem o memorando inicial), foi publicado pela OECE no *Rapport à l'Administration de Coopération Economique sur le Programme 1945-1950*. Vol. 2, 1er juillet 1949-30 juin 1950, Paris: OECE, s. d., p. 209-232. O estudo efectuado pela OECE sobre a versão final ao «Programme 1949-1950 du Portugal», que resultou da discussão no Comité des Programmes entre os dois delegados do Comité e os delegados portugueses, foi publicado no *Rapport à l'Administration de Coopération Economique sur le Programme 1949-1950*. Vol. 1, 1er juillet 1949 – 30 juin 1950, Paris: OECE, p. 59-61.

[1030] *Ibid.*, f. 5. [t.a.]

a poder conseguir eliminar completamente»; e, por fim, assegurar «para 1952-1953 níveis de consumo susceptíveis de serem mantidos sem recorrer a uma ajuda externa de carácter excepcional». Estavam assim definidos os grandes objectivos do Programa para 1949-1950[1031].

A base de partida é muito baixa. A economia portuguesa atravessava, efectivamente, um período muito difícil. Os índices de produção de alguns dos produtos desceram em 1948 para níveis extremamente baixos. Um dos que mais desceu foi o das conservas de peixe, onde o índice de produção de 1948 representa 51% do índice médio de 1935-1938. Em relação a este mesmo índice médio, o índice de produção de trigo baixou para 77%, o de manteiga para 45% e dos resinosos para 74%. Apesar de não existirem estatísticas precisas sobre a produtividade em muitas produções agrícolas, a maior parte dos produtos em relação aos quais foram estudados os índices de produtividade revelam uma quebra da produtividade, num país onde a produtividade já era tão baixa, quando comparada à dos outros países da Europa Ocidental. O carácter essencialmente rural da economia portuguesa é evidente. Mais de 60% da população activa trabalha na agricultura e 96,3% dos proprietários agrícolas são classificados pelas estatísticas como pequenos ou muito pequenos proprietários[1032]. Quanto à caracterização que se faz das capacidades agrícolas do país, ela é bastante sintomática. Para os relatores, Portugal tem um solo «geralmente pobre e o clima irregular, pouco favorável para [...] a maior parte das cultural herbáceas, não irrigadas». Condições favoráveis de produção encontram-se, sobretudo, na cultura da vinha, da oliveira, de árvores de fruto e nas culturas irrigadas como o arroz e o milho. Também é assinalada a vocação do país para a silvicultura. A superfície florestal representa cerca de 27% por cento da superfície do país e está-se a fazer um esforço de florestação[1033].

[1031] *Ibid.,* f. 5-6. [t.a.]

[1032] Em 1 350 000 proprietários agrícolas, 400 000 são classificados como «muito pequenos», 900 000 como «pequenos», 35 000 como «médios», 7 000 como «grandes» e 1 000 como «muito grandes». *Ibid.,* f. 8-10.

[1033] *Ibid.,* f. 10-11.

Quanto à questão relacionada com a possibilidade de economizar dólares, os relatores são categóricos em considerar que na Metrópole, à excepção dos minérios, não existe a possibilidade de iniciar novas produções que tivessem mercado na zona dólar. A solução passa pelo desenvolvimento das exportações dos produtos tradicionais, através do aumento do consumo no hemisfério ocidental, pelo aumento da produção energética, de produtos alimentares e industriais na Metrópole, assim como pelo desenvolvimento de algumas produções alimentares nos Territórios Ultramarinos, nomeadamente cereais[1034].

Um outro aspecto tratado com algum desenvolvimento no Programa para 1949-1950 foi o do comércio externo português. A evolução das importações provenientes do estrangeiro (excluindo, por conseguinte, os Territórios Ultramarinos) é bastante revelador da situação económica de Portugal, como se pode observar no gráfico e no quadro abaixo assinalados.

Gráfico 4: Quantum das importações de Portugal (sem Colónias), de 1938 a 1949 (base 1938 = 100)

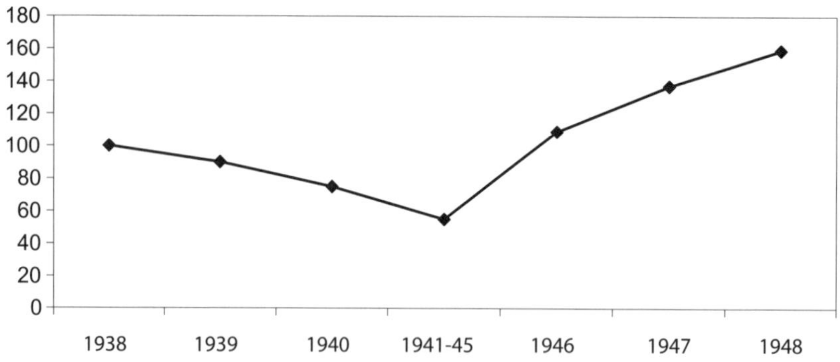

Fonte: Ibid. f. 59.

[1034] *Ibid.*, f. 14.

Quadro 7: Quantum da importação das principais mercadorias (Base 1935-1938 = 100) (sem Colónias)

Rubricas	1935-38	1946	1947	1948
Produtos alimentares	100	159	206	176
Matérias-primas	100	115	105	132
Fios e tecidos	100	79	75	70
Equipamentos	100	150	210	308
Produtos acabados	100	94	116	122

Fonte: *Ibid.*.

Como se pode verificar, os índices das importações que mais aumentaram foram os índices dos equipamentos e dos produtos alimentares. No que diz respeito aos produtos alimentares, é de assinalar o extraordinário aumento nas importações de trigo e farinha de trigo, milho e carne, em 1946, 1947, e 1948, e da batata em 1946 e 1947. Se tivermos em consideração a média de importações entre 1935 e 1938 (base 100), em quantidade física, verificamos que em 1946, 1947 e 1948, os índices das importações de trigo e farinha de trigo foram, respectivamente, de 510, 570 e 910. Em relação ao milho foram de 380, 380 e 184 e, no que concerne a carne, 100, 700 e 215 e, nas batatas 270 e 597. Os relatores explicam este acréscimo das importações, como forma de compensar as carências da produção nacional desses produtos, devido ao aumento da população conjugado com os maus anos agrícolas e um aumento médio do consumo.

No que diz respeito aos bens de equipamento, tem interesse reproduzir parcialmente o quadro que se encontra no Programa revisto para 1949-1950 sobre os índices de importações, pois mostram muito bem o extraordinário acréscimo na importação de bens de equipamento logo a seguir à Segunda Guerra Mundial.

Quadro 8: Índices das importações de equipamentos entre 1946 e 1948 e previsões para 1949-1950 (sem Colónias) (em valor / base 1938 = 100)

Produtos	1938	1946	1947	1948	1949-50 (previsões)
Automóveis e camiões	100	230	420	390	360
Navios	100	780	280	1000	500
Material de caminho-de-ferro	100	620	300	350	450
Os outros equipamentos	100	110	180	210	290
Total geral	100	150	240	310	320

Fonte: *Ibid.* p. 61.

Mesmo tendo em consideração que houve um desgaste muito significativo destes bens durante a guerra – não tendo sido possível fazer a manutenção e a reposição necessárias –, o acréscimo no pós-guerra ultrapassa, de longe, essa situação específica ligada à guerra. Pode-se considerar como uma abertura global no sentido de um melhor apetrechamento do país em meios de equipamento, nomeadamente no domínio dos transportes. O desafogo financeiro resultante da economia de guerra (em que as importações foram reduzidas para quase metade e algumas exportações portuguesas se valorizam excepcionalmente) possibilita esta situação; apesar de logo em 1948 se ter começado a recear um descontrolo financeiro por via da enorme saída de ouro e divisas.

No que diz respeito à repartição por zonas geográficas das importações portuguesas, entre 1947 e o primeiro quadrimestre de 1949, em percentagem de valor, assiste-se a uma diminuição progressiva das importações em proveniência dos EUA, da América Central e do Sul e dos restantes países fora da OECE, e a um aumento muito significativo e rápido das importações em proveniência dos países membros da OECE. Tanto mais que no primeiro quadrimestre houve um acréscimo muito significativo das importações, relativamente ao período homólogo de 1948, com um acréscimo de cerca de 20% entre os dois períodos[1035].

[1035] Em 1947, 1948 e 1.º quadrimestre de 1949, a evolução da distribuição das importações por zonas geográficas foi a seguinte: EUA, respectivamente, 34%, 27% e 23%; América Central e do Sul, 14%, 13% e 10%; OECE, 44, 54 e 63%; e Outros países 8%, 6% e 4%. *Ibid.*, f. 65.

Já no domínio das exportações, os relatores são categóricos ao considerar que os problemas económicos que está a atravessar Portugal são o resultado da quebra das exportações portuguesas para os países da OECE. «Em 1938 este grupo de países [da OECE] foi o principal consumidor dos grandes produtos de exportação portugueses. A queda das suas compras que se produziu imediatamente a seguir à guerra e que se acentuou até ao fim de 1948 é a causa do actual mal-estar económico [em Portugal]»[1036].

O grande desequilíbrio entre as importações e as exportações tem como consequência um saldo negativo muito elevado na balança de pagamentos, que vai ter de ser compensado com a saída de ouro e divisas. O gráfico abaixo desenhado mostra bem esta evolução.

Gráfico 5: Evolução do saldo da balança geral de pagamentos em todas as divisas de Portugal (milhões de dólares)

Fonte: *Ibid.* p. 77.

Neste gráfico pode verificar-se a evolução da situação da balança de pagamentos. O saldo resulta da posição real, deduzidos os saldos gerais das reservas de ouro e divisas do Governo, do Banco de Portugal e do conjunto dos bancos comerciais. Face a esta situação, os relatores apresen-

[1036] *Ibid.*, f. 75. [t.a.]

tam como possibilidade para aumentar a captação de receitas, a redução dos fretes marítimos, o aumento das remessas dos emigrantes e das receitas dos capitais, e o acréscimo das receitas do turismo.

Quanto à balança das transacções correntes, não havendo estatísticas muito exactas sobre as transacções efectuadas por zonas geográficas, utilizou-se o critério da moeda utilizada para efectuar o pagamento, como forma de estabelecimento do fluxo comercial, pelo que se considera de carácter aproximativo a repartição efectuada por zonas. Verifica-se, contudo, que em 1948 houve um saldo negativo de 70,1 milhões de dólares com os EUA e com o Canadá e de 63,8 milhões com os países da OECE. No que toca ao saldo com os restantes países, no seu conjunto, houve um saldo favorável de 10,2 milhões de dólares[1037]. O saldo negativo total foi de 123,74 milhões de dólares[1038].

Uma das grandes preocupações do Governo português é a de economizar as reservas de ouro, que estavam em nítido decréscimo. Em Dezembro de 1946 estas reservas estavam estimadas em 433,3 milhões de dólares (17,4 do Governo e 415,9 do Banco de Portugal), ao preço de 35 dólares a onça. Contudo, no fim de 1947 tinha havido uma diminuição nas reservas (do Banco de Portugal) correspondentes a 123,3 milhões de dólares, em 1948 essa diminuição tinha sido de 74 milhões e, em Março de 1949, já tinham diminuído em 30,1 milhões de dólares, situando-se, por conseguinte, em 205,9 milhões de dólares[1039]. A situação era de facto preocupante, pois não se sabia até quando poderia durar a crise. Em pouco mais de três anos, as reservas de ouro do Governo e do Banco de Portugal tinham sido reduzidas em 47,5%. Apesar dos diferentes controlos instituídos, principalmente a partir dos primeiros meses de 1948, o défice em ouro e divisas não melhorou em relação a 1947 pois, como está

[1037] Em relação aos restantes países, a distribuição dos saldos foi a seguinte: Outros países do Hemisfério Ocidental +3,32 milhões de dólares; Zona esterlina não participante +2,21; e Outros países não participantes +4,62 milhões de dólares. *Ibid.*, f. 80.

[1038] *Ibid.*, f. 80.

[1039] *Ibid.*, f. 81.

indicado no Programa, «a acção prosseguida pelos diferentes controlos foi sobretudo levada com a intenção de desviar o comércio da zona dólar para os países participantes a fim de economizar dólares»[1040]. Tanto mais que Portugal estava a tentar utilizar ao máximo os largos créditos que possuía no Reino Unido. Entre o mês de Dezembro de 1946 e o fim do primeiro trimestre de 1949, Portugal já tinha conseguido utilizar 20% dos créditos existentes. A situação no início de 1949 não era boa e a importação maciça de cereais continuava, principalmente dos EUA e do Canadá.

No termo do Programa revisto para 1949-1950, os relatores apresentam então os saldos previstos e o respectivo pedido de Ajuda Marshall.

No que toca aos saldos definitivos previstos na balança geral de pagamentos, incluindo todas as divisas, a situação que se prevê para 1949-1950, é a de um saldo negativo correspondente a 127,24 milhões de dólares na distribuição que abaixo se discrimina.

Quadro 9: Previsão dos saldos da balança geral de pagamentos de Portugal (1949-1950) (todas as divisas – conversão em dólares)

País ou Zona	Saldo em milhões de dólares
OECE e os seus TU	-87,25
EUA	-58,42
Canadá	-15,57
América Latina	+14,83
Zona esterlina não participante	+14,87
Outros países não participantes	+4,30
Saldo total	**-127,24**

Fonte: *Ibid.*, f. 82.

Como a maior parte das divisas provenientes dos saldos positivos com os países da América Latina e dos «Outros não participantes» (Brasil, Espanha, etc...), não são convertíveis em dólares ou ouro, prevê-se, segundo os relatores, que o défice da balança em ouro e dólares seja corres-

[1040] *Ibid.*.[t.a.]

pondente a 78,69 milhões de dólares[1041]. Para cobrir este défice, o Governo português, «após um exame minucioso das possibilidades do País [...] decidiu tentar obter por empréstimo a soma de 27 milhões de dólares» e apresentar um pedido de ajuda directa global de 51,69 milhões de dólares (estes montantes serão alterados pouco depois). Em relação à ajuda indirecta, os relatores indicam que ela deve corresponder aos défices dos pagamentos com os restantes países da OECE, no âmbito do sistema de pagamentos intereuropeus. Se tal não se verificar, Portugal solicita «o aumento da ajuda directa de forma a tornar possível de cobrir o seu défice global em relação aos outros países participantes. Como reserva disponível para fazer face às necessidades do Programa, Portugal dispõe de 15 milhões de dólares em reserva-ouro, que poderão ser utilizados «fazendo um sério sacrifício [...] sem comprometer a estabilidade da sua moeda»[1042]. Esta reserva-ouro é considerada pelo Governo português como um fundo para cobrir uma eventual disparidade negativa entre as ajudas solicitadas e as atribuídas, pois «toda a paragem dos trabalhos e actividades já em curso implicaria um gravíssimo prejuízo para a economia nacional». Logo a seguir está marcado o seguinte: «Na realidade, toda a redução dos montantes pedidos tiraria ao Plano português para 1949-50 as condições indispensáveis de segurança, tanto mais que em relação aos bens de consumo, o nível de vida do povo português não suportaria facilmente uma compressão»[1043].

O Programa para 1949-1950 termina com a indicação dos objectivos do programa para os Territórios Ultramarinos. Esta descrição dos objectivos é extremamente limitada, eventualmente por falta de dados estatísticos para fundamentar convenientemente as opções económicas. Mesmo antes de indicar os objectivos, está especificado que Portugal não preten-

---

[1041] As previsões dos saldos de Portugal (sem Colónias), em milhões de dólares, são as seguintes: EUA: –58,42; Canadá: –15,57; Outros países não participantes: +1,30; e OECE e respectivos Territórios Ultramarinos: –6,00. *Ibid.*, f. 83.

[1042] *Ibid.*. [t.a.] f. 83.

[1043] *Ibid.*.

de efectuar um desenvolvimento industrial rápido nos Territórios Ultramarinos, de forma a não destabilizar o «equilíbrio social». Os objectivos económicos vão no sentido de um crescimento controlado da produção, principalmente da produção agrícola (através do aumento da superfície irrigada), e da exploração mais intensa das matérias-primas existentes nos Territórios Ultramarinos, o que provocaria uma diminuição das importações, nomeadamente da zona dólar, e uma redução dos custos de produção. Também se refere a necessidade de intensificar a assistência técnica e, sobretudo, de desenvolver significativamente as infra-estruturas de transportes e comunicações.

O segundo documento apresentado na OECE foi o *Programme portugais à long terme*, que resulta, tal como o Programa revisto para 1949-1950, de uma revisão do Programa a longo prazo apresentado em fins de Novembro de 1948. Esta revisão foi feita à luz das observações feitas aos programas iniciais e das directivas entretanto fixadas pela OECE. O *Programme portugais à long terme* reflecte pois as grandes opções já expostas no Plano Director Português, já anteriormente descrito, e tenta ir ao encontro das observações e directivas da OECE nesta matéria. Tal como tinha sido solicitado pela ECA, foram bastante reduzidas as previsões financeiras para despesas de investimento, como veremos já a seguir. Esta será a principal alteração em relação ao plano inicial. No essencial, o Governo português manteve o Plano Director, considerando que «os resultados estão em conformidade, nos detalhes, com as necessidades da Europa»[1044].

Em termos de objectivos, o novo Programa a longo prazo vai reformulá-los e dar mais ênfase às produções nos Territórios Ultramarinos, nomeadamente no que toca aos minérios estratégicos de grande impor-

---

[1044] ANTT/AOS/CO/NE-15, «Programme portugais à long terme», s.d., Pasta 2, f. 138. [t.a.] Este segundo Plano Director foi aprovado pelo Conselho de Ministros para o Comércio Externo, em 7 de Maio de 1949. Cf. LEITE, João da Costa – *Problemas monetários do após-guerra, op. cit.*, f. 135.

tância, à produção de carnes, combustíveis, cereais e à pesca, sobretudo em Angola e Moçambique[1045].

No que diz respeito às despesas de investimentos previstas, o montante total é o de 371,4 milhões de dólares, como a seguir se discrimina.

Quadro 10: Plano geral das despesas de investimentos do Programa a longo prazo (Julho de 1949 a Junho de 1953) (milhões de dólares/1 dólar = 25 escudos)

Ramo de actividade	Moeda nacional	Divisa estrangeira	Total	% Total parcial	% Total geral
Portugal					
1. Energia	59,48	38,72	98,20	39,8%	26,4%
2. Indústria	21,32	72,64	93,96	38,1%	25,3%
3. Transportes	0	34,40	34,40	14,0%	9,3%
4. Agricultura	0	11,88	11,88	4,8%	3,2%
5. Agricultura (irrigação)	5,88	1,80	7,68	3,1%	2,1%
6. Electro-siderurgia	0,08	0,40	0,48	0,2%	0,1%
Total de Portugal	**86,76**	**159,84**	**246,60**	**100%**	**66,4%**
Territórios Ultramarinos (TU)					
1. Transportes	22,80	36,20	59,00	47,3%	15,9%
2. Indústria	9,00	35,80	44,80	35,9%	12,1%
3. Energia	5,60	5,40	11,00	8,8%	2,9%
4. Agricultura (irrigação)	4,08	5,92	10,00	8,0%	2,7%
Total dos TU	**41,48**	**83,32**	**124,80**	**100%**	**33,6%**
Total geral (Portugal+TU)	**128,24**	**243,16**	**371,40**	**-**	**100%**

Fonte: Elaborado a partir dos dados recolhidos no *Programme portugais à long terme*, ANTT/AOS/CO/NE-15, P. 2, f. 141. No I Plano de Fomento (1953-1958) os investimentos previstos para Portugal foram: Agricultura 17,2%,; Energia 36,5%; Indústria de base 11,7%; Transportes e Comunicações 32,2%; e Escolas Técnicas 2,9%. Cf. CORTEZ, Ulisses de Aguiar – *Acção do Ministério da Economia, Agosto de 1950 a Dezembro de 1954, op. cit.*, p. XXVII.

Em matéria de investimentos, o Plano geral de investimentos do Programa longo prazo é perfeitamente demonstrativo das prioridades económicas do Governo português, assim como da importância dada às colónias e da parte das aquisições ao estrangeiro no plano geral de investimento.

Como podemos constatar, grande parte da previsão de investimentos em Portugal (excluindo os Territórios Ultramarinos) vai para a energia e para a indústria. O sector da energia, da indústria e da electro-siderurgia,

---

[1045] *Ibid.*, f. 117.

representa 78,1% das despesas previstas de equipamento, num total de 192,64 milhões de dólares (com cerca de 58% de compras no estrangeiro). Já nos Territórios Ultramarinos, as grandes prioridades vão para os sectores dos transportes e da indústria, com um total de 103,8 milhões de dólares, ou seja, 83,2% das despesas de investimento previstas para os Territórios Ultramarinos.

Em relação a Portugal, verifica-se uma predominância do investimento no sector da energia, essencialmente vocacionado para a construção de barragens hidroeléctricas, e no fomento industrial, que dependia crucialmente do aumento da produção de energia (a um preço competitivo). A dependência energética do país é enorme e torna-se necessário reduzir a importação de petróleo para a produção de energia eléctrica. Em relação à agricultura, é de assinalar o fraco investimento, apesar de se considerar no Programa que Portugal é uma país predominantemente agrícola. A irrigação é considerada como uma das soluções para a baixa produtividade agrícola, com um investimento na irrigação que representa 3,1% do total do investimento em Portugal. Pode considerar-se a irrigação como complementar ao esforço no domínio da energia, por ter como fonte principal as barragens hidroeléctricas programadas. Também é assinalável o esforço desenvolvido no âmbito dos transportes, esforço este que se vinha desenvolvendo desde o imediato pós-guerra.

Já nos Territórios Ultramarinos, a situação é bastante diferente. O grande esforço financeiro é dirigido para o desenvolvimento das vias de comunicação, principalmente nos caminhos-de-ferro, pois é necessário explorar as grandes potencialidades, principalmente mineiras, de Angola e Moçambique. Possuir boas vias de comunicação e portos devidamente apetrechados era fundamental para poder efectuar uma exploração rentável dos jazigos mineiros existentes. Ora nos Territórios Ultramarinos existe falta de infra-estruturas e material rolante para o transporte dos minérios e outras produções até aos portos marítimos, que, por sua vez, também necessitam de ser melhorados. Quando se refere «Indústria» no quadro estatístico acima exposto, está-se a referir, sobretudo, a indústria mineira e a indústria de base necessárias à preparação da matéria-prima para a exportação (principalmente para Portugal). Um investimento significativo também está previsto na irrigação, pois pretende-se desenvolver algumas produções que estão a ser necessárias em Portugal e no resto da Europa.

A parte das aquisições no estrangeiro previstas no total das despesas de investimento (Portugal + Territórios Ultramarinos) atinge a percentagem global de 65,5%. Esta percentagem de aquisições no estrangeiro revela bem o nível insipiente da indústria nacional, principalmente no que diz respeito à metalomecânica, e a total dependência do país em matéria de equipamentos de transporte.

É interessante comparar as despesas de investimento em equipamento previstas no Plano Director, de Novembro de 1948, e no *Programme portugais à long terme*, de Junho de 1949.

Quadro 11: Comparação das despesas de investimento previstas nos dois Planos
(milhões de dólares/1 dólar = 25 escudos)

Planos:	**Despesas (calculadas em milhões de dólares)**					
Escudos	%	**Divisas**	%	**Total**	%	
Plano de Novembro de 1948	172,76	27,6%	452,48	72,4%	625,24	100%
Plano de Junho de 1949	128,24	34,5%	243,16	65,5%	371,40	100%
Redução nas despesas	-44,52	-25,8%	-209,32	-46,3%	-253,84	-40,6%

Fonte: *Ibid.*, f. 139.

Como se pode verificar, há uma redução muito substancial na previsão dos investimentos, num montante equivalente a 253,84 milhões de dólares. Esta redução de 40,6% e deve-se, principalmente, às recomendações da ECA nesse sentido. É de salientar que a redução foi muito mais importante nas despesas efectuadas no estrangeiro, em divisas. Uma das críticas inicialmente feitas na OECE e na ECA ao Plano Director Português (Novembro de 1948), foi a de que este prosseguia fundamentalmente objectivos no âmbito do fomento económico. Ao rever em baixa os investimentos em equipamentos, principalmente em divisas estrangeiras, Portugal estava, no fundo, a baixar a fasquia do processo de industrialização, sem pôr em causa os seus princípios basilares, que já se vinham delineando desde 1944. Interessa, contudo, observar mais em detalhe a revisão do Plano Director, de forma a pôr em evidência as opções tomadas entretanto.

Quadro 12: Evolução das despesas de investimento previstas (em%) entre o Plano Director (Novembro de 1948) e o Programa a longo prazo (de Junho de 1949)
(Redução média global do conjunto da previsão de investimentos: – 40,6%)

	Portugal			TOM		
Escudos	**Divisas**	**Total**	**Escudos**	**Divisas**	**Total**	
Energia	+74,9%	-60,5%	-25,6%	-29,3%	-68,2%	-55,9%
Electro-siderurgia	-98,0%	-98,6%	-98,5%	–	–	–
Irrigação	-80,4%	-91,8%	-85,2%	-59,4%	-49,3%	-54,0%
Indústria	+83,8%	+21,1%	+31,2%	-54,5%	-30,9%	-37,4%
Transportes	–	-31,2%	-31,2%	-25,0%	+16,8%	-3,9%
Agricultura	-100%	-60,4%	-65,1%	–	-100,0%	-100,0%

Fonte: Cálculos efectuados a partir dos dados inscritos no *Programme portugais à long terme, Ibid.* P. 2, f. 139-141.

Como se pode verificar através da leitura dos quadros, apesar da redução da previsão do investimento global médio ter sido descido em - 40,6%, o sector industrial em Portugal mantém-se como aposta forte, subindo mesmo de +31,2%. Quanto ao sector da energia, mantém-se numa posição relativamente favorável, pois desce bastante menos que a média global. Quanto aos Territórios Ultramarinos, mantém-se a grande prioridade dos transportes, pois só se prevê uma descida de 3,9%. O Governo português preserva assim em Portugal as suas duas grandes opções, energia e indústria, e nos Territórios Ultramarinos os transportes.

Ainda em relação à indústria, tem interesse referir que, apesar da agricultura ter sido largamente preterida em relação aos restantes sectores de actividade, no último Plano repete-se que o Governo não pretende «proceder à industrialização intensiva do País». A selecção das indústrias a incluir no plano de investimentos foi muito criteriosa e, segundo os relatores, só se consideraram «as indústrias susceptíveis de produzir em condições de concorrência». Não se pede financiamento para as indústrias que já estão em fase de montagem. Apesar disto, a lista das indústrias cujo investimento previsto se manteve ou aumentou entre os dois planos é bastante considerável: têxteis, cimentos, indústria alimentar, celulose e papel, petróleo e derivados, folha-de-flandres, minas, máquinas, ferramentas, indústrias gráficas, tubos em ferro e, ainda, outras pequenas indústrias[1046].

Para assegurar o financiamento do vasto programa de investimentos, o Governo português, para além da Ajuda Marshall, afirmou que vai recorrer ao crédito. Contudo, dado o grande défice da balança comercial, que se tem vindo a agravar, o Governo considera necessário «recorrer ao condicionamento das importações até ao estabelecimento de acordos comerciais satisfatórios e isto enquanto não for assegurado a ajuda capaz de impedir a agravação da situação». Conclui neste ponto indicando que nestas «condições, as indústrias não podem deixar de ressentir este estado da situação, seja em sequência das dificuldades em obter matéria-prima, seja na sequência dos obstáculos que se levantam às encomendas dos equipamentos necessários»[1047].

Após negociações no seio da OECE, Portugal acabou por apresentar um pedido de ajuda para 1949-1950 de 54,7 milhões de dólares de ajuda indirecta, no âmbito do sistema de pagamentos intereuropeus e 63,4 milhões de dólares de ajuda directa[1048]. No que concerne a ajuda indirecta, apesar de Portugal não ter participado activamente até então no sistema de pagamentos intereuropeu, dispôs-se a participar se o sistema fosse reconduzido em 1949-1950. Segundo o relatório da OECE sobre os programas nacionais, no caso desta ajuda indirecta não ser concedida a Portugal, é «pouco provável» que o país consiga financiar as suas importações, nomeadamente em bens de equipamento. Na conclusão da brevíssima análise efectuada pela OECE do Programa português para 1949-1950 está

[1046] *Ibid.*, f. 151-157. [t.a.]

[1047] *Ibid.*, f. 164. [t.a.]

[1048] OECE – *Rapport à l'Administration de Coopération économique sur le Programme 1949-1950*. Paris: OECE, 1950, p. 59-61.

indicado que a situação da balança de pagamentos portuguesa é «um fenómeno passageiro». No que diz respeito às restantes divisas europeias, o país espera inverter a situação deficitária até 1952-53, à excepção do Reino Unido (em virtude dos largos créditos que aí possuía). Depois conclui com uma nota de optimismo: «Se Portugal pudesse fornecer aos outros participantes, entre o período actual e 1952, os produtos de que eles têm necessidade, poderia bem acontecer que mudanças importantes surjam na situação que Portugal prevê actualmente para os seus pagamentos»[1049]. Estava, pois, claramente indicado que a situação económica-financeira portuguesa se encontrava ligada à futura evolução da situação na Europa[1050].

III. As Colónias portuguesas e o Plano Marshall

Em Julho de 1948 a França, através do seu delegado Hervé Alphand, propôs ao Conselho da OECE a criação de um comité especial composto pelos países que possuem Territórios Ultramarinos. A questão ficou decidida em Agosto mas, face às reticências britânicas, só em princípios de Outubro é que o Reino Unido decide avançar com uma reunião do Comité dos Territórios Ultramarinos (ou Colonial). A mudança de atitude do Reino Unido deve-se, segundo Ruy Guerra, à necessidade de se apresentar um programa a termo que possa satisfazer os americanos. Um dos dirigentes dos serviços britânicos que se ocupa das questões relacionadas com a

---

[1049] *Ibid.*, p. 61. [t.a.]

[1050] A apreciação que no *Foreign Office* se faz da situação económica portuguesa em 1950, é a seguinte: «A imagem que Portugal apresenta é a de um país pobre em recursos naturais, prosseguindo trabalhosamente o seu caminho para uma maior prosperidade sob a direcção de um sábio mas ascético mentor e com o mínimo de ajuda externa. Várias etapas importantes foram percorridas e outras virão. Mas há todas as razões para supor que [...] Portugal continuará o seu lento e firme progresso». PRO/FO 371-89432, Foreign Office, Western Department, «Economic situation in Portugal – 1950». [t.a.]

OECE, Gore Booth, de passagem em Paris, entregou a Ruy Guerra, no dia 4 de Outubro, um plano de trabalhos para o Comité, do qual Portugal faz parte como potência colonial, e avança mesmo com a proposta de o reunir logo no dia 6 de Outubro[1051]. Após pedido de adiamento de Ruy Guerra, visto não ser possível fazer vir de Portugal peritos qualificados em tão pouco tempo, Booth acedeu em adiar, acabando por se marcar a reunião para o dia 11 de Outubro. O Governo português envia de imediato para Paris os técnicos Monteiro Grilo e José de Almada[1052]. Monteiro Grilo chega a Paris ainda no dia 6 de Outubro e inicia, desde logo, os contactos com membros do Comité. O Comité dos Territórios Ultramarinos tem como mandato a promoção do desenvolvimento económico-social dos Territórios Ultramarinos e a realização «de uma economia viável em 1952-53 para a Europa e os territórios que dependem dela». Procura-se, igualmente, saber qual é a cooperação existente entre países colonizadores e como é que se poderá desenvolver essa cooperação de forma a fazer com que os Territórios Ultramarinos participem no esforço empreendido pela OECE com vista a se atingir os objectivos do seu plano a longo prazo[1053].

Os trabalhos do Comité para os Territórios Ultramarinos começam logo no dia 12 de Outubro. O delegado português, Monteiro Grilo, não possui elementos de informação para fornecer ao Comité. O Programa português a longo prazo ainda não tinha chegado a Paris e o delegado interroga Lisboa sobre a questão de saber se o programa em elaboração

---

[1051] Em conversações coloniais luso-britânicas, realizadas em Londres, de 17 a 19 de Dezembro de 1947, tinha ficado decidido que os ministérios das Colónias português e britânico poderiam trocar correspondência directamente, desde que não fosse sobre assuntos de natureza política.

[1052] José de Almada (1880-1973), funcionário da Direcção-Geral do Ultramar e consultor ultramarino no Ministério dos Negócios Estrangeiros. Reformou-se em 1953.

[1053] AHDMNE, RNP, Plano Marshall, Telegramas n.º 268 e 275, de 4 e 7 de Outubro de 1948, da Embaixada de Portugal em Paris (Delegação na OECE) para o ministro dos Negócios Estrangeiros (Caeiro da Matta), M. 381, 2.º P.-A. 60, d.l.: 1947-1949. Os países que fazem parte do Comité para os Territórios Ultramarinos, também chamado Comité Colonial, são os seguintes: Bélgica, França, Holanda, Portugal e Reino Unido.

inclui os elementos de informação que estão a ser solicitados no Comité. As informações pedidas pelo Comité são muito concretas e vão desde a discriminação do comércio externo dos Territórios Ultramarinos até às balanças de pagamentos actuais e previstas até 1952, passando pelos investimentos, meios de comunicação e transportes, agricultura, pecuária, florestas, pescas, minas, indústrias, etc... Monteiro Grilo considera que as pessoas mais indicadas para participarem nos trabalhos do Comité são os técnicos do Ministério das Colónias que têm estado a seguir as questões ligadas ao Plano Marshall. De forma a que Portugal possa ter conhecimento de como é que outros países estão a proceder sobre esta questão, a Delegação de Portugal na OECE envia os programas a longo prazo da França e do Reino Unido, para o Ministério das Colónias e para a CTCEE[1054].

Praticamente no mesmo momento, em Lisboa, Luís Esteves Fernandes, director-geral dos Negócios Económicos e Consulares, elabora um Parecer sobre o Programa a longo prazo da OECE no que diz respeito às actividades coloniais. Este Parecer foi enviado, a título pessoal, a Salazar. Neste Parecer, Esteves Fernandes critica abertamente a análise feita no Programa sobre as condições em que a África pode participar na reconstrução europeia. A sua posição é a de que os peritos que elaboraram o programa «conhecem a fundo os problemas da sua especialidade, pelo menos do ponto de vista teórico, mas os seus pareceres quanto à África [afiguram-se] reveladores do imperfeito conhecimento das questões fundamentais que lhe respeitam». Depois de transcrever passagens do Programa que põem em relevo a necessidade de participação dos Territórios Ultramarinos no esforço global de produção, com vista à reconstrução europeia, indica que Portugal, «como nação colonial», deve reagir a esta tese. Para ele, a África «sob o ponto de vista agrícola, devido à pobreza do seu solo, à fatalidade da «Soil erosion» e à carência de mão-de-obra habilitada, não pode

[1054] AHDMNE, RNP, Plano Marshall, Telegrama n.º 277, de 11 de Outubro de 1948, da Embaixada de Portugal em Paris (Delegação na OECE) para o ministro dos Negócios Estrangeiros (Caeiro da Matta), M. 381, 2.º P.-A. 60, d.l.: 1947-1949.

economicamente fornecer produtos alimentares de primeira necessidade interessando à Europa». Para Esteves Fernandes, em África há um problema de mão-de-obra que, se «não for devidamente protegida» não se estabilizará por causa do seu carácter nómada. As produções são de qualidade medíocre, caras e sujeitas a crises graves. A verdadeira riqueza reside na produção mineira, pelo que se torna necessário desenvolver as vias de comunicação e estabelecer entendimentos entre países, de forma a melhor utilizar os caminhos-de-ferro já existentes. Conclui o Parecer indicando que «o emprego de capitais na África deve ser feito com cautela a fim de evitar a sua perda total», mas que se no «campo agrícola ele é mais do que um risco; outrotanto se não pode dizer na exploração dos recursos minerais do continente africano»[1055].

Poucos dias depois, no dia 20 de Outubro, Marcello Mathias alerta o Ministério dos Negócios Estrangeiros, pois os trabalhos práticos do Comité Colonial estavam a decorrer sem a presença de delegados portugueses. Segundo ele, esta situação «está causando muito má impressão»[1056]. Passados três dias, é informado que partem para Paris três técnicos para participar nos referidos trabalhos. São eles os engenheiros José Bacelar Bebiano[1057], ex-ministro das Colónias, Monteiro Grilo e Trigo de Morais.

A questão da canalização de uma parte da Ajuda Marshall para as Colónias vai ser um tema sujeito a interrogações durante largos meses. Não havia directrizes claras sobre o assunto e mesmo no seio da ECA havia informações contraditórias, como veremos mais à frente.

No dia 30 de Dezembro, David Patten, chefe da Missão da ECA em Portugal, e o embaixador dos EUA, Lincoln MacVeagh, deslocam-se ao

---

[1055] ANTT/AOS/CO/NE-15, Ministério dos Negócios Estrangeiros, DGNEC, Parecer sobre o Programa a longo termo da OECE, Luís Esteves Fernandes, 6 de Outubro de 1948, Pasta 2, f. 386-390.

[1056] AHDMNE, RQE, Plano Marshall, Telegrama n.º 290, de 20 de Outubro de 1948, da Embaixada de Portugal em Paris (Marcello Mathias) para o ministro dos Negócios Estrangeiros (Caeiro da Matta), M. 238, d.l.: 1948.

[1057] José Bacelar Bebiano, ministro das Colónias entre Abril de 1928 e Julho de 1929.

Ministério dos Negócios Estrangeiros em Lisboa, onde encontram o ministro Caeiro da Matta. Esta iniciativa visa pedir ao Governo português para assegurar o bom funcionamento do porto da Beira (Moçambique) e o seu desenvolvimento, dada a sua grande importância para o escoamento dos minérios da Rodésia do Sul e de uma parte da Rodésia do Norte[1058]. Havendo a possibilidade contratual de pôr fim à concessão aos britânicos do caminho-de-ferro e porto da Beira em 1948, Portugal vai proceder ao seu resgate e assegurar a sua gestão[1059]. Os EUA querem garantir que poderão continuar a ser aprovisionados com os produtos estratégicos de que necessitam. O caminho-de-ferro e porto da Beira são a via mais económica e directa para o escoamento desses produtos. O principal é,

---

[1058] O caminho-de-ferro e o porto da Beira são explorados, em regime de concessão, por três entidades: a *Beira Works Limited* (porto), a *Beira Railways Limited* (linha até à fronteira) e a *Rhodesia Railways*, que serve de operador na totalidade da linha. A concessão, em 1947, estava prevista inicialmente para mais nove anos. Face ao congestionamento existente, desde fins de 1947, que se fala na possibilidade de escoar uma parte das produções das Rodésias via Lobito ou, mesmo, na construção de um porto de águas profundas, servido por uma boa ligação ferroviária, em Walvis Bay, no território britânico da África do Sul. Nas negociações entre os governos da Rodésia do Sul e do Reino Unido, os ministros da Rodésia do Sul tinham claramente indicado que, mesmo com as melhorias previstas no caminho-de-ferro e porto da Beira «jamais ele satisfaria as necessidades do sul da Rodésia em matéria de facilidades portuárias e o seu objectivo de possuir um porto na costa oeste também passaria a ser essencial». [t.a.] O Governo do Reino Unido mostrou simpatia por esta ideia. PRO/FO 371-67863, «Summary of discussions with the Southern Rodhesia Ministers, 14-25 November 1947», (Secret – For the information of Ministers and their advisers only). Em 1948 a Rodésia do Sul propôs nacionalizar a *Rhodesia Railways*, que passaria a gerir a linha e o porto, com o acordo das outras duas companhias. Portugal não concordou com a proposta e disse que ia proceder ao resgate. Nesta altura os britânicos propuseram a criação de uma companhia mista luso-britânica a fim de adquirir e explorar a linha de caminho-de-ferro, mas o Governo português recusou. PRO/FO 371-39627, «Portugal: Annual Review for 1948», Sir Nigel Ronald to Ernest Bevin, of. n.º 18 (Confidencial), 19 de Janeiro de 1949. [t.a.]

[1059] O contrato de resgate, assinado em Lisboa no dia 2 de Abril de 1949, pelo ministro Costa Leite (Finanças) e o presidente da *Beira Railways Limited*, foi no valor de 4 milhões de libras. Portugal tomou posse do caminho-de-ferro no dia 7 de Abril de 1949. Cf. *Diário de Notícias*, de 3 de Abril de 1949.

sem dúvida, o minério de crómio, pois este minério, proveniente da Rodésia do Sul, poderá ser «suficiente para satisfazer as necessidades correntes dos Estados Unidos e do Reino Unido». O pedido é formulado pelos EUA na base do artigo 4.º do Acordo bilateral entre Portugal e os EUA, que prevê este tipo de situações[1060]. Os EUA terão mesmo considerado que «a eficiente utilização do porto da Beira poderá possivelmente constituir uma grande contribuição portuguesa para o sucesso final do programa da ECA». Para o efeito, os EUA oferecem informação e apoio técnico, assim como auxílio financeiro através da ECA. Para além da questão do porto da Beira, os EUA têm igualmente como finalidade um programa a longo termo sobre os «objectivos mútuos de materiais estratégicos», cujo teor não foi suficientemente explicitado ao Governo português[1061].

Para a Direcção Geral dos Negócios Económicos e Consulares, caso o Governo português considere a possibilidade de se recorrer à Ajuda Marshall para as obras no porto da Beira, convém desligar esta questão do Programa português a longo prazo, de forma a não se deduzir estas verbas da ajuda solicitada. A separação proporcionaria a Portugal um acréscimo das verbas atribuídas através do Programa. É tanto mais importante, que se espera que as verbas a conceder a Portugal sofram uma redução muito significativa em relação ao montante solicitado à ECA. Em princípios de Janeiro de 1949 já se previa um corte no montante a atribuir a Portugal.

Como a possibilidade de receber doações (*grants*) para as obras do porto da Beira é quase nula, o Ministério dos Negócios Estrangeiros no seu Parecer avança com a possibilidade de se recorrer, neste caso, ao crédito ou outro esquema de ajuda directa ou indirecta. Contudo, «para outros fins menos melindrosos», Portugal devia posicionar-se de forma a poder

---

1060 AHDMNE, Embaixada em Washington, Plano Marshall, Parecer da DGNEC sobre «O Porto da Beira e o Auxílio Financeiro dos Estados Unidos à Europa – Acordo Bilateral Luso-Americano», anexo ao Ofício n.º 6, de 11 de Janeiro de 1949, do director-geral da DGNEC para o embaixador de Portugal em Washington, M. 140, d.l.: 1948. Esta questão já tinha sido levantada pelos EUA aquando das negociações com vista ao Acordo Bilateral, em Junho de 1948.

1061 *Ibid.*. [t.a.]

vir a beneficiar de dádivas. O argumento era o de que Portugal, ao dispensar inicialmente o auxílio Marshall, não tinha «encarado em toda a sua imediata magnitude» as hipóteses como aquela que se está a colocar sobre a Beira. Esse dinheiro poderia muito bem ser despendido noutras obras «consideradas mais urgentes porque de maior interesse nacional». Mas o Ministério dos Negócios Estrangeiros avança, paralelamente, com outras hipóteses de compensações a pedir aos EUA. Uma, seria a possibilidade de os EUA concederem a terceiros países, da OECE, a abertura de créditos para importarem produtos portugueses e, a outra, seria a atribuição de direitos de saque aos países credores de Portugal; de forma a que esses países adquirissem produtos portugueses e fossem compensados em dólares no montante equivalente ao saldo[1062].

O Parecer do Ministério dos Negócios Estrangeiros vai mais longe na análise do pedido dos EUA, e avança mesmo com considerações de ordem política. Partindo da hipótese de que o Governo português aceitaria a proposta norte-americana, na base de uma assistência técnica e de uma ajuda financeira sob a forma de créditos, o Parecer indica que «haveria naturalmente que tomar precauções no sentido de evitar que assistência e auxílio viessem a tornar-se ingerência ou modo de infiltração». Para o Ministério dos Negócios Estrangeiros, os EUA estão cada vez mais interessados em África e procuram preencher o espaço deixado pelos britânicos. Esta diminuição da influência britânica em África, «inevitável ou provocada», facilita o avanço dos norte-americanos. Dá como indícios a actuação dos norte-americanos no Tanganica ou na África do Sul, onde estão cada vez mais activos. Segundo os relatores, é necessário estar vigilante. Estes indícios, contudo, baseiam-se exclusivamente no reforço da actividade diplomática dos Estados Unidos[1063].

No fim do mês de Janeiro, o Governo português toma posição oficial sobre o pedido dos EUA relativo ao porto da Beira. Num Memorando,

---

[1062] *Ibid.*.

[1063] *Ibid.*.

datado de 29 de Janeiro de 1949 – possivelmente entregue ao embaixador dos EUA –, o Governo declara ter apreciado o interesse manifestado pela ECA e o «oferecimento feito em seu nome de assistência técnica e possivelmente financeira para o imediato desenvolvimento» do porto da Beira, assim como do estabelecimento de um programa a longo termo sobre produtos estratégicos. Em seguida, afirma que é intenção do Governo «melhorar tão rapidamente quanto possível» o porto da Beira, que acabou de passar para a administração directa do Estado[1064]. Informa que vai enviar para Moçambique os técnicos e que os melhoramentos do porto – já recomendados desde a Comissão mista luso-britânica de 1946 – se fazem «na convicção de que o Governo da Rodésia estará em condições de garantir um tráfico que justifique os encargos financeiros que tais melhoramentos acarretarão». Pede ao Governo dos EUA que lhe forneça eventuais estudos sobre as necessidades de desenvolvimento do porto da Beira e, igualmente, que se estabeleçam contactos entre técnicos norte-americanos e os serviços responsáveis em Moçambique, paralelamente aos contactos oficiais a estabelecer em Lisboa[1065].

Relativamente à assistência financeira, o Governo português pede para lhe comunicarem as condições dos fundos da ECA para o melhoramento do porto da Beira e como proceder para os obter. Já no que toca ao programa a longo prazo sobre produtos estratégicos, o Governo português declara não estar suficientemente esclarecido sobre o assunto, pelo que só poderá definir uma posição quando Governo dos EUA lhe transmitir as informações necessárias para o efeito[1066].

[1064] O Governo britânico ainda propôs a criação de uma companhia mista luso-britânica para adquirir e explorar a linha de caminho-de-ferro, mas o Governo português não aceitou.

[1065] AHDMNE, Embaixada em Washington, Plano Marshall, Memorandum n.º 5, de 29 de Janeiro de 1949, anexo ao Ofício n.º 17, de 8 de Fevereiro de 1949, da Direcção-Geral dos Negócios Económicos e Consulares para o embaixador de Portugal em Washington (Theotónio Pereira), M. 140, d.l.: 1948.

[1066] *Ibid.*.

No dia 3 de Março, o chefe da Missão da ECA, David Patten[1067] conversa com o ministro das Finanças Costa Leite sobre a atribuição de auxílio Marshall a Portugal e a questão das Colónias volta ser referida. Os EUA estão interessados em desenvolver as suas compras de materiais estratégicos nas Colónias (assim como em Portugal). Patten propõe mesmo que a ECA envie técnicos para estudar as possibilidades existentes, principalmente de minérios, e fazerem, com o consentimento do Governo português, um reconhecimento aéreo de certas zonas de Angola e Moçambique, onde se julga haver «grandes possibilidades». Em relação ao porto da Beira, Patten anuncia que seria enviado a Portugal um técnico para o estudo da questão e que este passaria previamente por Londres para se inteirar «do conjunto do problema de equipamento» (recorde-se que os britânicos tinham assegurado a concessão até ao fim de 1948). Costa Leite respondeu-lhe que o interesse em desenvolver este porto no imediato é mais do interesse deles (EUA e Reino Unido) e que o movimento de cargas e descargas tinha aumentado. Também referiu que os britânicos estavam interessados em vender material usado para os caminhos-de-ferro da Beira – «para comprarem novo» – mas que Portugal não queria. Preferia, por enquanto, alugar material à Rodésia[1068].

A questão do porto da Beira vai ser relançada no mês de Maio de 1949 com a deslocação a Lisboa e a Moçambique do esperado técnico de transportes da ECA, John S. Thompson, que vai avaliar a situação do porto da Beira e da linha de caminho-de-ferro que liga este porto à Rodésia do Sul, no troço moçambicano. Ainda no dia 5 de Maio, José de Almada elabora um relatório confidencial sobre a deslocação de Thompson. Relatando conversas que teve com David Patten, chefe da Missão da ECA em Lisboa, diz que ficou com a ideia de que as colónias poderiam beneficiar do

[1067] David Patten, chefe da Missão da ECA em Lisboa, de Outubro de 1948 a Abril de 1950.

[1068] ANTT/AOS/CO/NE-15, Relato da conversa entre Patten, chefe da Missão da ECA em Lisboa, e Costa Leite, ministro das Finanças, da autoria de Costa Leite, 3 de Março de 1949, Pasta 2, f. 435-436.

Plano Marshall através de créditos norte-americanos que seriam concedidos, após a alteração da lei em vigor, «para obras de fomento, consideradas pelos técnicos americanos como vantajosas para a prosperidade do mundo». Ora, o porto da Beira interessa porque serve de escoamento para o crómio, o cobre e o carvão das Rodésias. No que toca aos Territórios Ultramarinos portugueses, os EUA estão interessados, para além do porto da Beira, nas riquezas mineiras existentes. José de Almada propõe que se capte o interesse dos EUA igualmente para o porto do Lobito, na costa central de Angola, como escoadouro dos produtos da África Central, mormente em caso de guerra, por ser mais próximo dos EUA[1069]. Dois dias depois, José de Almada encontra-se com o ministro das Colónias, Teófilo Duarte[1070], para que o Ministério dos Negócios Estrangeiros se inteire dos estudos e relatórios já efectuados pelo Ministério das Colónias sobre as questões que vão ser analisadas por Thompson e para coordenar a sua visita[1071]. No dia 13 de Maio, Thompson desloca-se ao Ministério das Colónias, na companhia de um membro da Missão da ECA em Lisboa, onde se encontra com o director-geral do Fomento Colonial, coronel Sanches da Gama. Fala-se da questão do porto da Beira e Sanches da Gama informa-o sobre o que está a ser feito e mostra o projecto de encomendas. Segundo o relator, Thompson só se interessa pelo aumento rápido do escoamento do porto da Beira[1072].

[1069] AHDMNE, Embaixada em Washington, Plano Marshall, Relatório confidencial sobre a ida do técnico de transportes do Plano Marshall à Beira, de José de Almada, 5 de Maio de 1949, M. 140, d.l.: 1948.

[1070] Teófilo Duarte, oficial do exército português, ministro das Colónias entre Fevereiro de 1947 e Agosto de 1950. Ver referências biográficas no Apêndice 1.

[1071] Entretanto, no dia 10 de Maio recebe do ministro das Colónias, Teófilo Duarte, uma lista dos principais assuntos que interessam o Ministério das Colónias, a saber: caminhos-de-ferro e portos de Nacala, Beira e Lourenço Marques, porto do Lobito, trabalhos mineiros em Angola e Moçambique, produção de carnes e pescas. AHDMNE, Embaixada em Washington, Plano Marshall, Carta do Gabinete do Ministro das Colónias, assinada pelo ministro Teófilo Duarte, de 10 de Maio de 1949, M. 140, d.l.: 1948.

[1072] AHDMNE, Embaixada em Washington, Plano Marshall, Apontamento sobre a conferência de Mr. Dameron e de Thompson com o director-geral do Fomento Colonial (Confidencial), da autoria de José de Almada, 13 de Maio de 1949, M. 140, d.l.: 1948.

Três dias depois, Thompson desloca-se de novo ao Ministério das Colónias, onde se encontra com o próprio ministro para conversarem sobre a questão do porto da Beira. Thompson considera que o material encomendado lhe parece insuficiente[1073]. Nessa mesma altura, o ministro das Colónias envia instruções para o governador-geral de Moçambique. Nessa missiva indica claramente ao governador que do relatório que Thompson elaborará poderá resultar um crédito no âmbito do Plano Marshall para o porto da Beira, assim como o interesse dos EUA pelos transportes nessa região. Apela, por isso, ao bom desenrolar do reconhecimento técnico que vai ser efectuado.

Entretanto, o porto da Beira continuava a estar congestionado, atrasando os navios que aí iam carregar minérios estratégicos para os EUA. Devido a uma seca importante no Niassalândia, tinha sido dada prioridade aos descarregamentos de géneros alimentícios para esse território, passando os carregamentos de minérios estratégicos para segunda prioridade.

Em Julho de 1949, António de Faria teve uma conversa com o embaixador do Reino Unido, Sir Nigel Ronald, na qual este último lhe manifestou a preocupação, que atribuiu ao embaixador dos EUA, de que os empreendimentos nos Territórios Ultramarinos, «especialmente da magnitude dos da Beira, não <u>qualifiquem para auxílio Marshall</u>» e que o Senado dos EUA «não aprove os créditos para a Beira». António de Faria responde que, apesar de reconhecer que o embaixador dos EUA lhe tinha dito que poderiam surgir dificuldades, estava optimista. Face a esta posição, Sir Nigel Ronald aconselha o Ministério dos Negócios Estrangeiros a consultar a OECE sobre a questão de saber «se de facto os empreendimentos coloniais «qualificam

---

[1073] AHDMNE, Embaixada em Washington, Plano Marshall, Ida do técnico de transportes do Plano Marshall à Beira – Conferência do Sr. Ministro das Colónias com Mr. Thompson (Confidencial), da autoria de José de Almada, de 16 de Maio de 1949, M. 140, d.l.: 1948.

[1074] ANTT/AOS/CO/NE-7A, Resumo de conversa com o embaixador de Inglaterra, da autoria de António de Faria, 9 de Julho de 1949, f. 444-448.

ou não para o auxílio Marshall»». Para António de Faria, o facto de ter sido a ECA a relacionar os melhoramentos no porto da Beira ao Plano Marshall «prova que não deve haver objecção de princípio»[1074].

Para o Governo britânico, apesar das obras de melhoramento do porto da Beira serem uma questão prioritária, não apoia Portugal na obtenção desses fundos junto da ECA, ou do *Export-Import Bank*[1075], por considerar que o país pode recorrer a créditos noutros países, em condições similares, e fazer as aquisições que necessita para a Beira fora da zona dólar, nomeadamente no Reino Unido. O embaixador propõe que Portugal abra um concurso para o fornecimento do material. A conclusão de António de Faria é a de que os britânicos receiam perder o mercado português a favor dos EUA e que não apoiarão Portugal na OECE sobre esta matéria[1076]. A resposta a esta questão está num Memorando do *Western Department*, elaborado a pedido do ministro, que indica que uma ajuda adicional em dólares para as colónias portuguesas pode ser atribuída, apesar da desconfiança de Portugal em relação às intenções dos Norte-americanos em relação às colónias. Depois acrescenta: «Mas se nós ajudamos, isso pode provocar no país uma redução das encomendas às firmas britânicas. Nós estamos a tentar persuadir os Portugueses a comprar equipamentos fundamentais que nós podemos fornecer a troco da utilização de mais libras esterlinas (as quais devem ser reembolsadas em ouro a partir de 1955, se não forem gastas entretanto) em lugar de dar preferência à ajuda em dólares»[1077].

[1075] O *Export-Import Bank* de Washington foi criado em 1934 por decreto presidencial para financiar operações de exportações e importações, fazer empréstimos a governos e importadores estrangeiros e financiar importações dos EUA não financiadas por instituições privadas. Cf. SOUSA, António de – «O Plano Marshall e a economia mundial (IV)» in *Revista de Economia*. Vol. II. Fascículo IV. Dezembro de 1949, p. 275.

[1076] ANTT/AOS/CO/NE-7A, Resumo de conversa com o embaixador de Inglaterra, da autoria de António de Faria, 9 de Julho de 1949, f. 444-448.

[1077] PRO/FO 371-89426, Western Department, Foreign Office, Memorandum «Relations with Portugal», (Confidencial), WP 1051/5, 20 de Março de 1950.[t.a.] Recorde-se que Portugal tinha um crédito em relação ao Reino Unido, garantido em ouro, acumulado durante a Segunda Guerra Mundial.

No que diz respeito às ajudas do Plano Marshall aos Territórios Ultramarinos, começa-se a perceber, em fins de 1949, que vão ser muito limitadas, contrariando assim os cálculos iniciais de Portugal, assim como dos outros países com Territórios Ultramarinos. As próprias declarações de Harry Truman, aquando do seu discurso inaugural, em 20 de Janeiro de 1949, no Ponto IV, tinham suscitado esperanças que se revelaram muito exageradas. Uma das afirmações de Truman no Ponto IV foi a seguinte: «Nós devemos implementar um programa novo e ousado para beneficiar as regiões retardatárias com as vantagens dos nossos progressos científicos e industriais»[1078]. Ora, os fundos concedidos para este fim vão revelar-se muito reduzidos. Para Ruy Guerra, a posição do Governo dos EUA em relação aos investimentos em territórios coloniais é prudente, por considerar ser um assunto delicado. Efectivamente, para Washington o «capital americano será apenas complementar, competindo aos países responsáveis por esses territórios traçar as linhas dos vários empreendimentos e dirigir a sua execução». Mas vai mais longe na sua análise e afirma que as «declarações feitas neste sentido marcam um passo importante na evolução do pensamento americano, até há pouco dominado pela generosa ilusão de que era possível dar a independência a povos ainda destituídos das mais elementares condições para se governarem a si próprios». Considera ainda que a «relutância» do Reino Unido, da França e da Bélgica em abrir os Territórios Ultramarinos à participação dos capitais norte-americanos no desenvolvimento desses territórios estava a desaparecer. Esta mudança de atitude deve-se, segundo ele, ao reconhecimento da necessidade da captação desses capitais para «promover o rápido desenvolvimento de novas riquezas e intensificar o comércio Europa-África-América por forma a resolver o angustioso problema da Balança de Pagamentos»[1079].

[1078] BOSSUAT, Gérard – *L'Europe occidentale à l'heure américaine. Le Plan Marshall et l'unité européenne (1945-1952)*, *op. cit.*, p. 149. [t.a.]

[1079] GUERRA, Rui Teixeira – «Algumas notas sobre as relações entre os Estados Unidos e a Europa (28 de Outubro de 1950)» in *Boletim Interno*. n.º 11, Lisboa, Ministério dos Negócios Estrangeiros, 1952, p. 106-108.

Em 4 de Maio de 1949, William Foster[1080], representante especial adjunto da ECA na Europa, requer ao Comité dos Territórios Ultramarinos um inquérito sobre as necessidades económicas desses territórios. No dia 2 de Dezembro, o Governo dos EUA volta a insistir na sua entrega urgente. De qualquer forma, o inquérito que os EUA pretendiam ver efectuado, e que foi entregue no início de 1950, não era, como inicialmente se pensou, com vista a uma ajuda imediata, mas sim, conforme referiu Ruy Guerra, «apenas [para] forçar a reunião de elementos susceptíveis de serem usados mais tarde para novos planos de assistência à Europa, desta vez através de África, em cujos recursos se iam focando mais as atenções». A atitude da ECA sobre este assunto não foi muito clara mas esta situação deve-se, ainda segundo Ruy Guerra, ao facto de o Governo dos EUA não pretender que a opinião pública americana pensasse que estava em preparação mais um plano para prolongar a Ajuda Marshall para além da data estipulada. Só para o desenvolvimento dos transportes na África a sul do Sara estimava-se que seriam necessários 1 500 milhões de dólares[1081].

Apesar do interesse crescente dos EUA por África, não tinham intenção de aí efectuar investimentos muito avultados. Nesta altura já eram conhecidos os montantes dos fundos especiais que a OECE poderia dispor para os Territórios Ultramarinos. Os montantes eram muito reduzidos. Para fins coloniais, a OECE pode dispor, para 1949-1950, de 20 milhões de dólares para o desenvolvimento colonial, de 3,5 milhões para a assistência técnica e de 32 milhões para a aquisição de reservas de matérias-primas estratégicas, o que é muito inferior a tudo o que estava previsto[1082]. Em meados de Janeiro de 1950, Portugal ainda não tinha apresentado os

---

[1080] William Capman Foster, industrial norte-americano, subsecretário de Estado do Comércio entre 1946 e 1948. A partir de Agosto de 1949 é nomeado administrador-adjunto da ECA na Europa. Em Setembro de 1951 passa a chefiar a ECA.

[1081] *Ibid.*.

[1082] AHDMNE, RNP, Plano Marshall, Ministério dos Negócios Estrangeiros, Notas sobre o Plano Marshall, da autoria de José de Almada, de Dezembro de 1949, M. 381, 2.º P.-A. 60, d.l.: 1947-1949.

projectos concorrentes a estas verbas, ao contrário dos restantes países, tendo ficado estabelecida a data do dia 15 de Fevereiro como data limite para a sua entrega. Entretanto, começou em Paris a Conferência sobre os transportes da África a sul do Sara, que decorreu entre os dias 13 de Fevereiro e 2 de Março de 1950. Nas instruções que o ministro dos Negócios Estrangeiros transmite aos delegados portugueses, Ruy Guerra e Cid Perestrelo[1083] (este último a representar o ministro das Colónias), está claramente indicado que se trata de um estudo de carácter puramente consultivo, reservando-se o Governo toda a autonomia de decisão. Pede, igualmente, para salientar a importância económica dos caminhos-de-ferro da Beira e de Benguela (que serve o porto do Lobito e entra no interior de Angola até ao Congo belga). Quanto às despesas relacionadas com os estudos a efectuar, o Governo português estima que elas deveriam ser assumidos pela ECA; pelo menos até que o Governo considere que há interesse em realizar o projecto. A última observação tem a ver com a exigência da presença de técnicos portugueses junto das missões que efectuarem estudos nos Territórios Ultramarinos portugueses[1084].

Apesar do enorme atraso socioeconómico das colónias portuguesas, o receio da penetração estrangeira era grande. Portugal deseja manter o controlo absoluto desses territórios e não tem grande pressa em os desenvolver[1085]. O fim da concessão aos britânicos do caminho-de-ferro e do porto da Beira é revelador da vontade do Governo português em

---

[1083] Afonso de Melo Cid Perestrelo, engenheiro portuário e professor universitário, inspector superior do Ministério das Colónias.

[1084] AHDMNE, RQE, ECA-MSA/Territórios Ultramarinos, Telegrama n.º 10, de 13 de Fevereiro de 1950, do ministro dos Negócios Estrangeiros (Caeiro da Matta) para a Embaixada de Portugal em Paris, M. 19, d.I.: 1950-1952.

[1085] Numa entrevista ao jornal *O Século* Salazar dirá o seguinte: «Será [...] preciso dizer aos apressados que a valorização em todos os domínios do continente negro é trabalho de séculos e que excede as possibilidades de qualquer plano a curto prazo». Ainda sobre o assunto acrescenta que «África é que deve servir a Europa para bem da Humanidade. Seria lamentável que os Estados Unidos em matéria tão delicada e tão grave, dessem a mão à Rússia contra a Europa e o seu verdadeiro interesse». *O Século*, de 10 de Agosto de 1950.

afirmar a sua soberania nas colónias. Para obter o resgate, Portugal pagou em 1948 e 1949 o equivalente a 25 milhões de dólares[1086]. Na realidade, este dinheiro foi deduzido do crédito que Portugal possuía no Reino Unido (em fins de 1949 ainda tinha 239 milhões de dólares de créditos). Pode considerar-se esta operação de resgate como uma operação bem montada, pois, para além da redução do crédito, passou a receber elevadas somas resultantes do tráfego de mercadorias entre as Rodésias, a Niassalândia e a Beira e, igualmente, a dominar integralmente as principais vias de acesso ao interior da África Austral (caminhos-de-ferro de Benguela, Lourenço Marques e Beira), tão rica em minérios de alta importância estratégica. Também é de assinalar que nas costas de Angola e Moçambique existem excepcionais condições naturais para a implantação de bons portos de mar. O porto de Lourenço Marques, por exemplo, servia uma parte muito significativa da África do Sul e só no ano de 1948 teve um tráfego de 2,1 milhões de toneladas[1087].

A importância de Portugal como potência colonial sai reforçada com o resgate do caminho-de-ferro e porto da Beira, num momento em que o Governo teme o enfraquecimento progressivo do Império Colonial britânico através da concessão de independências e autonomias. As colónias africanas portuguesas continuam a servir de "reserva" para Portugal; à espera de desafogo económico e financeiro para uma exploração mais acentuada com capitais essencialmente portugueses. O receio de interferências nas colónias é grande. A colonização branca na África colonial portuguesa (essencialmente em Angola e Moçambique) é, em 1949, de cerca de 100 mil pessoas, num total de 11 milhões de habitantes[1088] e não

---

[1086] Foram pagos 251 mil contos em 1948 e 402 mil em 1949, num total 653 mil contos, o que representa – ao câmbio médio de 26,065 escudos/dólar (1948) e 26,162 escudos/dólar (1949) – o equivalente a 25 milhões de dólares. Números avançados (em escudos) in LEITE, João da Costa – *Problemas monetários do após-guerra, op. cit.*, p. 98.

[1087] OECE – *Les Investissements dans les Territoires d'Outre-Mer en Afrique, au Sud du Sahara*. Paris: OECE, 1951, p. 13.

[1088] ANTUNES, José Freire – *O Factor Africano 1890-1990*. Venda Nova: Bertrand Editora,1990, p. 39.

é fácil canalizar emigrantes para África, por falta de perspectivas de desenvolvimento económico e social. Até Salazar se queixa desta situação a Paul Reynaud[1089], quando este último esteve em Lisboa em Maio de 1949 e o foi visitar a S. Bento[1090]. O caso de Angola é paradigmático, pois a densidade populacional é nesta altura de 3 habitantes por Km2 (em Moçambique é de 6,7). É de assinalar que, segundo a CTCEE, nesta altura a ECA pediu a Portugal para «colocar 1 000 000 de alemães nas colónias»[1091]. Apesar de não ter sido dado seguimento a este pedido, é muito provável que tenha sido interpretado em Lisboa como mais uma tentativa de interferência nas colónias portuguesas. O passado dava fortes argumentos ao receio de Salazar. Tinha havido ao longo da história várias tentativas de apropriação das principais colónias portuguesas em África.

As colónias africanas continuam a ser vistas fundamentalmente como uma fonte de exploração intensiva dos recursos naturais e como uma questão de prestígio nacional e internacional. O mito do Império Colonial Português é um dos alicerces do regime político instituído. A situação destes territórios coloniais é, contudo, de um extremo atraso e, tanto do ponto de vista económico como sociocultural, não houve progressos significativos na década de quarenta. Na Guiné Portuguesa, em Angola e em Moçambique a instrução dependia quase exclusivamente das missões

---

[1089] Paul Reynaud, político francês, deputado entre 1946 e 1962. Ver referências biográficas no Apêndice 1.

[1090] O embaixador da França, Jean du Sault, relata esta parte da conversa da seguinte forma: «No decurso da sua exposição o Senhor Salazar chegou mesmo a dizer que seria necessário encontrar destinos para a emigração portuguesa. Ele queixou-se de que as colónias só podiam absorver que uma pequena parte e que o Brasil tenha reduzido consideravelmente os seus pedidos de mão-de-obra. [...] Depois de uma conversa que durou perto de uma hora e um quarto, os dois homens separaram-se bastante satisfeitos, segundo parece, um do outro» AHMAE, S. Europe 1944-1960, S.s. Portugal, lettre n.º 443/EU, de 19 de maio de 1949, do embaixador da França, Jean du Sault, para o ministro dos Negócios Estrangeiros, Robert Schuman, Vol. 23. [t.a.]

[1091] AHDMNE, RQE, OECE-Diversos, Acta n.º 7 da CTCEE, de 10 de Abril de 1950, M. 20, d.l.: 1950-1952.

religiosas e elas só abrangiam uma ínfima parte da população africana. A taxa de analfabetismo em 1950 é reveladora do atraso destas colónias, com índices de 98,8% na Guiné Portuguesa, 97,8% em Moçambique e 96,4% em Angola[1092].

No que concerne a Ajuda Marshall aos Territórios Ultramarinos portugueses, as verbas aplicadas serão, como veremos mais à frente, muito inferiores às que estavam previstas anteriormente. A grande discrepância entre a ajuda solicitada e a ajuda efectivamente atribuída vai ser um dos factores que vai limitar os investimentos previstos para a África portuguesa. Portugal beneficiará, contudo, do fundo especial para os Territórios Ultramarinos, também chamado «pool colonial», em condições muito vantajosas.

IV. A atribuição da Ajuda Marshall

Para a ECA e para o Departamento de Estado, o pedido de Portugal para 1949-1950, tal como já tinha sido mencionado em Paris, está mais ligado ao desenvolvimento económico do que à reconstrução económica e, ainda por cima, o país ainda possui consideráveis reservas monetárias e em ouro para fazer face às importações de que necessita. A proposta da ECA é de 10 milhões de dólares de Ajuda Marshall e a possibilidade de Portugal recorrer aos créditos da *Export-Import Bank*. Em 13 de Janeiro, a Embaixada dos EUA e a Missão da ECA em Lisboa são informadas desta posição e Washington solicita-lhes pareceres. As respostas do embaixador MacVeagh e do chefe da Missão da ECA, Patten, não se fazem esperar. Para

---

[1092] MARQUES, A. de Oliveira – *História de Portugal*. Vol. II. Lisboa, Palas Editores, 1976, p. 405. Segundo um artigo do *Tribune de Genève*, de 21 de Outubro de 1948, Angola possui nesta altura 1 estudante por mil habitantes. Comparativamente, na África Equatorial francesa o *ratio* é de 1 para 400, na África Ocidental francesa é de 1 para 211, na Tanganika inglesa de 1 para 170, e no Congo belga e Ruanda-Urundi é de 1 para 13. Cf. *Chronique de Politique Etrangère*. Vol. 2. n.º 1, Janeiro de 1945, *op. cit.*, p. 112.

MacVeagh, a situação política e socioeconómica é grave e a proposta de ajuda é nitidamente insuficiente, podendo pôr em causa não só as futuras negociações sobre os Açores como as próprias relações com os EUA[1093]. O descontentamento é tão grande, nomeadamente no meio militar, que a imposição de novas medidas de austeridade poderiam provocar «um regresso revolucionário às condições caóticas que prevaleciam entre 1910 e 1926, favorável à exploração comunista, e ser fatal para o desenvolvimento coerente e ordeiro das relações internacionais». Logo a seguir, o embaixador acrescenta o seguinte: «Se o Departamento quiser continuar a fomentar as suas relações com Portugal, será bom que consiga manter esta possibilidade em mente e conceder a Salazar a ajuda suficiente»[1094]. Estamos, pois, perante uma posição muito firme do embaixador MacVeagh, que qualifica mesmo a proposta da ECA (de utilizar as reservas do Banco de Portugal para ultrapassar a questão dos défices da balança de pagamentos) como «irrealista senão totalmente ilusória»[1095]. Nesse mesmo dia, David Patten envia um telegrama para Washington no mesmo sentido, no qual indica que se «justifica atribuir um empréstimo de pelo menos 50 milhões de dólares a Portugal para o ano de 1949-50». Também ele alerta Washington para a possibilidade de o Governo português cair face ao agravamento da crise económica. «Esta observação é apenas mais uma entre os inúmeros testemunhos produzidos ao longo destes meses de 1949 pelos diplomatas norte-americanos sobre a instabilidade económica e social existente em Portugal e a consequente ameaça que representava para a sobrevivência do Governo português»[1096].

[1093] Cf. ROLLO, Fernanda – *Portugal e o Plano Marshall. op. cit.*, p. 272-274.

[1094] WNRC, RG 469 – Records of the US Foreign Assistance Agencies, 1948-61, Administrative Services Division Communications and Records Unit, Geographical Files, Portugal, Box 278, telegrama n.º 19, de 19 de Janeiro de 1949, da Embaixada dos EUA em Portugal para o Departamento de Estado dos EUA. Cit. in ROLLO, Fernanda – *Portugal e o Plano Marshall, op. cit.*, p. 274.

[1095] *Ibid.*.

[1096] *Ibid.*, p. 275.

Apesar da recomendação do Departamento de Estado no sentido de se aumentar a proposta de ajuda a Portugal, por razões políticas e económicas, a ECA, depois de ter equacionado a hipótese de se aumentar a ajuda para 15 milhões, acaba por avançar com a posição inicial de 10 milhões de dólares.

No dia 11 de Fevereiro de 1949, o *Financial Times* publica um artigo em que descreve a proposta apresentada por Paul Hoffman, chefe da ECA, no Comité dos Negócios Estrangeiros do Senado dos EUA. Neste artigo é publicado um quadro que compara as verbas solicitadas pelos diferentes países e as propostas da ECA para 1949-1950. Verifica-se uma diminuição muito limitada entre a ajuda solicitada e a proposta de atribuição (passando de 4 654 para 4 202 milhões de dólares), mas em que Portugal sofre o maior corte, passando de 63 para 10 milhões de dólares[1097].

Neste contexto, Salazar reúne-se com Costa Leite e decidem uma intervenção portuguesa junto da Missão da ECA em Lisboa. Costa Leite transmite a Patten «o profundo desapontamento do Governo português pondo em dúvida que o seu pedido tenha sido seriamente tomado em consideração». Também fez referência às boas relações com os EUA até àquele momento, pelo que esperava que as notícias vindas a público «fossem falsas ou incompletas». De qualquer forma, confirma que a situação económica se está a deteriorar e se a Ajuda Marshall não for mais significativa, o Governo português terá «de impor imediatamente restrições económicas drásticas que iriam atingir de forma vital o nível de vida da população»[1098]. Também em Paris, para onde partiu logo de seguida David Patten, o ministro Caeiro da Matta, numa reunião com este último,

---

[1097] Artigo do *Financial Times*, de 11 de Fevereiro de 1949, intitulado «Segundo Ano do Plano Marshall – Proposta de Repartição do Auxílio», traduzido e comentado num Apontamento do Ministério dos Negócios Estrangeiros, assinado T.F. e visto por Salazar em 16 de Fevereiro de 1949. ANTT/AOS/CO/NE-15, Ministério dos Negócios Estrangeiros, Apontamento sobre um artigo do *Financial Times*, 13 de Fevereiro de 1949, f. 399-401. Na realidade, Portugal tinha pedido 100,6 milhões de dólares de auxílio, dos quais 63 milhões são relativos ao auxílio directo.

com Harriman e com Ruy Guerra, manifestou o desagrado do Governo português, indicando que Portugal «não pediu nem um dólar a mais nem um dólar a menos do que as suas necessidades actuais [...] [pelo] que está gravemente desapontado e chocado». Tal como Patten anteriormente, Harriman confirma que a proposta não é definitiva e que se vai efectuar uma reavaliação quando o Programa para 1949-1950 for revisto. Foca a possibilidade de Portugal poder recorrer aos créditos do *Export-Import Bank* e de instituições de crédito internacionais[1099].

O encontro entre Harriman e Caeiro da Matta, realizado na Embaixada de Portugal em Paris, no dia 19 de Fevereiro, é descrito pormenorizadamente pela parte portuguesa[1100]. Caeiro da Matta afirma que Portugal pediu «escrupulosamente» o montante de que necessita e que qualquer redução prejudica a execução do programa. Vai mesmo ao ponto de levantar a hipótese de Portugal estar a ser vítima de um «tratamento discriminatório» (se se tiver em consideração o que os outros países vão receber). Para Harriman, a ECA não conseguiu explicar a razão de ser de «tão profunda mudança de posição de Portugal» no que diz respeito à Ajuda Marshall. Indica, igualmente, que todos os restantes governos se queixam dos montantes atribuídos. Caeiro da Matta tenta explicar

---

[1098] WNRC, RG 469 – Records of the US Foreign Assistance Agencies, 1948-61, Administrative Services Division Communications and Records Unit, Geographical Files, Portugal, Box 278, telegrama n.º 70, de 19 de Fevereiro de 1949, da Embaixada dos EUA em Portugal para o Secretário de Estado dos EUA. Cf. NARA, RG 59, 853 – Portugal – 1945-1949, Box 6365, 853.00/2-2449, Aerograma n.º 72, de 17 de Fevereiro de 1949, da Embaixada dos EUA em Portugal para o Secretário de Estado dos EUA. Cit. in ROLLO, Fernanda – *op. cit.*, p. 277.

[1099] WNRC, RG 469 – Records of the US Foreign Assistance Agencies, 1948-61, Administrative Services Division Communications and Records Unit, Geographical Files, Portugal, Box 278, telegrama n.º 56, de 24 de Fevereiro de 1949, de Harriman, Paris para ECA Washington. Cit. ROLLO, Fernanda – *Portugal e o Plano Marshall, op. cit.*, p. 278.

[1100] ANTT/AOS/CO/NE-1E, Ministério dos Negócios Estrangeiros – Gabinete do Ministro, «Relato da visita feita pelo Embaixador Harriman a Sua Excelência o Senhor Ministro dos Negócios Estrangeiros, Professor Caeiro da Matta, na Embaixada de Portugal em Paris, no dia 19 de Fevereiro de 1949», s.d., f. 374-381.

o agravamento da situação económica do país por dificuldade de escoamento dos seus produtos. Face a isto, Harriman, depois de indicar que a questão do comércio intraeuropeu vai ser analisada no seio da OECE, aconselha vivamente o país a recorrer ao Banco Internacional para a Reconstrução e Desenvolvimento e ao *Export-Import Bank*; a fim de obter empréstimos a taxas de juro mais favoráveis. Também reconhece que os 10 milhões de dólares previstos inicialmente podem ser aumentados se a OECE assim o entender. Mas Harriman vai mais longe e afirma que, de qualquer forma, «o auxílio americano aos países que se encontrem em melhores circunstâncias só será dado sob condição de que eles, por sua vez, abram créditos aos seus devedores, dentro do sistema de pagamentos inter-europeus» (dá o exemplo da Bélgica). Depois de ter questionado Caeiro da Matta sobre a taxa de juros dos créditos que Portugal possui no Reino Unido e de lhe ter sido dito que é de 1,25%, disse que o país tinha sido «muito generoso» com o Reino Unido.

Para Caeiro da Matta, a estabilidade financeira em Portugal é fruto de muitos anos de sacrifício, pelo que se torna paradoxal que Portugal tenha de obter dinheiro a preços mais elevados do que os outros países que não fizeram esses mesmos sacrifícios. Face a esta argumentação tão díspar dos objectivos fundamentais do Plano Marshall, responde Harriman dizendo que «em toda esta questão há muito de paradoxal, a começar pelo facto de, pela primeira vez na história e em tempo de paz, um país dar gratuitamente a outros [milhares de milhões] de dólares».

Inquirido de novo sobre a questão de se saber se é possível um aumento do montante indicado para Portugal, Harriman afirma que a própria verba proposta pela ECA vai ser, muito provavelmente, reduzida pelo Congresso (a OECE tinha pedido 4 665,4 milhões de dólares e a ECA 4 280 milhões). De qualquer forma, a distribuição final da verba atribuída competirá à OECE, mas que para Portugal justificar qualquer pedido de aumento de quota deve absolutamente estudar a possibilidade de recorrer às possibilidades de créditos existentes. Já no fim da conversa, Harriman disse o seguinte: «Convém não esquecer que a ECA acaba mas que o Banco Internacional [BIRD] continua»[1101].

No dia 3 de Março de 1949, Costa Leite volta a encontrar-se com Patten, relatando o teor da conversa num apontamento feito nesse próprio dia para Salazar. Costa Leite transmitiu ao chefe da Missão da ECA o descontentamento pelo facto de Portugal estar a ser prejudicado por via da «abstenção de recurso à ajuda» no ano anterior. Ora Costa Leite argumenta que, entretanto, a situação se alterou rapidamente devido à política comercial seguida pelos países europeus e pela «fidelidade [de Portugal] a bons princípios comerciais e financeiros». Logo a seguir acrescenta: «Assim, [somos] as «Cinderellas» do Plano Marshall, mas como tínhamos que manter-nos fiéis a princípios de administração financeira, teríamos imediatamente de seguir uma política de restrições que, além de importarem diminuição do nível de vida do povo português, não interessariam, [na sua] opinião, para a reconstrução da Europa». Para Costa Leite, Portugal é assim chamado a «contribuir para a cooperação europeia apenas através do agravamento da [sua própria] situação». Manifesta pois a sua decepção face às expectativas que tinham sido criadas a Portugal e não acredita na possibilidade de revisão do montante anunciado. A razão é a de que a OECE não iria atribuir mais verbas a Portugal retirando-as aos restantes membros. Tanto mais que os EUA já tinham tomado posição através da proposta, pelo que «não via como as <u>possibilidades jurídicas</u> podiam traduzir-se em <u>resultados concretos</u>». Quanto aos empréstimos bancários, Portugal não era membro da ONU nem do Fundo Monetário Internacional, e as condições financeiras não eram tão favoráveis como nos empréstimos contraídos no âmbito do Plano Marshall. Para Costa Leite, é necessário rever inteiramente o «plano de vida» de Portugal «em face da situação criada»[1102].

[1101] *Ibid.*.

[1102] ANTT/AOS/CO/NE-15, Relato da conversa entre Patten, chefe da Missão da ECA em Lisboa, e Costa Leite, ministro das Finanças, da autoria de Costa Leite, 3 de Março de 1949, Pasta 2, f. 429-430.

Para Patten, a situação deve-se ao facto de o parecer da OECE «não ter sido inteiramente positivo» e, igualmente, ao facto de as autoridades norte-americanas não se terem apercebido que a situação portuguesa se tinha alterado «profundamente», no entretanto. Ainda segundo Patten, Harriman teria comparado as restrições existentes no Reino Unido com as disponibilidades que ainda permitem os recursos portugueses[1103]. Patten refere ainda que o «Plano Marshall foi destinado a dar uma ajuda a «distressed countries»» e Portugal não se encontra nessa situação. Apesar dos problemas que o país enfrenta e o seu programa de fomento, a ECA «seguiu a orientação de concentrar o auxílio nos países que se encontram em estado de carência (insistiu «distressed») pois o dinheiro distribuído é dinheiro dos contribuintes americanos de que a ECA não se julga habilitada a dispor para satisfazer outros fins». Para a ECA, o programa português é de fomento da auto-suficiência do país[1104]. Portugal ainda não esgotou as suas capacidades de crédito e tem acesso aos créditos do Banco Mundial, mesmo não pertencendo à ONU[1105]. Considera que a revisão dos montantes é possível, pois a OECE vai rever o plano em função dos «elementos antigos e novos» e que os EUA decidirão. Para Patten,77 há a possibilidade de rever a distribuição das verbas a favor de Portugal, mas para isso as autoridades portuguesas deverão rever «o «Master-Plan» para ver o que é essencial, e trabalhar em Paris na revisão do plano 1949-50». De qualquer forma, Portugal já estava a beneficiar da melhoria da situação económica dos outros países da OECE. De forma a melhorar o sistema de pagamentos intereuropeus, Patten anunciou que ia ser instituído um

[1103] Costa Leite notou a este propósito que «uma coisa é o aspecto que têm as populações urbanas que constituem apenas uma parte do povo português, e outra o nível reduzido da vida das populações sobretudo rurais, que não é facilmente compressível». *Ibid.*.

[1104] *Ibid.*.

[1105] Patten afirma que para se obter empréstimo do Banco Mundial, o país teria simplesmente de participar no Fundo Monetário Internacional e só teria de depositar uma percentagem das suas reservas e contribuir com uma «pequena importância» para o capital do Banco Mundial. *Ibid.*.

sistema multilateral de pagamentos e que uma parte do auxílio Marshall iria para um fundo comum a criar. Quanto aos créditos Marshall, eles eram considerados como uma forma de ajuda excepcional a «distressed countries» (países em situação de carência) e não como um «plano de crédito».

Para Patten, a solução da situação portuguesa passa pelo aumento das exportações de Portugal e das Colónias para os EUA, principalmente de matérias estratégicas, pela revisão do plano de distribuição das verbas e, por fim, pelo recurso aos créditos do Banco Mundial[1106]. Quase no fim da conversa, afirma que esperava que o Plano Marshall trouxesse «resultados permanentes» mesmo depois do seu termo, através do estabelecimento de um «sistema permanente de cooperação e coordenação económica entre os países da Europa», assim como uma «maior interpenetração entre o continente americano e o europeu, até no ponto de vista técnico».

Costa Leite conclui dizendo que, enquanto ministro das Finanças, entraria imediatamente «no caminho das restrições e da austeridade». Patten não só concordou com esta posição como afirmou estar convencido «de que isso ajudaria à revisão da decisão tomada sobre Portugal»[1107].

[1106] Aquando da sua visita a Portugal, em fins de Novembro de 1949, Averelle Harriman encontra-se com Salazar e refere explicitamente que «o desenvolvimento das colónias portuguesas poderia ser mais utilizado na aceleração da reconstrução económica da Europa em geral e, muito especialmente, para ajudar a absorver as necessidades em dólares de Portugal». Na sua resposta Salazar vai ser muito claro ao dizer que «Ele está consciente da importância das [...] colónias mas prefere negociar sobre projectos específicos em vez de perder tempo com grandiosos mas um pouco utópicos esquemas de desenvolvimento de África». «Memorandum of Conversation, by Mr. Theodore A. Xanthaky, Special Assistant to the Ambassador in Portugal (MacVeagh)», Secret, (Lisbon), November 25, 1949, (Enclosure)», *FRUS, Western Europe. 1949. Vol. IV. op. cit.*, p. 716. Este memorando (p. 715-719) é do maior interesse, pois mostra bem qual é a posição de Salazar em relação às colónias.

[1107] ANTT/AOS/CO/NE-15, Relato da conversa entre Patten, chefe da Missão da ECA em Lisboa, e Costa Leite, ministro das Finanças, da autoria de Costa Leite, 3 de Março de 1949, Pasta 2, f. 429-430.

Após estas iniciativas do Governo português no Verão de 1949, Portugal acabou por solicitar para 1949-1950, conforme já foi referido, 63,4 milhões de dólares de ajuda directa e 54,7 milhões de ajuda indirecta, no âmbito do sistema de pagamentos intereuropeus[1108]. A proposta da OECE será, contudo, de 33 milhões de dólares de ajuda directa e de 27,2 milhões de ajuda indirecta para 1949-1950. Posteriormente, devido à criação de um fundo de reserva para encorajar a liberalização das trocas comerciais, foram retirados 1,5 milhões de dólares à ajuda directa a Portugal, pelo que a quantia a atribuir em ajuda directa passou para 31,5 milhões de dólares[1109].

A ajuda directa, no âmbito do Plano Marshall, era constituída por empréstimos a longo prazo (juros de 2,5%), por doações (em que o país beneficiário tinha de criar um fundo de contrapartida no Banco Central), e pela ajuda condicional (resultante dos direitos de saque concedidos aos outros países). A ajuda indirecta, por sua vez, resultava dos direitos de saque utilizados sobre os outros países, obrigando o país beneficiário do saque a um depósito no fundo de contrapartida. A utilização do dinheiro depositado no fundo de contrapartida era da responsabilidade dos governos – para o desenvolvimento do país –, mas carecia de autorização da Missão da ECA no país. A Missão ficava com 5% dos montantes a depositar no fundo para as suas próprias despesas.

A distribuição da Ajuda Marshall atribuída a Portugal, para 1949-1950, segundo Costa Leite, é a que consta do quadro que se segue.

[1108] OECE – *Rapport à l'Administration de Coopération économique sur le programme 49--50*, *op. cit.*, p. 60 e 61.

[1109] Conforme Marjolin indicou, o pedido inicial da OECE aos EUA, para 1949-1950, foi de 4 700 milhões de dólares, tendo sido reduzido posteriormente para 4 350. O Congresso autorizou 3 800 milhões de dólares, dos quais foi necessário retirar 150 milhões para o fundo de reserva. MARJOLIN, Robert – *Le travail d'une vie. Mémoires 1911-1986*. Paris: Robert Laffont, 1986.

Quadro 13: Distribuição da Ajuda Marshall prevista para 1949-1950

Ajuda Marshall	Milhares de dólares
Ajuda directa	
Empréstimos	27 500
Doações	3 000
Ajuda condicional (cobertura dos direitos de saque concedidos à Grécia)	1 000
Total da ajuda directa	31 500
Ajuda indirecta	
Direitos de saque bilaterais sobre:	
Áustria	525
Bélgica	9 450
Dinamarca	825
França	3 075
Itália	1 500
Holanda	2 250
Noruega	1 125
Suécia	1 650
Total dos direitos de saque bilaterais	20 400
Direitos de saque multilaterais a favor de Portugal	6 800
Total da ajuda indirecta	27 200
TOTAL DA AJUDA	**58 700**

Fonte: Quadro elaborado em função dos dados apresentados in LEITE, João Costa – *Problemas monetários do após-guerra*. Lisboa: Cadernos de Ciência e Técnica Fiscal – Ministério das Finanças, n.º 20, 1964, p. 103.

Entretanto, no dia 2 de Janeiro de 1950 foi publicado em Portugal o Decreto-Lei n.º 37 724, o primeiro dos decretos que vai permitir ao Governo estabelecer operações de crédito com a ECA, tendo o Fundo de Fomento Nacional, criado no mês de Março de 1949, recebido a administração das verbas da Ajuda Marshall[1110]. Estavam lançadas as bases legais para Portugal começar a receber a ajuda dos EUA, o que virá a acontecer a partir de Fevereiro de 1950.

No que concerne a ajuda relativa a 1950-1951, foram atribuídos a Portugal 18,3 milhões de dólares de ajuda directa. A ajuda indirecta deixou de se efectuar por via da criação da UEP, assunto que abordaremos mais à frente. Também é de assinalar que foram concedidos a Portugal outros financiamentos no valor de 4 243 milhões de dólares; principal-

[1110] Ver a este propósito MACEDO, João Braga de – *A dívida externa portuguesa*. Lisboa: Cadernos de Ciência e Técnica Fiscal – Ministério das Finanças, n.º 132-137, 1970, p. 64-84.

mente para os Territórios Ultramarinos, através de um fundo especial criado para o desenvolvimento colonial.

No que diz respeito à utilização da Ajuda Marshall, Portugal vai necessitar de efectuar rapidamente as suas aquisições. Num espaço de quatro meses, entre Fevereiro e Junho de 1950, vai conseguir fazer aquisições no valor de 31 444 000 dólares, num total disponível de 31 500.000 dólares de ajuda directa, apesar das burocracias próprias a este tipo de ajuda. A distribuição das aquisições efectuadas até fins de Junho é a seguinte: 12 957 000 dólares de cereais, 8 649 000 de equipamentos diversos, 8 148 000 de produtos petrolíferos, 570 000 de diversas mercadorias e 1 120 000 dólares de fretes marítimos[1111].

Quanto ao aproveitamento da ajuda indirecta, a situação é mais complicada. Apesar dos direitos de saque terem sido estabelecidos, conforme indica Costa Leite, segundo as previsões efectuadas no seio da OECE, «após negociações bilaterais preparatórias efectuadas com os países interessados», as previsões são, contudo, «mais ou menos subjectivas e, portanto, falíveis». «Como estimativas que eram, representavam, até certo ponto, «intenções» das partes: aos desejos de uns que pretendiam largos direitos de saque, correspondia a aquiescência de outros em concedê-los, com mira na ajuda condicional em dólares»[1112]. Para tentar obviar esta situação, o Governo português vai tentar orientar o comércio externo no sentido do aproveitamento desta forma de Ajuda Marshall. Esta tentativa de reorientação do comércio externo português obedeceu, numa primeira fase, segundo Costa Leite, às seguintes orientações: 1) aumentar as importações úteis dos países que concederam direitos de saque a Portugal, tendo como preferência os países cujas moedas Portugal tivesse

---

[1111] ADMAE, S. Europe/1944-1960, S.s. Portugal, Note Générale sur le Portugal da Embaixada da França em Lisboa para o Ministère des Affaires Etrangères – Direction des Affaires Politiques et Commerciales, enviada em 22 de Julho de 1950, f. 25, Vol. 37, d.l.: 1949--1955. O montante global utilizado até 30 de Junho de 1950 está confirmado in LEITE, João da Costa – *Problemas monetários do após-guerra*, *op. cit.*, p. 104.

[1112] LEITE, João da Costa – *Ibid.*.

esgotado as suas disponibilidades, «de forma que os [défices] comerciais que se gerassem fossem desde logo liquidados com os direitos de saque»; e 2) canalizar as exportações portuguesas preferencialmente para a área do dólar, desviando-as assim da OECE com o objectivo de acentuar défices ou reduzir superavites nesta zona. Desta forma, as licenças de importação começaram a ser concedidas prioritariamente para os países que interessavam a Portugal, por via da possibilidade de aí se poderem utilizar os direitos de saque.

Apesar destas medidas, Portugal não consegue modificar rapidamente o fluxo das suas importações e exportações, efectuadas principalmente por operadores privados. Na perspectiva de Portugal não conseguir utilizar a maior parte dos direitos de saque, os Ministérios das Finanças e da Economia decidiram, no mês de Março, intervir mais activamente no processo. Esta intervenção foi efectuada através do reforço das importações do Estado e das empresas que participavam no plano de fomento. O Governo considerou que devia ser dada prioridade às importações em proveniência da Bélgica, da Áustria e da Itália, países que tinham concedido direitos de saque e cuja utilização dos direitos de saque necessitava de uma acção mais vigorosa. Estas importações deviam estar concluídas em fins de Junho de 1950.

Apesar deste esforço por parte do Governo português com vista a tentar beneficiar ao máximo dos direitos de saque concedidos, as disparidades entre as previsões e as realizações são relativamente importantes e Portugal vai, à imagem de outros países membros, ter de renunciar a uma parte desses direitos de saque. Como se pode observar através do quadro que se segue, a utilização desta ajuda indirecta não foi muito eficiente. De qualquer forma, o Estado teve de se substituir à iniciativa privada e efectuar compras muito significativas de bens de equipamento, principalmente material para o caminho-de-ferro da Beira, e de bens de consumo corrente, através do Fundo de Abastecimento.

Quadro 14: Utilização dos Direitos de saque concedidos a Portugal, em 1949-1950 (milhares de dólares)

Direitos de saque bilaterais sobre:	Janeiro	Abril	Maio	Junho	Total	Utilização (%)
– Áustria (525)	0	9	4	229	242	46%
– Bélgica (9 450) a)	653	0	8 782 a)	3 386 a)	12 821 a)	100%
– Dinamarca (825)	0	0	0	0	0	0%
– França (3 075)	2 965	0	70	0	3 035	99%
– Itália (1 500)	0	0	0	991	991	66%
– Holanda (2 250)	0	0	0	0	0	0%
– Noruega (1 125)	1 092	0	0	0	1 092	97%
– Suécia (1 650)	0	0	0	0	0	0%
Direitos de saque multilaterais (6.800)	Foram utilizados na Bélgica (3 371) a)					50%
Totais (27 200)	4 710	9	8 856	4 606	18 181	67%

a) Portugal só utilizou direitos de saque multilaterais (3 371 milhares de dólares) na Bélgica. Como desconhecemos se os direitos de saque foram mobilizados em Maio ou Junho, não podemos separá-los dos direitos bilaterais utilizados sobre a Bélgica. Portugal utilizou a totalidade dos direitos bilaterais sobre a Bélgica (9 450).

Fontes: Cálculos elaborados a partir de dados indicados in LEITE, João da Costa – *op. cit.*, p. 107 e 111. Arredondamento das percentagens à unidade.

Em matéria de Ajuda Marshall, é de referir que Portugal beneficiou de uma ajuda directa condicional, por direitos de saque bilaterais concedidos à Grécia, no valor de 1 milhão de dólares (a Grécia só utilizará 750 mil dólares) e de uma ajuda condicional suplementar de 7,256 milhões de dólares, por via dos direitos de saque multilaterais exercidos sobre Portugal por outros países da OECE. Esta ajuda condicional suplementar deve-se a um esforço de exportação que saía do âmbito das previsões efectuadas aquando das negociações em Paris. Efectivamente, a tendência do comércio externo português, com o óbvio reflexo na balança de pagamentos, começou a inverter-se no início de 1950 com a continuação da diminuição das importações e o aumento das exportações portuguesas. A situação melhorou nitidamente, o que possibilitava a utilização dos direitos de saque multinacionais em Portugal e dificultava o aproveitamento por Portugal dos direitos que lhe tinham sido atribuídos[1113].

[1113] Cf. «Nota oficiosa da Presidência do Conselho, publicada em 27 de Agosto de 1950, sobre a utilização da «ajuda indirecta» do Plano Marshall, em 1949-50», de 26 de Agosto de 1950, Documento n.º 3, in *Boletim Interno do Ministério dos Negócios Estrangeiros*. 1950 – 2.º semestre, p. 19.

Ainda no que diz respeito à ajuda directa, além dos 31,5 milhões de dólares recebidos no ano económico de 1949-1950, Portugal recebeu ainda em 1950-1951 o montante de 18,3 milhões de dólares (sendo 7 256 milhões relativos a direitos de saque multilaterais exercidos sobre Portugal em 1949-1950)[1114]. Além desta ajuda directa, Portugal beneficiou ainda, nesse período, de empréstimos especiais e assistência técnica, principalmente através do Fundo criado para o fomento colonial, no valor de 4 243 milhões de dólares, questão que abordaremos mais à frente. A maior parte da ajuda directa atribuída a Portugal era constituída em empréstimos, ao contrário do que se passa com a maioria dos outros países (que tinham sido desvastados pela guerra). As condições dos empréstimos eram muito favoráveis (juro de 2,5%)[1115].

A constituição da ajuda directa Marshall em 1949-1950 e 1950-1951 foi a seguinte[1116]:

[1114] Cf. NARA, RG 59, 853-PORTUGAL-1950-1954, Box 5035, 853.20/9-2452, *Memorandum* «Portugal ECA/MSA 1950-1953», de 28 de Setembro de 1952, do embaixador dos EUA em Portugal. Cit. ROLLO, Fernanda – *Portugal e o Plano Marshall, op. cit.*, p. 283; e LEITE, João da Costa – *op. cit.*, p. 132-133.

[1115] Em 1950 a repartição da ajuda directa foi a seguinte: 87,3% de empréstimos, 9,5% de doações e 3,2% de ajuda condicional directa (como cobertura em dólares de um empréstimo de 1 milhão de dólares, sob a forma de direitos de saque, concedido à Grécia). As condições destes créditos ECA atribuídos a Portugal são muito favoráveis. Na primeira e segunda operações (1950 e 1951), a amortização decorre de 1956 a 1983, com um juro de 2,5%. Cf. Decreto-Lei n.º 37 792, de 24 de Março de 1950 e Decreto-Lei 38.413, de 8 de Setembro de 1951, cit. in MACEDO, Jorge Braga de – *A dívida externa portuguesa, op. cit.*, p. 72-74.

[1116] Cerca de 36 milhões de dólares em empréstimos (72,3%), 8,3 milhões de ajuda condicional (16,7%) e 5,5 milhões de doações (11,0%). Cf. «Portugal e o Plano Marshall» (Nota de Imprensa da CTCEE) in *A Indústria do Norte*, Julho-Agosto, 1951, p. 16.

Gráfico 6: Constituição da ajuda directa a Portugal (1949-1951) (milhões de dólares)

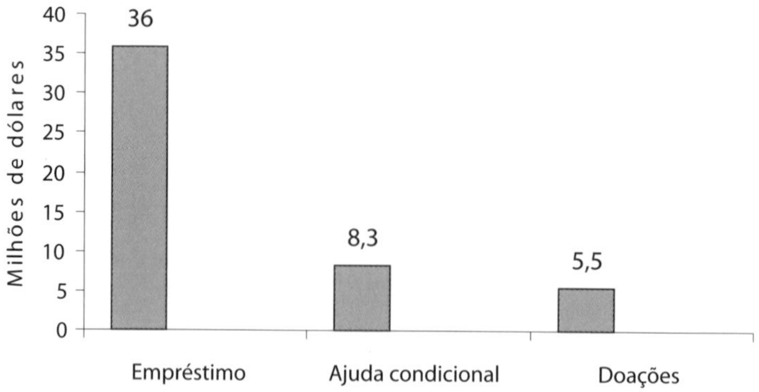

Fonte: «Portugal e o Plano Marshall» (Nota de Imprensa da CTCEE) in *A Indústria do Norte*, Julho-Agosto, 1951, p. 16.

A utilização das verbas da ajuda directa foi a seguinte:

Quadro 15: Aproveitamento da ajuda directa em 1949-1950 e 1950-1951 (milhares de dólares)

Portugal	
Equipamentos e matérias-primas para a indústria	**17 168**
Energia	593
Irrigação	2 339
Agricultura	197
Transportes	3 312
Indústria	6 181
Máquinas e aparelhos diversos	1 370
Mercadorias diversas	3 176
Bens de consumo	**27 616**
Cereais	18 837
Petróleo	8 600
Produtos farmacêuticos	179
Fretes	**2 389**
Total Portugal	**47 173**
Territórios Ultramarinos	
Equipamentos e matérias-primas para a indústria	**2 419**
Energia	1 232
Agricultura	25
Transportes	1 037
Máquinas e aparelhos diversos	125
Bens de consumo (farinha)	**224**
Total TU	**2 643**
TOTAL DA AJUDA DIRECTA	**49 816**

Fonte: Dados retirados do quadro 18 in ROLLO, Fernanda, *op. cit.*, p. 285-286. Rollo reproduz na íntegra o Memorando «Aproveitamento da Ajuda (1949 e 1950-51)» da CTCEE.

A utilização da ajuda directa referente a 1949-1950 e 1950-1951, sem incluir os fretes nem os empréstimos especiais nem a assistência técnica, para Portugal e Territórios Ultramarinos, foi a seguinte (sem fretes):

Quadro 16: Repartição da ajuda directa 1949-1951 (Portugal e Territórios Ultramarinos)

Aquisições	Percentagens
Bens de consumo:	
Trigo	39,70%
Petróleo	18,12%
Equipamentos e bens industriais:	
Material de transporte	9,68%
Instalação de fábrica de celulose e pasta de papel	9,17%
Aquisição de folha-de-flandres	4,77%
Material para irrigação	4,70%
Instalação de uma fábrica de tubos de ferro	2,13%
Centrais térmicas	1,40%
Aquisição de navio de apoio para a frota bacalhoeira	1,25%
Beneficiação de 2 fábricas têxteis	1,03%
Equipamentos para a indústria mineira	0,73%
Agricultura	0,44%
Diversos não especificados (bens de consumo, equipamentos e bens industriais)	6,88%
Total	**100%**

Fonte: Cf. «Portugal e o Plano Marshall» (Nota de Imprensa da CTCEE) in *A Indústria do Norte*. Julho-Agosto, 1951, p. 16.

Em fins de 1951, Portugal já tinha conseguido equilibrar o seu comércio externo, nomeadamente com os países da OECE. Em 1 de Janeiro de 1952, a ECA foi substituída pela *Mutual Security Agency* (MSA) e Portugal irá beneficiar ainda de dois empréstimos concedidos pela *Export-Import Bank*, sendo um deles, em 1952, para o desenvolvimento de um território colonial (Moçambique). Estes dois empréstimos foram contraídos para a construção e apetrechamento do caminho-de-ferro do Limpopo (Moçambique), em 1952, e para a construção de silos agrícolas, em 1957, mas já com uma taxa de juro menos vantajosa (4%)[1117]. Pelo

[1117] Cf. Decreto-Lei n.º 39 139, de 19 de Março de 1953 e Decreto-Lei n.º 40 752, de 4 de Setembro de 1956, cit. in MACEDO, Jorge Braga de, *op. cit.*, p. 78-79.

menos desde Agosto de 1951 que o Governo português tinha conhecimento de que as futuras ajudas Marshall só poderiam ser obtidas «sob invocação de necessidades de defesa ou, talvez ainda sob a do desenvolvimento de territórios ultramarinos»[1118]. A entrada tardia de Portugal no conjunto de países beneficiários e o fim precoce do Plano Marshall, que só devia terminar em fins de 1952, levou a que Portugal só pudesse beneficiar verdadeiramente dos segundo e terceiro anos do exercício da Ajuda Marshall. A guerra da Coreia tinha levado os EUA a dar prioridade à defesa. A lei de 10 de Outubro de 1951, que pôs fim ao Plano Marshall, concretizou pois esta posição dos EUA[1119].

No que se refere à Ajuda Marshall deve incluir-se, igualmente, os financiamentos especiais e a assistência técnica aos Territórios Ultramarinos e a Portugal. Através do fundo especial para os Territórios Ultramarinos, Portugal recebeu empréstimos no valor 2 069 milhões de dólares para o porto da Beira (1950) e de 663 mil dólares para a indústria de carnes em Angola, assim como 1,3 milhões de dólares para prospecções mineiras em Angola e Moçambique, num total de 4 032 milhões de dólares. Estas prospecções mineiras foram entregues a empresas norte-americanas (situação muito criticada pelo Partido Comunista Português). Foi ainda atribuída uma verba de 200 mil dólares para o estudo dos recursos da bacia hidrográfica do rio Douro (Portugal) e mais 11 mil para «diversos», não especificados[1120]. Durante o período de 1948 a 1952 foram concedidos

---

1118 ANTT/AOS/CO/PC-74, Acta do Conselho de Ministros para o Comércio Externo, reuniões dos dias 23 e 24 de Agosto de 1951, f. 5.

1119 Cf. BOSSUAT, Gérard – *L'Europe occidentale à l'heure américaine. Le Plan Marshall et l'unité européenne (1944-1954)*, *op. cit.*, p. 217-232.

1120 Cf. *Memorandum* «Aproveitamento da Ajuda (1949 e 1950-51)» da CTCEE in ROLLO, Fernanda – *Portugal e o Plano Marshall*, *op. cit.*, p. 287. É de assinalar o comentário do jornal clandestino *Avante!* (órgão oficial do Partido Comunista Português) em relação a esta ajuda. Num artigo intitulado «Plano de Fomento Salazarista – Plano de Guerra e de Traição Nacional», está marcado o seguinte: «O carácter de guerra e de traição nacional de tal plano de «fomento» pode ser visto na entrega aos americanos da prospecção mineira de Angola e

109,9 milhões de dólares de ajudas especiais aos Territórios Ultramarinos dos países europeus, tendo Portugal beneficiado de cerca de 3,7% dessa ajuda[1121].

É interessante comparar alguns dados referentes à versão revista do Programa português a longo prazo (1949-1953), que sofreu um corte de 44% em relação ao programa inicial, e as verbas atribuídas para os mesmos fins através da Ajuda Marshall e do MSA entre 1949 e 1953. Não havendo discriminação no programa português dos fins a que se destinam os equipamentos, além da sua classificação por sectores de actividade (indústria, energia, transportes e agricultura, com a sua vertente irrigação), não é possível fazer uma comparação que saia do âmbito do geral. No programa revisto os investimentos estão estimados em escudos e em moeda estrangeira. Num total de 371,4 milhões de dólares de despesas de investimento previstas, 243,16 milhões de dólares são para importações efectuadas em divisas estrangeiras. É este investimento que serve de base ao quadro que pretende comparar somente as intenções em matéria de importações para fins de equipamento e a sua concretização via Plano Marshall e MSA. Obviamente, foram efectuadas muitas outras importações de equipamentos à margem da ECA. Contudo, quando se decidiu recorrer à ajuda norte-americana, houve a intenção, por parte do Governo português, em se apoiar substancialmente no Plano Marshall. Não só para

---

Moçambique numa área total de mais de 160 mil quilómetros quadrados, quase duas vezes a superfície do continente, prospecção que será realizada com o auxílio de um organismo de guerra – Auxílio de Segurança Mútua». *Avante !*, n.º 171, de Outubro de 1952. Dois meses depois, o jornal volta a escrever sobre as colónias num artigo intitulado «O Panorama Colonial Português e as tarefas imediatas do Partido», em que escreve o seguinte: «A dominação imperialista transformou os territórios das colónias em fontes permanentes de enriquecimento e de aplicação de capitais, subordinou os interesses das populações das colónias aos interesses dos capitalistas metropolitanos e estrangeiros». *Avante!*, n.º 173, de Dezembro de 1952.

[1121] Cf. BOSSUAT, Gérard – *L'Europe occidentale à l'heure américaine. Le Plan Marshall et l'unité européenne (1944-1954)*, *op. cit.*, p. 152-153. A verba para a prospecção mineira só foi desbloqueada pela MSA em 1953, conforme refere Gérard Bossuat.

superar o desequilíbrio comercial e cambial como também para proceder ao desenvolvimento económico do país. O pedido inicial de mais 100 milhões de dólares para o ano económico de 1949-1950 era suficiente, só por si, para cobrir um terço das despesas previstas em equipamentos em moeda estrangeira e a totalidade das despesas efectuadas em importações de cereais e produtos petrolíferos ao abrigo do Plano Marshall nesse período.

Quadro 17: Despesas previstas em equipamentos importados e ajuda directa atribuída para equipamentos ECA / MSA (1949-1953)

Ramo de actividade	Despesas previstas no Programa a longo prazo 1949-53 (revisto)			Ajuda directa ECA/MSE 1949-53		
	Milhares de dólares	% do total parcial	% do total geral	Milhares de dólares	% do total parcial	% do total geral
Portugal						
1. Indústria	73 040	45,7%	30,0%	6 181	49,0%	35,0%
2. Energia	38 720	24,2%	15,9%	593	4,7%	3,4%
3. Transportes	34 400	21,5%	14,2%	3 312	26,2%	18,8%
4. Agricultura	11 880	7,5%	4,9%	197	1,6%	1,2%
5. Irrigação	1 800	1,1%	0,8%	2 339	18,5%	13,2%
Total de Portugal	**159 840**	**100%**	**65,8%**	**12 622**	**100%**	**71,6%**
Territórios Ultramarinos						
1. Transportes	36 200	43,4%	14,9%	3 106	61,8%	17,6%
2. Indústria	35 800	42,9%	14,7%	663	13,2%	3,7%
3. Irrigação	5 900	7,1%	2,2%	–	–	–
4. Energia	5 400	6,6%	2,2%	1 232	24,5%	7,0%
5. Agricultura	–	–	–	25	0,5%	0,1%
Total dos TU	**83 320**	**100%**	**34,2%**	**5 026**	**100%**	**28,4%**
Total geral (Portugal + TU)	**243 160**	**–**	**100%**	**17 648**	**–**	**100%**

Fonte: *Programme portugais à long terme* (revisé) in ANTT/AOS/CO/NE-15, f. 141; MACEDO, Jorge Braga de – *A dívida externa portuguesa*, *op. cit.*, p. 72-78; e Memorando «Aproveitamento da Ajuda (1949 e 1950-51)», reproduzido in ROLLO, Fernanda – *Portugal e o Plano Marshall. op. cit.*, p. 285-287. É muito provável que nos números relativos aos equipamentos esteja também incluída matéria-prima para a indústria; que não seja folha-de-flandres, amianto, aço inoxidável, petróleo ou cereais (estes últimos estão discriminados).[1122]

[1122] Nos Territórios Ultramarinos estão incluídos os empréstimos para os caminhos-de--ferro e porto da Beira, caminho-de-ferro do Limpopo (Moçambique), assim como o empréstimo para a indústria de carnes de Angola. Em Portugal não foram incluídos 1 370 mil dólares relativos à rubrica «Máquinas e aparelhos diversos» e 3 176 mil dólares relativos à rubrica «Mercadorias diversas». Estes últimos podem ser considerados como matéria-prima

Como se pode observar, a discrepância entre a previsão das importações de equipamentos e a ajuda directa Marshall e MSA é enormíssima. Num total de 243,16 milhões de dólares previstos para os investimentos em bens de equipamento, Portugal recebeu 17,648 milhões. Após a indicação do montante a que tinha direito no seguimento da distribuição dos fundos, o país redefiniu as suas prioridades e apresentou os respectivos projectos à ECA para poder beneficiar da ajuda. A nova redistribuição merece ser referida. Em relação a Portugal (sem Territórios Ultramarinos), pode-se verificar que o sector da indústria manteve a sua predominância, com quase metade das verbas atribuídas. Também o sector dos transportes se manteve a um bom nível global. A grande redução efectuou-se no sector da energia, em termos absolutos e relativos (esta redução será compensada através da utilização dos fundos de contrapartida). Também a agricultura desceu a um nível quase insignificante, que será, em parte, compensado pela irrigação, que constituiu a grande surpresa, com um aumento em termos reais e relativos dos investimentos previstos[1123].

Em relação aos Territórios Ultramarinos, verifica-se uma diminuição menos importante graças ao Fundo colonial e aos empréstimos especiais da ECA. A grande prioridade dos Transportes mantém-se. Juntamente com a energia, mobilizam 86,3% das verbas. A agricultura foi contemplada com um montante simbólico de 25 mil dólares e a irrigação ficou a zero. Já em relação à indústria, a única verba utilizada foi para a indústria da carne em Angola.

A utilização dos fundos de contrapartida em Portugal, no valor de cerca de 11,49 milhões de dólares para os primeiros projectos aprovados (até Junho de 1951), vai efectuar-se principalmente no sector da energia e da hidráulica com a seguinte distribuição[1124]:

---

para a indústria (fundamentalmente folha de flandres para a indústria conserveira e peças para automóveis).

[1123] A verba de 2 339 milhões de contos foi utilizada fundamentalmente em três projectos. Em Sorraia, Silves e Campilhas.

[1124] Portugal beneficiou de 28,5 milhões de dólares de fundos de contrapartida.

Quadro 18: Distribuição dos Fundos de contrapartida (em milhares de dólares, até Junho de 1951) (em dólares, ao câmbio de 28,9 escudos = 1 dólar)

Projectos contemplados	Montante atribuído	%
Sociedade Eléctrica do Oeste, Lda. e Companhia de Electricidade	2 119	18%
Barragens (Cávado, Zêzere, Castelo de Bode e Cabril)	6 602	58%
Sistemas de irrigação (Sorraia, Silves e outros)	1 384	12%
Agricultura (Empréstimos da Junta de Colonização Interna)	1 384	12%
Total	**11 489**	**100%**

Fonte: Cf. «Portugal e o Plano Marshall» in *A Indústria do Norte*. Maio-Junho, 1951, p. 148-149.

Como se pode observar, esta utilização dos fundos de contrapartida vem compensar parcialmente a grande quebra das previsões não satisfeitas em matéria de investimentos no sector da energia. Pretendia-se, fundamentalmente, reduzir a grande dependência do país em matéria de combustíveis sólidos e líquidos para a produção energética, criar as condições mínimas ao desenvolvimento de uma indústria competitiva e aumentar a cobertura eléctrica do território português, que era ainda muito insuficiente[1125]. Também reforçou muito significativamente os investimentos na irrigação. Considerou-se imprescindível desenvolver rapidamente a superfície irrigada, como forma de aumentar a produtividade agrícola, que atingia níveis baixíssimos em Portugal. A guerra da Coreia veio dar um impulso suplementar ao desenvolvimento económico, pois começou a surgir um discurso no sentido da necessidade de conjugação de esforços, nomeadamente através de acréscimos de produtividade, como forma de se desenvolver a «força para resistir ao agressor», «enfrentar as ameaças comunistas», preparar «uma defesa comum contra o mundo escravizado pelo comunismo»[1126].

Como foi reconhecido pelo próprio Governo português, através do seu ministro das Finanças, a Ajuda Marshall trouxe a Portugal «inquestio-

---

[1125] Basta referir que a capitação da produção de energia em Portugal, em 1948, tinha sido de 96 Kwh, uma das mais baixas da Europa (por exemplo: Espanha 192; França 674; Reino Unido 940; EUA 2 428). Cf. CORREIA, José Araújo – *Estudos de Economia Aplicada. O Programa Económico Nacional, op. cit.*, p. 162.

[1126] «Portugal e o Plano Marshall» in *A Indústria do Norte*. Maio-Junho, 1951, p. 144 e 145.

náveis vantagens» directas e indirectas porque o país beneficiou «não só do auxílio que [lhe] foi prestado, como também, indirectamente, do facultado a outros participantes»[1127]. Efectivamente, os benefícios para Portugal da Ajuda Marshall não se podem resumir à ajuda directa e condicional. O estado geral da economia na Europa melhorou bastante a partir de 1950 e Portugal pôde aproveitar essa melhoria para incrementar o seu comércio com os países da OECE, mormente através do reforço das exportações para esta área. Já em meados do ano de 1950 o Governo português reconhecia esta situação através de um memorando enviado à OECE e divulgado pela imprensa em 15 de Junho. Neste memorando, está claramente indicado que os primeiros efeitos do Plano Marshall já se estão a fazer sentir na Europa e no comércio de Portugal com o exterior. Os produtos portugueses têm encontrado maior saída e o seu acesso à Europa tem sido mais fácil, «o que tem produzido favoráveis efeitos na balança de pagamentos com a área do dólar»[1128]. De qualquer forma, em 1950 as exportações para os países da Europa Ocidental (sem a Espanha) representaram 44,0% do total e as importações desta mesma zona 46,8%. Se incluirmos os EUA, as exportações de Portugal para a zona Europa Ocidental e EUA representaram 56,9% e as importações 62,5%. Esta dependência comercial é muito grande e a melhoria das condições económicas nesses países tem reflexos óbvios no comércio externo português[1129].

[1127] LEITE, João da Costa - *Problemas monetários do após-guerra, op. cit.*, p. 112-113.

[1128] «Portugal e o Plano Marshall» in *A Indústria do Norte*. Maio-Junho, 1950, p. 54.

[1129] Cf. «Comércio externo» in *Dicionário de História do Estado Novo, op. cit.*, p. 168. Ainda em relação ao comércio externo, em 1950 as percentagens das exportações para outros países/zonas foram as seguintes: Territórios Ultramarinos portugueses 25,3%; Espanha 1,6%; Brasil 3,2%; Outros 13,0%. Quanto às importações, foram as seguintes: Territórios Ultramarinos portugueses 16,4%; Espanha 0,9%; Brasil 1,8%; e Outros 18,4%. *Ibid.*.

Portugal e a UEP

Capítulo 7

> «A UEP, embora imperfeitamente, conseguiu uma comunicabilidade entre mercados monetários europeus cujas vantagens são inegáveis. É de desejar se mantenha enquanto se não dispuser de outro meio decididamente mais perfeito e completo para assegurar uma convertibilidade mais larga às moedas europeias.
>
> Salazar, 18 de Março de 1953

A densa teia de acordos bilaterais existente entre os países membros da OECE no pós-guerra não era de moldo a permitir uma abertura económica do espaço europeu. As trocas comerciais faziam-se segundo as possibilidades dos países mais carentes em divisas ou ouro, nivelando por baixo o comércio intraeuropeu. «Cada país constituía, na realidade, uma zona monetária autónoma, cuja estrutura e evolução eram reguladas pelas suas próprias leis; cada uma destas zonas punha-se em relação com cada uma das outras zonas segundo esquemas bilaterais sempre diferentes, mais ou menos preferenciais, mas sempre discriminatórios»[1130]. Portugal não era excepção neste contexto e tinha celebrado acordos comerciais com os principais parceiros económicos da Europa, que enquadravam grande parte do seu comércio externo. «No Verão de 1947, havia, só na Europa, cerca de 200 acordos de pagamentos bilaterais, para evitar a ocorrência de défices entre as par-

[1130] LA GENIÈRE, René de – «Du bilatérlisme à la convertibilité: quinze ans d'histoire monétaire internationale en Europe (1945-1960)» in *Economie Appliquée*. Tome XIII. n.º 2, avril-juin1960, p. 180. [t.a.]

tes»[1131]. Neste contexto, a participação de Portugal na UEP constitui uma mudança de atitude e reveste a maior importância na sua cooperação com a Europa. A UEP vai permitir a Portugal encarar o seu comércio com a Europa de uma forma multilateral, visto ser possível considerar a balança de pagamentos com os países da OECE e respectivas zonas monetárias numa perspectiva global. Esta situação vai permitir uma maior liberalização do comércio no seio da Europa e uma maior expansão económica.

I. Os primeiros acordos de pagamentos

Portugal esteve presente, desde o início, nas primeiras reuniões entre os países membros da OECE com vista à cooperação monetária. A primeira participação foi a de Albino Cabral Pessoa, do Banco de Portugal, que esteve em Londres na reunião de peritos, em 22 de Setembro de 1947, e, seguidamente, em Paris, como delegado português na Conferência Monetária, organizada pelo Comité dos Acordos de Pagamentos, em Outubro de 1947. Contudo, Portugal não assinará o Acordo de Pagamentos e de Compensação Multilaterais, de 18 de Novembro de 1947[1132]. Este acordo estabelece «circuitos de compensação» para reduzir os créditos e os débitos recíprocos no âmbito dos acordos bilaterais existentes entre os países signatários. Desde o início que a ECA acompanha e fomenta estas iniciativas[1133]. Na primeira sessão da Conferência Monetária, o delegado norte-americano alerta para a necessidade de os europeus facilitarem o comércio intraeuropeu, reduzindo ou eliminando as barreiras existentes e fortalecendo os respectivos sistemas monetários. Para os EUA é funda-

---

[1131] MATEUS, Abel – *Economia Portuguesa, crescimento no contexto internacional (1910--1998). op. cit.*, p.76. (Cf. YEAGER, L. – *International Monetary Relations.* 2.ª ed., Harper & Row., 1976, p. 407).

[1132] Este acordo foi assinado pelos países do Benelux, França e Itália.

[1133] Cf. MELANDRI, Pierre – *Les Etats-Unis face à l'unification de l'Europe 1945-1954, op. cit.*, p. 254-257.

mental que os países da OECE apliquem medidas financeiras e monetárias que possibilitem a estabilização das moedas e dêem credibilidade ao sistema financeiro, nomeadamente em matéria de taxas de câmbio[1134]. Só desta forma se conseguirá dar um novo alento à expansão económica no seio da Europa. Neste aspecto, Portugal parte de uma posição relativamente confortável, se comparada à da maioria dos outros países. Como já foi referido anteriormente, Portugal possui ainda consideráveis reservas em ouro e divisas. Quanto ao Acordo de Pagamentos e de Compensações de 16 de Outubro de 1948, o Governo português (tal como o Governo suíço) não adere, em virtude de recear que um acordo de pagamentos multilateral lhe retire margem de manobra na gestão das suas próprias disponibilidades em dólares e ouro. Considera o Governo português que deve ter uma última palavra antes da movimentação dos saldos que se venham a verificar. Ficou, contudo, estipulado no próprio Acordo (parágrafo b do art.º 20) que, após aprovação do Conselho da OECE, Portugal e a Suíça «podem em qualquer momento decidir aceitar [...] todas as compensações de primeira categoria»[1135]. É de assinalar que com este Acordo de 1948, adoptado pela OECE, inaugurou-se uma prática *sui generis*, na medida em que Portugal e a Suíça (assim como a Turquia e a Grécia noutro domínio) assinaram o Acordo com reserva. Fica assim prevista uma eventual adesão parcial destes dois países, condicionada à aprovação prévia do Conselho[1136]. Portugal continua, apesar das reservas assinaladas, a participar plenamente nos trabalhos do Comité dos Pagamentos.

[1134] AHDMNE, RQE, OECE-Conferência de Paris, Telegrama n.º 426, de 20 de Outubro de 1947, da Legação de Portugal em Paris para o ministro dos Negócios Estrangeiros (Caeiro da Matta), M. 53 (I), 2.º P.-A. 39, d.l.: 1947.

[1135] ADAM, Henri – *L'Organisation Européenne de Coopération Economique*. Paris: LGDJ, 1949, p. 292. [t.a.] As compensações de primeira categoria dizem respeito às somas equivalentes. Quanto às de segunda categoria dizem respeito à redução de grandes débitos transferindo-os para as posições de pequenos débitos mediante o acordo das partes envolvidas.

[1136] *Ibid.*, p. 142.

A viragem da atitude portuguesa neste assunto efectua-se após Portugal ter decidido solicitar a Ajuda Marshall. Logo no início de 1949 começam as negociações em Paris com vista ao estabelecimento dos direitos de saque entre países beneficiários. Os EUA iam ajudar financeiramente os países da OECE a desenvolver as trocas comerciais entre si e, para isso, tornava-se necessário montar-se um sistema de pagamentos credível. Só através da multilateralidade dos pagamentos é possível criar um sistema suficientemente flexível. Portugal não é contra esta situação desde que os países possam continuar a estabelecer entre si acordos comerciais bilaterais. Ora a ajuda condicional vai mesmo reforçar as práticas bilaterais. Para poder receber a ajuda condicional, em dólares, tinha de se esgotar primeiro as suas disponibilidades numa certa moeda. O sistema preserva grande parte da sua rigidez inicial. O dólar, como instrumento de pagamento internacional e reserva de valor, mantém toda a sua força. As moedas europeias continuam praticamente inconvertíveis e os défices são cobertos em dólares ou ouro[1137]. Apesar de Portugal não ter assinado os acordos de Bretton Woods, pratica o sistema de taxa de câmbio fixa, adoptando o dólar como moeda de intervenção e de reserva, tendo o ouro como referência. Para proteger o escudo de possíveis desvalorizações, o Banco de Portugal mantém as reservas de ouro a um nível muito elevado[1138].

Em 7 de Setembro de 1949 é assinado o novo Acordo de Pagamentos e de Compensações Intereuropeus. Mais um passo é dado no sentido do estreitamento da cooperação monetária, graças, nomeadamente, à implementação dos direitos de saque entre os países

---

[1137] No fim da Segunda Guerra Mundial os EUA possuíam cerca de três quartos das reservas mundiais de ouro. A questão do pagamento em ouro estava a ser estudada. Procurava-se estabelecer um sistema que evitasse a sua utilização, através da implementação de um sistema de pagamentos intereuropeus.

[1138] Em 1949, o Banco de Portugal reavaliou as reservas de ouro, com a aprovação do Governo (1 onça (28,35 gramas) = 35 dólares). Esta reavaliação provocou o aumento do valor das reservas de ouro.

membros da OECE. Contudo, poucos dias depois dá-se a desvalorização da libra esterlina em relação ao dólar (menos 30,5%) e, por arrastamento, a da maior parte das moedas europeias. A desvalorização da libra foi efectuada após consulta do Fundo Monetário Internacional, tendo o Governo português sido informado previamente, em conformidade com o artigo 1 (ii) do Acordo Monetário luso-inglês, de 16 de Abril de 1946. A desvalorização foi decretada para o dia 18 de Setembro (domingo). Também o Governo português decide desvalorizar o escudo e procede da mesma forma com o Governo britânico. A desvalorização do escudo teve lugar no dia 20 de Setembro[1139]. Essa desvalorização foi menos importante do que desejava o Banco de Portugal[1140]. A desvalorização do escudo em relação ao dólar será bastante mais reduzida (13%) do que as desvalorizações efectuadas nas moedas dos outros países da OECE. Só a Itália (8%), a Bélgica e o Luxemburgo (12,3%) efectuaram desvalorizações menos significativas[1141]. O escudo valoriza-se significativamente em relação à libra esterlina. Os largos créditos que Portugal possui no Reino Unido não são afectados, pois estão cobertos pela garantia ouro[1142]. De qualquer forma, o escudo resiste muito bem. As reservas monetárias do Banco de Portugal são consideráveis e o escudo mantém uma grande credibilidade internacio-

[1139] O dia 19 de Setembro foi decretado «feriado bancário» no Reino Unido. PRO/FO 371-79640, Ofício n.º 407 (Most Secret/Urgent) do embaixador Sir Nigel Ronald para Salazar (Ministério dos Negócios Estrangeiros), de 17 de Setembro de 1949, e PRO/FO 371-79640, telegramas 564 e 565, da Embaixada do Reino Unido (Grey) para o *Foreign Office*, de 20 de Setembro de 1949.

[1140] O dólar passou a cotar 28,75 escudos (o Banco de Portugal desejava 30 escudos) e a libra esterlina 80,5 escudos (o Banco de Portugal desejava 84 escudos).

[1141] Cf. MILWARD, Alan S. – *The Reconstruction of Western Europe 1945-51*. London: Routledge, 1992, p. 292-293.

[1142] No «Report on Economic Conditions in Portugal For the Quartes Ended 31st Dec., 1949» da Embaixada do Reino Unido em Lisboa está indicado que a proporção das reservas de ouro relativamente aos compromissos à vista estiveram sempre (desde 1948), acima dos 51%. PRO 371-89430. CRE 10142/49.

nal[1143]. Conforme indicou Henry Wallich[1144], perito financeiro norte-americano que se deslocou a Portugal para a pedido da Missão da ECA, num relatório intitulado *O Sistema Financeiro Português*: «As reservas de Portugal em moeda estrangeira são amplas, o seu sistema bancário é sólido e estabeleceu-se uma disciplina firme em matéria fiscal e monetária. Isto indica que Portugal pode suportar, dentro da orientação que seguiu, um grau mais elevado de flexibilidade»[1145].

Face à situação económica e monetária existente na Europa em fins de 1949, em que não se tinha ainda conseguido instituir um sistema coerente que possibilitasse o desenvolvimento do comércio entre os países da OECE, começam a surgir diversos planos para sair rapidamente do impasse em que a Europa se encontra. Nos EUA e no seio da OECE começa a tomar forma a ideia de se aprofundar a cooperação monetária com vista ao desenvolvimento do comércio intraeuropeu. A participação de Portugal neste debates mantém-se extremamente discreta. Desde o início de 1950 que a delegação portuguesa na OECE tem conhecimento das iniciativas tomadas neste sentido. Está claramente colocada a necessidade de instaurar um novo sistema de pagamentos e, paralelamente, a liberalização das trocas comerciais intereuropeias. Desde Janeiro de 1950 que o Conselho da OECE tinha pedido a um comité de peritos que redigisse um projecto de UEP[1146]. O papel dos EUA neste domínio é determinante. Tendo Portugal

---

[1143] No dia 22 de Setembro o *Diário de Notícias* relata uma conferência de imprensa dada por Costa Leite, em que este terá afirmado, segundo o jornalista, que «a nova posição do escudo corresponde a uma situação de equilíbrio entre os interesses divergentes, dentro da fórmula que mais se ajusta à generalidade dos interesses nacionais». *Diário de Notícias*, de 22 de Setembro de 1949.

[1144] Henry Wallich, perito financeiro da ECA. Ver referências biográficas no Apêndice 1.

[1145] WALLICH, Henry – *O Sistema Financeiro Português*. Lisboa: Banco de Portugal, 1952, p. 9.

[1146] ARON, Raymond – «L'Union Européenne des Paiements (31 de Março de 1950)» in *Les articles de politique internationale dans "Le Figaro" de 1947 à 1977. Tome Premier. La Guerre froide (juin 1947 à mai 1955), op. cit.*, p. 370.

começado a beneficiar da Ajuda Marshall, só em 1950 verificará que os direitos de saque bilaterais, e mesmo multilaterais, são, por vezes, muito difíceis de utilizar. Os direitos de saque não são de molde a mudar radicalmente a situação; tanto mais que este tipo de ajuda é de carácter provisório. A solução passa pela liberalização das trocas e por uma maior convertibilidade, mesmo que parcial, das moedas dos países da OECE.

II. A liberalização das trocas intraeuropeias

A questão da liberalização das importações dos países membros da OECE começou-se a levantar em 1949. Portugal aceitou a proposta do Conselho da OECE (datada de 2 de Novembro de 1949), no sentido de liberalizar rapidamente em 50% as importações no que toca às restrições quantitativas do comércio privado (em relação ao ano base de 1948). Apesar destas restrições só constituírem uma parte do problema, trata-se de um avanço substancial na via da liberalização progressiva do comércio intraeuropeu. A reacção em Portugal não se fez esperar. Em 16 de Janeiro de 1950 a Associação Industrial Portuguesa, preocupada com as medidas de liberalização, envia um relatório ao Presidente do Conselho no qual alerta para os seus perigos. Neste relatório, considera que os direitos aduaneiros – apesar de recentemente actualizados – não são de molde a defender a produção nacional da concorrência estrangeira. Alerta-se, igualmente, para a tendência deficitária da balança de pagamentos e para os riscos provocados por estas medidas de liberalização do Ministério da Economia. No resumo do relatório está claramente indicado que esta liberalização vai reduzir as capacidades negociais de Portugal nos futuros acordos comerciais (as medidas de liberalização deveriam articular-se com as posições alcançadas após negociações). Neste contexto, a Associação Industrial Portuguesa faz um «apelo às autoridades oficiais no sentido de o problema ser resolvido com um bem articulado plano conjunto que construa as soluções de ordem financeira, assente nos aspectos económicos e sociais e considere no mesmo esquema as posições da Metrópole e das Províncias Ultramarinas»[1147].

Poucos dias depois, no dia 31 de Janeiro, o Conselho da OECE, com a inteira aprovação de Portugal, vai mais longe e decide que a liberalização das trocas comerciais privadas deve atingir os 60% quando a UEP entrar em vigor, e 75% até ao fim de 1950, o mais tardar. Face a esta abolição progressiva das restrições quantitativas, Portugal vai compensar esta situação com um aumento dos direitos aduaneiros. Como Portugal não faz parte do GATT, tem margem de manobra em matéria de fixação dos direitos aduaneiros e vai utilizar esta capacidade para reduzir os efeitos da liberalização[1148]. Aqui coloca-se a questão da falta de competitividade da insipiente indústria portuguesa, que dificilmente suportaria a concorrência europeia em mercado aberto. A subida dos preços das matérias-primas no mercado mundial e a baixa produtividade da indústria portuguesa tornam necessária uma protecção deste tipo. O crescimento da produtividade industrial foi quase nulo entre 1937 e 1948 e negativo (-0,5%) até 1952.[1149]

Em fins de Maio, o recém-nomeado director-geral dos Negócios Económicos do Ministério dos Negócios Estrangeiros, José Correia de Barros, escreve um ofício ao director-geral das Alfândegas – do qual envia cópia a Salazar – alertando para a necessidade de rever as pautas aduaneiras por via da liberalização das restrições quantitativas que estava a ter lugar no seio da OECE. Segundo Correia de Barros, urge actualizar as tarifas aduaneiras, que já se encontram desfasadas em relação aos preços do

---

[1147] ANTT/AOS/CO/EC-16 A, «Análise das consequências, para a economia do país, da libertação geral das importações dos países membros da OECE», da Associação Industrial Portuguesa, datado de 16 de Janeiro de 1950, Pasta 3.

[1148] O *General Agreement on Tariffs and Trade* foi assinado em Genebra em 1947. Portugal só virá a aderir em 1960, por força da sua adesão à EFTA.

[1149] A partir de 1952, ano de viragem, cresceu ao ritmo médio de 3,7% até 1956 (entre 1956 e 1973, o crescimento médio anual foi de 6,9%). Cf. LAINS, Pedro – «O Estado e a industrialização em Portugal, 1945-1990» in *Análise Social*, Vol. XXIX, n.º 128, 1994, p. 942.

mercado interno. A concorrência estrangeira «pode levar à ruína uma grande parte das [...] indústrias» e «a demora em actualizar as pautas pode colocar o [...] país numa situação difícil, se quiser proceder a um aumento depois de aceitar novas medidas de liberalização». Mas Correia de Barros vai mais longe e aconselha mesmo que se revejam já as pautas «com um adicional a aplicar a todas elas, diminuindo depois as tarifas que ficassem lesadas demais, o que equivaleria a fazer concessões aos mercados estrangeiros interessados». A demora em proceder à actualização das pautas podia ser perigosa porque, segundo Correia de Barros, a evolução da situação poderia impossibilitar Portugal de o fazer mais tarde[1150]. Essa actualização das pautas aduaneiras será efectuada através do Decreto-Lei n.º 23 977, de 21 de Setembro de 1950, o qual redefine o quadro proteccionista em Portugal, actualizando as taxas a aplicar, de forma «a corrigir a degradação da protecção relativa à produção nacional verificada em anos anteriores»[1151].

III. A criação da UEP e a situação de Portugal

Após longas negociações no seio do Comité dos Pagamentos Intereuropeus e no Conselho da OECE, o projecto elaborado pelo Comité de Peritos e de inspiração norte-americana, vai finalmente ser aprovado[1152]. As dificuldades tinham sido muito significativas pois, entre outras razões, o Reino Unido receia a perda de importância da libra esterlina, que

---

[1150] ANTT/AOS/CO/NE-1 E, Cópia do ofício de José Correia de Barros, director-geral da DGNEC, ao director-geral das Alfândegas, de 24 de Maio de 1950, f. 435-437.

[1151] LOUREIRO, João Adolfo – *Economia e Sociedade. A Indústria no Após Guerra: Anos 50 e 60*, *op. cit.*, p. 242.

[1152] Sobre a génese da ideia de criação de um sistema de pagamentos intraeuropeus, ver, nomeadamente, o «Apendix A» da obra de KAPLAN, Jacob J. e SCHLEIMINGER, Günther – *The European Payments Union: financial diplomacy in the 1950s*. Oxford: Clarendon Press, 1989.

continua a ser muito utilizada como moeda de pagamento internacional mesmo fora da zona esterlina[1153]. A partir do momento em que a situação financeira do Reino Unido começou a melhorar e os EUA indicaram que apoiariam a UEP – com ou sem o Reino Unido –, as negociações tomaram novo rumo[1154]. A posição favorável do Reino Unido vai ser importante para Portugal. Como o país possui no início de 1950 cerca de 85,4 milhões de libras esterlinas (239 milhões de dólares) de créditos no Reino Unido, a UEP podia ser uma óptima solução para a mobilização de uma parte dos créditos. Estes créditos venciam juros bastante baixos para a época (correspondentes à aplicação renovável em Bilhetes do Tesouro britânicos) e não interessava a Portugal mantê-los a um nível tão elevado[1155]. Tanto mais que a UEP vinha reforçar a substituição progressiva da libra esterlina pelo dólar como moeda de pagamento internacional. Interessava mais a Portugal possuir reservas ou créditos em dólares, por serem imediatamente convertíveis.

[1153] Segundo as autoridades britânicas, em 1948 a libra esterlina servia de moeda de transacção em 36% do comércio internacional visível e em 50% das transacções invisíveis. Cf. ARON, Raymond – «L'Union Européenne des Paiements (31 de Março de 1950)» in *Les articles de politique internationale dans "Le Figaro" de 1947 à 1977. Tome Premier. La Guerre froide (juin 1947 à mai 1955), op. cit.*, p. 371.

[1154] É de assinalar que o Tesouro dos EUA, em clara divergência com a ECA, tentou impedir a criação da UEP. Cf. MELANDRI, Pierre – *Les Etats-Unis face à l'unification de l'Europe 1945-1954, op. cit.*., p. 257.

[1155] A propósito do Acordo de Pagamentos luso-britânico sobre os créditos em libras esterlinas que Portugal possuía no Reino Unido, Abel Mateus refere que nos termos do acordo «15 milhões de libras seriam utilizados em compras à Inglaterra, e o remanescente poderia ser pago em ouro (e a partir de 1955), em fracções anuais de 2,75% do saldo, vencendo a taxa de juro de 0,75% ao ano – condições bastante lenientes para o nosso aliado de seis séculos». MATEUS, Abel – *Economia Portuguesa, crescimento no contexto internacional (1910-1998), op. cit.*, p. 63-64. Costa Leite refere que os saldos das contas com os saldos em libras esterlinas que Portugal possuía no Banco de Inglaterra, por via dos acordos de pagamentos, «vencem juro, pela aplicação renovável em Bilhetes do Tesouro inglês». LEITE, João da Costa – *Problemas monetários do após-guerra, op. cit.*, p. 99. Em documentos diplomáticos de 1950, situa-se a taxa de juro em 1,25%.

No dia 14 de Agosto de 1950, o recém-nomeado ministro dos Negócios Estrangeiros, Paulo Cunha, envia um telegrama para a Embaixada em Paris a comunicar que dava autorização ao presidente interino da Delegação de Portugal na OECE, engenheiro Freire d'Andrade para assinar em nome do Governo português o novo Acordo de Pagamentos que dá origem à UEP e o Protocolo adicional para a sua aplicação provisória. Este Acordo tinha ficado estabelecido na sessão do Conselho da OECE de 6 e 7 de Julho e virá a ser assinado por todos os países membros, no dia 19 de Setembro. Contudo, já no dia 16 de Setembro Freire de Andrade tinha assinado um Protocolo de Aplicação Provisória do Acordo da UEP, que estipulava que os signatários do Protocolo «aplicarão a título provisório as disposições do Acordo [UEP] como se o Acordo tivesse produzido os seus efeitos a contar do dia 1 de Julho de 1950»[1156]. Entrava assim em aplicação o Acordo da UEP, com efeitos retroactivos a 1 de Julho, de forma a coincidir com o ano económico da ECA[1157].

O sistema instituído na UEP de compensações multilaterais e créditos automáticos entre os seus membros, tendo o dólar como unidade de conta, convinha a Portugal. Tanto mais que é instaurado um sistema de escalões para os pagamentos a efectuar em ouro. Ora, uma das grandes preocupações financeiras de Portugal era a de poder preservar as suas reservas em ouro, de forma a poder manter a estabilidade do escudo. O

[1156] AHDMNE, RQE, União Europeia de Pagamentos, *Protocole d'application provisoire de l'accord sur l'établissement d'une union européenne de paiements*, 16 de Setembro de 1950, M. 60, d.l.: 1953. O Accord sur l'établissement d'une Union Européenne de Paiements foi publicado in COLLIARD, Claude-Albert e MANIN, Aleth – *Droit International et Histoire Diplomatique. Documents choisis, tome II, Europe*, *op. cit.*, p. 308-328.

[1157] A adesão de Portugal à UEP implicou a integração automática do conjunto dos territórios constitutivos da zona monetária do escudo. Esta zona era constituída, para além de Portugal continental e ilhas adjacentes, por: Angola, Moçambique, Guiné-Bissau, Cabo Verde, São Tomé e Príncipe, Índia portuguesa, Timor e Macau. Sobre esta questão da zona monetária do escudo, ver o artigo de D'ORFEUIL, A. Teyssier – «La zone monétaire escudo» in *Revue Economique*, Vol. 4, n.º 6, novembre 1953, p. 884-900.

sistema parecia à partida muito favorável a Portugal, pois beneficiava os países tradicionalmente deficitários na zona, o que ainda era o caso português.

O Banco de Portugal, assim como todos os outros bancos centrais, têm uma conta para cada um dos outros parceiros da OECE onde são creditadas e debitadas as transacções efectuadas pelos bancos comerciais nas divisas desses países. Mensalmente são calculados os saldos e comunicados ao Banco de Pagamentos Internacionais – *Banque des Règlements Internationaux* (BRI) – em Basileia, agente da UEP[1158]. «A UEP funciona como órgão de compensação dos créditos e débitos bilaterais intereuropeus, permitindo a cada país membro encarar apenas o equilíbrio de conjunto das respectivas balanças, e como órgão de financiamento, através de um sistema de concessão recíproca de créditos entre a UEP e cada um dos membros»[1159]. O Banco de Portugal teve de subscrever a sua participação no BRI em 1950, assim como os bancos centrais da Irlanda, Turquia e Islândia[1160].

[1158] O BRI foi instituído em 1930 para ajudar a resolver a questão das reparações alemãs, no âmbito do Plano Young. Uma das funções do BRI é a de favorecer a cooperação entre bancos centrais. Também recebe depósitos em ouro e divisas dos seus accionistas e comercializa ouro. A operação-tipo é a da comprar ouro a prazo aos produtores pagando em dólares e vender o ouro a pronto aos bancos centrais, obtendo nestas transacções um benefício. Como especialista nas operações em ouro e divisas, pode aconselhar os bancos centrais nas suas operações. O BRI foi instituído em 1930 como um organismo internacional de carácter público mas, ao mesmo tempo, tomando a forma de sociedade, seguindo disposições definidas por uma convenção internacional e escolhido pela OECE para ser o agente da UEP. Cf. GUINDEY, Guillaume – «La banque des règlements internationaux hier et aujourd'hui» in *Revue d'Economie politique*, n.º 6, Numéro spécial, novembre-décembre 1960, p. 37-57.

[1159] ROSAS, João Dias – *O Movimento Económico Europeu: Suas Incidências na Economia Portuguesa*. Lisboa: Centro de Estudos Políticos e Sociais-Estudos e Conferências, n.º 1, n. 1 da p. 21.

[1160] O Banco de Portugal subscreveu 4 000 acções do BRI. Cf. *Relatório do Conselho de Administração, Gerência de 1951, Balanço, Documentos e Parecer do Conselho Fiscal* (Banco de Portugal), Lisboa: Tipografia do Banco de Portugal, 1952, p. 68.

Para fazer funcionar o sistema, a UEP dispõe de um fundo de maneio (*fonds de roulement*), de 350 milhões de dólares, atribuído pela ECA através da Ajuda Marshall[1161]. As compensações periódicas fazem-se segundo a quota atribuída ao país e o escalão das suas posições credoras e devedoras[1162]. As quotas atribuídas aos diferentes países são de cerca de 15% do total das despesas e receitas em moedas europeias no ano de 1949[1163]. Esta forma de cálculo atribui a Portugal uma quota de 70 milhões de unidades de conta (u.c.), tendo a u.c. o mesmo valor do que o dólar. As fracções de ouro e de créditos a conceder ou receber por Portugal nas compensações com a UEP são as seguintes:

Quadro 19: Posição de Portugal nas suas contas com a UEP (milhões de u.c./dólares)

Escalões da quota: (milhões de u.c.)	Liquidação por escalões				Pagamentos a fazer ou receber em ouro	
	Posição devedora		Posição credora			
	Crédito	Ouro	Crédito	Ouro	Devedor	Credor
1.º - 14	14,0	0	14	0	0	0
2.º - 14	11,2	2,8	7	7	2,8	7
3.º - 14	8,4	5,6	7	7	8,4	14
4.º - 14	5,6	8,4	7	7	16,8	21
5.º - 14	2,8	11,2	7	7	28	28
Total 70	42	28	42	28	28	28

Fonte: LEITE, João da Costa – *Problemas monetários do após-guerra. op. cit.*, p. 125, e XAVIER, Alberto – *Portugal e a Integração Económica Europeia*. Coimbra: Livraria Almedina, 1970, p. 81.

1161 Para além destes 350 milhões de dólares, convém referir que foram atribuídos pela ECA saldos iniciais deficitários no montante de 150 milhões de dólares para o Reino Unido e à Suécia no montante correspondente à Ajuda Marshall. À União económica belga-luxemburguesa foi atribuída uma soma igual à metade da Ajuda Marshall. Estes saldos iniciais deficitários em relação à UEP eram compensados por créditos concedidos pelos EUA. Cf. JAMES, Emile – «L'Union Européenne des Paiements» in *Revue Economique*, n.º 5, septembre 1951, p. 566. Segundo Alan S. Milward, os 150 milhões de dólares concedidos ao Reino Unido serviam de garantia contra possíveis perdas de ouro na sequência da autorização de liquidações em libras esterlinas no âmbito de acordos monetários multilaterais na Europa. Cf. MILWARD, Alan S. – *The Reconstruction of Western Europe 1945-51, op. cit.*, p. 332. Havia vários países, incluindo Portugal, que tinham largos créditos em libras no Banco de Inglaterra.

1162 A partir de 1951, as compensações passaram a ser efectuadas mensalmente.

1163 Costa Leite indica o ano de 1948, como ano de referência. Cf. LEITE, João da Costa – *Problemas monetários do após-guerra, op. cit.*, p. 124. Michel Jaoul e Olivier Schloesing no

Num período em que Portugal está a desviar uma parte do seu comércio externo para os países da OECE, aproveitando as oportunidades de mercado resultantes do acréscimo do consumo, é criado este sistema de pagamentos que favorece grandemente a expansão das suas trocas comerciais. O comércio entre países da OECE representa cerca de 60% do comércio externo desses países[1164]. Para além do mais, cerca de 60% do comércio mundial encontra-se coberto pelos pagamentos feitos ao abrigo da UEP[1165]. Através da UEP, Portugal pode beneficiar de uma zona de pagamentos que abrange não só os países da OECE como as respectivas zonas monetárias. Estamos, pois, perante uma organização de âmbito regional cuja dimensão ultrapassa muito largamente a própria Europa. Tanto mais que passa a existir a possibilidade de aceder à zona dólar através da libra esterlina «transferível» que se negoceia, a partir de 1950, de forma não oficial, no mercado de Nova Iorque. Está assim estabelecida uma ponte entre as duas zonas, sendo a cotação da libra o resultado da respectiva oferta e procura de moeda[1166].

---

artigo «L'Union Européenne de Paiements» in *Revue Economique*, n.º 2, 1954, p. 267, indicam 1949 como o ano de referência para o cálculo das quotas. Emile James (no artigo: «L'Union Européenne des Paiements». *op. cit.*) indica que o ano de referência foi 1939). O ano de 1949 parece-nos o mais plausível, pois já estavam acessíveis, em Setembro de 1950, os dados relativos a 1949 no que toca ao total das despesas e receitas de cada um dos países em moedas dos países da OECE.

1164 Cf. DAVIN, Louis – «Défense et illustration de l'Union Européenne de Paiements» in *Revue de Science et de Législation Financière*. n.º 1, janvier-mars, 1955, p. 85.

1165 JACOBSSON, Per – «Les monnaies européennes et l'économie mondiale» in *Revue d'Economie politique*. n.º 6, Numéro spécial, novembre-décembre 1960, p. 14.

1166 «A libra [esterlina] «transferível», aquela que servia para os pagamentos entre a zona esterlina e os outros países membros da UEP, estava em Nova Iorque, desde 1950, a ser objecto de negociações em troca de dólares, num mercado que as autoridades britânicas [...] nunca reconheceram». LA GENIÈRE, René de – «Du bilatéralisme à la convertibilité: quinze ans d'histoire monétaire internationale en Europe (1945-1960)», *op. cit.*, p. 195. [t.a.] A partir de 1954, as autoridades britânicas passaram a apoiar a libra, sempre de forma não oficial, no mercado de Nova Iorque, com vista à preparação da convertibilidade *de facto*, que foi estabelecida em 1958. Este mercado existe desde 1950. Cf. *Ibid.*, Zurique também serviu de mercado cambial para a libra esterlina.

Para Portugal, tradicionalmente deficitário na Europa, a UEP representa uma forma de economizar ouro e divisas recorrendo aos seus créditos em caso de necessidade. A UEP permitia a Portugal encarar o seu comércio externo com os países da OECE no seu conjunto e não unicamente nas respectivas relações bilaterais. Também pode, através da UEP, mobilizar os largos créditos que possui no Reino Unido para liquidar posições devedoras no seio da UEP, caso este país dê o seu acordo[1167]. No que toca aos créditos da UEP, os juros das posições credoras e devedoras são bastante baixos e sem riscos cambiais durante a vigência da organização, que se prevê temporária[1168]. A UEP é concebida como uma forma provisória com vista a «orientar os países associados para o regime unanimemente desejado de uma liberalização das trocas apoiada no regime de convertibilidade monetária»[1169].

Face a esta situação, o ministro das Finanças Costa Leite faz uma primeira abordagem parcial, indicando que «do ponto de vista monetário, a orientação da balança comercial deverá ser no sentido de comprar «quanto possível na área da UEP e dirigir as exportações para a área do dólar»». O ideal, segundo Costa Leite, é que o excedente da área dólar compense o défice da área da UEP. Logo a seguir acrescenta que as vantagens seriam as seguintes: «a) estabilidade das reservas monetárias totais; b) melhoria da sua composição pelo aumento da parte constituída

---

[1167] Pouco depois da assinatura do acordo da UEP, deslocaram-se a Lisboa Henry Eggers, alto funcionário do *Treasury* e Guy Watson, alto funcionário do *Bank of England*, para iniciarem negociações com o Governo português com vista a proceder a alterações ao Acordo de pagamentos luso-britânico. O novo acordo foi assinado em Lisboa, no dia 20 de Julho de 1951, pelo embaixador Sir Nigel Ronald e pelo ministro Paulo Cunha, com efeitos retroactivos a partir de 16 de Abril de 1951. O *Bank of England* e o Banco de Portugal servem de agentes dos respectivos governos. Cf. PRO/FO 371-96145, West Department, Portugal, 1951.

[1168] Os créditos concedidos pela UEP vencem juros de 2% e os créditos atribuídos pela UEP vencem juros de 2% no primeiro ano de utilização, 2,25% no segundo e 2,5% a partir do segundo. Cf. LEITE, João da Costa – *Problemas monetários do após-guerra. op. cit.*, p. 127.

[1169] PENGLAOU, Charles – «La liquidation de l'union européenne de paiements et l'accord monétaire européen» in *Revue Economique*, n.º 5, 1959, p. 780. [t.a.]

por metal ou dólares; c) ausência de créditos de valor um tanto precário que o Banco [de Portugal] não poderia contar nas suas reservas». Apesar de reconhecer que se trata de uma análise parcial da situação, resultante da instauração da UEP, recomenda, mesmo assim, que a política comercial de Portugal e das Colónias vá no sentido da «franca liberalização das importações provenientes dos países participantes [UEP]»[1170]. Estamos, pois, perante uma vontade manifesta de um dos mais altos responsáveis da política económico-financeira do país no sentido de incrementar o desenvolvimento das importações em proveniência da área da UEP. Tudo indicava na altura que os défices comerciais de Portugal continuariam a acumular-se. A situação, como se verá mais à frente, vai ser radicalmente diferente.

IV. A posição de Portugal na UEP

1. A evolução da posição portuguesa na UEP

Ao contrário das previsões efectuadas pelo Governo português, a situação da balança de pagamento com os países da OECE inverte-se muito rapidamente a partir do Verão de 1950, com largos excedentes a favor de Portugal. Entre os meses de Julho e de Dezembro de 1950, Portugal acumula em relação à UEP, após pagamento das dívidas existentes, 38,4 milhões de dólares de excedentes. Esta situação resulta da redução muito acentuada do défice comercial com os países da OECE[1171]. Assiste-se a uma redução muito significativa das importações (-22,5%) e a um aumento da exportações (+5%). Paralelamente a esta situação, há um

---

[1170] LEITE, João da Costa - *Problemas monetários do após-guerra, op. cit.*, p. 130.

[1171] O comércio entre Portugal e os restantes países da OECE, em 1950, representou cerca de 48% das suas importações e 44% das suas exportações. Cf. OECE - *L'évolution de la situation économique et ses perspectives en Europe Occidentale*. Paris: OECE, juin 1951, p. 154, Tabela 32.

forte acréscimo na entrada de invisíveis no ano de 1950. Entre Janeiro e Novembro, a balança de invisíveis com os países da OECE é favorável a Portugal na ordem dos 72,7 milhões de dólares[1172]. Na primeira operação de liquidação, relativa ao período de Junho a Setembro de 1950, a Alemanha teve de pagar 31 milhões de u.c. à UEP, a França recebeu 40,8 milhões, e Portugal recebeu 1,8 milhões. A UEP teve de recorrer ao seu capital em cerca de 11 milhões de u.c.[1173].

Em Portugal, o aumento muito substancial do défice comercial no pós-guerra resultou fundamentalmente do desbloqueamento de uma procura acumulada durante a guerra e de uma série de maus anos agrícolas. O ano de 1950 representa o regresso a uma situação de maior normalidade, com défices comerciais menos acentuados e largamente compensados pela entrada de invisíveis. Esta redução do défice deve-se igualmente ao bom ano agrícola de 1950, que permitiu reduzir muito substancialmente as importações de cereais que, como vimos anteriormente, pesavam bastante nas importações portuguesas. Em 1950, assistiu-se a um acréscimo muito significativo das principais produções agrícolas, à excepção do vinho, que sofreu um pequeno decréscimo. O acréscimo de produção relativamente a 1949 foi no trigo da ordem dos 42%, no milho de 101% e, na batata de 42,7%[1174]. Não se assiste, contudo, a um aumento da

---

[1172] Cf. o Relatório «Position du Portugal dans l'Union (Janvier 1951)», MBC(51)9, de 2 de Fevereiro de 1951, p. 1-2, in AHDMNE, RQE, OECE-UEP, M. 16, d.l.: 1950-1952.

[1173] KAPLAN, Jacob J. e SCHLEIMINGER, Günter – *The European Payments Union: financial diplomacy in the 1950s*, *op. cit.*, p. 131. É necessário distinguir o 1.º e o 2.º semestres de 1950, que representam situações de sentido oposto. No que diz respeito à variação das reservas de ouro e divisas do Banco de Portugal, no 1.º semestre houve uma diminuição nas reservas no valor de 326 mil contos e, no segundo semestre, um aumento dessas mesmas reservas no valor de 1 302 mil contos, sendo o balanço final relativo ao ano de 1950 de + 976 mil contos. Cf. *Relatório do Conselho de Administração, Gerência de 1950, Balanço, Documentos e Parecer do Conselho Fiscal* (Banco de Portugal). Lisboa: Tipografia do Banco de Portugal, 1951, p. 58.

[1174] Cf. *Relatório do Conselho de Administração, Gerência de 1951, Balanço, Documentos e Parecer do Conselho Fiscal* (Banco de Portugal), *op. cit.*, p. 85.

produção industrial ou extractiva. Os índices de preços mantêm-se relativamente estáveis. A taxa de desconto do Banco de Portugal mantém-se inalterável desde 1944, em 2%[1175]. Os excedentes das balanças de pagamentos com os países da OECE resultam pois de uma subida acentuada das exportações, nomeadamente de produtos coloniais, conjugada com a redução das importações e um acréscimo na entrada de invisíveis[1176]. A adesão de Portugal à UEP implicou a adesão automática de toda a zona monetária do escudo, sendo os saldos cumulativos estabelecidos pela UEP correspondentes às transferências com o conjunto da zona. Ora, os preços das produções coloniais tinham aumentado substancialmente, como veremos mais à frente. A redução do défice comercial vai acentuar-se em 1951, ano em que as reservas de ouro do Banco de Portugal se reforçaram em 64 toneladas de ouro[1177].

Em Janeiro de 1951, o Comité de Direcção da UEP convida uma delegação de peritos portugueses a deslocar-se a Paris para debaterem a questão da acumulação de excedentes que tinha atingido, em fins de Janeiro de 1951, cerca de 66% da quota portuguesa. Nesta altura, o

---

[1175] Cf. o Relatório «Position du Portugal dans l'Union (Janvier 1951)», MBC(51)9, de 2 de Fevereiro de 1951, *op. cit.*, p. 9. Em 1953, esta taxa situava-se em 2,5%, sendo uma das mais baixas da Europa, a seguir à Suíça (1,5%). Cf. *Relatório do Conselho de Administração, Gerência de 1953, Balanço, Documentos e Parecer do Conselho Fiscal* (Banco de Portugal). Lisboa: Tipografia do Banco de Portugal, 1954, p. 56.

[1176] No que concerne a ajuda ERP, é de assinalar que em 1950 Portugal obteve 787 mil contos, assim distribuídos: 281 mil contos de empréstimos, 237 mil contos de ajuda condicional, concedida em cobertura dos direitos de saque sobre outros países da OECE e 269 mil contos de ajuda indirecta. No 2.º semestre de 1949 tinha recebido 119 mil contos em direitos de saque. Cf. *Relatório do Conselho de Administração, Gerência de 1950, Balanço, Documentos e Parecer do Conselho Fiscal* (Banco de Portugal), *op. cit.*, p. 65-66.

[1177] Cf. MATEUS, Abel – *Economia Portuguesa, crescimento no contexto internacional (1910-1998), op. cit.*, Quadro 7, p. 87. Segundo Ulisses Cortez, «Entre 1950 e 1954, o total das disponibilidades em divisas, que exprime a posição-ouro nacional, elevou-se de 12 443.000 contos para 18 829 000, correspondendo ao mais alto nível [...] atingido pelo País». CORTEZ, Ulisses de Aguiar – *Acção do Ministério da Economia – Agosto de 1950 a Dezembro de 1954, op. cit.*, p. XII.

Comité de Direcção da UEP alertou o Governo português para algumas questões que podem ter reflexos nesta acumulação de excedentes. No *Premier Rapport Annuel du Comité de Direction* está marcado o seguinte sobre os excedentes: «a política de restrições do crédito interno que suscitava aos importadores dificuldades de pagamentos para as suas compras, o aumento das tarifas aduaneiras que podiam neutralizar em parte os efeitos da liberalização, o nível relativamente pouco elevado das importações nos territórios ultramarinos, cuja balança comercial acusava um excedente apreciável em relação aos países membros; enfim, [...] a ausência de medidas tendentes a evitar a evasão de capitais europeus para Portugal»[1178].

No dia 13 de Fevereiro de 1951, o adjunto do secretário-geral da OECE escreve a Ruy Guerra alertando para a posição credora de Portugal no seio da UEP. Apesar de estar previsto que o Comité de Direcção da UEP intervenha junto dos países que atinjam 75% da respectiva quota, o Comité decidiu intervir antes. A tendência para o crescimento da posição credora de Portugal parece contrariar as expectativas iniciais do Comité, que tem debatido no seu seio e vindo a acompanhar a posição portuguesa. Nesta carta é solicitada a participação de técnicos portugueses na próxima reunião do Comité de Direcção da UEP, no dia 19 de Março. Pede-se ao Governo português que possa fornecer nessa altura elementos sobre a balança de pagamentos com a UEP; sobre a política comercial e aduaneira em Portugal e nos Territórios Ultramarinos, assim como elementos sobre a influência dos movimentos de capitais, políticas monetárias e de crédito interno[1179]. Entretanto, em fins de Fevereiro Portugal já tinha atingido 84% da quota. Para a reunião de 19 de Março deslocou-se a Paris mais uma delegação de peritos portugueses para dar a conhecer «as

---

[1178] UEP – *Premier Rapport Annuel du Comité de Direction*. (1 juillet 1950-30 juin 1951). Paris: OECE, 1951, p. 27-28. [t.a.]

[1179] AHDMNE, RQE, OECE-UEP, Cópia da carta do Deputy Secretary General da OECE para Ruy Teixeira Guerra, SG-183, TDF-57, de 13 de Fevereiro de 1951, M. 16, d.l.: 1950-1952.

disposições tomadas ou propostas por Portugal em conformidade com as precedentes recomendações do Comité. Depois deste exame, este último propôs um certo número de remédios a aplicar, tanto pelos outros países membros como por Portugal, para combater a tendência a acumular excedentes»[1180].

Também o BRI, no seu 21.º Relatório Anual (1.04.50 a 31.3.51), foca a situação portuguesa indicando que «ao invés da maior parte dos países, Portugal importou menos em 1950 do que em 1949. As suas exportações, pelo contrário, aumentaram 30% e, devido a isso, o saldo passivo da sua balança comercial reduziu-se 50%»[1181]. Na realidade, Portugal beneficiou do acréscimo no consumo de bens – acentuado com o início da guerra da Coreia –, e da valorização de alguns dos seus produtos de exportação, nomeadamente de produtos originários dos Territórios Ultramarinos. Esta valorização foi muito significativa nalguns produtos como, por exemplo, o volfrâmio, o manganês, o cobre, o estanho, o café, o sisal, as conservas, a cortiça e o cacau[1182].

No que diz respeito a alguns dos principais produtos de exportação coloniais, de Angola e de Moçambique, tem interesse referir que esse aumento dos preços já se vinha a verificar desde 1945, como podemos observar nos quadros que se seguem.

[1180] UEP – *Premier Rapport Annuel du Comité de Direction.* (1 juillet 1950-30 juin 1951), *op. cit.*, p. 28. [t.a.]

[1181] AHDMNE, RQE, OECE-Diversos, Extracto do Relatório do Banco de Pagamentos Internacionais (21.º Relatório, relativo ao período de 1 de Abril de 1950 a 31 de Março de 1951), de 7 de Julho de 1951, M. 20, d.l.: 1950-1952.

[1182] O preço do volfrâmio subiu exponencialmente nesta época. Em 1950 Portugal vendia o volfrâmio a cerca de 22 escudos o quilo e em 1952 a cerca de 150 escudos. Cf. *Le Monde*, de 30 de Agosto de 1952. Os principais clientes são o Reino Unido e os EUA. «As exportações destes últimos 11 meses [1951] foram oficialmente avaliadas em 467 177.000 escudos, contra 71 177.000 durante o mesmo período de 1950», *The Financial Times*, de 22 de Janeiro de 1952. [t.a.]

Quadro 20: Angola – Exportações (1945-1951). Valor aproximativo por tonelada (em escudos)

	1945	1948	1949	1950	1951
Café	2 959	8 610	11 891	19 872	23 711
Sisal	3 503	7 100	8 010	8 821	14 174
Algodão em bruto	500	1 173	1 165	1 192	1 346
Manganésio	100	100	711	818	743

Fonte: PRO/FO 371 – 101968, Enclosure to Lisbon despatch N.º E.107 of the 19th May 1952 to the Foreign Office.

Quadro 21: Moçambique – Exportações (1945-1951). Valor aproximativo por tonelada (em escudos)

Produtos \ Anos	1945	1948	1949	1950	1951
Óleo de copra	1 833	5 117	3 880	4 858	6 608
Sisal	2 964	7 182	7 263	8 174	13 579
Castanha de cajú	653	1 200	1 234	1 332	2 216
Algodão em bruto	150	933	1 382	886	1 355

Fonte: *Ibid.*.

Para fazer face a esta situação credora, o Comité de Direcção da UEP decidiu, com a aprovação do Conselho da OECE, em Abril de 1951, conceder a Portugal uma quota suplementar de 25 milhões de u.c./dólares, quando os excedentes portugueses atingiram 96% da quota. Neste suplemento de quota, metade seria pago em ouro e a outra metade corresponderia à concessão de créditos[1183]. Depois de uma breve diminuição da posição credora, ainda no segundo trimestre de 1951, verifica-se, logo a seguir, um novo aumento progressivo. A situação portuguesa não é caso único e fala-se abertamente na crise do sistema da UEP. O sistema pressupõe que as balanças de pagamentos dos países membros estejam globalmente equilibradas em relação ao conjunto dos outros participantes, mas acontece que a Bélgica, Portugal e Itália têm acumulado créditos, havendo tendência para ultrapassar as suas quotas. Enquanto a situação da Bélgica é considerada como «estrutural», a posição de Portugal é considerada fundamentalmente como uma situação passageira, que poderá ser resolvida, segundo a OECE, através do incremento das importa-

[1183] UEP – *Premier Rapport Annuel du Comité de Direction*, (1 juillet 1950-30 juin 1951), *op. cit.*, p. 28.

ções. O nível de vida das populações é tão baixo que se pode incentivar uma política conducente ao aumento do consumo interno. Fala-se mesmo da «crisezinha portuguesa» («crisette portugaise»), quando comparada à crise belga no seio da UEP[1184]. Em fins de 1951, a situação vai contudo obrigar a uma intervenção mais enérgica por parte do Governo português.

A acumulação de excedentes é explicada pelo Governo como um fenómeno puramente provocado em grande parte pela entrada de capitais em Portugal e nos Territórios Ultramarinos. Esta entrada excepcional de capitais, dificilmente controlável resulta da situação mundial que se está a viver por via da guerra da Coreia e da estabilidade do escudo, moeda com grande credibilidade internacional.

2. A primeira reacção portuguesa ao acréscimo dos saldos credores

No dia 12 de Novembro de 1951 reúne-se o Conselho de Ministros para o Comércio Externo para analisar e tomar decisões sobre a questão da posição de Portugal na UEP[1185]. Segundo informações fornecidas pelo Banco de Portugal, no dia 27 de Outubro o país possuía saldos credores no valor de 84 milhões de dólares e aproxima-se rapidamente do limite superior da quota suplementar (95 milhões de dólares)[1186]. A composição do saldo é de 35 milhões de dólares em ouro e de 49 milhões em créditos. Coloca-se o problema dos créditos. No Apontamento preparado para o Conselho de Ministros está claramente indicado que a composição dos créditos é «desfavorável na hipótese de [...] Portugal se retirar da União e

[1184] *Gazette de Lausanne*, de 10 de Outubro de 1951.

[1185] Participaram neste Conselho de Ministros os ministros das Finanças, dos Negócios Estrangeiros, do Ultramar, da Economia e da Presidência; assim como o director-geral dos Negócios Económicos e Consulares e o presidente da CTCEE.

[1186] Informações verbais apontam mesmo para que o saldo credor já se situe nos 88 milhões de dólares.

liquidar a sua posição credora para com esta, ficando com os débitos e créditos bilaterais que a compõem». Excluindo pequenos débitos em relação à Bélgica e à Suíça, facilmente compensados, Portugal encontrar-se-ia credor face aos outros países. Estas posições credoras seriam muito avultadas em relação à França, Holanda, República Federal da Alemanha, Dinamarca e Reino Unido. Apesar destes eventuais créditos estarem garantidos contra possíveis desvalorizações das moedas dos devedores, no Apontamento considera-se que a «situação da Europa pode justificar preocupações quanto ao futuro de alguns dos créditos bilaterais resultantes de uma liquidação neste momento»[1187].

O receio é grande por parte de Portugal. Sem estar explicitamente indicado nos documentos oficiais, é muito provável que este receio tenha a ver com os créditos acumulados no Reino Unido durante a Segunda Guerra Mundial e que obrigam Portugal a ter de negociar a sua mobilização. Tal como nos créditos existentes no Banco de Inglaterra, os créditos UEP também proporcionam juros relativamente baixos. Sendo Portugal um país com um baixíssimo nível de vida no contexto europeu, não se justifica a existência de tão largos créditos no estrangeiro. Em caso de liquidação da UEP, os créditos e as dívidas em relação à UEP transformam-se em créditos e dívidas bilaterais. Também é de assinalar que na OECE os representantes portugueses estão a ser pressionados para inverterem a tendência. Conforme indica Sir Nigel Ronald, os representantes portugueses «tiveram de ouvir algumas críticas desagradáveis nas reuniões de Paris, por volta do fim do ano [1951], quando Portugal foi criticado por não ter tomado as medidas adequadas para corrigir o superavit»[1188].

[1187] ANTT/AOS/CO/PC-74, «Assuntos a tratar na reunião do Conselho de Ministros para o Comércio Externo a realizar em 12 de Novembro, pelas 18 horas, na Presidência do Conselho», f. 12-13.

[1188] PRO/FO 371-101954, n.º 1 (Confidential), «Annual Political Report for Portugal for 1951», de Sir Nigel Ronald, embaixador do Reino Unido em Lisboa para Anthony Eden, ministro dos Negócios Estrangeiros, de 1 de Janeiro de 1952. [t.a.] Portugal não foi o único país nesta situação. Conforme indicam Kaplan e Schleiminger, houve mais países nesta

Depois de analisada a situação credora de Portugal, o Conselho de Ministros adopta uma atitude em relação à posição do país no seio da UEP. Em termos de orientação geral, decide que Portugal deve continuar na UEP, que se devem adoptar medidas concretas com vista ao fim da acumulação de saldos credores, e, por fim, que se deve limitar «ao mínimo indispensável qualquer alargamento provisório da margem de crédito com reforço da percentagem de liquidação em ouro»[1189].

No que diz respeito à política comercial a adoptar por Portugal, o Conselho de Ministros segue a linha anteriormente explanada de limitação das importações provenientes da zona dólar e o reforço das importações da zona UEP, através de uma maior liberalização e da importação de equipamentos necessários[1190]. No que toca às exportações, pretende-se limitar as exportações para a área UEP, nomeadamente para fins de reexportação e estimular as exportações para a zona dólar. Uma das hipóteses avançada é a do «reforço das taxas de sobrevalorização de certas mercadorias, ou outra forma de onerar as exportações para a UEP com excepção das mercadorias que não podem obter mercado em outras zonas». Também os Territórios Ultramarinos deviam contribuir para a resolução do problema, seguindo a mesma política comercial que Portugal[1191].

No que concerne as questões financeiras relacionadas com a acumulação dos saldos credores, o Conselho de Ministros decidiu solicitar ao

---

situação, tendo-lhes sido pedido para fomentarem as importações através de medidas concretas. Nos dois primeiros anos, estes pedidos foram dirigidos ao Reino Unido, França, Portugal, Bélgica, Itália e Suécia. Cf. KAPLAN, Jacob J. e SCHLEIMINGER, Günther – *The European Payments Union: financial diplomacy in the 1950s*, *op. cit.*, p. 149. Contudo, só a Bélgica, Portugal e a Suíça tiveram saldos positivos em relação à UEP em dois anos seguidos (1950-1951 e 1951-1952). *Ibid.* p. 128-129.

[1189] ANTT/AOS/CO/PC-74, Súmula das resoluções tomadas no Conselho de Ministros para o Comércio Externo, de 12 de Novembro de 1951, f. 17.

[1190] Horas antes do início do Conselho de Ministros, tinha seguido uma circular do Ministério das Finanças dando orientações aos serviços competentes no sentido de limitarem as importações em proveniência da zona dólar às matérias-primas e produtos essenciais que não pudessem ser obtidos na zona UEP. Cf. *Ibid.*, p. 18.

[1191] *Ibid.*, f. 18-19.

Banco de Portugal que tente apurar a situação da entrada de capitais em Portugal em proveniência da zona da UEP e que proponha «medidas susceptíveis de as limitar». Também solicita que forneça informações detalhadas sobre a «transferência, para outras áreas, do valor de importações portuguesas de produtos originários de países comparticipantes», assim como as entradas de divisas da UEP através do Fundo Cambial de Moçambique «não resultantes do movimento comercial»[1192]. Tudo levava a crer que se estava a verificar uma fuga de capitais de alguns países da UEP, nomeadamente da França, eventualmente por receio de uma desvalorização das moedas, em que Portugal e Moçambique serviam de refúgio, ou local de passagem, por via da sua estabilidade monetária.

Algumas semanas depois, é publicado o Decreto Lei n.º 38 561, no dia 17 de Dezembro, que obriga os exportadores a comprar as divisas correspondentes às operações comerciais realizadas. O despacho das mercadorias para as zonas monetárias dos países membros da UEP – ou cujas liquidações sejam efectuadas com moedas da UEP – fica dependente do comprovativo em como efectuou ou vai efectuar o pagamento em escudos correspondente à da divisa indicada no boletim de prévio registo da exportação[1193]. Esta medida, que abrange igualmente os Territórios Ultramarinos, por Portaria a publicar posteriormente pelo Ministério do Ultramar, constitui uma clara tentativa de controlo do movimento de invisíveis.

No última dia de 1951, o Conselho de Ministros do Comércio Externo volta a reunir-se e adopta as orientações propostas pelo ministro da Economia, no sentido de liberalizar, a título experimental, e por 3 meses, as importações provenientes da UEP «mais como processo de responder

---

[1192] *Ibid.*, f. 19-20. Uma parte importante destas divisas é constituída por libras esterlinas provenientes das remunerações dos trabalhadores moçambicanos nas minas da União Sul-Africana e dos rendimentos dos serviços de caminho-de-ferro e porto da Beira. Cf. *Relatório do Conselho de Administração, Gerência de 1952, Balanço, Documentos e Parecer do Conselho Fiscal.* (Banco de Portugal). Lisboa: Tipografia do Banco de Portugal, 1953, p. 72.

[1193] *Diário do Governo*, I Série, n.º 262, de 17 de Dezembro de 1951.

à argumentação da UEP, do que pela convicção dos efeitos práticos da medida». Efectivamente, só faltava liberalizar 5% das importações da UEP e a medida pouco poderia influenciar a situação que se estava a viver. Tanto mais que havia muitas outras restrições, nomeadamente em matéria de direitos alfandegários, que se mantinham intactas. Também o ministro do Ultramar propõe medidas concretas, nomeadamente no sentido de se aplicar nos Territórios Ultramarinos o Decreto-Lei 38 561, liberalizar as importações da UEP em 75%, e reforçar as medidas anteriormente definidas sobre as exportações e importações, nomeadamente estabelecendo correntes directas de exportação para os EUA. Por fim, o Conselho de Ministros decidiu recomendar ao Banco de Portugal «a elaboração urgente da proposta de instruções e medidas de fiscalização necessárias para limitação dos movimentos de capitais e operações cambiais não resultantes de transacções comerciais». Mantinha-se assim intacta a preocupação do Governo português, relativamente à entrada de invisíveis em Portugal. O Conselho de Ministros tinha em estudo duas medidas concretas de actuação para contrariar o crescimento dos saldos credores: a possibilidade de estabelecer um «diferencial de encargos entre as exportações para a zona dólar e a zona UEP» e a compra de equipamentos na zona UEP, com possível concessão de créditos[1194].

Logo no dia 8 de Janeiro de 1952, o Conselho da OECE debruça-se sobre a questão portuguesa e decide regularizar os excedentes portugueses que tinham atingido o limite superior da quota atribuída. Pouco depois, no dia 21 de Janeiro, o Comité de Direcção da UEP reúne-se em Paris e um dos principais assuntos da agenda de trabalhos é precisamente a situação portuguesa, conforme é anunciado na imprensa internacional[1195]. Depois de laboriosas negociações, em que Portugal teve de explicar a sua situação, é atribuído, no dia 6 de Fevereiro, um segundo suple-

---

1194 ANTT/AOS/CO/PC-74, Súmula das resoluções tomadas no Conselho de Ministros do Comércio Externo, de 31 Dezembro de 1951, f. 22-23.

1195 *The Financial Times*, de 22 de Janeiro de 1952.

mento de quota de 30 milhões de u.c./dólares. Este suplemento de quota é distribuído em três escalões. Em cada um destes escalões a proporção de ouro e de crédito é diferente, como podemos observar no quadro que se segue:

Quadro 22: Posição de Portugal nas liquidações com a UEP, em 1952 (milhões de u.c./milhões de dólares)

Quota / Escalão	Valor da quota	Liquidação			
		Ouro		Crédito	
		Valor	%	Valor	%
Inicial	70	28	40%	42	60%
1.º Suplemento	25	12,5	50%	12,5	50%
2.º Suplemento (1.º)	10	5	50%	5	50%
2.º Suplemento (2.º)	10	4	40%	6	60%
2.º Suplemento (3.º)	10	3	30%	7	70%
Total	125	52,5	42%	72,5	58%

Fonte: «Nota oficiosa da Presidência do Conselho», *Diário de Notícias*, de 10 de Março de 1952.

3. O novo descontrolo do saldo credor na UEP e a reacção portuguesa

Apesar da atribuição de um suplemento de quota no valor de 30 milhões de dólares, em 6 de Fevereiro de 1952, a situação agrava-se de dia para dia[1196]. As medidas tomadas pelo Governo português, nomeadamente através do Decreto-Lei n.º 38 561, de 17 de Dezembro de 1951, não tiveram impacto na tendência geral. A principal razão encontrada pelo Governo para o aumento dos saldos é a entrada de divisas através do Fundo Cambial de Moçambique, nomeadamente de francos franceses.

No dia 14 de Fevereiro reúne-se a CTCEE, com o objectivo de analisar a situação e elaborar um Memorando destinado à OECE. Participam nesta reunião os vogais encarregados de estudar o assunto; por decisão tomada

[1196] Em duas semanas já se tinham utilizado 20 milhões de dólares das quotas suplementares.

numa reunião havida uma semana antes. O presidente da CTCEE, Tovar de Lemos[1197], lembra que o Governo já tinha tomado medidas importantes com vista à resolução do grave problema que se está a atravessar. A liberalização total das importações em Portugal, uma liberalização em 75% nos Territórios Ultramarinos, e a fiscalização dos movimentos de capitais já constituem um esforço da parte de Portugal. Trata-se agora de ver quais são as outras medidas a implementar para suster o crescimento dos créditos à UEP. Tovar de Lemos, apesar de considerar que o ideal seria o aumento das importações, estima que tal não é possível devido aos elevados preços europeus e à prática dos duplos preços (preços diferentes para o mercado interno e externo). Depois acrescenta: «Embora com todos inconvenientes a restrição drástica das exportações parece ser a única solução imediatamente eficaz e parece ser intenção do Governo usá-la»[1198]. Levanta-se igualmente a questão de saber se a CTCEE devia igualmente enviar uma exposição sobre o assunto ao Governo português.

Parece claro que o Banco de Portugal não deseja que se ultrapasse a quota suplementar atribuída a Portugal. É necessário reagir rapidamente e "estacar" as exportações dos Territórios Ultramarinos para a zona da UEP. Já tinham sido dadas ordens nesse sentido, mas não são conhecidos os resultados dessas directivas.

Para Tovar de Lemos, há ainda três hipóteses a encarar: a primeira seria a de o Governo assumir a responsabilidade do aumento da quota; a segunda «a prática de discriminação de países» – como forma de preparar o «regresso ao bilateralismo» –; e a terceira o regresso ao bilateralismo. Contra a hipótese do regresso ao bilateralismo manifesta-se António Carlos de Sousa, o representante do Banco de Portugal. Contudo, afirma que apesar de ser «proibido», talvez se pudesse fazer uma discriminação de países[1199].

[1197] António Maria Diogo Tovar de Lemos, director do INE (1938-1961) e presidente da CTCEE, a partir de Agosto de 1949, acumulando funções com as de director do INE.

[1198] AHDMNE, RQE, OECE-UEP, Acta n.º 5 da CTCEE, de 14 de Fevereiro de 1952, M.16, d.l.: 1950-1952.

[1199] *Ibid.*.

Logo a seguir intervém Correia de Oliveira, vogal representante do Ministério da Economia. Na sua longa intervenção defende que, apesar de ser a sua preferência, seria um risco enviar o Memorando à OECE sem dirigir uma exposição ao Governo sobre o assunto. Receia que o Governo ao sentir-se «abrigado» pelo documento da CTCEE «do maior acesso da tempestade [...] fosse levado a esquecer a gravidade do problema». Para ele, o volume de crédito acordado à UEP é suficiente. Resta encontrar uma solução. No que concerne as importações de bens de consumo, considera que há escassez na Europa. No que toca aos bens de equipamentos, «o crédito falta»[1200]. A posição de Correia de Oliveira é a de que se devia seguir o caminho das importações, apesar de não acreditar que esta medida pudesse resolver o problema sem medidas governamentais a apoiar essas importações. Considera, no entanto, que por detrás «da insistência na liberalização total existe mais o intuito de arruinar algumas das [...] indústrias [portuguesas], do que o de obter um aumento das importações». A solução proposta de restrição das exportações é para ele uma solução de facilidade com muitos inconvenientes. Caso se opte pelas restrições, estima que estas devem recair de preferência nos Territórios Ultramarinos, pois Portugal «tem sido muito mais [sacrificado]». Ainda por cima, os produtos coloniais podem ser colocados mais facilmente noutros mercados[1201].

Continuando a sua argumentação contra as restrições às exportações, Correia de Oliveira considera que «o corte das exportações sem qualquer compensação iria reduzir as disponibilidades e por conseguinte baixar as importações, perdendo-se dum lado o ganho noutro». Também refere que a interrupção das exportações pode provocar uma irremediável perda de mercados, pois outros países aproveitarão a parte de mercado deixada livre por Portugal. Mesmo que o Governo decida dar aos exportadores «total compensação pelo prejuízo pela acumulação de stocks» (o

---

[1200] *Ibid.*.

[1201] *Ibid.*.

que está fora de causa), Correia de Oliveira é contra as restrições, que estima de «muito grave risco». Esta medida, que se julga vir a durar vários meses, é tanto mais problemática que a nível privado e oficial, por via dos acordos comerciais negociados, tira credibilidade a Portugal e aos seus comerciantes pela não assunção dos compromissos assumidos. Seria melhor optar por «uma simples discriminação».

Prossegue mais tarde Correia de Oliveira, numa clara e veemente tentativa de oposição às restrições, propondo que se estabeleça um programa de importações. Mesmo que não desse resultado, isso provaria que «se havia tentado tudo». Para ele, «Sob o ponto de vista político e psicológico esta tentativa revestiria uma grande importância».

Por fim, o presidente da CTCEE Tovar de Lemos, que durante todo o debate manifestou uma posição claramente favorável à restrição das exportações, avança com a hipótese de Portugal «sair do regime da liquidação da UEP mantendo-se todavia membro». Opondo-se a tal hipótese, Carlos de Sousa, do Banco de Portugal, indica que ela já tinha sido encarada pelos belgas, que desistiram por a considerarem muito complicada. A sua preferência vai para a aplicação de restrições às exportações, conforme posição anteriormente expressa pelo Banco de Portugal[1202].

No termo da reunião, a Comissão da CTCEE decidiu enviar uma missiva ao Governo português e um Memorando à OECE. É interessante assinalar que para Correia de Oliveira, a actuação do Governo «não deveria tardar dois ou três meses mas dar-se imediatamente». Como forma conciliatória das posições manifestadas durante a reunião, ficou decidido propor ao Governo, com a concordância de Correia de Oliveira, que se Portugal ultrapassasse o suplemento de quota, «ter-se-ia de encarar a restrição das exportações, mas propondo que antes disso se tomassem quaisquer medidas para incremento da importação»[1203]. É de salientar a

[1202] *Ibid.*.

[1203] *Ibid.*.

grande liberdade de expressão de Correia de Oliveira neste debate em que, por mais de uma vez, lança críticas indirectas ao Governo.

No Memorando da CTCEE destinado à OECE, aprovado na reunião seguinte, define-se a estratégia a seguir para reduzir os créditos na UEP. Deve agir-se simultaneamente sobre os movimentos de capitais e sobre os fluxos comerciais. No que toca aos movimentos de capitais, pretende-se instituir um sistema que dificulte a entrada de capitais que não interessem à economia portuguesa por serem de carácter passageiro. No que diz respeito às trocas comerciais com os países da OECE, o Governo considera que já liberalizou ao máximo as importações na metrópole, tendo mesmo ultrapassado a execução dos compromissos assumidos perante a OECE. Reconhece, contudo, que ainda é possível efectuar um esforço nos Territórios Ultramarinos. Também avança com a hipótese de se efectuar um programa de compras nestes países (OECE) e conceder facilidades de crédito. Paralelamente, prevê-se a instauração de medidas restritivas às importações da área dólar nos produtos que não sejam essenciais para a consumo nacional. Por último, pretende instituir, a muito curto prazo, medidas concretas para dificultar a reexportação de mercadorias de Portugal ou dos seus Territórios Ultramarinos, por parte de alguns países da OECE, para fora da zona UEP. Efectivamente, verifica-se que uma parte das exportações portuguesas, nomeadamente de produtos dos Territórios Ultramarinos, está a ser canalizada para a zona dólar através da zona da UEP. Esta situação acentua ainda mais a acumulação de saldos credores por parte de Portugal e reduz as suas capacidades de exportação directa para a zona dólar[1204]. Também no Relatório do Banco de Portugal (1952) se refere esta situação de reexportações. Está marcado que o sistema da UEP «parece ter sido aproveitado [...] para certas práticas de reexportação para fora da sua área, de que resultou uma deslocação geomonetária da respectiva transacção, a saber: a diminuição do «déficit» do país reexpor-

---

1204 AHDMNE, RQE, OECE-UEP, CTCEE – «Memorandum», s.d., recebido no Ministério dos Negócios Estrangeiros em 23 de Novembro de 1951, M. 16, d.l.: 1950-1952.

tador, fora da área da União, e o aumento da posição credora do país exportador dentro da União. Como consequência de tudo isto, gerou-se um desequilíbrio extraordinário entre as posições de alguns participantes, muito para além da proporcionalidade das suas quotas»[1205].

Para resolver a situação, reúne-se no dia 22 de Fevereiro o Conselho de Ministros do Comércio Externo sob a presidência de Salazar; no próprio dia do banquete de encerramento da Conferência de Lisboa organizada pela NATO. Estão presentes no Conselho de Ministros, para além do próprio Presidente do Conselho, os ministros das Finanças, Águedo de Oliveira[1206], da Presidência, Costa Leite, da Economia, Ulisses Cortez, e do Ultramar, Sarmento Rodrigues, este último acompanhado pelo seu subsecretário de Estado. O Governo considera que é necessário impedir a todo o custo que se ultrapasse os 72 milhões de dólares de créditos. O Conselho de Ministros vai debruçar-se sobre as medidas a implementar no imediato. A última atribuição de quota por parte da UEP situou o limite superior da quota em 72,5 milhões de dólares de créditos, sendo os restantes 52,5 milhões de dólares pagos em ouro. Urge tomar medidas de rápido efeito prático que possam inverter a curto prazo a tendência. O Banco de Portugal propõe que o exportador entregue 20% do montante da exportação, na divisa do país receptor da mercadoria (que ficaria retido temporariamente no estabelecimento bancário operador), subindo esta retenção até aos 100% quando Portugal atingisse os 72 milhões de dólares de créditos[1207].

Após a apresentação desta proposta, Salazar manifesta a sua preocupação face à acumulação de saldos credores e as «suas repercussões sobre a cobertura da circulação e responsabilidades à vista do [Banco de Portu-

---

[1205] *Relatório do Conselho de Administração, Gerência de 1951, Balanço, Documentos e Parecer do Conselho Fiscal* (Banco de Portugal), *op. cit.*, p. 64.

[1206] Artur Águedo de Oliveira, subsecretário de Estado das Finanças de Fevereiro de 1931 a Outubro de 1934 e ministro da Finanças de Agosto de 1950 a Julho de 1955.

[1207] ANTT/AOS/CO/PC-74, Súmula das resoluções tomadas no Conselho de Ministros do Comércio Externo, de 22 de Fevereiro de 1952, f. 54-55.

gal]». Efectivamente, para Salazar estes créditos concedidos via UEP, pelo seu elevado montante, punham em risco a estabilidade monetária em Portugal[1208]. Salazar falou com Van Zeeland sobre a questão da acumulação de saldos credores por parte da Bélgica, tendo transmitido ao Conselho o teor da conversa em que se destaca «a ineficácia das medidas tomadas pela Bélgica para [...] limitar a sua posição credora». Referiu igualmente que «muitos países estão, embora fora das regras da UEP, condicionando muitas das suas exportações ao pagamento em dólares». Salazar levanta mesmo a hipótese de Portugal também poder vir a necessitar de utilizar esta solução nalguns casos pontuais.

Mas no Conselho houve outras intervenções sobre o assunto. O ministro das Finanças, Águedo de Oliveira, propôs que a retenção de divisas comece nos 30%, mas com um escalão intermédio antes dos 100% de retenção, de forma a aumentar a eficácia do futuro diploma legal. O ministro e o subsecretário de Estado do Ultramar focaram as dificuldades de controlo da aplicação de normas rígidas nos Territórios Ultramarinos, pelo que propuseram que se dispensasse de retenção as exportações cujo pagamento se efectuasse em dólares livres (imediatamente disponíveis). Estes dois membros do Governo levantam mesmo a hipótese de se proibir nos Territórios Ultramarinos «toda a exportação não paga em dólares livres», à excepção de «um número muito restrito de mercadorias». Quanto ao ministro da Presidência, propõe que se revalidem todos os boletins de exportação já emitidos como forma de retardar as exportações e poder «negar as revalidações às operações que se não mostrem conformes com os interesses cambiais do país». As eventuais revalidações concedidas ficariam desde logo sujeitas à retenção a estipular. Por último falou o ministro da Economia. Apesar de indicar que concorda com a proposta do Banco de Portugal e com as observações do ministro das Finanças, nota,

---

[1208] *Ibid.*, f. 55. Este argumento parece dificilmente aceitável, pois Portugal estava a reconstituir rapidamente as suas reservas de ouro e divisas, que tinham um nível mais do que suficiente para suster o escudo.

contudo, que é conveniente admitirem-se excepções para certas exportações de difícil colocação no exterior e que é difícil exigir-se o pagamento em dólares contra as regras da UEP.

No termo do Conselho de Ministros, ficou estabelecido que os ministros das Finanças e da Presidência estabeleceriam rapidamente um diploma legal sobre o este assunto. Neste diploma devia estar estipulado um sistema de retenção de escala progressiva, de 30, 50 e 100% (caso não houvesse dificuldades técnicas na sua implementação). Também se decidiu mandar «proceder à revisão dos boletins de exportação pendentes sujeitando os confirmados à regra de retenção». No que toca aos Territórios Ultramarinos, decidiu-se «dar instruções no sentido de admitir a exportação sem retenção para qualquer mercado desde que o pagamento se mostre feito em dólares»[1209].

Num brevíssimo espaço de tempo é preparado, pelo ministro da Presidência e pelo ministro das Finanças, o decreto-lei de aplicação do que ficou decidido no Conselho de Ministros (de 22 de Fevereiro) e no dia 26 de Fevereiro é assinado pelo Presidente da República, Craveiro Lopes[1210]. O Decreto-Lei n.º 38 659, publicado no dia 28 de Fevereiro, insere pois uma série de disposições a observar nas operações de exportação para a área da UEP, tanto em Portugal como nos Territórios Ultramarinos. Este Decreto-Lei vai instituir que a retenção obrigatória nos estabelecimentos bancários por parte dos exportadores, para alimentar uma conta especial (n.º 1) no Banco de Portugal, seja de 30% do valor das exportações, em escudos. Quando se ultrapassasse a quota de crédito de 72,5 milhões de u.c./dólares, essa retenção passaria para 100%, igualmente para uma conta especial (n.º 2) do Banco de Portugal. Estas retenções não recebem juros e as restituições são efectuadas progressivamente em função da redução da situação credora e tendo em conta o princípio da

---

[1209] *Ibid.*, f. 57.

[1210] Francisco Higino Craveiro Lopes, general do exército português, Presidente da República, entre 1951 e 1958. Ver referências biográficas no Apêndice 1.

gradualidade, mas em sentido inverso. Paralelamente, todos os boletins de exportação já emitidos e cujo embarque das mercadorias não se efectue nos oito dias seguintes ao da publicação do referido Decreto-Lei ficam sem efeito.

A actuação do Governo português para reduzir os saldos credores limita-se ao domínio das exportações e a um certo controlo cambial, não tendo avançado com nenhuma medida concreta para incentivar as importações em proveniência da zona da UEP. Também não foi considerada a observação do ministro da Economia no sentido de se admitirem excepções, nomeadamente para produtos de difícil colocação nos mercados externos. O Decreto-Lei revela-se uma medida fortemente penalizadora para alguns produtores, principalmente nos Territórios Ultramarinos. A guerra da Coreia e a recuperação económica da Europa tinham provocado um acréscimo no consumo, nomeadamente por razões de armazenamento estratégico, que possibilitava à economia portuguesa um menor desequilíbrio da sua balança comercial. Como já foi visto, a entrada maciça de capitais em Portugal, sob a forma de invisíveis, veio contrariar as previsões iniciais, que apontavam para uma posição deficitária na UEP. Portugal não desejava ver aumentados os seus créditos no estrangeiro, que já eram extraordinariamente elevados para um país tão atrasado e com carências a todos os níveis. Os créditos no Banco da Inglaterra e na UEP ultrapassavam em 1951 os 300 milhões de dólares, pelo que é compreensível que o Governo não deseje aumentar esses créditos. Contudo, a possibilidade de aumentar as importações provenientes da zona UEP não foi realmente abordada e a questão da entrada de invisíveis correntes não foi suficientemente aprofundada. Optou-se pela solução que pudesse provocar a muito curto prazo uma inversão na situação cambial, sem tomar em devida conta as repercussões económicas e sociais que poderia ter. Estava assim dado o sinal para que diversos sectores profissionais ligados à exportação se lançassem numa onda de contestação, dentro da possibilidade prática de o fazer sob um regime autoritário.

O embaixador de França em Lisboa, Jacques Dumaine[1211], observador atento da situação portuguesa, descreve desta forma a reacção ao Decreto-Lei n.º 38 659: «O sobressalto e a inquietação causados pelas medidas de bloqueio sacudiram profundamente os meios de negócios de Lisboa. No Porto, onde a opinião é ainda mais crítica, a ansiedade foi acompanhada de uma viva irritação. Nos territórios ultramarinos – em Angola principalmente –, os protestos foram veementes e ainda não acalmaram»[1212]. Depois de avançar com algumas hipóteses explicativas da falta de perspicácia e de capacidade técnica do Banco de Portugal neste assunto, Dumaine interroga-se como é que Salazar se deixou arrastar para esta situação, que contraria as recomendações da UEP. Para o embaixador, Salazar «já deu, por vezes, a prova de que apesar do interesse preponderante que ele concede aos problemas económicos, abordava a solução como financeiro, apaixonado da contabilidade pública, mais do que enquanto economista». A decisão, ainda segundo o embaixador, foi tomada sem pensar maduramente em todas as suas consequências, o que é contrário à forma de actuar de Salazar[1213].

Também o embaixador britânico Sir Nigel Ronald comenta este assunto para o *Foreign Office*. Segundo ele, o Decreto-Lei 38 659 «parece ter sido uma das medidas mais mal preparadas tomadas nestes últimos anos pelo Governo português». Depois de indicar que o decreto-lei foi preparado no maior dos segredos, considera que a medida não é a melhor para resolver o problema pois é como «deitar fora o bebé com a água da banheira», pois impôs uma paragem radical de todos os carregamentos para os países da UEP, sem atender às circunstâncias específicas. O embaixador conclui indicando o seguinte: «É claro que o Governo deverá abrir

[1211] Jacques Dumaine, embaixador da França em Lisboa, de Junho de 1951 a Novembro de 1953. Ver referências biográficas no Apêndice 1.

[1212] ADMAE, S. Europe/1944-1960, S.s. Portugal, lettre n.º 271/EU, de 5 de Abril de 1952, de Jacques Dumaine, embaixador da França em Lisboa, para Robert Schuman, ministro dos Negócios Estrangeiros, f. 273, Vol. 38, d.l.: 1949-1955. [t.a.]

[1213] *Ibid.*, f. 274.

excepções a este decreto em muito grande escala para que a totalidade do comércio da zona monetária de Portugal não paralise. No entretanto, contudo, a reputação de eficiência e de senso comum do Governo receberam um abalo»[1214].

4. A Nota oficiosa da Presidência do Conselho

Poucos dias depois da publicação do Decreto-Lei n.º 38 659 e face à onde de contestações que provocou, a Presidência do Conselho manda divulgar na imprensa, no dia 10 de Março, uma longa Nota oficiosa onde explica de forma muito detalhada toda a situação que levou à publicação do decreto-lei. Nesta nota não se escamoteia nenhuma das questões anteriormente debatidas em Conselho de Ministros. Há o objectivo manifesto de clarificar a posição do Governo, de desmontar a onda de contestação, e de preparar o caminho para a redução progressiva da sua aplicação. Os título e subtítulo do *Diário de Notícias* são significativos da perturbação provocada pelo decreto-lei: «Não há motivo para alarme», «Respeitam-se as excepções a favor de mercadorias que não só não devam ver fechados os seus mercados na zona europeia, como não possam suportar a imobilização de uma parte do seu valor no Banco de Portugal». Tinha começado o processo de atenuação do decreto, que se verifica ser demasiado exigente, assim como descabido em muitas situações específicas, e anacrónico em relação aos anteriores objectivos em matéria de comércio externo.

Na Nota oficiosa, depois de se explicar com grande profusão de detalhes a situação a que se chegou, considera-se que as causas da acumulação de saldos credores se podem resumir em três pontos: «a) Desenvolvimento e valorização de algumas exportações; b) Dificuldades crescentes nas importações provenientes da UEP; c) Entrada de invisíveis

---

[1214] PRO/FO 371-101968, E. 56, E. 5/52, (Confidencial), do embaixador do Reino Unido em Lisboa para o *Principal Secretary of State for Foreign Affaires*, 4 de Março de 1952. [t.a.]

da balança de pagamentos, representando conversão de algumas moedas UEP em moeda portuguesa dadas as suas boas condições de estabilidade e convertibilidade». Impõe-se pois desviar quanto possível as exportações para fora da zona UEP, e principalmente, para a zona dólar, através da concessão de autorizações administrativas criteriosas. Para esse fim, anuncia-se na Nota oficiosa que foi criada uma Comissão, nomeada pelo Conselho de Ministros do Comércio Externo, que proporá os critérios de confirmação dos boletins de exportação das mercadorias que, ao abrigo do artigo 13.º do Decreto-Lei n.º 38 659, serão dispensadas de retenção. A Nota oficiosa anuncia que vai ser «esclarecida a situação de cada interessado por forma a que a todos sejam dadas condições de vida dentro dos interesses da economia geral do País». Logo a seguir indica que não há motivo para alarme e que a «própria manutenção da actividade do País exige, além da limitação de certas operações, a moderação do ritmo de algumas transacções comerciais cuja alta produtividade viria a ser causa indirecta das dificuldades de outras não menos dignas de atenção e apoio». Por fim, anuncia que a entrada em aplicação, a breve prazo, do primeiro Plano de Fomento em Portugal e nos Territórios Ultramarinos «tornará certamente, dentro em breve, dispensáveis as medidas tomadas para salvaguarda dos interesses gerais»[1215].

É difícil explicar com argumentos financeiros que um país com um défice comercial tão elevado dificulte desta forma as suas exportações para os seus principais mercados. Apesar da longuíssima Nota oficiosa, a questão fica em aberto, sem resposta suficiente.

5. O abrandamento das medidas de controlo e a reacção da UEP

Uma semana depois da Nota oficiosa, é publicado um Despacho do Conselho de Ministros para o Comércio Externo com a lista de produtos

---

[1215] *Diário de Notícia*, 10 de Março de 1952.

sujeitos à retenção prevista no Decreto-Lei n.º 38 659. Na realidade, abrange principalmente os produtos dos Territórios Ultramarinos e alguns, poucos, produtos de exportação portugueses como, por exemplo, o volfrâmio e a cortiça. Os produtos incluídos na lista ficam isentos de retenção quando a exportação se faça dentro dos contigentes estabelecidos pelos acordos comerciais ou, noutros produtos, até 70% dos contigentes. Todos os outros produtos não mencionados na lista ficam isentos[1216]. O Despacho do Conselho de Ministros para o Comércio Externo, esvazia significativamente o impacto do Decreto-Lei acima referido no comércio de exportação de Portugal, deixando, contudo, os produtores dos principais produtos de exportação dos Territórios Ultramarinos em situação muito delicada. O comércio externo passa a ser ainda mais controlado pelo Governo, facilitando, ou não, as exportações através do sistema de retenções. Estas retenções visam, para além do controlo do destino do fluxo das exportações, retirar disponibilidades monetárias internas, reduzindo assim o risco de inflação[1217]. Havia, efectivamente, um

---

[1216] Os principais produtos abrangidos pela retenção monetária, para além dos contigentes, são: café, sisal, manganês, cacau, farinha de peixe, diamantes, cortiça em prancha, lãs, pirites, estanho e volfrâmio. No que toca à cortiça, madeiras, amendoim e óleo de palma, entre outros, os exportadores ficam sujeitos à retenção a partir de 70% dos respectivos contigentes. Cf. Despacho do Conselho de Ministros para o Comércio Externo, *Diário do Governo*, I Série, n.º 61, de 17 de Março de 1952.

[1217] A inflação em Portugal esteve mais ou menos controlada durante este período. Entre 1948 e fins de 1951 a inflação da venda em grosso foi de cerca de 18%, um dos índices mais baixos na Europa Ocidental. Cf. WEXLER, Imanuel – *The Marshall Plan Revisited. The European Recovery Program in Economic Perspective, op. cit.*, p. 115. As estatísticas do Banco de Portugal indicam que entre 1948 (base 100) e Novembro de 1952 houve um aumento de 19% dos preços por grosso (Cf. *Relatório do Conselho de Administração, Gerência de 1952, Balanço, Documentos e Parecer do Conselho Fiscal* (Banco de Portugal), *op. cit.*, p. 49). Em relação ao índice de preços no consumidor, baixaram em 1948 e 1950. Os preços no consumidor chegaram mesmo a baixar ligeiramente entre 1948 e 1954. Ver a este propósito: CORTEZ, Ulisses – *Acção do Ministério da Economia – Agosto de 1950 a Dezembro 1954, op. cit.*, p. XIV, e NEVES, João César das e SILVA, Francisco Azevedo e – *António Pinto Barbosa: uma biografia económica, op. cit.*, Quadro 4, p. 70.

risco de inflação por causa da liquidez existente em Portugal no pós-guerra e da insuficiência de bens. A lista de mercadorias sujeitas a retenção quando exportadas para os países da UEP vai ser sucessivamente alterada por despachos do Conselho de Ministros para o Comércio Externo[1218]. Esta actuação do Governo português teve algum impacto na imprensa internacional, mas nada de muito relevante[1219]. No *The Financial Times*, o jornalista Lombard escreve a este propósito que o Decreto-Lei não interrompeu o comércio com os países da UEP, como se receou de início, mas que «a medida deve, inevitavelmente, causar algumas interferências nas exportações correntes de Portugal, o que é, evidentemente, a intenção [do Decreto-Lei]»[1220].

Em 29 de Março, o Governo publica um Decreto-Lei que estabelece o regime para a sobrevalorização que continua a verificar-se em vários produtos de exportação coloniais na tentativa de limitar os seus efeitos nos preços internos. Contudo, a evolução da situação internacional, a diminuição das exportações para a Europa e uma menor entrada de invisíveis correntes vão permitir um afrouxamento progressivo das medi-

---

[1218] O Despacho do Conselho de Ministros para o Comércio Externo, de 17 de Março de 1952, com a lista de mercadorias isentas de retenção, foi alterado por outros despachos em 27 de Maio de 1952; 5 de Setembro de 1952; 6 de Novembro de 1952; e 21 de Dezembro de 1953. Cf. XAVIER, Alberto – *Portugal e a Integração Económica Europeia*, *op. cit.*, nota 13, p. 84-85.

[1219] Nomeadamente nos jornais *La Libre Belgique* e *Le Soir*, de 11 de Março de 1952, e no *Il Globo*, de 16 de Março de 1952. Este último marca num artigo intitulado «Anche il Portogallo cerca di riequilibrare la propria posizione», que a medida «suscitou uma viva reacção no clima comercial e, principalmente, de Angola e de Moçambique». [t.a.]

[1220] *The Financial Times*, de 5 de Abril de 1952. [t.a.] Segundo o embaixador britânico Sir Nigel Ronald, numa análise *a posteriori*, «Muitas das exportações comerciais portuguesas poderiam ter sido irremediavelmente prejudicadas pelo remédio apressado e drástico caso não se tivesse alterado quase de imediato [a medida] de modo a excluir um número importante de exportações e, em caso algum, incluir as mercadorias cobertas pelas quotas dos tratados comerciais». [t.a.] PRO/FO 371-107630, n.º 1 (Confidencial), «Portugal: 1952», de Sir Nigel Ronald, embaixador do Reino Unido em Lisboa, para Anthony Eden, ministro dos Negócios Estrangeiros, de 2 de Janeiro de 1953.

das excepcionais que foram tomadas pelo Governo. No início do segundo trimestre de 1952 assiste-se a uma clara inversão da tendência. Nessa altura desloca-se a Portugal, a pedido do Governo português, uma delegação do *Comité d'Administration* da UEP para estudar a situação portuguesa[1221]. A partir desta altura, os saldos credores de Portugal na UEP entram numa fase decrescente, como se pode verificar no gráfico que se segue (1950-1953).

Gráfico 7: Posição cumulativa de Portugal na UEP (1950-1953) (milhões de u.c./dólares)

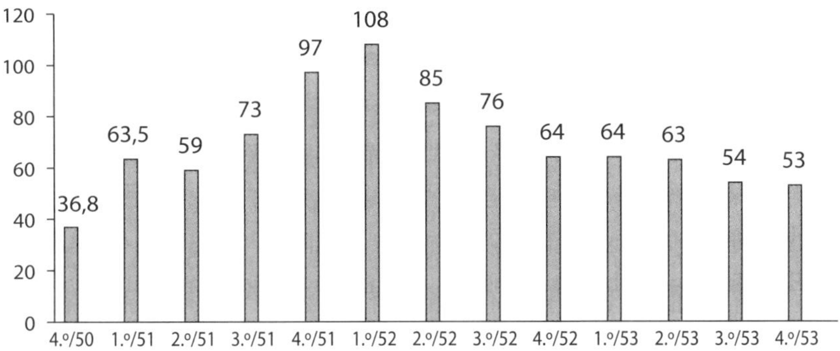

Fonte: Relatórios do Banco de Portugal, gerências de 1951 a 1953, *op. cit.*, dados arredondados; *Rapports Annuels du Comité de Direction da UEP*, Primeiro a Quarto, Julho de 1950 a Junho de 1954, ou XAVIER, Alberto Pinheiro – *Portugal e a Integração Económica Europeia*, *op. cit.*, p. 87.

No Segundo Relatório Anual do Comité de Direcção da UEP (1 de Julho de 1951 a 30 de Junho de 1952) está claramente indicado que a posição da UEP é de que as medidas mais adequadas para reduzir os excedentes de Portugal passam por uma maior liberalização das importações, tanto em Portugal como nos Territórios Ultramarinos, um maior

[1221] Cf. «Quatrième Rapport d'activité de l'OECE- Annexe V (Deuxième Rapport annuel du Comité de l'Union Européenne de Paiements)» in ACCE – *Documents*, tome II, deuxième partie. Estrasburgo: Conseil de l'Europe, p. 630. Esta missão, segundo Sir Nigel Ronald, teve como tarefa essencial «apoiar as autoridades portuguesas a detectar as transferências que não estiveram em relação com transacções comerciais correntes e que estão, aparentemente, a contribuir para um superavit inoportuno». [t.a.] PRO/FO 371-107630, n.º 1 (confidencial), «Portugal: 1952», *op. cit.*.

controlo das operações comerciais e financeiras (nomeadamente para evitar reexportações de produtos dos Territórios Ultramarinos), e facilidades de crédito para os importadores. Depois de se referir as medidas tomadas pelo Governo português para reduzir os excedentes, o Relatório da UEP faz o seguinte balanço da situação: «Todas estas medidas tiveram por efeito reduzir significativamente as exportações, acentuar os défices sazonais de que sofre geralmente Portugal nos segundo e terceiro trimestres do ano e reduzir o excedente contabilístico cumulativo, que passou de 115 milhões de u.c. em 22 de Fevereiro, para 88 milhões de u.c., em 30 de Junho de 1952»[1222]. No *Troisième Rapport Annuel du Comité de Direction* da UEP (1 de Julho de 1952 a 30 de Junho de 1953), está indicado que a diminuição dos excedentes cumulativos para valores abaixo da quota atribuída a Portugal (70 milhões de u.c.) se deve essencialmente à diminuição das exportações ultramarinas para a zona da UEP, em consequência da «estabilização económica surgida desde 1952 (redução da procura e dos preços das matérias-primas)» e de uma redução das entradas de capitais em Portugal, «resultando, nomeadamente, de uma restauração da confiança monetária e política na maior parte dos países membros»[1223].

V. A questão da Bélgica e a ameaça portuguesa

No Conselho de Ministros do Comércio Externo, de 2 e 5 de Maio de 1952, a redução da posição credora é reconhecida e, apesar de se apelar à prudência, considera-se oportuno «dar elasticidade à execução» do decreto-lei sobre as retenções a proceder nas exportações para os países da UEP[1224].

[1222] UEP – *Deuxième Rapport Annuel du Comité de Direction*. (1 juillet 1951-30 juin 1952), Paris: OECE, 1952, p. 32. [t.a]

[1223] UEP – *Troisième Rapport Annuel du Comité de Direction*. (1 juillet 1952-30 juin 1953), Paris: OECE, 1952, p. 53-54. [t.a]

[1224] ANTT/AOS/CO/PC-74, Súmula das resoluções tomadas no Conselho de Ministros do Comércio Externo, de 2 e 5 de Maio de 1952, f. 60.

Poucos dias depois, vai surgir uma questão que se vai agudizar e questionar a própria manutenção de Portugal na UEP. Efectivamente, face aos volumosos e permanentes saldos credores da Bélgica, a UEP decide aumentar a sua quota em 86 milhões de u.c. e aceder ao pedido da Bélgica de não reversibilidade do pagamento em ouro (a não reversibilidade significa que o ouro passava para a posse definitiva do país, integrando as reservas do banco central). Estava a chegar ao seu termo o prazo de vigência do acordo da UEP e a sua prorrogação estava a ser estudada sobre bases mais estáveis. Havia países fortemente devedores, como a França, Reino Unido, Turquia, Grécia e Áustria, e países fortemente credores, como a Bélgica-Luxemburgo, República Federal da Alemanha, Itália, Holanda, Portugal, Suécia e Suíça[1225]. O sistema estava bastante desequilibrado e torna-se necessário efectuar um ajustamento que possibilitasse a continuação da UEP e o nível elevado das trocas comerciais na zona da OECE. Alguns países credores já estavam a restringir as suas exportações e isso poderia ter repercussões no comércio intraeuropeu. Efectivamente, a UEP não estava a impedir que as balanças comerciais se mantivessem estruturalmente desequilibradas.

A Bélgica, tendo ultrapassado em muito a quota que lhe foi atribuída, no sentido credor, exige que seja estipulada a não reversibilidade do ouro que possui na UEP. Esta situação, que Portugal não contesta, vai gerar uma tensão extrema. A OECE não pretende alargar este tratamento especial a outros países em situação de credores excedentários. Apesar de Portugal compreender a especificidade da situação da Bélgica, sente-se discriminado e vai iniciar um processo de contestação. O Conselho de Ministros do Comércio Externo, de 2 de Junho de 1952, toma posição sobre o assunto e considera que se deve manter «o princípio de tratamento não discriminatório a todos os países credores excedentários»[1226]. Já em Paris,

---

1225 OECE, Communiqué de Presse, Tableau II, Presse A(52)89, s.d., p. 5.

1226 ANTT/AOS/CO/PC-74, Súmula das resoluções tomadas no Conselho de Ministros do Comércio Externo, de 2 de Junho de 1952, f. 96.

Portugal tinha emitido as suas reservas ao relatório da Comissão de Administração da UEP, que ia no sentido de um tratamento especial a favor da Bélgica. Nessa altura, Portugal expôs todos os «sacrifícios» causados pelas medidas com vista à redução da posição credora portuguesa e os resultados obtidos. «Em face disso Portugal não pode deixar de opor-se a qualquer medida discriminatória entre os credores excedentários». A razão avançada é a de que as restrições ao comércio estão intimamente ligadas à necessidade de limitar o crédito a conceder à UEP, pelo que o Governo português «não se sente moralmente autorizado a concordar com soluções que importem renúncia a uma igualdade de tratamento para todos os credores excedentários e, portanto, a amortizações ou pagamentos de que possa resultar mais rápida diminuição do mesmo crédito e, em consequência, mais pronto levantamento de restrições»[1227].

Em Paris, Ruy Guerra e Marcello Mathias encontram-se na primeira linha da defesa dos interesses portugueses. No dia 19 de Junho, Ruy Guerra telefona e telegrafa para Costa Leite, ministro da Presidência, e relata as conversas havidas com o Comité de Direcção da UEP. A situação da Bélgica é considerada como excepcional, por ser de carácter estrutural. Em relação a Portugal, a posição cumulativa é entendida pela UEP como sendo puramente conjuntural. Caso a UEP cedesse às pretensões portuguesas em matéria de não reversibilidade do ouro, isso poderia levar a que outros países, nomeadamente a Itália e a Suíça, também o exigissem; o que seria muito difícil de gerir pela UEP. De qualquer forma, segundo Ruy Guerra, a UEP considera que a não reversibilidade do ouro concedida à Bélgica é «platónica» porque a UEP «não pode ter esperança [de] reaver [o] ouro». Para a UEP, Portugal devia ficar dentro da quota e suplementos já estabelecidos. Face à recusa da UEP em aceitar as propostas portuguesas em matéria de garantia de liquidação, Ruy Guerra indica a Ellis Roos, do Comité de Direcção da UEP, que se vê na obrigação de vir a recusar a aprovação do relatório final da UEP quando este for submetido ao Conse-

---

[1227] *Ibid.*, f. 102.

lho da OECE. Roos respondeu, ainda segundo Guerra, que o Comité de Direcção «não pode ser intimidado por uma ameaça de voto». Guerra propõe a Costa Leite, que está a acompanhar o assunto na Presidência do Conselho, que se reduzam as pretensões portuguesas até onde for julgado possível e se apresente uma posição final. Para Guerra, a posição de Portugal é muito delicada, pois em caso de veto português os outros países podem arrastar o desacordo até ao dia 30 de Junho, termo do acordo; o que provocaria a liquidação automática da UEP. Logo a seguir, poderiam reconstituir a UEP já sem a participação de Portugal[1228]. Esta situação constituiria praticamente uma expulsão, e não interessava em nada a Portugal, visto, para além de outras razões, não poder reduzir os enormes créditos que possuía sobre a UEP, que passariam a ficar consolidados e bilaterais.

Nesse mesmo dia reúne-se o Conselho de Ministros do Comércio Externo onde é debatida a questão. As informações provenientes de Paris são analisadas. É referido que «todas as delegações se manifestam contra as reivindicações portuguesas», com base na especificidade da situação belga e do carácter conjuntural da situação portuguesa e «na transigência da Itália cuja situação é comparável à de Portugal». O Conselho de Ministros avança com a possibilidade de a generalidade dos países membros da UEP ter recusado as propostas portuguesas em virtude «do reduzido valor relativo dos interesses portugueses em causa, [do] conceito formado acerca da solidez e estabilidade financeira de Portugal, e [da] convicção de que não deixará de transigir perante uma recusa geral de aceitação dos seus pontos de vista». Considera, igualmente, que a solução encontrada para o caso belga prejudica os outros países, nomeadamente Portugal, sem que o país tivesse sido consultado para o efeito. A questão não tem só implicações de ordem material mas também de «aspectos morais,

---

1228 AHDMNE, RQE, OECE-UEP, telegrama n.º 133, de 19 de Junho de 1952, da Embaixada de Portugal em Paris (Delegação na OECE) para o ministro dos Negócios Estrangeiros (Paulo Cunha), M.16, d.l.: 1950-1952.

jurídicos e políticos», nomeadamente a «posição moral perante os exportadores portugueses em vista das restrições impostas para redução dos [...] créditos na UEP». Nestas condições, a posição do Governo português a transmitir a Ruy Guerra é a de que se devem dar por concluídas as discussões com a UEP e remetê-las para o Conselho da OECE, a nível dos representantes. Já no seio do Conselho deve insistir na posição anteriormente definida, podendo transigir-se em relação à parte do ouro não reversível mas não em relação «à fixação das condições de reembolso do crédito apurado em 30 de Junho compreendendo um pagamento em Julho calculado em base rascável». A posição final é a de que no «caso de recusa total de qualquer satisfação às reivindicações portuguesas» o Governo não votará o acordo para a prorrogação da UEP. Paralelamente, ficou estabelecido que, em caso de necessidade, se fariam diligências junto dos Governos dos EUA, do Reino Unido, da França e da Holanda (o que será efectuado pouco depois)[1229].

Com estas instruções em mão, Ruy Guerra vai prosseguir as suas diligências em Paris. De forma a dar mais força às reivindicações portuguesas, é enviado um Telegrama-Circular, pelo ministro Paulo Cunha, aos embaixadores portugueses em Washington, Londres e Paris, explicando a situação e pedindo compreensão e auxílio dos governos relativamente à posição portuguesa. O ministro indica que a posição «é firme» e que só se aceita uma solução em que, para além das medidas especiais em relação à Bélgica, que Portugal compreende e aceita, «se dê alguma satisfação às justas reivindicações do Governo português»[1230].

Após se terem efectuado as diligências solicitadas pelo ministro, e graças à acção de Ruy Guerra em Paris, chegou-se a um acordo no Conselho da OECE, a nível dos representantes dos ministros, exactamente no último

---

1229 ANTT/AOS/CO/PC-74, Súmula das resoluções tomadas no Conselho de Ministros do Comércio Externo, de 19 de Junho de 1952, f. 125-127.

1230 AHDMNE, RQE, OECE-UEP, telegrama-circular n.º 22, em 24 de Junho de 1952, do ministro dos Negócios Estrangeiros (Paulo Cunha) para as embaixadas de Portugal em Londres, Washington, Paris e Haia, M.16, d.l.: 1950-1952.

dia do acordo da UEP. A Decisão do Conselho relativa à posição de Portugal na UEP, datada de 30 de Junho, dá uma satisfação parcial ao pedido português. Foi considerado que Portugal tinha ultrapassado a sua quota em 15 milhões de u.c. e 40% deste montante corresponde a uma atribuição de ouro.[1231] Por acordo com a Comissão de Administração da UEP, não mencionado na Decisão do Conselho, 50% desse ouro é considerado como tendo sido atribuído a Portugal com carácter não reversível, ou seja, 3 milhões de u.c.[1232]. À Bélgica, nesta mesma altura, foram atribuídos 322,9 milhões de u.c. de ouro não reversível[1233]. Também ficou decidido que, no que concerne Portugal, até a uma posição cumulativa de 55 milhões de u.c. para além da quota, passava-se a efectuar a liquidação em partes iguais de crédito e de ouro. Proporção também utilizada para os restantes países excedentários[1234].

[1231] Na Decisão do Conselho estão indicados os seguintes números: 14 994 milhões de u.c., e as percentagens são, respectivamente, 39 996% e 60 004%. Cf. OECE – Communiqué de Presse sobre a Decisão do Conselho da OECE, de 30 de Junho de 1952, s.d., Presse/A(52)47, p. 2. Em 30 de Junho de 1952, Portugal já tinha ultrapassado a quota em 18 milhões de u.c.. Cf. «Quatrième Rapport d'activité de l'OECE-Annexe V (*Deuxième Rapport Annuel du Comité de l'Union Européenne de Paiements*)» in ACCE – *Documents*, tome II, deuxième partie. Estrasburgo: Conseil de l'Europe, p. 620.

[1232] A razão de ser deste cálculo é explicada por Costa Leite da seguinte forma: como a posição cumulativa da Bélgica é de 788 milhões de u.c. e o seu aumento de quota foi de 86 milhões de u.c., estabelece-se uma proporção (arredondada) de 9,2 para 1. A mesma proporção é utilizada para a posição cumulativa portuguesa, que foi estimada em 85 milhões de u.c.. Se dividirmos esta posição cumulativa pelo factor 9,2, dá-nos 9,24, o que foi arredondado para 9. Como a ultrapassagem da quota foi de 15 milhões de u.c., se retirarmos 9, temos 6 milhões, dos quais são considerados 50% para a parte do ouro não reversível., ou seja, 3 milhões de u.c.. Cf. ANTT/AOS/CO/PC-74, Súmula das resoluções tomadas no Conselho de Ministros do Comércio Externo, de 9 de Julho de 1952, f. 128. No *Deuxième Rapport* da UEP está marcado o seguinte: «Em relação a Portugal, a União renuncia a recobrar 3 milhões de dólares sobre o ouro já atribuído a Portugal a título dos excedentes registados para além da quota por este país, cuja posição contabilística cumulativa é reduzida consequentemente». UEP – *Deuxième Rapport Annuel du Comité de Direction*, *op. cit.*, p. 45.

[1233] OECE – Communiqué de Presse, Tableau II, s.d., Presse/A(52)89, p. 5. [t.a.]

[1234] Os excedentários são: União económica belgo-luxemburguesa, Itália, Portugal, e Suíça. No caso de Portugal, estão previstos 52 milhões de u.c., que podem passar a 55 milhões (num total de 612,2 a 615,2 milhões de u.c.. Cf. UEP – *Deuxième Rapport Annuel du Comité de Direction*, *op. cit.*, p. 46.

A pedido de Costa Leite, o ministro Paulo Cunha envia por telegrama para Paris para Ruy Guerra, chefe da Delegação portuguesa, os poderes necessários para assinar em nome de Portugal o protocolo relativo à prorrogação da UEP[1235].

Três dias depois do Conselho da OECE, e face a informações inexactas veiculadas por uma agência noticiosa, é publicada na imprensa portuguesa uma Nota oficiosa do Secretariado Nacional da Informação acerca da posição de Portugal na UEP. Nesta Nota faz-se um brevíssimo relato da situação e indica-se que a UEP propôs «a redução da posição credora portuguesa além da quota por atribuição definitiva de ouro escriturado em nome de Portugal pelos excedentes previstos para 30 de Junho, deduzidos estes de percentagem igual à da redução que para os do outro credor resulta do aumento da quota que consentiu»[1236].

Em Conselho de Ministros do Comércio Externo, no dia 9 de Julho, a questão foi debatida e é assinalado que a solução proposta pelo Comité de Direcção da UEP[1237] «foi aceite sem discussão» pelo Conselho da OECE e dá a Portugal «uma satisfação de ordem moral, alguma compensação material, e firma-se em certo paralelismo com a situação belga, pelo que se julgou dever aceitá-la sem prolongar a discussão no Conselho». É referido o apoio dado pelo representante dos EUA junto da OECE e pelo seu secretário-geral, Robert Marjolin[1238]. No termo da discussão, Costa Leite lamenta-se por não se «ter conseguido mais» e Paulo Cunha, com a concordância do Conselho, manifesta-se «no sentido de ser satisfatória a

---

[1235] AHDMNE, RQE, OECE-UEP, Ofício n.º 24 475, do ministro da Presidência, Costa Leite, para o ministro dos Negócios Estrangeiros, Paulo Cunha, datado de 30 de Junho de 1952, M. 16, d.l.: 1950-1952.

[1236] «Nota oficiosa do Secretariado Nacional da Informação, publicado na Imprensa em 3 de Julho de 1952, acerca da posição de Portugal na União Europeia de Pagamentos» in *Boletim Interno do Ministério dos Negócios Estrangeiros*. n.º 12, 3.º trimestre de 1952, p. 3.

[1237] O Comité de Direcção da UEP era composto por sete membros, escolhidos como peritos independentes.

[1238] Robert Marjolin, secretário-geral da OECE, de Abril de 1948 a Novembro de 1954. Ver referências biográficas no Apêndice 1.

solução»[1239]. Entretanto, em 13 de Outubro de 1952, o Comité de Direcção da OECE decide fazer aplicar uma Recomendação do Conselho de Ministros (de 14 de Novembro de 1951) no sentido de não serem reexportados os produtos portugueses, em virtude de o país ser fortemente creditício[1240].

VI. A questão da UEP e a situação económica em Portugal

1. A posição do Governo português em relação à prorrogação da UEP

Quando se coloca a questão da prorrogação do acordo da UEP, o assunto vai ser debatido num Conselho de Ministros do Comércio Externo, em que esteve presente Salazar, no dia 18 de Março de 1953[1241]. Pretende-se neste Conselho de Ministros definir concretamente a posição portuguesa a transmitir na reunião do Conselho da OECE, a nível ministerial, que se vai realizar nos dia 23 e 24 de Março. Uma das questões que está subjacente à prorrogação da UEP é a vontade manifestada pelo Reino Unido de avançar, de novo, para a convertibilidade externa da libra esterlina; o que pode ter como consequência a sua saída da UEP. Ora, para Portugal, uma eventual saída do Reino Unido pode ter graves consequências, pois trata-se do seu principal parceiro comercial na Europa. Na sua intervenção, Salazar

---

1239 ANTT/AOS/CO/PC-74, Súmula das resoluções tomadas no Conselho de Ministros do Comércio Externo, de 9 de Julho de 1952, f. 129.

1240 Esta recomendação também se aplica aos países do Benelux, Itália, Suíça e República Federal da Alemanha. AHDMNE, RQE, OECE-UEP, Informação de Serviço, da autoria de Júlio Salcedas, de 5 de Novembro de 1952, M. 16, d.l.: 1950-1952.

1241 É curioso assinalar que, muito provavelmente por esquecimento, em Setembro de 1952 ainda não tinha sido ratificado o Acordo sobre o estabelecimento da UEP, assim como o Protocolo Adicional. O Ministério dos Negócios Estrangeiros foi alertado, em 18 de Setembro de 1952, para esta situação. Cf. AHDMNE, RQE, OECE-UEP, Informação de Serviço intitulada «União Europeia de Pagamentos», da autoria de Bastos Vilela, de 24 de Setembro de 1952, M. 16, d.l.: 1950-1952.

manifesta «as suas dúvidas e receios» quanto ao possível restabelecimento da convertibilidade da libra esterlina. Receia que o Reino Unido, tal como aconteceu anteriormente, se lance numa convertibilidade de uma forma precipitada e, depois, não a possa manter. Tanto mais que «a convertibilidade sem liberalização correspondente do comércio externo perde grande parte do seu significado».

Quanto à UEP, o Presidente do Conselho é muito claro na sua tomada de posição:

> «A UEP, embora imperfeitamente, conseguiu uma comunicabilidade entre mercados monetários europeus cujas vantagens são inegáveis. É de desejar se mantenha enquanto se não dispuser de outro meio decididamente mais perfeito e completo para assegurar uma convertibilidade mais larga às moedas europeias. Por isso parece dever pugnar-se pela continuação do acordo da UEP por um período suficientemente longo para que a política dos participantes não seja dominada pela hipótese de dissolução»[1242].

Continuando a sua intervenção sobre a UEP, Salazar estima que o acordo deveria ser prorrogado por dois anos, com um pré-aviso de um ano para a retirada de qualquer dos Estados-membros. Também considera que é prematuro qualquer aumento de quota e que a situação se poderá resolver, como tem sido feito até à data, através de suplementos temporários. Apesar de Portugal não ser membro do Fundo Monetário Internacional, considera como vantajosa a colaboração com esta organização internacional. Avança mesmo com a ideia de se transferir para o Fundo Monetário Internacional «posições devedoras persistentes a fim de refazer-se na UEP as margens de crédito de certos países»[1243].

[1242] ANTT/AOS/CO/PC-74, Súmula das resoluções tomadas no Conselho de Ministros do Comércio Externo, de 18 de Março de 1953, f. 412-413.

[1243] *Ibid.*, f. 413.

No Conselho de Ministros ficou decidido que se devia aprovar o acordo de prorrogação da UEP, marcando-se a preferência por dois anos com a possibilidade de um membro se retirar mediante um pré-aviso de um ano. Para representar Portugal no Conselho da OECE foram designados pelo Conselho de Ministros, sob proposta de Salazar, o ministro Costa Leite e o subsecretário de Estado do Tesouro, Pinto Barbosa.

Em entrevista ao *Diário de Notícias*, Costa Leite mostra-se muito favorável à UEP que, segundo ele, permite uma «convertibilidade restrita» das moedas dos países participantes. Renova, também, a sua preferência pela multilateralidade das liquidações e refere que a UEP permitiu o acréscimo do volume de produção e das trocas comerciais dos países membros. Mostra-se muito inquieto de um eventual desaparecimento da UEP num momento em que não é possível um sistema de convertibilidade geral. Reconhece, contudo, que uma convertibilidade geral asseguraria uma comunicabilidade entre a zona europeia e a zona dólar, o que tornaria a UEP «inútil»[1244].

No próprio dia da publicação da entrevista, o embaixador francês Jacques Dumaine escreve o seguinte: «Quando chegar o momento de reencontrar a convertibilidade das moedas, Portugal apresentará todas as condições requeridas que lhe permitam tal decisão. A solidez e o crédito que goza a moeda portuguesa, considerada como uma moeda forte, o desenvolvimento do comércio da metrópole e dos seus Territórios Ultramarinos, o equilíbrio da balança de pagamentos, a estabilidade financeira do Estado são tantas condições, mais do que suficientes, que permitirão a Portugal passar sem problemas da fórmula actual para fórmulas mais amplas de liquidação e de convertibilidade monetária»[1245].

No Conselho de Ministros do Comércio Externo, a seguir ao regresso de Costa Leite e Pinto Barbosa de Paris, no dia 15 de Abril, é feito o relato

---

[1244] *Diário de Notícias*, de 3 de Abril de 1953.

[1245] ADMAE, S. Europe/1944-1960, S.s. Portugal, lettre n.º 316/DE de 3 de Abril de 1953, de Jacques Dumaine, embaixador da França em Portugal para Georges Bidault, ministro dos Negócios Estrangeiros, f. 343-344, Vol. 41, d.l.: 1949-1955.[t.a.]

do que se passou na reunião da OECE, relativamente à prorrogação do acordo da UEP e à liberalização. Ficou decidido em Paris que o acordo relativo à UEP seria prorrogado por um ano. A pedido do Reino Unido, o Conselho da OECE decidiu poder rever o prazo a pedido de um dos seus membros[1246]. Quanto à liberalização, o Reino Unido, depois de anunciar que passava a liberalizar as importações em 58%, pediu aos países credores na UEP um esforço no sentido da liberalização. Neste Conselho da OECE, a situação da França foi particularmente focada, tendo sido aprovada uma resolução a recomendar aos Estados membros, e em especial aos países em situação credora em relação à UEP, para «estudarem a possibilidade de um reforço especial para aumento da liberalização». No que toca a Portugal, a posição do Conselho de Ministros é a de que em Portugal não se pode ir mais além no esforço de liberalização já efectuado e que nos Territórios Ultramarinos este esforço «não poderá deixar de ser muito reduzido para não afectar a produção metropolitana»[1247].

Em princípios de 1953, Portugal encontra-se numa fase de redução da sua posição credora em relação à UEP. Apesar de constatar que a UEP revela alguns problemas importantes, o Governo português deseja que esta se mantenha por um período longo enquanto não for substituída por outro sistema melhor. As tentativas britânicas de convertibilidade externa da libra esterlina são vistas com muito cepticismo, porque, por um lado, podem pôr em causa a UEP e, por outro, não se considera viável a breve

---

[1246] Esta condição não tem efeitos práticos, visto ser necessária a unanimidade dos membros da OECE para alterar as disposições do acordo.

[1247] ANTT/AOS/CO/PC-74, Súmula das resoluções tomadas no Conselho de Ministros do Comércio Externo, de 15 de Abril de 1953, f. 421. No que toca à liberalização das importações em proveniência dos países da UEP, convém referir que Portugal, apesar de ter cumprido as suas obrigações em matéria de liberalização, continuava a acusar uma posição credora bastante considerável. No mês Dezembro de 1952, o Conselho da OECE adopta uma Recomendação em que exorta certos países credores, incluindo Portugal – apesar de reconhecer que os países cumpriram as suas obrigações – a procurar medidas adicionais de liberalização de forma a fomentar as importações. OECE – Communiqué de Presse, Press/A(52)88, de 9 de Dezembro de 1952.

prazo. O Governo português reconhece abertamente que a UEP trouxe grandes vantagens ao comércio intraeuropeu. A posição assumida pelo Governo português, em Junho de 1952, relativamente ao tratamento especial dado ao caso da Bélgica, tem a ver com a não aceitação de atitudes discriminatórias e com a grande preocupação em relação ao acumular de créditos, que tomava proporções verdadeiramente descabidas para um país tão pobre como Portugal. Globalmente, pode considerar-se que o país reconheceu amplamente as vantagens do sistema instituído através da UEP, apesar de todos os seus problemas.

2. A situação económica portuguesa segundo a OECE

A posição da OECE, manifestada ao longo dos seus relatórios, sobre a situação económica de Portugal é a de que o país tem a possibilidade financeira para incrementar o consumo e o investimento. No seu estudo *Perspectives de l'Economie Europénne. Expansion économique – Balance Dollar*, de Dezembro de 1952, no capítulo sobre Portugal, indica que o «fraco desenvolvimento da produção e, em particular, da produção industrial no decurso dos últimos anos reflecte a estagnação da procura efectiva». Esta situação é provocada, segundo o estudo, pelas reticências dos privados em relação aos investimentos produtivos. Nestas circunstâncias, o Estado deve substituir-se aos privados. A recomendação do estudo da OECE é a seguinte: «Uma expansão económica mais rápida pode ter lugar sem perigo para a estabilidade financeira interna. Por outro lado, as importações adicionais que ela tornaria necessária poderiam ser suportadas pela balança de pagamentos correntes. Por fim, o aumento dos investimentos constitui a única solução do problema colocado pelo subemprego na indústria e, sobretudo, na agricultura»[1248].

[1248] OECE – *Perspectives de l'Economie Européenne. Expansion économique-Balance Dollar*. Paris: OECE, décembre 1952, p. 332-333. [t.a.] Estes conselhos já estavam a ser equacionados,

Efectivamente, os investimentos totais entre 1949 e 1953, em média, representaram 12,4% dos recursos disponíveis, o que constitui uma taxa relativamente baixa num país subdesenvolvido onde existem excedentes muito substanciais nas contas públicas e uma grande estabilidade financeira e monetária[1249]. Parece claro que a minoria mais abastada da população revela uma forte «propensão à liquidez». Os depósitos a prazo só constituíram 5,6% dos depósitos dos bancos comerciais e caixas económicas entre 1949 e 1953[1250].

Ao longo dos anos a OECE vai mantendo intacta a sua posição em relação à situação da economia portuguesa. Os estudos efectuados pela OECE baseiam-se, obviamente, em estatísticas nacionais e confirmam algumas das análises já efectuadas em Portugal[1251]. Como indica Eurico Colares Vieira, num artigo da *Revista de Economia* de 1954, estes relatórios da OECE têm para além da sua autoridade e independência, o mérito de desfazer a ideia que Portugal é «um país pobre e irremediavelmente desfavorecido pela natureza», pelo que «urge utilizar para um movimento

---

parcialmente, no trabalho preparatório para o I Plano de Fomento (1953-1958). As bases para a execução do I Plano de Fomento foram estabelecidas através da Lei n.º 2 059, de 29 de Dezembro de 1952. É curioso assinalar que alguns meses depois o Conselho Económico adoptou uma Resolução em que se procura, sempre que possível, dar preferência às empresas nacionais nas aquisições e trabalhos a efectuar por via do Plano de Fomento. Nessa Resolução considera-se que «é mister assegurar à mão-de-obra nacional todas as possíveis oportunidades de emprego útil, quer em indústrias já instaladas quer em novos empreendimentos industriais». ANTT/AOS/CO/PC – 49A, Anexo à súmula do CEF/53/10, do Conselho Económico de 21 de Outubro de 1953, f. 67. Nesta Resolução está claramente indicada a preferência, sob certas condições, a conceder aos técnicos, aos empreiteiros, e pessoal portugueses, assim como ao material, equipamentos e transportes nacionais. *Ibid.* f. 68-72.

1249 PEREIRA, A. Ramos – «A situação portuguesa no VI Relatório da OECE» in *Revista de Economia*. Vol. VII, Fascículo IV, Dezembro de 1954, p. 101. A relação percentual entre investimento bruto e o PNB em 1952 foi de 13% em Portugal e de 18% no conjunto dos países da OECE. Cf. VIEIRA, Eurico Colares – «A Economia Portuguesa e a OECE» in *Revista de Economia*, Vol. VIII, Fascículo III e IV, Setembro – Dezembro de 1955, p. 101.

1250 Cálculos efectuados a partir dos dados do Quadro II de VIEIRA, Eurico Colares, *op. cit.*, p. 105.

1251 *Ibid.*, p. 94.

de expansão económica os meios materiais de que se dispõe, antes que os mesmos se volatilizem». É necessário «caminhar mais depressa e mais direito ao fim da [...] reabilitação económica». Em seguida, o mesmo autor sintetiza as principais características da economia portuguesa que chamam à atenção da OECE ao longo das suas análises anuais. Essas características da economia portuguesa são as seguintes:

> «a) Rápido crescimento demográfico (1,2% por ano), facto que tende a aumentar o excedente de mão-de-obra em geral e a tornar mais agudo o problema de um importante e permanente subemprego da mão-de-obra agrícola; b) Baixo nível de vida, correspondente a um baixo rendimento «per capita» (cerca de 190 dólares por ano) e correlativo de uma sensível desigualdade na distribuição dos rendimentos, a qual deverá ter-se acentuado nos últimos anos; c) Elevada propensão ao consumo da grande maioria da população e estagnação da procura efectiva; d) Fraco espírito de empresa, revelando a minoria abastada da população uma alta propensão ao entesouramento e, por consequência, baixa propensão ao investimento; e) Imperfeição do sistema de crédito, especialmente do crédito a médio e longo prazos, o que não encoraja nem favorece o investimento privado; f) Hipertrofia relativa do sector das «actividades terciárias», principalmente do sector comercial, com influência deprimente, a longo prazo, sobre o nível de vida; g) Lentidão do desenvolvimento económico na ausência de um impulso exterior, predominando desta forma a procura externa na variação do produto nacional bruto; h) Estabilidade financeira interna e solvabilidade exterior»[1252].

Ainda segundo Eurico Colares Vieira, a OECE considera que é possível «acelerar o ritmo da expansão económica» com os recursos existentes, em virtude de haver importantes excedentes nos orçamentos, capacidades de tributação não exploradas, moeda estável, uma grande liquidez no merca-

---

[1252] *Ibid.*, p. 95.

do de capitais que não está a ser utilizada pelo Estado, uma balança de pagamentos equilibrada e um alto nível de reservas de ouro e divisas. Aconselha-se, por conseguinte, o Governo português a fomentar o crescimento e o desenvolvimento económico utilizando os meios materiais existentes[1253].

Na realidade, está já em curso, desde 1952, a preparação do I Plano de Fomento (1953-1958), que irá dar algumas respostas parciais às recomendações da OECE. Portugal vai entrar nesta altura numa longa fase de crescimento económico[1254].

3. O comércio externo de Portugal e a aproximação comercial à Europa

Apesar de ter havido uma liberalização quase total das importações provenientes dos países da OECE e dos seus territórios coloniais, em matéria de restrições quantitativas, subsistiu a questão dos direitos de importação. Efectivamente, Portugal deseja absolutamente manter um grau de protecção muito elevado em relação aos produtos que podem fazer concorrência às produções nacionais[1255]. No que diz respeito aos produtos que o país carece, obviamente, as taxas são bastante mais baixas. Para além disso, os direitos de importação representam uma fonte muito

---

[1253] Cf. *Ibid.*, p. 95. Neste artigo, Eurico Colares Vieira comprova, ponto por ponto, o fundamento das recomendações da OECE. *Ibid.*, p. 95-156.

[1254] O crescimento económico em Portugal foi, em média anual, de 3,1% entre 1947 e 1951, de 4,2% entre 1951 e 1957, de 5,5% entre 1957 e 1965, e de 7,2% entre 1965 e 1973. A partir de 1951 o crescimento mais importante deu-se nos sectores da Indústria e dos Serviços (entre 4,9 e 8,6%). O sector da Agricultura teve nesse período um crescimento muito fraco (entre 0,6 e 1,3%). Cf. LAINS, Pedro – *O Estado e a industrialização em Portugal, op. cit.*, Quadro 2, p. 936 (cit. BARDINI *et al.*).

[1255] Por exemplo: os direitos de importação dos tecidos varia nesta altura entre 67 e 140% do seu valor inicial. Cf. ROSAS, João Dias – *O Movimento Económico Europeu: Suas Incidências na Economia Portuguesa, op. cit.*, Mapa IX da p. 119.

significativa das receitas ordinárias do Estado, como podemos observar no quadro que se segue[1256].

Quadro 23: A importância dos direitos de importação nas receitas ordinárias do Estado

Anos	Percentagem dos Direitos de Importação nas Receitas Ordinárias do Estado
1945	15,3%
1946	22,3%
1947	26,3%
1948	23,1%
1949	21,9%
1950	21,7%
1951	22,6%
1952	23,8%
1953	20,4%

Fonte: Dados das Contas Gerais do Estado e das Estatísticas das Finanças Públicas sistematizados in MARQUES, Alfredo – *Política Económica e Desenvolvimento em Portugal, 1926-1959. As Duas Estratégias do Estado Novo no Período de Isolamento Nacional*. Lisboa: Livros Horizonte, 1988, Quadro 2, p.180.

No que toca aos restantes direitos alfandegários (direitos de exportação e outros impostos alfandegários) eles representaram entre 9 e 13% das receitas ordinárias do Estado entre 1945 a 1953[1257].

No que concerne a evolução do peso do comércio externo na economia portuguesa após a Segunda Guerra Mundial, podemos considerar que, apesar de ter sofrido algumas oscilações, esse peso pode ser considerado como muito importante. No quadro que se segue estão sintetizados os principais indicadores sobre o comércio externo de Portugal (estrangeiro e Territórios Ultramarinos) e o seu peso na economia nacional.

[1256] Os direitos de importação estão subdivididos em dois regimes específicos: o regime especial, que abrange as importações efectuadas ao abrigo dos acordos comerciais existentes, e o regime geral, para as restantes mercadorias. *Cf.* MARQUES, Alfredo – *Política Económica e Desenvolvimento em Portugal, 1926-1959. As Duas Estratégias do Estado Novo no Período de Isolamento Nacional*. Lisboa: Livros Horizonte, 1988, p. 39.

[1257] *Ibid.*, Quadro 2, p. 180. Os valores são os seguintes: 1945: 9,9%; 1946: 9,6%; 1947: 9,1%; 1948: 9,3%; 1949: 11,4%; 1950: 12,1%; 1951: 12,6%; 1952: 12,9%; 1953: 10,6%. Entre 1954 e 1960 os valores oscilaram entre os 9,8% e os 10,7%.

Quadro 24: A evolução do comércio externo português e o seu peso na economia (1945-53) (estrangeiro e Territórios Ultramarinos / milhares de contos)

Anos	(1) PIB p.m.	(2) Valor Import.	(3) ValorExport.	(4) Taxa de cobertura	(5) Import. / PIB×100	(6) Export. / PIB×100	(7) Peso do comércio
1945	30 230	4 056	3 237	79,8%	13,4%	10,7%	24,1%
1946	34 545	6 860	4 587	66,9%	19,9%	13,3%	33,1%
1947	38 214	9 462	4 306	45,5%	24,8%	11,3%	36,0%
1948	38 305	10 351	4 295	41,5%	27,0%	11,2%	38,2%
1949	40 667	9 043	4 089	45,2%	22,2%	10,1%	32,3%
1950	42 255	7 879	5 334	67,7%	18,6%	12,6%	31,3%
1951	45 798	9 472	7 559	79,8%	20,7%	16,5%	37,2%
1952	46 878	9 988	6 811	68,2%	21,3%	14,5%	35,8%
1953	49 062	9 513	6 283	66,0%	19,4%	12,8%	32,2%

Fonte: Coluna (1): NUNES, Ana Bela; MATA, Eugénia e VALÉRIO, Nuno – «Portuguese economic growth, 1833-1985» in *The Journal of European Economic History*. Vol. 18, n.º 2, 1989, Cf. NUNES, Ana Bela e BRITO, J. M. Brandão de – «Política económica, industrialização e crescimento» in *Portugal e o Estado Novo (1930-1960)*. vol. 12. Lisboa: Presença, 1992, Anexo 3, p. 351. Colunas (2) e (3) *Estatística do comércio externo*. de 1945 a 1953, do INE e ROSAS, Fernando – *O Estado Novo (1926-1974)*. Vol. 7, *op. cit.*, p. 479. Valores arredondados. Colunas (4) a (7), valores arredondados e cálculos nossos. Em relação ao peso do comércio externo no PIB p.m. (7), foi calculado através da soma do valor das importações e das exportações dividido pelo valor do PIB p.m., multiplicado por 100 para o cálculo da percentagem, e não através da soma das percentagens da parte das importações e das exportações em relação ao PIB p.m..

Um pequeno país subdesenvolvido como Portugal, mesmo possuindo um extenso território colonial, que representa mais de vinte vezes o território nacional, muito dificilmente poderia viver em autarcia ou isolado do resto do mundo[1258].

Se retiramos o comércio efectuado entre Portugal e os seus Territórios Ultramarinos, ficando, assim, com o comércio efectuado fora da zona monetária do escudo, podemos verificar o peso do comércio com os países da OECE e seus territórios dependentes, tratados estatisticamente como zona UEP.

[1258] Há uma forte corrente de historiadores que considera que Portugal só saiu do "isolamento" ou da "autarcia" em 1960, com a sua participação na EFTA. É sintomático dessa posição o intitulado do importante colóquio realizado em Novembro de 1986 na Fundação Calouste Gulbenkian, em Lisboa, «O Estado Novo – das origens ao fim da autarcia (1926--1959)», cujas comunicações virão a ser publicadas em 1987 e constituirão uma importante reflexão sobre o Estado Novo (ver Bibliografia). Também o intitulado da obra anteriormente

Quadro 25: O comércio externo de Portugal com os países da zona da UEP (1947-1953)
(excluindo o comércio com os Territórios Ultramarinos portugueses / em contos)

Anos	Importações totais do estrangeiro	Importações zona da UEP	%	Exportações totais para o estrangeiro	Exportações para a zona da UEP	%
1947	8 718 000	4 145 634	47,6%	3 172 792	1 947 059	61,4%
1948	9 479 551	5 476 480	57,8%	3 073 334	1 974 542	64,2%
1949	7 882 649	4 819 103	61,1%	3 017 787	2 168 374	71,9%
1950	6 590 248	4 234 644	64,3%	3 985 052	2 670 219	67,0%
1951	8 365 487	5 183 061	62,0%	5 817 945	3 847 624	66,1%
1952	8 458 954	5 552 128	65,6%	5 044 308	3 052 893	60,5%
1953	8 019 766	5 879 184	73,3%	4 596 659	2 814 028	61,2%

Fonte: *Estatística do comércio externo*, de 1947 a 1953, do INE, sistematizadas in CORTEZ, Ulisses de Aguiar – *Acção do Ministério da Economia – Agosto de 1950 a Dezembro de 1954, op. cit.*, Quadros III e IV, p. XXXV e XXXXVII. Cálculos pessoais das percentagens.

Verificamos, pois, que o comércio externo com os países da OECE, e respectivas zonas monetárias, foi absolutamente essencial para Portugal. Só no ano de 1947 é que as importações estiveram abaixo dos cinquenta porcento, pelas razões já anteriormente referidas. A quebra das exportações em 1952 e 1953 é, muito provavelmente, uma consequência do desvio do comércio provocado pelo Governo por via dos excedentes monetários no seio da UEP. De qualquer forma, a dimensão do comércio com a OECE revela-se um elemento fundamental na economia portuguesa. Esta situação, contudo, não é uma novidade, pois já no período anterior à Segunda Guerra Mundial o comércio externo entre Portugal e os países que vieram a constituir a zona da UEP era muito elevado. No período entre 1934 e 1938, se excluirmos o comércio entre Portugal e os seus Territórios Ultramarinos, as exportações para os países da UEP representaram 72,4% do comércio externo português e as impor-

---

citada de Alfredo Marques – *Política Económica e Desenvolvimento em Portugal, 1926-1959. As Duas Estratégias do Estado Novo no Período de Isolamento Nacional* – reflecte essa mesma posição. Quanto a nós, consideramos que do ponto de vista do comércio externo, assim como no que toca ao relacionamento internacional de Portugal, não se pode classificar a situação do país como vivendo num sistema de autarcia ou de isolamento.

tações 75,9%[1259]. O retomar de relações comerciais entre Portugal e a Europa a um nível muito elevado revela pois uma tendência "natural" do fluxo comercial por via da complementaridade das produções, das ligações já existentes e da proximidade do mercado.

No que toca aos Territórios Ultramarinos, convém referir que as trocas comerciais verificadas entre Portugal e os seus Territórios Ultramarinos, entre 1951 e 1953, constituíram, em média, 14,3% das importações e 25,1% das exportações portuguesas[1260]. A dependência comercial de Angola e Moçambique em relação à Metrópole é enorme. Neste mesmo período, as exportações de Angola e de Moçambique para a Metrópole constituíram, respectivamente, 19,2% e 42,1% das respectivas exportações totais e as importações de Angola e de Moçambique provenientes da Metrópole representaram, respectivamente, 48,3% e 30,3% das importações totais[1261]. Em 1953, as trocas comerciais de Angola com a zona da UEP representaram 64% das suas exportações e 54% das suas importações do estrangeiro (sem Portugal). Em relação a Moçambique, também em relação a 1953, o comércio externo com a zona da UEP representou 57% das exportações e 53% das importações do estrangeiro[1262]. Estamos, pois, perante uma fortíssima dependência comercial, tanto de Portugal como dos Territórios Ultramarinos, em relação à Europa.

[1259] Cálculos nossos efectuados a partir dos dados constantes nos Quadros III e IV de: CORTEZ, Ulisses de Aguiar – *Acção do Ministério da Economia-Agosto de 1950 a Dezembro de 1954, op. cit.*, p. XXXV e XXXXVII.

[1260] Cálculos nossos a partir de dados constantes no Mapa X de: ROSAS, João Dias – *O Movimento Económico Europeu: Suas Incidências na Economia Portuguesa, op. cit.*, p. 120.

[1261] *Ibid.*. Portugal importava dos Territórios Ultramarinos fundamentalmente matéria-prima para a indústria e exportava bens de consumo (cerca de 80%).

[1262] *Ibid.*, Mapa V, p. 115.

A atitude perante o Plano Schuman

Capítulo 8

> «A passividade, o espírito fatalista com que a Europa se dispõe a ser qualquer coisa diferente dela mesma, confrange os espíritos menos apaixonados pela sua milenária cultura».
>
> Salazar, 22 de Novembro de 1951

O Plano Schuman vai ter um impacto muito reduzido em Portugal. As propostas de integração europeia sucediam-se e não foram devidamente avaliadas pelo Governo português as consequências deste novo plano para a integração europeia. De qualquer forma, a posição de Portugal perante a criação de uma organização europeia, com uma vertente supranacional, no domínio do carvão e do aço, só poderia ser de exterioridade. Além de não ter sido convidado, não tinha quaisquer condições económicas para poder participar num processo de integração económica neste dois ramos de actividade. Do ponto de vista político, está completamente fora de questão, de ambas as partes, aceitar uma eventual adesão de Portugal.

I. As primeiras reacções ao Plano Schuman

O Ministério dos Negócios Estrangeiros é posto ao corrente da evolução da iniciativa francesa fundamentalmente através dos recortes de jornais e pelos ofícios enviados pelo embaixador Marcello Mathias, de Paris. Numa dessas remessas, Mathias escreve que apesar das reservas existentes em relação ao Plano Schuman (ainda intitulado de «iniciativa» ou «projecto francês»), «é geralmente [considerado] como de grande importância e de natureza a marcar uma etapa na organização do continente europeu»[1263].

No dia 28 de Maio de 1950, Salazar discursa em Braga e faz uma referência à Europa que pode ser interpretada como uma resposta aos novos desenvolvimentos previstos pelo Plano Schuman. Depois de considerar como necessário que a Europa trabalhe numa «direcção única», tanto no domínio económico como militar, estima que isso não deve levar necessariamente à «unidade de direcção». Para Salazar, é o medo da URSS que está a levar a Europa a pôr em causa «as virtualidades das soberanias nacionais, como revivescências de um período heróico e ultrapassado». Considera, por isso, que, apesar do «indiscutível [...] dever de cooperação», o país deve evitar ser uma «unidade perdida em conjunto indiscriminado, o que equivaleria a ter deixado subverter a própria consciência de Nação»[1264]. Logo a seguir reforça a sua posição indicando que a perda de soberania nas Colónias – por via «de intervencionismos abusivos ou de mais que suspeitas internacionalizações» –, é contrária aos próprios interesses «da mesma comunidade atlântica que se pretende servir». Há, pois, o receio manifesto de Salazar em que a integração europeia provoque uma perda de controlo das colónias. Qualifica, contudo, as colónias de «regiões ainda atrasadas para a vida autónoma sob qualquer regime»[1265]. Expressão que deixa em aberto uma possibilidade de evolução política futura. Não especifica, contudo, se se está a referir igualmente às colónias portuguesas.

Entretanto, continuam a chegar de Paris informações sobre o Plano Schuman, veiculadas por Marcello Mathias. Num dos ofícios, informa o

---

[1263] AHDMNE, RQE, Plano Schuman, Ofício n.º 486/295, de 22 de Maio de 1950, do embaixador de Portugal em Paris (Marcello Mathias) para o ministro dos Negócios Estrangeiros (Caeiro da Matta), M. 3, d.l.: 1950-1952.

[1264] SALAZAR, António de Oliveira – «Breves considerações sobre política interna e internacional», *Discursos e Notas Políticas-Vol. IV-1943-1950*, *op. cit.*, p. 477.

[1265] *Ibid.*.

Ministério dos Negócios Estrangeiros que estão confirmadas as adesões da Alemanha, da Bélgica, da Holanda, da Itália e do Luxemburgo. Quanto ao Reino Unido, estima que ao Governo britânico lhe repugna «o princípio duma autoridade supranacional que implicaria um abandono de soberania que não está nem nas tradições nem no espírito inglês». Mas, segundo as informações que possui, estima como provável que o Reino Unido «acabe por associar-se a uma iniciativa assaz audaciosa cujo carácter construtivo e cuja importância para a útil aproximação das nações europeias é evidente»[1266].

Para Mathias, apesar da «euforia pan-europeia» que se está a verificar nalguns meios em França, ainda não é seguro que o Plano Schuman passe na Assembleia Nacional francesa. Uma das consequências previsíveis do Plano Schuman é, segundo Mathias, o aumento substancial do desemprego em França. Avança inclusive com a hipótese de haver elementos que apesar de manifestarem apoio ao Plano Schuman «procurem «saborder» o seu alcance prático alargando-o à agricultura, o que corresponderia de facto a inutilizá-lo»[1267].

Em Lisboa, Augusto de Castro escreve um editorial surpreendente intitulado «Problemas da Europa», no qual, depois de salientar a importância do entendimento franco-alemão para o futuro da Europa, escreve o seguinte: «O chamado Plano Schuman podia e devia considerar-se como o acto mais construtivo e o choque psicológico mais benéfico produzidos, na política dos últimos cinco ou seis anos, depois do Plano Marshall e do Pacto do Atlântico. Era a primeira vez que uma verdadeira iniciativa ocidental partia da Europa». Neste editorial critica ainda a posição da URSS de querer dividir os europeus e estar contra a sua união. Curiosamente,

---

[1266] AHDMNE, RQE, Plano Schuman, Ofício n.º 544/323, de 5 de Junho de 1950, do embaixador de Portugal em Paris (Marcello Mathias) para o ministro dos Negócios Estrangeiros (Caeiro da Matta), M. 3, d.l.: 1950-1952.

[1267] AHDMNE, RQE, Plano Schuman, Ofício n.º 585/340, de 19 de Junho de 1950, do embaixador de Portugal em Paris (Marcello Mathias) para o ministro dos Negócios Estrangeiros (Caeiro da Matta), M. 3, d.l.: 1950-1952.

critica o Reino Unido pela sua «eterna timidez» em relação «à política continental da Europa». Mas vai mais longe e considera que o «Socialismo Internacional, patrono da doutrina da união europeia socialista e dos mitos federalistas, mantém sempre a sua posição de hostilidade, no campo das realidades internacionais, a todas as tentativas de colaboração da Europa». Considera que sem a Alemanha e a Espanha não haverá «união ocidental». Quanto às reservas britânicas em relação ao Plano Schuman, situa-as na «eterna e compreensível desconfiança insular [...] sempre que no Continente uma ideia continental surge». Acaba o editorial com o voto de que na Conferência que se vai realizar em Paris sobre o Plano Schuman se «consiga encontrar num espírito de mútua transigência, superior aos combates ideológicos internacionais, a forma de conciliar um acordo franco-alemão com a posição do Governo de Londres, com os interesses da Inglaterra, – e os princípios que tornam a aliança franco-britânica inseparável de qualquer acção continental e base essencial da colaboração intercontinental americana»[1268].

No dia 20 de Junho inicia-se em Paris uma conferência internacional entre os países participantes no Plano Schuman. A fim de participar na conferência, os países tiveram de se «comprometer antecipadamente em aceitar o princípio de uma autoridade supranacional»[1269]. As negociações foram conduzidas por Jean Monnet[1270] que desejava «concluir muito rapidamente um tratado limitado aos princípios basilares e deixar as aplicações técnicas para uma negociação posterior»[1271]. Tal não foi possível, por oposição dos países do Benelux e da Itália. As negociações avançaram para a elaboração de um projecto de tratado sobre o funcionamento do *pool* do carvão e do aço. Entretanto, tinha começado a guerra da Coreia,

---

1268 *Diário de Notícias*, de 17 de Junho de 1950.

1269 GERBET, Pierre – *La Construction de l'Europe*, *op. cit.*, p. 133. [t.a.]

1270 Jean Monnet, responsável pelo Plano de Modernização da França, entre 1946 e 1952. Ver referências biográficas no Apêndice 1.

1271 *Ibid.*, p. 137. [t.a.]

com todas as suas consequências sobre a tensão Este-Oeste e a valorização da posição da Alemanha nas negociações. Logo após o termo desta primeira volta de negociações, o embaixador Mathias envia para o Ministério dos Negócios Estrangeiros o documento de trabalho que Jean Monnet tinha distribuído à imprensa e faz o seguinte comentário sobre o Plano Schuman:

> «O projecto do «pool» carvão-aço representa um sério esforço construtivo que seria absurdo sistematicamente denegrir. A experiência das últimas dezenas de anos aconselha-nos contudo certas reservas desde o momento em que se pensa em pôr esse projecto de ordem prática nas mãos de assembleias parlamentares internacionais e principalmente desde que dele se pretende fundamentar a criação de uma Autoridade Internacional Supra-Governamental, primeiro passo de uma Federação Europeia»[1272].

Entretanto, no início do mês de Julho de 1950, o encarregado de Negócios da França, barão de Sainte Marie, desloca-se ao Ministério dos Negócios Estrangeiros, onde é recebido pelo director-geral dos Negócios Económicos e Consulares, João Correia de Barros. Cumpria, assim, instruções do Governo francês no sentido de explicar ao Ministério dos Negócios Estrangeiros a natureza e os fins do Plano Schuman. Na realidade, o barão de Sainte Marie limitou-se a mostrar a Correia de Barros o telegrama que recebeu do *Quai d'Orsay*. Esta iniciativa, com vista à divulgação do Plano Schuman, foi efectuada junto dos outros países da Europa Ocidental[1273].

[1272] AHDMNE, RQE, Plano Schuman, Ofício n.º 636/370, de 28 de Junho de 1950, do embaixador de Portugal em Paris (Marcello Mathias) para o ministro dos Negócios Estrangeiros (Caeiro da Matta), M. 3, d.l.: 1950-1952.

[1273] AHDMNE, RQE, Plano Schuman, Informação-Parecer do director-geral dos Negócios Económicos e Consulares, de 31 de Outubro de 1950, M. 3, d.l.: 1950-1952. Curiosamente, o encontro foi no início de Julho e a Informação-Parecer só foi elaborado em 31 de Outubro de 1950.

Passado pouco mais de um mês, Salazar vai manifestar a sua opinião sobre o Plano Schuman. Respondendo a uma pergunta do jornalista do quotidiano *O Século* sobre a viabilidade dos projectos de federação europeia e das tentativas de organização da Europa num base federal – tal como a «Federação Europeia» e o Conselho da Europa –, Salazar responde o seguinte:

> «Parece-me que tudo que se tente nesse sentido não tem grande viabilidade. Somos demasiado velhos – os europeus – para que nos não conheçamos uns aos outros! É possível que o tentado entendimento entre a França e a Alemanha, quanto ao ferro e ao carvão, crie um tipo de colaboração que seria, eventualmente, uma base para os estudos de uma estrutura continental europeia, nos campos económicos e de redistribuição de mercados. Mas a federação do tipo político, com abdicação das velhas soberanias, num figurino americano inadaptável ao Velho Continente – é mais uma teia de aranha que o sopro das realidades desfaz...
>
> «Colaboração, sim, ampla e compreensiva, é uma necessidade e parece, felizmente, uma tendência segura»[1274].

Na imprensa portuguesa a questão do Plano Schuman vai ser abordada, apesar de o ser de uma forma distante. Há um nítido desinteresse pelo assunto. É de assinalar, contudo, um editorial sobre o assunto da autoria de Augusto de Castro, director do *Diário de Notícias*. No dia 7 de Outubro, num editorial intitulado «Espírito Supernacional» Augusto de Castro, depois de prestar homenagem a Robert Schuman e de o considerar como «uma das mais brilhantes e probas figuras da política internacional europeia», explana o seu pensamento sobre a questão. Para ele, a supernacionalidade é incompatível com o «intervencionismo ideológico» veiculado pelo Conselho da Europa e pela Internacional Socialista. Dando como exemplo aquilo que ele qualifica como a «excomunhão» da Espanha

1274 *O Século*, de 10 de Agosto de 1950.

da comunidade internacional, avança com a ideia de que a política «supernacional», «extranacional», ou, mesmo, «supranacionalista», não admite intervencionismos e deve partir de dentro para fora, numa renúncia voluntária de soberania. Apesar de reconhecer que a ideia de Europa e de solidariedade continental tem evoluído, nomeadamente por causa da ameaça existente, estima que ainda se está longe de uma «consciência europeia». No que diz respeito à cooperação europeia, julga que esta será precária «se não houver compreensão e unidade moral». Já no que se refere ao Plano Schuman, qualifica-o de uma «supernacionalização das indústrias do aço franco-belga-alemãs». Para ele, o «supernacionalismo» requer «superpartidarismo» e uma «consciência continental europeia»[1275]. É necessário formar a opinião partindo de dentro para fora, do nacional para o internacional, e de uma forma progressiva.

Para o embaixador da França em Lisboa, Jean du Sault, o Governo português aprova o princípio do Plano Schuman na medida em que ele permita um entendimento entre a França e a Alemanha, mas julga fundamental a participação do Reino Unido na organização económica da Europa[1276]. As declarações de Salazar ao *O Século* não podem ser consideradas como uma «adesão plena e inteira» ao Plano Schuman. Segundo o embaixador: «Ligado à ideia de um entendimento entre a França e a Alemanha, o Governo português estima que, no plano político, o projecto de entendimento franco-alemão poderia servir de base à reorganização do Ocidente. Contudo, as reticências manifestadas pelos britânicos em relação a esta iniciativa continuam a ser tomadas aqui muito a sério»[1277]. Neste contexto, a atitude portuguesa fica condicionada pela posição

---

[1275] *Diário de Notícias*, de 7 de Outubro de 1950.

[1276] ADMAE, S. Europe/1944-1960, S.s. Portugal, lettre n.º 1008/EU, de 6 de Novembro de 1951, de Jean du Sault, embaixador da França em Lisboa, para Robert Schuman, ministro dos Negócios Estrangeiros, f. 177, Vol. 41, d.l.: 1949-1955.

[1277] ADMAE, S. Europe/1944-1960, S.s. Portugal, lettre n.º 1213/EU, de 29 de Dezembro de 1951, de Jean du Sault, embaixador da França em Lisboa, para Robert Schuman, ministro dos Negócios Estrangeiros, f. 200-203, Vol. 41, d.l.: 1949-1955. [t.a.]

britânica em relação ao Plano Schuman. Focando as questões económicas, o embaixador comenta o facto de o país estar a planear a instalação de uma indústria siderúrgica e o Plano Schuman poder ter consequências importantes. Também assinala que os recursos carboníferos de Portugal são muito limitados e que o país se interessaria mais pelo Plano Schuman se este lhe viesse a facilitar o acesso às matérias-primas. Colocando a hipótese de uma adesão de Portugal ao Plano Schuman, Jean du Sault, afirma que esta poderia acarretar sérias dificuldades para o regime corporativo português. «A rigidez do sistema aplicado aqui não parece [...] susceptível de se adaptar facilmente às concepções fundamentalmente novas para Portugal contidas na iniciativa francesa». No termo do seu ofício, assinala que as autoridades portuguesas parecem «ter ficado um pouco decepcionadas por não terem sido formalmente convidadas a participar» no Plano Schuman[1278].

II. Informações diplomáticas

1. As informações diplomáticas após a conclusão das negociações de Paris

No dia 19 de Março de 1951 concluem-se as negociações em Paris entre as seis delegações sobre o projecto de tratado que vai instituir a Comunidade Europeia do Carvão e do Aço (CECA). Estava assim pronto o texto a submeter aos ministros dos Negócios Estrangeiros, que se irão reunir em Paris a partir do dia 12 de Abril. Entretanto, no dia 20 de Março, os jornais portugueses divulgam a notícia de que o tratado já tinha sido assinado. Nesse próprio dia, o ministro Paulo Cunha solicita às embaixadas de Portugal em Londres e Paris e às legações em Bona, Bruxelas, Haia e Roma que lhe enviem todas as informações disponíveis sobre o assunto,

---

[1278] *Ibid.*.

pensando que já tinha sido assinado o tratado da CECA. Na realidade, o Tratado só tinha sido rubricado. A assinatura só teria lugar no dia 18 de Abril[1279].

Tem interesse relatar algumas das posições dos diplomatas portugueses, pois revelam, nalguns pontos, posições diversas do pensamento do Governo português e podem ter influenciado de alguma forma a visão que dos responsáveis da política externa sobre a Europa em construção.

O ministro de Portugal em Bruxelas, Eduardo Leitão, diplomata muito bem colocado nos círculos do poder na Bélgica, responde ao pedido do ministro no dia 23 de Março, dando indicações sobre o que se tinha passado em Paris e clarificando a posição da Bélgica[1280]. Parece óbvio a Eduardo Leitão que os objectivos do Plano Schuman «transcendem o campo económico e alargam-se no domínio político» para além do que foi previsto por Robert Schuman. A CECA «combina e ultrapassa a função económica da OECE», estabelecendo um mercado único dependente do mecanismo de mercado e da actividade política do Conselho da Europa, porque se estabelece uma Alta Autoridade «que absorve importante parcela de soberania nacional». Tanto mais que se criou um «controlo político através de um organismo composto de delegados dos Parlamentos dos seis países signatários». Focando a questão específica da Bélgica, indica que a questão política praticamente não foi abordada. A grande questão tem sido o preço do carvão, que na Bélgica é superior ao dos outros países. Daí a perspectiva de encerramento de minas e desemprego. Dadas as circunstâncias, foi negociado e aceite em Paris um período de transição e uma cláusula excepcional para facilitar a integração da Bélgica.

1279 AHDMNE, RQE, Plano Schuman, Telegrama – Circular n.º 3, de 20 de Março de 1951, do ministro dos Negócios Estrangeiros (Paulo Cunha) para as embaixadas de Portugal em Paris e Londres e legações em Bruxelas, Bona, Haia e Roma, M. 3, d.l.: 1950-1952.

1280 AHDMNE, RQE, Plano Schuman, Ofício n.º 249, de 23 de Março de 1951, do ministro da Legação de Portugal em Bruxelas (Eduardo Leitão) para o ministro dos Negócios Estrangeiros (Paulo Cunha), M. 3, d.l.: 1950-1952.

Eduardo Leitão estima que ao desfecho das negociações de Paris não foi «estranha [...] a pressão dos americanos que mais de uma vez mostraram o seu mau humor ao Governo de Bruxelas». Eduardo Leitão indica que os belgas receiam que a Alta Autoridade possa ir no sentido «da nacionalização da indústria pesada no plano internacional, entregando as empresas belgas aos caprichos de uma ditadura administrativa»[1281]. Também se receia, segundo ele, que se pretenda ir «disfarçadamente para uma socialização em massa», o que seria inaceitável. De qualquer forma, considera que o Governo belga entrou numa engrenagem da qual dificilmente poderá sair, tanto mais que os EUA continuam a pressionar. Mas Eduardo Leitão vai mais longe na sua reflexão sobre a posição dos belgas em relação à integração europeia, afirmando o seguinte:

> «Neste meio de mentalidade facilmente permeável às doutrinas de unificação europeia e que tem sido profundamente trabalhado por todos os homens públicos, da extrema esquerda à extrema direita, o abandono de uma parcela da soberania não causa impressão de maior, desde que os interesses económicos não sejam seriamente afectados.
>
> Acredita-se que a Europa está condenada a arrastar vida anémica se não houver entre os Estados mútuas e profundas concessões que façam tábua rasa de sentimentalismos envelhecidos pela força das realidades»[1282].

Também da Legação de Portugal na Haia chegam indicações sobre a posição da Holanda em relação ao Plano Schuman. Refere-se que o país aderiu, em primeiro lugar, pelo seu aspecto político e, em segundo lugar, pelas suas vantagens económicas. Segundo o vice-presidente da delegação holandesa que negociou o tratado CECA, Max Kohnstamm[1283], o Reino

---

1281 *Ibid.*. Sublinhado no texto original.

1282 *Ibid.*.

1283 Max Kohnstamm, chefe do *bureau* alemão no Ministério dos Negócios Estrangeiros, de 1948 a 1952.

Unido não participará na CECA mas serão criados «certos laços e entendimentos». Para Max Kohnstamm, de entre as muitas reuniões internacionais em que participou, esta negociação (CECA) foi a primeira em que se manifestou um verdadeiro espírito supranacional[1284].

De Bona, o ministro de Portugal, João Ferreira da Fonseca[1285], envia um longuíssimo ofício em que faz uma panorâmica das posições sobre a CECA na Alemanha. Logo no início do seu ofício refere que o Plano Schuman «tem em vista o carvão da Ruhr e [Sarre], ou seja, o problema fundamental das relações entre a França e a Alemanha, talvez mesmo, o problema fundamental da Europa»[1286]. Para além desta situação específica e das questões técnicas do tratado, Ferreira da Fonseca estima que o tratado «parece abrir um primeiro caminho, para a «unificação» – ou suposta unificação – europeia, para a íntima colaboração e coordenação económica dos países ocidentais». Depois de fazer a caracterização económica do tratado, indica que tem um «alcance económico, social e político [...] sem precedentes». Logo a seguir acrescenta: «Tão vasto, tão grave, e de tamanha projecção, que talvez seja lícito pôr reservas à sua viabilidade e bom funcionamento [...]. Em todo o caso, é uma tentativa para harmonizar interesses divergentes e economias rivais; para conciliar, em esfera supranacional, os atritos resultantes do nacionalismo estreito, conducente à guerra». Para Ferreira da Fonseca, a CECA pode permitir uma melhoria das condições sociais e «promover melhor entendimento entre nacionali-

---

1284 AHDMNE, RQE, Plano Schuman, Ofício n.º 62, de 22 de Março de 1951, do ministro da Legação de Portugal na Haia (João Ferreira da Fonseca) para o ministro dos Negócios Estrangeiros (Paulo Cunha), M. 3, d.l.: 1950-1952.

1285 João de Barros Ferreira da Fonseca, enviado extraordinário e ministro plenipotenciário na Alemanha, de 16 de Novembro de 1950 a 1955.

1286 AHDMNE, RQE, Plano Schuman, Ofício n.º 13, de 24 de Março de 1951, do ministro da Legação de Portugal em Bona (João Ferreira da Fonseca) para o ministro dos Negócios Estrangeiros (Paulo Cunha), M. 3, d.l.: 1950-1952. Convém referir que esta opinião de Ferreira da Fonseca sobre a importância da questão da Sarre e da Ruhr coincide com a descrição da situação feita por Raymond Poidevin no capítulo XIV da sua obra *Robert Schuman, homme d'Etat 1886-1963*. Paris: Imprimerie Nationale, 1986, p. 243-296.

dades hostis e conduzir à criação de um ambiente novo na Europa». O risco é a de uma internacionalização que estima poder ser precoce. O sucesso da CECA dependerá, por conseguinte, da confiança que se vier a instalar entre os seus membros. Pondo em questão que tenha chegado o momento oportuno, considera, contudo, que a defesa do ocidente face à ameaça soviética «exige colaboração mais estreita por parte da Europa». Segundo Ferreira da Fonseca: «conviria, de certo, integrar todos os recursos sob uma autoridade única, superior e alheia ao nível nacional, se se quiser criar uma força capaz de enfrentar o bloco Russo; é indispensável reunir boas vontades e sacrificar, mesmo, o exercício da soberania perfeita em favor de uma organização unida e forte, tanto militar como economicamente». Quanto ao Reino Unido, julga que se a CECA resultar se procurará a colaboração britânica.

Sobre a reacção propriamente alemã à CECA, estima que os alemães sentem que vão sacrificar os seus interesses a «uma suposta solidariedade ocidental». Para o ministro de Portugal, a opinião alemã parece aceitar a CECA como elemento da cooperação europeia. Procura-se por esta via dar à Alemanha um estatuto de igualdade, dando garantias à França. No que toca à Saar, pelo contrário, já há uma discordância manifesta em relação àquilo que é considerado na Alemanha uma «anexação pura e simples de uma província alemã». Segundo Ferreira da Fonseca, há uma desconfiança manifesta dos alemães em relação à França no que toca à Sarre. Neste ponto específico, considera mesmo que a opinião pública alemã tende a considerar o Plano Schuman «como um sinuoso artifício, mascarando a espoliação da Alemanha pela França a pretexto da colaboração ocidental». Também estima que a decisão do Governo alemão foi condicionada pelos EUA que, por sua vez, desejam ver estabilizada e fortalecida a situação política em França. Depois de descrever a atitude dos partidos políticos alemães, dos meios operários e a reacção na Alemanha oriental, conclui o extenso ofício (11 páginas) com algumas considerações sobre a fundamentação da decisão da Alemanha. Para Ferreira da Fonseca, o Plano Schuman é «imposto» pelos EUA com boas intenções mas sem ter em consideração a especificidade da Europa e da sua diversidade (na realidade, o Plano Schuman não foi uma "imposição" dos EUA). O que reduz a hostilidade dos alemães à CECA «é o argumento da «Unificação Europeia», a vaga ideologia dos «Estados Unidos da Europa», a tendência para a criação do «Super-Estado», a cuja autoridade a Alemanha podia obedecer sem quebra de dignidade e em pé de igualdade com as outras nações livres». Será a única forma de deixar «de suportar a infantilidade americana, a insolência do francês e a longínqua frieza britânica» consequentes à pesada derrota. A atitude da URSS também é de considerar, pois não se espera uma melhoria. A CECA parece pois o único caminho para a Alemanha; tanto mais que o seu sucesso parece estar a «encorajar a França a estender a iniciativa a produtos agrícolas», o que deixa «no espírito alemão a esperança de que nem só sacrifícios lhe sejam exigidos». Ferreira da Fonseca termina o seu ofício referindo que a adesão da Alemanha à CECA «representa melhoria das relações Franco-Alemãs, mas talvez seja lícito duvidar de que corresponda ao sentimento da população. – Esta parece continuar alheada e indiferente ao que se passa em volta, como se a vida política do país e a acção dos seus homens políticos a não interessasse nem fosse de sua responsabilidade»[1287]. Duas semanas depois, Ferreira da Fonseca volta ao assunto referindo a evolução das negociações que estavam a decorrer[1288]. A questão da Sarre mantém-se no centro das negociações. Tendo conversado com Walter Hallstein[1289] num jantar na

---

[1287] AHDMNE, RQE, Plano Schuman, Ofício n.º 13, de 24 de Março de 1951, do ministro da Legação de Portugal em Bona (João Ferreira da Fonseca) para o ministro dos Negócios Estrangeiros (Paulo Cunha), M. 3, d.l.: 1950-1952. É interessante assinalar que este ofício foi objecto de alguns comentários desfavoráveis à margem e de pontos de interrogação em sinal de desacordo.

[1288] AHDMNE, RQE, Plano Schuman, Ofício n.º 25, de 9 de Abril de 1951, do ministro da Legação de Portugal em Bona (João Ferreira da Fonseca) para o ministro dos Negócios Estrangeiros (Paulo Cunha), M. 3, d.l.: 1950-1952.

[1289] Walter Hallstein, político alemão, que foi secretário de Estado dos Negócios Estrangeiros da República Federal da Alemanha, entre 1951 e 1958. Ver referências biográficas no Apêndice 1.

Embaixada de Itália, estima que para este não resta a mais pequena dúvida de que o Plano Schuman será um sucesso. Nas conversas que tiveram lugar durante o jantar houve acordo unânime em relação à necessidade do Plano Schuman «como primeiro passo no sentido da «Federação da Europa»». Depois virá a agricultura, as matérias-primas coloniais e, talvez, os transportes «até se estabelecer uma comunidade europeia que imponha a paz e a boa colaboração». Para o ministro de Portugal, a situação pode resumir-se da seguinte forma: «no campo político, combate-se o «nacionalismo» sobre o qual a organização dominará; no campo económico, cria-se um mercado único e seguro, sem precedentes, de 150 milhões de homens; no campo jurídico lançam-se as bases para o estabelecimento de uma autoridade supranacional». Quanto ao sentimento dos alemães sobre o Plano Schuman, escreve o seguinte:

> «Os alemães que o aprovam, como o próprio Chanceler, têm predominantemente em vista tentar sair da posição em que hoje se encontram, tentar libertar-se do domínio estrangeiro, do «vencedor», do «ocupante», que, – mau grado seu, talvez, – ameaça eternizar-se. Por isso, e sob pretexto da «unificação» europeia, estão dispostos a dar à França uma garantia de segurança, concedendo-lhe a fiscalização da sua indústria pesada. Pelas vantagens económicas e políticas dadas à França, espera «comprar-se» a boa vontade desta no breve levantamento das restrições à sua soberania, à sua liberdade e à sua dignidade.
>
> – O «objectivo» alemão não é, portanto, económico; é político;
>
> – O «caminho» para o atingir é o pensamento Briand-Stressemann, o qual, pelo facto de ser «Stressemann», tem um pouco de tradição alemã, é quase alemão, e portanto não é imposto, não envergonha e não ofende o sentimento nacional»[1290].

Em Paris, Marcello Mathias mantém-se atento aos debates na Assembleia Nacional francesa com vista à ratificação do Tratado de Paris.

1290 *Ibid.*.

Em sua opinião, se a Assembleia Nacional ratificar o Tratado é por razões que se podem «classificar de ordem negativa e não porque se tenha efectivamente criado uma consciência nacional ou mesmo parlamentar, de apoio [à] iniciativa». Logo a seguir, acrescenta o seguinte: «Tanto, porém, se agitou publicitariamente o elixir da «Europa federal» que os EUA acabaram por nele acreditar e agora é a força desse mito que aliciará solidariedades formais. Quanto, porém, à realidade profunda de uma Europa federada, com um governo supernacional, ela continuará a ser «une vue d'esprit»»[1291].

2. A opinião do embaixador britânico sobre a atitude portuguesa

Dois dias antes da assinatura do Tratado de Paris[1292], o *Foreign Office* solicita às suas embaixadas a atitude dos respectivos governos de residência em relação à integração europeia[1293]. Tem interesse referir a leitura que faz Sir Nigel Ronald, embaixador do Reino Unido, da posição do Governo português sobre a matéria. Convém referir que o embaixador se encontra colocado em Lisboa desde Junho de 1947 e conhece muito bem a posição dos governantes portugueses sobre estas questões. Sendo o Reino Unido um país de referência para Portugal em matéria de política europeia, o embaixador britânico está perfeitamente dentro do pensamento do Governo português sobre estas matérias devido aos frequentes contactos

---

1291 AHDMNE, RQE, Plano Schuman, Ofício n.º 1647/1025, de 11 de Dezembro de 1951, do embaixador de Portugal em Paris (Marcello Mathias) para o ministro dos Negócios Estrangeiros (Paulo Cunha), M. 3, d.l.: 1950-1952. Nota: «Vue d'esprit», pode ser traduzido como: uma visão teórica, sem grandes ligações com a realidade dos factos.

1292 O Tratado de Paris (CECA), de 18 de Abril de 1951, foi publicado em: COLLIARD, Claude-Albert e MANIN, Aleth – *Droit International et Histoire Diplomatique. Documents choisis, tome II, Europe, op. cit.*, p. 355-391.

1293 «Microfiches of documents calendared» in BULLEN, Roger – *Documents on British Policy Overseas*. Seris II, Vol. I, London, M.E. Pelly, 1986, f. 950.

que se estabeleceram, nomeadamente por via do Plano Marshall, da OECE e da NATO.

Numa abordagem muito objectiva e serena da atitude portuguesa, Sir Nigel Ronald começa por especificar que Portugal não só não participou nas reuniões com vista à integração europeia como não ambiciona fazê-lo. Para o embaixador, o Governo português além de duvidar de uma futura união da Europa considera que se tal acontecesse isso seria perigoso e a própria Europa não ganharia nada com isso. A sua concretização minaria a essência mesmo das nações, que Portugal considera ser a independência nacional. Contudo, a posição portuguesa em relação à cooperação é favorável, especialmente no âmbito da defesa, desde que esta se faça entre Estados soberanos. Esta cooperação deve mesmo ser alargada por causa da ameaça soviética. No que toca à Alemanha, o embaixador julga que Portugal não a vê como uma ameaça. A sua destruição completa é mesmo considerada por muitos em Portugal como uma das causas da situação em que a Europa se encontra[1294].

O embaixador prossegue a sua análise indicando que Portugal considera favoravelmente a ajuda material dos EUA, mas não à custa «da introdução de noções americanas em áreas de interesse vital para a Europa». Portugal, segundo ele, «com a mentalidade de pequena nação, tem um medo exagerado de ser forçado a adoptar algo». Em consequência disto, o seu desejo de cooperação «é inibido pelo sentimento de que isso geralmente significa submeter as suas políticas ao controlo de outros que colocarão os seus interesses em primeiro lugar»[1295].

A questão central da atitude portuguesa perante a integração europeia é a questão da soberania. Como pequena nação, Portugal entende não poder alienar a mais pequena parcela de soberania pois, uma vez cedida ou comprometida, torna-se muito difícil a um pequeno país poder recuperá-la. A este propósito o embaixador refere o seguinte: «às vezes, a

[1294] *Ibid.*, f. 950-951.

[1295] *Ibid.*, f. 951-952. [t.a.]

sua atitude torna-se quase uma mania e só pode ser compreendida se nos recordarmos de que, na perspectiva deles, apenas muito recentemente Portugal atingiu uma posição respeitável no mundo»[1296].

Ainda no que toca à integração europeia, o embaixador é peremptório ao indicar que não há diferença de opinião neste campo entre o Governo, os círculos intelectuais e mesmo o país no seu todo, se se excluir a massa de pessoas que não se interessam por estas questões internacionais. Realça ao *Foreign Office* a importância que o Governo português dá às opiniões do Governo britânico, não só por causa da aliança luso-britânica como também porque lhe reconhece «as marcas gerais da prudência política e do altruísmo político». Logo a seguir conclui: «Por esta única razão, eles recebem quase sempre com prazer as posições que o Governo de Sua Magestade está a tomar ou quando protagoniza uma liderança na condução das questões internacionais»[1297].

III. A constituição da CECA e a posição de Portugal

Já em fase de debate de ratificação do Tratado, os diplomatas portugueses continuam a acompanhar o assunto. As atenções concentram-se principalmente em Paris. Salazar entende exprimir-se sobre a integração europeia. O assunto está a tomar uma dimensão considerável e já está em fase de negociação uma comunidade de defesa europeia, com todo o apoio dos EUA.

[1296] *Ibid.*, f. 952. [t.a.]

[1297] *Ibid.*. [t.a.] Mais tarde, no seu «Annual Political Report for Portugal for 1951», o embaixador Sir Nigel Ronald dirá sobre este assunto o seguinte: «A perspectiva de Portugal das questões internacionais continua a ser empírica». «Federalismo não o atrai; ele deplora a inabilidade da Europa Ocidental para criar e acreditar nos seus próprios ideais políticos e sociais, assim como a tendência para se tentar impor uma uniformização dos sistemas políticos nos diferentes países». [t.a.] PRO/FO 371-101954, n.º 1, (Confidencial), «Annual Political Report for Portugal for 1951», do embaixador do Reino Unido em Lisboa para Anthony Eden, ministro dos Negócios Estrangeiros, datado de 1 de Janeiro de 1952.

Num discurso intitulado «Independência da política nacional – Suas condições», efectuado aquando na abertura do III Congresso da União Nacional, no dia 22 de Novembro de 1951, Salazar vai expressar publicamente a sua opinião sobre os novos desenvolvimentos na Europa, defendendo, em paralelo, a especificidade da sua própria política. O ataque indirecto à integração europeia é evidente. Para Salazar «a inaptidão que está a verificar-se na Europa Ocidental, de criar, acreditar, viver ideias políticas ou sociais suas, pode conduzir-nos neste século a uma espécie de colonização mental da parte dos dois maiores poderes em presença – a Rússia e a América do Norte»[1298]. Parece claro para Salazar que os EUA estão a pressionar a Europa no sentido de aceitar a sua própria visão política e social para a Europa, pretendo-a unida. «A passividade, o espírito fatalista com que a Europa se dispõe a ser qualquer coisa diferente dela mesma, confrange os espíritos menos apaixonados pela sua milenária cultura». Ora, Salazar defende que tudo depende da vontade dos europeus, pois a «vontade é a suprema criadora da história». É necessário defender as tradições e resistir às tentativas de uniformização política dos Estados. Estas tentativas de uniformização escondem intervenções nas questões internas dos países. O Estado deve ser «a primeira barreira defensiva em face de todos os factores de corrupção ou perversão da comunidade que representa». Para Salazar, Portugal tem o direito de se organizar segundo a sua própria concepção política. Vai, contudo, mais longe ao afirmar o seguinte: «As instituições que podem viver, apesar da incompreensão que por vezes as cerca, têm pelo menos o valor e o significado da sua própria durabilidade. E eis aqui uma primeira manifestação da verdadeira independência política»[1299].

A criação da CECA vai marcar os limites da colaboração de Portugal com a Europa. Não tendo o país sido convidado, por razões económicas e políticas facilmente compreensíveis, resta a possibilidade de continuar a colaborar no seio da OECE, esperando que não se procedam a grandes

---

[1298] SALAZAR, António de Oliveira – «Independência da política nacional – Suas condições» in *Discursos e Notas Políticas – Vol. V – 1951-1958*. Coimbra: Coimbra Editora, 1959, p. 57-58.

[1299] *Ibid.*, p. 59.

alterações no que concerne o comércio intraeuropeu. Mesmo que, por suposição, Portugal fosse convidado, era de todo impossível fazê-lo sem pôr em causa as suas opções económicas e políticas. No que toca ao factor económico, a extracção de carvão é muito limitada e nitidamente insuficiente para o consumo interno[1300]. No que diz respeito à indústria siderúrgica, ela ainda é um simples projecto, apesar de se prever a sua instalação em Portugal no âmbito do I Plano de Fomento (1953-1958)[1301]. Há várias hipóteses em estudo, mas qualquer uma delas prevê um protecção interna e externa, como forma de possibilitar a sua rentabilização num mercado tão limitado[1302]. Para além do mais, a própria instalação demoraria vários anos. De qualquer forma, a situação portuguesa é totalmente díspar da dos países constitutivos da CECA, nomeadamente em termos de desenvolvimento económico. Não seria possível a Portugal vir a competir, mesmo a longo prazo, com estes países.

Também do ponto de vista político, seria totalmente impensável para o Governo português aceitar a integração numa comunidade com uma instituição supranacional e um órgão de controlo político. O Governo português, pelas razões já expostas anteriormente, não aceita prescindir da mais pequena parcela de soberania e tudo o que ultrapasse o estrito âmbito intergovernamental. Existe, igualmente, um receio manifesto de que através desta estrutura possam ser impostas ao país condições políticas. No fundo, quando Salazar defende que a verdadeira política de independência nacional passa por poder ter um regime diferente dos outros está a querer dizer que o regime político antidemocrático que vigora em Portugal é uma opção

---

[1300] Portugal importava carvão principalmente do Reino Unido, Polónia, República Federal da Alemanha, Bélgica, Espanha e Marrocos francês. Só em Fevereiro e Março de 1953 importou cerca de 73 mil toneladas de carvão. Cf. PRO/FO 371-107640, Despatch n.º 45, (Confidencial), da Embaixada do Reino Unido em Lisboa para o *Foreign Office*, «Portugal: Economic Report n.º 3 – Period March 1953», de 11 de Abril de 1953.

[1301] A Lei n.º 2 059, de 29 de Dezembro de 1952, define as bases para a execução do I Plano de Fomento (1951-1958).

[1302] Sobre a questão do lançamento da indústria siderúrgica nacional ver o artigo de FERNANDES, Lino Gomes; RIBEIRO, J.M.F. e RAMOS, Maria Manuel – «Grande indústria, banca e grupos financeiros, 1953-1973» in *Análise Social*. Vol. 23 (99), 1987, p. 945-1018.

que só aos portugueses diz respeito. Ora, qualquer brecha no "reduto nacional" pode pôr em causa a estabilidade do regime português. A supranacionalidade poderia ser uma porta aberta à entrada de novas ideias, tão fortemente combatidas em Portugal pelo regime salazarista.

Como escreveu *a posteriori* o diplomata português Luís Figueira[1303], é perfeitamente compreensível que Portugal não tenha sido convidado para a CECA. Luís Figueira resume a posição de Portugal em relação à CECA da seguinte forma:

> «Economicamente, não representávamos nos sectores em questão valor que tivesse qualquer significado. Politicamente, outros teriam de aparecer antes de nós, por mais próximos dos seis em muitos aspectos, mas nem esses viriam, afinal, a ser chamados.
>
> Se fomos, assim excluídos, de forma que aliás se compreendia e aceitava facilmente, não cremos que, em quaisquer circunstâncias, outra pudesse ter sido a solução, ainda que a escolha nos tivesse sido deixada. Trata-se de uma experiência concebida em moldes para os quais, manifestamente, não estávamos preparados, por imperativos históricos, sentimentais e políticos que não poderíamos abandonar.
>
> Ficámos, no entanto, alertados com a experiência, embora não tivéssemos, talvez, podido avaliar com exactidão até onde viria a levar, situação que, de resto, se verificou em todos os outros países mais próximos e ligados aos destinos da Europa. [...]
>
> E são dessa época as mais vivas reacções concretas a demonstrar que nos situávamos, não propriamente em oposição aos novos «movimentos europeus», mas antes fora deles, situação que, na altura, não nos parecia podermos abandonar»[1304].

[1303] Luís Alberto de Vasconcelos Góis Fernandes Figueira, diplomata que esteve colocado no Ministério dos Negócios Estrangeiros em Lisboa, entre 1952 e 1959. Ver referências biográficas no Apêndice 1.

[1304] FIGUEIRA, Luís – «Os movimentos de integração europeia» in *Boletim de Informação do Ministério dos Negócios Estrangeiros*, n.º 19, Março-Abril, 1967, p. 56.

A participação no Pacto do Atlântico e a atitude em relação à CED

Capítulo 9

> «A camarilha anti-nacional salazarista vangloria-se com o facto de cumprir escrupulosamente os compromissos derivados do agressivo Pacto Atlântico. Desta traição aberta aos interesses nacionais resulta a intensificação dos preparativos militares com vista à participação de Portugal numa futura guerra [...] transformar Portugal num centro de conspiração mundial contra a paz».
>
> *Avante!*, de Outubro de 1952

Poucos meses após a adesão de Portugal ao Pacto do Atlântico vão surgir alguns problemas relacionados com a sua implementação e levar a algumas tomadas de atitude por parte de Portugal. Os Açores como era de esperar, voltam de novo a estar no centro das relações luso-americanas. Os EUA desejam consolidar a sua presença nos Açores à sombra do Pacto. Pouco depois, surge o projecto da CED e, apesar de o país não estar directamente implicado, vai exprimir a sua opinião sobre o assunto, nomeadamente durante a Conferência de Lisboa. Também manifesta uma posição muito clara em relação às questões da Alemanha e da Espanha, no âmbito do esforço de defesa ocidental.

I. O Pacto do Atlântico e os Açores

Tal como antes da adesão ao Pacto do Atlântico, Salazar vai acompanhar de muito perto e nos mais ínfimos detalhes a participação de Portugal nas primeiras reuniões do Pacto, assim como as negociações com os EUA sobre a revisão da concessão das bases dos Açores.

1. As questões relativas à organização do Pacto do Atlântico

No dia 15 de Agosto de 1949, Theotónio Pereira informa o Ministério dos Negócios Estrangeiros que a reunião do Conselho de Ministros do Pacto do Atlântico se deve reunir em Washington em meados de Setembro, aproveitando a ida aos EUA da maior parte dos ministros dos Negócios Estrangeiros para a sessão da Assembleia da ONU. Nesse momento, refere que vão ser discutidas questões relativas à organização militar, à criação de um secretariado permanente, e à eventual criação de um «Comité anti-comunista». Esse comité teria como função principal «intensificar [a] luta contra [a] expansão comunista» em matéria de propaganda e de «infiltração doutrinária». De forma a não ser muito evidente o seu carácter «anti-Cominform», dar-se-ia o nome de «Comité para Defesa [da] Paz» ou outro nome semelhante[1305].

A resposta do ministro dos Negócios Estrangeiros vai no sentido de concordar com a criação do secretariado permanente; de considerar ser necessário mais tempo para estudar o projecto de organização militar; e de ver com «apreensão» a constituição de um órgão executivo sem a participação de Portugal. Quanto ao «Comité anti-comunista», não crê que haja vantagem na sua criação, independentemente do nome que se lhe dê, enquanto existirem partidos comunistas legalizados na maioria dos países do Pacto[1306]. Pouco depois, Salazar, após ter-se reunido com o ministro da Guerra, Santos Costa, decidiu que seria preferível que, em vez de se criar um secretariado permanente, se deixasse o secretariado ao país que acolhesse as sessões do Conselho de Ministros do Pacto do Atlântico[1307].

[1305] ANTT/AOS/CO/NE-17-1, Telegrama n.º 252, de 15 de Agosto de 1949, do embaixador de Portugal em Washington (Theotónio Pereira) para o ministro dos Negócios Estrangeiros (Caeiro da Matta).

[1306] ANTT/AOS/CO/NE-17-1, Telegrama n.º 157 (Urgente), de 22 de Agosto de 1949, do ministro dos Negócios Estrangeiros (Caeiro da Matta) para a Embaixada de Portugal em Washington, f. 44.

[1307] ANTT/AOS/CO/NE-17-1, Telegrama n.º 161, de 27 de Agosto de 1949, do ministro dos Negócios Estrangeiros (substituído por Salazar) para o Embaixada de Portugal em Washington, f. 87.

Para a primeira reunião do Conselho, que teve lugar em Washington no dia 17 de Setembro, foi enviado o ministro Caeiro da Matta, que partiu para os EUA de barco em fins de Agosto. Desde o dia 22 de Agosto, Portugal fez-se representar no Grupo de Trabalho criado em Washington, a nível de conselheiros de embaixada, pelo diplomata Manuel Rocheta. É de assinalar que, segundo Theotónio Pereira, no seio do Grupo de Trabalho se perspectivava a possibilidade de utilizar Portugal para estabelecer contactos com a Espanha sobre matérias relativas ao Pacto «enquanto tal não pudesse fazer-se por outro meio»[1308]. Após a partida de Caeiro da Matta para os EUA, e dada a importância do assunto, em Lisboa, Salazar ocupa-se directamente das questões relacionadas com o Pacto do Atlântico. Nos dias 1, 6 e 8 de Setembro Salazar telegrafa para Washington a dar instruções aos representantes de Portugal no Grupo de Trabalho, e a Caeiro da Matta para o Conselho de Ministros de Washington[1309].

A linhas de orientação de Salazar estão claramente definidas. No que toca à sede do Conselho do Pacto do Atlântico, aceita-se a sede em Washington, onde deveria ficar igualmente o Comité especial para os aspectos económicos e financeiros, proposto no plano relativo à organização do Pacto do Atlântico. Já no que toca ao Comité de Defesa, a posição é de que se se aceite que a primeira reunião tenha lugar em Washington, mas que no futuro todas as reuniões sejam na Europa, onde se encontra a

---

[1308] ANTT/AOS/CO/NE-17-1, Telegrama n.º 272, de 5 de Setembro de 1949, do embaixador de Portugal em Washington (Theotónio Pereira) para o ministro dos Negócios Estrangeiros (substituído por Salazar), f. 115.

[1309] ANTT/AOS/CO/NE-17-1, Telegramas n.º 163 e 166, de 1 e 6 de Setembro de 1949, do ministro dos Negócios Estrangeiros (Presidente do Conselho) para a Embaixada de Portugal em Washington, f. 95-102. O telegrama 163, de 1 de Setembro, apesar de estar assinado «Ministro», é da autoria de Salazar, tal como está claramente indicado no telegrama 168, onde o Presidente do Conselho se refere ao «meu telegrama 163». Recorde-se que não é a primeira vez que tal acontece. Obviamente, o telegrama 166 também é da autoria de Salazar, visto dar instruções ao ministro.

quase totalidade dos ministros da Defesa[1310]. Relativamente ao Comité dos Chefes do Estado-Maior, que deverá funcionar junto do Comité de Defesa, Salazar quer esclarecimentos sobre a forma de representação nacional, pois ignora se se faz a nível de Chefe de Estado Maior General ou se vão estar representadas as três armas. De qualquer forma, insiste que, tal como o Comité de Defesa, deverá reunir-se sempre na Europa. No que toca ao *Standing Group*, Salazar preocupa-se com a sua sede, que considera dever ser, igualmente, na Europa. Quanto ao número e composição dos agrupamentos, Salazar marca a sua preferência pela constituição de três agrupamentos regionais caso a Espanha viesse a aderir. Não sendo possível, aceita a constituição dos cinco agrupamentos previstos. Considera, contudo, que os seus representantes deveriam ser de diferentes países, de forma a haver sempre, pelo menos, dois representantes de «pequenos países».

A constituição dos agrupamentos propostos por Salazar é a seguinte:

1) «Agrupamento regional americano», constituído pelos EUA e pelo Canadá;
2) «Agrupamento Europa Ocidental», constituído pelo Reino Unido, França, Bélgica, Holanda, Luxemburgo e EUA;
3) «Agrupamento do Atlântico Norte», que incluiria os EUA, o Canadá, a Islândia, o Reino Unido, a França e Portugal;
4) «Agrupamento Europa do Norte», constituído pela Noruega, Dinamarca e Reino Unido;
5) «Agrupamento do Mediterrâneo Ocidental», constituído pela Itália, França e Reino Unido[1311].

[1310] ANTT/AOS/CO/NE-17-1, Telegrama n.º 163 do ministro dos Negócios Estrangeiros (Presidente do Conselho) para a Embaixada de Portugal em Washington, de 1 de Setembro de 1949, f. 95-102. Salazar avança como razões a facilidade das deslocações, o facto de serem mais baratas e, por fim, o facto de na Europa se sentir «com mais justeza [os] acontecimentos e onde Ministros dispõem mais facilmente seus órgãos [de] trabalho».

[1311] Os três agrupamentos da preferência de Salazar (com a inclusão da Espanha) são os seguintes 1) «Agrupamento regional europeu», constituído pelos países europeus do Pacto e onde se devia integrar a Espanha, a Alemanha «e logo que possível outros países

Portugal fica limitado ao «Agrupamento do Atlântico Norte». Apesar de ter sido sondado para fazer parte do «Agrupamento do Mediterrâneo Ocidental», a posição de Salazar é a de que não deve fazer parte deste agrupamento. Salazar não deseja que Portugal seja incluído neste agrupamento enquanto a Espanha não fizer parte do Pacto do Atlântico. Invoca para esta atitude «razões de ordem política e militar». Para Salazar, o «Agrupamento do Mediterrâneo Ocidental» tem falta de «indispensável continuidade geográfica e conteúdo militar eficiente» (por causa da ausência da Espanha). Para além do mais, em caso de ataque, as tropas terrestres portuguesas teriam de defender Portugal Continental, as Colónias e, eventualmente, ainda «colaborar com forças espanholas na defesa comum do território da Península [Ibérica]»[1312]. Uma semana depois, envia novo telegrama onde aborda mais um vez esta questão, pois tinha-se insistido na inclusão de Portugal no «Agrupamento do Mediterrâneo Ocidental», invocando-se, nomeadamente, que Portugal deveria participar como forma de preparar a inclusão futura da Espanha. Ora para Salazar, a inclusão de um país num agrupamento «traduz pelo menos predisposição [para] pôr alguns [dos] seus meios em comum com restantes países participantes». Também advoga que «cada grupo deve estudar [o]seu plano particular de defesa e procurar bastar-se [à] região respectiva independentemente do que seja depois resolvido para a defesa geral». Já no que toca à Espanha, Salazar não aceita que se prepare a sua inclusão «por meios disfarçados», pois trata-se de um assunto «demasiado grave». Caso o Governo dos EUA ou outros governos desejem a sua inclusão, a questão «deve ser directa e expressamente tratada em nível mais elevado e por forma diversa de simples conversas ou sugestões de corredores»[1313].

---

europeus confinantes com Mediterrâneo entre os quais Grécia e Turquia»; 2) «Agrupamento do Atlântico Norte», constituído pelos EUA, Canadá, Islândia, Reino Unido, França, Espanha e Portugal; 3) «Agrupamento regional americano», limitado aos EUA e ao Canadá. *Ibid.*.

[1312] *Ibid.*.

[1313] ANTT/AOS/CO/NE-17-1, Telegrama n.º 168 (Secreto), de 8 de Setembro de 1949, do Presidente do Conselho para o Embaixada de Portugal em Washington, f. 123-124.

Entretanto, num telefonema para Salazar, provavelmente de Theotónio Pereira ou do próprio ministro, é-lhe indicado que alguns assuntos já tinham ficado resolvidos a nível do Grupo de Trabalho. Salazar, em telegrama, insurge-se abertamente contra esta situação e considera que só ao Conselho de Ministros compete tomar as decisões, caso contrário «não valeria a pena» que os ministros se deslocassem a Washigton, se fosse só para se limitarem a «aprovar sem discussão recomendações» do Grupo de Trabalho. Ordena que o conselheiro de embaixada Manuel Rocheta, que está a representar Portugal no Grupo de Trabalho, não faça declarações ou tome posições que «obriguem» o ministro dos Negócios Estrangeiros. Só o ministro está habilitado a tomar posição em nome do Governo português, baseando-se nas instruções já transmitidas por Salazar[1314].

No dia 16 de Setembro, Caeiro da Matta encontra-se com Acheson e com Bevin, tendo nesta ocasião manifestado a posição do Governo português em relação à questão do *Standing Group*. Portugal queria que também houvesse alguma representação dos pequenos países. Avança com a proposta de um sistema rotativo em dois de cinco lugares a criar no *Standing Group* (a proposta do Grupo de Trabalho é de 3 lugares reservados aos EUA, ao Reino Unido e à França). Acheson e Bevin, preocupados com a apresentação por parte de Portugal de uma moção nesse sentido, questionam Caeiro da Matta sobre se pensa, ou não, submeter a questão à votação, acrescentando que eles «julgavam altamente prejudicial» para a Organização se isso vier a acontecer. Caeiro da Matta responde que «não estava na intenção [do] Governo Português embaraçar ou prejudicar trabalhos mas que desejava afirmar [de] maneira bem expressiva [os seus] pontos de vista». É isso que ele fará no dia seguinte durante a sessão do Conselho, repetindo, quase integralmente, as instruções dadas por Salazar[1315].

[1314] ANTT/AOS/CO/NE-17-1, Telegrama n.º 171 (Urgentíssimo), de 15 de Setembro de 1949, do Presidente do Conselho para o Embaixada de Portugal em Washington, f. 171-172.

[1315] ANTT/AOS/CO/NE-17-1, Telegrama n.º 281, de 17 de Setembro de 1949, do ministro dos Negócios Estrangeiros (na Embaixada de Portugal em Washington) para o Ministério dos Negócios Estrangeiros (Presidente do Conselho), f. 147-149.

Logo a seguir à reunião do Conselho do Pacto, o ministro Caeiro da Matta telegrafa para Salazar a relatar como é que se passou a sessão. Segundo Caeiro da Matta: «Sem declaração por [ele] feita e breves palavras pronunciadas depois por Conde Sforza[1316] para explicar prévia desistência total [das] pretensões [da] Itália, [a] sessão ter-se-ia limitado a aprovação sem discussão [do] relatório [dos] trabalhos [do] *Working Group*». Em relação à proposta portuguesa relativa ao *Standing Group*, Caeiro da Matta marca o seguinte: «Ninguém nos acompanhou». Depois acrescenta: «Sessão [do] Conselho, da maior sobriedade, durou 53 minutos. Não foi mais do que a chancela [do] trabalho realizado por *Working Group*»[1317].

Uma semana depois do termo do Conselho do Pacto do Atlântico, e tendo recebido mais informações sobre o desenrolar dos trabalhos, Salazar vai exprimir a sua opinião sobre o que se está a passar em Washington (num telegrama para Theotónio Pereira). Começa por afirmar que se está a insistir em métodos de trabalho que «excedem» a compreensão do Governo português, e em relação aos quais se está em desacordo. Para Salazar, o método que está a ser utilizado passa por cima das autoridades nacionais. Considera que os assuntos deviam ser remetidos, para análise, aos ministros da Defesa e técnicos militares, mesmo em prazo restrito, e que só depois deveriam ser debatidos no Grupo de Trabalho, onde deviam estar representados os peritos militares nacionais. Só depois os assuntos deveriam subir ao Comité de Defesa, onde seriam discutidos durante o tempo que se considerasse necessário, podendo mesmo consultar os respectivos governos no entretanto. Como não é isto que está a acontecer, Salazar teme que o Comité de Defesa não sirva senão para «sancionar deliberações tomadas à sua margem sem seu conhecimento, nem responsabilidade». Mas vai mais longe na sua posição ao afirmar: «Temos maior pena em que venha a verificar-se plenamente nossa suposição de começo

---

[1316] Carlo Sforza (conde), ministro dos Negócios Estrangeiros da Itália, entre 1947 e 1951. Ver referências biográficas no Apêndice 1.

[1317] *Ibid.*.

de que directório militar constituído por «Standing Group» é a única realidade [do] Pacto e que conseguida [a] adesão [dos] restantes países essa construção nada mais importa. Parece não haver mesmo cuidado [em] salvar [as] aparências de colaboração geral no estudo das questões». Como forma de protesto contra esta situação, o Governo português decide não se fazer representar a nível ministerial na reunião do Comité de Defesa que vai ter lugar em Washington, fazendo-se representar pelo embaixador Theotónio Pereira. Para o Comité Militar decide enviar o major general do Exército, o chefe de Estado-Maior Naval e o comandante-geral da Aeronáutica Militar[1318].

Antes da decisão de não enviar um ministro a Washington para o Comité de Defesa, levanta-se a questão de saber quem é que poderia representar Portugal. Tendo sido avançada a hipótese de ser o ministro da Marinha, Américo Thomaz, a representar Portugal, este decide escrever a Salazar a dizer que a representação deve recair sobre o ministro da Guerra, Santos Costa. O ministro da Marinha refere que só há pouco tempo está ao corrente do assunto e Santos Costa, pelo contrário, acompanhou-o «a par e passo». Ainda por cima, considera-se «avesso a desempenhar missões como essa»[1319].

Poucos dias depois, o encarregado de negócios da Embaixada dos EUA em Lisboa desloca-se ao Ministério dos Negócios Estrangeiros, onde entrega um *Aide Memoire* em que está indicado que o Comité de Defesa deverá ser composto por representantes civis e que o Governo português tem todo o interesse em encontrar-se em situação de «completa igualdade com os outros países». Como não existe o cargo de ministro da Defesa em Portugal, o Governo dos EUA sugere ao Governo português que se faça representar no Comité de Defesa pelo embaixador de Portugal em

---

[1318] ANTT/AOS/CO/NE-17-1, Telegrama n.º 181, de 25 de Setembro de 1949, do Presidente do Conselho para a Embaixada de Portugal em Washington, f. 166-168.

[1319] ANTT/AOS/CO/NE-17-1, Carta de Américo Thomaz, ministro da Marinha, a Salazar, datada de 24 de Setembro de 1949, f. 164-165.

Washington[1320]. Esta sugestão será imediatamente aceite por Salazar. No dia seguinte, Salazar reúne com os elementos da missão que vai partir para os EUA. Participam nesta reunião igualmente os ministros da Marinha e da Guerra. A reunião tem lugar no Palácio de São Bento, no dia 30 de Setembro. Na reunião resolveu-se o seguinte: a) reiterar a decisão de ser Theotónio Pereira a representar Portugal no Comité de Defesa; b) aceitar, ou propor, que Lisboa venha a ser sede de um grupo ou subgrupo da estrutura militar; c) não aceitar a eventualidade da utilização das bases de Cabo Verde, cuja utilização exigiria «negociações especiais»; d) aceitar que a Comissão Militar se reúna normalmente em Washington; e) propor que os grupos regionais se reúnam o mais rapidamente possível, propondo a data de 1 de Novembro. Estavam assim definidas as grandes orientações para as reuniões de Washington. É de referir, igualmente, que Portugal propõe a criação de uma subgrupo no Grupo do Atlântico Norte[1321]. A missão militar portuguesa partiu para os EUA, onde vai ficar de 4 a 14 de Outubro.

No dia 5 de Outubro Theotónio Pereira participa no Comité de Defesa, onde vai intervir para levantar a questão da criação de um subgrupo no Grupo Regional do Atlântico Norte. Apesar de qualificar inicialmente o assunto como uma «questão de pormenor», diz considerá-lo da maior importância. Tentando justificar a razão de ser do pedido português, diz

---

[1320] ANTT/AOS/CO/NE-17-1, *Aide Mémoire* do embaixador dos EUA em Lisboa, datado de 29 de Setembro de 1949, f. 181-183. [t.a.] O Ministério da Defesa Nacional será criado em 2 de Agosto de 1950, tendo como ministro o ex-ministro da Guerra Santos Costa. Conforme Salazar referiu a este propósito numa entrevista ao jornal *O Século*, a criação do Ministério da Defesa Nacional foi uma medida que veio tarde – talvez por Portugal não ter tido «a lição de guerras recentes» – e é incompleta. O ideal, segundo ele, seria a existência de um Ministério da Defesa e Subsecretarias de Estado para a Marinha, Aviação e Exército. «Prevaleceu, no entanto, o respeito pela tradição dos ministérios clássicos e, assim a coordenação é tentada num plano de igualdade de categorias ministeriais». Cf. *O Século*, de 10 de Agosto de 1950.

[1321] ANTT/AOS/CO/NE-17-1, Relatório da Missão Militar Portuguesa, datado de 30 de Setembro de 1949, f. 435-441.

que, mesmo sem limitar a sua responsabilidade no todo, cada um dos países membros está especialmente interessado nas questões de defesa na área «na qual ele é o mais directamente implicado». O facto de Portugal só participar no Grupo Regional do Atlântico Norte baseia-se, segundo Theotónio Pereira, em razões geográficas, políticas e militares. Mesmo assim, Portugal estima ainda que o projecto de criar um subgrupo no Grupo do Atlântico Norte é uma boa solução. Theotónio Pereira vai mais longe e afirma que o subgrupo «deverá ser estabelecido com a participação de Portugal e das partes que estão mais directamente ligadas com Portugal no âmbito da segurança mútua». No termo da sua intervenção, Theotónio Pereira reconhece, contudo, que este é um assunto para ser tratado no Comité Militar. Aproveitando a deixa, o representante dos EUA, indica que vai remeter o assunto para o Comité Militar[1322]. Efectivamente, no dia seguinte, a questão vai ser levantada pelo general Omar Bradley[1323], *Chairman* no Comité Militar, que apresentou a proposta portuguesa de criação de um subgrupo regional no Atlântico Norte. A questão vai ser remetida para a primeira reunião do Grupo Regional do Atlântico Norte. Durante a sessão do Comité Militar não há registo de intervenção da delegação militar portuguesa[1324].

No dia 12 de Outubro, Theotónio Pereira desloca-se ao Departamento de Estado para se encontrar com Achilles. Tentando justificar o facto de Portugal só pertencer ao Grupo Regional do Atlântico Norte, Theotónio Pereira é de opinião que o país julga interpretar assim «mais fielmente as razões que haviam levado à definição das áreas regionais». A grande preocupação de Portugal é, contudo, a criação de um subgrupo. Falou-se mesmo da composição do subgrupo, que poderia ficar restrita aos EUA,

---

[1322] ANTT/AOS/CO/NE-17-1, Acta do «First Meeting North Atlantic Defense Committee», 5 de Outubro de 1949, f. 312-313. [t.a.]

[1323] Omar Bradley, general do exército norte-americano, que foi *chairman* no Comité Militar da NATO até 1953.

[1324] ANTT/AOS/CO/NE-17-1, Relatório da Missão Militar Portuguesa, datado de 30 de Setembro de 1949, f. 444.

Canadá, Reino Unido, Portugal e França. Theotónio Pereira informou Achilles que tinha entregue um memorando sobre o assunto no *Standing Group*. Em seguida, entregou um *Aide Memoire* sobre o assunto a Achilles. No *Aide Memoire* invoca «a necessidade de integrar os problemas da defesa portuguesa e de vê-los solucionados em associação com a defesa dos problemas das Partes com as quais Portugal tem estado tradicionalmente associado ou com os quais relações mútuas ou interesses comuns têm sido vantajosamente preservados». Sem a criação deste subgrupo Portugal considera que a sua participação no Pacto do Atlântico «não será efectivamente alcançada». No termo do *Aide Memoire* está ainda referido o seguinte: «À luz da experiência do passado, parece que um tal [subgrupo] deverá necessariamente incluir o Reino Unido, os Estados Unidos da América e Portugal. A participação da França e do Canadá pode também ser aconselhável no âmbito da sua mais directa vizinhança e relações mútuas com algumas das Partes»[1325].

Para além da questão dos Açores, que abordaremos mais à frente, houve um outro assunto que mobilizou a atenção do Governo português. Foi a questão do esforço a fazer por Portugal no âmbito dos planos do Pacto do Atlântico. Numa carta datada de 26 de Julho de 1950, o Governo dos EUA solicita a Portugal, através de MacVeagh, tal como foi aliás feito aos restantes países membros do Pacto do Atlântico, que faça «uma declaração, o mais firme possível, acerca da natureza e extensão do esforço extraordinário, no que respeita a aumento de forças e de produção militares» que o país se propõe empreender. Que o Governo dos EUA entende que «pode ajudar muito efectivamente os países europeus na prossecução do objectivo comum se estes iniciarem imediatamente a preparação de programas delineando o que podem fazer e farão, e quanto auxílio dos Estados Unidos precisarão e para que fins». Se houver um

---

1325 ANTT/AOS/CO/NE-17-1, Embaixada de Portugal em Washington, (Confidencial), Apontamento da Conversa no *State Department* com o Senhor Achilles, datado de 12 de Outubro de 1949, f. 452-457. [t.a.]

«esforço vigoroso da parte dos países europeus, pode confiantemente esperar-se que o Congresso autorize a indispensável acção da parte dos Estados Unidos». Para isso: «é de extrema importância a rapidez e decisão na acção da parte das nações europeias». Na carta está indicado que se deseja uma resposta até ao dia 5 de Agosto[1326]. Entretanto, chegam informações da Embaixada de Portugal em Londres no sentido de que os EUA autorizariam mesmo o desvio de verbas da contrapartida em escudos do Plano Marshall para despesas militares[1327].

A resposta do Governo português vai demorar muito mais do que previsto. A carta do embaixador MacVeagh tinha sido interpretada como um pedido de indicação, com precisão, do «reforço imediatamente possível» em matéria de preparação militar. Só ao tomar conhecimento, através da imprensa internacional, que se tratava simplesmente de uma «mensagem de incitamento» é que se compreendeu que se podia responder em termos gerais. O texto da resposta vai ser elaborado por Paulo Cunha e revisto e alterado por Salazar e Santos Costa. A carta será enviada por Salazar ao embaixador MacVeagh no dia 19 de Agosto. Trata-se de uma resposta muito circunstanciada, de onze páginas. Está expresso que se deve manter secreta[1328]. Nessa carta – no que toca à questão da defesa comum –, defende-se a posição de que «se deveria definir imediatamente o quantitativo global da força considerada capaz» de se opor a um eventual inimigo e, depois, distribuí-lo pelos membros do Pacto em função do seu «potencial económico, financeiro, e militar». No que diz respeito a Portugal, considera-se que o país tem vindo a desenvolver um grande

---

[1326] ANTT/AOS/CO/NE-17-1, Carta do embaixador dos EUA em Lisboa (Lincoln MacVeagh) para o Presidente do Conselho (*Top Secret*), datada de 26 de Julho de 1950, f. 596-600.

[1327] ANTT/AOS/CO/NE-17-1, Ofício n.º 636 (Secreto) do embaixador de Portugal em Londres (Henrique Queirós) para o ministro dos Negócios Estrangeiros (Paulo Cunha), datado de 5 de Agosto de 1950, f. 626.

[1328] ANTT/AOS/CO/NE-17-1, Carta do Presidente do Conselho para o embaixador dos EUA em Lisboa (Lincoln MacVeagh), datada de 19 de Agosto de 1950, f. 613-623.

esforço em matéria de defesa. Refere-se que o país já gasta 28,9% do total das despesas do seu Orçamento de Estado na segurança e que «não se poderá razoavelmente contar com que seja possível a Portugal aumentar substancialmente as suas despesas militares por força de recursos próprios». Para o justificar, avança-se com cinco argumentos: a) o peso no orçamento do esforço de rearmamento e organização militar; b) o facto do «rendimento nacional [ser] *per capita* excessivamente baixo, tido como o mais baixo dos países signatários do Pacto do Atlântico, e não se [conceber] que possa ainda vir a ser diminuído por meio de fortes tributações excepcionais»; c) a redução que tem havido no «reapetrechamento económico do país e [nos] trabalhos necessários a aumentar o seu rendimento e o nível de vida da população [...] em virtude da crise geral» e das dificuldades nas exportações; d) a diminuição dos investimentos – com as suas consequências na realização dos planos e no desemprego – só atenuada pela «utilização dos fundos do Plano Marshall»; e) como a «liquidação dos encargos anteriormente contraídos se deveria traduzir na diminuição das despesas militares, nos anos próximos, a manutenção das despesas no nível actual já representa de facto um agravamento sensível».

Nesta circunstâncias, para «pôr-se em condições de cumprir as obrigações que lhe são atribuídas nos planos de defesa a curto e a médio prazo, o Governo português carece do auxílio financeiro dos Estados Unidos». Pode-se ir, no máximo, até 31% do orçamento anual. Para efectuar «maior esforço militar do país, se exigível em curto prazo, terá de basear-se no auxílio externo que possa ser-lhe concedido»[1329].

[1329] *Ibid.*. Nesta carta também se define globalmente o tipo de material que Portugal precisa. As necessidades em matéria de fornecimento externo são as seguintes: material para as forças aéreas, radares, tractores de artilharia, material blindado, material de transporte, material anticarro, defesa antiaérea, munições, material de transmissões, de engenharia, de saúde, fardamento, e equipamento individual. Algum deste material, o menos complexo, pode ser produzido em Portugal sob algumas condições. Recorde-se que nos EUA, em 1952 e 1953, «as despesas militares representaram 67% do orçamento e 13% do PNB». [t.a.] Cf. GIRAULT, René; FRANK, Robert ; JACQUES, Thobie – *Histoire des relations internationales – tome 3-La loi des géants 1941-1964, op. cit.*, p. 118.

Alguns meses antes, tinha sido publicado nos EUA um artigo na revista *American Perspective*, da autoria de Olive Holmes, a analisar a adesão de Portugal ao Pacto do Atlântico. O artigo intitulado «Portugal – Aliado do Pacto do Atlântico», mostra-se relativamente crítico em relação ao regime político português[1330]. Começa por referir que Portugal «é o associado silencioso nas combinações económicas e defensivas da Comunidade Ocidental». Efectivamente, para o autor «essa participação é semelhante a uma detonação numa das antigas películas mudas – vê-se mas não se ouve». Considera que quanto mais discreta for a colaboração entre Lisboa e Washington, em termos de opinião pública, melhor é. Para o autor do artigo, o Governo português está limitado na sua cooperação com a Europa Ocidental, pois Salazar «encontrou resistência tanto da parte dos nacionalistas como da oposição liberal». Apesar de reconhecer que existiu «um apoio genuíno ao Governo absolutista e paternal que Salazar começou a organizar», começa a verificar-se «uma certa inclinação da parte dos portugueses mais considerados, para efectuarem um balanço crítico das actividades do Estado Novo». Mais à frente escreve o seguinte: «A pobreza básica dos recursos naturais, as baixas receitas nacionais e um dos mais rápidos crescimentos demográficos da Europa, impõem limites à taxa de progresso no campo da reforma económica e social». No termo do artigo escreve que há vozes no seio e fora do regime a favor da realização de reformas[1331].

Em 12 de Dezembro de 1950, num discurso às comissões da União Nacional intitulado «Governar, dirigindo a consciência nacional», Salazar justifica mais uma vez a necessidade de existência do Pacto do Atlântico[1332]. Centrando o seu discurso à volta da necessidade de um combate interno e externo ao comunismo, Salazar considera que na «tentativa de alargamento do domínio ou da influência que parte de um centro pode-

---

[1330] ANTT/AOS/NE-17-1, Tradução do artigo «Portugal – Aliado do Pacto do Atlântico» in *American Perspective*, Vol. IV, n.º 1, Inverno de 1950, da autoria de Olive Holmes, f. 571-581.

[1331] *Ibid.*.

[1332] SALAZAR, António de Oliveira – «Governar, dirigindo a consciência nacional» in *Discursos e Notas Políticas – IV – 1943-1950*, *op. cit.*, p. 479-511.

roso para uma periferia débil, é evidente que a Rússia teve inegáveis possibilidades de êxito e é crível que, pela tendência natural do seu engrandecimento, só pare onde uma força igual se lhe oponha»[1333]. Para Salazar é o interesse de todas as partes manter a paz. A única forma de evitar a guerra é a de «restabelecer um equilíbrio de forças que torne a guerra negócio arriscado e grave». Coloca-se a questão de saber a que nível se irá restabelecer esse equilíbrio. Para Salazar, a URSS «delapidou [...] todo o capital de crédito necessário para uma política de desarmamento material e moral»[1334]. A guerra da Coreia é considerada por Salazar como um «incidente», que acabou por ter algumas vantagens, e que, independentemente «do resultado final e a desagradável situação porventura criada às forças das Nações Unidas» não deve determinar «a grande orientação do Ocidente»[1335]. Só deve interessar ao Ocidente «reforçar a sua defesa» e preservar os seus trunfos. «Esta política delicada e perigosa de se armar para a guerra por amor da paz exige sólidas frentes interiores»[1336]. Salazar critica as potências «que se apelidam de democráticas» pela atitude que têm em relação aos partidos comunistas. O comunismo é um «movimento revolucionário e expressão de uma política internacional agressiva». É o «grande inimigo do momento» e urge contê-lo no plano interno e externo[1337]. Para lhe fazer frente não basta a repressão, apesar de

---

[1333] *Ibid.*, p. 504.

[1334] *Ibid.*, p. 507.

[1335] *Ibid.*, p. 508. É crível supor que Salazar considerou a guerra da Coreia como uma «vantagem» em virtude de ter feito compreender aos Ocidentais os riscos reais da ameaça do comunismo em termos mundiais. Já em 10 de Agosto de 1950, numa entrevista, Salazar tinha declarado sobre a guerra da Coreia o seguinte: «– É minha firme convicção que na guerra da Coreia, se não enxerta imediatamente, nem se enxertará um conflito de extensão mundial. Ao contrário, penso que as operações do Extremo Oriente deverão impedir». *O Século*, de 10 de Agosto de 1950.

[1336] *Ibid.*.

[1337] *Ibid.*, p. 508-509. Salazar refere a este propósito: «O comunismo não é necessariamente um partido nem precisa de dispor de maioria: basta-lhe dispor de uma «minoria», movida por uma «fé» e servida por uma «técnica» de proselitismo e de combate, técnica que é a síntese de tudo quanto a experiência e a psicologia descobriram para dominar e conduzir massas humanas». *Ibid.* p. 509.

indispensável, é necessário, também, uma «acção intensiva de aliciação das inteligências à volta de um sistema de ideias que o repilam». Salazar acaba o discurso afirmando que «o comunismo em Portugal só pode tomar o lugar que [for] deixado vago na inteligência e no coração dos Portugueses»[1338].

Pouco depois, surge um texto do secretário-geral do Partido Comunista Português, Álvaro Cunhal[1339], publicado no jornal *Bolchevik*, onde ele escreve que a participação de Portugal no Plano Marshall e no Pacto do Atlântico teria posto um termo à independência política e que a economia portuguesa estava submetida ao domínio «imperialista»[1340]

2. Ainda a questão da Espanha

A questão da Espanha volta a ser colocada oficialmente por Portugal no Conselho do Atlântico Norte. A posição de Portugal é muito clara nesta matéria. A participação da Espanha – tal como a da Alemanha Ocidental e o do Japão – é muito importante para a defesa da Europa.

Antes do Conselho do Atlântico de Nova Iorque (16 a 18 de Setembro de 1950), o ministro dos Negócios Estrangeiros Paulo Cunha encontra-se com Dean Acheson e vai abordar de novo a questão de Espanha. Neste encontro, Paulo Cunha insiste na importância da Espanha para a defesa da Europa, e pede mesmo que, na impossibilidade de se incluir a Espanha na NATO, se criem «estoques de armas em Portugal para uso da Espanha

[1338] *Ibid.*, p. 511.

[1339] Álvaro Barreirinhas Cunhal, alto dirigente do Partido Comunista Português, preso entre 1949 e 1960. Ver referências biográficas no Apêndice 1.

[1340] ADMAE, S. Europe/1944-1960, S.s. Portugal, Lettre n.º 218/EU, de 20 de Fevereiro de 1951, de Yves Chataigneau, embaixador da França em Moscovo, para Robert Schuman, ministro dos Negócios Estrangeiros da França, f. 18-19, Vol. 44, d.l.: 1949-1955. Trata-se da reprodução no *Bolchevik* de uma exposição de Álvaro Cunhal sobre Portugal e o Partido Comunista Português. A data do texto não está indicada, mas Cunhal foi preso pela PIDE em 1949.

quando a emergência se verificar e tenha lugar o fornecimento de defesas anticarro, a melhoria dos aeroportos espanhóis e, em general, se faça o que for possível ser feito discretamente para melhorar as infraestruturas espanholas de forma a possibilitar a utilização do seu território na eventualidade de se tornar necessária uma acção de retaguarda»[1341].

Nesse Conselho do Atlântico Norte em Nova Iorque, no dia 16 de Setembro, Paulo Cunha, num longo discurso, defende a ideia que se deve estudar uma forma de participação da Espanha no sistema de defesa ocidental, «exclusivamente do ponto de vista estratégico». Considera, ainda, que os países devem colocar a possibilidade da primeira linha de defesa poder ceder, pelo que se torna necessário preparar uma defesa em profundidade «atrás dos Pirinéus». Propõe ao Conselho do Atlântico que dê «total liberdade aos EUA para fazer o que deve ser feito para reconduzir a Espanha para o quadro da defesa».

Respondendo a Paulo Cunha, o ministro francês Robert Schuman considera que a questão da Espanha só poderia ser resolvida mediante a «admissão na NATO» e que, normalmente, não se podem discutir planos de defesa com países que não são membros da organização. Só depois de a ONU tomar uma posição favorável à Espanha, dando por fim a sua resolução em matéria de boicote diplomático, é que Portugal poderia levantar de novo a questão da Espanha de uma forma «mais útil». Paulo Cunha diz que não pretende resposta imediata, que não vê a necessidade de se esperar por uma posição da ONU, e propõe que os EUA «ajudem a

---

[1341] Na sua resposta, Dean Acheson dirá que «os Aliados europeus querem completar a sua linha de defesa o mais longe possível a Leste e que essa iniciativa para armar a Espanha poderia ser interpretada como significando que nós estamos a fixar a linha de defesa nos Pirinéus e isso teria um efeito deplorável nos povos da Europa Ocidental». Depois, refere que os EUA consideram que «a mais importante contribuição» de Portugal era a de manter as facilidades nos Açores. Cf. «Memorandum of Conversation, by Mr. Elim O'Shaughnessy of the Office of Western European Affairs», Confidential, New York, September 14, 1950, in *FRUS, Western Europe, 1950, Vol. III*, Washington, U.S. Government Printing Office, 1977, p. 304-305. [t.a.]

Espanha, não necessariamente com dinheiro mas sob a forma de fornecimento de armas»[1342].

3. A aceitação por Portugal do auxílio militar dos EUA

No mês de Setembro de 1949, a proposta de lei sobre o auxílio militar dos EUA foi submetida ao Senado norte-americano. Nesta ocasião, no dia 19 de Setembro, num debate sobre o Pacto do Atlântico, foi referido que não se poderia considerar Portugal como uma democracia. Nessa altura o senador Tom Connally[1343] fez, segundo Theotónio Pereira, a seguinte declaração: «Não sei a quantidade de democracia que há em Portugal, mas sei que Portugal tem os Açores, o que não será nenhum inconveniente para nós em caso de guerra»[1344]. No dia 22 de Setembro a proposta de lei sobre o auxílio militar dos EUA foi aprovada, por 55 votos contra 24, tendo-se dado o nome de *Mutual Defense Assistance Act*. Esta lei previa a distribuição de mil milhões de dólares pelos países do Pacto do Atlântico e 314 milhões de dólares a outros países (Grécia, Turquia, Irão, Coreia, Filipinas, e China nacionalista).

Em relação ao auxílio militar no âmbito do Pacto do Atlântico, Portugal só virá a beneficiar em 1951. A razão pela qual o país não se candidatou inicialmente a esta ajuda militar está explicada num Estudo do Ministério dos Negócios Estrangeiros (Serviço do Pacto do Atlântico) intitulado «O Acordo de Auxílio Mútuo para a Defesa entre Portugal e os Estados Unidos»[1345], da

---

[1342] «The Secretary of State to the Acting Secretary of State», Top Secret – Priority – New York, September 17, 1950, in *FRUS, Western Europe, 1950, Vol. III, op. cit.*, p. 323-324. [t.a.]

[1343] Tom Connally, influente senador Democrata do Texas, que ocupou o lugar de presidente da Comissão senatorial dos Negócios Estrangeiros entre 1949 e 1953.

[1344] ANTT/AOS/CO/NE-17-1, Telegrama n.º 286, de 20 de Setembro de 1949, do embaixador de Portugal em Washington (Theotónio Pereira) para o ministro dos Negócios Estrangeiros (Caeiro da Matta), f. 150.

[1345] AHDMNE, RQE, ECA/OECE/NATO, Ofício n.º 951, Secreto, de 18 de Julho de 1952, do Serviço do Pacto do Atlântico Norte (Ministério dos Negócios Estrangeiros) e Estudo sobre «O Acordo de Auxílio Mútuo para a Defesa entre Portugal e os Estados Unidos» (15 páginas), s. d., M. 21, d.l.: 1950-1952.

autoria do diplomata Henrique Silva Martins. Quando os EUA solicitaram aos diferentes países membros do Pacto do Atlântico as suas necessidades em material militar, Portugal não respondeu ao pedido de informação. Tendo sido consultado o Ministério da Guerra sobre o assunto, informou, segundo Silva Martins, «que não se conhecendo ainda quais os direitos e obrigações provenientes do auxílio não havia conveniência na sua aceitação, além do que Portugal não se podia colocar numa tal posição de subordinação em relação a países estrangeiros»[1346]. Este parecer, ainda segundo Silva Martins, mereceu a concordância de Salazar, tendo sido pedido a Theotónio Pereira para «agir em conformidade».

No âmbito do *Mutual Defense Assistance Act*, foram negociados e celebrados acordos bilaterais com os outros países do Pacto do Atlântico[1347]. Portugal também aceitou, mais tarde, participar no programa de auxilio militar.

Os objectivos da política dos EUA relativamente a Portugal estão bem definidos num documento do Departamento de Estado. Num documento secreto, datado de 20 de Outubro de 1950, está indicado o seguinte:

> «Os objectivos primeiros da política dos EUA em relação a Portugal são: (1) manter e melhorar as relações cordiais existentes; (2) assegurar a continuação e o desenvolvimento das facilidades que agora nos são concedidas nos Açores; (3) encorajar a participação portuguesa no esforço para alcançar a integração económica, política e militar na Europa ocidental e a coordenação na área do Atlântico Norte; e (4) ajudar no desenvolvimento económico e estratégico das extensas possessões [possessions] portuguesas em África»[1348].

[1346] *Ibid.*. Refere a este propósito o Ofício n.º 2137/E, de 31 de Outubro de 1949 (muito provavelmente do ministro da Guerra).

[1347] *Ibid.*. Inicialmente, também a Islândia e o Canadá não beneficiaram deste auxílio militar.

[1348] «Policy Statement Prepared in the Department of State», Secret, (Washington) October 20, 1950, Portugal, in *FRUS, Western Europe, 1950, Vol. III*, *op. cit.*, p. 1540. [t.a.] Em

No dia 5 de Janeiro de 1951, acabou por ser assinado um Acordo de Auxilio Mútuo para a Defesa entre Portugal e os EUA[1349]. O projecto de acordo tinha sido submetido pelos EUA, tendo Portugal aceitado os seus termos. Ficou estabelecido que as disposições do acordo seriam mantidas secretas. Através do Acordo, os EUA comprometem-se a fornecer a Portugal equipamento militar para a defesa do Atlântico Norte. Portugal, pelo seu lado, compromete-se a facilitar a exportação de matérias-primas disponíveis de que os EUA necessitem e a pagar em escudos as despesas administrativas previstas no acordo (nomeadamente com a missão americana em Portugal). Também há um compromisso no sentido de se isentar as importações e exportações portuguesas com os EUA, realizadas ao abrigo do Acordo. Ficou estipulado, igualmente, que, apesar de o acordo entrar imediatamente em vigor, poderia ser alterado em qualquer momento mediante consentimento de ambas as partes. Nos Anexos ao Acordo – em número de quatro – define-se a utilização do material fornecido, as contrapartidas financeiras portuguesas para as despesas administrativas em Lisboa e em Londres, e o estatuto do pessoal da missão americana em Portugal. No fim, há uma cláusula que concede a Portugal o benefício «de qualquer disposição que figure em Acordo celebrado com outro país do Pacto [do Atlântico]»[1350].

---

seguida está marcado o seguinte: «As relações dos EUA com Portugal estabelecem-se em bases próximas e amigáveis.[...] É desejável que [Portugal] [...] participe em qualquer união económica e política definitiva. Contudo, as ideias que vão no sentido de uma associação mais estreita das nações europeias e, em particular, a ideia de federação da Europa, tem sido desde há muito tempo o anátema do Governo português, o qual crê que qualquer organização da Europa se deve basear na «cooperação das soberanias nacionais». Apesar de o Governo português não ter fechado a porta à consideração de tais arranjos, mostrou fortes suspeitas no que concerne o tratamento de ambas as seguintes questões: a forma actual do governo em Portugal e a integridade dos territórios ultramarinos». *Ibid.*. [t.a.]

[1349] O Acordo de Defesa entre Portugal e os EUA (Açores), de 5 de Janeiro de 1951 foi publicado em: COLLIARD, Claude-Albert e MANIN, Aleth – *Droit International et Histoire Diplomatique. Documents choisis, tome II, Europe, op. cit.*, p. 350-352.

[1350] AHDMNE, RQE, ECA/OECE/NATO, Ofício n.º 951, Secreto, de 18 de Julho de 1952, do Serviço do Pacto do Atlântico Norte (Ministério dos Negócios Estrangeiros) e Estudo sobre «O Acordo de Auxílio Mútuo para a Defesa entre Portugal e os Estados Unidos» (15 páginas), s. d., M. 21, d.l.: 1950-1952.

Entretanto, procedeu-se a uma troca de Notas entre o Governo português e a Embaixada dos EUA, indicando que a assistência militar seria fornecida gratuitamente, desde que viesse dos próprios EUA ou de outro país do Pacto do Atlântico, e de uma forma onerosa se proviesse de fora do Pacto. Também ficou estipulado que se Portugal considerasse inaceitáveis eventuais leis futuras no âmbito do *Mutual Defense Assistance Act*, poderia deixar de recorrer a tais auxílios; sem que isso tivesse implicações retroactivas sobre os auxílios já concedidos. Acordou-se, igualmente, que «para proceder a qualquer transferência de armamento seria sempre necessário o consentimento dos Estados Unidos. Mas também ficou bem explícito que esse acordo seria dado rapidamente no caso da transferência se efectuar da Metrópole para o Ultramar português». Nestas Notas também está estipulado que os transportes de material militar se fariam em navios portugueses e norte-americanos (50% para cada uma das partes)[1351].

Posteriormente, foi aprovado nos EUA o *Mutual Security Act*, que veio provocar alterações na legislação norte-americana do enquadramento do auxílio militar, nomeadamente no que toca às questões fiscais no âmbito das importações e exportações. Nesta lei, ficou estabelecido que o auxílio económico para a defesa não deveria ser onerado «com quaisquer imposições fiscais sob qualquer modalidade». Para fazer cumprir esta lei, os norte-americanos querem um compromisso formal por parte dos países do Pacto do Atlântico nesse sentido. Portugal, tendo receio que uma eventual crise económica ou situação de guerra o leve a ter de recorrer a impostos sobre as exportações estratégicas, decide recusar essa orientação – ao contrário dos restantes membros do Pacto. Acedeu, contudo, em fazer uma «declaração de princípio». A partir dessa «afirmação de boa vontade, [propõe] o estudo, caso por caso, das isenções a conceder eventualmente». Neste particular, o Governo português decide apresentar duas declarações: «uma no sentido de que não se manteria qualquer tributação que incidisse especialmente sobre as compras americanas

[1351] *Ibid.*.

efectuadas para fins da defesa mútua, e a outra no sentido de que a apreciação definitiva da isenção a conceder se faria caso por caso». Os norte-americanos aceitam, mas pedem que se retire a palavra «especialmente» da declaração acima referida, tendo-se iniciado conversações nesse sentido. O receio de Portugal baseava-se, fundamentalmente, na hipótese de os norte-americanos solicitarem a isenção de taxas no que toca às exportações de volfrâmio[1352].

Poucos dias depois da assinatura do Acordo, chega a Portugal o general Dwight D. Eisenhower[1353], comandante supremo das forças do Pacto do Atlântico na Europa, que é recebido no dia 17 de Janeiro por Salazar. Há um breve relato desse encontro feito pelo diplomata Franco Nogueira. A conversa gira à volta da questão do comunismo. Para Salazar, o Plano Marshall partiu de uma premissa errada, de que bastava eliminar a fome e a miséria para afastar o perigo do comunismo. Isso é «uma ilusão [pois] o comunismo pode desenvolver-se mesmo nos meios ricos e prósperos». O dinheiro do Plano Marshall não chega para conter o comunismo[1354]. Considera, contudo, que esse dinheiro simplificou em muito a missão do general Eisenhower, que três anos antes «estaria destinada ao fracasso». Salazar diz a Eisenhower estar convicto que «não haverá guerra se for possível preparar defensivamente todo o Ocidente» e que a URSS «não quer a guerra»[1355]. Segundo o relato da parte norte-americana, Salazar

---

[1352] *Ibid.*. Ignoramos se a palavra «especialmente» foi retirada, ou não, da declaração final. Recorde-se a este propósito, que durante a guerra as exportações (legais e ilegais) de volfrâmio tinham constituído uma fonte de rendimento muito elevada e que o Governo tinha taxado fortemente essas exportações de forma a aumentar as suas receitas e tentar controlar o surto inflacionista.

[1353] Dwight D. Eisenhower, general, comandante supremo das forças da NATO na Europa de 1951 a 1953 e, depois, Presidente dos EUA, até 1960. Ver referências biográficas no Apêndice 1.

[1354] O general Eisenhower concorda com Salazar e cita como exemplo o caso do filho de um amigo dele que, apesar de o pai ser um dos maiores banqueiros dos EUA, é comunista.

[1355] AHDMNE, RNP, Política interna e externa da Europa – Pacto do Atlântico, Apontamento da conversa entre o Presidente do Conselho e o general Eisenhower, da autoria de Franco Nogueira, datado de 17 de Janeiro de 1951, M. 310, d.l.: 1951-1960.

considera que em caso de guerra, que pressupõe evitável, não haverá «nem vencedor nem vencido, mas que dela resultaria uma catástrofe universal na qual a diferença entre a vitória e a derrota seria pequena». Para Eisenhower – que concordou com a opinião de Salazar –, «uma coisa seria pior do que a guerra e ela seria a de fazer a guerra e perdê-la»[1356]. Mais tarde, numa reunião na *White House*, no dia 31 de Janeiro de 1951, que contou com a presença do Presidente Harry Truman, o general Eisenhower descrevendo o seu périplo pelas capitais europeias, disse, a propósito da sua passagem por Lisboa, que Portugal se encontra principalmente interessado em «fazer entrar a Espanha para o quadro da defesa da Europa Ocidental, de uma forma ou de outra». Depois está marcado o seguinte: «O Ditador de Portugal Salazar impressionou especialmente o general Eisenhower»[1357].

Mais tarde, numa entrevista à *United Press*, em 3 de Março de 1951, Salazar volta à questão da eventualidade de uma guerra generalizada e declara o seguinte:

> «A minha convicção é que a atmosfera internacional continuará fortemente carregada e perturbada nos próximos dois ou três anos, os mais intensivos na preparação defensiva do Ocidente, e temos de resignar-nos a viver assim. Durante eles, a Rússia empregará os máximos esforços por adormentar os ânimos, reduzir os esforços de rearmamento, dividir o bloco das nações que provavelmente se lhe oporiam. Essa larga ofensiva de promessas, fórmulas de compromisso, desistências parciais não deverá porém surtir efeito, porque me parece já passado o tempo em que declarações de boa vontade podiam ser tomadas a cem por cento do seu valor. Deu-se nos últimos anos uma mudança radical na consciência dos povos a este respeito»[1358].

[1356] «The Ambassador in Italy (Dunn) to the Secretary of State» (Telegram), *secret*, Rome, January 18, 1951, in *FRUS, Part 1 and part 2, European Security and the German Question, 1951*, Vol. *III*, Washington, U.S. Government Printing Office, 1982, p. 433. [t.a.]

[1357] «Notes on a Meeting at the White House», Top Secret, January 31, 1951, in *Ibid.*, p. 452. [t.a.]

Tal como em relação ao Plano Marshall, o Governo português vai avançar com muita prudência neste assunto, mostrando mais uma vez o seu receio em aceitar facilmente as ajudas antes de as saber sem contrapartidas directas e inaceitáveis. A questão dos Açores também pode ter estado subjacente à não participação inicial, visto Portugal desejar ter espaço de manobra suficiente para contrariar as pretensões norte-americanas em relação aos Açores. Após os receios iniciais, Portugal vai beneficiar largamente da ajuda militar norte-americana. Apesar de a questão dos Açores não ter estado directamente ligada ao Acordo, é muito provável que se trate parcialmente de uma «contrapartida» não assumida em recompensa das facilidades concedidas nos Açores. Só entre 1951 e 1953, Portugal recebeu 82,1 milhões de dólares em ajuda militar, uma soma muito superior àquela que o país recebeu através do Plano Marshall[1359]. A ajuda militar norte-americana facilitou muito claramente o rearmamento militar em Portugal[1360].

4. As novas pretensões norte-americanas em relação aos Açores

No anteriormente referido encontro que Theotónio Pereira teve com Theodore Achilles, no dia 12 de Outubro de 1949, este último acentuou «a grande importância dos Açores dentro do sistema Atlânti-

---

[1358] SALAZAR, António de Oliveira – (Entrevista à *United Press*, de 3 de Março de 1951) in *Discursos e Notas Políticas – V – 1951-1958, op. cit.*, p. 6.

[1359] Entre 1951 e 1960 Portugal recebeu 298 milhões de dólares de ajuda militar norte-americana. Em 1951, 0,4 milhões de dólares; em 1952, 10,2 milhões; e, em 1953, 71,5 milhões. Cf. ANTUNES, José Freire – *Os Americanos e Portugal (1961). Kennedy e Salazar: o leão e a raposa, op. cit.*, p. 35. Cf. ICA, Office of Statistics and Reports, *United States Foreign Assistance, July 1, 1945 through June 30, 1960*. Cit. por William Minter, *Portuguese Africa and the West* (New York, Monthly Review Press, 1972), p. 45.

[1360] A conclusão do Estudo sobre o Acordo do Auxílio Mútuo entre Portugal e os EUA é de que ele facilitou muito o rearmamento do exército português e que produziu «bons resultados».

co»[1361]. Achilles disse abertamente que os chefes militares dos EUA tinham vindo a chamar a atenção do seu Governo para a «conveniência de estudar-se a possibilidade da dilatação do [...] acordo com Portugal». Aproveitando nitidamente a proposta portuguesa de criação de um subgrupo no Atlântico Norte, Achilles pergunta a Theotónio Pereira se Portugal está disposto a discutir a possibilidade de vir a conceder «algumas facilidades ligadas com a organização da defesa comum da área a países eventualmente aderentes do subgrupo, como seriam a França e o Canadá». A resposta é clara: em tempo de paz, Portugal não encara «de nenhuma forma» a concessão de facilidades à sombra do Pacto do Atlântico[1362]. As facilidades inserem-se no âmbito de um «arranjo especial, feito por expressa concessão entre dois países [...] unidos por interesses mútuos e muito especiais». Achilles respondeu que os EUA «pensavam exactamente da mesma forma e que desejavam manter e estreitar com Portugal as relações de amizade e confiança já existentes entre os dois países». Logo a seguir, acrescenta que também os EUA preferem, «sem sombra de dúvida», tratar de uma forma bilateral todos os assuntos relacionados com a cooperação. Neste encontro também foram apresentados por Achilles, para além da questão da extensão do acordo dos Açores, pedidos especí-

---

[1361] ANTT/AOS/CO/NE-17-1, Embaixada de Portugal em Washington, (Confidencial), Apontamento da Conversa no *State Department* com o Senhor Achilles, datado de 12 de Outubro de 1949, f. 452. Num documento do *Foreign Office*, datado de 20 de Março de 1950, está claramente indicada a importância que é dada aos Açores. «Por causa da posição geográfica dos seus territórios, Portugal está preparado para dar uma contribuição preciosa na defesa da zona do Atlântico Norte, e foi principalmente por isso que foi convidado a fazer parte do pacto». PRO/FO 371-89426, West Department, WP 1051/5, Confidential, Relations with Portugal, datado de 20 de Março de 1950. [t.a.]

[1362] ANTT/AOS/CO/NE-17-1, Embaixada de Portugal em Washington, (Confidencial), Apontamento da Conversa no *State Department* com o Senhor Achilles, datado de 12 de Outubro de 1949, f. 452-458. Há uma nítida distinção entre tempo de guerra e de paz, no que concerne a utilização das bases os Açores. Em tempo de guerra, tal com já tinha sido referido por Salazar, essa possibilidade de utilização das bases por outros países pode vir a existir.

ficos relativos a instalações militares[1363]. Theotónio Pereira mandou para o Ministério dos Negócios Estrangeiros, nesse mesmo dia, o Apontamento sobre a conversa com Achilles.

O pedido dos EUA em relação aos Açores vai ser formalizado no dia 7 de Dezembro de 1949, através de uma carta do embaixador dos EUA, Lincoln MacVeagh, acompanhada de uma Nota do Governo norte-americano com uma proposta de acordo bilateral. Nesta carta, o embaixador afirma que o Acordo de 2 de Agosto de 1948 já não corresponde à realidade da situação mundial e, mesmo, das actuais relações entre Portugal e os EUA. «Acontecimentos internacionais recentes substituíram as razões militares originais para o Acordo». Após a assinatura do Tratado do Atlântico Norte, os EUA passaram a ser um aliado de Portugal e «não só um «amigo dos nossos amigos»» (indicação clara de que Portugal tinha adquirido o estatuto de parceiro directo dos EUA, prescindindo-se da "tutela" do Reino Unido). Para o embaixador, as relações entre os dois países possibilitam que a revisão do acordo relativo às bases dos Açores se faça através de uma simples «troca suplementar de notas transmitindo as novas considerações que regulam o Acordo existente, criando as condições para a sua extensão durante todo o período em que os dois governos façam parte do Pacto». Como forma de tentar convencer o Governo português acerca da vantagem em aceder ao pedido de celebração de acordo bilateral, o embaixador dos EUA avança com o seguinte argumento: «a vantagem para Portugal de concluir um acordo bilateral que possa tornar desnecessárias quaisquer outras discussões multilaterais sobre a utilização das facilidades nos Açores, e a possibilidade que essas discussões possam ser iniciadas a qualquer momento, com consequente embaraço para Portugal, não está desligada da urgência atribuída pelo meu governo às suas propostas». No texto do Governo dos EUA com a proposta de acordo bilateral, para além dos considerandos invocando as razões de defesa, de amizade, e de cola-

---

[1363] *Ibid.*. A instalação de uma estação de rádio-comunicação militar (ilha Terceira) e de uma unidade da rede e estações Lorraine para a Marinha.

boração entre os dois países, depois de se invocar o Artigo 3.º do Tratado do Atlântico Norte, propõe-se a extensão temporal do Acordo de 2 de Fevereiro de 1948, «durante o período no qual ambos os Governos serão parceiros no Tratado do Atlântico Norte»[1364]. Avançava-se assim com uma proposta que representava um dos grandes receios de Salazar aquando das conversações com vista à adesão de Portugal ao Pacto do Atlântico. Alguns dias depois, Caeiro da Matta comunica ao embaixador dos EUA que não se julgava possível aceder ao pedido americano.

A posição do Governo português em relação ao pedido norte-americano vai ser explicado pelo próprio Salazar numa carta ao embaixador Theotónio Pereira. Para Salazar, a prorrogação do Acordo de 1948, nos termos em que é solicitado pelos EUA, «equivaleria praticamente à situação que se pretendeu evitar» antes da entrada no Pacto do Atlântico. A situação internacional, ao contrário do que os norte-americanos pretendem, por via da existência do Pacto do Atlântico, já não justifica a prorrogação do Acordo dos Açores. Portugal poderia assumir a responsabilidade da base das Lages e conceder facilidades de trânsito aos EUA. Para isso, os EUA treinariam o pessoal português[1365]. Apesar de Salazar não especificar por que razão a participação de Portugal no Pacto do Atlântico pode dispensar a existência de um acordo bilateral com os EUA, é crível supor que a razão reside no facto de Portugal passar a estar vinculado ao Pacto em matéria de defesa, devendo garantir aos EUA, com o seu apoio, facilidades de trânsito e assistência.

A carta do embaixador dos EUA também é interpretada como uma forma de querer afastar o Reino Unido das discussões sobre os Açores.

[1364] ANTT/AOS/CO/NE-17-1, Nota da Embaixada dos EUA em Lisboa (sem indicação de origem), *Top Secret,* datada de 7 de Dezembro de 1949, f. 460-462. ANTT/AOS/CO/NE-18-1, Carta do embaixador dos EUA em Lisboa e *Draft* (do Projecto de Acordo) *enclosure to Note (Top Secret),* documentos datados de 7 de Dezembro de 1949, f. 14-17. [t.a.]

[1365] ANTT/AOS/CO/NE-18-1, Ofício n.º 139, de 26 de Dezembro de 1949, (Secreto) do Presidente do Conselho (Salazar) para o embaixador de Portugal em Washington (Lincoln MacVeagh), f. 10-13.

Sobre este ponto, Salazar refere que já durante as negociações durante a Segunda Guerra Mundial, para a utilização das bases dos Açores, os EUA não «deixaram dúvida do [...] propósito de afastar, sempre que possível, os ingleses de qualquer colaboração mais íntima naquela matéria, não por divergências de ordem política, mas pela adopção de um princípio sistemático de exclusividade na direcção e funcionamento de instalações ou serviços militares».

Salazar termina a sua carta indicando o seguinte: «Não é assim qualquer razão de queixa sobre o seu comportamento que nos leva a recusar o pedido do Governo de Washington. É apenas uma razão de princípio – manter integra a soberania do nosso território – e para evitar se criem, através de concessões temporárias, servidões internacionais que bem poderiam converter-se, com diminuição nossa, em servidões e restrições de soberania de carácter definitivo»[1366].

Em fins de Janeiro de 1950, Caeiro da Matta pede ao seu secretário-geral António de Faria, para conversar com o embaixador do Reino Unido, Sir Nigel Ronald, para o sondar sobre a questão dos Açores e para lhe transmitir a posição portuguesa. Questionado sobre se estava ao corrente da iniciativa norte-americana, Ronald diz que sabia que ia haver uma iniciativa deles no sentido de se efectuarem negociações bilaterais com Portugal, França, Itália, Dinamarca e Islândia. Acrescentou que, no que diz respeito a Portugal, «dera parecer contrário» a que se fizesse uma proposta nesse sentido, por conhecer previamente a reacção portuguesa e que tinham sido mesmo feitas diligências nesse sentido junto do Departamento de Estado em Washington. Contudo, sob pressão dos militares, tinha-se decidido fazer a intervenção junto do Governo português. Depois, António de Faria expõe a posição portuguesa resumida em dois pontos: 1) a não concessão de bases estrangeiras em tempo de paz, e 2) a utilização de pessoal português para prestar facilidades aos países do Pacto. Quanto a este último ponto, o embaixador Ronald pede para que Portugal não seja

---

[1366] *Ibid.*.

muito radical, pois pode ser necessário ter de utilizar técnicos estrangeiros para dar apoio a aparelhos mais modernos. António de Faria, num claro aproveitamento do grande empenho dos EUA em querer continuar nas Lages, diz que os EUA poderiam apresentar a proposta através do Pacto «facilitado pela existência de um Subgrupo de Planificação Regional encarregado especialmente da defesa de Portugal, Açores, Madeira, no qual só Portugal, os EUA e a Inglaterra [estivessem] representados»[1367].

Em inícios do mês de Fevereiro, Theotónio Pereira desloca-se ao Departamento de Estado, a pedido de Achilles, onde este lhe diz que os EUA continuam empenhados em poder continuar a utilizar as facilidades nas Lages e que o seu regime de utilização, embora no quadro do Pacto do Atlântico, «continuasse regulado por acordo particular entre os dois Governos»[1368].

Poucos dias depois, Salazar, num apontamento para Caeiro da Matta responder ao embaixador MacVeagh, indica que o próprio Acordo de 1948 já tinha ultrapassado a posição do Governo português sobre a matéria. No que toca à possibilidade de se assinar novo acordo bilateral sobre a utilização das bases dos Açores, Salazar reitera a sua posição inicial em quatro pontos:

> «1.º [...] as facilidades nos Açores como quaisquer outras para fins do Pacto do Atlântico excedem o âmbito de acordos puramente bilaterais e devem ser definidas e acordadas no quadro dos organismos do Pacto, como é natural;
>
> 2.º [...] se opõe à [...] prorrogação, por não corresponder às realidades da vida internacional, como expressamente se refere na carta de 7 de Dezembro;

1367 ANTT/AOS/CO/NE-18-1, Ministério dos Negócios Estrangeiros, Resumo de conversa com o embaixador de Inglaterra, datado de 30 de Janeiro de 1950, f. 26-35.

1368 ANTT/AOS/CO/NE-18-1, Telegrama de 3 de Fevereiro de 1950, do embaixador de Portugal em Washington (Theotónio Pereira) para o ministro dos Negócios Estrangeiros (Caeiro da Matta), f. 25.

3.º acordos bilaterais só seriam por isso possíveis para fins e em condições diversas dos considerados na organização do Pacto do Atlântico, mas nas presentes circunstâncias, não se julga que haja para eles oportunidade;

4.º em qualquer caso tais facilidades não poderão desconhecer a posição fundamental definida a cada passo pelo Governo português [...] como não comportando em tempo de paz a existência de bases militares estrangeiras em território nacional»[1369].

Imediatamente a seguir à transmissão ao embaixador MacVeagh da posição do Governo português, o ministro da Guerra, Santos Costa, é convidado para um almoço na Embaixada, em que estão presentes, para além do próprio embaixador, os adidos, o conselheiro Xanthaky e um enviado do Governo dos EUA (que Santos Costa qualifica de «rapazola»). Depois do almoço, Xanthaky aborda Santos Costa e diz-lhe que se está «em estado de permanente perigo iminente de guerra» e que ele deveria fazer compreender a Salazar a situação que se está a viver. É mostrado a Santos Costa uma série de mapas e documentos explicando a ameaça soviética. Prevê-se que um eventual ataque soviético venha pelo Pólo Norte, sendo imprescindível para os EUA terem a possibilidade de utilizar a rota sul do Atlântico Norte para o acesso ao Norte de África[1370].

Por essa altura, Santos Costa acredita muito seriamente na possibilidade de uma guerra. Numa missiva pessoal a Salazar marca que tem

---

[1369] ANTT/AOS/CO/NE-18-1, Apontamento para Caeiro da Matta responder ao embaixador dos EUA, MacVeagh, f. 8-9. No 2.º ponto Salazar utiliza uma frase do próprio do embaixador MacVeagh, na carta de 7 de Dezembro, que indica que o Acordo dos Açores de 1948 já «não corresponde às realidades da vida internacional», *op. cit.*. Obviamente, o embaixador dos EUA, ao utilizar esta frase, não pretendia dizer que já não era útil o Acordo, mas sim que estava aquém do que era necessário em termos temporais, devido, nomeadamente, ao agravamento da tensão internacional. Nesta altura a URSS já possuía a bomba atómica.

[1370] ANTT/AOS/CO/NE-18-1, Apontamento do ministro da Guerra, Santos Costa, sobre um Almoço na Embaixada dos EUA em Lisboa, datado de 10 de Fevereiro de 1950, f. 42-44.

«graves apreensões» e que a «guerra pode realmente surgir de um momento para o outro». Logo a seguir acrescenta: «Se os Russos a não fazem antes de 1954 podem os anglo-saxões desejar fazê-la. A questão em debate [planos regionais de defesa] é de vida ou de morte»[1371].

Depois de várias discussões, nomeadamente no seio do Pacto do Atlântico, as negociações sobre as bases dos Açores vão ser retomadas em Junho de 1951, já em plena guerra da Coreia e com a questão da CED em debate na Europa. Os EUA enviaram uma proposta de texto de Acordo de defesa, datada de 5 de Junho de 1951, mas desta vez já invocando a mútua participação na NATO. Tentam, mais uma vez, ligar o período de duração do Acordo ao período de duração do Pacto do Atlântico, desta vez fazendo depender o período de duração do acordo de uma decisão do Conselho do Pacto do Atlântico[1372]. Obviamente, seria uma forma indirecta de poder continuar a utilizar os Açores enquanto durasse a Organização.

No próprio dia em que recebeu o texto do projecto de Acordo de Defesa, o ministro dos Negócios Estrangeiros Paulo Cunha elabora um parecer e envia-o com o projecto de Acordo para Salazar. No dia 29 de Junho, Salazar elabora um texto com as observações sobre o projecto do novo acordo dos Açores apresentado pelos norte-americanos. Desta vez, o Governo português já está mais receptivo à prorrogação do Acordo de 1948 e Salazar vai estabelecer as suas reservas já na base da aceitação do princípio da prorrogação do Acordo, com as alterações que se consideram importantes. No que toca aos objectivos do Acordo, Salazar deseja que se faça «alusão ao carácter

---

[1371] ANTT/AOS/NE-17-1, Cartão manuscrito do ministro da Defesa, Santos Costa, para Salazar, datado de 24 de Março de 1950, f. 568-569. Nesta missiva Santos Costa queixa-se do excesso de trabalho e indica que deve ser Américo Thomaz, ministro da Marinha, a tratar dos assuntos do Pacto do Atlântico e a deslocar-se a Haia, onde vai ter lugar a reunião da NATO. Considera que o Ministério da Marinha «pouco ou nada tem a fazer».

[1372] ANTT/AOS/CO/NE-18-1, «Defense Agreement Pursuant to the North Atlantic Treaty between Portugal and the United States of America» *(Top Secret)*, datado de 5 de Junho de 1951, f. 90.

defensivo das facilidades concedidas». Também deseja que sejam especificadas as facilidades a conceder, quanto mais não seja num anexo ao Acordo. Quanto à duração, considera que «parece não haver obrigação estrita ou jurídica de conceder facilidades aos signatários do Pacto do Atlântico pela mesma duração do Tratado». Neste contexto, é possível avançar com um prazo inferior. Para Salazar há duas possibilidades em tempo de paz: ou desligar o prazo-limite do Pacto, ou manter o mesmo prazo «mas sem ocupação das áreas por forças militares americanas». Em relação a esta segunda possibilidade, Salazar aceita, contudo, que durante um período estritamente limitado e estabelecido por acordo, haja pessoal norte-americano para preparar a base – «dadas as características actuais da situação internacional». Salazar faz uma nítida distinção entre o tempo de paz e de guerra e aceita o princípio de que tal menção fique inscrita no Acordo. Sobre o assunto escreve o seguinte: «Em princípio não repugna que no acordo se reconhecesse a possibilidade de utilização da base das Lages, para o caso de guerra que surja no período de validade do Pacto do Atlântico e dentro do quadro defensivo encarado por aquele»[1373].

Um mês depois, Salazar já tinha elaborado um texto de Acordo e um Acordo técnico, visto por Santos Costa, que foi prontamente entregue ao embaixador dos EUA. Três dias depois chegou a contra-proposta dos EUA, que introduziu pequenas alterações sem grande significado. No Artigo 1.º do Acordo ficou definido que «[o] Governo Português concede ao Governo dos Estados Unidos, em caso de guerra na qual estejam envolvidos durante a vigência do Tratado do Atlântico Norte, e no quadro e em virtude das responsabilidades assumidas no mesmo, o uso de facilidades nos Açores, conforme forem descritas nos arranjos técnicos a concluir pelos Ministros da Defesa dos dois Governos». No Artigo 9.º do Acordo, igualmente em caso de guerra, Portugal «reserva-se o direito de estender

[1373] ANTT/AOS/CO/NE-18-1, Resposta ao Projecto de novo acordo dos Açores apresentado pelos americanos, Muito Secreto, datado de 29 de Junho de 1951, f. 92-104. Sublinhado no original.

ao [...] Reino Unido facilidades análogas às concedidas» aos EUA e conceder aos outros membros do Pacto facilidades, mediante «acordo entre as competentes autoridades Portuguesas e Americanas». Quanto ao período de duração do Acordo, no que se refere ao tempo de paz, ficou estabelecido o prazo de cinco anos, com um período de tolerância de 4 meses, garantindo assim a presença norte-americana nas Lages até ao início do ano de 1957[1374]. O Acordo foi assinado no Ministério dos Negócios Estrangeiros, no dia 3 de Setembro de 1951, pelo ministro Paulo Cunha e pelo embaixador MacVeagh. Nessa própria noite, Paulo Cunha envia para Salazar, uma proposta de comunicado a distribuir pela imprensa. Salazar não concordando com o texto do ministro elaborou o seu próprio comunicado, que virá a ser distribuído pela imprensa no dia seguinte. Estavam assim concluídas as negociações relativas aos Açores que, apesar de não terem satisfeito integralmente ambas as partes, permitiram a continuação dos EUA nos Açores sem condicionar excessivamente a soberania portuguesa no território. Em 11 de Novembro de 1952, Portugal e os EUA decidem efectuar uma troca de Notas ampliando as concessões acordadas aos norte-americanos nos Açores. No dia seguinte, o comandante supremo da NATO, o general Mathew Ridgway[1375] desloca-se a Lisboa, onde se encontra com os chefes militares portugueses e com Salazar. Poucos dias depois, Portugal alarga ao Reino Unido as facilidades concedidas aos EUA nos Açores.

1374 ANTT/AOS/CO/NE-18-1, Acordo de Defesa entre Portugal e os EUA, datado de 25 de Julho de 1951, f. 194-209 (manuscrito por Salazar) e f. 210-221 (dactilografado).

1375 Mathew Ridgway, general do exército norte-americano, que sucedeu ao general Eisenhower no comando das tropas da NATO na Europa. Tinha comandado as tropas Aliadas na guerra da Coreia.

II. A questão da CED

Apesar de Portugal não ter estado presente nas conversações preparatórias com vista à constituição da Comunidade Europeia da Defesa (CED), foi convidado a participar e marcou claramente a sua posição sobre o assunto. Uma das etapas mais importantes de todo o processo relativo à CED teve lugar em Lisboa, no mês de Fevereiro de 1951.

1. A posição inicial de Portugal sobre o Plano Pleven

No dia 11 de Agosto de 1950 é aprovada no Conselho da Europa, após uma iniciativa de Winston Churchill, apoiada por Paul Reynaud, uma Recomendação a solicitar «a criação imediata de um exército europeu unificado sob a autoridade de um ministro europeu da Defesa, submetido a um controlo democrático europeu e agindo em cooperação com os Estados Unidos e com o Canadá»[1376]. Está-se no início da guerra da Coreia e urge consolidar o sistema defensivo ocidental. Uma das primeiras reacções em Portugal a essa ideia de constituição de um exército europeu foi a de Ruy d'Andrade, colaborador do jornal *A Voz*, que, num artigo intitulado «Hipocrisias políticas e realidades», datado de 16 de Setembro, se insurge contra aquilo que ele chama «meros combates oratórios». Para ele: «Exércitos a sério só os nacionais, que em momento de necessidade se podem unir num esforço comum». Apela ao «sentido das responsabilidades», nomeadamente com a inclusão da Alemanha no esforço de defesa ocidental, e estima que não é possível defender a Europa com «exércitos fraccionados, e por isso fracos. [...] Os exércitos da ONU ou de qualquer outra ficção utopística, não servem para uma luta destas; são precisos exércitos fortes, valorosos, e a sério!»[1377].

[1376] TEITGEN, Pierre-Henri – *Origines Objectifs et Nature des Communautés Européennes.* Paris: D.E.P.P. – Maison de l'Europe, Études et Perspectives Européennes, p. 20-21. [t.a.]

[1377] *A Voz*, de 16 de Setembro de 1950.

No dia 24 de Outubro, o Presidente do Conselho, René Pleven[1378], propõe na Assembleia Nacional francesa «a criação, para a defesa comum, de um exército europeu dependente das instituições políticas da Europa unida»[1379]. Este exército europeu unificado incluiria a participação de tropas alemãs. O assunto, que inicialmente não tinha sido levado muito a sério em Portugal, passou desde esta altura a ser considerado com a maior atenção pelo Governo português. Já não se tratava de simples tomadas de posição retóricas em matéria de defesa europeia, mas sim de um plano assumido pelo Governo francês[1380].

Poucos dias depois, desloca-se ao Ministério dos Negócios Estrangeiros em Lisboa o conselheiro de Sainte-Marie da Embaixada de França, com a incumbência de se inteirar da posição do Governo português relativamente à declaração de René Pleven na Assembleia Nacional francesa. Foi recebido pelo secretário-geral do Ministério dos Negócios Estrangeiros, Conde de Tovar, que, entretanto, tinha recebido instruções do ministro Paulo Cunha sobre a matéria[1381].

[1378] René Pleven foi presidente do Conselho da República francesa, em duas ocasiões, entre 1950 e 1952. Ver referências biográficas no Apêndice 1.

[1379] «Discours de René Pleven devant l'Assemblée nationale, le 24 de octobre de 1950», transcrito no *Annexe au Bulletin quotidien de presse étrangère*. n.º 1 713, Paris: Documentation française, Cit. (extractos) in GERBET, Pierre; LA SERRE, Françoise e NAFILYAN, Gérard – *L'Union politique de l'Europe. Jalons et textes*. Paris: La Documentation française, 1998, p. 56-58 e, parcialmente, in BOSSUAT, Gérard – *Les Fondateurs de l'Europe*. Paris: Belin, 1994, p. 171. [t.a.]

[1380] A propósito do plano proposto através do discurso de René Pleven, o embaixador Marcello Mathias escreve a Salazar, no dia 28 de Outubro de 1950, o seguinte: «É uma manta de retalhos, como as dos nossos pastores. [...] há uma confusão de ideias, de temas, de soluções, que arrepia, quando se pensa na gravidade do assunto que se debate. Então estes senhores, que não conseguem no próprio campo prático da cooperação económica e militar um entendimento fácil, vêm complicar tudo com a adjunção de problemas políticos, como o do Parlamento Ocidental, o supergoverno europeu, o ministro da Defesa Comum, etc.? É uma tristeza». MATHIAS, Marcello – *Correspondência Marcello Mathias/Salazar 1947--1968, op. cit.*, p. 159.

[1381] AHDMNE, RNP, Política interna e externa da Europa, Apontamento sobre a Conversa com o Conselheiro da Embaixada de França (Sainte-Marie), da autoria do Conde Tovar, de 28 de Outubro de 1950, M. 36, d.l.: 1949-1951.

Relativamente à declaração de René Pleven na Assembleia Nacional francesa, Tovar diz que no que toca à parte da declaração em que Pleven afirma que as sugestões do Governo francês feitas em Nova Iorque «foram muito largamente tidas em conta pelos co-signatários do Pacto do Atlântico», isto não é exacto, pois o Governo português ignora «por completo o que se passou nas reuniões a que se alude». Aproveita a ocasião para estranhar «a tendência que, segundo parece, se está estabelecendo dentro do Pacto, de discutir as questões de interesse geral em pequenas reuniões a três, mais ou menos clandestinamente, e de considerar depois como aprovadas por todos as conclusões ou resoluções assim adoptadas à porta fechada». Também ainda em relação à declaração propriamente dita, contesta que a proposta de Schuman, com vista à constituição da CECA, tenha sido feita «a todos os países europeus», visto Portugal não ter recebido nenhuma comunicação nesse sentido e ter tido conhecimento dela pelos jornais. De qualquer forma, Tovar confirma que o Governo português discorda «em absoluto» da «criação de organismos e autoridades «supranacionais»»[1382].

Ainda relativamente à declaração de Pleven, considera que há «uma certa confusão» entre o Pacto do Atlântico, a ONU e o Conselho da Europa. Depois acrescenta, a este propósito, que a declaração «dá a impressão de que se trata de organizações trabalhando paralelamente para a realização de um mesmo objectivo». Ora, na perspectiva do Governo português, «são organismos absolutamente distintos, com finalidades muito diversas»[1383]. Acrescenta ainda que se tem «a impressão de que a finalidade desse documento é antes negativa do que positiva, isto é, que o que pretende é bem mais demolir a organização NATO do que propor uma estrutura prática e viável para a Europa»[1384].

[1382] *Ibid.*. [t.a.]

[1383] *Ibid.*. Em relação a este ponto, Tovar declara: no que concerne a ONU, que Portugal aprova os objectivos mas como não pertence não partilha «nem o trabalho nem as responsabilidades»; no que concerne o Conselho da Europa, Portugal discorda da orientação e não está disposto a colaborar; obviamente, no que concerne o Pacto do Atlântico, Portugal pertence e colabora. *Ibid.*.

[1384] *Ibid.*.

Já próximo do termo da entrevista, de Sainte-Marie levanta a questão central da Alemanha. Diz a Tovar que o Plano Pleven é «a única solução prática para evitar o rearmamento alemão que o Governo francês considera como ameaça directa à segurança francesa». Desenvolveu o tema recordando as «experiências amargas» da França por via do «espírito militarista do povo alemão, e da máquina militar alemã». Depois pergunta a Tovar qual é a posição de Portugal relativamente ao assunto. Para Tovar esta é uma falsa questão na medida em que nenhum membro do Pacto do Atlântico pretende «fazer reviver o militarismo alemão, ou simplesmente o rearmamento da Alemanha». Tovar só conhece um projecto norte-americano sobre o assunto e afirma que nele se «repudia o rearmamento ilimitado da Alemanha e pretende apenas o enquadramento no «exército integrado» de algumas divisões alemãs, excluindo expressamente a formação de unidades superiores à divisão [e] a constituição de um estado maior alemão». Não vê, por isso, qualquer razão para recear um eventual perigo alemão[1385].

Poucos dias depois, numa comunicação para o *Quai d'Orsay*, o embaixador da França, du Sault, indica claramente que Portugal é desfavorável ao Plano Pleven. No que se refere à sugestão de designação de uma ministro da Defesa controlado por uma assembleia europeia, suscita em Portugal «a oposição mais categórica». O embaixador explica esta oposição da seguinte forma: «Profundamente ligado à sua independência, Portugal considera com a maior desconfiança toda a interferência nos assuntos dependentes da soberania nacional e não aceitaria renunciar a algumas das suas prerrogativas. Contra, ainda, o regime dos partidos, o Governo do Senhor Salazar não desejaria participar numa assembleia europeia e ter contactos com personalidades de Estado estrangeiras cuja ideologia política seria fundamentalmente diferente daquela que é professada em Portugal»[1386].

[1385] *Ibid.*.

[1386] ADMAE, S. Europe/1944-1960, S.s. Portugal, lettre n.º 1008/EU, de 6 de Novembro de 1950, de Jean du Sault, embaixador de França em Lisboa, para Robert Schuman, ministro dos Negócios Estrangeiros, f. 176-179, Vol. 41, d.l.: 1949-1955. [t.a.]

Pouco depois, reúne-se o Conselho da Europa em Roma, onde foi assinada a Convenção sobre os Direitos do Homem. Por essa altura, decide que a questão do exército europeu deve ser resolvida no âmbito do Comité de Defesa do Pacto do Atlântico. O comentário do representante diplomático de Portugal é o de que o Conselho da Europa verificou «a sua própria insuficiência e incapacidade em enfrentar a discussão sobre o problema do exército europeu». Segundo o diplomata: «[a] verdade é que os problemas económicos, políticos e militares só podem hoje em dia ser resolvidos no âmbito da aliança atlântica»[1387].

No dia 18 de Dezembro, o encarregado de negócios de Sainte-Marie desloca-se de novo ao Ministério dos Negócios Estrangeiros, onde entrega um ofício dirigido a Salazar e a Paulo Cunha, no qual informa o Governo português que se vai realizar uma Conferência em Paris «com vista a estabelecer as condições do Exército Europeu no qual formações militares alemãs seriam eventualmente integradas». Está claramente indicado nesta carta que se pretende concluir com o processo de criação da CECA – de forma a torná-la uma das bases «da futura comunidade europeia» – e concluir com sucesso os trabalhos da conferência prevista para Paris. É neste contexto que se vai realizar a Conferência de Paris, cuja convocação está prevista para o princípio do mês de Janeiro de 1951. Para esta Conferência serão convidados os governos europeus interessados, membros do Pacto do Atlântico[1388].

No dia 27 de Janeiro de 1951, o embaixador da França, Jean du Sault, convida Portugal, através de uma Nota diplomática, a participar na Con-

---

[1387] AHDMNE, RNP, Política interna e externa da Europa, Ofício n.º 476, de 6 de Novembro de 1950, da Legação de Portugal em Roma (sem indicação do autor mas, muito provavelmente, do próprio ministro de Portugal em Roma, Calheiro de Menezes) para o ministro dos Negócios Estrangeiros (Paulo Cunha), M. 36, d.l.: 1949-1951. Na realidade, como se sabe, o Conselho da Europa nunca teve competências específicas em matéria de defesa.

[1388] ANTT/AOS/CO/NE-17-1, Ofício n.º 253, de 18 de Dezembro de 1950, do embaixador da França em Lisboa para o ministro dos Negócios Estrangeiros (Paulo Cunha) e para Presidente do Conselho (Salazar), f. 643-644. [t.a.]

ferência de Paris, a realizar a partir do dia 15 de Fevereiro, para discutir a organização de um exército europeu, segundo o esquema previsto no Plano Pleven. No dia 3 de Fevereiro, será entregue uma outra Nota diplomática a reiterar o convite.

A resposta do Governo português será entregue no dia 10 de Fevereiro, através de uma comunicação do ministro Paulo Cunha à Embaixada da França. A posição do Governo português sobre o Plano Pleven é a seguinte:

> «O Governo português constata que se trata de um problema já discutido e a propósito do qual, no momento oportuno, definiu com clareza o seu ponto de vista, contrário à formação de um exército europeu que implicaria, por sua vez, o estabelecimento de um organismo internacional tendo um carácter supranacional. Na reunião do Conselho de Suplentes que teve lugar em Londres no passado dia 13 de Novembro, o representante de Portugal transmitiu o parecer desfavorável do Governo português sobre este projecto e, desde aí, cada vez que a questão foi discutida nas reuniões internacionais, Portugal tomou uma posição análoga. Parece que não houve qualquer modificação das circunstâncias que possam levar o Governo português a modificar a sua orientação [...]. Nestas condições, o Governo português, mesmo reconhecendo os objectivos de cooperação inclusos no convite em apreço, não estima possível dar-lhe a aceitação. Considerando a importância da questão, deseja, contudo, enviar à Conferência de 15 de Fevereiro, na qualidade de observador, o embaixador de Portugal em Paris»[1389].

Na sua comunicação para o ministro Robert Schuman, o embaixador francês indica que esta posição do Governo português não surpreende, na medida em que corresponde «à atitude constantemente adoptada por Portugal em relação ao Plano francês»[1390].

[1389] ADMAE, S. Europe/1944-1960, S.s. Portugal, lettre n.º 143/EU, de 12 de Fevereiro de 1951, de Jean du Sault, embaixador de França em Lisboa, para Robert Schuman, ministro dos Negócios Estrangeiros francês, com tradução da Nota do ministro dos Negócios Estrangeiros, Paulo Cunha, f. 228-231, Vol. 41, d.l.: 1949 – 1955. [t.a.]

[1390] *Ibid.*. [t.a.]

Quando a Conferência de Paris se reuniu no dia 15 de Fevereiro, só a Bélgica, a Itália, o Luxemburgo e a República Federal da Alemanha aceitaram o convite. A Dinamarca, a Noruega, Portugal e o Reino Unido – «desconfiados das implicações políticas do plano francês» – só enviaram observadores. Inicialmente, a Holanda só enviou observadores mas, a partir de Outubro, decidiu participar em pleno na Conferência[1391]. Portugal teve uma delegação permanente na conferência, composta pelo embaixador Marcello Mathias e por Henrique Silva Martins, segundo-secretário da Embaixada de Portugal em Paris.

Salazar ia sendo mantido ao corrente das negociações da Conferência de Paris e em 18 de Março escreve uma carta pessoal a Marcello Mathias em que indica que, segundo lhe parece, a Conferência «está emperrada». Queixa-se, contudo, de alguma falta de informações detalhadas sobre o assunto[1392]. No dia 2 de Abril, Marcello Mathias escreve a Salazar a relatar as suas impressões sobre a Conferência. Começa por escrever que a Conferência se vai «arrastando» e que nenhum país «deseja ser desagradável à França». A Itália e a República Federal da Alemanha porque, sendo «países vencidos, estão encantados desta possibilidade de se sentarem à mesa com os vencedores, de assim retomarem o simulacro de soberania, de terem um pretexto para regressar à vida internacional em tom de igualdade». Em relação aos outros, resumem-se à Bélgica, ao seu «apêndice luxemburguês e... à própria França». Para Marcello Mathias, existe um complexo de inferioridade por via da derrota e está-se à procura de «antídotos». A «panaceia da «Europa Unida» é hoje o «slogan» que dá maiores rendimentos eleitorais». Só dessa forma se explica que personalidade dos mais variados quadrantes políticos, como Churchill, Schuman, Mollet e Reynaud, «se

---

[1391] MARCHAL, Léon – «The Political Problem of European Defence» in *Annuaire Européen*. Vol. II. 1956, *op. cit.*, p. 108.

[1392] MATHIAS, Marcello – *Correspondência Marcello Mathias/Salazar 1947-1968, op. cit.*, p. 166.

encontrem juntos na mesma trincheira». Marcello Mathias justifica a situação porque os franceses e, de uma forma menos atenuada, os ingleses, «não querem bater-se, e por isso todas as iniciativas que se apresentem como capazes de salvar a paz atraem logo o emocionado aplauso das massas ingénuas». Acaba a sua carta com a seguinte ideia: «Por outro lado, ou porque aqueles homens públicos sejam sinceros, ou porque assim ganhem um prestígio de pacifistas que melhor lhes permita irem procedendo ao rearmamento e esforço económico necessários para a defesa, eles fazem uma tal agitação em volta da paz – através da Europa federal, Parlamento federal, Governo supernacional, etc. – que ninguém ousa criticar como utopia aquilo em que os eleitores acreditam como elixir. Os próprios alemães na conferência não escapam a esta atmosfera»[1393].

Também por essa altura o *Foreign Office* solicita ao seu embaixador em Lisboa, Sir Nigel Ronald, a sua apreciação sobre a atitude do Governo português relativamente à integração europeia. O embaixador é muito claro na sua resposta e considera que para Portugal «uma forma durável de associação internacional significa uma cooperação mútua entre Estados soberanos». Logo a seguir acrescenta que «uma «cooperação» em larga escala é sentida como essencial por causa da ameaça russa, especialmente no domínio da defesa, mas só por essa razão»[1394].

Entretanto, em Paris, as negociações prosseguiam e tornava-se cada vez mais evidente que o Reino Unido não faria parte da CED. No mês de Dezembro de 1951, o embaixador de Portugal em Londres, Rui Ulrich[1395], desloca-se ao *Foreign Office* para conversar com Anthony Eden[1396] sobre a

---

[1393] *Ibid.*, p. 168-169.

[1394] «Microfiches of documents calendared», p. 950-952, in *Documents on British Policy Overseas,* Edited by Roger Bullen and M. E. Pelly, Series II, Vol. I, London, 1986. [t.a.]

[1395] Rui Ennes Ulrich, embaixador de Portugal em Londres, entre 1950 e 1953. Ver referências biográficas no Apêndice 1.

[1396] Sir Anthony Eden, ministro dos Negócios Estrangeiros, entre 1951 e 1955. Ver referências biográficas no Apêndice 1.

reorganização da NATO e sobre a CED[1397]. Sobre a questão da CED, Eden não ocultou a Ulrich «o seu ressentimento por Reynaud atribuir à Inglaterra o possível insucesso do projecto». Eden considerou que as negociações já decorrem há muito tempo e que se agora o Reino Unido quisesse entrar as negociações teriam de recomeçar. Ainda por cima, o Reino Unido tinha já quatro divisões militares na Alemanha e ia enviar mais uma, ficando lá com mais efectivos do que os EUA. «Quanto ao exército europeu não podia ir além do que fora declarado (na véspera) por Churchill no seu discurso. Eisenhower, em Roma, dissera-lhe que não pretendia que os ingleses entrassem no exército europeu, mas só pedia que mostrassem para ele a sua simpatia e isso estava fazendo». Tendo o embaixador Ulrich aludido a possibilidade de a CED não passar na Assembleia Nacional francesa, Eden terá referido que esperava que o projecto passasse, tal como aconteceu com o Plano Schuman. Contudo, Eden aceita essa hipótese e afirma a Ulrich que se o projecto CED for reprovado pela Assembleia Nacional ou se não se chegar a acordo nas próximas três semanas, o Reino Unido apresentariam «outro plano muito mais simples, em que, por exemplo, um corpo do exército poderia ser constituído por uma divisão inglesa e uma alemã, sem todas as complicações da direcção e do orçamento

---

[1397] ANTT/AOS/CO/NE-4C1, Apontamento da conversa com o Secretário de Estado Eden, da autoria de Rui Ennes Ulrich, embaixador de Portugal em Londres, datado de 7 de Dezembro de 1951, f. 565-567. Este documento foi enviado para o ministro dos Negócios Estrangeiros e para Salazar, que sublinhou diversas passagens do Apontamento, nomeadamente no que se refere ao exército europeu. Em relação ao embaixador Rui Ennes Ulrich e à Embaixada de Portugal em Londres, Chatlam, do *Western and Southern Department* do *Foreign Office*, estima o seguinte: «É uma pena que ela e o seu embaixador sejam tão distantes, que eles nunca visitem o Departamento, excepto com instruções, e alguns de nós nunca fomos à Embaixada de Portugal ou a uma qualquer residência em Londres [dos diplomatas]. Eles contrastam pela negativa com muitas das outras Missões com as quais o Departamento contacta». Fazendo um comentário sobre isto, Cheke, também do *Foreign Office*, escreve o seguinte: «Tenho pena de ler o que diz a propósito deles e da sua Embaixada. A mesma coisa foi dita sobre [Domingues] Palmela, mas pensava que com Ulrich era melhor». PRO/FO 371-107659, Western and Southern Department, WP 1742/1, Portugal, 24 de Junho de 1953. [t.a.]

únicos». No fim do encontro Eden propôs a Ulrich que se mantivessem os contactos com Portugal sobre estes assuntos e que se estreitasse a colaboração entre as duas nações «velhas aliadas»[1398].

2. A Conselho do Atlântico Norte de Lisboa e a questão da CED

A continuação da guerra da Coreia e a insistência dos EUA no sentido da necessidade do rearmamento da Alemanha Ocidental torna cada vez mais premente a questão da Comunidade europeia da defesa. As negociações em Paris tinham avançado significativamente e em Bona o *Bundestag* tinha aceite o princípio do rearmamento da República Federal da Alemanha. É neste contexto que se vai realizar o Conselho do Atlântico Norte, que se tornou conhecido como Conferência de Lisboa.

Mesmo antes do início dos trabalhos, o influente Augusto de Castro, numa série de editoriais do *Diário de Notícias* sobre a questão, começa a abordar a questão. No dia 2 de Fevereiro, num editorial intitulado «Antes do Pano Subir», critica a posição anticolonial dos EUA e dos partidos de esquerda na Europa. Para Augusto de Castro «[não] há irredentismos antiportugueses no Mundo». Em relação à Europa, considera «indispensável» que exista «um comum espírito de defesa europeia em toda a parte, seja qual for a latitude, onde os grandes interesses europeus estejam ameaçados»[1399]. Também Humberto Delgado[1400] escreve um editorial intitulado «Oceanus Atlanticus Mare Nostrum» no *Diário de Notícias* sobre a importância do Atlântico, dos Açores, e de Lisboa para a NATO. Neste editorial diz que «geopoliticamente Portugal interessará ao pacto do

---

1398 *Ibid.*.

1399 *Diário de Notícias*, de 2 de Fevereiro de 1952.

1400 Humberto da Silva Delgado, oficial do exército português que participou, como representante do Ar, nas negociações dos Açores, em 1942. Adido militar junto da Embaixada de Portugal em Washington a partir de 1952. Candidato presidencial em 1958. Ver referências biográficas no Apêndice 1.

atlântico exactamente por dispor das posições estratégicas dos Açores e Lisboa. Moralmente está dentro dele porque defende princípios de civilização incompatíveis com o aniquilamento total do indivíduo». No que toca à importância de Lisboa (e Setúbal), escreve que «faça-se onde se fizer a defesa a todo o custo – Reno ou Pirinéus – o poder atlântico necessita de espaço suficiente e próximo do inimigo para proceder à concentração final dos meios da contra-ofensiva estratégica»[1401].

Como já foi dito anteriormente, Augusto de Castro exprime muitas vezes a opinião do próprio Salazar sobre questões de política internacional. O embaixador Jacques Dumaine resume em ofício dirigido a Robert Schuman as principais ideias transmitidas nessa série de editoriais[1402]. Para Augusto de Castro, a 9.ª sessão do Conselho do Atlântico Norte reveste-se da maior importância por haver dificuldades em relação às negociações relativas ao exército europeu, à reforma da NATO, às questões financeiras e económicas da cooperação militar, e à própria situação internacional. Face aos ataques simultâneos em diferentes pontos do globo, que indiciam a existência de um «denominador comum», torna-se necessário uma resposta global. É isso que se pretende em Lisboa. Daí a sua importância, pois a sessão de Lisboa pode marcar «uma viragem na história do Ocidente». Tal como Salazar já referira anteriormente, Augusto de Castro evoca a ideia de Lisboa estar vocacionada para «capital atlântica». Também insiste na pluralidade da Europa, tema caro a Salazar, pelo que «[toda] a reconstrução económica, política e militar do Velho Continente deverá ter em consideração uma tradição espiritual imperativa que é a própria condição da sobrevivência da Europa»[1403].

A conclusão do embaixador Jacques Dumaine é a seguinte: «As teses que desenvolve o Senhor Castro reflectem o estado de espírito que reina

---

[1401] *Diário de Notícias*, de 3 de Fevereiro de 1952.

[1402] ADMAE, S. Europe/1944-1960, S.s. Portugal, lettre n.º 104/EU, de 7 de Fevereiro de 1952, de Jaques Dumaine, embaixador de França em Lisboa, para Robert Schuman, ministro dos Negócios Estrangeiros francês, f. 302-305, Vol. 41, d.l.: 1949-1955.

[1403] *Ibid.*. [t.a.]

nos círculos governamentais portugueses. Estes gostam, realmente, de dar como exemplo a estabilidade que parece reinar aqui em todos os domínios. Não é certo, contudo, que uma parte da opinião esclarecida em Portugal esteja também tão persuadida do benefício dessa estabilidade, na qual ela vê sobretudo imobilismo. A ocasião seria talvez a de dar a Portugal [...] uma nova actividade no campo internacional e deixar o isolamento orgulhoso ou prudente no qual este país se refugia desde há muito tempo»[1404].

Poucos dias depois dá-se início ao Conselho do Atlântico e convergem para Lisboa grandes personalidades dos países do Pacto do Atlântico. Graças ao sucesso da cimeira da NATO e ao bom acolhimento reservado por Portugal a essas personalidades, criou-se um clima ainda mais tolerante em relação ao Governo português, como veremos mais à frente.

O jornalista francês André Fontaine[1405], enviado especial do jornal *Le Monde*, inicia o seu artigo, no próprio dia do início do Conselho do Atlântico, da seguinte forma: «Hoje [...] é um grande dia para as nações atlânticas. É principalmente um grande dia para Portugal, que acolhe na sua capital, muito pálida sob um céu incrivelmente azul, os delegados de treze países; dos quais talvez alguns não sentem pelo seu regime uma muito grande simpatia. A escolha de Lisboa para a nona sessão do Conselho [do Atlântico Norte] não responde só ao desejo dos participantes de antecipar a Primavera; ao aceitar o convite do Doutor Salazar os Ocidentais deram, de uma certa forma, uma quitação democrática ao sistema de governo do qual ele se reclama»[1406].

Na sessão inaugural na Assembleia Nacional, no dia 20 de Fevereiro de 1952, o ministro português dos Negócios Estrangeiros, que tinha coordenado todos os preparativos da sessão com o apoio de Santos Costa, faz o discurso de abertura (em francês). Depois de elogiar a política seguida por

---

[1404] *Ibid.*. [t.a.]

[1405] André Fontaine, licenciado em Direito, jornalista e historiador.

[1406] *Le Monde*, de 21 de Fevereiro de 1951. [t.a.]

Portugal, de reconhecer o importante papel dos EUA do ponto de vista económico e militar, assim como a necessidade de colocar rapidamente a Alemanha no campo ocidental, estima que «a defesa do Ocidente não é exclusivamente militar, ela não o seria mesmo no essencial». Em matéria de cooperação, a posição de Paulo Cunha é a de que «se no domínio moral e político os métodos e objectivos da defesa devem ser confiados quase exclusivamente a cada uma das nações; se no campo económico se verifica já necessário de recorrer à coordenação e apoio mútuo das economias nacionais; no domínio militar será necessário conseguir a maior coesão possível das forças sob a autoridade de um comando único»[1407].

Sobre a questão da CED, Paulo Cunha vai exprimir a sua posição de uma forma indirecta, abordando a importante questão da soberania das nações e a necessidade de não se deixar arrastar para situações artificiais. É necessário não precipitar as coisas. Dar tempo ao tempo, de forma a que a mudança das mentalidades preceda a mudança das situações. «A verdade [...] é que a multiplicidade dos Estados e das Nações, se ela é até certo ponto uma dificuldade, representa igualmente uma riqueza de sentimentos nacionais, uma maravilhosa complexidade de forças de resistência que não devemos nem podemos sacrificar. Não, uma obra de uma tal amplitude deveria ser realizada primeiro nos corações e nos espíritos. [...] Como duvidar então do triunfo da nossa aliança, se ela não se forma à volta de pretensões efémeras, mas sim segundo exigências de vida e de Liberdade? Tomemos as coisas tal como elas são e procuremos as soluções que se impõem pelo seu mérito próprio, de preferência às que representariam só uma margem precária de compromisso entre as posições divergentes»[1408].

Depois de saudar, com efusão, a entrada da Grécia e da Turquia na NATO, nomeadamente por razões de ordem estratégica, assinala que a

---

[1407] «Discurso pronunciado por S. Ex.ª o Ministro dos Negócios Estrangeiros, Doutor Paulo Cunha, na abertura da 9.ª Sessão do Conselho do Atlântico Norte» (Documento n.º 15) in *Boletim Interno do Ministério dos Negócios Estrangeiros*, n.º 10, 1.º Trimestre, 1952, p. 13. [t.a.]

[1408] *Ibid.*, p. 14. [t.a.]

ausência da Espanha é uma «absurdo estratégico» no sistema de defesa ocidental. Mais uma vez chama a atenção para o «carácter indivisível da estratégia de defesa» da Península Ibérica e da «situação precária» de Portugal por via do fosso que foi criado. Situa a Espanha como um fosso, considerando-a «militarmente neutra apesar de simpatizante e tendo afinidades no domínio ideológico» com o resto da Europa[1409].

Os trabalhos do Conselho do Atlântico centraram-se fundamentalmente à volta de duas questões: a reorganização da NATO e a contribuição da República Federal da Alemanha para a defesa ocidental.

No que concerne a reorganização da NATO, o trabalho já tinha sido preparado pelo Conselho de Suplentes, que, após o Conselho do Atlântico de Roma, tinha ficado incumbido de fazer um estudo e submeter propostas concretas ao Conselho. O trabalho foi realizado e foram formuladas algumas recomendações específicas a submeter ao Conselho do Atlântico de Lisboa (documento C9-D/4-Révisé). As recomendações apontam claramente no sentido de dar uma maior eficácia à NATO, no campo da coordenação, reforço e unificação das decisões políticas e militares. Propõe-se a constituição de um Conselho Permanente e de um Secretariado Geral. As actividades civis da NATO ficariam sediadas num único local (Paris). Quanto à presidência, ela passaria a ser assegurada rotativamente entre os Estados membros (por um ano). Também se propôs que o futuro secretário-geral da NATO assumisse, igualmente, a vice-presidência do Conselho do Atlântico (assumindo a presidência em caso de ausência)[1410].

[1409] *Ibid.*, p. 15. [t.a.] Assinale-se que Augusto de Castro, num editorial do *Diário de Notícias,* no próprio dia 20 de Fevereiro, põe em relevo as partes de discursos de Salazar em que este, desde Maio de 1944, fala do deslocamento do centro de gravidade da política europeia e mundial para o Atlântico, e para os países que o rodeiam, e para a importância da África. Uma concepção euro-americana e euro-africana do Ocidente. Cf. *Diário de Notícias*, de 20 de Fevereiro de 1952.

[1410] AHDMNE, RQE, Ministério dos Negócios Estrangeiros, Informação de Serviço, «Decisões políticas tomadas pela 9.ª Sessão do Conselho do Atlântico Norte, realizada em Lisboa de 20 a 25 de Fevereiro de 1952», da autoria de António Fortunato de Almeida, de 17

A discordância do Governo português em relação à reorganização da NATO vai centrar-se nalgumas atribuições previstas para o cargo de secretário-geral. Em primeiro lugar, Portugal não concorda com a atribuição ao secretário-geral do cargo de vice-presidente do Conselho do Atlântico. Este desacordo português vai inviabilizar provisoriamente essa acumulação. Em seguida, no que concerne as atribuições do cargo de secretário-geral, Portugal discorda em absoluto que este possa ter acesso directo aos governos. O ministro Paulo Cunha pediu no Conselho do Atlântico, segundo Fortunato de Almeida, «que ficasse nitidamente esclarecido que o acesso directo aos Governos só [seja] permitido após consulta ao representante permanente do Governo interessado» (documento C9-R/5)[1411].

Tendo o secretário-geral amplos poderes em matéria de estudo, coordenação (nomeadamente com os organismos militares) e recomendação, o Governo português vê com receio aquilo que considera ser um excesso de poderes[1412]. Apesar de se ter chegado a uma fórmula mais ou menos consensual, receia-se que, independentemente do que ficou estipulado, possa haver a possibilidade de quem exercer o cargo poder «avocar a si com legitimidade um certo número de direitos e atribuições que poderão estar em conflito manifesto com a soberania nacional dos Estados da NATO». Teme-se que o secretário-geral possa vir a ser o «embrião [de uma] entidade supranacional [...] fulcro dos apregoados Estados Unidos da Europa». A possibilidade de o secretário-geral poder contactar directamente os governos é considerada como «perigosíssima» e «estranha». Não se compreende as razões que estão por detrás desta

---

de Março de 1952, M. 21, d.l.: 1950-1952. A maior parte dos dados relativos ao Conselho do Atlântico foram retirados da Informação de Serviço (29 páginas) supramencionada, que nos serviu de orientação sobre a posição portuguesa.

[1411] *Ibid.*, p. 8 da Informação de Serviço.

[1412] Segundo Fortunato de Almeida: «vários países recearam que ao Secretário-Geral se atribuíssem poderes que o tornassem uma entidade absoluta, um Hitler – para usarmos a própria expressão de que alguns Suplentes se valeram – dentro da organização da NATO». *Ibid.*, p. 10 da Informação de Serviço.

disposição, visto o secretário-geral ter acesso ao representante permanente de cada país. Esta possibilidade de contacto directo com os governos não produzirá efeitos relativamente a Portugal – visto o país ter colocado reservas –, levando o secretário-geral a ter de consultar primeiramente o representante permanente português. Uma das hipótese levantadas no Ministério dos Negócios Estrangeiros é a de que este contacto directo com os governos se alargue aos serviços nacionais, concretizando assim um dos princípios caros a alguns países «e que o Conselho da Europa não pôde ainda fazer vingar na prática». É, pois, o receio da perda de controlo de uma parte daquilo que é considerado como fazendo parte da soberania nacional, com a consequente implementação progressiva de uma eventual supranacionalidade europeia, que está na base da atitude deveras desconfiada da parte portuguesa[1413].

Relativamente à acumulação de funções de secretário-geral e de vice-presidente do Conselho do Atlântico, Portugal também manifesta, como já foi referido, a sua oposição. A oposição portuguesa «foi firme», mas já se sabia, à partida, que essa acumulação seria efectuada mais tarde ou mais cedo. O argumento dos outros países da NATO é de que esta medida não constituiria uma alteração, mas «apenas a continuação do statu quo». Como Portugal não conseguiu opor-se a esta acumulação, declarou que «em caso algum [voltaria] a consentir nessa acumulação»[1414].

[1413] *Ibid.,* p. 11-13 da Informação de Serviço.

[1414] Sobre o seu primeiro titular, Lord Ismay, nomeado em 13 de Março de 1952, no documento do Ministério dos Negócios Estrangeiros está marcado o seguinte: «Resta desejarmos que Lord Ismay (cujas ideias políticas desconhecemos em certa medida, mas que convém acentuar ser uma das pessoas que mais de perto privam com Churchill; de ideias tão «federalistas» quando na oposição e que poderá desejar que o seu grande amigo as ponha em execução na NATO na medida em que não afectem a Grã-Bretanha ...) tenha o suficiente sentido da realidade política europeia para na sua actuação [...] não pretender pôr em prática utopias ou sonhos que só podem vir retardar o trabalho que se espera da NATO e que tão preciso é para a defesa dos valores ocidentais e cristãos. Pois se quiser proceder diversamente, não lhe faltarão momentos para o fazer nem disposições em que se possa fundar». *Ibid.*. Sublinhado no texto original.

Mas a acumulação, inevitável, não é o único problema, existe um receio evidente que o futuro secretário-geral assuma de uma forma plena as competências que lhe são dadas em matéria de coordenação, pois esta situação pode permitir, «muito veladamente», «dar ordens aos diversos Governos». Também se receia que as competências em matéria de inspecção possam permitir «inspeccionar os serviços nacionais encarregados da execução dos compromissos internacionalmente aceites». Questiona-se com que base é que os governos poderão recusar um inspecção destas, «que poderá ser altamente atentatória da soberania nacional»[1415].

No que concerne a defesa ocidental e a contribuição da República Federal da Alemanha, foram apresentados à discussão no Conselho de Atlântico quatro documentos fundamentais. Um relatório das três Potências ocupantes sobre os acordos contratuais com a República Federal da Alemanha, um relatório da Conferência de Paris sobre a CED, um relatório do Conselho de Suplentes e do Comité Militar sobre a participação alemã na defesa ocidental e um relatório do Conselho de Suplentes sobre as relações entre a NATO e a CED[1416].

O primeiro relatório, sobre os acordos contratuais com a República Federal da Alemanha, apresentado por Eden, já incorpora a possibilidade de a República Federal da Alemanha vir «a participar na defesa ocidental por intermédio da CED». Aborda questões importantes como a da contribuição financeira da República Federal da Alemanha no esforço de defesa, as garantias de segurança, as produções a proibir e as convenções a celebrar. Este relatório não apresenta problemas para Portugal. O país é muito favorável à inclusão rápida da República Federal da Alemanha no sistema defensivo ocidental[1417]. Já em relação ao segundo relatório, elaborado na sequência da Conferência de Paris sobre a CED, a posição de

[1415] *Ibid.*. Sublinhado no texto original.

[1416] Respectivamente, os documentos C9-D/16, C9-D/12, C9-D/7 (Revisé), e D-D (52)35 – Final. *Ibid.*, p. 13-14.

[1417] *Ibid.*.

Portugal é diferente. Como está referido na Informação do Ministério dos Negócios Estrangeiros, insiste-se «na ideia de que o objectivo final é a fusão, sob instituições comuns supranacionais, dos exércitos dos países participantes, de forma a assegurar-se a defesa da Europa e a garantir-se a paz contra todas as ameaças. Essa fusão será levada a cabo por intermédio de uma integração tão completa quanto possível de todos os elementos humanos e materiais, constituindo assim um factor essencial para a formação de uma Europa unida». A questão institucional da CED foi copiada do tratado relativo à CECA, prevendo-se sensivelmente a mesma estrutura institucional. O objectivo da «estrutura federal ou confederal da Europa» está claramente indicado como uma possibilidade. Em caso de implementação do tratado relativo à CED em 1952, está mesmo previsto um «período definitivo pré-federal, a iniciar em 1 de Janeiro de 1954»[1418].

Durante o debate sobre o documento relativo à CED, Robert Schuman, avança com três ideias fortes: 1) a participação de outras nações europeias na CED; 2) a necessidade de garantias, nomeadamente com a presença de tropas, por parte do Reino Unido e dos EUA; e 3) a não aceitação pela França da admissão da República Federal da Alemanha no Pacto do Atlântico «dado que a existência de problemas políticos e psicológicos graves (divisão da Alemanha, questão dos refugiados, etc.) exporia a organização atlântica a perigos evidentes».

Tomando a palavra em nome do Governo português, o ministro Paulo Cunha esclarece a este propósito, segundo Fortunato de Almeida, que «devido à sua particular situação, Portugal não estava em condições de participar na Comunidade (CED) mas que encarava com satisfação a ideia da sua criação». Referiu, contudo, que «logicamente a inclusão da Alema-

---

[1418] *Ibid.*, p. 17-25. A integração prevista para as forças militares baseia-se em unidades de base da mesma nacionalidade (agrupamento de cerca de 13 000 homens), sendo constituído o corpo de exército por 3 ou 4 agrupamentos. Na Força Aérea, a integração faz-se ao nível do comando aéreo táctico, a partir das semibrigadas (75 aparelhos). Não se prevê integração na Marinha. *Ibid.*.

nha na NATO representaria talvez uma solução mais satisfatória, mas que o seu Governo se inclinava perante o ponto de vista francês nesta matéria»[1419].

Na declaração que se seguiu, Alcides De Gasperi[1420], terá dito, segundo Fortunato de Almeida, estar convicto de que a CED «deve estar na base de uma Europa federal ou confederal e de que se não se desenvolver segundo os princípios do federalismo perderá toda a eficiência e se arriscará a tornar-se efémera»[1421].

No que diz respeito ao terceiro documento, o relatório conjunto do Conselho de Suplentes e do Comité Militar, sobre a participação alemã na defesa ocidental, aborda a questão das garantias de segurança a dar pela Alemanha. Com a criação da CED, essas garantias tornam-se desnecessárias. Compete, pois, às potências responsáveis pela ocupação chegar a um acordo geral com a República Federal da Alemanha sobre esta matéria.

O último documento, elaborado pelo Conselho de Suplentes, diz respeito às relações a estabelecer entre a CED e a NATO e já interessa muito directamente a Portugal. Sendo o objectivo comum das duas organizações a defesa ocidental, coloca-se principalmente o problema da sua articulação operacional e da compatibilidade dos tratados. Torna-se necessário adaptar o Tratado do Atlântico Norte ao facto de haver membros do Pacto do Atlântico que não vão pertencer à futura organização. Como se prevê que o comando das forças da CED seja efectuado pelo Supremo Comando Aliado na Europa, não se colocam, em princípio, questões graves em termos estratégicos ou de directivas políticas. Estão previstas reuniões e consultas entre as duas organizações. «As relações [...] deverão ser estabelecidas de forma a evitar, na medida do possível, que haja confusão ou duplicação de trabalho na actividade de cada uma». Ainda

---

1419 *Ibid.*, p. 24-25.

1420 Alcides De Gasperi, ministro dos Negócios Estrangeiros e Presidente do Conselho da Itália. Ver referências biográficas no Apêndice 1.

1421 *Ibid.*, p. 25.

em relação a este último ponto, a Conferência de Paris pretende inserir no futuro Tratado da CED uma extensão da aplicação do artigo 5.º do Tratado do Atlântico Norte[1422]. O Conselho do Atlântico recomendou que se isso se concretizasse e se obedecesse «aos princípios aprovados pelo Conselho» se assinasse um Protocolo nesse sentido (o projecto de protocolo foi elaborado na altura)[1423].

Relativamente à sede das actividades civis da NATO, ficou decidido instalá-la perto de Paris. Contra esta localização bateu-se o Governo britânico, que preferia Londres. Portugal apoiou a pretensão britânica até ao fim, só aceitando Paris quando Londres cedeu. Portugal ainda levantou a hipótese, sem apresentar candidatura, de poder ser em Lisboa a sede, o que mostra o interesse pela organização. Salazar estimou mesmo que se a candidatura de Lisboa tivesse sido proposta «tinha tido todas as probabilidades de vencer, pois fortes razões militam em seu favor»[1424].

O Comunicado e a Declaração finais do Conselho do Atlântico indicam a grande importância das decisões tomadas em Lisboa. No que diz respeito à CED, é de salientar que na Declaração final está indicado que as «providências reguladoras das relações entre as duas organizações [...] garantirão que a comunidade europeia da defesa reforçará e trabalhará dentro dos quadros da NATO para a prossecução do objectivo comum: a defesa da zona do Pacto do Atlântico Norte»[1425].

O sucesso da Conselho do Atlântico de Lisboa foi absolutamente inequívoco e o ambiente geral é de grande satisfação. Tomaram parte nas

---

1422 *Ibid.*, p. 26-28. Como se sabe, o artigo 5.º refere-se às garantias em caso de ataque contra uma das partes do tratado.

1423 *Ibid.*.

1424 Cf. «Declarações feitas à Imprensa por S. Ex.ª o Ministro dos Negócios Estrangeiros, Doutor Paulo Cunha, ao terminar a 9.ª Sessão do Conselho do Atlântico Norte» (Documento n.º 20) in *Boletim Interno do Ministério dos Negócios Estrangeiros*, n.º 10, 1.º Trimestre, 1952, p. 22 e MATHIAS, Marcello – *Correspondência Marcello Mathias/Salazar 1947-1968*, *op. cit.*, p. 207.

1425 «Comunicado da 9.ª Sessão do Conselho do Atlântico Norte e «Declaração» a que o mesmo se refere» (Documento n.º 18) in *Boletim Interno do Ministério dos Negócios Estrangeiros*, n.º 10, 1.º Trimestre, 1952, p. 17-20.

sessões do Conselho trinta e cinco ministros das catorze nações da NATO. É neste contexto muito favorável que o Governo português tirou partido desta ocasião única para melhorar a imagem do país junto dos governos desses países. Convém assinalar que o sucesso da conferência se deve, em grande parte, ao trabalho preparatório realizado em Londres e Paris.

Durante a Conferência de Lisboa, os ministros Paulo Cunha e Santos Costa asseguraram o grosso do acolhimento das personalidades. Contudo, Salazar também recebeu alguns personalidades da maior importância, à margem da conferência. Salazar recebeu os seguintes homens de Estado: Edgar Faure[1426], Alcide De Gasperi, Pierre Dupong[1427], Dean Acheson, Anthony Eden, Joseph Bech[1428], Robert Schuman e Paul Van Zeeland; assim como Georges Bidault, ministro da Defesa e vice-presidente do Conselho do Atlântico –, que não participou activamente no Conselho em virtude de ter adoecido. Tem interesse referir alguns destes encontros.

O encontro entre Salazar e Anthony Eden foi relatado por este último num documento interno do *Foreign Office*. A conversa começou com a questão do perigo de guerra, tendo ambos concordado que esse perigo é cada vez mais «longínquo». Em relação à sede da NATO na Europa, Salazar manifesta a sua preferência por Londres, tal como a Islândia, apesar de ser uma posição minoritária no seio do Conselho. Depois de reconhecer que Salazar pensava, de modo geral, em conformidade com a perspectiva britânica nas questões internacionais, declara o seguinte: «neste mundo incerto nós teremos dificuldades em mostrar reconhecimento em relação a esta nação, a qual ainda tem o génio do marinheiro e cuja lealdade em relação às velhas amizades é uma rara mas bem vinda tradição». Eden ficou «muito impressionado pela personalidade de Salazar e pela gentile-

---

[1426] Edgar Faure, Presidente do Conselho e ministro das Finanças. Ver referências biográficas no Apêndice 1.

[1427] Pierre Dupong, ministro de Estado e ministro das Finanças do Luxemburgo.

[1428] Joseph Bech, ministro dos Negócios Estrangeiros do Luxemburgo. Ver referências biográficas no Apêndice 1.

za do povo português» e propõe que se tenha um gesto de «boa vontade pessoal» para com Salazar. Levanta-se a questão de saber se devia atribuir-se-lhe a medalha *Order of Merit,* ou um grau honorífico de uma universidade[1429].

Também Dean Acheson registou as suas impressões do encontro com Salazar. Tendo-se deslocado a São Bento na companhia do embaixador MacVeagh e do conselheiro Ted Xanthaky, que serviu de intérprete, Acheson refere, sem entrar em detalhes, as impressões que teve do seu encontro com Salazar. Apesar de reconhecer que Salazar é um ditador, que Acheson qualifica de «ditador-gestor», justifica parcialmente esta situação pelas convulsões políticas, económicas e monetárias que Portugal viveu antes da sua ascensão ao poder, através dos militares. Conclui afirmando o seguinte: «Incontestavelmente, as liberdades políticas, no sentido britânico e americano moderno, não existem em Portugal e, julgando pela experiência do passado, tal será provavelmente incompatível com a estabilidade económica e com o crescimento criados desde há 40 anos [*sic*] por Salazar. O regime de Salazar foi globalmente aceite e ele não depende, como é o caso de Estaline na Rússia, da supressão cruel das liberdades individuais. Um libertário convencido – sobretudo um estrangeiro – pode de uma forma compreensível desaprovar Salazar. Mas eu duvido que Platão o tivesse feito»[1430]. Xanthaky relata este encontro num Memorando.

[1429] PRO/FO 371-101959, Despacho do Secretário de Estado, de 27 de Fevereiro de 1952. [t.a.] A *Order of Merit* é uma medalha atribuída pela Magestade britânica e fica na sua posse. Na altura, o general Eisenhower era o único estrangeiro a quem tinha sido atribuída esta condecoração. Quanto ao grau honorífico, possuindo Salazar o grau de Oxford, que lhe tinha sido atribuído no ano anterior em Coimbra, levanta-se a questão de lhe ser conferido um grau por Cambridge – por não ser um doutoramento inferior ao de Oxford. Esta hipótese acabou por não ser concretizada em virtude de esta Universidade não atribuir o grau fora da instituição e Salazar não ser receptivo à ideia de se deslocar ao Reino Unido para receber o grau honorífico. PRO/FO 371-101990, Carta de Harrison, do *Foreign Office* para o embaixador do Reino Unido em Lisboa, Sir Nigel Ronald.

[1430] ACHESON, Dean – *Present at the creation. My years in the State Department*, *op. cit.*, p. 628. [t.a.]

Falou-se de questões de política internacional, da NATO, de Espanha, e da produção de minério de urânio em Portugal. Sobre a Espanha, Salazar «enfatizou que o Governo português não gosta especialmente ou não tem afinidades ideológicas com Franco. O interesse português pela Espanha [...] é tão somente uma questão geográfica; a defesa da Europa Ocidental e, em particular, de Portugal está incompleta sem a integração activa da Espanha no sistema global de defesa. [...] [Ele] compreendia que por razões políticas práticas (oposição socialista britânica, francesa e holandesa) pode durar ainda muito tempo até que seja possível admitir a Espanha na NATO, mas expressou a esperança de que um adequado entendimento de defesa bilateral possa vir a ser preparado entre os EUA e a Espanha, para preencher, de uma certa forma, a lacuna existente»[1431].

O único encontro que Salazar descreveu foi o que teve com Robert Schuman. Segundo Salazar, foi uma conversa muito agradável, descontraída e franca, na qual se abordaram assuntos de interesse comuns e, mesmo, «de simples curiosidade intelectual». Salazar mostra-se verdadeiramente encantado com a personalidade e com a dimensão intelectual de Robert Schuman. Sobre a questão da CED e da integração europeia, Salazar escreve sobre o encontro com Robert Schuman, o seguinte:

> «Só não convence de que a CED será a salvação da Europa e terá a virtude de fazer cessar os conflitos tradicionais entre a França e a Alemanha. A argumentação não me pareceu decisiva, mas eu abstive-me de o desencorajar, salvo no respeitante à nossa eventual adesão. Acerca desta disse-lhe claramente que não se podia contar com ela, que nos sentíamos muito bem para cá dos Pirinéus, e, em caso de necessidade, nos tornaríamos a voltar para o mar, nosso teatro de aventuras, nossa tradição e vocação ancestral. Só tínhamos

[1431] «Memorandum of Conversation, by Special Assistant Xanthaky», Top Secret, (Lisbon, undated.), in *FRUS, Part 1 and part 2, Europe,: Political and Economic Developments, 1951*, Vol. *IV*, Washington, U.S. Government Printing Office, 1985, p. 129-131. [t.a.]

motivos para nos regozijar se as soluções encontradas dessem resultados eficazes sob o aspecto da colaboração e entendimento pacíficos dos povos europeus, mas não nos interessava a construção política em que estavam ou pareciam estar empenhados. Demais, tínhamos a impressão de que os políticos europeus, ao falarem em unidade, unificação, integração, federação ou confederação europeia, pareciam dar a estas expressões sentidos diversos uns dos outros, e nós não estávamos habituados a fazer as nossas construções políticas senão sobre ideias precisas, concretas e muito bem esclarecidas»[1432].

Após a Conferência de Lisboa De Gasperi declarou à imprensa que muito apreciou a entrevista com Salazar, considerando-o como «um economista excepcional e um homem de governo com experiência pessoal surpreendente»[1433]. Também Paul Van Zeeland se refere ao encontro com Salazar, realçando a «sabedoria e profundidade de pontos de vista em matéria de economia» e considerando-o como «um homem de governo de valor indiscutível». Georges Bidault, comentando igualmente o seu encontro com Salazar, diz o seguinte: «Falámos [...] como homens de grande experiência pessoal de governo e verifiquei a grandeza do seu espírito, que tem a simplicidade dos grandes espíritos». Mas vai mais longe e, depois de realçar a clareza com que Salazar expõe as suas ideias e a sua «recolhida humildade», afirma o seguinte: «Por entre as incertezas e os desvarios do nosso tempo, Salazar é um Homem que permanece. É uma realidade que todos os portugueses devem, orgulhosamente, apreciar»[1434].

[1432] MATHIAS, Marcello – *Correspondência Marcello Mathias/Salazar 1947-1968, op. cit.*, p. 210. Segundo Salazar, Robert Schuman terá concordado em que «por ora se trabalhava numa espécie de nebulosa e que não havia ideias definidas nem definitivas acerca das fórmulas e soluções a adoptar». *Ibid.*, p. 210

[1433] «Declarações feitas por delegados à Conferência do Atlântico Norte ao regressarem aos seus países» (Documento n.º 26), in *Boletim Interno do Ministério dos Negócios Estrangeiros*. n.º 10, 1.º Trimestre, 1952, p. 27.

No termo do 9.º Conselho do Atlântico Norte, no dia 25 de Fevereiro, houve uma conferência de imprensa concedida por Paulo Cunha. Nesta conferência de imprensa o ministro português afirma que Portugal «viu com satisfação» a criação da CED. A satisfação é tanto maior que a decisão foi tomada em Lisboa. Quanto à posição de Portugal em relação à CED, Paulo Cunha considera-a especial, em virtude de o país ser geograficamente periférico na Europa e se situar fora da sua zona territorial. Contudo, dada a interligação com a NATO, segue-se «com vivo interesse o assunto – e com declarada simpatia». Mas vai mais longe e repete que o Governo português gostaria que a República Federal da Alemanha fosse integrada na NATO. Tal não foi possível «por causa das dificuldades levantadas por outros países»[1435].

No que concerne a NATO, Paulo Cunha afirma que, apesar de não ter havido candidatura, Lisboa esteve e «estará sempre de braços abertos para receber as gentes e as coisas da NATO»[1436].

A questão da Espanha também não esteve esquecida. Paulo Cunha, durante a conferência de imprensa, relembra a importância que Portugal dá à integração da Espanha na defesa ocidental. Segundo ele, existe um «fosso» que urge eliminar. Essa integração da Espanha poder-se-á fazer através da integração na NATO, através de «um arranjo no Mediterrâneo» ou, por último, através de um acordo tripartido entre os EUA, a Espanha e Portugal[1437]. Em relação a esta última hipótese, o embaixador da França Jacques Dumaine, comenta-a indicando que o desejo de Portugal num

---

[1434] *Ibid.* (Documento n.º 27), p. 28.

[1435] «Declarações feitas à Imprensa por S. Ex.ª o Ministro dos Negócios Estrangeiros, Doutor Paulo Cunha, ao terminar a 9.ª Sessão do Conselho do Atlântico Norte» (Documento n.º 20) in *Boletim Interno do Ministério dos Negócios Estrangeiros*, n.º 10, 1.º Trimestre, 1952, p. 20-24.

[1436] *Ibid.*.

[1437] *Ibid.*. O ministro dos Negócios Estrangeiros espanhol, Martín Artajo, poucos dias antes, em Londres, por ocasião do funeral do rei George VI, tinha declarado à imprensa que «a Espanha [deveria] servir de base para a defesa e a protecção do continente». *Le Monde*, de 20 de Fevereiro de 1952.[t.a.]

acordo tripartido EUA-Espanha-Portugal «responde a uma preocupação bem real [...] de não deixar a Espanha resolver num frente-a-frente com os Estados Unidos os problemas da defesa da Península». Para Dumaine, apesar de Portugal participar «sem entusiasmo» na NATO, o país «retirou certas satisfações de prestígio visto ele ter representado sozinho os interesses da Península Ibérica»[1438].

Em entrevista ao jornalista André Fontaine, do *Le Monde*, Paulo Cunha vai exprimir, uma vez mais, a necessidade de associar a Espanha à defesa ocidental. Para Paulo Cunha há três soluções possíveis: a integração no Pacto do Atlântico, um «entendimento no Mediterrâneo» (sem especificar qual), e um acordo directo entre a Espanha e os EUA. Em relação a esta última hipótese, que considera ser a que está a «tomar forma», afirma o seguinte: «Considerando o carácter global dos problemas de defesa da Península Ibérica, seria desejável que fosse negociado um acordo tripartido Washington-Madrid-Lisboa». Ainda sobre a Espanha, Paulo Cunha declara ao *Le Monde* que se deve subalternizar as questões políticas ligadas a uma eventual integração da Espanha na NATO. Considera que a tarefa que se tem pela frente «ultrapasse infinitamente o domínio político». Para ele, é necessário «defender os valores ameaçados, salvar a paz e a estabilização ocidentais». Neste contexto, é compreensível que Portugal não deseje que se crie «um fosso entre Portugal e o resto da Europa». Ora, no seio da NATO, segundo Paulo Cunha, a questão da defesa no que concerne Portugal é vista como se o «país fosse uma ilha»[1439].

[1438] ADMAE, S. Europe/1944-1960, S.s. Portugal, lettre n.º 193/EU, de 8 de Março de 1952, de Jaques Dumaine, embaixador de França em Lisboa, para Robert Schuman, ministro dos Negócios Estrangeiros francês, f. 313-314 bis, Vol. 41, d.l.: 1949-1955. [t.a.] Nesta carta Jacques Dumaine avança com a hipótese de haver uma instigação de Londres, de forma a se associar indirectamente ao eventual acordo.

[1439] *Le Monde*, de 26 de Fevereiro de 1952. [t.a.] A questão de um acordo tripartido entre os EUA, Portugal e a Espanha já tinha sido abordada num encontro entre o embaixador dos EUA Griffis e Francisco Franco, em 14 de Março de 1951. Griffis escreve a este propósito: «Conversações desenvolvidas posteriormente, tendo em grande medida em

Nesta entrevista, Paulo Cunha, apesar de considerar a fórmula da CED «completamente satisfatória» e a tomada de decisão como «histórica», levanta, contudo, as maiores reservas em relação ao não respeito das soberanias nacionais. A declaração é a seguinte: «Há pessoas que, vendo as vantagens da estrutura federal do seu país poderiam ser tentadas a empurrar os membros europeus da NATO a unirem-se à custa das suas particularidades nacionais. Ora, nós estamos persuadidos que a existência e a originalidade da Europa estão estreitamente ligadas ao respeito dessas particularidades. Existem demasiadas diferenças de concepções religiosas, políticas e sociais; existem tradições separadas demasiado fortes para

---

primeiro plano Franco, em que ele sente, em consequência das condições actuais do mundo, que os EUA podem ajudar melhor fazendo um acordo directo com Portugal e Espanha. Ele disse que o Estado português manteve a Espanha informada sobre a sua participação na NATO e a Espanha encorajou-os mas deixando a sua participação mais ou menos nominal, pois geograficamente a Espanha está situada entre eles e a França». A resposta de Griffs foi a seguinte: «Nós sentimos, apesar da sua vontade, que é extremamente infeliz que não haja uma frente comum em toda a Europa Ocidental contra a Rússia. Nós pensamos que seria psicologicamente uma má forma de proceder ter um entendimento unilateral com a Espanha, o qual poderia sugerir falta de união de todas as potências democráticas [*sic*]» ou dar um sinal que a defesa da Europa Ocidental poderia ser nos Pirinéus ou que as tropas soviéticas os poderiam atingir». [t.a.] «The Ambassador in Spain (Griffis) to the Secretary of State», Telegram, Top Secret, Priority, Madrid, March 15, 1951, in *FRUS, Part 1 and part 2, Europe: Political and Economic Developments, 1951, Vol. IV, op. cit.*, p. 807-809. Este encontro também está referido em: DUPHY, Anne – *Entre Ideologie et Realisme. La Politique de la France à l'égard de l'Espagne Franquiste entre 1945 et 1955.* (Tese de doutoramento do Institut d'études politiques de Paris – policopiado), p. 1 156. Esta questão do pacto tripartido entre os EUA, a Espanha e Portugal não entusiasmou na altura Salazar. Como observou o ministro da Bélgica em Lisboa, o barão van der Elst, no dia 2 de Agosto de 1951: «Sem barulho, mas eficazmente, Salazar roeu as asas do pato [a ideia de pacto tripartido], fazendo observar que Portugal, ligado à América pelo Pacto do Atlântico, unido à Espanha pelo Pacto de Amizade Peninsular, não tinha nenhuma necessidade de um novo instrumento diplomático para participar na defesa ocidental». AMAECECD, Correspondance diplomatique, D. 12 420, «Portugal-1951», Lettre n.º 2 547, de 2 de Agosto de 1951, do ministro da Bélgica em Lisboa, barão van der Elst, para o ministro dos Negócios Estrangeiros belga, Paul van Zeeland.

que possamos bascular impunemente as estruturas nacionais. Lembrá-lo só é no fundo proferir um axioma de organização»[1440].

Para concluir, Paulo Cunha considera que os riscos de guerra diminuíram proporcionalmente aos progressos obtidos no seio da NATO. A força que se constitui, apesar de «impotente para desencadear uma agressão», será, em breve, «capaz de fazer malograr aquela que outros poderiam desencadear»[1441].

Após o Conselho do Atlântico Norte de Lisboa, Salazar, em carta pessoal a Marcello Mathias, afirma que a conferência foi um sucesso e que o seu receio de que houvesse «qualquer manifestação comunista, actos de sabotagem, [ou] agrupamentos hostis» não se confirmou. Reconhece, contudo, que antes da conferência foram distribuídos prospectos a pedir «paz e pão em vez de armamento» e que foram tomadas «precauções». Depois acrescenta: «Vê-se não ter havido ambiente para nada de hostil ou de antipático. Estou contente com o facto»[1442].

3. A percepção da evolução da questão da CED, em 1952

Decidida a questão da articulação entre a NATO e a CED, vão prosseguir as negociações com vista à assinatura do tratado constitutivo da CED. Portugal vai seguir atentamente as negociações em Paris através dos seus diplomatas. Desde Abril que se sabe que o Reino Unido vai dar garantias aos países da CED. A preocupação é grande em Lisboa. O Ministério dos Negócios Estrangeiros foi alertado para a situação pelo seu embaixador em Londres, Rui Ennes Ulrich, que refere que as garantias vêm acentuando uma tendência que pode afectar Portugal. A questão é a de que nas

---

[1440] *Le Monde*, de 26 de Fevereiro de 1952. [t.a.]

[1441] *Ibid.*. [t.a.]

[1442] MATHIAS, Marcello – *Correspondência Marcello Mathias/Salazar 1947-1968, op. cit.*, p. 206-207.

cláusulas previstas para o tratado da CED se fala de uma obrigação de assistência militar em caso de ataque. Ora, no que toca à NATO, não existe essa obrigação, apesar de haver um tendência nesse sentido. «Há [...] um reconhecimento táctico de que as cláusulas do Tratado do Atlântico Norte eram insuficientes e que se tornava necessário dar ao seu espírito um alcance que ia além da sua letra». As tentativas de conciliação entre a NATO e a CED, «embaraçadas embora pela vaga fórmula do primeiro, não deixaram de ter sempre em vista a mesma ideia do auxílio pelas armas». Nestas circunstâncias, é possível que os EUA também venham a conceder garantias à CED, o que colocaria «em posição diferente dos outros membros do Pacto do Atlântico o Canadá, os países escandinavos e Portugal». Apesar de Ulrich considerar que se houver uma nova guerra geral será impossível a abstenção de Portugal, alerta o Ministério dos Negócios Estrangeiros para esta situação[1443]. Ao receber esta comunicação do embaixador em Londres, o Ministério dos Negócios Estrangeiros dá-lhe a maior importância e decide divulgá-la junto das principais missões diplomáticas portuguesas na Europa e nos EUA.

Entretanto, o marechal Montgomery, segundo do comando militar da NATO, desloca-se a Lisboa, onde é recebido por Salazar, assim como pelo ministro da Defesa e pelos principais chefes militares. O embaixador Sir Nigel Ronald acompanhou-o na sua entrevista com Salazar, no dia 28 de Abril de 1952, que durou cerca de três horas, e conta, genericamente, como ela se passou. Segundo ele, a entrevista «não podia ter sido mais amigável» e foi «um grande sucesso». Montgomery transmitiu a Salazar a sua opinião sobre o estado do exército português (ainda pouco operacional para os parâmetros da NATO), aparentemente sem contestação da parte portuguesa, e concordou com Salazar no que diz respeito à importância da participação da Espanha na defesa ocidental.

[1443] AHDMNE, RNP, Política externa e interna da Europa, Ofício n.º 487, de 17 de Abril de 1952, do embaixador de Portugal em Londres (Ruy Ennes Ulrich) para o ministro dos Negócios Estrangeiros Paulo Cunha), M. 103, d.l.: 1951-1952.

Montgomery terá mesmo dito que «parece que quanto mais cedo a Espanha se tornar membro da NATO, melhor»[1444]. O *Foreign Office* ao receber esta indicação concordou com a avaliação que tinha sido feita em relação ao estado de preparação do exército, mas ficou surpreendido e contestou a posição do Montgomery relativamente à Espanha (sem referir o embaixador)[1445].

Entretanto, no *Quai d'Orsay* é rubricado, no dia 9 de Maio, o instrumento diplomático com as bases legais da CED. De Paris, Marcello Mathias envia longos ofícios a explicar a evolução da situação e os principais artigos de imprensa sobre o assunto. Para o embaixador, a CED é uma «criação imperfeita, ou talvez destinada a sê-lo eternamente»[1446]. Para os negociadores, a CED é vista como um complemento da CECA e abre o caminho para a organização política da Europa. O Comunicado dos «Seis» indica claramente que o objectivo é a constituição de «uma organização europeia supranacional» e que a futura Assembleia da CED «será encarregue de estudar imediatamente a constituição das instituições políticas de

---

[1444] PRO/FO 371-101962, Carta (*Secret and Personal*), de Sir Nigel Ronald para Sir William Strang (*Western and Southern Department*), datada de 1 de Maio de 1952. [t.a.]

[1445] PRO/FO 371-101962, Minuta para o ofício de Sir William Strang (*Secret and Personal)* para Sir Nigel Ronald, datada de 12 de Maio de 1952. Também está marcado o seguinte: «Manifestamente, os portugueses têm um longo caminho pela frente antes de poderem contribuir de uma forma plena para a NATO, e quanto mais cedo eles tomarem consciência disso melhor, de forma a ultrapassarem as suas insuficiências». [t.a.] Na carta inicial para o embaixador Sir Nigel Ronald estava contido um texto que acabou por ser retirado. O texto é o seguinte: «O Secretário de Estado ficou [...] um pouco surpreendido ao ouvir o Marechal dar abertamente a sua visão pessoal sobre a entrada da Espanha na NATO. As opiniões vindas de uma pessoa tão eminente como o Marechal têm uma relevância que poderá repercutir-se entre os espanhóis e que tende a minar a posição do Governo de S.H.M. sobre a questão. Mas pode, talvez, argumentar-se que o Marechal-de-Campo falou antes mais como figura internacional do que como oficial britânico. Eu não penso que esta seja uma ocasião desejável para o chamar à razão». [t.a.]

[1446] AHDMNE, RNP, Política externa e interna da Europa, Ofício n.º 712, de 12 de Maio de 1952, do embaixador de Portugal em Paris (Marcello Mathias) para o ministro dos Negócios Estrangeiros (Paulo Cunha), M. 103, d.l.: 1951-1952.

uma estrutura federal ou confederal da Europa»[1447]. Os artigos de jornais em França reflectem já um certo cepticismo em relação ao processo de ratificação pelo Parlamento, que é visto como «um cabo perigoso»[1448]. As reservas em relação à CED são intensas.

No dia 26 de Maio são assinados, em Bona, os Acordos contratuais com a República Federal da Alemanha, dando-lhe uma plena soberania condicionada à «ratificação da CED por todos os países aderentes»[1449]. No dia seguinte, em Paris, é assinado o Tratado que institui a CED. A CED disporia de um exército integrado sob a égide de um Estado-Maior comum. O exército seria composto por «agrupamentos» nacionais de 13 000 homens, agrupados numa quarentena de divisões, usando um uniforme europeu. Os governos seriam representados num Conselho de Ministros, onde seriam tomadas decisões por unanimidade. O Comissariado Europeu da Defesa, instância técnica sob as ordens do Conselho de Ministros, ocupar-se-ia das questões operacionais, assim como das questões relativas ao armamento, equipamento, abastecimento e logística. A CED teria um orçamento comum. O controlo democrático seria efectuado pela Assembleia Parlamentar da CECA (ligeiramente modificada) e o Tribunal de Justiça estatuaria sobre a aplicação do Tratado[1450].

O Conde de Tovar, representante português no Conselho Permanente, assina por Portugal os documentos referentes às relações entre a NATO e a CED (estavam assim concretizadas as longas negociações de Paris). No dia 28 de Maio, o ministro Paulo Cunha entende que é necessário esclare-

---

[1447] *Le Monde*, 11-12 de Maio de 1952. [t.a.]

[1448] A frase é a seguinte: «Seis rubricas colocadas sobre seis documentos, alguns breves discursos, e o exército europeu nasceu... no papel. Falta completar o projecto, fazê-lo assinar pelos ministros dos Negócios Estrangeiros, depois ultrapassar o cabo perigoso: a ratificação pelos Parlamentos. Depois disto, será necessário acelerar a constituição das divisões e do seu equipamento». *Le Matin*, de 12 de Maio de 1952. [t.a.]

[1449] BOSSUAT, Gérard – *Les Fondateurs de l'Europe. op. cit.*, p. 174. [t.a.]

[1450] HAMON, Dominique e KELLER, Ivan Serge – *Fondements et étapes de la construction européenne*. Paris: Presses Universitaires de France, 1997, p. 123. [t.a.]

cer a opinião pública sobre a posição de Portugal relativamente à CED. Num comunicado à imprensa, o Ministério dos Negócios Estrangeiros, depois de descrever brevemente o processo que levou à criação da CED, indica que esta organização, em entendimento com a NATO, «representa um considerável reforço da defesa e da segurança internacional». Neste contexto, o Governo português deu instruções ao seu representante permanente na NATO «no sentido de votar favoravelmente esse entendimento e, em seu nome assinar os protocolos» sobre «os direitos e obrigações recíprocos das duas organizações». Sublinha-se, todavia, que Portugal já se encontra ligado a cinco dos países da CED através da NATO e que o território da República Federal da Alemanha já estava incluído na NATO, por via das forças aliadas que aí se encontram estacionadas. O comunicado termina com o seguinte texto: «Com o tratado instituindo a CED regista-se um novo passo extremamente importante, para desencorajar desígnios agressivos e, deste modo, salvaguardar no Mundo a liberdade e a paz. O Governo português vê com satisfação associados, por aquele tratado, seis países com os quais de há muito vem mantendo relações estreitas de recíproca amizade e compreensão»[1451].

Nesse mesmo dia, Marcello Mathias escreve uma carta pessoal a Salazar a comentar diversos assuntos e, sobre a questão da CED, relata um encontro que teve na véspera com Robert Schuman, em que este lhe terá dito que a sua continuação à frente do *Quai d'Orsay* se fica a dever principalmente a ter-se conseguido levar a cabo esta nova etapa do processo da CED. Sobre o clima que se está a viver em França, Marcello Mathias diz que se espera manifestações por causa da visita a Paris do general Ridgway e que subsiste um grande receio relativamente ao rearmamento alemão. Para ele, contudo, a questão do rearmamento deve ser colocada de outra forma: «O problema não está posto pela Alemanha, mas pela Rússia, e o que importa não é tentar evitar o inevitável, mas procurar pôr do [seu] lado, com o menor número de riscos para

[1451] *O Século*, de 28 de Maio de 1952.

[si], a força brutal que potencialmente hoje a Alemanha representa na Europa»[1452].

Em Portugal, o Partido Comunista Português insurge-se contra a participação de Portugal na NATO. No jornal *Avante!* escreve-se: «A camarilha anti-nacional salazarista vangloria-se com o facto de cumprir escrupulosamente os compromissos derivados do agressivo Pacto Atlântico. Desta traição aberta aos interesses nacionais resulta a intensificação dos preparativos militares com vista à participação de Portugal numa futura guerra [...] transformar Portugal num centro de conspiração mundial contra a paz»[1453].

4. Portugal e a questão alemã

A posição de Portugal em relação ao processo de criação da CED está intimamente ligada à importância que o Governo português atribui à questão da Alemanha, nomeadamente no que diz respeito ao seu rearmamento. Como já vimos anteriormente, desde 1947 que Salazar vinha insistindo, de uma forma inequívoca, na necessidade de resolver a

---

[1452] MATHIAS, Marcello – *Correspondência Marcello Mathias/Salazar 1947-1968, op. cit.*, p. 226-227.

[1453] *Avante !*, n.º 171, de Outubro de 1952. No número de Novembro de 1953 do *Avante!*, já depois do Acordo entre os EUA e a Espanha (26 de Setembro de 1953), está marcado o seguinte: «As camarilhas governantes de Portugal e de Espanha renunciaram completamente a uma política nacional e seguem um política ditada pelos imperialistas americanos, consentindo na instalação de bases militares nos seus territórios e expondo-os assim a graves perigos em caso de hostilidades. A adesão do Portugal salazarista ao escravizador Plano Marshall e ao agressivo Pacto do Atlântico, o Tratado Militar assinado em Setembro de 1951 que colocou os Açores nas mãos dos americanos, as facilidades concedidas aos ianques nas colónias onde eles mandam como em terra sua, atestam bem o carácter de traição nacional e de guerra da política salazarista. [...] Entretanto os apetites vorazes dos imperialistas ianques ambicionavam o domínio efectivo de toda a Península Ibérica. E a confirmá-lo está a assinatura [...] dos Tratados Militar e Económico da Espanha com os Estados Unidos». *Avante !*, Novembro de 1953.

questão alemã e de associar a Alemanha Ocidental ao esforço de defesa ocidental para fazer face a um eventual ataque da URSS. As concepções estratégico-militares situavam o ponto nevrálgico do possível conflito na Europa Central[1454]. Salazar tem a noção disso e vai mesmo ao ponto de considerar que os Aliados erraram ao defenderem a «tese da rendição incondicional». Manifesta, contudo, compreensão em relação a esta posição dos Aliados[1455]. Os diplomatas franceses e britânicos, nomeadamente, iam informado os respectivos ministros desta posição do Governo português. A atitude favorável ao rearmamento alemão (e japonês, igualmente) vai-se desenvolvendo progressivamente, sem se especificar inicialmente a forma de o concretizar. Com a intensificação da Guerra Fria não restam dúvidas a Portugal que a Alemanha Ocidental deve ser rearmada, o mais rapidamente possível, e as tropas alemãs enquadradas pelas forças ocupantes. Sempre que a situação o permite, nomeadamente nas instâncias do Pacto do Atlântico, Portugal insiste nessa necessidade de cooperação. É o próprio ministro da Defesa Nacional, em nome do Governo português, que numa reunião em que se debate a participação alemã (provavelmente em 18 de Dezembro de 1950), declara o seguinte:

> «Em conformidade com a opinião sempre expressa nas reuniões de Nova Iorque e Washington, o Governo português, atendendo à séria situação internacional e aos perigos relacionados com a segurança dos povos ocidentais, está completamente de acordo em que a Alemanha seja convidada a cooperar com a sua potência militar máxima na defesa da Europa ocidental e da sua própria defesa até ao

---

[1454] GIRAUD, René ; FRANK, Robert e THOBIE, Jacques – *Histoire des relations internationales – tome 3 – La loi des géants 1941-1964, op. cit.*, p. 131. [t.a.]

[1455] Ver a este propósito os discursos: «Miséria e medo, características do momento actual» (25 de Novembro de 1947), p. 288-290; «O Ocidente em face da Rússia» (28 de Abril de 1948), p. 327, 331-333; «Portugal no Pacto do Atlântico» (25 de Julho de 1949), p. 404; «Governar, dirigindo a consciência nacional» (12 de Dezembro de 1950), p. 503 e 508 in SALAZAR, António de Oliveira –*Discursos e Notas Políticas – IV – 1943-1950, op. cit.*.

ponto que possa ser escolhido como o mais a leste possível, de forma a que ela possa cobrir a Dinamarca e qualquer tentativa de invasão seja a partir do norte ou do sul dos Alpes.

Se ainda não é possível para todos os países do Tratado examinar o problema que os respectivos líderes têm de enfrentar, tendo somente em consideração os interesses reais dos seus povos e a gravidade do momento presente resultante das grandes diferenças entre os potenciais militares existentes dos dois blocos opostos, o Governo português concorda em que a colaboração militar alemã seja encarada na base de «BRIGADAS MISTAS»(combat-teams), tal como a Delegação portuguesa sugeriu durante o Quarto encontro do Comité de Defesa, em Washington.

Lamento que esta cooperação não possa ser imediatamente implementada ao nível da divisão ou mesmo ao mais alto nível de uma Nação alemã armada».[1456]

O risco do rearmamento da Alemanha Ocidental, estando ocupada e sob controlo, é muito menos real do que o risco de «sovietização», nomeadamente da Alemanha – o grande risco aos olhos do Governo português. Como Marcello Mathias sintetiza numa carta a Salazar, no dia 24 de Janeiro de 1950, a ideia é de que na situação em que a Europa se encontra «a França já não deve temer a Alemanha, porque não é mais possível a ideia de um conflito isolado estas nações; todo o conflito tenderá a exprimir-se em dimensões mundiais. E se a preocupação da França é a de evitar a guerra no seu solo, parece que somente numa política de entendimento com a Alemanha poderá encontrar-se a solução do problema»[1457]. Tam-

[1456] ANTT/AOS/CO/NE-17-1, Presidência do Conselho, Gabinete do Ministro da Defesa Nacional, «Amended Text of the 1st Intervention of the Portuguese Defense Minister – Page n.º 5 of the Record – Germany Participation», s.d. (provavelmente de 18 de Dezembro de 1950), f. 655-656. [t.a.]

[1457] MATHIAS, Marcello – *Correspondência Marcello Mathias/Salazar 1947-1968, op. cit.*, p. 151-152. A política de «entendimento» ou de «reconciliação» franco-alemã é considerada como fundamental para unir a Europa Ocidental num bloco coerente e articulado com os

bém a imprensa reflecte esta atitude portuguesa, perante o problema do rearmamento alemão, numa série de artigos e editoriais. Apesar de se compreender os receios e susceptibilidades em relação à Alemanha, não se estima viável qualquer atitude agressiva da sua parte. Como indica o embaixador Jean du Sault: «mais do que nunca, o inimigo eventual n.º 1, o inimigo único para o Governo português, é a Rússia»; apesar de não se acreditar muito na possibilidade de ela vir a provocar uma guerra[1458].

Em 1951, a Missão de Portugal em Bona vai informando o Ministério dos Negócios Estrangeiros sobre a situação na Alemanha. As questões do carvão da Ruhr e da política seguida em relação à Sarre são consideradas como dois obstáculos à reconciliação. Em relação à Sarre, a política seguida pela França é mesmo entendida como uma «anexação pura e simples de uma província alemã»; ou, pelo menos, é assim que os alemães a entendem[1459]. Já no que toca à questão da Ruhr, o compromisso assumido pela França – de que a Autoridade Internacional da Ruhr e as limitações à produção cessariam com a criação da CECA – foi um factor positivo na aproximação franco-alemã. No que concerne a CED, as informações diplomáticas em proveniência da Missão em Bona intensificam-se a partir da meados do mês de Junho de 1952. Para o ministro de Portugal em Bona, a assinatura dos Pactos Contratuais agravou a «desorientação da opinião pública», apesar da Alemanha renascer para a «comunidade das nações». Para Ferreira da Fonseca, «condenar a política do Chanceler seria necessá-

---

EUA. Para alcançar este objectivo tão ambicioso, tanto a França como a Alemanha Ocidental, apesar de terem motivações diferentes, apostam na política de integração europeia progressiva como um dos meios de fazer aceitar essa aproximação às respectivas opiniões públicas. Ver, a este propósito: GUILLEN, Pierre – *La question allemande (1945-1995)*. Paris: Imprimerie nationale, 1996, p. 46-52.

[1458] ADMAE, S. Europe/1944-1960, S.s. Portugal, telegrama n.º 5 (Réservé), de 5 de Janeiro de 1951, de Jean du Sault, embaixador de França em Lisboa, para Robert Schuman, ministro dos Negócios Estrangeiros francês, f. 206, Vol. 41, d.l.: 1949-1955. f. 21. [t.a.]

[1459] AHDMNE, RQE, Plano Schuman, Ofício n.º 13, de 24 de Março de 1951, do ministro de Portugal na Legação em Bona (João Ferreira da Fonseca), para o ministro dos Negócios Estrangeiros (Paulo Cunha), M. 3, d.l.: 1950-1952.

rio demonstrar que qualquer outra seria preferível, realizável e sem maiores desvantagens». O problema é que se os Pactos Contratuais forem ratificados, a URSS reagirá através de uma «efectiva «cortina de ferro»» na Alemanha Oriental[1460]. Comentando a política europeia de Adenauer[1461], o diplomata Ferreira da Fonseca escreve que a CED «parece ser o único caminho para a integração da Alemanha no bloco ocidental». Depois acrescenta que a base da política de Adenauer para «unificar a Europa é a colaboração franco-alemã sob a égide dos Estados Unidos». Mas o predomínio da Alemanha na CED é um risco a considerar. Segundo o diplomata português, a Alemanha tem recursos, iniciativa, capacidade de trabalho, e principalmente, um «hábito desagradável de recrutar rapidamente um exército que se bata». Em relação à opinião pública alemã, Ferreira da Fonseca diz que esta evoluiu, havendo uma «maior tendência para aceitar o rearmamento, subscrever os Pactos, ou seja, aceitar com menos relutância a colaboração ocidental»[1462].

Sobre a Alemanha Ocidental, a posição de Augusto de Castro, director do *Diário de Notícias*, que reflecte a posição veiculada anteriormente pelo Governo português, é transmitida num importante editorial no dia 10 de Fevereiro. Para ele, o «problema alemão» continua a ser, a nível político, «politicamente, a questão fundamental da organização defensiva do Ocidente». Estando a Alemanha Ocidental na fronteira política e de «civilização» entre as duas Europas, «o interesse nacional alemão está [...], como nunca, numa estreita aproximação ocidental». A Alemanha Ocidental impõe como condição à sua «colaboração europeia» o reconhecimento da

---

[1460] AHDMNE, RQE, Plano Schuman, Ofício n.º 277, de 10 de Junho de 1952, do ministro de Portugal na Legação em Bona (João Ferreira da Fonseca), para o ministro dos Negócios Estrangeiros (Paulo Cunha), M. 3, d.l.: 1950-1952.

[1461] Konrad Adenauer, chanceler da República Federal da Alemanha, entre 1949 e 1963. Ver referências biográficas no Apêndice 1.

[1462] AHDMNE, RQE, Plano Schuman, Ofício n.º 303, de 27 de Junho de 1952, do ministro de Portugal na Legação em Bona (João Ferreira da Fonseca), para o ministro dos Negócios Estrangeiros (Paulo Cunha), M. 3, d.l.: 1950-1952.

sua soberania. Reconhecendo as razões – «psicologicamente justificáveis» – que levam os países, principalmente a França, a desconfiarem da Alemanha («no fundo das florestas da Prússia, os Niebelungos não esquecem nem desarmam»), considera que a ameaça vem do Leste. Aconselha-se à Alemanha a «moderação que nem sempre lhe consente aquele sentimento do absoluto que perde o seu fecundo génio, ofuscando-lhe a realidade de tudo o que a vida tem de contingente e relativo». Para terminar, emite o voto que se consiga em Lisboa dar um passo significativo na solução da questão da integração da Alemanha e escreve o seguinte: «Uma lei histórica ensina-nos que, em política, quando uma solução se torna inevitável, é melhor que ela se realize connosco do que contra nós. A questão do rearmamento alemão é inevitável. Procurar que ele se faça de acordo com o Ocidente europeu é preferível a provocar que ele se efectue unilateralmente. A política nunca foi, em todos os tempos, mais do que é actualmente – a arte das soluções possíveis»[1463].

Durante a Conferência de Lisboa, como já foi referido anteriormente, o Governo português defende abertamente a integração da República Federal da Alemanha na NATO. Esta integração seria, na sua perspectiva, a melhor forma de resolver a questão da participação da República Federal da Alemanha na defesa ocidental. Não sendo esta solução possível, e não possuindo o país qualquer capacidade de intervenção nesta matéria, resta ao Governo português "aceitar" a solução proposta para a integração das tropas alemãs através da CED. Apesar de ser, indiscutivelmente, contra todas as tendências ou tentativas federativas na Europa, o Governo português vê com bons olhos a participação da República Federal da Alemanha na CED, como forma de se conseguir superar a recusa francesa relativamente ao seu rearmamento.

[1463] *Diário de Notícias*, de 10 de Fevereiro de 1952.

A atitude portuguesa face a alguns projectos europeus e à questão da «Federação Europeia»

Capítulo 10

> «Como elemento mais forte pela extensão do território, população e conjunto das suas qualidades e espírito industrioso, será a Alemanha quem deverá conduzir efectivamente a federação para todos os seus destinos».
>
> Salazar, 9 de Abril de 1953

No decorrer do ano de 1952 e nos princípios de 1953, alguns assuntos, considerados de menor importância, ocuparam a atenção do Governo português. A questão do chamado «Pool Verde», o plano Eden e a proposta da MSA relativa ao funcionamento de uma campanha da produtividade em Portugal[1464]. Em Março de 1953, Salazar definirá detalhadamente a sua posição em relação às questões europeias, num documento fundamental intitulado «Política de Federação Europeia».

[1464] Numa Nota do Ministério dos Negócios Estrangeiros francês, está indicado que o «Governo português segue com interesse mas [também com] reservas a acção unificadora que se prossegue na Europa». Depois acrescenta-se que o Governo português é «cioso da sua independência e sente desconfiança em relação às organizações supranacionais que poderiam estender-se sobre a sua soberania e comprometer «a estrutura económica do país e a sua coesão moral»». ADMAE, S. Europe/1944-1960, S.s. Portugal, Division Europe, «Note Générale sur le Portugal 1950, Additif du 22 juillet 1950», f. 85-86. [t.a.] Apesar de sair do âmbito do período cronológico deste trabalho, convém referir que, no dia 17 de Outubro de 1953, o coronel Manuel Gomes de Araújo, ministro das Comunicações de Portugal, assinou em Bruxelas (*ad referandum*), um Protocolo de cooperação em matéria de transportes entre os países da OECE. Esta conferência foi impulsionada pelo Governo francês.

I. A atitude portuguesa em relação ao «Pool Verde»

A ideia de se criar uma organização europeia no domínio da agricultura surgiu, pela primeira vez, na conferência de Westminster do Movimento Europeu, em Abril de 1949. Nesta conferência, foi pedida «uma coordenação da política agrícola dos diferentes países e a criação de uma autoridade comum»[1465]. No mês de Agosto de 1950, o Conselho da Europa vota uma Recomendação no sentido de se criar uma instituição europeia no domínio da agricultura e de se criar uma comissão especial da Agricultura para elaborar um relatório sobre o assunto. Também na OECE se começou a debater essa questão, no âmbito do Comité Executivo. Parecia claro que seria possível haver uma iniciativa no domínio da agricultura. Em Setembro de 1950, o ministro francês da Agricultura, Pierre Pflimlin[1466], propõe a criação de um mercado comum da agricultura análogo à CECA, procedendo por etapas e começando com algumas produções específicas (trigo, açúcar, vinho e lacticínios). Pouco depois, em Novembro de 1950, é a vez do ministro holandês da Agricultura, Sicco Mansholt[1467], de fazer uma proposta mais abrangente, que inclui todas as produções agrícolas, com o estabelecimento de preços europeus estabilizados (com limites fixos), uma coordenação das importações e, também, um fundo aduaneiro europeu, cujas verbas serviriam para financiar o desenvolvimento da produção agrícola na Europa[1468]. Em Fevereiro de 1951 é elaborado o relatório da Comissão especial da Agricultura no Conselho da Europa, que ficou conhecido pelo nome do relator da comissão, o representante francês René Charpentier[1469],

---

[1465] Cf: PHILIP, André – *L'Europe unie et sa place dans l'économie internationale*. Paris: Plon, 1953, p. 246.

[1466] Pierre Pflimlin, deputado do Mouvement Républicain Populair, ministro da Agricultura. Ver referências biográficas no Apêndice 1.

[1467] Sicco Mansholt, ministro da Agricultura holandês. Ver referências biográficas no Apêndice 1.

[1468] *Ibid.*, p. 247.

[1469] René Charpentier, representante suplente da França na ACCE, de 1949 a 1959. Ver referências biográficas no Apêndice 1.

para apreciação na próxima sessão da ACCE. Entretanto, no dia 29 de Março de 1951, o Governo francês envia a todos os Estados membros do Conselho da Europa, assim como à Áustria, Suíça e Portugal, um *Memorandum* sobre a questão do «Pool Verde». «As reservas foram consideráveis». Em Dezembro de 1951, o relatório Charpentier foi aprovado pela ACCE por uma maioria de dois terços, mas não foi considerado pelo Conselho de Ministros, pelo que ficou sem efeito prático[1470]. O Projecto Charpentier tentou conciliar os projectos Pflimlin e Mansholt, através do estabelecimento de um «preço médio europeu», de um mercado comum dos produtos agrícolas, de um programa de orientação da produção agrícola e da criação de uma «Alta autoridade agrícola», secundada por um comité consultativo. «Os poderes aduaneiros deveriam ser, desde o princípio, retirados aos governos e transferidos para a Alta Autoridade, sendo esta a única [entidade] encarregue, durante o período intermediário, de fixar o nível das taxas compensatórias»[1471]. Para contrariar o Projecto Charpentier, aquando da sua discussão na ACCE, tinha, entretanto, surgido um Contra-projecto da autoria do conservador britânico Lord Eccles[1472], que só pretendia «a criação de um organismo consultivo de peritos e de profissionais, colocados sob a autoridade de uma conferência intergovernamental de ministros da Agricultura», que se limitava, no fundo, a dar mais autonomia à OECE no domínio agrícola. Este Contra-projecto foi rejeitado pela ACCE, mas esta vota uma Resolução em que pede aos governos a organização de uma conferência sobre a agricultura, com vista à criação de uma autoridade europeia nesse domínio. Dentro desta base, o Governo francês decide convidar em fins de 1951, todos os países membros do Conselho da Europa para participar numa conferência preparatória sobre a agricultura, em Março de 1952, em Paris[1473]. A maior

---

1470 GERBET, Pierre – *La Construction de l'Europe. op. cit.*, p. 147-148. [t.a.]

1471 PHILIP, André – *L'Europe unie et sa place dans l'économie internationale, op. cit.*, p. 247. [t.a.]

1472 Lord Eccles, Conservador, representante britânico na ACCE entre 1949 e 1951. Ver referências biográficas no Apêndice 1.

1473 *Ibid.*, p. 247-248.

parte dos países dos quinze países membros estiveram representados pelos seus ministros da Agricultura. Portugal não foi convidado. Nesta conferência preparatória ficou decidido organizar uma Conferência europeia *ad hoc* sobre a Agricultura, fora do quadro das instituições existentes, em colaboração com a OECE e com a *Food and Agricultural Organization*. Também ficou decidido que seriam convidadas organizações profissionais ligadas à agricultura, na qualidade de observadores, e que funcionaria um Grupo de Trabalho preparatório até à realização da conferência europeia. O eventual projecto de convenção resultante da conferência seria submetido, antes da assinatura final, à ACCE, para parecer.

Como Portugal não pôde participar na Conferência preparatória, por não se admitir nesta fase a participação de simples observadores, o Governo português manifestou ao Governo francês o desejo de vir a ser convidado, já com o estatuto observador, na futura Conferência europeia. Entretanto, chegam ao Ministério dos Negócios Estrangeiros informações sobre a conferência preparatória indicando que não foram tomadas decisões de fundo, ficando decidido constituir um Grupo de Trabalho, a partir do dia 15 de Maio de 1952, para preparar a conferência europeia. A posição da maioria dos países é a de que se deve efectuar uma «coordenação dos mercados agrícolas», mas não se aceita «uma autoridade central para os assuntos agrícolas». No que diz respeito à Espanha, o Ministério dos Negócios Estrangeiros tem informações em como a Espanha «desejaria entrar nas próximas reuniões, esperando-se atenuação da resistência oposta de princípio por certos países à sua admissão»[1474].

A questão do «Pool Verde» é discutida no Conselho de Ministros para o Comércio Externo do dia 2 de Maio de 1952[1475]. O ministro dos Negócios Estrangeiros é favorável à participação de Portugal na conferência. Portugal não se deve alhear dos trabalhos que se vão desenvolver, «embora não

---

[1474] ANTT/AOS/CO/PC-74, Acta do Conselho de Ministros do Comércio Externo do dia 2 de Maio de 1952, f. 64-65.

[1475] *Ibid.*, f. 64-66.

[deva] tomar qualquer compromisso quanto a participação na organização a criar». Desta forma, estaria informado e poderia «tomar posições na defesa dos interesses da economia nacional que podem ser afectados pela futura organização mesmo quando não [se participe] nela». Neste debate, o ministro da Economia, Ulisses Cortês, fala dos «perigos que o princípio do mercado único para certas mercadorias pode trazer à produção agrícola nacional pelo que qualquer presença em trabalhos preparatórios não devia de facto implicar compromisso de participação no pool verde». O Presidente da CTCEE, Tovar de Lemos, também intervém no debate. Baseando-se em informações recolhidas em revistas da especialidade, indica que a posição britânica é a de que deve fazer acordos contratuais com a organização a ser criada, mas não pretende «participar efectivamente em uma eventual unificação do mercado europeu», por causa das suas relações com a *Commonwealth*. A preferência do Reino Unido, tal como a de outros países, vai para uma forma de associação. Por fim, o ministro da Presidência, Costa Leite, sugere a Paulo Cunha que se assegurasse da posição espanhola. No termo do debate, o Conselho de Ministros para o Comércio Externo deu o parecer de que Portugal tinha conveniência em estar presente nos trabalhos do grupo que se vai reunir no dia 15 de Maio em Paris, «embora sem qualquer compromisso de participação na organização». Também considerou que seria preferível que o delegado português fosse «um perito de assuntos agrícolas designado pelo Ministério da Economia»[1476].

Como representante de Portugal no Grupo de Trabalhos de preparação da Conferência europeia sobre a Agricultura, foi designado o Conde de Penha Garcia[1477], que elaborará um extenso relatório sobre a conferência[1478]. Durante os trabalhos, Portugal apresentou duas reservas que, se-

---

[1476] *Ibid.*.

[1477] José Penalva Franco Frazão (Conde de Penha Garcia), presidente da Junta Nacional do Vinho. Ver referências biográficas no Apêndice 1.

[1478] Este Relatório, destinado ao ministro dos Negócios Estrangeiros (Paulo Cunha), encontra-se in AHDMNE, RQE, OECE, d.l.: 1953.

gundo o subsecretário de Estado da Agricultura, Domingos Pires[1479], foram bem recebidas: uma, relativa à necessidade de ressalvar as relações de Portugal com as Colónias, e outra «relativa à necessidade da inclusão da Espanha na organização que eventualmente se estabelecesse». Durante os trabalhos foram criados três subgrupos de trabalho[1480]. A lista de produtos foi sendo sucessivamente reduzida, até ficar estabelecida aos seguintes produtos: cereais, tabaco, frutas e legumes, açúcar, gados e carne, lacticínios, e madeiras. Para Domingos Pires, os cereais e o açúcar não levantam problemas a Portugal; o tabaco não é produzido em Portugal continental; as frutas só colocam pequenos problemas pontuais; no que diz respeito ao gado, Portugal não é exportador; e no que toca à madeira, o único importador substancial é o Reino Unido. Parece, pois, que não são «de temer dificuldades sérias» para a agricultura portuguesa por via «dos trabalhos até agora realizados no aspecto puramente económico»[1481].

Após esta participação portuguesa na conferência preparatória, produziu-se um documento destinado ao Conselho de Ministros para o Comércio Externo. O documento foi analisado no Conselho de Ministros do dia 11 de Março e intitula-se «Apontamento para a Determinação da posição de Portugal na Conferência Europeia da Agricultura (Pool Vert)», datado de Março de 1953. Este longo documento, de 112 páginas, vai servir de base técnica à decisão política[1482].

[1479] Domingos Rosado Vitória Pires, engenheiro agrónomo, subsecretário de Estado da Agricultura entre 1950 e 1958.

[1480] ANTT/AOS/CO/PC-74, Súmula do Conselho de Ministros para o Comércio Externo, do dia 11 de Março de 1953, f. 400-404. Os subgrupos de trabalho são os seguintes: «1.º Estudo geral dos produtos agrícolas e alimentares da Europa; 2.º Condições gerais de agricultura nos diferentes países; 3.º Documentação sobre os problemas de ordem institucional».

[1481] *Ibid.*.

[1482] ANTT/AOS/CO/EC-16 A, «Apontamento para a Determinação da posição de Portugal na Conferência Europeia da Agricultura (Pool Vert)», datado de Março de 1953, f. 58-172. No verso do f. 173 está marcado o seguinte: «CMCE Visto na sessão de 11.III.53».

O Apontamento descreve, de uma forma bastante extensa, os problemas da agricultura em Portugal e avança com algumas considerações sobre a integração europeia. Tem interesse mencionar que para os relatores se está a assistir a «factos que pareciam impossíveis», como seja: «o êxito parcial do plano Schuman». Também se aproveita para assinalar que Portugal deve definir uma posição relativamente ao Acordo do GATT, em matéria de tarifas aduaneiras[1483].

Nas considerações finais, o Apontamento descreve a participação portuguesa na conferência preparatória, classificado-a de importante na mudança de atitude em relação à Espanha, pois já se fala na possibilidade da Espanha participar. A opinião é a de que Portugal não ganharia nada com a não participação. A este propósito, está marcado o seguinte:

> «As forças poderosas, que estão desencadeadas na Europa a favor da sua união política e económica, tiveram nos últimos tempos, considerável apoio por parte dos Estados Unidos. Seria perigoso ignorar esse movimento de vasta envergadura. Só a coligação das pequenas potências, uma mais larga expressão do bom senso britânico – repare-se na presença de Eden na OECE – podem evitar decisões imediatas e precipitadas em matéria de extraordinário melindre. Temos de manter contacto com estas forças, por vezes bem contrárias aos nossos interesses. Podemos contudo ter a certeza que connosco podem alinhar muitos países para chegar a soluções aceitáveis. Pela posição que marcamos não devemos portanto ter receio de participar na Conferência e dela podermos até talvez tirar algum proveito. Acresce que sem a nossa presença, a posição da Espanha pode correr perigo. Tem sido norma da nossa política externa apoiar a Nação vizinha na sua campanha de reivindicação dum lugar condigno no concerto das Nações. Por ela rijamente nos batemos e por vezes com êxito na FAO [Food and Agricultural Organization] como noutras organizações internacionais.

[1483] *Ibid.*, f. 4 e 61.

Terá a Espanha correspondido inteiramente a este nosso esforço e realizado a coragem das nossas atitudes em meios que lhe eram muito desfavoráveis? A sua presença é no entanto para nós indispensável e assim também estamos de certo modo pugnando «pro-domo»»[1484].

Como a lista dos produtos agrícolas a examinar pela conferência não inclui produções sensíveis para Portugal – nomeadamente pela não inclusão das produções coloniais –, não parece, pois, haver «motivo de grandes receios em relação aos produtos a examinar pela Conferência». Tanto mais que, segundo os relatores, a cortiça foi excluída da lista por iniciativa de Portugal, que propôs uma conferência específica sobre o assunto, entre os países produtores e os EUA. Também se advoga no Apontamento que os «assuntos da agricultura europeia tratados em Conferências mundiais correm o risco de se diluírem e perderem [pelo que] interessa portanto a Portugal a discussão de tais problemas em quadro mais restrito [europeu]»[1485].

As conclusões do Apontamento são as seguintes:

«1 – Portugal tem interesse em participar na Conferência Europeia da Agricultura;

2 – Deve declarar que quaisquer resoluções a tomar não podem invalidar os compromissos já firmados entre a Metrópole e o Ultramar em assuntos de produção e comércio de produtos agrícolas;

3 – Deve pronunciar-se a favor da inclusão da Espanha;

4 – No que diz respeito aos produtos, tem de acautelar as posições já tomadas em acordos internacionais (trigo-açúcar) e quanto aos outros produtos seguir uma linha prudente de actuação, compatível com as nossa possibilidades;

[1484] *Ibid.*, f. 166-167. A Espanha pediu a sua admissão por intermédio da Itália, tendo sido admitida durante a Conferência de Paris, em Março de 1953. Cf. FROMONT, Pierre – «Les équivoques du Pool Vert et les projets d'expansion agricole européenne» in *Revue Economique*, n.º 5, 1953, note 3, p. 742.

[1485] ANTT/AOS/CO/EC-16 A, «Apontamento para a Determinação da posição de Portugal na Conferência Europeia da Agricultura (Pool Vert)», datado de Março de 1953, f. 170-171.

5 – Quanto aos produtos excluídos – cortiça e azeite – tem interesse numa troca de impressões com os países interessados à margem da Conferência;

6 – Não se pode alhear dos trabalhos referentes à contabilidade agrícola e estabelecimento de preços de custo;

7 – Não pode aceitar qualquer forma de instituição internacional cuja criação é prematura e inconveniente. Talvez possa advogar uma reunião periódica dos responsáveis pela política agrícola de cada país e a criação dum Secretariado para esse efeito no seio da OECE sem poderes resolutivos»[1486].

No dia 11 de Março de 1953 reúne-se o Conselho de Ministros para o Comércio Externo e está na ordem do dia o «Pool Verde». O Apontamento acima descrito, nos seus elementos essenciais, é submetido para apreciação. Como os quatro projectos com vista à criação de uma organização agrícola europeia vão ser debatidos na Conferência europeia sobre a Agricultura, são descritos no Conselho de Ministros para o Comércio Externo os projectos. Em relação aos projectos Mansholt, Charpentier, e do Governo francês (Pflimlin), a posição portuguesa é a de que têm como pontos comuns o facto de «preverem a criação de uma autoridade supranacional, estabelecerem como princípio a abolição de direitos aduaneiros sobre os produtos agrícolas e preverem compensações dos prejuízos que essa abolição causar». Já o «projecto inglês» (Eccles), que se estima ir em «sentido inteiramente diferente», apresenta-se como um projecto em que não está prevista «nenhuma autoridade supranacional», em que a organização trabalha na base da unanimidade das resoluções, da recomendação, da «ressalva da preferência imperial», e na «integração no sistema da OECE». A conclusão de Domingos Pires é a de que está convencido que a conferência não decidirá nada de definitivo, mas que se devem manter «as reservas que inicialmente [se fizeram] e dar-se apoio à proposta inglesa»[1487].

[1486] *Ibid.*, f. 171-172.

[1487] ANTT/AOS/CO/PC-74, Súmula do Conselho de Ministros para o Comércio Externo, do dia 11 de Março de 1953, f. 400-404.

A intervenção do ministro dos Negócios Estrangeiros no Conselho de Ministros para o Comércio Externo é reveladora da posição política de Portugal em relação ao assunto. Lembrando que «a conferência nasceu de uma proposta francesa no sentido da <u>integração</u> das economias agrícolas europeias», afirma que a posição de Portugal «perante propostas de integração deve ser francamente negativa, como sempre [foi] perante campanhas de tendências semelhantes». Apesar de Portugal se ter abstido no passado de «participar em trabalhos que de início apareceram com tais tendências [integracionistas]», neste caso específico convém assistir, quanto mais não seja para estar informado. A razão desta mudança de atitude é a de que Portugal é fundamentalmente um país agrícola e alguns produtos agrícolas pesam bastante nas exportações. Para Paulo Cunha, deve-se «manter as reservas feitas, combater os projectos tendentes à integração e apoiar o plano Eccles que se harmoniza com os [...] pontos de vista [portugueses]»[1488].

O ministro da Presidência Costa Leite corrobora a opinião de Paulo Cunha e afirma que Portugal se tem «abstido de participar em organizações visando uma integração com criação de autoridades internacionais, que são formas de realizar, por sectores, a ideia de uma federação ou unidade política europeia». Concorda que se apoie o plano Eccles e propõe que seja o ministro da Economia, ou o seu subsecretário de Estado, a representar Portugal em Paris. O ministro da Economia concorda com o que foi dito pelos outros ministros mas indica que não lhe convém deslocar-se a Paris para a conferência, propondo que seja o seu subsecretário de Estado da Agricultura, Domingos Pires, a representar Portugal (diz, contudo, aceitar a opção de Salazar). O Conselho de Ministros para o Comércio Externo aprovou as reservas feitas anteriormente («oposição aos projectos de integração com a criação de uma autoridade supranacional», e o apoio ao plano Eccles)[1489]. Está assim definida a posição portuguesa

---

[1488] *Ibid.*.

[1489] *Ibid.*.

para a Conferência europeia da Agricultura, que decorreu em Paris em Março de 1953[1490].

II. Portugal e o Plano Eden

Quando Paul-Henri Spaak se demite do cargo de presidente da ACCE, no dia 10 de Dezembro de 1951, está desiludido com o papel do Conselho da Europa na construção europeia. Na altura, faz uma declaração em que alerta a ACCE para a situação que se está a viver em matéria de integração europeia. «A alternativa para o europeu é muito simples: ou se alinha pela Grã-Bretanha e renuncia a construir a Europa, ou tenta construir a Europa sem a Grã-Bretanha. No que me concerne, escolhi a segunda hipótese, apesar dos riscos e de todos os perigos que ela comporta, porque, considerando todas as possibilidades, eu creio que os riscos são menores e os perigos inferiores àqueles que comportam inevitavelmente a inacção e a renúncia»[1491].

Pouco depois desta declaração, em Março de 1952, Sir Anthony Eden apresenta no Comité de Ministros do Conselho da Europa, reunido em Paris, um plano em que se pretende dar ao Conselho da Europa o papel de instituição de enquadramento das restantes organizações europeias. O Conselho da Europa seria uma espécie de organização política de coordenação das «instituições especializadas», em se incluiria a CECA, a CED, e eventuais instituições a criar no futuro. O Conselho de Ministros, a ACCE e o Secretariado do Conselho da Europa passariam a ser órgãos comuns às diferentes organizações, «o que daria aos membros do Conselho da Euro-

---

[1490] A Conferência europeia sobre a Agricultura rejeitou «o princípio da autoridade supranacional no domínio agrícola, tal como o da unificação geral dos mercados agrícolas». Em 1954, as conversações passaram para o âmbito da OECE. GERBET, Pierre – *La Construction de l'Europe*, *op. cit.*, p. 149.

[1491] Cit. in TEITGEN, Pierre-Henri – *Origines Objectifs et Nature des Communautés Européennes*. *op. cit.*, p. 15-16. [t.a.]

pa, e particularmente aos britânicos, um controlo sobre as actividades dos Seis»[1492]. No dia 19 de Maio, o plano Eden foi apresentado em Estrasburgo e aprovado pela ACCE e pelo Conselho de Ministros.

Entretanto, na altura em que esse plano está em debate na ACCE, é apresentado um relatório sobre a integração da OECE e do Conselho da Europa, produzido pela Comissão dos Negócios Estrangeiros. Este relatório é muito favorável à integração das duas instituições à luz das propostas de Eden relativas ao Conselho da Europa. Para a comissão, a questão é simples: «O Conselho da Europa está destinado a tornar-se o órgão coordenador central de todas as organizações e autoridades especializadas europeias». Considera-se importante «racionalizar através de uma medida única o conjunto da situação confusa das organizações internacionais europeias». Neste contexto, a OECE deveria ficar, igualmente, debaixo da coordenação do Conselho da Europa. A dificuldade que se coloca para esta solução é a diferente composição das duas organizações. Áustria, Portugal, Suíça e Trieste não pertencem ao Conselho da Europa. O que fazer? Como está previsto que se trabalhe a «Seis» no que diz respeito à CECA e CED, e a «Quinze» nas restantes situações, também seria possível reunir a «Dezoito» para as questões relacionadas com a OECE e a UEP[1493]. Esta solução de instituição coordenadora de "geometria variável" vai acabar por não resultar, mas mostra bem uma vontade renovada de integração das duas organizações. Aquando da discussão de um relatório da Comissão especial de defesa dos interesses das nações europeias não representadas no Conselho da Europa, na sessão da ACCE de Setembro de 1952, um representante do Reino Unido, Tufton Beamish[1494], presidente e relator,

---

[1492] GERBET, Pierre-*La Construction de l'Europe. op. cit.*, p. 164-165. [t.a.]

[1493] «Rapport sur l'intégration de l'OECE et le Conseil de l'Europe», apresentada em nome da Commission des Affaires Générales por M. Bohy, na sessão de 26-30 de Maio de 1952, in ACCE, *Documents de Séance.* 4e Session Ordinaire, t. 1, Estrasburgo: Conseil de l'Europe, 1952, p. 233-235. [t.a.]

[1494] Sir Tufton Beamish, Conservador, suplente e representante do Reino Unido na ACCE, entre 1952 a 1953.

declarará, sem que tenha havido reacção, que «toda a gente [...] acolheria com boa vontade como membros de pleno direito» a Áustria, a Finlândia, Portugal e a Suíça[1495].

Uma semana antes do discurso de Sir Anthony Eden na ACCE (de 15 de Setembro de 1952), já o encarregado de Negócios junto da Embaixada de Portugal em Paris, Álvaro Laborinho[1496], que estava a assegurar o posto interinamente, tinha alertado o Ministério dos Negócios Estrangeiros para «certos indícios que parecem indicar uma desvirtuação da clássica política inglesa». Esta tentativa de colaboração com «as instituições supra-nacionais» preocupam o diplomata. A rapidez com que Londres enviou uma delegação do Reino Unido para junto da CECA e a sua categoria (tal como fizeram os EUA), mostram bem a importância que se dá ao assunto[1497]. Depois do discurso de Eden em Estrasburgo, o encarregado de negócios em Bona, que também está a assegurar este posto interinamente, escreve para o Ministério dos Negócios Estrangeiros um ofício a relatar as suas impressões sobre a Europa. Nesse ofício, estima que com a CECA e a futura CED «a Europa estará definitivamente inclinada para o regime da integração completa em relação ao qual a Inglaterra, receosa da crescente força do continente, acabará por encontrar uma solução que lhe permita ter em conta os seus interesses no mundo e a sua posição na Europa. Quanto aos outros países, que de princípio não foram integrados, terão de ponderar seriamente, mais cedo ou mais tarde, essa eventualidade»[1498].

[1495] ACCE – *Compte rendu Officiel des débats*. 4e Session Ordinaire. Vol. II. t. 5. Estrasburgo: Conseil de l'Europe, 1952, p. 668. [t.a.]

[1496] Álvaro Brilhante Laborinho, diplomata colocado na Embaixada de Portugal em Paris em 1951. Ver referências biográficas no Apêndice 1.

[1497] AHDMNE, RQE, Plano Schuman, Ofício n.º 1 342, de 8 de Setembro de 1952, do encarregado de Negócios junto da Embaixada de Portugal em Paris (Álvaro Laborinho) para o ministro dos Negócios Estrangeiros (Paulo Cunha), M. 3, d.l.: 1950-1952.

[1498] AHDMNE, RNP, Comunidade Política Europeia – CED, Ofício n.º 461 do encarregado de Negócios na Legação de Portugal em Bona para o ministro dos Negócios Estrangeiros (Paulo Cunha), datado de 20 de Setembro de 1952, M. 453, d.l.: 1951-1953.

Estando fora de questão a possibilidade de Portugal pedir a sua adesão ao Conselho da Europa, a integração da OECE no Conselho da Europa também não lhe interessa minimamente. Apesar do plano Eden poder ter sido analisado pelo Governo português como uma manobra britânica para diluir um processo considerado como de tendência federativa e supranacional, a posição britânica reveste um certo grau de risco para o Governo português. Caso o plano Eden tivesse vingado (na prática ele foi rejeitado *de facto* pelos «Seis», ao prosseguirem a sua acção como se o plano não existisse), Portugal teria grandes dificuldades em gerir a situação[1499]. O Conselho da Europa passaria a ser o centro da construção europeia e Portugal estaria muito mais exposto participando parcialmente neste órgão de cooperação política. Ainda por cima, está-se em plena reflexão sobre a possibilidade de criar uma Comunidade política europeia e desconhece-se o rumo que vai tomar a construção europeia. Apesar de se ter a ideia de que o Governo britânico não pretende ir no sentido da federação, receia-se mesmo qualquer posição intermédia da sua parte. Como já vimos anteriormente em diversas ocasiões, o Governo português está no limite do que considera poder aceitar em termos de cooperação com os restantes países europeus. Quando Sir Anthony Eden declara na ACCE, no dia 15 de Setembro, que o Reino Unido não deseja separar-se dos países que pretendem ir no sentido da federação e que deseja uma associação com esses países, ignora-se em Portugal até onde os britânicos poderão ir na sua associação. O objectivo declarado de Eden é o de «manter a harmonia entre as diferentes perspectivas de um objectivo comum»[1500]. Resta saber qual é esse «objectivo comum».

[1499] Sobre a rejeição *de facto* do plano Eden ver: BOSSUAT, Gérard – *Les Fondateurs de l'Europe, op. cit.*, p. 176-177.

[1500] Discurso de Eden na ACCE, em 15 de Setembro de 1952, Cf. National Archives, Washington, Lot File 61 D 252, Box 1, cit. in BOSSUAT, Gérard – *Les Fondateurs de l'Europe, op. cit.*, p. 177. [t.a.]

No dia 21 de Outubro de 1952, Sir Anthony Eden desloca-se à OECE, onde faz um discurso durante um jantar no *Château de la Muette*[1501]. Nesta ocasião, aproveita para elogiar o trabalho desenvolvido na OECE e para indicar claramente que a sua preferência vai para a forma de organização intergovernamental. Respeita, contudo, o facto de alguns dos seus membros pensarem de outra forma e que evoluam «para formas de associação mais estreitas». Logo a seguir, acrescenta que os britânicos não saberiam como entravar o processo daqueles que escolheram uma outra via. Para Eden, o seu plano foi apresentado para ajudar esses países. As sugestões apresentadas tenderiam a permitir às seis potências de prosseguirem «a execução dos seus planos mantendo, mesmo assim, a indispensável unidade da Europa»[1502]. Nesta ocasião, insiste na importância da CECA, mas estima que uma união mais estreita entre os «Seis» não se deve fazer à custa dos outros países pois, senão, «toda a Europa [...] sofreria». No que toca às relações entre o Conselho da Europa e a OECE, não fala de integração, mas sim de «entendimento» e de «atmosfera harmoniosa». Declara que «os papéis respectivos das duas Organizações são distintos e completam-se». Mas Eden vai ainda mais longe, ao contrariar uma eventual tendência de integração das instituições europeias, ao afirmar que isso só seria possível se as orientações dos diversos países fossem idênticas. Ora, tal não é o caso, e o «dever é o de fazer de forma a que os diversos organismos [...] trabalhem em harmonia». Depois acrescenta o seguinte: «Nós estamos todos unidos por ligações diversas e em organizações

---

[1501] OECE – «Discours prononcé par S. Ex. M. Anthony Eden, président du Conseil de l'OECE, au dîner du 21 octobre 1952, au Château de la Muette», Press D(52)7, Paris, 21 de Outubro de 1952. [t.a.]

[1502] O Plano Eden foi interpretado por alguns como «uma tentativa de torpedear». Pierre Gerbet escreve a este propósito o seguinte: «O plano Eden foi aprovado em princípio pelo Comité de ministros e pela Assembleia consultiva. Depois, os partidários da integração, como Jean Monnet e Paul-Henri Spaak, que consideravam a oferta inglesa como uma tentativa de torpedear as Comunidades, organizaram a resistência, e o plano Eden foi abandonado». GERBET, Pierre – *La Construction de l'Europe*, *op. cit.*, p. 165. [t.a.]

diversas». A solução passa, agora, por encontrar formas de associação com as comunidades que se estão a organizar, tal como aconteceu entre o Reino Unido e a CECA.

Neste contexto, o Governo português já pode ficar mais tranquilo e manter a sua política em relação à Europa. O Reino Unido não prevê mudar de rumo na sua política europeia. A perspectiva intergovernamental mantém a sua força, paralelamente à perspectiva integracionista, e Portugal pode, assim, continuar a cooperar com a Europa sem se desviar da sua posição inicial de manutenção do regime político e da não abdicação de uma parte da soberania nacional. Urge, contudo, definir a posição exacta de Portugal em relação à construção europeia, o que será feito um pouco mais tarde por Salazar, como veremos mais adiante.

III. Reacção portuguesa à proposta de campanha de produtividade

Um assunto que preocupou o Governo português no ano de 1953 foi a proposta da MSA (*Mutual Security Agency*) de instalação em Portugal de um Centro de produtividade, que teria como objectivo o aumento da produtividade da economia nacional[1503]. Com base no *Moody Amendement*, os EUA pretendem criar na OECE uma Agência Europeia de Produtividade. Paralelamente, seriam canalizados fundos especificamente para melhorar a produtividade das economias nacionais.

A Missão em Lisboa da MSA insistiu, por várias vezes, junto do Governo português para que se instalasse um Centro de produtividade no

---

[1503] Em Portugal a produtividade era bastante baixa. Entre 1948 e 1952, a produção industrial tinha aumentado em média anual de 1,8%, mas a produtividade tinha baixado em –0,5%. A população activa tinha crescido em média de 2,3% ao ano. No período compreendido entre 1952 e 1956, a produção aumentou em 5,8% ao ano, a população em 2,2% e a produtividade em 3,7%. O PIB cresceu a um ritmo de 3,1% ao ano entre 1947 e 1951, e de 4,2% ao ano entre 1951 e 1957. Cf. LAINS, Pedro – «O Estado e a industrialização em Portugal, 1945-1990» in *Análise Social*. Vol. XXIX (128), 1994 (4.º), p. 936-942.

país, mas as reticências foram elevadas[1504]. A questão voltou a colocar-se em finais de 1952, quando membros da Missão da MSA, depois de falarem com elementos da Associação Industrial Portuguesa e da Associação Industrial Portuense, apresentaram um projecto concreto de criação de uma comissão de produtividade. O projecto foi submetido aos ministérios da Economia e das Corporações, tendo sido rejeitado por nele estar previsto «uma organização à margem do Estado e da organização corporativa». Também se propunha que as verbas a atribuir fossem provenientes dos fundos de contrapartida, o que não interessou minimamente ao Governo português, por pretender utilizar o dinheiro noutros investimentos. Foram introduzidas alterações «tendentes a remover estas objecções» mas, mesmo assim, não foi aceite no momento por não se considerar oportuno[1505].

A questão vai ser relançada no início de 1953, por insistência norte-americana. Pretende-se criar junto da OECE uma Agência Europeia da Produtividade para centralizar os estudos sobre a produtividade dos países membros e, relativamente a Portugal, há duas ofertas concretas de fundos. Para 1953 propõem-se 700 mil dólares de subvenções para um programa de produtividade industrial e o equivalente a 200 mil dólares (em marcos ou florins) para uma campanha de produtividade agrícola[1506].

No que diz respeito à criação da Agência Europeia da Produtividade, o assunto está a ser discutido na OECE. A posição do Governo é a de que, em virtude dos encargos que pode acarretar, é contra a sua constituição. Caso não se consiga esse objectivo, deve-se defender a «criação de um organismo simples e eficiente com poder para organizar os estudos de

---

[1504] Nos documentos sobre este assunto tanto se invoca o nome de «Comissão de produtividade» como «Centro de produtividade», de uma forma indiscriminada e exactamente com o mesmo sentido. Optámos pela palavra «Centro», por a considerarmos a mais adaptada à situação proposta pela MSA.

[1505] ANTT/AOS/CO/PC-74, Súmula do Conselho de Ministros para o Comércio Externo de 13 de Fevereiro de 1953, f. 354-362.

[1506] *Ibid.*, f. 354-355.

produtividade dentro da orientação aprovada pela OECE». Em matéria de encargos da futura Agência, a posição portuguesa é a de que a «repartição dos encargos devia ser feita por forma que o custo dos estudos que excedessem o programa aprovado pela OECE para cada ano recaísse apenas sobre os países que nesses estudos se declarassem especialmente interessados»[1507]. Desta forma, Portugal teria um controlo sobre a futura Agência, através do Conselho de Ministros da OECE, e sobre as despesas com o seu funcionamento.

No que toca à criação de um Centro de produtividade em Portugal, a posição do Governo também está claramente definida: «a atitude de reserva [...] tem como fundamento o receio que a campanha possa ser um instrumento de influência excessiva da indústria americana [em Portugal], tanto mais que se pretendera criar o centro, quanto possível à margem do Estado e com participação dominante de organismos não reconhecidos oficialmente, como as Associações Industriais»[1508].

A questão do Centro de produtividade é submetida ao Conselho de Ministros para o Comércio Externo, em 13 de Fevereiro de 1953. Mantendo-se as reservas em relação ao projecto, levanta-se contudo a hipótese de poder aceitar a verba proposta criando o referido Centro junto de um organismo oficial. É comentado no Conselho de Ministros para o Comércio Externo que quase todos os países participantes criaram esses centros e que os EUA «continuam insistindo na campanha [de produtividade] a que estão destinados 100 milhões de dólares»[1509].

Durante o Conselho de Ministros para o Comércio Externo, o presidente da CTCEE, Tovar de Lemos, informa que foi contactado na OECE por um funcionário norte-americano, dos serviços de produtividade, que lhe disse que os 700 mil dólares propostos para 1953 poderiam ser aumentados. Também afirmou que o Governo português teria a possibilidade de

---

[1507] *Ibid.*.

[1508] *Ibid.*, f. 355-356.

[1509] *Ibid.*, f. 356-357.

utilizar os fundos de diferentes formas. Poderiam servir para «o custeio do organismo nacional, para a agência europeia, para participação [numa] projectada exposição europeia de produtividade [...], para os estudos que interessassem o país e para empréstimos a empresas com destino a reorganização e reforma de métodos de trabalho para aumento de produtividade»[1510]. Na conversa que Tovar de Lemos teve com este funcionário norte-americano «[ficou] com a impressão de que nenhuma objecção poriam a uma Comissão Governamental»[1511].

Depois da intervenção de Tovar de Lemos, o ministro dos Negócios Estrangeiros Paulo Cunha transmite a sua «apreensão» relativamente a «certas iniciativas americanas que podem constituir veículos de uma crescente intromissão dos Estados Unidos» na vida económica portuguesa. «Nota que, da troca de impressão com entidades holandesas e belgas sobre as razões que levam estes países a associar-se aos movimentos de federalismo europeu e de integração económica europeia, verificou que é o receio da crescente influência norte-americana e a convicção de que os países europeus não poderão resistir-lhe, quando isolados, que leva esses países a tal atitude. Reconhecendo os inconvenientes e perigo dos referidos movimentos de integração e federação, consideram maior o perigo de virem a ser esmagados pelo excesso de influência norte-americana». Neste contexto, Paulo Cunha é de opinião que as propostas norte-americanas relativas à campanha de produtividade e respectivos fundos, «só deverão ser aceites se os fundos facultados se destinarem, na sua maior parte, a uma acção tendente ao aumento efectivo da produtividade industrial e agrícola do país, e se a organização a criar for efectivamente

---

1510 *Ibid.*, f. 357. Sobre as possibilidades de utilização da ajuda, Tovar de Lemos diz que esta pode «abranger estudos técnicos, de administração geral e de organização de vendas, sendo sua orientação que as reformas a encarar não devem visar apenas lucro industrial mas ser feitas por forma que, sem deixar de trazer benefício a este, importem também vantagens para os trabalhadores, para o Estado e, através de baixas de custo, para o consumidor». *Ibid.*, f. 357-358.

1511 *Ibid.*.

nacional, com directa dependência do Governo e redução, ao mínimo, da influência norte-americana». No termo das discussões o Conselho de Ministros para o Comércio Externo conclui que se devem evitar «as organizações que representem veículo de intromissão americana na vida nacional», que a organização a criar para melhorar a produtividade «deve ser essencialmente portuguesa e estar directamente dependente do Estado», e que se deve ter em conta que os fundos norte-americanos devem ser «em efectivo benefício da produção nacional»[1512].

Neste contexto, o Conselho de Ministros para o Comércio Externo decide a criação de uma comissão para estudar o assunto e apresentar um relatório no Conselho seguinte. Desta forma, foi adiada a decisão, perdendo Portugal o benefício em 1953 dos fundos norte-americanos. Mais uma vez se manifesta o receio do Governo português em relação à «intromissão» dos norte-americanos na economia nacional, profundamente controlada pelo Estado através do condicionamento industrial e do tabelamento de uma grande parte dos preços dos produtos agrícolas. «A administração americana esforça-se por reproduzir na Europa as receitas que tinham funcionado nos Estados Unidos: liberalismo, desobrigação do Estado, produtividade, concertação social, promoção das camadas populares, verdade nos preços e da fiscalidade, consumo cultural de massas, sociedade de consumo em geral»[1513]. É contra tudo isto e mais o "perigo de contágio" das ideias democráticas que se bate o Governo português. Mais tarde, o Conselho de Ministros para o Comércio Externo resolve aceitar a ajuda, sob certas condições. Na altura Salazar mostra «o seu cepticismo quanto à utilidade prática de certos métodos [em Portugal] e receio de que estas organizações fossem veículo de um excessivo domínio económico estrangeiro»[1514].

1512 *Ibid.*, 358.

1513 BOSSUAT, Gérard – *L'Europe occidentale à l'heure américaine. Le Plan Marshall et l'unité européenne 1945-1952*, *op. cit.*, p. 302. [t.a.]

1514 ANTT/AOS/CO/PC-74, Súmula do Conselho de Ministros para o Comércio Externo, de 25 de Abril de 1953, f. 479. O Conselho de Ministros para o Comércio Externo depois da

IV. Salazar e a perspectiva de federação europeia

No início do ano de 1953 a construção europeia encontra-se numa fase importante do seu desenvolvimento. A CECA já está em fase de realização, o tratado da CED em vias de ser ratificado pelos parlamentos nacionais, e existe, manifestamente, a vontade por parte dos «Seis» de avançar rapidamente para uma Comunidade política. A Assembleia *ad hoc* criada pelos «Seis» no Luxemburgo, em Setembro de 1952, tem como mandato elaborar um projecto de tratado com vista à instauração de uma Comunidade política europeia. A Assembleia *ad hoc* apresentou, no dia 9 de Março de 1953, um projecto de Estatuto de Comunidade Europeia, estando o qualificativo de «político» subentendido. Este projecto de Comunidade defende nitidamente a opção federal para a Europa[1515]. Face a uma tendência, que se julga bem real, de integração militar, económica, e, mesmo, política, Portugal vai definir a sua posição relativamente à possibilidade de criação de uma Europa federal.

A tomada de posição de Salazar, assumida depois como posição oficial do Governo português, surge na sequência de um encontro entre Paul Van Zeeland, ministro dos Negócios Estrangeiros da Bélgica, e Eduardo Leitão, ministro de Portugal em Bruxelas. Nesse encontro, Van Zeeland manifestou a Eduardo Leitão o seu grande interesse em conhecer os pontos de vista de Salazar em relação à política de federação ou confederação europeia. O pedido foi enviado a Salazar em 15 de Fevereiro de 1953,

---

análise do relatório da Comissão encarregue de estudar o assunto resolveu o seguinte: fazer as diligências para que a ajuda para 1953-1954 seja igual ou superior à que estava destinada a Portugal em 1952-1953; só criar o Centro de produtividade se houver a certeza de se receber a ajuda; que a comparticipação portuguesa (caso seja necessário) seja a menor possível; o eventual Centro a criar deverá ser temporário e «inteiramente dependente da manutenção da ajuda» e deverá depender da Presidência do Conselho ou do Ministério da Economia (à excepção dos fundos para a agricultura, que ficarão na dependência de um plano a estabelecer). *Ibid.* f. 480.

[1515] Sobre esta questão ver: MASCLET, Jean-Claude – *L'union politique de l'Europe*. 2.ª edição. Paris: Presses Universitaires de France, 1978, p. 11-27.

mas Salazar só o recebeu no dia 27 desse mês. Apesar de ter preferido ter mais tempo para reflectir sobre o assunto, respondeu no espaço de uma semana[1516]. Para emitir o seu parecer, Salazar ouviu os ministros dos Negócios Estrangeiros, da Presidência e da Defesa. Transmitiu uma cópia do mesmo ao Presidente da República Craveiro Lopes[1517]. O documento foi elaborado e assumido por Salazar, como se comprova pela utilização da primeira pessoa do singular e a sua assinatura no mesmo[1518]. O texto foi enviado para Eduardo Leitão e transcrito para uma Circular do Ministério dos Negócios Estrangeiros, como posição oficiosa do Governo português sobre o assunto.

O Apontamento sobre o pensamento do Governo português acerca da política de federação ou confederação europeia, datado de 6 de Março de 1953, revela-se um documento fundamental. Conforme o próprio

---

[1516] AHDMNE, RNP, Política interna e externa da Europa, Gabinete do Presidente do Conselho, Apontamento, 6 de Março de 1953, M. 309, d.l.: 1953-1959. Segundo Franco Nogueira, Van Zeeland convocou Eduardo Leitão, a quem pediu para «consultar o chefe do Governo português sobre a conjuntura mundial, e em particular os negócios da Europa e as ideias em curso quanto ao futuro desta». NOGUEIRA, Franco – *Salazar – Volume IV – O Ataque (1945-1958)*, *op. cit.*, p. 281.

[1517] NOGUEIRA, Franco, *op. cit.*, nota 1 da p. 281. Desconhecemos qual foi a participação real dos três ministros na elaboração do documento.

[1518] Salazar, no documento para Eduardo Leitão (na parte que não foi transcrita para a Circular), indica textualmente que pretende: «dizer-lhe o que penso (sobre o assunto) ou, talvez até mais justamente, o que se pensa aqui acerca dele». Trata-se claramente de um texto de Salazar, elaborado antes ou depois de ter ouvido alguns membros do Governo. Não seria a primeira vez, nem a última, que uma posição de Salazar se transforma na posição oficiosa do Governo português. Assinala-se as expressões: «Quando digo», «Quando me refiro», «Quando aludo», «a meu ver», «Não me parece», «Tenho», «Parece-me», «Não sei», «Devo», «Se posso», «Encarei».

O documento, intitulado «Política de Federação Europeia», anexo à Circular n.º 8, de 9 de Abril de 1953, foi reproduzido in GUERRA, Ruy Teixeira; FREIRE, António de Siqueira e MAGALHÃES, José Calvet de – *Os Movimentos de Cooperação e Integração Europeia no Pós-guerra e a Participação de Portugal nesses Movimentos*, *op. cit.*, p. 61-65 e em: NUNES, Helena Costa (coord.) – Adesão de *Portugal às Comunidades Europeias. História e Documentos.* Lisboa: Assembleia da República, 2001, p. 61-65.

Salazar indica a Eduardo Leitão, a questão «vem a definir-se há bastante tempo», assim como a posição do Governo, pelo que pode, «aliás sem descer a exames profundos e a longas dissertações», dizer «o que se pensa» acerca do assunto. Este documento foi enviado para Eduardo Leitão no dia 7 de Março e no dia 9 de Abril para as embaixadas portuguesas e principais legações, sob a forma de Circular. Na Circular n.º 8 de 1953, que remete o documento intitulado *Política de Federação Europeia* (confidencial), está claramente indicado que se trata de um documento para «conhecimento e orientação» e que se poderá fazer uso «das orientações e conclusões nele enunciadas, sempre que [se] julgue necessário referir-se à posição do Governo português na matéria»[1519]. Trata-se, pois, do documento de referência relativamente à eventualidade de criação de uma federação europeia que, na altura, se estima ser o objectivo final dos «Seis». Através deste documento revelam-se os receios e as ideias de Salazar sobre a Europa. Está explicitamente indicado que Portugal não tem a mínima «pretensão» de poder influir «na evolução das ideias e dos acontecimentos que vão desencadeados como uma tempestade» mas tem de dizer «com inteira lealdade» o que se pensa sobre o assunto. Quanto mais não seja, para que «os [seus] representantes conheçam as razões profundas das atitudes do [...] Governo»[1520].

O documento «Política de Federação Europeia» foca as seguintes questões: a «Federação Europeia» propriamente dita, os regimes políticos e as Colónias, a posição do Reino Unido, e a posição de Portugal.

[1519] Embaixadas de Portugal em Londres, Paris e Washington, e Legações de Portugal em Roma, Bruxelas, Berna, Haia, Djakarta, Karachi e Copenhague, assim como para o Consulado-Geral em Tanger. Cf. AHDMNE, RNP, Política interna e externa da Europa, Circular n.º 8 do ministro dos Negócios Estrangeiros, de 9 de Abril de 1953, M. 309, d.l.: 1953-1959.

[1520] *Ibid.*.

1. A questão da Federação Europeia

O Apontamento refere-se exclusivamente à possibilidade de criação de uma Federação Europeia. A ideia de confederação europeia, entendida como «um mal menor», não é vista como uma possibilidade a considerar, pois já se encontra ultrapassada nalguns domínios concretos (pelas instituições supranacionais). A confederação constitui «um plano inclinado que conduzirá a breve trecho e finalmente à federação, como esta aliás tende pelo andar do tempo para o Estado unitário»[1521].

A posição de Salazar é de que «[no] domínio lógico é possível federar a Europa». Para tal existem duas possibilidades: ou pela força ou pela evolução do tempo. No que diz respeito ao estabelecimento de uma Federação Europeia através força, indica que teria existido uma possibilidade caso a Alemanha nazi tivesse ganho a guerra, em que teria sido possível obrigar a Europa a federar-se sob a sua hegemonia. Também a URSS, se puder, «talvez [...] o faça nos países danubianos sob a sua égide». Salazar estima que através da força, como se viu com Hitler, isso provoca «sofrimento sem conta, alterações profundas nas maneiras de viver e de pensar, mas retoma-se a vida em novas bases, e no futuro, num largo futuro, pode até ser melhor para todos os que então existirem». Mas o que «o conquistador faz em nome e pelo direito da força, não podem fazê-lo os políticos, ao menos do pé para a mão, contra interesses relevantes e inconciliáveis e sentimentos muito vivos das populações»[1522].

A forma como a Europa «nasceu» e o próprio processo da sua formação imprimiram-lhe «carácter». Estamos, pois, perante uma diversidade que é, ao mesmo tempo, uma «fraqueza» e uma «fonte de radiação universal». Considerando o «arreigado nacionalismo» e o «instinto de propriedade» (no sentido da soberania), mesmo que os governos decidam constituir um «Estado Europeu», os povos dificilmente se ajustarão a ele».

[1521] *Ibid.*.

[1522] *Ibid.*.

Apesar desta dificuldade, Salazar não tem dúvida que se está perante «uma das ideias dominantes da política actual»[1523].

2. Os mentores da Europa federal, segundo Salazar

Para Salazar, não há dúvidas em relação aos verdadeiros mentores do projecto federativo europeu: são os EUA, como impulsionador ideológico, e a França, como elemento aglutinador na Europa. No que toca aos EUA, refere que se trata fundamentalmente de uma ideia do partido democrata. Esta atitude dos EUA baseia-se «na simplicidade de espírito» e na «ligeireza das suas opiniões», que só concebem uma solução política para a Europa através da criação de um sistema federal. No que toca à França, depois de a considerar como «um país cansado de lutar e a quem a plena independência parece pesar», estima que adoptou a ideia federativa «como a maneira mais fácil de evitar o rearmamento alemão isolado e amanhã potencialmente hostil». Não engloba, contudo, toda a classe política francesa nesta análise, pois considera que só se trata da adesão, «aliás pouco entusiástica, duma fracção dos políticos franceses, porque a França, se anseia por não ter de bater-se, também procura não ser mandada por outros». No que toca às restantes nações, «que se agrupam em volta da França, parecem estar convencidas, embora por motivos diversos, de que [o federalismo] é o melhor caminho de salvar a Europa e talvez o único de assegurar o apoio americano, em potência militar ou em dólares». Ora este receio de perder o apoio dos EUA «não tem razão de ser, porque a Europa é tão necessária à América como esta à subsistência da liberdade europeia». Os fundamentos que estão na base da construção federal da Europa são, pois, considerados como muito «frágeis». Resume a situação com a seguinte fórmula: «No fundo temos apenas duas realidades – uma ideologia americana e uma política francesa. Possibilidade de realização da ideia,

---

1523 *Ibid.*.

ambiente político ou moral, necessidade absoluta da sua execução para solução dos problemas económicos ou políticos europeus – tudo está em muito secundário plano, e no entanto isso seria o essencial a ter em conta». Apesar disso, Salazar perspectiva que a condução da futura Federação Europeia será feita pela Alemanha: «Como elemento mais forte pela extensão do território, população e conjunto das suas qualidades e espírito industrioso, será a Alemanha quem deverá conduzir efectivamente a federação para todos os seus destinos. Para isto, talvez não valesse a pena ter feito a guerra»[1524].

3. Os regimes políticos e a questão colonial

Um dos grandes receios de Salazar tem a ver com o regime político da eventual Federação Europeia. Parece-lhe óbvio que em caso de federação dos «Seis», as monarquias desapareceriam a favor do regime republicano. Sendo os três grandes (França, República Federal da Alemanha e Itália) países republicanos, a federação seria feita na base do regime republicano. Os EUA não «compreenderiam coisa diferente». Como não existe hipótese «de coexistência dos dois regimes», quem tem de ceder são as pequenas monarquias, que «teriam de desfazer-se das suas instituições». Aqui coloca-se, segundo Salazar, a questão belga, pois «a monarquia é na Bélgica o factor de integração de populações nas quais coexistem fortes elementos de diferenciação como a língua, a religião e até as concepções políticas». Caso se avançasse para a Federação Europeia e, por consequência, para o fim dos regimes monárquicos, «a Bélgica, nem mesmo como província ou Estado secundário da federação, poderá subsistir, pois a breve a trecho se deverá dissolver no conjunto». Estamos, pois, perante um cenário muito pessimista[1525].

[1524] *Idem*. Sublinhados no texto original.

[1525] *Idem*. Como já foi indicado, Salazar responde a uma consulta de Van Zeeland. Não é, pois, por acaso que Salazar dá uma certa ênfase à questão belga. Acontece que Salazar sempre

Uma outra questão que preocupa Salazar, e que também diz respeito à Bélgica, é a questão colonial. Apesar de não haver razões objectivas que fundamentem tal posição, Salazar levanta a hipótese de alguns países estarem interessados na federação para terem acesso aos territórios coloniais dos outros. «Há sectores em que é visível a preocupação imediata [...] de que se abram os territórios ultramarinos às populações e comércio de alguns Estados Europeus». A Alemanha e a Itália estão nesta situação[1526]. Como as fronteiras estão estabilizadas na Europa, «[os] domínios ultramarinos dos Estados federados serão, pela evidência das coisas e a impossibilidade de se dispor diferentemente, integrados na federação». Neste caso, as colónias beneficiariam o conjunto da Federação e «os que não têm nada a perder são os que têm tudo a ganhar»[1527].

4. A perspectiva portuguesa da posição do Reino Unido

Por razões que se prendem com a longa aliança luso-britânica, e uma certa comunidade de interesses entre os dois países, a posição do Reino Unido em relação às tendências federativas interessa bastante a Portugal. Segue-se de perto as tentativas dos «Seis» para atrair o Reino Unido para as organizações europeias com instituições supranacionais. Uma decisão favorável de Londres poderia ter consequências muito sérias, pois desequilibraria decididamente a Europa para o campo integracionista ou federal.

---

se interessou pela questão monárquica na Bélgica. Tem amigos belgas que o vistam regularmente, por exemplo André de Staercke (político e grande admirador de Salazar), e o seu fiel amigo Eduardo Leitão, em Bruxelas, está extremamente bem introduzido nos meios políticos belgas e vai-lhe dando informações regulares sobre a casa monárquica belga. Como se sabe, a Bélgica também é uma potência colonial, pelo que se justifica mais este alerta de Salazar sobre as eventuais «pretensões» de outros países relativamente às colónias.

[1526] Recorde-se que foi feita uma proposta ao Governo português para acolher em Angola um milhão de alemães.

[1527] *Ibid.*.

Para Salazar, os convites feitos a Londres para aprofundar a sua colaboração com o «embrião da federação europeia e depois com esta parece desconhecerem a realidade da construção política britânica». Os portugueses, ainda segundo Salazar, compreendem melhor do que os outros essa «impossibilidade que nasce duma estrutura como a britânica, mais produto da sucessão dos acontecimentos históricos do que da visão dos homens de governo». Apesar de não saber se a recusa britânica em participar na CED se baseia no conhecimento ou no «instinto», tem-lhe dado «todo o apoio e colaboração». O Reino Unido é mais do que um Estado, «é uma associação de Estados, que [...] representam mais que a própria Europa a federar». A imagem utilizada é a de um corpo cujos membros se espalham por todo o mundo e cuja cabeça é o próprio Reino Unido. Se se pode considerar que o próprio Reino Unido funciona como um Estado Federal, no resto do mundo trata-se de «uma associação livre de Estados e territórios cujo Chefe de Estado é o mesmo». Para Salazar não é possível que o Reino Unido «entre só com a cabeça» na federação europeia. «Se [o Reino Unido] tomasse em prol da Europa o compromisso de um esforço total que não lhe permitisse chefiar e reforçar a defesa da Comunidade [*Commonwealth*], esta tenderia a desmoronar-se: os vários Estados, privados do ponto de apoio que pretendem ter [no Reino Unido], voltar-se-iam para outros focos de atracção (como já infelizmente fazem) e pelo jogo de várias combinações e acordos acabariam por destruir os laços que os unem agora»[1528]. Coloca-se, pois, a questão de querendo constituir uma unidade maior na Europa se arrisque o desaparecimento da *Commonwealth*. Mesmo sem ter em conta a Aliança luso-britânica, interessa a Portugal, segundo Salazar, a existência do Reino Unido independente

[1528] Salazar utiliza sempre a palavra «Inglaterra» em vez de «Reino Unido», como era uso em Portugal. A noção, contudo, é de Reino Unido, como se comprova pela frase em que diz que «o Estado inglês funciona já um pouco à maneira de um Estado federal», em que claramente se refere ao Reino Unido, utilizando a expressão «Estado inglês». Por vezes, muito raramente, utiliza a palavra «britânico(a)». Uma situação semelhante passa-se com a utilização da palavra «Rússia» para significar URSS, designação que nunca utiliza.

e de uma *Commonwealth*. A razão é que, apesar da «sua estrutura complexa e empírica desafia a harmonia e a lógica das construções sistémicas», seria positivo que pudesse «continuar a ser um factor de equilíbrio entre os Estados Unidos da América e uma federação europeia em que a Alemanha seja o elemento preponderante». A conclusão de Salazar sobre o assunto é a de que se está «em face de uma impossibilidade» e que seria melhor a Federação Europeia prescindir do Reino Unido como membro para o ter como aliado. Pois se o Reino Unido «pode dar tudo à Europa, em caso de guerra, não pode comprometer-se a dar-lhe tudo em tempo de paz»[1529].

5. A posição de Portugal

Na definição da posição específica de Portugal relativamente à eventualidade de criação de uma Federação Europeia, que, como já se viu, se estima como muito provável, Salazar diz servir de «intérprete do sentimento do povo português» e foca no documento os principais factores que impossibilitariam uma participação portuguesa. Obviamente, também nenhum país tinha convidado Portugal a participar no processo de integração política e económica da Europa. O regime político ditatorial em Portugal, assim como o seu grande atraso económico-social, impedem qualquer aproximação mais aprofundada. Existe uma incompatibilidade evidente de valores entre os «Seis» e Portugal.

Segundo Salazar, a ideia de federação «repugna absolutamente» o povo português por via do seu «amor à independência e aos territórios ultramarinos». As Colónias são consideradas como «parte relevante e essencial da [...] história» do povo português e a sua própria vocação. São mesmo consideradas mais importantes do que a própria Europa. Mais uma vez refere que Portugal cada vez que interveio na Europa o fez em

---

[1529] *Ibid.*.

detrimento «de outros interesses mais altos». «A expansão ultramarina [...] é o traço mais saliente da sua história, é decididamente a sua vocação». A adesão de Portugal ao Pacto do Atlântico, entendida como um envolvimento nas questões europeias, só se justifica pela ameaça da URSS. A justificação é a de que o «imperialismo» soviético transporta «os elementos destrutivos» da própria «razão de ser» da civilização ocidental. De forma a poder prosseguir a «missão no mundo», há pois que evitar um ataque ou, em última instância, «vencê-lo pela força». O que interessa a Portugal na Europa, ainda segundo Salazar, é «a paz, a liberdade, o génio e o espírito da civilização cristã». De resto, «nada mais [...] interessa substancialmente no terreno político». Interessa mais a Portugal as Colónias e mesmo o Brasil. A posição atlântica de Portugal impõe «limites à colaboração europeia, quando esta colaboração revista formas de destruição daquilo que somos e integração naquilo que não nos importa ser»[1530].

Os Pirinéus são encarados por Salazar como uma barreira que impede a Península Ibérica de «ser absorvida ou decisivamente influenciada pelo peso da nova organização», mas é necessário aguardar para ver o que se vai passar. De qualquer forma, estima que a Espanha tem muito mais afinidades com a América Latina do que com o resto da Europa, pelo que «vê mais futuro no conjunto hispano-americano que na federação europeia». Se a Federação Europeia se constituir e se se «continuar a impor a política dos grandes espaços», Salazar admite a possibilidade de um estreitamento dos laços entre Portugal e o Brasil, e estes, com a Espanha e a América-Latina, com vista à constituição de um bloco Ibero-Americano. Este bloco seria ao lado da *Commonwealth* – «mesmo sem atingir o grau da sua estruturação constitucional» – «um factor político de grande relevo, pela população, a riqueza potencial ou existente e a cultura ocidental». Esta hipótese teria a vantagem, segundo Salazar, de não deixar afastar Portugal e outros países «do que é mais sagrado na [sua] formação e de bem seguro na [sua] história»[1531].

[1530] *Ibid.*.

[1531] *Ibid.*.

Ainda em relação à posição de Portugal no que toca à perspectiva de criação de uma Federação Europeia, Salazar declara que só interessa a Portugal na medida em que pode ter consequências em matéria de defesa europeia ou que, mais tarde, pretenda «alargar-se para além dos limites primários», embaraçando ou impedindo Portugal de seguir o seu próprio caminho. Esta é a razão de ser da participação portuguesa nos debates sobre o assunto. Também é por causa disso que o país se tem abstido de se «jungir» ao Conselho da Europa e a «outras criações que são inspiradas do mesmo pensamento». Mas para Salazar existe uma certa contradição no processo de integração europeia. Porque paralelamente aos «esforço para a criação directa de um estado federal, [nota-se] que vários organismos, como se não acreditassem nela, se propõem fazer federalismo por troços ou sectores de actividade, desde a indústria do aço à agricultura e da defesa ao ensino e à saúde». Depois conclui: «Se tal orientação, mau grado o que fica dito, pode vir a resolver os problemas da Europa, sobretudo os do binómio França-Alemanha, só nos regozijamos com isso, como nos regozijamos com o facto de não ser para tanto necessário o nosso sacrifício»[1532].

[1532] *Ibid.*.

Conclusão

A crise económica e financeira que se seguiu à Segunda Guerra Mundial demonstrou a importância da Europa Ocidental e dos EUA para Portugal. Efectivamente, perante os desafios que se colocavam ao país, uma escolha deveria ser feita entre um posição nacionalista, que pretendia uma relação privilegiada com as Colónias, o Reino Unido, o Brasil e a Espanha, e um pragmatismo económico que pretendia conciliar essas relações com uma abertura em direcção à Europa mais desenvolvida e aos EUA. O afastamento do país em relação à Europa continental não lhe tinha sido benéfico em termos económicos e culturais. Os responsáveis políticos estavam conscientes do atraso que daí tinha resultado. Esta situação tornava-se demasiado evidente quando se comparavam números, tecnologias e poderes.

No seguimento da vitória das democracias na Europa Ocidental, Portugal encontrou-se isolado na companhia da Espanha. O risco de se assimilar a situação portuguesa à espanhola era grande. Apesar de, aparentemente, haver algumas afinidades entre os dois regimes políticos, a Espanha encontrava-se marginalizada no concerto das nações. Constituía um "exemplo negativo" que tornava mais tolerável o caso português. Portugal não tinha qualquer interesse em se deixar marginalizar na companhia da Espanha, tanto mais que uma aproximação excessiva entre os dois países seria contrária aos objectivos nacionalistas de Salazar. A Espanha sempre foi considerada uma ameaça à independência nacional.

Salazar afirmou claramente que a política exterior de Portugal devia conseguir conciliar as suas relações histórico-geográficas com a aproximação à Europa Ocidental e aos Estados Unidos, sem, contudo, abdicar do regime instituído. Estimava que a Europa, mesmo unida, não poderia resistir sozinha à URSS. A ajuda dos EUA era indispensável. Segundo Salazar, havia um verdadeiro perigo comunista. Mesmo não acreditando que a URSS desencadeasse uma guerra aberta, temia a sua acção indirecta na Europa.

No que diz respeito à crise económica na Europa, Salazar considerou-a, no seu início, como passageira e superficial. Pensou que as Colónias poderiam ajudar a Europa a sair dessa crise, mas que havia ameaças no horizonte. A independência da Índia constituiu uma ameaça bem real para a Índia Portuguesa, os problemas na Indonésia poderiam ter consequências em Timor Português e as mudanças na China poderiam ter consequências desastrosas em Macau. Em África, o panorama era ainda relativamente calmo, mas nada garantia que assim continuasse. Era indispensável estar atento e admitir novas alianças estratégicas. Era tempo de escolher o pólo aglutinador que se estava a constituir na Europa Ocidental sob a égide dos EUA. Uma Europa atlântica na qual Portugal se integraria naturalmente.

A democracia instaurada nos países da Europa Ocidental não incomodava Salazar, mas ele considerava que Portugal, apesar de todos os constrangimentos existentes em relação ao exercício das liberdades cívicas e políticas, possuía o regime político que lhe convinha. Para ele, a democracia representava uma má solução para Portugal, pois seria necessário autorizar a criação de partidos políticos, o que era insuportável à luz da experiência do passado e dos interesses que ele considerava serem os da Nação[1533]. É dentro desta base que Salazar vai aceitar uma aproximação com a Europa. O pressuposto de base é a manutenção de um regime

[1533] O filósofo José Gil analisou de uma forma muito interessante a retórica de Salazar na sua obra *Salazar: A Retórica da Invisibilidade*. Permitimo-nos transcrever a última frase do livro: «Dizer às pessoas o que devem fazer para se tornar grandes (visto que já o são potencialmente), conservando para si os meios que possibilitam a realização dessa grandeza, constitui um terrível e perverso instrumento de persuasão, assim como uma forma de manter as pessoas sob o seu poder. Foi o que Salazar fez. Impedindo a metamorfose que preconizava, ele continuava a produzir silêncio, fazia calar nas pessoas a compreensão e a expressão da sua situação real, conduzindo-as a uma oscilação entre autojuízos extremos e opostos: "não somos nada, não valemos nada", e "somos os melhores, génios, heróis". Entre um e outro, mesmo no centro da consciência, oculto, já corroído por um silêncio incompreensível, o próprio ser dos portugueses». GIL, José – *Salazar: A Retórica da Invisibilidade*. Lisboa: Relógio d'Água, 1995, p. 55. Sobre este assunto, remetemos também para o livro de Fernando DACOSTA, *Máscaras de Salazar* (Lisboa: Editorial Notícias, 1997).

antidemocrático e autoritário, onde a política era dirigida em nome de uma nação interpretada à luz das ideias de Salazar e do regime modelado por si ao longo dos anos, segundo as suas convicções e conveniências. Apesar de ser possível observar alguma melhoria entre 1945 e 1947, para obter uma melhor aceitação interna e externa, o regime manteve-se fiel aos seus princípios essenciais. Para os EUA e para Europa Ocidental, era melhor tolerar o regime existente do que fazer face a uma eventual desestabilização política que pudesse ter consequências nefastas nos interesses ocidentais em matéria de defesa estratégica. A imagem de instabilidade política em Portugal antes da chegada ao poder de Salazar ainda estava bem presente no espírito de certos altos responsáveis europeus e norte-americanos.

Assim que o Governo português tomou conhecimento das declarações do secretário de Estado George Marshall, em Harvard, no dia 5 de Junho de 1947, comunicou de imediato a sua aprovação e a sua simpatia em relação à intenção norte-americana de reforçar a ajuda à Europa. Convidado pelos Governos britânico e francês a participar na primeira Conferência de Paris, Portugal aceitou imediatamente e com satisfação esse convite.

Durante a Conferência de Paris, Portugal manifestou a sua disponibilidade para fornecer à Europa toda a ajuda que fosse compatível com os seus recursos, oferecendo-se inclusive para conceder créditos a outros países. Afirmou também que seria absolutamente necessário que o Plano Marshall contribuísse para o desenvolvimento do comércio. Caso isso não acontecesse, Portugal passaria a ser também um país que necessitaria de ajuda. Apesar de o Governo português já estar consciente, no Verão de 1947, da situação delicada em que se encontrava a economia portuguesa, em crise aberta, tinha ainda a esperança que a situação melhorasse com a implementação da cooperação económica na Europa e do desenvolvimento do comércio intereuropeu.

Apesar da acumulação de ouro e de divisas durante a Segunda Guerra Mundial, as condições de vida em Portugal tinham-se tornado insuportáveis para uma grande parte da população. O fim da guerra significava, em princípio, o fim das privações. Ora isso não aconteceu de imediato, o que provocou um grande descontentamento da população e o reforço da oposição ao regime, que tinha saído muito fortalecida com a vitória das democracias. Foi necessário conceder alguns aumentos salariais e efectuar intervenções maciças nos mercados de produtos de primeira necessidade, de forma a combater a especulação e a inflação e, desta forma, evitar que a revolta social tomasse novas proporções e extravasasse ainda mais para o plano político.

A grande questão colocada por Portugal aquando da sua adesão à OECE foi a de tentar convencer os outros países sobre a necessidade de aceitar a Espanha na Organização. Esta questão mobilizou os esforços dos diplomatas portugueses e do Governo. O seu fracasso revelou os limites muito estreitos da capacidade do país em matéria de política externa.

Na fase inicial do Plano Marshall, Portugal não teve consciência da sua importância. Salazar e os diplomatas interpretaram-no como uma ajuda destinada aos países devastados pela guerra. Portugal não tinha, consequentemente, qualquer legitimidade para solicitar uma ajuda económica e financeira. As reservas de ouro e de divisas do país em 1947 eram consideráveis e, contrariamente à maior parte dos outros países da Europa, Portugal tinha grande quantidade de dólares. Acresce que Portugal tinha um crédito de perto de 70 milhões de libras esterlinas em relação ao Reino Unido – com garantia de câmbio e pagamento em ouro – que pensava utilizar, a curto ou médio prazo, na compra de produtos na zona esterlina. O Reino Unido era o primeiro parceiro comercial de Portugal e, nessa época, não se viam razões objectivas que pudessem impedir a utilização desses créditos.

A possibilidade de Portugal poder beneficiar da ajuda do Plano Marshall não se colocou imediatamente, mas o péssimo ano agrícola de 1947, em Portugal e no resto da Europa, acentuou a dependência exterior do país e provocou uma saída substancial de divisas fortes para a compra de cereais. Esta situação começou a preocupar muito seriamente as autoridades portuguesas. O Banco de Portugal e o Governo começaram a temer o arrastamento da crise. Apesar disso, em Portugal receava-se que os créditos Marshall pudessem criar dependências em relação aos EUA. Esta questão do risco de dependência veio a revelar-se um elemento importante na decisão do Governo português de não solicitação de ajuda no início do Plano Marshall. As razões da não solicitação foram múltiplas e passaram por uma subavaliação da crise financeira, económica e social na Europa Ocidental, pelo receio de uma dependência em relação aos EUA, e pela recusa de compromissos que pudessem implicar uma perda de soberania. Podemos invocar, igualmente, a prudência com que Salazar se movimentava no sentido de defender aquilo que ele considerava serem os interesses do país. As incertezas resultantes da tensão crescente entre os dois blocos em formação e o receio das hegemonias que se instalavam, levaram Salazar a estabelecer uma posição expectante, sem se deixar marginalizar, aguardando a clarificação das condições da ajuda e da situação mundial. Além do mais, Portugal receava que a aceitação dos créditos Marshall pudesse levar a uma convertibilidade mais ou menos forçada do escudo. A experiência falhada da convertibilidade da libra esterlina foi ponderada aquando da tomada de decisão. Portugal não queria perder o controlo das suas substanciais reservas de dólares. Havia ainda a questão da existência em Portugal de uma parte do ouro espoliado pela Alemanha durante a guerra e cuja restituição era reclamada pelos Aliados. O Governo português estimava, a este propósito, que não se podia ter em conta estas reservas de ouro, cujo direito de posse lhe era reclamado. Uma eventual convertibilidade forçada do escudo poderia reduzir as reservas de ouro de Portugal e representava um perigo, pois ainda havia dúvida sobre a quantidade exacta dessas mesmas reservas de ouro. Também é de referir, pela sua importância, que Portugal desejava poder negociar com os Estados Unidos o novo acordo para os Açores sem qualquer espécie de condicionalismos.

Outro elemento importante na opção de Salazar a favor da participação no Plano Marshall pode ter sido de carácter político, porquanto dava a Portugal uma imagem mais positiva do regime. Para a política do Estado Novo, a aceitação do país no processo de cooperação europeia foi uma ocasião inesperada que permitiu transmitir uma imagem de "normalidade", tanto para consumo interno como externo. As forças da Oposição, que tentavam, tão dificilmente, derrubar o regime, nomeadamente através de golpes militares, vão-se ressentir duramente com esta aceitação internacional. O argumento avançado pela Oposição, segundo o qual o país estava isolado por causa do regime político, parecia, de repente, difícil de defender. No fundo, apesar do reconhecimento da importância vital dos EUA no sistema de defesa do Ocidente, Salazar receava bastante a sua penetração económica e política na Europa e em Portugal. Inicialmente, Salazar temeu que a penetração norte-americana se efectuasse por meio do Plano Marshall, estando persuadido que a atitude dos EUA tinha segundas intenções. Consequentemente, era necessário adoptar uma atitude de reserva e dar muita atenção à evolução das relações entre os EUA e a Europa. Uma espécie de "período de observação". Foi decidido, então, não solicitar a Ajuda Marshall no seu primeiro exercício.

Após a criação da OECE, em Abril de 1948, e não vendo da parte dos EUA uma influência muito grande nos assuntos europeus, independentemente do seu apoio financeiro e económico maciço, Salazar reduziu progressivamente os seus receios em relação a eventuais contrapartidas que seriam exigidas em troca da Ajuda Marshall. Uma primeira perspectiva de participação discreta e desinteressada na OECE foi rapidamente substituída por uma participação activa, assegurada pelos melhores peritos portugueses. Face à diminuição muito acentuada das reservas de ouro e divisas do Banco de Portugal, o Governo português decidiu pedir a «transferência» para os EUA de uma parte dos créditos que Portugal tinha no Reino Unido. Face à recusa dos EUA, foi decidido pedir a Ajuda Marshall no seu segundo exercício. Portugal apresentou finalmente um pedido de cerca de 100 milhões de dólares, mas a ECA só lhe atribuiu inicialmente 10 milhões de dólares. Após difíceis negociações, este montante subiu para 30 milhões de dólares.

A participação de Portugal no Plano Marshall apresentou grandes vantagens. A primeira vantagem foi de ordem comercial. A dependência, em matéria de exportações e de importações, em relação aos EUA e à Europa, era demasiado grande e nada deixava prever que essa dependência pudesse ser reduzida a curto ou médio prazo. Portugal tinha grandes dificuldades em exportar os seus produtos e, igualmente, em se abastecer no estrangeiro. Os acordos bilaterais não se revelavam satisfatórios e o défice da balança comercial continuava a crescer. A segunda vantagem da participação de Portugal no Plano Marshall foi a de integrar o país no sistema internacional que se estava a estabelecer entre países ocidentais no pós-guerra. Portugal tinha todo o interesse, mesmo por razões de política interna, em aliar-se ao bloco ocidental. Entre os dois blocos em formação só poderia existir a via do isolamento internacional. A cooperação com a Europa e com os EUA deu alguma garantia de estabilidade internacional a Portugal. Acresce que as potências coloniais se encontravam entre os países que conduziam o processo de cooperação europeia no âmbito do Plano Marshall. As grandes opções estratégicas de Portugal, em matéria de política internacional, eram conciliáveis com a cooperação europeia. Neste processo de cooperação europeia, Portugal interessou-se em acompanhar o seu aliado britânico com vista a uma aproximação prudente com a Europa.

A adesão de Portugal ao Pacto do Atlântico, em 1949, constituiu um dos actos mais importantes da política externa do Estado Novo. A atitude de Portugal durante todo o processo que conduziu à assinatura do Tratado do Atlântico Norte, em Washington, assim como a sua aceitação pelos outros países participantes, revelou a importância geoestratégica de Portugal, a dimensão da ameaça soviética e a verdadeira consistência do Pacto Ibérico num mundo bipolar.

A participação de Portugal no Pacto do Atlântico foi um elemento suplementar na aceitação internacional do país, apesar do seu regime político. Segundo Salazar, a política das grandes potências ocidentais durante a guerra, quando procederam ao «esmagamento da Alemanha», foi um erro. A Europa encontrava-se numa situação aflitiva e incapaz de resistir sozinha à URSS. Para além dos EUA e da *Commonwealth*, seria necessário contar com a colaboração da Alemanha, da Itália, da Espanha e, mesmo, do Japão. Na eventualidade de uma guerra com a URSS, que Salazar estimava pouco provável, esta seria mundial e as neutralidades não seriam respeitadas. Esta ideia do não respeito das neutralidades num possível terceiro conflito mundial parece-nos estar no centro da decisão de Salazar de assinar o Pacto do Atlântico.

As bases dos Açores revelaram-se, sem qualquer sombra de dúvida, como o trunfo geoestratégico de Portugal na defesa da Europa Ocidental. Estas bases eram indispensáveis a uma boa articulação estratégica entre os EUA e a Europa (incluindo toda a zona do Mediterrâneo), assim como ao controlo operacional do Atlântico Norte. Os Açores constituíam a "jóia da coroa" de Portugal e um trunfo decisivo na "aceitação internacional" do país. Sem os Açores, o interesse geoestratégico do país reduzir-se-ia consideravelmente, não se justificando, por conseguinte, uma tolerância internacional tão evidente em relação ao regime português. Salazar sabia-o perfeitamente e, também por isso, nunca quis autorizar a instalação de bases militares norte-americanas nos Açores, mas, somente, aí conceder facilidades militares precárias. Desta forma, os dirigentes norte-americanos tinham todo o interesse em tratar Portugal com a maior das precauções.

A adesão de Portugal ao Pacto do Atlântico acabou por reforçar a sua posição no seio dos países do bloco ocidental, sem nada ceder, tanto ao nível interno como colonial. Bem pelo contrário, a participação no Pacto reforçou o regime e favoreceu a sua política colonial. Contudo, a tensão no seio do Pacto Ibérico foi grande, pois a Espanha reagiu muito mal à adesão isolada de Portugal. Apesar da sua adesão ao Pacto do Atlântico, Portugal continuou a desconfiar das intenções dos EUA. Em 1949, Portugal não desejou receber ajuda militar norte-americana para não se colocar numa situação de subordinação. Será necessário esperar pelo Acordo de Defesa com os EUA, assinado no dia 5 de Janeiro de 1951, para que Portugal comece a receber o equipamento militar para a defesa do Atlântico Norte. Entre 1951 e 1953, Portugal recebeu o equivalente a 82 milhões de dólares de ajuda militar.

Em relação à cooperação monetária na Europa, Portugal considerou-a como um elemento muito importante na cooperação europeia. O país esteve presente, desde o início, nas reuniões entre os países membros da OECE, com vista à sua implementação. Portugal assinou o Acordo de criação da UEP, em 16 de Setembro de 1950. Num período em que Portugal estava a desviar uma parte do seu comércio externo para os países da OECE, aproveitando as oportunidades de mercado resultantes do acréscimo da produção e do consumo, é criado este sistema de pagamentos que favorece grandemente a expansão das suas trocas comerciais. O sistema instituído na UEP, de compensações multilaterais e créditos automáticos entre os seus membros, tendo o dólar como unidade de conta, convinha a Portugal. Tanto mais que é instaurado um sistema de escalões para os pagamentos a efectuar em ouro. Ora uma das grandes preocupações financeiras de Portugal era a de poder preservar as suas reservas em ouro de forma a poder manter a estabilidade do escudo. O sistema era muito favorável para Portugal, uma vez que beneficiava os países tradicionalmente deficitários na zona, o que era o caso português. A partir do Verão de 1950, Portugal vai mesmo acumular avultados saldos credores, o que levou o Governo português ao extremo de restringir as exportações portuguesas para a zona monetária da UEP. O balanço estabelecido pela parte portuguesa sobre a UEP foi muito positivo. A UEP conseguiu criar um sistema de cooperação monetária que permitiu o desenvolvimento muito acentuado das trocas comerciais na Europa, para grande benefício de Portugal.

O sucesso relativo do Congresso da Haia, em Maio de 1948, e a dinâmica que aí foi criada, provocaram em Portugal uma grande preocupação relativamente aos movimentos federalistas. A questão da integração europeia tornou-se um assunto importante nos meios oficiais em Portugal. Deixou de ser uma ideia puramente utópica. Evidentemente, Portugal não foi convidado a fazer parte do Conselho da Europa (1949). O seu regime político antidemocrático não permitia a integração do país nessa organização de cooperação política. De qualquer forma, as reservas do

Governo português em relação ao Conselho da Europa eram substanciais. A posição do Governo foi de grande cepticismo em relação à importância real da nova organização, considerando que os pequenos países estavam em situação de inferioridade por disporem de menos votos que os grandes. Também se opunha a que se desse direito de voto individual aos representantes dos Estados. Tratava-se de situações que, segundo o Governo português, iam contra a sua noção de soberania. Além disso, considerava-se que a atitude dos partidos socialistas sobre esta questão aconselhava algumas reservas por parte do Governo. É de assinalar que durante os primeiros anos de funcionamento da ACCE, o regime português não foi abertamente posto em causa e que houve diversas intervenções no sentido de uma aproximação entre Portugal e o Conselho da Europa.

No que concerne ao Plano Schuman (1950), Salazar considerou possível uma colaboração entre a França e a Alemanha, nos domínios do aço e do carvão, que pudesse servir de base a uma estrutura europeia no plano económico e comercial. Mas não acreditou na possibilidade de criação de uma federação política durável com abdicação das soberanias, à imagem do modelo norte-americano. Para Salazar, a Europa Ocidental atravessava um momento de indefinição e de incerteza que não lhe permitia ter as suas próprias ideias políticas e sociais, o que poderia levar a Europa a cair numa espécie de «colonização mental» dos EUA e da URSS. Os EUA exerciam pressões sobre a Europa, no sentido da união, e esta não reagia como devia a essas pressões. Era necessário, ainda segundo Salazar, resistir às tentativas de uniformização política dos Estados, pois estas tentativas escondiam outras intervenções sobre o plano interno.

A criação da CECA marcou os limites da colaboração de Portugal com a Europa. Não tendo sido convidado a fazer parte dessa comunidade, por razões económicas e políticas óbvias, só restava ao país prosseguir a sua colaboração no âmbito da OECE, esperando que não houvesse muitas alterações no comércio intra-europeu e que o Reino Unido conseguisse travar as tendências federalistas na Europa. De qualquer forma, a extracção de carvão em Portugal era muito limitada e não havia uma indústria siderúrgica instalada.

Em Janeiro de 1951, o Governo francês convidou Portugal a participar na conferência de Paris, onde iria ser discutida a organização do exército europeu segundo o Plano Pleven. A resposta do Governo português foi clara: o Governo era contrário à formação de um exército europeu que implicasse, por sua vez, o estabelecimento de um organismo internacional com carácter supranacional. Esta tomada de posição já tinha sido transmitida aos governos estrangeiros no decurso das reuniões da NATO. Portugal reconheceu, todavia, o interesse que estava na base da iniciativa francesa e nomeou como observador na conferência o embaixador de Portugal em Paris. Aquando da Conferência de Lisboa, em Fevereiro de 1952, Portugal mudou parcialmente de posição. Continuando a recear a criação de estruturas supranacionais que pudessem servir de embrião aos «Estados Unidos da Europa», aprovou a criação da CED como factor de inclusão rápida da República Federal da Alemanha no sistema de defesa ocidental e de aproximação entre a França e a Alemanha. O ministro dos Negócios Estrangeiros português afirmou na altura que, mesmo que Portugal não estivesse em condições de participar da CED, via com satisfação a sua criação. Apesar de o Governo português preferir a inclusão da Alemanha na NATO, inclinava-se perante a posição da França neste domínio. Na realidade, Portugal era muito favorável ao rearmamento rápido da Alemanha (assim como do Japão) e à integração da Espanha no sistema de defesa ocidental.

Salazar escreveu que, pelo menos dentro do domínio da lógica, era possível federar a Europa pela força ou com a evolução do tempo. Pela força, talvez tivesse sido possível se a Alemanha nazi tivesse ganho a guerra, ou com a política da URSS a Leste, mas isso provocaria muito sofrimento e mudanças bruscas nos modos de vida e nas mentalidades. A força da Europa residia, segundo ele, na diversidade, que podia ser considerada ao mesmo tempo uma fraqueza e uma fonte de irradiação mundial. Considerando o «nacionalismo profundo» e o «instinto de propriedade» dos povos da Europa, estes dificilmente aceitariam a vontade dos políticos de criar um «Estado Europeu». Apesar disto, Salazar reconheceu que esta vontade dos homens políticos constituía uma ideia dominante da política da época. Para ele, não havia dúvidas sobre os instigadores desta tendência federalista – do ponto de vista ideológico eram os EUA, principalmente do lado dos democratas; do ponto de vista político, era uma parte da classe política francesa. À volta da França reuniam-se outros países que, por diferentes razões, pensavam ser a melhor forma de receber o apoio económico ou militar dos EUA. Ora, para Salazar, este receio de perder o apoio dos EUA não tinha razão de ser porque este país tinha tanta necessidade da Europa como esta daqueles. Se a «Federação Europeia» avançasse, Salazar estimava que a Alemanha, pelo seu território, população e espírito empresarial, conduziria efectivamente a federação.

Um dos grandes receios de Salazar a propósito da integração europeia era o risco de uma homogeneização dos regimes políticos na Europa. Parecia-lhe evidente que^, em caso de federação dos Seis, as monarquias desapareceriam a favor dos regimes republicanos. O risco para o regime político português não devia estar ausente do pensamento de Salazar quando abordou estas questões.

Por razões ligadas à longa aliança luso-britânica e a uma certa comunidade de interesses entre os dois países, a posição do Reino Unido em relação às questões europeias interessou muito a Portugal. Tanto mais que uma participação activa de Londres poderia ter uma influência decisiva no processo de integração europeia. Para Salazar, o Reino Unido era mais do que um Estado, pois estava à frente de uma associação livre de Estados. Com a entrada do Reino Unido numa federação europeia, a *Commonwealth* teria tendência a dissolver-se e os Estados constitutivos virar-se-iam para outros pólos de atracção e cortariam as suas ligações recíprocas. Haveria o risco de desagregação da *Commonwealth* se o Reino Unido optasse pela Europa. Salazar considerava que Portugal tinha todo o interesse em que o Reino Unido independente e a *Commonwealth* subsistissem como factores de equilíbrio entre os EUA e uma possível «Federação Europeia» que tivesse a Alemanha como elemento preponderante.

Na sequência do nosso estudo das relações entre Portugal e a Europa, entre 1947 e 1953, podemos afirmar que o Governo português aceitou a cooperação económica, monetária e militar com a Europa dentro do respeito absoluto da soberania nacional. Através das diferentes posições do Governo português, podemos constatar a importância considerável da questão da integração europeia – principalmente a partir do Congresso da Haia – e o receio que se instalou nos principais responsáveis políticos portugueses. Mesmo não acreditando no sucesso de uma eventual «Federação Europeia», os responsáveis portugueses entendiam que existia um movimento muito forte em prol da união da Europa (com contornos muito variáveis) e que era necessário levá-lo muito a sério.

No processo de abertura de Portugal à Europa atlântica, foi possível verificar o papel preponderante dos Açores na aceitação internacional do país. Desde o início, Portugal é visto pelo Governo norte-americano e por outros governos europeus como um elemento fundamental do sistema defensivo, graças aos Açores. A grande tolerância em relação ao regime político português proveio em grande parte da importância estratégica dos Açores no contexto da Guerra Fria. O Governo português manteve, contudo, as suas reticências em relação aos norte-americanos, nomeadamente por receio de eventuais interferências económicas em Portugal ou nas colónias e de um excesso de influência na Europa. As negociações com os EUA foram seguidas de muito perto por Salazar, que se ocupou dos textos dos acordos até ao mais ínfimo pormenor. Houve «períodos de observação» antes de pedir a Ajuda Marshall ou a ajuda militar norte-americana. Esta desconfiança em relação aos norte-americanos é "palpável" e transparece em vários documentos oficiais.

O facto de os territórios ultramarinos europeus terem beneficiado do Plano Marshall foi ao encontro do pensamento de Salazar sobre a matéria. Ele sempre defendeu a utilização pela Europa dos recursos africanos e o prosseguimento da colonização europeia. Isto foi interpretado como uma mudança de atitude dos norte-americanos sobre a questão colonial. Ora, para Portugal, a manutenção das colónias era uma questão muito importante. Tinha-se a profunda convicção de que as colónias portuguesas faziam parte de Portugal e que era necessário defendê-las da cobiça estrangeira. Um dos receios em relação à integração europeia provinha do medo de perder o controlo das colónias. Como Portugal tinha sofrido algumas tentativas no sentido de lhe retirarem as colónias, esta ameaça era levada muito a sério. Salazar receava muito fortemente que alguns países não estivessem interessados na federação para ter acesso às colónias dos outros Estados membros.

Personagem central na definição da política externa de Portugal, desde que chefiou os Negócios Estrangeiros (de Novembro de 1936 até Fevereiro de 1947), Salazar conduziu de muito perto os assuntos que lhe interessavam e que estavam a ser geridos pelo Ministério dos Negócios Estrangeiros. Ele conhecia muito bem os principais diplomatas, que eram homens merecedores da sua confiança política e pessoal, e, muitas vezes, havia uma correspondência directa entre estes diplomatas e ele próprio sem passar pelo Ministério[1534]. Recebia também os principais telegramas diplomáticos e substituía pessoalmente o ministro quando este estava ausente de Portugal. Salazar dedicava a maior atenção à política internacional, sendo os diplomatas uma das suas fontes principais de informações. Diplomatas que, juntamente com alguns homens políticos e altos funcionários, desempenharam um papel fundamental na aproximação de Portugal à Europa a aos EUA.

Um dos elementos importantes a reter na análise da política externa de Portugal reside na estabilidade das suas posições no que concerne as questões europeias. Efectivamente, desde o início, a posição de Portugal estabilizou numa série de domínios específicos, como, por exemplo: o interesse pela cooperação, ou colaboração, entre os países europeus; a

---

[1534] Como, por exemplo, Marcello Mathias, Eduardo Leitão, Pedro Theotónio Pereira e António de Faria.

necessidade de se integrar rapidamente a Alemanha Ocidental no sistema defensivo ocidental; a necessidade de associar a Espanha à cooperação económica, monetária e militar na Europa; a rejeição de todas as formas de supranacionalidade que pudessem levar à unificação, integração, confederação ou federação europeia; a desconfiança em relação aos EUA, mas, ao mesmo tempo, o reconhecimento da importância da ajuda concedida à Europa; o reconhecimento da necessidade de fazer frente ao «imperialismo soviético» e de lutar ideologicamente contra o comunismo; por fim, a recusa de uma qualquer interferência externa na definição da política interna de Portugal.

Apesar das reticências formuladas por Portugal em relação ao processo de integração europeia, podemos considerar que assistimos a uma aproximação efectiva e muito importante de Portugal em relação à Europa Ocidental. Inicialmente, o Salazarismo foi bem aceite nos meios conservadores europeus e norte-americanos; em seguida, com a Guerra Fria, outros meios políticos associaram-se a esta aceitação e "tolerância" internacional do regime político português.

Este período de cooperação entre Portugal, a Europa Ocidental e os EUA permitiu um melhor conhecimento mútuo. O longo diálogo dos diplomatas, peritos e homens políticos portugueses com os seus homólogos estrangeiros, no seio da OECE e da NATO, criou um clima de entendimento que, apesar de algumas posições divergentes, permitiu uma maior aceitação mútua. A experiência de sucesso da adesão à OECE e os numerosos contactos e amizades criados desde esse período tornaram possível a extraordinária adesão de Portugal à Associação Europeia de Comércio Livre (1960), numa situação privilegiada. As personalidades que mais contribuíram para esta adesão portuguesa tinham trabalhado juntas no seio da OECE. Por sua vez, a participação de Portugal na Associação Europeia de Comércio Livre preparou o caminho – principalmente do ponto de vista económico – para a adesão de Portugal às Comunidades Europeias, em 1986.

Apêndice 1 – Referências biográficas

As fontes bibliográficas que nos permitiram elaborar estas referências biográficas encontram-se assinaladas na Bibliografia, em parte própria e destacada. Alguns trechos das notas biográficas são constituídos por simples transcrições de outros autores, devidamente referidos na bibliografia. Seria fastidioso referir as fontes em todas as transcrições parciais efectuadas ao longo das curtas referências biográficas, pelo que optámos por proceder desta forma.

ABRANCHES, César de Sousa Mendes do Amaral e – Nascido em 1885. Licenciado em Direito, entrou na carreira diplomática e consular e esteve colocado no Pará, Madrid, Londres, Tóquio, Rio de Janeiro, Berlim, Helsínquia, Estocolmo e México. Foi colocado como ministro de Portugal em Berna a partir de Dezembro de 1946.

ABREU, Augusto Cancela de – (1895-1965): Engenheiro, apologista da monarquia, administrador de empresas e deputado da União Nacional na Assembleia Nacional entre 1935 e 1942 e de 1950 a 1958. Membro directivo da União Nacional e presidente da sua Comissão Executiva em 1950. Foi ministro das Obras Públicas e Comunicações entre 6 de Setembro de 1944 e 4 de Fevereiro de 1947, e ministro do Interior entre 4 de Fevereiro de 1947 e 2 de Agosto de 1950.

ACHESON, Dean – (1893-1971): Advogado, secretário de Estado adjunto para os Assuntos Económicos do Governo dos Estados Unidos da América a partir de 1941; subsecretário de Estado entre 1945 e 1947; secretário de Estado entre 19 de Janeiro de 1949 e 20 de Janeiro de 1953. Um dos responsáveis pela criação da NATO, contribuiu decisivamente na definição da política externa do presidente Harry Truman (1949-1953) e na aplicação do Plano Marshall. Escreveu a obra *Present at the creation. My years in the State Department.*

ADENAUER, Konrad – (1876-1967): Presidente da Câmara de Colónia entre 1917 e 1929, católico de formação, membro do movimento *Pan-europa* de Coudenhove--Kalergi, colocado em situação de residência forçada durante o regime nazi, participou activamente na formação de um novo partido democrata-cristão na Alemanha. Chanceler da República Federal da Alemanha entre 1949 e 1963 e, igualmente, ministro dos Negócios Estrangeiros a partir de 1951. Considerado como um dos Pais da Europa. Publicou um livro intitulado *Memórias,* que se debruça sobre a sua participação política no período compreendido entre 1945 e 1963.

ALMEIDA, António Braga Fortunato de – Nascido em 1921. Diplomata português, licenciado em direito pela Universidade de Coimbra, diplomado pela *London School of Economics and Political Science.* Entrou na carreira diplomática em 1947, tendo prestado serviço no Ministério dos Negócios Estrangeiros até 1953. Em seguida, foi designado para Londres, onde permaneceu até 1959. Foi chefe da Repartição de Negócios Políticos entre 1961 e 1964.

ALPHAND, Hervé – (1907-1994): Inspector de Finanças. Foi membro de gabinetes ministeriais entre 1933 e 1940 e director do *Comité National Français*, em Londres, entre 1941 e 1943. Esteve, em seguida, no *Commissariat des Affaires étrangères*, em Alger, a partir de 1943. Director-geral dos *Affaires économiques* no *Quai d'Orsay* entre 1945 e 1949, representou o Estado francês em várias conferências internacionais, nomeadamente na OECE, em 1948, com a categoria de embaixador. Representante permanente da França junto da NATO, a partir de 19 de Agosto de 1950, e presidente da conferência para a criação de um exército europeu, em Fevereiro de 1951. Foi representante da França no Conselho de Segurança da ONU entre 1955 e 1956 e embaixador em Washington, a partir de Julho de 1956. Publicou, em 1977, um livro de testemunho intitulado: *L'Etonnement d'être. Journal 1939-1973.*

AMORIM, Diogo Pacheco de – (1888-1976): Matemático e economista, professor universitário e deputado católico na Primeira República e no Estado Novo (1934-1938). Recebeu a *King's Medal for Service in the Cause of Freedom.* Publicou obras sobre Matemática, Economia e outros domínios.

ANDRADE, José Maximiniano de Freire d' – Nascido em 1897. Engenheiro agrónomo, formado pelo Instituto Superior de Agronomia de Lisboa, trabalhou para o Ministério da Agricultura entre 1921 e 1930 e para o Ministério da Economia entre 1935 e 1940. Presidente da *Portuguese Purchasing and Trade Commission*, criada pelo Ministério da Economia, em Nova Iorque, para assegurar o abastecimento de Portugal e das Colónias durante os anos de 1940 a 1948; vogal, secretário e presidente da subcomissão do comércio da CTCEE. Na delegação de

Portugal junto da OECE de 1949 a 1953. Assinou em nome do Governo português a convenção que instituiu a UEP, em 1950. Adido comercial na Embaixada em Washington a partir de 21 de Março de 1953, na qualidade de director da Casa de Portugal em Nova Iorque (Decreto-Lei n.º 39 475, de 21 de Dezembro de 1953), até aos anos sessenta.

ANDRADE, Narciso Manuel de Sousa Freire de – Nascido em 1897. Licenciado em Direito, adido de legação em 1926. Foi admitido na carreira diplomática em Fevereiro de 1930 e, pouco depois, entra de licença sem vencimento até 1934. Parte em seguida para a Sociedade das Nações e, em fins de 1935, é colocado em Varsóvia, onde ficará até 1938. No Ministério dos Negócios Estrangeiros de 1939 a 1941. De licença ilimitada a partir de 4 de Junho de 1941. Participou no Congresso da Haia, em Maio de 1948.

ARAÚJO, Manuel Gomes de (general) – (1897-1982): Oficial do exército português, engenheiro formado pela Universidade do Porto. Foi subsecretário de Estado da Guerra entre 6 de Setembro de 1944 e 4 de Fevereiro de 1947; ministro das Comunicações entre 4 de Fevereiro de 1947 e 14 de Agosto de 1958; e ministro da Defesa Nacional entre 4 de Dezembro de 1962 e 27 de Setembro de 1968. Depois reformou-se.

ARON, Raymond – (1905-1983): Professor agregado de Filosofia, docteur *ès lettres*, professor na Sorbonne, editorialista no *Le Figaro*. Grande figura da intelectualidade francesa, vasta obra publicada.

ATTLEE, Clement – (1883-1967): Homem político britânico e professor da Universidade de Londres. Foi deputado trabalhista entre 1922 e 1955. Chefe do Partido Trabalhista, participou no governo de união nacional a pedido de Churchill, tendo chegado, em 1942, a Primeiro-ministro adjunto. Torna-se Primeiro-ministro depois da vitória dos Trabalhistas em Julho de 1945, onde permanecerá até 1951. Foi líder dos Trabalhista entre 1931 e 1955. Afastou-se do Partido Trabalhista em 1955, tendo ingressado na Câmara dos Comuns.

AURIOL, Vincent – (1884-1966): Advogado em Toulouse, adere ao Partido Socialista (*Section française de l'International Ouvrière*) em 1905. Eleito pela Haute-Garonne entre 1914 e 1947. Tendo recusado os plenos poderes a Pétain, foi preso e, posteriormente, entrou na clandestinidade. Foi eleito Presidente da

República entre 1947 e 1953. Escreveu, em 1943, uma obra intitulada *Hier-Demain*, em que apresenta uma proposta de federação europeia.

BARBOSA, António Manuel Pinto – (1917-2006): Nascido em 1917. Economista formado pela Universidade de Lisboa, professor universitário e político. Foi director do Gabinete de estudos do Conselho Técnico Corporativo entre 1948 e 1950. Delegado de Portugal nos trabalhos da OECE, nomeadamente no que toca à liberalização das trocas comerciais e a UEP, foi subsecretário de Estado do Tesouro entre 5 de Agosto de 1950 e 7 de Maio de 1951 e entre 28 de Junho de 1951 e 7 de Julho de 1955. Em seguida, foi ministro das Finanças até 1965. De 1966 a 1974 foi governador do Banco de Portugal. Escreveu uma vasta obra especializada em questões económicas e monetárias.

BARBOSA, Daniel Maria Vieira – (1909-1986): Engenheiro e economista formado pela Universidade do Porto, foi governador do Distrito Autónomo do Funchal entre 1945 e 1947. Ministro da Economia entre 4 de Fevereiro de 1947 e 16 de Outubro de 1948 e, em seguida, regressa à Universidade do Porto como professor catedrático de Ciências Económicas. Foi deputado da União Nacional entre 1949 e 1957. Professor do Instituto Superior Técnico a partir de 1952 e Bastonário da Ordem dos Engenheiros a partir de 1953. Governador do Banco do Fomento entre 1965 e 1974. Deixou obra publicada sobre a sua actividade de engenheiro e sobre a economia portuguesa e a sua acção à frente do Ministério da Economia.

BARROS, José Augusto Corrêa de – Nascido em 1911. Licenciado em Histórico-Jurídicas e em Ciências Políticas e Económicas pela Universidade de Coimbra. Subsecretário de Estado do Comércio e Indústria entre 3 de Fevereiro de 1947 e 16 de Outubro de 1948. Juiz conselheiro no Tribunal de Contas em 1948 e vice-presidente em 1949. Perito do Ministério das Finanças na Comissão dos Invisíveis da OECE em 1950, director-geral nos Negócios Económicos e Consulares no Ministério dos Negócios Estrangeiros entre 1950 e 1955. Presidiu numerosas delegações portuguesas em negociações comerciais. Representou Portugal na Comissão de Comércio da OECE. Procurador à Câmara Corporativa entre 1957 e 1964 e governador-geral de Moçambique.

BECH, Joseph – (1887-1975): Deputado, foi líder do Partido da Direita, de inspiração democrata-cristã. Várias vezes ministro dos Negócios Estrangeiros do Luxemburgo entre 1928 e 1958. Foi Primeiro-ministro entre Dezembro de 1953 e 1958. Participou activamente na construção europeia.

BECK, Domingos de Sousa e Holstein (Duque de Palmela) – Nascido em 1897. Licenciado em engenharia civil e doutor *honoris causa* pela Universidade de Cambridge, administrador do Banco de Portugal entre 1926 e 1950, embaixador extraordinário em Londres entre 1943 e 1949. Antes de deixar a Embaixada em Londres foi convidado, com a esposa, a passar um fim-de-semana com a família Real inglesa. Administrador da Fundação Calouste Gulbenkian.

BEVIN, Ernest – (1881-1951): Sindicalista que chegou a ser presidente do *Trade Union Congress*, em 1937. Nomeado em 1940 ministro do Trabalho por Churchill e ministro dos Negócios Estrangeiros, em 1945, por Attlee. Ficou à frente do *Foreign Office* até 1951. Apologista das ligações especiais do Reino Unido com a *Commonwealth* renovada, com os Estados Unidos e com uma Europa confederada. Figura importante do Partido Trabalhista, tendo mantido sempre uma grande desconfiança em relação à URSS.

BIDAULT, Georges – (1899-1983): Professor agregado de História e militante da Acção Católica, um dos líderes do Partido democrata-cristão, e jornalista no jornal *L'Aube*, desde 1932. Grande resistente, membro do movimento *Combat*, responsável do Conselho Nacional da Resistência depois da morte de Jean Moulin (Junho de 1943). Na qualidade de ministro dos Negócios Estrangeiros de de Gaulle, de Setembro de 1944 a Junho de 1946 (continuou como ministro até Dezembro), acompanha-o a Moscovo para a assinatura com Estaline do Pacto de assistência mútua. Um dos fundadores do *Mouvement républicain populaire*, em 1945. Presidente do governo provisório de Junho a Outubro de 1946. Voltou a ser ministro dos Negócios Estrangeiros entre 22 de Janeiro de 1947 e 25 de Julho de 1948 e entre 8 de Janeiro de 1953 e 19 de Junho de 1954. Ministro da Defesa Nacional de Agosto de 1951 a Fevereiro de 1952. Presidente do Conselho de Outubro de 1949 a Junho de 1950. Cioso da grandeza da França, foi favorável ao regresso de de Gaulle, em 1958. Entrou em dissidência com de Gaulle por causa da questão argelina. Entra na clandestinidade e percorre a Europa, acabando por chegar a Portugal em Março de 1963. Não querendo criar conflitos diplomáticos com a França, o Governo português arranja forma de Bidault se refugiar no Brasil, onde ficará até 1968. Depois regressou a França. Escreveu um livro intitulado *D'une résistence à l'autre.*

BLUM, Léon – (1872-1950): Presidente do Governo do *Front Populaire*, em 1936--1937, virá a ser preso e acusado pelo Governo de Vichy de ter sido um dos responsáveis pela derrota de 1940. Ficou deportado na Alemanha durante todo o período de guerra. Director do jornal *Le Populaire*, virá a ser presidente do Conselho durante um mês. Apologista de um «socialismo humanista».

BONNEFOUS, Edouard – Nascido em 1907. Diplomado em Ciências Políticas, resistente, um dos fundadores do *Rassemblement des gauches républicaines*, em 1945. Eleito deputado em 1946. Em 1948 foi delegado da França na ONU e torna-se representante no Conselho da Europa (até 1952). Partidário da união da Europa. Várias vezes ministro. Em 1955 apresenta no Conselho da Europa um plano para a organização europeia dos Correios e Telecomunicações. Em Maio de 1957 foi chamado para vice-presidente da Assembleia da União Europeia Ocidental. Escreveu duas obras sobre a Europa: *L'idée européenne et sa réalisation* (1950) e *L'Europe face à son destin* (1952). Presidiu a delegação da Assembleia Nacional francesa que se deslocou a Portugal em Abril de 1948.

BOUGRAIN, Patrice – Nascido em 1920. Resistente, condenado à morte pelos alemães por passar informações aos britânicos, refugia-se no *maquis*. Em 1945 é eleito para a Assembleia nacional constituinte e participa na fundação do grupo de *Républicains indépendants*. É eleito Secretário da Assembleia Nacional francesa em Dezembro de 1946. Demite-se em Outubro de 1949 e abandona definitivamente e vida política. Fez parte da delegação da Assembleia Nacional francesa que se deslocou a Portugal em Abril de 1948.

BRUSSET, Max – (1909-1992): Resistente, fez parte do grupo *Combat*, desde Dezembro de 1940. Passou por Londres, onde fez emissões para *France Libre* e, de regresso a França, foi capturado e condenado à morte pelos alemães. Libertado pela Resistência, instalou-se em Paris para prosseguir a luta. Depois da libertação de Paris integra o poder autárquico. Em 1947 é eleito deputado da Charente-Maritime, região que representará na Assembleia Nacional até 1958. Fez parte da delegação da Assembleia Nacional francesa que se deslocou a Portugal em Abril de 1948.

CARMONA, António Óscar de Fragoso – (1869-1951): General, primeiro presidente do Estado Novo. Apoiou, desde o início, a ditadura militar instaurada em 28 de Maio de 1926. Pouco depois, tornou-se chefe do Governo da Ditadura, em 9 de Julho de 1926, e, em 16 de Novembro de 1926, Presidente da República interino. Em 25 de Março de 1928 foi eleito Presidente da República (único candidato), e reeleito em 1935, 1942 e 1949. Manteve-se no cargo até à sua morte, em 1951. Apoiou Salazar na sua acção governativa, deixando-lhe grande margem de manobra na actuação política. Em 1947 terá tido conhecimento de uma tentativa de derrube do governo sem se ter oposto (pelo menos alguns dos militares implicados referiram o apoio moral de Carmona). Pouco depois, Salazar fez com que atribuíssem a Carmona o bastão de Marechal. Segundo parece, Salazar nutria respeito e consideração por Carmona.

CASTRO, Augusto de - ver **REAL, Augusto de Castro Sampaio Corte**

CHARPENTIER, René - Nascido em 1909. Deputado francês do *Mouvement des Republicains Populaires*, Representante suplente no Conselho da Europa de 1949 a Abril de 1959. Relator da Comissão especial da agricultura, apresentou em Fevereiro de 1951 um projecto de Alta Autoridade para a Agricultura, inspirado nas instituições previstas da futura CECA. Projecto aprovado pela ACCE, mas que não foi considerado pelo Conselho de Ministros desta organização.

CHAUVEL, Jean - Nascido em 1897. Licenciado em Direito, diplomata francês que este colocado em Pequim, Síria e Líbano e Viena até 1940. Deixou a carreira diplomática em 1942 e entrou na Resistência, onde foi fundador do Grupo de Estudos sobre os Negócios Estrangeiros. Delegado em França do *Commissariat des Affaires étrangères*, em 1944. Secretário-geral do *Quai d'Orsay* entre 1945 e 1949. Representante permanente da França no Conselho de Segurança da ONU, de 1949 a 1952 e, depois, embaixador em Berna, até 1954.

CHURCHILL, Winston Leonard Spencer - (1874-1965): Político, militar e historiador. Líder militar por excelência, foi um dos grandes responsáveis do esforço de guerra britânico e da vitória dos Aliados na Segunda Guerra Mundial. Em 12 de Outubro de 1943 assinou com o Governo português um acordo sobre as facilidades na utilização dos Açores, garantindo que Portugal manteria a neutralidade. Primeiro-ministro de 1940 a 1945 e de 1951 a 1955. Foi líder do Partido Conservador e representante britânico na ACCE entre 1949 e 1951. Escreveu várias obras, nomeadamente uma intitulada: *Memoirs of the Second World War*, em seis volumes. Foi Prémio Nobel da literatura em 1953.

CORREIA, José Dias de Araújo - (1894-1978): Diplomado em Ciências e Tecnologia de Minas pelo *Imperial College of Science and Technology*, de Londres, administrador da Caixa Geral de Depósitos entre 1929 e 1964, ministro das Comunicações e Comércio entre 11 de Junho e 10 de Novembro de 1928. Deputado da União Nacional durante todas as legislaturas do Estado Novo. Presidente da CTCEE de Agosto de 1948 a Agosto de 1949. Escreveu várias obras sobre economia. Elaborou o Plano Director Português, em 1948, e participou em vários comités da OECE.

CORTEZ, Ulisses Cruz de Aguiar (ou Cortês) – (1900-1975): Formado em Direito pela Universidade de Coimbra, foi advogado e deputado da União Nacional em todas as legislaturas. Membro da Comissão Executiva da União Nacional. Alto funcionário do Ministério da Justiça. Foi ministro da Economia entre 2 de Agosto de 1950 e 14 de Agosto de 1958, e ministro das Finanças entre Junho de 1965 e Agosto de 1968. Foi um dos responsáveis pela elaboração do I Plano de Fomento (1953-1958). Publicou, entre outras obras, o livro em 2 volumes: *Acção do Ministério da Economia, Agosto de 1950 a Dezembro de 1954.*

COSTA, Fernando dos Santos – (1899-1982): Oficial do exército, dirigiu e reorganizou as Forças Armadas portuguesas de Maio de 1936 a Agosto de 1958. Primeiro como subsecretário de Estado da Guerra, até Setembro de 1944 (durante este período Salazar era o ministro da Guerra), depois como ministro da Guerra até 2 de Agosto de 1950 e, em seguida, como ministro da Defesa Nacional e, também, como ministro do Exército (por interino) até 14 de Agosto de 1958. Grande amigo de Salazar, que conheceu no Seminário e como seu professor na Universidade de Coimbra, colocava-o regularmente ao corrente do que se passava nos meios militares. Foi um dos elos de ligação entre Salazar e os militares e um seu informador privilegiado. Membro do Conselho de Estado a partir de 1954, pode ser considerado como um dos elementos mais predominantes do Estado Novo. Foi promovido a general do exército em 1961.

COUDENHOVE-KALERGI, Richard de – (1894-1972): Conde austríaco, exilado nos Estados Unidos da América durante a Segunda Guerra Mundial, grande impulsionador do ideal europeu. Em 1947 criou a União Parlamentar Europeia, cujo objectivo era a criação de uma assembleia europeia eleita pelos parlamentos nacionais. Publicou em 1942 uma obra intitulada: *J'ai choisi l'Europe.*

CUNHA, Paulo Arsénio Veríssimo – (1908-1986): Professor catedrático da Faculdade de Direito de Lisboa, foi nomeado ministro dos Negócios Estrangeiros em 2 de Agosto de 1950, lugar que ocupou até 13 de Agosto de 1958. Foi, igualmente, presidente do Conselho Superior de Política Ultramarina, em 1960, e Reitor da Universidade de Lisboa, entre 1962 e 1965.

CUNHAL, Álvaro Barreirinhas - (1913-2005): Foi eleito secretário-geral da Federação da Juventude Comunista Portuguesa em 1935, passa à clandestinidade e participa em Moscovo no VI Congresso da Internacional Comunista. Preso pela PIDE em Julho de 1937, foi torturado e só foi liberado onze meses depois. Estudante de Direito, consegue concluir o curso durante a sua permanência na prisão. Na defesa da tese de dissertação de licenciatura sobre a *A Realidade Social do Aborto* o júri é composto por três eminentes figuras do Estado Novo mas, apesar de discordarem da tese defendida, atribuem-lhe uma alta classificação. Sai da prisão em 1940 e participa activamente na acção do Partido Comunista Português. Volta a ser preso em 1949, situação na qual ficará até Janeiro de 1960, altura em que consegue evadir-se da prisão de Peniche com um grupo de dirigentes do seu Partido. Em 1961 é eleito secretário-geral do Partido Comunista Português. A partir de 1963 passa por Moscovo, Praga e Paris, de onde dirige a *Rádio Portugal Livre*. Regressa a Portugal no dia 30 de Abril de 1974, onde vai conduzir a acção do seu Partido até 1992. Foi ministro sem pasta em 1974-75 e tentou efectuar a implantação do comunismo em Portugal. Tem uma vasta obra publicada.

CULBERTSON, Paul Trauger - Nascido em 1897. Formado pela Universidade de Yale, diplomata, adjunto do chefe de divisão dos Negócios Europeus, a partir de 1937, representante do Departamento de Estado na Exposição Mundial de Lisboa (1940), chefe de divisão dos Negócios da Europa Ocidental no Departamento de Estado, entre 1944 e 1947. Negociou com Portugal a Acordo sobre a utilização das bases dos Açores pelos norte-americanos, em 1946. Esteve como encarregado de Negócios dos EUA em Madrid, de 1947 a 1950. Foi para o México a partir de 1951.

DELGADO, Humberto (general) - (1906-1965): Oficial da Força Aérea, negociador do Acordo com os Britânicos sobre a utilização das bases dos Açores, em 1943. Fundador dos Transportes Aéreos Portugueses. Em 1952 parte para Washington como adido militar junto da Embaixada de Portugal e membro do Comité dos representantes da NATO. Promovido a general com 47 anos. Aceita o convite da Oposição democrática para se candidatar à Presidência da República, em 1958. A sua campanha consegue mobilizar uma grande parte da população nos grandes centros urbanos. O candidato do regime "vence" as eleições após uma série de irregularidades. O regime "treme" pela primeira vez. Depois das eleições é perseguido e sairá de Portugal, prosseguindo a oposição ao regime no estrangeiro. Será assassinado pela PIDE em 1965, em Espanha.

DIAS JÚNIOR, José Nascimento Ferreira – (1900-1966): Licenciado em Engenharia Electrotécnica e Mecânica pelo Instituto Superior Técnico, trabalhou na Companhia de União Fabril e foi professor no Instituto onde se formou. Foi presidente da Junta de Electrificação Nacional entre 1936 e 1940. Integrou o governo como subsecretário de Estado do Comércio e Indústria, entre 1940 e 1944, tendo depois regressado ao ensino. Foi responsável pela publicação de duas importantes leis: a Lei n.º 2 002 sobre a Electrificação do País e a Lei n.º 2 005 sobre o Fomento e Reorganização Industrial. Depois da sua saída do governo, escreveu um importante livro sobre os problemas da economia portuguesa e a necessidade de industrializar o país, a que deu o título de *Linhas de Rumo. Notas de Economia Portuguesa* (Volume I). Foi presidente da Companhia Nacional de Electricidade (1947). Foi relator do I Plano de Fomento (1953-1958) e presidente da Câmara Corporativa em 1957. Voltou ao governo em Agosto de 1958 para assumir a responsabilidade do ministério da Economia, até Dezembro de 1962, e da secretaria de Estado da Indústria, até Maio de 1961. Pode ser considerado como um dos mentores da necessidade de industrializar o país.

DUARTE, Teófilo – (1898-1958): Oficial do exército português e governador de Timor em 1927-1928. Foi vogal do Conselho Superior do Império e ministro das Colónias entre 4 de Fevereiro de 1947 e 2 de Agosto de 1950. Deputado da União Nacional entre 1945 e 1957 e administrador do Banco Nacional Ultramarino.

DUMAINE, Jacques – Nascido em 1897. Licenciado em Letras, diplomado pela École des Sciences Politiques de Paris. Diplomata que esteve em posto em Londres, Roma, Washington e Rio de Janeiro. Demite-se em Janeiro de 1943 e junta-se ao Comando francês de Argel, em Julho de 1944. Chefe do Protocolo no *Quai d'Orsay* de 1945 até 1951 e embaixador em Lisboa de 4 de Junho de 1951 a 27 de Novembro de 1953. As suas análises sobre a situação portuguesa revelam-se documentos do maior interesse e pertinência. Escreveu uma obra intitulada: *Quai d'Orsay, 1945-1951*.

ECCLES, Lord – (1904-1999): Conservador britânico da Câmara dos Lordes, foi ministro da Educação e do Trabalho e representante na ACCE de 1949 a Fevereiro de 1951. Participou na Comissão das Questões Económicas e na Comissão Especial da Agricultura.

EDEN, Sir Robert Anthony – (1897-1977): Membro do Partido conservador britânico, entra no governo em 1935, primeiro como ministro sem pasta e, depois, como ministro dos Negócios Estrangeiros. Demite-se em 1938 e integra a facção de Churchill, que recusa o compromisso com os fascistas e os nazis. Regressa ao governo após a declaração de guerra à frente do ministério dos *Dominions*. Em Dezembro, Churchill volta a nomeá-lo ministro dos Negócios Estrangeiros e convida-o para o gabinete de guerra, onde se tomam as decisões mais importantes. No fim da guerra cai o governo de Churchill e Eden sai do governo. Em 1951, com a vitória eleitoral dos conservadores, regressa à chefia do ministério dos Negócios Estrangeiros. Em 1955 torna-se Primeiro-ministro, cargo que desempenha até Janeiro de 1957, altura em que se demite das suas funções por causa do fiasco da operação do Suez. Escreveu um livro em que descreve a sua acção governativa intitulado: *The Memoirs of Sir Anthony Eden, Full circle (1945-1957).*

EISENHOWER, Dwight David – (1890-1969): Militar norte-americano formado por West Point. Entra no gabinete do secretário de Estado adjunto da Guerra em 1928. Em 1941 é nomeado general de brigada. Em 1942 entra no Estado-Maior General como chefe da divisão dos Planos de Guerra. É escolhido pelo general Marshall para preparar em Londres as operações de desembarque na Europa. Dirige os desembarques na África do Norte, na Sicília e em Itália, e é nomeado comandante-em-chefe das forças Aliadas na Europa, em Novembro de 1943, pelo presidente Roosevelt. Dirige o desembarque na Normandia, em 1944. No dia 7 de Maio de 1945, recebeu em Reims a rendição das forças armadas alemãs e foi nomeado chefe do Estado Maior das Foças Armadas norte-americanas. Em 1951 volta para a Europa como comandante supremo das forças da NATO. Candidata-se a presidente dos EUA pelo Partido Republicano e é eleito em Janeiro de 1953, cargo que ocupa até 1960.

ELST, van der (barão Joseph) – (1896-1971): Doutor em Direito e advogado na Cour d'Appel de Bruxelas (1921). Entrou na carreira diplomática em 1922. Em posto em Buenos Aires, Coblença, Luxemburgo, Washington, Atenas, Viena, Budapeste, Praga, Nova Iorque e São Francisco. Ministro plenipotenciário da Bélgica em Lisboa de Outubro de 1946 até Novembro de 1951.

ESTALINE, Joseph Vissarionovitch Djougatchvili (dito) – (1879-1953): Membro do Comité Central do Partido Comunista da URSS, tomou o poder depois da morte de Lenine. Implacável, assentou o seu poder numa sistema repressivo indiscriminado. Apesar do pacto germano-soviético, a URSS foi invadida pela Alemanha nazi, provocando uma guerra que causou muitos milhões de mortos. Depois de muitas derrotas e grandes recuos, a resistência soviética foi coroada de sucesso e as tropas soviéticas entraram em Berlim em Abril de 1945. Em 1947 recusa o Plano Marshall e pouco depois entra-se numa fase de Guerra Fria que irá provocar uma grande tensão Este-Oeste. No interior da URSS continuou a repressão violenta contra os opositores ou pseudo-opositores. Morreu no dia 5 de Março de 1953 com uma congestão cerebral.

FARIA, António Augusto Braga Leite de – (1904-2000): Licenciado em Direito pela Universidade de Lisboa. Diplomata, esteve colocado na Sociedade das Nações, em Genebra, no Rio de Janeiro, em Paris, em Bruxelas, em Londres e na Haia. Nomeado director-geral dos Negócios Políticos e da Administração Interna, de 30 de Junho de 1947 até Junho de 1950. Exerceu as funções de secretário-geral do Ministério dos Negócios Estrangeiros em Julho e Agosto de 1947 e de 11 de Fevereiro de 1948 até Julho de 1950. Em seguida, foi embaixador no Rio de Janeiro, em Paris (acumulando com a representação permanente junto da NATO), no Vaticano e em Londres. Teve um papel muito importante aquando da adesão de Portugal ao Pacto do Atlântico, tendo acompanhado o ministro dos Negócios Estrangeiros à cerimónia de assinatura, em Washington.

FAURE, Edgar – (1908-1988): Advogado, inicia a advocacia paralelamente à docência na Faculdade de Direito de Dijon. Começa a sua carreira política em 1943 no *Comité français de libération nationale*, em Alger, a convite do general de Gaulle. Deputado pelo Partido Radical do Jura de 1946 a 1958. Foi, sucessivamente, ministro das Finanças, do Orçamento, da Justiça, dos Negócios Económicos e dos Negócios Estrangeiros (entre 20 de Janeiro e 23 de Fevereiro de 1955), e presidente do Conselho de Ministros em Janeiro e Fevereiro de 1952 e de Fevereiro de 1955 a Janeiro de 1956. Senador entre 1959 e 1966. Depois, ainda foi ministro da Agricultura, da Educação, e ministro de Estado encarregue dos Assuntos Sociais. Foi presidente da Assembleia Nacional e pertenceu à *Académie française*. Escreveu uma extensa obra de ensaios políticos e histórico-filosóficos.

FERNANDES, António Júlio de Castro – (1903-1975): Licenciado em Ciências Económicas e Financeiras pela Universidade de Lisboa, militante da extrema-direita no período de transição para o Estado Novo, foi um dos fundadores do Movimento Nacional-Sindicalista, de cariz fascista. Com a instalação do poder de

Salazar, rende-se às suas ideias e integra o movimento corporativo, onde passa a desempenhar cargos importantes. Foi deputado da União Nacional e procurador na Câmara Corporativa. Exerceu o cargo de subsecretário de Estado das Corporações e da Previdência Social entre Setembro de 1944 e Outubro de 1948 e, em, seguida, o de ministro da Economia, até Agosto de 1950. Foi presidente da Comissão Executiva da União Nacional entre 1958 e 1961, e em 1968, e vice-presidente da Assembleia Nacional entre 1965 e 1969. Foi administrador do Banco Nacional Ultramarino. Escreveu várias obras sobre o corporativismo.

FERNANDES, Luís Esteves – Nasceu em 1897. Licenciado em Direito pela Universidade de Lisboa, entrou na carreira diplomática em 1920. Esteve colocado em Pequim, Paris, Londres, União Sul-Africana, na Sociedade das Nações, em Genebra, em Madrid, e Tóquio (1939-1945). Depois, foi director-geral dos Negócios Económicos e Consulares de Outubro de 1946 a Março de 1950, altura em que é colocado como embaixador em Washington. Passou à disponibilidade em 1961. Participou em numerosas negociações comerciais, nos comités da OECE e em reuniões do Pacto do Atlântico.

FERNANDES, Tomás Wylie – Nascido em 1883. Tenente-coronel de artilharia, participou no corpo expedicionário português na Primeira Guerra Mundial. Passou à situação de reserva das Forças Armadas e integrou o Ministério dos Negócios Estrangeiros como consultor económico. Foi delegado português na Conferência de Paz em Paris (1918-1919), na Conferência Internacional do Trabalho em Washington, na 1.ª Assembleia da Sociedade das Nações (1920) e na Conferência destinada a elaborar a Convenção que criou a OECE, em Abril de 1948. Delegado permanente do Ministério dos Negócios Estrangeiros na CTCEE. Participou como assistente nas reuniões da OECE efectuadas em Paris em Fevereiro de 1949 e como representante de Portugal nos trabalhos relacionados com o Plano Marshall, realizados em Washington de 13 de Abril de 1949 a 11 de Abril de 1950. Depois, regressou ao Ministério como consultor económico. Escreveu um livro sobre Salazar, em 1939, intitulado: *Salazar's Record*.

FERREIRA, Manuel Gonçalves Cavaleiro – (1911-1992): Licenciado em Direito e doutorado em Ciências Histórico-Jurídicas foi professor catedrático da Faculdade de Direito de Lisboa. Foi ministro da Justiça entre 6 de Setembro de 1944 e 7 de Agosto de 1954. Depois, regressou à Universidade.

FIGUEIRA, Luís Alberto de Vasconcelos Góis Fernandes – Nascido em 1930. Licenciado em Direito pela Universidade de Lisboa, entrou na carreira diplomática em 1952. Trabalhou no Ministério em Lisboa até Janeiro de 1959. Foi secretário do ministro de Agosto de 1957 a Agosto de 1958. Partiu para a Embaixada em Berna em princípios de 1959, tendo lá ficado até 1961. Depois, esteve colocado, nomeadamente, em Genebra e Bruxelas.

FIGUEIREDO, Mário – (1890-1969): Professor catedrático de Direito da Universidade de Coimbra, grande amigo de Salazar, do tempo de Coimbra. Esta amizade perdurará durante toda a vida de Salazar. Conselheiro de Salazar sobre as questões mais importantes, nomeadamente de regime, era monárquico e católico conservador. Foi ministro da Justiça e dos Cultos entre Novembro de 1928 e Julho de 1929 e ministro da Educação Nacional entre Agosto de 1940 e Setembro de 1949. Negociou a concordata com a Santa Sé entre 1937 e 1940. Foi deputado da União Nacional durante largos anos, tendo sido o porta-voz do Governo na Assembleia Nacional e presidido a instituição. Foi o líder do núcleo duro que se reuniu à volta de Salazar nos períodos mais difíceis do regime. Administrador da Companhia de Caminhos-de-Ferro Portugueses. Incontestavelmente, um dos elementos mais importantes do Estado Novo.

FRANCO, Francisco (Franco) y Bahamonde Salgado Pardo – (1892-1975): Forma-se na Academia de Infantaria de Toledo e parte pouco depois para Marrocos espanhol, onde permanece de 1912 até 1926. Ficou conhecido pela sua acção aquando da pacificação do Rif, em 1925. Torna-se, aos 33 anos, o mais jovem general da Europa. Regressa a Espanha e, depois de ter reprimido uma revolta nas Astúrias, é nomeado chefe do Estado-Maior Supremo. Em Junho de 1936 adere à revolta nacionalista, em preparação, e vai para Tétouan comandar as tropas do Exército de África, que passam para a Península com a ajuda das potências do Eixo. Depois de ter sido nomeado Generalíssimo, forma o seu primeiro governo de Burgos, em Janeiro de 1938, e derrota a República, com o apoio dos países do Eixo e de Portugal, em 1939. Assina com Portugal um Tratado de Amizade e Não-Agressão, em Março de 1939 e resiste às pressões da Alemanha nazi para entrar na guerra. No termo da guerra Franco mantém a Espanha num grande isolamento internacional e gere uma situação de grande penúria. A partir de 1953 começa a ser tolerado pelos países democráticos devido à Guerra Fria, mas continua a concentrar o poder nas suas mãos e a manter a Espanha numa apertada ditadura militar. O *Caudillo* fez votar, em 22 de Julho de 1969, uma lei que designa como rei o príncipe Juan Carlos de Bourbon, após a sua morte. Rodeia-se de personalidades ligadas à *Opus Dei*, que conseguem fazer a transição para a democracia de uma forma pacífica.

FRANÇOIS-PONCET, André – (1887-1978): Embaixador da França em Berna, deputado, embaixador em Berlim (1931-1938) e em Roma (1938-1940). Internado e deportado na Alemanha em 1943. Conselheiro diplomático do Governo em 1948 e Alto-Comissário na Alemanha depois dos Acordos de Washington, de 1949 a 1955. Membro da *Académie Française* desde 1952. Autor de várias obras publicadas.

FRAZÃO, José Penalva Franco (Conde de Penha Garcia) – Nascido em 1899. Licenciado em Ciências Económicas e Sociais pela Universidade de Genebra e pela *Ecole Libre de Sciences Politiques* de Paris. Foi subsecretário de Estado da Agricultura entre Agosto de 1932 e Abril de 1933. Deputado da União Nacional, presidente da Junta Nacional do Vinho, vice-presidente da Comissão Nacional da *Food and Agricultural Organization*. Representou Portugal na segunda reunião do «Pool Verde», em Paris, em Março de 1953.

GARIN, Vasco Vieira – Nascido em 1907. Licenciado em Ciências Económicas e Financeiras pela Universidade de Lisboa. Entrou na carreira diplomática em 1931, tendo sido colocado em Londres, Washington, Montreal, Nova Deli (1948-1951), Banguecoque, Canadá, em Nova Iorque (ONU) e Washington.

GASPERI, Alcide De – (1881-1954): Originário do Trentin, foi inicialmente deputado no Parlamento austríaco a partir de 1911. Após a I Guerra Mundial e a integração do território na Itália, torna-se presidente do Partido Popular Italiano, em 1919. Torna-se deputado em 1921, opõe-se ao fascismo e demite-se do Parlamento italiano em 1924. Durante o período da ditadura participa na reconstituição da democracia cristã. Membro do Comité de Libertação Nacional, torna-se ministro dos Negócios Estrangeiros e, depois, igualmente, Presidente do Conselho, entre 1945 e 1953. Aceita e apoia activamente o Plano Schuman, tornando-se como um dos Pais da Europa.

GUERRA, Ruy da Fonseca e Sousa Camões Teixeira – (1902-1996): Licenciado em Direito pela Universidade de Lisboa, entra na carreira diplomática e consular em 1932, tendo sido colocado em Montreal, Berlim, Nova Iorque, Boston e Liverpool. Em 26 de Junho de 1947 é nomeado primeiro-secretário na legação em Paris, delegado do Governo português no Comité de Cooperação Económica Europeia, e representante permanente de Portugal junto da OECE, entre 5 de Julho de 1948 e 10 de Janeiro de 1956. Foi presidente do Comité Executivo em 1955, director-geral dos Negócios Económicos e Consulares, entre 10 de Janeiro de 1956 e 1960. Chefe da delegação portuguesa que negociou a Convenção da EFTA e representante permanente junto da EFTA e do GATT, até Janeiro de 1967. Desligado do serviço activo desde Julho de 1967, a seu pedido, é chamado ao serviço em 27 de Abril de 1970, tendo sido nomeado presidente da Comissão Interministerial de Cooperação Económica Externa, em 29 de Janeiro de 1971. Negociou o Acordo de Portugal com a CEE, de 1972. Pode ser considerado como um dos grandes obreiros da aproximação de Portugal à Europa, desde 1947. Foi dos primeiros a compreender a real importância da cooperação com a Europa. Era um homem de espírito aberto e, segundo os seus próximos, de ideias democráticas.

HALLSTEIN, Walter – (1901-1982): Professor de Direito, foi chefe da delegação da República Federal da Alemanha à conferência sobre o Plano Schuman. Foi secretário de Estado dos Negócios Estrangeiros de 1951 a 1958, tendo defendido uma linha dura em relação aos países que tivessem reconhecido ou reconhecessem a República Democrática Alemã, que podia ir até à ruptura de relações diplomáticas (à excepção da URSS). Foi presidente da Comissão da CEE entre 1958 e 1967, tendo defendido um aprofundamento da integração europeia. De 1969 a 1972 foi deputado do Partido Democrata-Cristão.

HARRIMAN, W. Averell – Industrial e financeiro, embaixador dos Estados Unidos em Moscovo, entre 1943 e 1946, e em Londres em 1946. Foi nomeado secretário de Estado do Comércio em 1948. Presidiu do comité bipartido criado pelo presidente Harry Truman para enquadrar a ajuda à Europa. Representante especial dos Estados Unidos na Europa, com a categoria de embaixador, dirigiu a ECA entre 1948 e 1950 e, em seguida, a MSA, de 1951 a 1952.

HITLER, Adolf – (1889-1945): Nascido em Baunau, pequena vila austríaca perto da fronteira alemã, foi fundador do Partido Nacional-Socialista Alemão do Trabalho. Escreveu na prisão o livro *Mein Kampf*, onde faz a apologia das ideias racistas e xenófobas. Tornou-se Chanceler da Alemanha em 30 de Janeiro de 1933. Pouco depois obtém os plenos poderes e, após a morte de Hindenburg, no dia 2 de Agosto de 1934, proclama-se igualmente chefe de Estado. Lança o mundo na sua mais terrível e devastadora guerra e é o principal responsável da *Shoah* do povo judeu. Suicida-se no dia 30 de Abril de 1945, já com as tropas russas perto do seu *Bunker*, em Berlim.

JDANOV, Andreï Alexandrovitch – (1896-1948): Colaborador íntimo de Estaline, participou nas purgas de 1936-1938. Ocupou-se no fim da sua vida da exaltação da obra de Estaline e do «realismo socialista». Responsável ideológico do Partido Comunista da URSS durante vários anos, no qual defende uma linha dura («jdanovismo»). Defende em 1947 a teoria dos dois campos opostos, que está na base da Guerra Fria.

JEBB, Sir Gladwyn (Lord Gladwyn) – Conselheiro da delegação britânica na ONU em 1948, representante na Comissão permanente do Tratado de Bruxelas, subsecretário de Estado para os Assuntos Parlamentares entre 1949 e 1950, representante permanente do Reino Unido na ONU entre 1950 e 1954.

KENNAN, George F. – (1904-2005): Diplomata norte-americano que esteve colocado em Hamburgo, Tallinn, Berlim (1929 e 1939), Riga, Moscovo (1933, 1935 e 1943), Praga, Lisboa (1943) e Londres. Professor no Colégio Nacional da Guerra e responsável pelo *Policy Planning Group* do Departamento de Estado, desde Julho de 1947, tendo desenvolvido toda uma análise que esteve na base da política do *containment*. Teve um papel importante no Plano Marshall. Foi conselheiro do secretário de Estado entre 1949 e 1950, esteve no *Institut for Advanced Study* entre 1950 e 1952 e, em seguida, foi embaixador na URSS. Autor de várias obras.

LABORINHO, Álvaro Brilhante – Nascido em 1903. Licenciado em Ciências Económicas e Financeiras pela Universidade de Lisboa, entrou na carreira diplomática e consular em 1930. Esteve colocado em Liverpool, São Paulo, Manaus, Singapura, Hong-Kong, Durban, Johannesburg, Sydney, Oslo, Tânger, Paris (1952-1953), Nova Deli, Karachi, Bona e África do Sul.

LEITÃO, Eduardo Marciano Borges Vieira – Nascido em 1897. Licenciado em Direito pela Universidade de Lisboa, foi adido de legação em Tóquio (1923-1929), secretário do ministro dos Negócios Estrangeiros em 1929 e 1930 e entrou na carreira diplomática e consular em 1930. Esteve colocado no Ministério dos Negócios Estrangeiros até Junho de 1938, altura em que partiu para a Embaixada em Espanha. Foi chefe da Repartição dos Negócios Políticos a partir de 1939, tendo desempenhado as funções de director-geral até 1945. Nesta altura conheceu muito bem Salazar, com quem trabalhou regularmente. Foi enviado para a legação de Bruxelas como ministro plenipotenciário em Bruxelas e no Luxemburgo, em Fevereiro de 1945, e aí ficou a partir de 1958 com as credenciais de embaixador, até 1966, ano em que se aposentou. Informava regularmente Salazar sobre a situação política na Bélgica e sobre a Casa Real belga, questão que muito interessava Salazar. Estava muitíssimo bem integrado na sociedade belga e nos seus meios políticos.

LEITÃO, Ruy Burnay Morales de los Rios da Silva – Nascido em 1921. Licenciado em Direito pela Universidade de Lisboa, entrou na carreira diplomática e consular em 1945. Esteve colocado em Washington desde Março de 1948 até Abril de 1950. Depois regressou ao Ministério, tendo entrado de licença ilimitada em Agosto de 1951.

LEITE (LUMBRALES), **João Pinto da Costa** – (1905-1975): Professor catedrático nas Faculdades de Direito de Coimbra e de Lisboa, e director desta última. Tendo sido aluno e assistente de Salazar, tornou-se num amigo e colaborador inseparável até 1955, altura em que saiu do governo para entrar no conselho de administração da empresa SACOR. Foi subsecretário de Estado das Finanças entre Julho e Novembro de 1929 e entre Outubro de 1934 e Dezembro de 1937; ministro das Finanças entre Janeiro de 1936 e Dezembro de 1937; ministro do Comércio e Indústria entre Dezembro de 1937 e Agosto de 1940; ministro das Finanças entre Agosto de 1940 e 2 de Agosto de 1950 e, em seguida, ministro da Presidência até Julho de 1955. Foi ministro por interino em quatro ocasiões. Monárquico, tornou-se um dos pilares do Estado Novo e um dos seus mais activos defensores. Dirigiu a Junta Central da Legião Portuguesa entre 1936 e 1944, no seu período mais fascizante. Braço direito de Salazar durante muitos anos. Fez parte da ala mais à direita do Regime até ao seu termo. Fez parte da Comissão Executiva da União Nacional, foi presidente da Câmara Corporativa e membro vitalício do Conselho de Estado. Possui obra publicada sobre análise económica, considerada como da maior qualidade científica. É de salientar o livro *Problemas monetários do após-guerra*, publicado em 1964.

LEMOS, Abílio Andrade Pinto de – Nascido em 1910. Licenciado em Direito, entrou na carreira diplomática e consular em 1937. Foi colocado, entre 1941 e 1946, no Rio de Janeiro, em Buenos Aires e em Joanesburgo. Em 1 de Julho de 1947 foi para a Legação em Paris como segundo-secretário de legação, onde ficou até fins de 1948. Foi secretário da delegação portuguesa na Conferência de cooperação económica europeia, em Paris. Em Janeiro de 1949 foi colocado em Bruxelas e em 1951 em Roma, onde ficou até Abril de 1952. Em Dezembro de 1952 assumiu a chefia da Repartição das Questões Económicas e, em Março de 1953, foi nomeado vogal do Ministério dos Negócios Estrangeiros na CTCEE. Em Janeiro de 1956 assume as funções de adjunto do director-geral dos Negócios Políticos e da Administração Interna e, em Janeiro de 1958, passa a director-geral deste mesmo serviço. Secretário-geral interino do Ministério até partir para Viena como embaixador, em 29 de Agosto de 1959. Embaixador em Roma a partir de 1963 e, em 1968, embaixador em Berna.

LEMOS, Pedro Tovar de (Conde de Tovar) – (1888-1961): Diplomata e historiador. Foi director dos Negócios Económicos e Consulares do Ministério dos Negócios Estrangeiros entre 1933 e 1941, embaixador em Berlim entre 1941 e 1946 e no Vaticano entre 1946 e 1950. Foi secretário-geral do Ministério entre Junho de 1950 e Abril de 1952. Aquando da sua Embaixada em Berlim, só foi autorizado a sair de Berlim quando as tropas soviéticas se estavam a aproximar da capital do Reich.

LOPES, Francisco Higino Craveiro – (1894-1964): Oficial do Exército português, combateu em Moçambique durante a Primeira Guerra Mundial. Adere ao golpe de 28 de Maio de 1926 que instaurou a ditadura militar em Portugal. Esteve colocado como governador na Índia Portuguesa em 1934 e, em 1936 e 1937, assegurou o governo-geral. Durante a Segunda Guerra Mundial foi comandante-geral da Legião Portuguesa e assegurou a chefia da Base Aérea dos Açores. Foi deputado da União Nacional entre 1945 e 1950 e Presidente da República entre Julho de 1951 e 1958. No fim do seu mandato existiu uma certa tensão entre ele e Salazar. Quando se tratou de escolher o candidato presidencial pela União Nacional, Salazar impôs o então ministro da Marinha Contra-Almirante Américo Deus Rodrigues Thomaz. Foi promovido a Marechal. Tendo-se aproximado da ala reformista do regime, deu cobertura política ao golpe militar encabeçado pelo general Botelho Moniz, em Abril de 1961.

MACBRIDE, Séan – (1904-1988): Jornalista, fundou o Partido Republicano irlandês em 1946. Foi deputado e ministro dos Negócios Estrangeiros da República da Irlanda entre 1948 e 1951. Em 1950 assegurou a presidência do Conselho de Ministros do Conselho da Europa. Foi vice-presidente do Conselho da OECE entre 1948 e 1951. Prémio Nobel da Paz em 1974.

MACMILLAN, Harold – (1894-1986): Membro do Partido Conservador britânico, membro da *United Europe*, secção britânica da *Ligue européenne de coopération économique*, fundada em 1946 por Paul Van Zeeland, participou no Congresso da Haia em Maio de 1948. Quando os Conservadores regressaram ao poder em 1951, inicia a sua prestação governativa. Começou como ministro da Habitação, e passou, em seguida, pelos Negócios Estrangeiros e pelo *Echiquier*. Depois da demissão de Anthony Eden, em 1957, é eleito responsável do Partido Conservador e Primeiro-ministro, cargo que ocupará até 1963.

MACVEAGH, Lincoln – (1890-1972): Diplomado por Harvard, estudou também na Universidade da Sorbonne, em 1913 e 1914, e na Universidade de Atenas. Combateu durante a Primeira Guerra Mundial. Foi embaixador na Grécia e na Jugoslávia em 1943 e 1944. Nomeado embaixador em Lisboa em 9 de Junho de 1948. Ficou até 2 de Junho de 1952, tendo desempenhado um importante papel na aproximação entre Portugal e os EUA, nas negociações sobre a utilização das bases dos Açores e na adesão de Portugal ao Pacto do Atlântico. Partiu para Madrid a seguir, onde se desenrolavam importantes negociações entre os EUA e a Espanha, com vista à implantação de bases aéreas norte-americanas em território espanhol.

MADARIAGA Y ROJO, Salvador de – (1886-1978): Escritor e diplomata espanhol, foi presidente da Comissão do Desarmamento da Liga das Nações, embaixador em Washington em 1931, embaixador em Paris entre 1932 e 1934 e representante da Espanha na Liga das Nações entre 1931 e 1936. Depois da derrota dos Republicanos, fica exilado no estrangeiro, tornando-se professor em Oxford, no México e nos EUA. Fez investigação histórica, escreveu e dedicou-se ao jornalismo. Defensor da integração da Europa, depois da Segunda Guerra Mundial, participa no *Mouvement européen*, onde é eleito presidente da secção cultural. Preside o *Collège de l'Europe* de Bruges até 1972. Grande opositor ao regime franquista, só regressa a Espanha depois da morte de Franco. Escritor com uma vasta obra publicada, defendeu desde muito cedo a necessidade de união da Europa.

MANSHOLT, Sicco Leendert – (1908-1995): Ministro da Agricultura da Holanda entre 1945 e 1948 e 1950, veio a propor mais tarde, no Conselho da Europa, em Novembro de 1950, a criação de um organismo europeu soberano com vista à criação de um mercado comum agrícola. Foi comissário europeu da Agricultura nos anos sessenta.

MARJOLIN, Robert – (1911-1986): Director das Relações Económicas Exteriores do Ministério da Economia Nacional francês, em 1944, e comissário adjunto do Plano, em Novembro de 1945, foi nomeado secretário-geral da OECE em Abril de 1948, cargo que ocupou até Novembro de 1954. Escreveu um livro de memórias intitulado *Le travail d'une vie, Mémoires, 1911-1986*, publicado em 1986.

MARSHALL, George – (1880-1959): General do Exército norte-americano, de grande prestígio militar, participou na Primeira Guerra Mundial e teve um papel importante na condução da Segunda Guerra Mundial, junto do presidente Roosevelt. Estava colocado na China, como embaixador, quando foi chamado pelo presidente Harry Truman para secretário de Estado, cargo que assegurou de Janeiro de 1947 a Janeiro de 1949. A sua acção foi determinante no lançamento e implementação do Plano Marshall. Em Setembro de 1950 foi de novo chamado ao serviço para ser secretário da Defesa, cargo que assegurou durante um ano. Prémio Nobel da Paz, em 1953.

MARTINS, Henrique Guilherme Augusto de Figueiredo da Silva – Nascido em 1918. Licenciado em Direito e em Ciências Políticas e Económicas pela Universidade de Lisboa, entrou na carreira diplomática e consular em 1945. Foi secretário do ministro dos Negócios Estrangeiros em 1947, enviado para a Embaixada no Vaticano em 14 de Junho de 1947, é desviado para Paris, onde estava a ser necessário reforçar a Legação e a delegação portuguesa que estava a participar na primeira Conferência de Paris. Chega a Paris em fins de Junho e participa activamente na delegação à Conferência de cooperação económica europeia, que decorreu de Julho de 1947 a Março de 1948, sob as orientações de Marcello Mathias e Ruy Guerra. Continuando em Paris, foi o delegado português na Conferência para a Organização do Exército Europeu, que teve lugar de 15 de Fevereiro a 26 de Junho de 1951. Regressou pouco depois ao Ministério. Em 1953 esteve em Paris no Instituto de Defesa da NATO. Em seguida, foi colocado em Copenhaga, Estocolmo, México, Havana, Joanesburgo, Nova Iorque, Montevideu, Ankara, e Tunis. Passou à disponibilidade em 1978.

MATHIAS, Marcello Gonçalves Nunes Duarte – (1903-1999): Licenciado em Direito pela Universidade de Lisboa, entrou na carreira diplomática e consular em 1930. Esteve colocado no Rio de Janeiro, em Paris, e em Atenas. Em Fevereiro de 1945 é nomeado chefe da Repartição dos Negócios Políticos e, um ano depois, director-geral dos Negócios Políticos e da Administração Interna, tendo exercido, igualmente, as funções de secretário-geral do Ministério. Foi nesta altura um próximo colaborador de Salazar, que estava a assegurar a chefia do Ministério "interinamente", desde Novembro de 1936 (até 2 de Fevereiro de 1947). Tornou-se um fiel amigo de Salazar e um conselheiro muito apreciado. Em 30 de Junho de 1947 é enviado extraordinário e ministro plenipotenciário em Paris, acompanhando de muito perto no início a questão do Plano Marshall. Foi promovido a embaixador em Paris em 17 de Abril de 1948, a seguir à assinatura da Convenção que criou a OECE e no momento em que a Legação passou a Embaixada. Muito bem integrado no meio político e cultural francês, manteve-se em Paris até ser convidado para ministro dos Negócios Estrangeiros, cargo que aceita a contragosto num período muito complicado para o regime do Estado Novo por via das tensões políticas existentes em Portugal, da questão da Índia Portuguesa, e do início da guerra colonial. Atravessa, por conseguinte, o período mais complicado, tanto a nível interno como externo, à frente de um ministério muito sensível. Chefiou o Ministério dos Negócios Estrangeiros entre 29 de Setembro de 1958 (nomeado em 14 de Agosto) e 4 de Maio de 1961. Tendo assegurado o seu regresso à Embaixada em Paris, onde estava colocado o embaixador António de Faria até ao seu regresso, acumulando a embaixada com a representação junto da NATO (depois seguiu para o Vaticano), pede a Salazar, que acedeu, para regressar à Embaixada em Paris. Aí ficou até 1970, já depois do limite de idade, graças a um decreto-lei especialmente concebido para a sua situação (Decreto-lei n.º 48 355, de 26 de Abril de 1968). Depois de se ter reformado, foi administrador da Fundação Calouste Gulbenkian até 1974 (Marcello Mathias teve um papel importantíssimo na transferência para Portugal da colecção de Calouste Gulbenkian). Foi um dos mais brilhantes diplomatas da sua geração e teve uma grande influência junto de Salazar. Publicou, em 1984, a sua correspondência com Salazar num livro intitulado: *Correspondência Marcello Mathias / Salazar 1947/1968.*

MATTA, José Caeiro da – (1883-1963): Professor catedrático de Direito, jurista, político, diplomata, e administrador. Foi professor da Universidade de Coimbra, entre 1907 e 1919, tendo chegado a ser professor de Salazar. Em 1920 passou para a Faculdade de Direito da Universidade de Lisboa, onde leccionou até 1929, e onde foi reitor até 1933. A partir de 1922 foi administrador do Banco de Portugal. É nomeado ministro dos Negócios Estrangeiros em Abril de 1933, cargo que assegura até Março de 1935. Em seguida, preside a delegação portuguesa na Sociedade das Nações até 1939. Em Junho de 1941 é nomeado ministro de Portugal junto do Governo de Vichy, onde fica até Setembro de 1944. Regressa a Portugal para ocupar o cargo de ministro da Educação Nacional. No dia 4 de

Fevereiro de 1947 é nomeado ministro dos Negócios Estrangeiros, onde fica até ao dia 2 de Agosto de 1950. A sua saída de ministro foi inesperada para o próprio. Todos os anos, no Verão, ia fazer uma estada termal em Vittel, mesmo quando dirigiu o Ministério dos Negócios Estrangeiros e em períodos considerados como importantes. Salazar assegurava a sua substituição. Caeiro da Matta ficou ressentido do seu afastamento durante algum tempo. Em 1957 foi para procurador da Câmara Corporativa, cargo que ocupa até à sua morte.

MATOS, José Maria Mendes Ribeiro Norton de – (1867-1955): Oficial português que serviu em Goa entre 1898 e 1908, foi professor do Instituto Superior Técnico, governador-geral de Angola, entre 1912 e 1915, ministro das Colónias, pouco mais de um mês, em 1915, e ministro da Guerra de 1915 a 1917, tendo organizado o Corpo Expedicionário português que participou na Primeira Guerra Mundial. Membro do Partido Republicano Português (Partido Democrático), refugiou-se em Londres após o golpe de Sidónio Pais, em Dezembro de 1918. Quando os Democráticos voltaram ao poder, pediram a Norton de Matos para participar na delegação portuguesa à Conferência de Paz, em 1919. Promovido a general, é nomeado governador-geral e alto-comissário da República em Angola (1921 a 1924). Mais tarde será embaixador em Londres, de 1924 a 1926. Opositor ao Estado Novo, grão-mestre do Grande Oriente Lusitano Unido (Maçonaria portuguesa), foi candidato à presidência da República em 1949, tendo renunciado na fase final como protesto contra a falta de garantias democráticas.

MENDES (ver ABRANCHES, César de Sousa)

MENEZES, Francisco de Assis Maria de Oliveira de Almeida Calheiro e – Nascido em 1891. Licenciado em Filosofia e Letras pela Universidade de Madrid, entrou na carreira diplomática e consular em 1915, tendo nos primeiros anos servido no Ministério. Em seguida foi colocado em Bruxelas, Paris e Genebra. Em 1933 é nomeado chefe da Repartição dos Negócios Políticos e Consulares e, em 1934, director-geral dos Serviços Administrativos. Em 1936 foi nomeado director-geral dos Negócios Políticos e da Administração Interna. Esteve em seguida em Bruxelas, em Ankara, em Berna e Roma (a partir de 1946). Em Fevereiro de 1954 é nomeado embaixador no Vaticano. Passou à disponibilidade em 1956.

MOLLET, Guy – (1905-1975): Professor de inglês, socialista desde novo, secretário-geral da *Fédération de l'enseignement*, resistente, autarca, deputado, representante da França na ACCE em 1949, foi vice-presidente do Conselho em Março de 1951, presidente do Conselho entre Janeiro de 1956 e Maio de 1957, ministro de de Gaulle entre Junho de 1958 e Janeiro de 1959. Foi secretário-geral da *Section française de l'Internationale Ouvrière* entre 1946 e 1969.

MONIZ, Jorge Botelho – (1898-1961): Oficial do Exército, apoiou activamente a instauração do Estado Novo e a sua consolidação. Fez parte da Missão Militar Portuguesa de Observação durante a Guerra Civil espanhola. Apoiante do Generalíssimo Franco. Deputado da União Nacional, procurador à Câmara Corporativa entre 1957 e 1961. Administrador de empresas em representação do Estado.

MONNET, Jean – (1888-1979): Conhecedor do mercado norte-americano, participou na organização do abastecimento no seio do comité dos Aliados, para esse efeito, durante a Primeira Guerra Mundial. Em 1917 e 1918 participa na criação do *Conseil allié des transports maritimes*, que procura racionalizar a sua utilização. A seguir à guerra é nomeado secretário-geral adjunto na Sociedade das Nações. Depois, regressa à sua vida profissional privada. Em 1938 e 1939 encarrega-se da compra de aviões nos EUA para a Força Aérea francesa. Durante a Segunda Guerra Mundial teve um papel importantíssimo no reabastecimento da Europa em guerra, com a implementação do *Victory program*, de 1941. Participa no *Comité français de Libération*, a partir de 1943. Responsável pelo Plano de modernização e de equipamento da França e seu comissário geral, entre 1946 e 1952. Um dos grandes impulsionadores do Plano Schuman. Foi o primeiro presidente da Alta Autoridade da CECA, entre 1952 e 1955. Grande defensor da integração da Europa através de instituições supranacionais. Presidiu o *Comité d'action pour les Etats-Unis de l'Europe*. Um dos Pais da Europa. Publicou, em 1976, um livro intitulado *Mémoires*, no qual descreve o seu combate pela Europa.

MONTGOMERY, Bernard Law (Montgomery of Alamein) – (1887-1976): Oficial do Exército britânico, combateu em França durante a Primeira Guerra Mundial. Um dos maiores chefes militares da Segunda Guerra Mundial, venceu as tropas de Rommel na Líbia, impedindo assim o acesso ao Egipto e ao Canal do Suez. Comandou as tropas britânicas durante a invasão da Itália e, sob o comando de Eisenhower, dirigiu as operações de desembarque na Normandia. Depois da guerra foi chefe de Estado-Maior Imperial britânico (1946). Nomeado Presidente da Comissão de Defesa da União Ocidental em 1948 e comandante adjunto das forças da NATO na

Europa a partir de 1951. Deslocou-se por diversas vezes a Portugal para se inteirar da preparação das forças armadas portuguesas no âmbito da NATO. Encontrou-se com Salazar e, em diversas ocasiões, com o ministro Santos Costa.

MORAIS, António Trigo de – (1895-1966): Engenheiro e inspector superior do Fomento Colonial. A partir de Agosto de 1949 foi nomeado presidente da Junta Autónoma das Obras de Hidráulica Agrícola e representante do Ministério das Obras Públicas na CTCEE. Procurador à Câmara Corporativa, foi subsecretário de Estado do Ultramar entre 5 de Março de 1951 e 26 de Fevereiro de 1953.

NOGUEIRA, Alberto Marciano Gojão Franco – (1918-1993): Licenciado em Direito pela Universidade de Lisboa, entrou na carreira diplomática e consular em 1941. No estrangeiro, só esteve colocado em Tóquio, entre 1945 e 1950. O resto da sua carreira fê-la no Ministério dos Negócios Estrangeiros. Foi chefe da Repartição dos Negócios Políticos a partir de 1954 e depois, em 1958, director-geral dos Negócios Políticos, cargo que ocupa até ser nomeado, em Maio de 1961, ministro dos Negócios Estrangeiros (até 1969). Foi deputado da União Nacional entre 1969 e 1973 e membro da Assembleia Parlamentar da NATO (1970-1973). Após o 25 de Abril de 1974 foi preso (até 1975). Em seguida, exilou-se em Londres. De regresso a Portugal leccionou nas Universidades Livre e Lusíada. Escreveu, entre outras obras, uma biografia de Salazar, em seis volumes, intitulada *Salazar*. Para isso teve acesso aos seus arquivos pessoais, em primeira mão, e a outros documentos importantes para a História do Estado Novo. Grande admirador da pessoa de Salazar e da sua política, foi um amigo fiel até ao fim. Foi um dos grandes defensores da política ultramarina de Salazar.

NOGUEIRA, Mário Reymão – Nascido em 1910, licenciado em Direito pela Universidade de Lisboa e diplomado em Ciências Políticas e Económicas pela Universidade de Coimbra. Depois de ter trabalhado no Ministério das Colónias, entrou na carreira diplomática e consular em 1940. Esteve colocado em Vichy (1944), Berna, Bruxelas, Londres, Haia (1947 e 1948) e Paris, a partir de Dezembro de 1948. Foi membro da Comissão intergovernamental da cooperação técnica colonial, reunida em Paris em Janeiro de 1949. Entrou de licença ilimitada a partir de Agosto de 1951.

OLIVEIRA, Fernando Mário de – Nascido em 1907. Licenciado em Direito pela Universidade de Lisboa e em Ciências Histórico-Geográficas pela Universidade do Porto, entrou na carreira diplomática e consular em 1938. Esteve colocado em

Paris de 1945 a Junho de 1947. Foi secretário da delegação portuguesa à Conferência de cooperação económica europeia, secretário do ministro dos Negócios Estrangeiros entre Outubro de 1947 e Março de 1948. Em seguida foi colocado em Bruxelas, Atenas, Bombaim e São Francisco. Encarregado da chefia da Repartição das Questões Económicas a partir de Agosto de 1959 e adjunto do director-geral dos Negócios Políticos e da Administração Interna a partir de Dezembro de 1960. Foi embaixador em Madrid entre 1961 e 1967.

OLIVEIRA, Jorge Braga de – Nascido em 1919. Licenciado em Ciências Económicas e Financeiras pela Universidade de Lisboa, entrou na carreira diplomática e consular em 1943. Na Embaixada em Washington em Maio e 1947, onde ficou até 1953. Depois regressou ao Ministério dos Negócios Estrangeiros.

OLIVEIRA, José Gonçalo da Cunha Sottomayor Correia de – (1921-1976): Licenciado em Ciências Jurídicas pela Universidade de Lisboa, técnico do Conselho Técnico Corporativo, director do Gabinete de Estudo desta instituição em 1948 e vice-presidente em 1949. Acompanhou de muito perto os trabalhos da OECE a partir de 1948, tendo participado, desde o início, na CTCEE. Foi Procurador na Câmara Corporativa desde 1952. Subsecretário de Estado do Orçamento entre Julho de 1955 e Agosto de 1958, e, em seguida, secretário de Estado do Comércio até Maio de 1961. Neste período, foi um elemento absolutamente determinante na participação de Portugal na EFTA. Salazar tinha uma grande admiração e estima por ele. Em Junho de 1961 foi nomeado ministro de Estado adjunto da Presidência do Conselho, lugar que ocupou até Março de 1965, altura em que foi designado ministro da Economia (até Março de 1969). Publicou várias obras de carácter político ou económico.

PACHECO, António Faria Carneiro – (1887-1957): Doutor em Direito, colega de Salazar, defendeu desde muito novo uma solução ditatorial para Portugal e apoiou a instauração do Estado Novo. Foi deputado da União Nacional entre 1934 e 1938, vice-reitor da Universidade de Lisboa de 1931 até Janeiro de 1936, altura em que é nomeado ministro da Instrução Pública, onde ficou até Agosto de 1940, tendo deixado uma marca muito acentuada no sentido da consolidação dos valores veiculados pelo regime. Foi, em seguida, embaixador extraordinário e plenipotenciário no Vaticano (1940-1946) e Madrid, a partir de 1946.

PALMELA (Duque de) ver **BECK, Dominos de Sousa e Holstein**

PEREIRA, Pedro Theotónio – (1902-1972): Licenciado em Matemática pela Universidade de Lisboa, aderiu desde cedo ao Integralismo Lusitano, que irá abandonar para seguir Salazar, de quem se tornará amigo e confidente. Foi subsecretário de Estado das Corporações e da Previdência Social, de Abril de 1933 a Janeiro de 1936, e ministro do Comércio e Indústria em 1936 e 1937. Em seguida, é enviado para Espanha como representante do Governo português junto de Franco. Em Junho será nomeado embaixador extraordinário e plenipotenciário junto do Governo de Burgos, cargo que ocupará até 1945. Teve um papel muito importante na celebração do Tratado de Amizade e Não-Agressão Luso-Espanhol, em 1939, e do seu Protocolo Adicional, em 1940, e ajudou à manutenção das boas relações entre os dois regimes. A sua acção diplomática contribuiu para a manutenção da neutralidade espanhola. Em Outubro de 1945 partiu para o Rio de Janeiro como embaixador e depois, no dia 30 de Junho de 1947, foi nomeado embaixador em Washington, cargo que desempenhou até Março de 1950. A sua acção em Washington foi importantíssima, na medida em que conseguiu estabelecer uma relação de confiança e de cordialidade com os mais altos responsáveis do Departamento de Estado (Acheson considerou-o como um «amigo íntimo». Tratou, nomeadamente, das questões do Plano Marshall e da adesão de Portugal ao Pacto do Atlântico. Em 13 de Março de 1950 entrou de licença ilimitada, tendo existido alguma tensão entre ele e Salazar. É chamado, de novo, a exercer funções de embaixador, desta vez em Londres, onde permanecerá entre Outubro de 1953 e Setembro de 1958. Regressará a Portugal para ser ministro da Presidência, cargo que desempenhará de Agosto de 1958 a Junho de 1961 (sucedeu a Marcello Caetano no cargo). Membro vitalício do Conselho de Estado a partir de Dezembro de 1955 e administrador da Fundação Calouste Gulbenkian a partir de 1956. Foi um dos mais brilhantes embaixadores da sua época, tendo exercido com convicção e muita determinação a sua acção diplomática. Próximo de Salazar e da sua inteira confiança política e pessoal.

PEREIRA, Vasco Luís Caldeira Coelho Futscher – (1922-1994): Licenciado em Ciências Histórico-Filosóficas pela Universidade de Coimbra, foi leitor de português junto da Universidade de Roma, no ano académico de 1947-1948. Entrou na carreira diplomática e consular em Julho de 1948. Esteve colocado em Rebate, Leopoldeville, São Francisco, Karachi, Madrid, Zomba, Bona, Brasília e ONU.

PESSOA, Albino Cabral – Nascido em 1896. Perito financeiro ao serviço do Ministério dos Negócios Estrangeiros, participou em numerosas negociações bilaterais comerciais e financeiras. Membro da delegação portuguesa na Conferência para a cooperação económica europeia de Paris, em 1947 e 1948; perito em assuntos bancários junto da CTCEE, a partir de Agosto de 1949; conselheiro financeiro junto da Embaixada de Portugal em Washington, desde Maio de 1950 até aos anos 70.

PFLIMLIN, Pierre – (1907-2000): Deputado do *Mouvement republicain populaire*, ministro da Agricultura, em 1948 e 1949, representante da França na ACCE de Abril de 1959 a Setembro de 1967. Presidente do Conselho de 13 de Maio a 28 de Maio de 1958, presidente da Câmara de Estrasburgo de 1959 a 1983.

PHILIP, André – (1902-1970): Deputado da *Section française e l'International socialiste*, foi ministro das Finanças e, depois, da Economia entre 1947 e 1948, e representante da França na ACCE, entre 1949 e 1951. Escreveu várias obras, nomeadamente: *L'Europe unie et sa place dans l'économie internationale*, em 1953.

PINTO, Clotário Luís Supico Ribeiro – (1909-1986): Licenciado em Direito pela Universidade de Lisboa, vice-presidente do Conselho Técnico Corporativo do Comércio e Indústria entre 1936 e 1940, deputado da União Nacional entre 1938 e 1942, subsecretário de Estado das Finanças entre Agosto de 1940 e Setembro de 1944 e, em seguida, ministro da Economia até Fevereiro de 1947. Presidente da Câmara Corporativa e membro da sua Comissão Executiva, entre 1952 e 1957, membro da Comissão Central da União Nacional, entre 1957 e 1969. Membro vitalício do Conselho de Estado a partir de 1966. Foi um eminente conselheiro privado de Salazar, tendo-o ajudado em várias ocasiões a escolher os membros do governo.

PIO XII (Eugénio Maria Giuseppe Giovanni Pacelli) – (1876-1958): Papa entre 1939 e 1958. Antes e durante a Segunda Guerra Mundial teve uma atitude pouco firme em relação aos movimentos fascista e nazi. Apesar de ter declarado numa encíclica (1937) que o nazismo era um movimento anti-cristão e de ter protegido numerosos judeus e outros refugiados no Vaticano, considera-se que a sua acção ficou aquém do que seria de esperar da parte de um Papa. Em Maio de 1940 foi assinada a Concordata e o Acordo Missionário entre a Santa Sé e Portugal. Depois da guerra, tomou posição abertamente contra o comunismo. Fez declarações públicas a favor do regime franquista.

PLEVEN, René – (1901-1993): Industrial de formação católica, foi colaborador de Jean Monnet em 1939 e, no início da Segunda Guerra Mundial, teve responsabilidades administrativas e financeiras no seio da *France libre*. Após Abril de 1945, foi sucessivamente ministro das Colónias, das Finanças, da Economia e das Finanças. Fundador da *Union démocratique et socialiste de la Résistance* em 1945 e seu deputado até 1973. Ministro da Defesa em 1949, foi Presidente do Conselho em duas ocasiões entre 1950 e 1952. Apresentou na Assembleia Nacional francesa o Plano de Comunidade Europeia de Defesa, conhecido como Plano Pleven.

PORTELA, Alberto Lello – (1893-1949): Oficial piloto aviador, participou na Primeira Guerra Mundial num grupo de caça francês. A seguir à guerra, foi durante dez anos adido militar junto da Legação de Portugal em Paris. Foi condecorado com a Cruz de Guerra e com a *Légion d'Honneur*. Durante a Segunda Guerra foi observador junto das tropas do general Montgomery. Depois da guerra, fundou o jornal semanário *O Sol*, do qual foi director. Democrata convicto, foi opositor ao regime do Estado Novo.

POTIER, Augusto Rato – (1903-1964): Diplomata, formado em Química pela Universidade de Londres, foi aos dezassete anos chanceler do Consulado-Geral de Portugal em Londres. Depois, após ter estado no Ministério dos Negócios Estrangeiros, foi colocado em Hamburgo, São Paulo, Liverpool, Leopoldeville, Antuérpia. A partir de Janeiro de 1947 foi cônsul-geral interino em Paris e adido comercial junto da Legação e membro da delegação portuguesa à Conferência de cooperação económica europeia (em Março de 1948 foi promovido a cônsul-geral e a conselheiro comercial). Em Janeiro de 1951 partiu para Washington como conselheiro, onde ficou até 1955.

QUEIRÓS, Henrique Bacelar Caldeira – (1904-1962): Licenciado em Direito, entrou na carreira diplomática e consular em 1931. Esteve colocado em Londres, Casablanca, São Sebastião, Londres (1939-1945), Oslo, Dublin, embaixador em Londres (Novembro de 1948 a Abril de 1952) e Paris (Abril de 1952 a 1954). Foi adjunto do director-geral dos Negócios Políticos e da Administração Interna, a partir de Março de 1954, e director-geral a partir de Janeiro de 1956, cargo que ocupou até ser nomeado secretário-geral do Ministério, em Janeiro de 1958. Em 1959 foi nomeado embaixador em Pretória.

RAMADIER, Paul – (1888-1961): Membro da *Section française de l'International socialiste*, foi o primeiro Presidente do Conselho da IV República, entre Janeiro e

Novembro de 1947. Foi ele que pôs fim à participação no governo dos quatro ministros comunistas, em Maio de 1947. Acolheu muito favoravelmente o Plano Marshall e participou na delegação francesa no Congresso da Haia, em Maio de 1948. Foi ministro da Economia em 1956.

REAL, Augusto de Castro Sampaio Corte – (1883-1971): Licenciado em Direito pela Universidade de Coimbra, foi advogado, deputado, jornalista, escritor e diplomata. Depois de ter exercido a advocacia e o jornalismo, e de ter sido deputado pelo Partido Progressista, tornou-se director do *Diário de Notícias* em 1919. Em 1924 inicia uma carreira como diplomata, tendo sido colocado em Londres, Vaticano, Bruxelas e Roma. Em Dezembro de 1938 regressa a Portugal para ser comissário-geral da Exposição Mundial do Mundo Português, em Lisboa, e retomar a direcção do *Diário de Notícias*. Em 1945 é colocado em Paris como ministro na Legação de Portugal, cargo que ocupa até fins de Julho de 1947. Ocupou-se, nomeadamente, das questões relacionadas com o início da Conferência de cooperação económica europeia. Depois, regressa a Portugal para retomar a direcção do *Diário de Notícias*, em 15 de Agosto, cargo que ocupa até à sua morte, em 1971. Foi um seguidor da política de Salazar, com a qual se identificava quase inteiramente. Serviu várias vezes de transmissor oficioso, tanto a nível interno como externo, das orientações do Governo, através dos seus editoriais. Os seus textos, que versavam normalmente sobre as questões internacionais, eram lidos com o maior cuidado e interesse pelas missões diplomáticas em Lisboa, que os transmitiam aos respectivos governos como posição quase oficial. Havia uma comunicação muito assídua entre Augusto de Castro e Salazar, que lia e apreciava os seus editoriais. Foi um homem com alguma influência em matéria de definição da política externa.

REYNAUD, Paul – (1878-1966): Advogado, político do centro-direita, foi deputado entre 1919 e 1940. Foi ministro das Finanças em 1930 e ministro das Colónias em 1931-1932. Opôs-se ao acordo de Munich. Foi nomeado Presidente do Conselho em Março de 1940. Demite-se em 16 de Junho de 1940, já na fase final da invasão das tropas nazis, sendo substituído pelo marechal Pétain, que pede o Armistício. Pouco depois, será preso, condenado e deportado. Depois da guerra foi deputado entre 1946 e 1962 e ministro das Finanças em 1948. Escreveu várias obras, nomeadamente *S'unir ou périr*, publicada em 1951.

ROCHETA, Manuel Farrajota – (1906-1985): Licenciado em Direito pela Universidade de Lisboa, entrou na carreira diplomática e consular em 1931. Foi colocado em Hamburgo, Copenhaga, Bucareste, Dublin, e na Embaixada em Washington em Março de 1946 e até 6 de Junho de 1950, onde acompanhou de muito perto as questões relacionadas com o Plano Marshall e com a adesão ao Pacto do Atlântico. Em Fevereiro de 1951 regressa ao Ministério dos Negócios Estrangeiros, para ocupar o cargo de adjunto do director-geral dos Negócios Políticos e da Administração Interna e, três anos depois, assumir o cargo de director-geral do mesmo serviço, até Janeiro de 1956. Em seguida, foi colocado como enviado extraordinário e ministro plenipotenciário em Bona e, um ano depois, nomeado embaixador na mesma cidade. Em 1958 foi embaixador no Rio de Janeiro e, em 1961, em Londres.

RONALD, Sir Nigel – Nascido em 1894. Embaixador do Reino Unido em Lisboa entre 11 de Junho de 1947 e 1 de Março de 1955. Profundo conhecedor da situação portuguesa, revelou-se muito crítico em relação ao regime do Estado Novo, apesar de tal não ter transparecido para as autoridades portuguesas. A sua acção junto do Governo português foi muito importante, nomeadamente no que diz respeito à entrada de Portugal no Pacto do Atlântico.

SAINTE-MARIE, Christian Marcotte de – Nascido em 1902. Licenciado em Direito, entrou na carreira diplomática em 1928. Mobilizado de Outubro de 1938 a Outubro de 1940. Chefe-adjunto do gabinete do ministro dos Negócios Estrangeiros em 1941. Colocado em Sofia em 1942 e mobilizado em 1944. Encarregado de negócios da Legação e, depois, da Embaixada da França em Lisboa de 21 de Junho de 1948 a Janeiro de 1952.

SALAZAR, António de Oliveira – (1889-1970): Nascido em Vimieiro (Santa Comba Dão) no seio de uma família de agricultores relativamente humildes, fez os seus estudos preparatórios e de Teologia no Seminário de Viseu e, depois, os exames finais do Liceu. Em 1908 começa a publicar artigos de opinião sobre questões políticas atacando os movimentos republicanos e anticlericais. Lecciona num colégio religioso em Viseu. Em 1910 inscreve-se na Faculdade de Direito da Universidade de Coimbra e participa activamente na vida política no seio do Centro Académico de Democracia Cristã. Em Novembro de 1914 termina os seus estudos de Direito com uma nota muito elevada (19 valores). Em 1916 entra no ensino superior (lecciona Economia e Finanças) e, no ano seguinte, torna-se professor universitário. Em Maio de 1918 obtém o seu doutoramento pela Universidade de Coimbra. Em 1921 é eleito deputado pelo Centro Católico, mas a sua experiência parlamentar será muito curta porque o Congresso não reabrirá depois das férias parlamentares, por causa de uma crise política. Prossegue a sua acção política no Centro Católico. Depois de 1923 reforça a sua participação nas discussões públicas sobre as questões políticas, económicas e financeiras e adquire uma certa notoriedade como especialista em questões financeiras. Candidata-se, de novo, pelo Centro Católico às eleições de 1925, mas não é eleito.

Após a instauração da ditadura militar (Maio de 1926) Salazar torna-se ministro da Finanças (12 de Junho de 1926), mas, alguns dias mais tarde, dá-se a queda do Governo. Como não aceita ficar à frente do Ministério das Finanças no novo Governo, volta para Coimbra. Depois de uma breve colaboração com o novo ministro das Finanças, entra em ruptura com ele e critica abertamente o novo Governo da Ditadura. Portugal vive uma situação financeira muito grave e Salazar é convidado de novo para assumir a pasta das Finanças. Impõe condições muito estritas para uma aceitação. Os militares aceitam as suas condições e Salazar torna-se ministro das Finanças e controla todas as despesas dos outros ministérios. Emerge rapidamente como a personagem central do Governo da Ditadura e, depois de um sucesso muito rápido da sua política financeira, é convidado, em Julho de1932, para presidir o Governo.

Como Presidente do Ministério (Chefe do Governo) e Ministro das Finanças, torna-se a peça-chave do regime e ocupa-se, com os seus colaboradores mais próximos, da elaboração da Constituição, que será plebiscitada no mês de Março de 1933. Após a entrada em vigor da Constituição Salazar assumiu a Presidência do Conselho até à sua substituição por razões de saúde, no dia 26 de Setembro de 1968. Morreu no dia 27 de Julho de 1970.

Tendo sido educado num meio católico conservador, Salazar entra na política com o objectivo de "acalmar as paixões" e instaurar a "normalidade" e a "ordem". Imbuído das suas altas capacidades intelectuais, metódico, autoritário *ab initio*, frio, introspectivo, austero, autodisciplinado e tendo uma grande capacidade intuitiva, governa o país com calma, distância e uma enorme determinação. Ouve os seus conselheiros, mas quando a decisão está tomada não admite fraquezas. A informação é para ele fundamental, nomeadamente no que diz respeito à vida privada das pessoas que o rodeiam ou outras (não é por acaso que uma das prioridades da PIDE era saber a «situação moral» das pessoas investigadas). Quer saber tudo, mesmo os mexericos. Dominando com mestria a língua portuguesa, escreveu, desde a sua entrada no Governo (1928), discursos que transmitem muito claramente o seu pensamento político e a sua visão do mundo. As suas capacidades oratórias são reduzidas e não gosta de multidões. Guardou ao longo da sua vida uma grande ligação à sua terra de origem. Salazar teve uma noção muito forte da importância da sua acção para a História de Portugal. O seu arquivo foi constituído metodicamente e ele sabia que iria ser analisado a fundo. Muitos visitantes estrangeiros e portugueses, tal como pessoas da sua intimidade, realçam a sua contenção verbal e física, a rapidez de raciocínio, o poder de sedução e a sua grande simplicidade aparente. Celibatário, gostava de se fazer rodear por raparigas. A sua governanta teve uma grande influência pessoal. Salazar cultivava a rotina e não gostava de viajar para fora de Portugal. Só fez uma viagem privada à Bélgica e França (1927) e viagens oficiais a Espanha. Nunca foi às Colónias. Não tinha em grande estima as capacidades do Povo português, mas tinha um grande orgulho na sua História.

Salazar foi certamente muito marcado pela grande instabilidade política, económica e social do período final da monarquia constitucional e da Primeira República (1910-1926), tal como pelo anticlericalismo existente. Militante católico conservador, foi influenciado pela doutrina social da Igreja católica, nomeadamente pelas Encíclicas *Rerum novarum* (1891-Leão XIII) e *Quadragesimo anno* (1931-Pio XII). Ao chegar ao poder, não admitiu interferências da Igreja na política e foi o mentor da Concordata com a Santa Sé. Instituiu em Portugal um regime autoritário, repressivo, antidemocrático, anticomunista e tendo certas características do regime fascista Mussolini, de quem ele era admirador (com muitas reservas pelos seus excessos). Salazar recusou os extremismos mas pôde ser implacável e muito violento em relação aos inimigos do regime do Estado Novo, principalmente em relação aos comunistas. Defensor intransigente do princípio da soberania nacional, não aceita em nenhum caso instituições supranacionais. As Colónias portuguesas são para ele uma questão indiscutível e não aceita qualquer concessão neste domínio. Rodeado por monárquicos, não quer que se levante a questão monárquica. Durante a sua longa permanência no poder conseguiu ultrapassar as crises e as tentativas de golpe com mestria. O seu pragmatismo leva-o a ceder sobre questões secundárias para poder preservar a sua linha política essencial.

Defensor intransigente do equilíbrio financeiro e orçamental, Salazar gere o país com um rigor financeiro extremo. O escudo torna-se uma moeda forte e estável num país pobre. A dívida exterior torna-se residual e os raros investimentos estrangeiros devem submeter-se aos «interesses nacionais». Salazar quis instituir em Portugal um regime corporativo, sem lutas de classe, onde os interesses dos trabalhadores e dos patrões se pudessem conciliar nos organismos corporativos. Profundamente antiliberal, recusa o capitalismo (contrário ao «espírito cristão» e a concorrência que lhe serve de substância). Institui o condicionamento industrial, que torna difícil a concorrência entre empresas industriais, e faz a apologia da «vida modesta e simples». Não aprecia nada o modo de vida e de estar dos norte-americanos. Admira muito os britânicos e é um bom conhecedor da língua e cultura francesas. Considera que o lugar da mulher é no lar a ocupar-se da família. Desconfia da modernidade e dos grandes centros urbanos. Para ele, a terra é um elemento estabilizador, de enraizamento, um factor de «resistência social» face às mudanças que se produzem no mundo. Consciente que a agricultura não pode desenvolver o país, encara a industrialização como uma necessidade. Em relação à cooperação europeia, aceita a cooperação interestadual nos domínios económico, financeiro e monetário.

Salazar publicou várias obras. Os seus discursos foram sendo publicados regularmente ao longo da sua permanência no poder e serviram de referência ideológica ao Estado Novo.

SANDYS, Duncan – (1908-1987): Político britânico que foi deputado conservador de 1935 a 1945 e de 1950 a 1974. Fundou a *United Europe Movement* em Maio de 1947 e participou no conselho internacional do Movimento Europeu. Foi presidente do Comité Executivo em 1949. Foi ministro do *Commonwealth* em 1960. Grande apologista da aproximação do Reino Unido à Europa.

SANTOS, Reinaldo dos – (1880-1970): Médico e cirurgião português, historiador de arte. Aprofundou os seus conhecimentos e trabalhou como cirurgião em Paris, nos EUA, em Berlim e Hamburgo, entre 1903 e 1909, e, de novo, em Paris entre 1916 e 1918. Professor da Faculdade de Medicina de Lisboa, foi o seu director entre 1942 e 1945. Investigador em História de Arte. Doutor *honoris causa* de várias universidades estrangeiras. Presidente da Academia de Belas Artes de Lisboa desde 1940. Entre 1959 e 1970 dirige a revista *Colóquio* da Fundação Calouste Gulbenkian. Publicou uma vastíssima obra sobre questões médicas e artísticas.

SAULT, Jean du – Nascido em 1890. Licenciado em Direito, esteve em Roma, na Santa Sé, em Haia e Berna. Ministro da França em Lisboa entre 24 de Fevereiro de 1945 e 17 de Setembro de 1948 e embaixador até 4 de Junho de 1951. Retirou-se da carreira diplomática em 1954.

SCHUMAN, Robert – (1886-1963): Nascido no Luxemburgo, estudou Direito em Bona e Estrasburgo. Advogado, vai exercer a sua profissão na Alemanha. Deputado da Mosela francesa desde 1919, vai ser um dos deputados a votar os plenos poderes ao marechal Pétain. Recusando a colaboração com a Alemanha nazi, será preso e, posteriormente, colocado em residência forçada na Alemanha. Evade-se em 1942 mas não entrará na Resistência. Depois da Libertação da França será considerado como inelegível. Na sequência de uma intervenção de de Gaulle é-lhe retirada a pena. Retoma a actividade política como deputado do *Mouvement républicain populaire*, que irá exercer de 1945 a 1962. Foi ministro das Finanças entre Dezembro de 1947 e Julho de 1948, ministro dos Negócios Estrangeiros entre 26 de Julho de 1948 e 8 de Janeiro de 1953, Presidente do Conselho em 1958, e presidente honorário da ACCE. É um dos Pais da Europa, tendo tido uma influência decisiva no início da integração europeia através do lançamento do Plano Schuman e da implementação da CECA. Tinha uma opinião relativamente favorável sobre Salazar, que, por sua vez, também nutria muito respeito e estima por ele. Publicou, em 1963, um livro intitulado *Pour l'Europe*. Sobre Robert Schuman ver a obra de referência de Raymond Poidevin: *Robert Schuman, homme d'Etat 1886-1963*.

Existem vários elementos que nos levam a estabelecer um certo paralelismo entre Schuman e Salazar: formação universitária, militantismo católica, austeridade, simplicidade de vida, timidez, origem rural, pragmatismo, grande dedicação à causa pública (salienta-se o facto de ambos terem ficado solteiros), falta de dons oratórios, frieza de discurso, anticomunismo, grande preocupação com a estabilidade financeira (e uma certa avareza), acompanhamento de perto das questões internacionais, e passagem pelos ministérios das Finanças e dos Estrangeiros e pela Presidência do Conselho.

SFORZA, Carlo – (1973-1952): Diplomata italiano, que se demitiu do Ministério dos Negócios Estrangeiros italiano quando estava colocado em Paris, em 1922, como forma de protesto depois da marcha sobre Roma e da nomeação pelo Rei Victor-Emanuel III de Mussolini para formar governo. Opositor ao fascismo, ficou no exílio. Depois da guerra foi ministro dos Negócios Estrangeiros da Itália entre 1947 e 1951. Apoiou com muita energia o Plano Schuman. Escreveu um livro sobre a Europa, em 1929, intitulado *Les Etats-Unis d'Europe*. É considerado como um dos Pais da Europa, pelo seu contributo ao início do processo de integração europeia.

SILVA, Manuel Nunes da – Nascido em 1897. Licenciado em Económicas e Financeiras pela Universidade de Lisboa, entrou na carreira diplomática e consular em 1924. Foi colocado em Madrid, Paris e Vichy, Vaticano, Dublin (Dezembro de 1948 a 1951), Madrid, Nova Iorque, Hamburgo, Paris e Manila.

SOARES, Mário Alberto Nobre Lopes – Nascido em 1924. Licenciado em Direito pela Universidade de Lisboa, advogado e político. Dirigente da Juventude Comunista Portuguesa, fundador do MUD em 1945, preso pela PIDE em várias ocasiões. Grande opositor do Estado Novo. Fundador da Acção Socialista Portuguesa em 1964 e do Partido Socialista Português (1973), participou activamente na luta contra o regime, até à sua queda. Depois do 25 de Abril de 1974, na qualidade de secretário-geral do Partido Socialista, contribuiu amplamente para a instauração da democracia em Portugal. Foi deputado, ministro dos Negócios Estrangeiros, Primeiro-ministro e Presidente da República. Grande responsável da entrada de Portugal nas Comunidades Europeias em 1986. Foi deputado europeu. Tem uma vasta obra publicada, nomeadamente o livro *Portugal Amordaçado*.

SOUSA, Álvaro Pedro de – (1891-1966): Vice-governador do Banco de Portugal (por parte do Estado) entre 1931 e 1960. Consultor informal de Salazar para os assuntos financeiros. Representou várias vezes Portugal em negociações de âmbito financeiro na OECE.

SPAAK, Paul-Henri – (1899-1972): Formado em Direito, exerce a advocacia em Bruxelas a partir de 1921. Em 1925 foi secretário de um ministro socialista. Eleito deputado pelo partido socialista em 1932, começa a colaborar com Van Zeeland. Em 1935 é nomeado ministro da Justiça e, no ano seguinte, ministro dos Negócios Estrangeiros. Torna-se Primeiro-ministro em 1938 e princípio de 1939 e, depois, ministro dos Negócios Estrangeiros. Durante a guerra instala-se em Londres, tendo passado por Portugal na sua fuga. Após a libertação da Bélgica, Spaak regressa como Vice-Primeiro-ministro e, também, como ministro dos Negócios Estrangeiros, cargo que desempenhará até Agosto de 1949 e de Abril de 1954 até 1957. Em 1946 foi eleito o primeiro presidente da Assembleia Geral da ONU. Também assegurou a presidência da OECE (1948 a 1950), a presidência da ACEE, a partir de 1949, e a presidência da Assembleia comum da CECA (1953). Presidiu, mais tarde, o intitulado «Comité Spaak», que preparou o Tratado de Roma (1957). Sucedeu ao Lord Ismay, em 1957, no cargo de secretário-geral da NATO. Em 1961 voltou a ser ministro dos Negócios Estrangeiros e Vice-Primeiro-ministro. Retirou-se da vida política em 1966. Pela sua acção persistente e frutuosa a favor da integração europeia, desde a Segunda Guerra Mundial, pode ser considerado como um dos Pais da Europa. Escreveu um livro de memórias intitulado *Combats inachevés*, em dois tomos datados de 1970 e 1971.

THOMAZ, Américo Deus Rodrigues – (1894-1987): Oficial da Marinha de Guerra portuguesa, participou na Missão Hidrográfica de estudo da costa portuguesa. Foi ministro da Marinha entre 1944 e Maio de 1958. Presidente da Junta da Marinha Mercante (1940). Escolhido por Salazar como candidato a Presidente da República pela União Nacional. O candidato da Oposição foi o general Humberto Delgado. Após eleições, muito polémicas e com numerosas fraudes, Américo Thomaz foi eleito presidente (Humberto Delgado virá a ser assassinado mais tarde, na companhia da sua secretária, pela PIDE). Manteve-se na presidência até ao fim do regime, em 25 de Abril de 1974, altura em que foi expulso do país. Regressou ao país em 1978.

TRUMAN, Harry – (1884-1972): Originário do Missouri, combateu em França durante a Primeira Guerra Mundial, foi eleito senador pelo Partido Democrata em 1934 e, em 1944, tornou-se vice-presidente de Roosevelt. Após a morte de Roosevelt (1945) acedeu à presidência, tendo tomado pouco depois a importante decisão de utilizar as bombas atómicas sobre o Japão. Presidiu a Conferência de Potsdam. Grande impulsionador da política de *containment* em relação à URSS, apoiou económica e militarmente a Europa no pós-guerra. Foi reeleito em Novembro de 1948. A partir de 1950 teve que gerir o difícil processo da guerra da Coreia. Assegurou a presidência até 1952, tendo sido substituído pelo presidente Eisenhower.

ULRICH, José Frederico do Casal Ribeiro – (1905-1982): Engenheiro civil, foi director-geral dos Serviços Hidráulicos e Eléctricos, subsecretário de Estado das Obras Públicas, entre 1944 e Fevereiro de 1947 e, logo de seguida, ministro das Obras Públicas até Abril de 1954. Foi, igualmente, vice-presidente da Câmara Corporativa e presidente da Junta de Energia Nuclear.

ULRICH, Rui Ennes – (1883-1966): Doutorado em Direito pela Universidade de Coimbra e professor catedrático, desde 1907. Pôs de lado o ensino para se dedicar à política, tendo sido um dos fundadores do Integralismo Lusitano. Entre 1914 e 1927 foi director no Banco de Portugal, acumulando com funções noutras empresas. Passou igualmente pela Companhia de Caminhos-de-Ferro Portugueses e por outras empresas. Em 1933 é convidado para ser embaixador em Londres, onde ficará dois anos (teve de sair na sequência de um almoço que ofereceu na Embaixada ao Duque de Bragança). Em seguida foi procurador à Câmara Corporativa (1936 a 1942), presidente do Conselho de Administração da Companhia Nacional de Navegação e professor da Faculdade de Direito da Universidade de Lisboa (1937 a 1950). Em 1950 voltou para Londres como embaixador, cargo que desempenhará até ter atingido o limite de idade, em 1953. Fez parte do Conselho de Suplentes da NATO, entre 1950 e 1952, e de algumas administrações privadas. Publicou uma vasta obra relacionada principalmente com questões económicas, coloniais e diplomáticas.

VAN ZEELAND, Paul – (1893-1973): Estudou filosofia e letras na Universidade de Louvain. Participou na Primeira Guerra Mundial (onde obteve a cruz de guerra). Depois da guerra estudou direito e ciências políticas e diplomáticas e doutorou-se, defendendo uma tese sobre questões bancárias. Esteve no Banco Nacional da Bélgica de 1922 a 1931, onde veio a ser o seu vice-governador, e foi professor na Universidade de Louvain a partir de 1928. Membro do Partido católico belga, foi nomeado ministro em 1934 e Primeiro-ministro de 1935 a 1936, acumulando com a pasta dos Negócios Estrangeiros. Refugiou-se em Londres durante a Segunda Guerra Mundial. Fundou a Liga europeia de cooperação económica (em 1946) e presidiu a Comissão económica do Congresso da Haia, em 1949. Foi ministro de Estado, em 1948, e ministro dos Negócios Estrangeiros entre 1949 e 1954. Foi presidente do Conselho da OECE, do Conselho da Europa e do Conselho da NATO. Foi senador entre 1946 e 1956. Recebeu o título de visconde.

WALLICH, Henry – Perito financeiro norte-americano que se deslocou a Portugal a pedido da Missão da ECA em Lisboa para efectuar um estudo sobre o sistema financeiro português. Passou três meses em Portugal e escreveu um importante estudo, publicado mais tarde pelo Banco de Portugal (em Março de 1952), com o título *O Sistema Financeiro Português.*

Apêndice 2 – Cronologia: 1947-1953

1947

1 de Janeiro	Nomeação de George Marshall como secretário de Estado norte-americano.
9 de Janeiro	George Marshall entra em funções.
16 de Janeiro	Vincent Auriol é eleito Presidente da República francesa.
22 de Janeiro	Paul Ramadier (SFIO) forma Governo e Georges Bidault é nomeado ministro dos Negócios Estrangeiros.
1 de Fevereiro	Alcide de Gasperi forma um Governo composto por democratas--cristãos, comunistas e socialistas.
5 de Fevereiro	**Salazar renova o Governo e José Caeiro da Matta é o novo ministro dos Negócios Estrangeiros.**
10 de Fevereiro	Assinatura dos tratados de Paz com a Itália, Roménia, Bulgária e Hungria.
4 de Fevereiro	Assinatura do Tratado de Dunkerque entre a França e o Reino Unido. **Marcello Caetano é eleito presidente da União Nacional.**
8 de Março	**Por despacho do subsecretário de Estado do Comércio e Indústria, a importação de géneros não contingentados internacionalmente e considerados necessários à população é tornada livre em Portugal.**
10 de Março	Os ministros dos Negócios Estrangeiros dos «Quatro» (Marshall, Molotov, Bevine e Bidault) encontram-se em Moscovo.
12 de Março	Os comunistas são excluídos do governo em Itália. O Congresso dos EUA concede 400 milhões de dólares à Grécia e à Turquia para os ajudar a combater o comunismo.
15 de Março	O presidente Truman convida os governos europeus a excluir os comunistas dos governos.
19 de Março	Paul-Henri Spaak forma o Governo belga em coligação católico--socialista.
29 de Março	**O Decreto-Lei n.º 36 199 suspende a emigração portuguesa, excepto quando feita ao abrigo de acordo ou convenção que**

	regulem as condições da sua admissão e estabelecimento nos países de destino.
10 de Abril	**Nova tentativa de Golpe de Estado em Portugal, organizado pela Junta Militar de Libertação Nacional.**
19 de Abril	O Partido do Congresso, com a aprovação do vice-rei Mountbatten, aceita a partição da Índia em duas partes, a Índia e o Paquistão.
21 de Abril	Acordo sobre as exportações de carvão alemão para a França e sobre a anexação económica da Sarre à França, entre a França, o Reino Unido e os EUA.
4 de Maio	Os ministros comunistas são excluídos do Governo francês.
14 de Maio	No Reino Unido é constituída, após uma iniciativa de Churchill, a *United Europe Movement*, de tendência intergovernamental.
1 de Junho	Criação em Liège, por iniciativa dos democratas-cristãos, das *Nouvelles Equipes internationales*, próximas dos federalistas.
3 de Junho	Criação do *Mouvement pour les Etats-Unis socialistes d'Europe* em Montrouge (*Mouvement socialiste pour les Etats-Unis d'Europe*), no final de 1948.
5 de Junho	Discurso do secretário de Estado George Marshall, em Harvard, anunciando o plano de uma ajuda económica à Europa.
10 de Junho	Início de uma vaga de greves em França.
11 de Junho	George Marshall renova no Parlamento canadiano, em Ottawa, a proposta de auxílio à Europa.
17 de Junho	A França e o Reino Unido aceitam a proposta de ajuda de Marshall.
27 de Junho *2 de Julho*	Conferência entre Molotov, Bevin e Bidault para discutir a proposta Marshall. A URSS recusa o Plano Marshall.
30 de Junho	**Marcello Mathias é nomeado enviado extraordinário e ministro plenipotenciário em Paris.**
3 de Julho	Bidault e Bevin decidem convidar as restantes nações europeias, à excepção da Espanha, para uma conferência em Paris.
4 de Julho	**Portugal é formalmente convidado a participar na Conferência de Paris.** Em Espanha a lei prevê a restauração da monarquia após a saída ou a morte de Franco.

12 de Julho	Começa em Paris a Conferência de cooperação económica europeia, com a presença de dezasseis países (incluindo Portugal). Os países da Europa oriental não aceitaram e a Espanha não foi convidada.
13 de Julho	**O ministro dos Negócios Estrangeiros Caeiro da Matta dá uma entrevista ao jornal *France-Soir*.** É criado o *Comité de Cooperação Económica Europeia* (CCEE).
15 de Julho	Termina a primeira parte da Conferência de Cooperação Económica Europeia.
18 de Julho	**Ruy Teixeira Guerra é designado representante de Portugal junto do CCEE.**
21 de Julho	**Caeiro da Matta parte de férias para Vittel, ficando Salazar a substituí-lo no Ministério dos Negócios Estrangeiros.**
23 de Julho	**É publicada a entrevista do ministro de Portugal em Paris, Augusto de Castro, ao *Diário de Notícias*.**
24 de Julho	**É publicada a entrevista de Salazar ao *The Times*.**
26 de Julho	Em Espanha é promulgada a Lei fundamental do regime franquista.
15 de Agosto	A Índia e o Paquistão tornam-se independentes. **Augusto de Castro é nomeado director do *Diário de Notícias*.**
27-31 Agosto	Congresso de Montreux da *Union européenne des fédéralistes*.
8 a 12 Setembro	Conferência da Union paneuropéenne em Gstaad (Suíça), convocada por Richard Coudenhove-Kalergi.
12 de Setembro	Declaração de Paris, em que treze países do CCEE, incluindo Portugal, decidem constituir um *Groupe d'études pour l'union douanière européenne*, com sede em Bruxelas.
22 de Setembro	A Conferência de cooperação económica europeia, depois de efectuar o balanço das necessidades económicas comuns, adopta o Programa de restabelecimento europeu para os anos 1948-1952, no valor de 22,4 mil milhões de dólares. **Discurso do ministro Caeiro da Matta, em que prescinde da Ajuda Marshall sob certas condições.**
30 de Setembro	O presidente Truman convoca o Congresso para acelerar o processo de ajuda à Europa.
5 de Outubro	Criação do *Kominform*.

	Eleições na Sarre, onde os votantes se pronunciam por uma ligação económica com a França.
9 de Outubro	O *Kominform* adopta as teses de Jdanov sobre a divisão do mundo em dois.
23 de Outubro	Assinatura por 23 países do GATT.
17 de Novembro	Convocação em sessão especial do Congresso dos EUA para votar a ajuda interina à Europa.
18 de Novembro	Assinatura de um Acordo de Pagamentos sobre o sistema de compensações financeiras entre a França, a Itália e os países do Benelux.
21 de Novembro	Início da Conferência de Havana sobre a criação de uma organização internacional do comércio mundial no seguimento do GATT.
25 de Novembro	Abertura da Conferência dos Quatro em Londres, sobre a Alemanha. **Importante discurso de Salazar na Assembleia Nacional portuguesa intitulado «Miséria e medo, características do momento actual».**
27 de Novembro	Robert Schuman forma um novo Governo, Georges Bidault continua como ministro dos Negócios Estrangeiros.
30 de Novembro	Vaga de greves em França. A Assembleia Nacional francesa adopta o projecto de lei sobre a defesa da República.
9 de Dezembro	Fim da vaga de greves em França.
10 de Dezembro	George Marshall intima a URSS a cessar o desmantelamento das empresas na zona de ocupação soviética na Alemanha.
13 e 14 de Dezembro	Reunião em Londres das organizações federalistas e unionistas no seio de um *Comité internacional de coordination des mouvements pour l'unification de l'Europe*, presidido por Duncan Sandys. Um Congresso da Europa é convocado para o mês de Maio de 1948, na Haia.
17 de Dezembro	Entra em vigor nos EUA a lei de ajuda interina à Europa. Conversações entre Bidault, Bevin e Marshall no seguimento do insucesso da Conferência de Londres.
24 de Dezembro	**Morte no Hospital Militar da Estrela do general Marques Godinho quando se encontrava sob prisão. Tinha sido co-**

mandante dos Açores em 1939-1945 e supunha-se que tivesse documentação comprometedora para Salazar e Santos Costa (ministro da Guerra).

1948

1 de Janeiro Entrada em vigor da Convenção aduaneira entre a Bélgica, a Holanda e o Luxemburgo (Benelux), que institui uma tarifa aduaneira comum aos três países.
Entrada em vigor do GATT. No Reino Unido são nacionalizados os transportes ferroviários e a energia (depois do Banco de Inglaterra e das carboníferas).

2 de Janeiro Assinatura de um acordo entre a França e os EUA sobre a ajuda interina no âmbito do Plano Marshall.

3 de Janeiro A França reconhece a autonomia política da Sarre.

22 de Janeiro Discurso de Bevin na Câmara dos Comuns sobre a União Ocidental.

25 de Janeiro O franco francês é desvalorizado em 44,44%.

27 de Janeiro **Em Portugal o Conselho de Ministros debruça-se sobre a eventualidade de pedido de ajuda financeira no âmbito do Plano Marshall e decide não a solicitar.**

30 de Janeiro Assassinato de Mahâtma Gandhi na Índia.

2 de Fevereiro **É assinado o Acordo entre Portugal e os EUA que concede aos norte-americanos facilidades na base das Lages (Açores).**

4 de Fevereiro **A questão do Plano Marshall é abordada na Assembleia Nacional portuguesa.**

5 de Fevereiro Reabertura da fronteira franco-espanhola.

9 de Fevereiro Criação da Bizona na Alemanha, pelos norte-americanos e britânicos.

11 de Fevereiro Na Irlanda o Fianna Fail perde a maioria absoluta e o Primeiro-ministro Eamon de Valera retira-se após dezasseis anos no poder.

20-25 de Fevereiro Golpe de Praga. Os comunistas, com o apoio da URSS, passam a controlar inteiramente a Checoslováquia, aumentando assim a tensão Este-Oeste.

23 de Fevereiro a 6 de Março	Reunião da Conferência Tripartida dos Três em Londres para tratar da questão da Alemanha. Participação posterior dos países do Benelux.
10 de Março	O ministro social-democrata dos Negócios Estrangeiros da Checoslováquia suicida-se em Praga.
15 de Março	Reunião em Paris dos 16 países do Comité de cooperação económica europeia, tendo sido constituído um Grupo de Trabalho encarregue de estudar a criação de uma organização permanente.
16 de Março	No encontro entre os ministros do CCEE, o ministro Caeiro da Matta avança com a necessidade de se incluir a Espanha na cooperação europeia.
17 de Março	Assinatura do Tratado da União Ocidental (Pacto de Bruxelas) entre a França, o Reino Unido e os países do Benelux. É um tratado de assistência mútua em caso de agressão, que também institui uma colaboração em matéria económica, social e cultural. É criado um comité militar permanente em Londres. **A Legação de Portugal em Paris sobe à categoria de Embaixada.**
20 de Março	Assinatura em Turim, por Bidault e Sforza, do Protocolo de união aduaneira franco-italiano. Em Berlim, o marechal Sokolovski abandona a presidência do Conselho interaliado.
31 de Março	Os soviéticos controlam militarmente todas as ligações entre Berlim Ocidental e a Alemanha Ocidental.
2 de Abril	O Congresso dos EUA vota o *Foreign Assistance Act*, de 1948, que concede 5,3 mil milhões de dólares à ERP para ajuda à Europa, no espaço de 12 meses.
3 de Abril	Assinatura pelo presidente Truman da Lei de ajuda ao estrangeiro para 1948-1949.
9 de Abril	**A Legação da França em Lisboa passa à categoria de Embaixada.**
16 de Abril	É assinada em Paris a Convenção económica europeia e respectivos Protocolos, criando assim a Organização Europeia de Cooperação Económica (OECE). Os países participantes são: Áustria, Bélgica, Dinamarca, França, Grécia, Irlanda, Islândia, Itália, Luxemburgo, Noruega, Holanda, Portugal, Reino Unido, Suécia, Suíça e Turquia. Os comandantes em chefe das zonas de ocupação ocidentais da Alemanha também assinaram a convenção e os respectivos protocolos. Foi eleito para presidir o Conselho da

OECE o belga Paul-Henri Spaak. Como secretário-geral foi escolhido o francês Robert Marjolin.

20 de Abril (até a 1 de Junho) Início da Conferência de Londres sobre a Alemanha, com a participação dos EUA e dos países do Pacto de Bruxelas.

28 de Abril **Salazar faz um importante discurso aos militares intitulado «O Ocidente em face da Rússia».**

7 a 10 de Maio Realiza-se o Congresso da Haia, conhecido igualmente como o «Congresso da Europa», em que se reuniram, sob a presidência de Churchill, cerca de 800 delegados representando 19 países. Reunidos em comissões e em plenário, os congressistas propõem a constituição de uma assembleia europeia e uma integração progressiva da Europa em termos políticos e económicos. Recomendam a adopção de uma carta europeia dos direitos do homem e de um tribunal de justiça para os fazer respeitar.

14-15 de Maio Proclamação da criação do Estado de Israel e início da guerra israelo-árabe.

17 de Maio O presidente Tito recusa-se a ir dar explicações sobre a sua política ao *Kominform e* é acusado de traição pelos soviéticos.

20 de Maio O general Tchang Kaï-Chek é eleito presidente da China.

1 de Junho **Acordo comercial entre a França e Portugal, assinado pelo embaixador Marcello Mathias e por Georges Bidault.**
A União Indiana começa a levantar a questão da soberania dos territórios da Índia Portuguesa (Goa, Damão, e Diu).

5 de Junho Aprovação pelo Conselho da OECE do relatório sobre o primeiro trimestre da Organização.

11 de Junho Aprovação pelo Senado dos EUA da Resolução 239, conhecida por Resolução Vandenberg, que permite a este país firmar pactos de defesa mútua em tempos de paz fora do continente norte-americano, abrindo assim a via para a assinatura do pacto com os países europeus.

20 de Junho Substituição na Alemanha, do *Reichmark* pelo *Deutsche Mark,* sob controlo ocidental.

23 de Junho Início da Crise de Berlim, por via do bloqueio dos acessos das zonas ocidentais a Berlim (até 12 de Maio de 1949).

26 de Junho Início da ponte aérea para Berlim. Os EUA e o Reino Unido irão assegurar o transporte dos abastecimentos para Berlim Oriental.

27 de Junho **Início do julgamento dos implicados na conspiração de Abril de 1947. O envolvimento do Presidente da República Carmona foi invocado por alguns dos réus.**

1 de Julho A *Kommandanture* quadripartida de Berlim é suprimida pelos Soviéticos.

4 de Julho Tito rompe com Moscovo.

5 de Julho No Reino Unido é nacionalizado o sector da saúde.

6 de Julho Início das negociações alargadas com vista à criação de uma pacto de defesa entre os Estados Unidos e a Europa.

12 de Julho Cerca de 375 000 prisioneiros alemães são libertados pelos britânicos.

16 de Julho O Conselho da OECE aprova os princípios fundamentais para o estabelecimento do Programa anual 1948-1949 e repartição da ajuda.

19 de Julho O Governo de Robert Schuman demite-se.
Começa a Segunda sessão do Conselho consultivo da União Ocidental, na Haia (até 20 de Julho), em que Georges Bidault propõe a criação de uma união económica e aduaneira e de uma assembleia europeia.

24 de Julho **Numa nota oficiosa, o ministro das Colónias indica que o Governo português comunicou à Companhia do porto da Beira que, ao abrigo das cláusulas do respectivo contrato e dentro do espírito do Acto Colonial, procedia ao seu resgate. Anuncia que está a estudar igual procedimento para os caminhos-de-ferro da Beira.** O Conselho da OECE adoptou os princípios gerais do plano de pagamentos intraeuropeus.

25 de Julho Reunião dos ministros da OECE com o administrador da ECA, Paul Hoffman.

26 de Julho Robert Schuman é ministro dos Negócios Estrangeiros da França (até 8 de Janeiro de 1953), no novo Governo constituído por André Marie (Radical).

27 de Julho **O Governo português procede ao resgate do porto da Beira, com efeitos a partir de 1 de Janeiro de 1949.**

28 de Julho Entrada em vigor da Convenção e dos Protocolos relativos à OECE.

1 de Agosto A zona francesa de ocupação da Alemanha é ligada economicamente à bizona britânico-norte-americana.

11 de Agosto Os Aliados organizam o contra-bloqueio financeiro de Berlim-Este.

1 de Setembro Constituição na Alemanha Ocidental de um *Conseil parlementaire*, sob a presidência de Konrad Adenauer. **O Conselho de Ministros português cria a Comissão Técnica de Cooperação Económica Europeia (CTCCE).**

11 de Setembro Formação de um novo Governo em França, sob a chefia de Henri Queuille (Radical).

15 de Setembro **O Decreto-Lei n.º 37 058 aprova para ratificação a Convenção de cooperação económica europeia e os seus Protocolos adicionais.**

17 de Setembro Assassínio do mediador da ONU na Palestina.

19 de Setembro Conflito israelo-árabe.

20 de Setembro **Assinatura em Lisboa do segundo Protocolo adicional ao Tratado de Amizade e Não-Agressão luso-espanhol. O ministro Caeiro da Matta e o embaixador Nicolàs Franco assinam a prorrogação por dez anos.**

1 de Outubro Princípio de uma nova vaga de greves em França.

14 de Outubro A zona de Trieste, sob controlo britânico e norte-americano, adere à convenção da OECE.
Nova ofensiva israelita contra os Egípcios no Neguev.

16 de Outubro **Remodelação ministerial em Portugal. O ministro da Economia Daniel Barbosa é substituído por António Castro Fernandes. Reunião do Conselho da OECE. O Programa anual de 1948-1949 é entregue a Averell Harriman, representante especial dos EUA na Europa.**

17 de Outubro Nova desvalorização do franco francês, de 22%.

19 de Outubro Acordo de Pagamentos intereuropeu sobre os Direitos de Saque.

25 de Outubro É criado o Movimento europeu, ao qual aderiram todos os movimentos europeus, à excepção da União parlamentar europeia (cuja adesão só se verificou em 1952, quando Coudenhove-Kalergi decidiu transformá-la em Conselho parlamentar do Movimento europeu). O Movimento europeu ficou

	sob a presidência de honra de Churchill, Leon Blum (ao qual sucederá Schuman), Paul-Henri Spaak e Alcide de Gasperi. Organizou-se com um conselho nacional em cada país, agrupando os representantes nacionais dos diversos movimentos, e um conselho internacional encarregado de definir a sua linha de conduta.
26 de Outubro	Os países da União Ocidental aceitaram o princípio de uma assembleia europeia e decidiram a criação de um comité para estudar as possibilidades de uma maior aproximação entre os países europeus. Nova vaga de greves em França.
1 de Novembro	Entrada em vigor do acordo de fusão do comércio exterior das três zonas ocidentais da Alemanha.
2 de Novembro	Reeleição de Harry Truman. Os Democratas obtêm a maioria no Senado e na Câmara dos Representantes.
9 de Novembro	Os comunistas chineses atravessam a Grande muralha na sua progressão em direcção à costa.
18 de Novembro	Nacionalização da siderurgia no Reino Unido.
24 de Novembro	**O Plano Director Português é apresentado na OECE.**
26 de Novembro	O Parlamento irlandês decide a independência total. Na Bélgica, Paul-Henri Spaak forma um novo Governo.
29 de Novembro	Fim da vaga de greves em França.
21 de Dezembro	A Irlanda decide retirar-se oficialmente da *Commonwealth*.

1949

1 de Janeiro	Mediante um convite da ECA, o barão Snoy (presidente do *Conseil Suppléant*), Sir Edmund Hall Patch (presidente do Comité Executivo), Robert Marjolin (secretário-geral) e um grupo de peritos partem para Washington para apresentarem informações complementares sobre o Programa anual 1949-1950 e o *Rapport Intérimaire*.
3 de Janeiro	Nomeação de Dean Acheson, em substituição de Marshall.
7 a 9 de Janeiro	**II Conferência da União Nacional.**

20 de Janeiro	O presidente Truman na sua mensagem ao Congresso, no seu Ponto IV, preconiza uma vasta ajuda aos países subdesenvolvidos.
22 de Janeiro	Entrada dos tropas comunistas de Mao Tsé-toung em Pequim.
25 de Janeiro	Em Moscovo, um comunicado anuncia a criação do Conselho de Ajuda Económica Mútua, ou Comecon, que agrupa a URSS, a Bulgária, a Hungria, a Polónia, a Roménia e a Checoslováquia.
28 de Janeiro	Em Londres, os países membros da União europeia decidem a criação do Conselho da Europa, composta por um Conselho de Ministros, uma Assembleia consultiva e um secretariado permanente, com sede em Estrasburgo. A ONU exige que os holandeses deixem a Indonésia. Os EUA ameaçam cortar a Ajuda Marshall caso isso não aconteça.
1 de Fevereiro	**Óscar Carmona é reeleito Presidente da República Portuguesa (o general Norton de Matos retirou a sua candidatura).**
17 de Fevereiro	O Conselho da OECE cria um Grupo Consultivo a nível ministerial que funcionará junto do presidente do Conselho da OECE.
28 de Fevereiro	Grande manifestação em Bruxelas, em frente da Bolsa, na qual Churchill e Spaak tomam a palavra. Esta manifestação foi organizada no momento em que decorre em Bruxelas o Conselho internacional dos movimentos europeus, Congresso que contou com a presença de cerca de dois mil auditores.
4 de Março	Na URSS, Vychinsk substitui Molotov por Gromyko na pasta dos Negócios Estrangeiros.
6 de Março	Início da Conferência Tripartida sobre a Alemanha (Estados Unidos, Reino Unido e França).
8 de Março	O Grupo Consultivo da OECE apresenta propostas concretas com vista à aplicação do Programa de Acção para 1949-1950, do reforço da OECE no domínio da agricultura e do desenvolvimento do turismo na Europa.
19 de Março	O Conselho do Povo da zona de ocupação soviética aprova a Constituição da «República Democrática Alemã».
26 de Março	**Criação em Portugal do Fundo de Fomento Nacional que irá mobilizar, nomeadamente, os fundos relativos ao Plano Marshall.** Assinatura em Paris do Tratado de União Aduaneira franco-italiana. O Conselho da OECE aprova as propostas do Grup Consultivo.

31 de Março O Governo soviético envia um memorando aos países que vão assinar o Pacto do Atlântico, no qual afirma que o texto é contrário à Carta das Nações Unidas.

2 de Abril Os países que vão assinar o Pacto do Atlântico enviam uma declaração conjunta ao Governo soviético, na qual refutam essa posição dos soviéticos.

4 de Abril Assinatura em Washington do Pacto do Atlântico, entre os EUA, os países do Pacto de Bruxelas, o Canadá, a Dinamarca, a Islândia, a Itália, a Noruega e Portugal.

8 de Abril Acordos de Washington sobre a Alemanha entre os EUA, a França e o Reino Unido. É decidida a participação quase integral da Alemanha Ocidental na OECE. O comércio externo continuaria a ser controlado pelos Aliados.
Início da conferência sobre o comércio internacional em Annecy.

12 de Abril O Conselho da OECE procede às eleições para o ano de 1949-1950.

18 de Abril Proclamação oficial da República da Irlanda (Eire).

19 a 25 de Abril Conferência de Westminster, promovida pelo Movimento europeu, na qual se estudaram os problemas económicos e sociais da unificação europeia. O relatório de André Philip propõe um plano de coordenação das indústrias de base europeias.

20 de Abril **Em Portugal é confirmada a ratificação da Convenção de Cooperação Europeia e seus Protocolos Adicionais.**

21 de Abril Greves e manifestações violentas em Berlim-Este.

28 de Abril Criação da Autoridade internacional da Ruhr, através do Acordo de Londres, para controlar a actividade carbonífera e siderúrgica da Ruhr, nomeadamente no que toca à repartição da sua produção.

5 de Maio Criação em Londres do Conselho da Europa, com sede em Estrasburgo, constituído pelos cinco países do Tratado de Bruxelas, a Dinamarca, a Irlanda, a Itália, a Noruega e a Suécia.

8 de Maio Adopção da Lei Fundamental da República Federal da Alemanha.

12 de Maio As negociações entre os Estados Unidos e a URSS levam ao fim das medidas de bloqueio de Berlim. É convocada uma nova reunião dos Quatro.

23 de Maio	Proclamação da República Federal da Alemanha. Início da reunião dos ministros dos Negócios Estrangeiros dos Quatro (até 20 de Junho).
30 de Maio	O «Congresso do Povo Alemão» adopta uma constituição centralizadora.
4 de Junho	O Grupo Consultivo faz propostas concretas em matéria de liberalização do comércio.
7 de Junho	**Em Conselho de Ministros Salazar mostra-se preocupado com a situação económica portuguesa e indica ser necessário implementar medidas restritivas.**
11 de Junho	O presidente Truman pronuncia-se a favor de um rearmamento da Europa e contra qualquer redução das verbas do Plano Marshall.
2 de Julho	O Conselho de Ministros da OECE adopta os princípios do Acordo de Pagamentos e de compensações para o ano de 1949-1950 e convida os Estados membros a acabar progressivamente com as restrições quantitativas, até à sua eliminação em 1951.
13 de Julho	O Papa Pio XII declara excomungar os comunistas de todo o mundo.
17 de Julho	**É assinado o Acordo preliminar de cooperação económica entre Portugal e a Espanha.**
25 de Julho	**Tem início a sessão especial da Assembleia Nacional portuguesa para ratificação do Tratado do Atlântico Norte. Salazar faz um importante discurso intitulado: «Portugal no Pacto do Atlântico».** Em Washington, um programa de ajuda militar no valor de 1 314 milhões de dólares é submetido à aprovação do Congresso.
28 de Julho	**A Assembleia Nacional aprova para ratificação o Tratado do Atlântico Norte.**
3 de Agosto	Entrada em vigor do tratado sobre o estatuto do Conselho da Europa.
8 de Agosto	O Conselho da Europa reúne-se pela primeira vez em Estrasburgo, sob a presidência de Paul-Henri Spaak.
9 de Agosto	A Grécia e a Turquia são admitidas no Conselho da Europa, passando este a ser constituído por doze nações.
10 de Agosto	Tem início a primeira sessão da Assembleia Consultiva do Conselho da Europa (ACCE), sob a presidência de Edouard Herriot (até ao dia 8 de Setembro).

13 de Agosto	O Conselho da OECE decide que os países terão de indicar até ao dia 1 de Outubro de 1949 as iniciativas em matéria de eliminação de restrições quantitativas.
14 de Agosto	Vitória eleitoral de Konrad Adenauer na República Federal da Alemanha.
24 de Agosto	Entrada em vigor do Tratado do Atlântico Norte.
29 de Agosto	Primeira explosão atómica soviética.
31 de Agosto	O Conselho da OECE aprova as recomendações feitas pelo seu presidente e pelo secretário-geral em matéria de repartição da ajuda norte-americana e dos direitos de saque para 1949-1950.
1 de Setembro	A OECE divulga o relatório sobre a repartição da ajuda e dos direito de saque para 1949-1950. A Portugal são atribuídos 33 milhões de auxílio directo e 27 milhões de direitos de saque. **O ministro Caeiro da Matta parte para Washington, para participar no Conselho do Atlântico Norte.**
6 de Setembro	Na ACCE é adoptada uma moção que pede a instauração de uma autoridade política europeia «dotada de funções limitadas mas de poderes reais».
7 de Setembro	Assinatura do Acordo de Pagamentos e de Compensações para 1949-1950.
12 de Setembro	O democrata-liberal Theodore Heuss é eleito Presidente da República Federal da Alemanha.
15 de Setembro	Adenauer é nomeado chanceler da República Federal da Alemanha.
19 de Setembro	Desvalorização da maior parte das moedas da Europa Ocidental em relação ao dólar. O Governo português suspende todas as operações de Bolsa e transacções sobre divisas estrangeiras.
21 de Setembro	**O Governo fixa as novas paridades do escudo (dólar = 28,5 escudos e libra esterlina = 80,5 escudos).**
28 de Setembro	Desvalorização do *Mark* alemão.
30 de Setembro	Os Aliados põem fim à ponte aérea após 277 264 voos de reabastecimento.
1 de Outubro	Proclamação da República Popular da China. Mao Tsé-toung torna-se presidente e Chou En-laï o Primeiro ministro.

	Cerimónia da entrega a Portugal da exploração do caminho--de-ferro da Beira.
3 de Outubro	**Chegada a Washington da missão militar portuguesa para participar na reunião dos representantes militares.**
5 de Outubro	Início da reunião dos representantes militares dos países da NATO.
6 de Outubro	Demissão do Governo de Queuille, em França. A Lei de Ajuda Militar para a Defesa Mútua de 1949 é assinada pelo presidente Truman.
7 de Outubro	Nascimento da República Democrata Alemã.
13 de Outubro	A OECE anuncia a diminuição das verbas para 1949-1950, de forma a se constituir um fundo de reserva de 150 milhões de dólares. A Portugal são atribuídos 31,5 milhões de dólares de ajuda directa.
15 de Outubro	Tratado de pré-união económica do Benelux.
16 de Outubro	Fim da guerra civil na Grécia.
21 de Outubro	Condenação nos EUA de todos os dirigentes do Partido comunista norte-americano.
22 de Outubro	**Visita a Lisboa do generalíssimo Franco.**
29 de Outubro	Em França, Georges Bidault torna-se presidente do Conselho e forma um novo Governo.
2 de Novembro	O Conselho da OECE aponta o objectivo de liberalização das trocas comerciais intereuropeias, na ordem dos 50%, até ao dia 15 de Dezembro. Esteve em representação de Portugal o ministro da Economia Castro Fernandes.
5 de Novembro	O Conselho da Europa, reunido em Paris, decide acolher a República Federal da Alemanha e a Sarre, esta última admissão deverá, contudo, ser aprovada pela ACCE.
7 de Novembro	Tem lugar em Paris a primeira sessão da Comissão permanente do Conselho da Europa, presidida por Paul-Henri Spaak.
8 de Novembro	Reúne-se em Washington, para a sua segunda sessão, o Conselho do Atlântico Norte.
9 a 10 de Novembro	Conferência dos Três em Paris.
13 de Novembro	**Realizam-se eleições em Portugal. Todos os candidatos da União Nacional são eleitos.**

18 de Novembro Segunda sessão do Conselho do Atlântico Norte, em Washington.

22 de Novembro Acordo de Petersberg entre a Alta Comissão Aliada e o Governo da República Federal da Alemanha, no qual se autoriza esta última a participar nos organismos internacionais.

24 de Novembro Promulgação do *Iron and Steel Act* no Reino Unido sobre a nacionalização da siderurgia.
Chegada a Lisboa do embaixador especial do Governo norte-americano junto dos países do Plano Marshall, Averell Harriman.

2 de Dezembro A Resolução 332 IV da Assembleia Geral da ONU obriga as potências coloniais a fornecer informações de carácter político ao *Comité spécial chargé des questions coloniales* da ONU.

16 de Dezembro Mao Tsé-toung desloca-se a Moscovo, onde ficará durante dois meses para conversações com Estaline.

18 de Dezembro **O ministro da Economia Castro Fernandes parte para Paris para participar na reunião do Grupo Consultivo da OECE.**

28 de Dezembro Liberalização das importações privadas intereuropeias na ordem dos 50%.

29 de Dezembro **Entrevista do ministro da Economia Castro Fernandes ao *Diário de Notícias*.**

1950

2 de Janeiro **O Decreto-Lei n.º 37 724 permite ao Governo efectuar as operações de crédito no âmbito da Ajuda Marshall.**
Winston Churchill desloca-se à Madeira mas, ao contrário do que estava previsto, não passa por Lisboa.

6 de Janeiro Terceira sessão do Conselho do Atlântico Norte, em Washington, sob a presidência de Dean Acheson.

10 de Janeiro Como forma de protesto contra a participação da Formosa no Conselho de Segurança da ONU, a URSS começa a praticar a política da "cadeira vazia".

11 de Janeiro O presidente Theodore Heuss recorda a indivisibilidade dos bens entre a Alemanha e a Sarre.

13 a 16 de Jan.	Visita de Robert Schuman, ministro dos Negócios Estrangeiros, à República Federal da Alemanha.
20 de Janeiro	O Conselho da OECE aprova as medidas destinadas a intensificar a produtividade europeia.
25 de Janeiro	**A Assembleia Nacional ratifica o Decreto-Lei n.º 37 724, que permite ao Governo português utilizar a Ajuda Marshall.**
26 de Janeiro	Proclamação da República da União Indiana.
27 de Janeiro	Aprovação pelo Presidente Truman do projecto de defesa integrada da região do Atlântico Norte e abertura de um crédito de 900 milhões de dólares no âmbito da ajuda militar.
31 de Janeiro	O presidente Truman anuncia a construção da bomba H, com um potencial de destruição ainda desconhecido.
3 de Fevereiro	Demissão dos ministros socialistas em França.
7 de Fevereiro	Publicação do segundo relatório da OECE. Georges Bidault forma um novo Governo. O rei Leopoldo III recusa abdicar a favor do seu filho.
14 de Fevereiro	Assinatura em Moscovo de um Pacto de Assistência Mútua e de Amizade entre a URSS e a República Popular da China.
22 de Fevereiro	O Conselho da OECE aprova os termos da resposta ao Conselho da Europa sobre as propostas avançadas pelas Recomendações da ACCE em matéria económica.
23 de Fevereiro	Vitória dos Trabalhistas nas eleições no Reino Unido.
27 de Fevereiro	Constituição do segundo Governo trabalhista sob a chefia de Clement Attlee. **A União Indiana solicita a Portugal negociações com vista à integração pacífica dos territórios da Índia Portuguesa.**
3 de Março	Robert Schuman e J. Hoffmann, pela região federal da Sarre, assinam cinco acordos.
7 de Março	Admissão da Islândia no Conselho da Europa.
8 de Março	Dean Acheson pede ao Congresso a atribuição de uma ajuda de 100 milhões de dólares aos regimes anticomunistas da Ásia do Sudeste. Konrad Adenauer propõe a união entre a França e a Alemanha.
10 de Março	No *Bundestag* o chanceler Adenauer e o chefe da Oposição protestam contra as convenções do dia 3 de Março entre a França e a Sarre.

12 de Março	Referendo sobre a questão real na Bélgica.
24 de Março	**O Decreto-Lei n.º 37 792 autoriza o Governo português a contrair empréstimos com a ECA, ou com outras entidades por si designadas, no valor de 27,5 milhões de dólares. Primeira reunião do Comité militar da NATO, na Haia.**
30 de Março	Morte de Léon Blum.
2 de Abril	A República Federal da Alemanha e a Sarre são convidadas a participar nos trabalhos do Conselho da Europa.
4 de Abril	O Conselho da OECE efectua as eleições para o ano de 1950--1951 e extingue o Grupo Consultivo.
7 de Abril	Constituição de um gabinete social-cristão na Bélgica dirigido por Van Zeeland.
18 de Abril	Fim da greve dos estivadores de Marselha, que durou 40 dias. Assinatura oficial de um Plano sobre a Sarre.
29 de Abril	Dissolução do Parlamento belga.
2 de Maio	Chandernagor, antiga feitoria francesa na Índia, passa para a soberania da União Indiana.
3 de Maio	**Inicia-se o processo de Álvaro Cunhal, líder do Partido Comunista Português.**
8 de Maio	Dean Acheson encontra-se com Robert Schuman e debatem a questão do papel dos EUA na Indochina, onde se intensificam os combates.
9 de Maio	Em Paris, Robert Schuman, ministro dos Negócios Estrangeiros, propõe a criação de uma Comunidade Europeia do Carvão e do Aço entre a França e a República Federal da Alemanha, aberta a outros países europeus. Inspirado por Jean Monnet, Robert Schuman propõe a criação de uma Alta Autoridade supranacional.
11 de Maio	Fundação da União Democrata Cristã, presidida pelo chanceler Adenauer.
12 a 13 de Maio	Conferência dos Três em Londres sobre a questão alemã.
15 a 18 de Maio	Quarta Sessão do Conselho do Atlântico Norte, em Londres.
28 de Maio	**Em Braga, Salazar faz um discurso intitulado «Breves considerações sobre política interna e internacional».**
2 de Junho	O Conselho da OECE convida os EUA e o Canadá a participarem nos seus trabalhos, quando houver problemas comuns, e aprova

as propostas do secretário-geral com vista ao estabelecimento de um programa de nova expansão económica europeia.

3 de Junho Aderem ao Plano Schuman seis países (Alemanha, França, Itália, e os países do Benelux). O Reino Unido recusa-se a participar.

8 de Junho Na Bélgica, após a vitória eleitoral dos social-cristãos, Duvieusart forma um novo Governo.

9 de Junho O presidente Truman declara que o isolacionismo é o caminho da guerra.

20 de Junho Abertura em Paris da Conferência dos Seis sobre o carvão e o aço, na base do Plano Schuman.

22 de Junho Robert Schuman declara que se deve conduzir a Tunísia para a independência, objectivo final dos restantes membros da União Francesa.

25 de Junho Início da Guerra da Coreia. Os Norte-Coreanos atacam e penetram na Coreia do Sul.
É convocado o Conselho de Segurança da ONU, a pedido dos EUA, que vota por unanimidade uma resolução pedindo a retirada das forças norte-coreanas e, em caso de recusa, apela a todos os membros da ONU que apoiem a decisão do Conselho de Segurança.

26 de Junho O Conselho de Segurança da ONU reúne-se e, na ausência da URSS, decide pedir a todos os seus Estados membros a colocação ao serviço da Coreia do Sul de todos os meios necessários para fazerem face à agressão norte-coreana. O presidente Truman reage imediatamente e nomeia o general Douglas MacArthur, comandante-em-chefe das forças norte-americanas. Estas forças entram pouco depois em acção, com a incumbência de apoiarem os sul-coreanos e defenderem a Formosa.

28 de Junho Os norte-coreanos entram em Séoul. A URSS considera «sem valor legal» a decisão do Conselho de Segurança da ONU.

30 de Junho Os delegados de 33 nações fundam uma nova Internacional Socialista.
O presidente Truman decide fazer intervir a infantaria norte-americana na Guerra da Coreia.
Primeiro fornecimento de material militar norte-americano na Indochina.
Moscovo declara-se fiel à não intervenção na Coreia.

1 de Julho	As tropas norte-americanas desembarcam na Coreia.
6 e 7 de Julho	O Conselho da OECE aprova as medidas relativas à criação da UEP e decide que 15 dias após a assinatura do acordo os países membros deverão liberalizar pelo menos 60% das suas importações privadas provenientes dos outros países membros.
8 de Julho	MacArthur é nomeado comandante supremo das forças da ONU.
11 de Julho	René Pleven constitui Governo com a participação de socialistas.
14 de Julho	O secretário-geral da ONU pede aos Estados membros que enviem contingentes para a Coreia.
22 de Julho	Leopoldo III regressa à Bélgica (abdicará no dia 31 a favor do seu filho Baudouin).
25 de Julho	O Conselho de Suplentes da NATO realiza a sua primeira sessão em Londres. Charles Spofford, representante suplente dos EUA junto do Conselho do Atlântico Norte, é eleito representante permanente.
27 de Julho	Truman exclui o emprego imediato da bomba atómica.
1 de Agosto	**São efectuadas alterações na orgânica governamental em Portugal. O Ministério da Guerra passa a designar-se Ministério do Exército, e é criado o Ministério da Defesa Nacional. É criado, igualmente, o Ministério da Presidência.** A URSS reintegra o Conselho de Segurança da ONU. O Governo turco informa que vai apresentar a sua candidatura à NATO. O Senado dos EUA ratifica a decisão de conceder à Espanha um empréstimo de 100 milhões de dólares.
2 de Agosto	**Grande remodelação ministerial em Portugal. Entre outras, houve as seguintes alterações ou nomeações: Caeiro da Matta é substituído por Paulo Cunha nos Negócios Estrangeiros (até 1958), Costa Leite passa para a Presidência, Santos Costa ocupa a Defesa Nacional, Águedo de Oliveira é nomeado nas Finanças (em substituição de Costa Leite), e na Economia é nomeado Ulisses Cortês (em substituição de Castro Fernandes).**
3 de Agosto	O Conselho da OECE aprova um relatório sobre a estabilidade financeira dos países membros.
5 de Agosto	**Por despacho de Salazar, a CTCEE passa para a sua dependência.**
11 de Agosto	Winston Churchill propõe no Conselho da Europa a criação de um exército europeu. A ACCE adopta uma resolução em que se

pede «a criação imediata de um exército unificado submetido a um controlo democrático europeu e agindo em cooperação com os EUA e o Canadá». A votação é de 89 votos a favor, 5 contra, e 27 abstenções.

17 de Agosto Konrad Adenauer pede a criação de um exército de defesa.

18 de Agosto É aprovado o código de liberalização da OECE.

22 de Agosto A ACCE aprova a Declaração dos Direitos do Homem.

26 a 28 de Agosto A ACCE aprova o Plano Schuman e pede a organização de uma instituição europeia para os mercados agrícolas, e autoridades especializadas nos domínios político, económico, social e cultural.

4 de Setembro O Conselho da OECE aprova o relatório sobre os investimentos internacionais.

5 de Setembro Pierre Pflimlin, ministro francês da Agricultura, propõe a criação por etapas de um mercado comum agrícola para alguns produtos (trigo, açúcar, vinho, lacticínios), dotado de organismos semelhantes aos do Plano Schuman.

12 de Setembro O general Marshall é nomeado secretário de Estado da Defesa dos Estados Unidos.

14 de Setembro O presidente Truman anuncia um aumento substancial dos efectivos norte-americanos na Europa.

15 de Setembro Desembarque de tropas norte-americanas na Coreia do Norte. Início da quinta sessão do Conselho do Atlântico Norte em Nova Iorque, sob a presidência de Dean Achenson (até ao dia 18 de Setembro).

16 a 18 de Setembro Quinta Sessão do Conselho do Atlântico Norte, em Nova Iorque.

19 de Setembro Assinatura em Paris, por dezasseis países da OECE, do Acordo que criou a UEP, destinado a multilateralizar o sistema de pagamentos intereuropeus com créditos automáticos (um acordo de *clearing* entre os Estados da Europa Ocidental membros da OECE).

26 de Setembro Segunda parte da quinta sessão do Conselho do Atlântico Norte, em Nova Iorque. A NATO decide o princípio da participação da República Federal da Alemanha na defesa ocidental.
Salazar visita Franco em Espanha, para conversações, e Franco acompanha-o até Portugal.

29 de Setembro Adesão da República Democrática Alemã ao COMECON.

2 de Outubro **É publicado o Decreto-Lei que autoriza o Governo a contrair com a ECA um contrato de empréstimo destinado à construção de um novo cais no porto da Beira.**

A Turquia aceita, após convite do Conselho da NATO, participar com os organismos militares da NATO no planeamento da defesa da região mediterrânica.

4 de Outubro **Uma Nota oficiosa publicada na imprensa portuguesa informa que as conversações entre Salazar e Franco resultaram em acordo completo sobre a situação internacional. Foi reafirmado o bom entendimento entre os dois países.**

5 de Outubro A Grécia aceita, após convite do Conselho da NATO, participar no planeamento da defesa da região mediterrânica.

7 de Outubro O Conselho da OECE examina um relatório do secretário-geral sobre os problemas económicos urgentes. Reconhece a necessidade de uma acção colectiva e fixa as medidas a adoptar por causa da conjuntura resultante da Guerra da Coreia.

A Assembleia Geral da ONU autoriza as tropas da ONU a ultrapassarem o paralelo 38.º na Coreia.

8 de Outubro Grande derrota francesa em Cao Bang e That Khé.

15 de Outubro Encontro de Truman com MacArthur.

16 de Outubro Início da intervenção directa da China Popular na Guerra da Coreia.

18 de Outubro As forças da ONU penetram na capital da Coreia do Norte.

19 de Outubro A URSS declara não aceitar o rearmamento da República Federal da Alemanha.

20 de Outubro O Comité Executivo da OECE encarrega os comités verticais de procederem a estudos sobre a penúria de matérias-primas.

Os ministros dos Negócios Estrangeiros da URSS e das democracias populares, reunidos nos dia 20 e 21, propõem a criação de uma Alemanha unificada e desmilitarizada.

21 de Outubro Os exércitos da República Popular da China invadem o Tibete.

24 de Outubro As tropas da ONU atingem a fronteira chinesa.

Em Paris, na Assembleia Nacional, o presidente do Conselho, René Pleven, expõe o seu plano sobre a Comunidade Europeia da Defesa (CED). Este projecto, que já tinha sido proposto no Conselho da NATO, no mês de Setembro, em Nova Iorque, e aceite pelos «Seis», foi aprovado pela Assembleia Nacional francesa com 343 votos a favor e 225 votos contra.

27 de Outubro O Conselho da OECE adopta uma nova decisão sobre a liberalização das trocas intereuropeias. A meta é a de elevar para 75%, no seu conjunto, a liberalização privada em 1 de Fevereiro de 1951.

28 de Outubro Em França, o serviço militar obrigatório passa de 12 para 18 meses.

28 a 31 de Out. O Comité de Defesa da NATO discute os meios através dos quais a República Federal da Alemanha poderia participar na defesa da Europa Ocidental. Esta questão é reenviada para ser reexaminada no Conselho de Suplentes e no Comité Militar.

3 de Novembro Dean Acheson faz votar uma Resolução na ONU, intitulada *União pela manutenção da Paz*, que permite à Assembleia Geral tomar decisões se um dos países com direito de veto no Conselho de Segurança bloquear decisões.

4 de Novembro Fim do bloqueio diplomático da ONU contra a Espanha. Assinatura em Roma da Convenção europeia dos Direitos do Homem e da Liberdades fundamentais.

6 de Novembro Demissão dos presidentes de Câmara Comunistas em França.

9 de Novembro Os três Altos-comissários ocidentais decidem rever o estatuto de ocupação da Alemanha.

24 de Novembro Ruptura da frente de batalha da ONU na Coreia do Norte, sob pressão das tropas comunistas.

30 de Novembro O presidente Truman faz alusão à possibilidade de utilizar a bomba atómica.

31 de Novembro Sicco Mansholt, ministro holandês da Agricultura, preconiza a unificação do conjunto dos mercados agrícolas numa óptica mais liberal do que o Plano Pflimlin.

2 de Dezembro O Conselho da OECE examina o relatório do Comité Económico sobre a escassez de algumas matérias-primas e recomenda o aumento da produção e a redução do seu consumo.

6 de Dezembro Uma delegação da OECE, dirigida por Sir Edmund Hall Patch, parte para os EUA, convidada pela ECA, para discutir a questão relacionada com o abastecimento em matérias-primas escassas.

12 de Dezembro	**Discurso de Salazar às comissões da União Nacional intitulado: «Governar, dirigindo a consciência nacional».**
13 de Dezembro	O Conselho da OECE aprova a atribuição à República Federal da Alemanha de um crédito no âmbito da UEP.
14 de Dezembro	A ONU aprova o princípio de um cessar- fogo na Coreia.
15 de Dezembro	Criação em Bruxelas de um Conselho europeu de cooperação aduaneira.
16 de Dezembro	Os EUA proclamam o estado de urgência por causa da situação na Coreia.
18 e 19 de Dez.	Sexto Conselho do Atlântico Norte, em Bruxelas, presidido por Paul Van Zeeland.
19 de Dezembro	O Conselho do Atlântico Norte nomeia o general Eisenhower como comandante supremo das forças da NATO. Os ministros dos Negócios Estrangeiros dos EUA, da França, e do Reino Unido, no seguimento de uma proposta do Conselho do Atlântico Norte, autorizam os Altos-comissários Aliados na Alemanha a iniciarem negociações com a República Federal Alemã com vista a uma eventual participação da Alemanha na defesa da Europa Ocidental (negociações de Petersberg).
20 de Dezembro	O Conselho consultivo das Potências signatárias do Tratado de Bruxelas decidiram fusionar a organização militar da União Ocidental com a NATO.
27 de Dezembro	O regime franquista é reconhecido pelos EUA.

1951

5 de Janeiro	**Acordo de Ajuda Mútua de Defesa entre Portugal e os EUA.**
7 de Janeiro	Eisenhower chega a Paris para conversações sobre a defesa europeia.
12 de Janeiro	Dirk Stikker, presidente do Conselho da OECE, é encarregue de discutir com os governos dos EUA e dos países da OECE, as relações a estabelecer entre a organização e a Conferência Internacional das Matérias-Primas.

15 de Janeiro	As tropas da ONU conseguem travar a ofensiva comunista na Coreia.
17 de Janeiro	**O general Eisenhower, comandante supremo das forças da NATO, vista oficialmente Lisboa e é recebido por Salazar.**
27 de Janeiro	Dean Acheson exprime a Robert Schuman a sua adesão ao projecto de CED.
2 de Fevereiro	Os países da Liga Árabe assinam um Pacto de segurança mútua.
12 de Fevereiro	Primeira reunião das Comissões do Conselho da Europa e da OECE encarregues de estabelecer a ligação entre os dois organismos.
15 de Fevereiro	Abertura em Paris da conferência sobre a criação da CED (um acordo genérico será estabelecido no dia 24 de Julho). Participam na conferência a Bélgica, a França, a Itália, o Luxemburgo, e a República Federal da Alemanha. Como observadores, participam os Estados Unidos, o Canadá, a Dinamarca, a Holanda, a Noruega e o Reino Unido.
19 de Fevereiro	O comando da NATO instala-se em Rocquencourt (perto de Versailles).
28 de Fevereiro	Queda do Governo de René Pleven.
3 de Março	**A imprensa publica uma entrevista de Salazar à *United Press* abordando questões de política internacional.**
5 de Março	Em Paris, a Conferência dos «Quatro» discute, sem resultado, a questão da Alemanha e a situação internacional.
9 a 10 de Março	O Conselho da OECE aceita o convite dos EUA, da França e do Reino Unido para participar no Grupo Central da Conferência Internacional das Matérias-Primas. Também adopta uma decisão sobre o crescimento da produção das matérias--primas, e adopta recomendações sobre a estabilidade financeira, sobre o aumento da produção de produtos alimentares, e sobre a harmonização dos controlos alfandegários.
12 de Março	300 000 pessoas fazem greve em Barcelona como forma de protesto contra os aumentos dos preços.
15 de Março	Nacionalização da indústria petrolífera no Irão.
19 de Março	O Tratado para a fundação da CECA é rubricado.
22 de Março	**Morte do Presidente da República Óscar Carmona.**

24 de Março	As tropas da ONU aproximam-se do 38.º paralelo.
25 de Março	O general MacArthur, sem consultar Washington, propõe uma pausa nos combates aos norte-coreanos. Em caso de recusa, ameaça a República Popular da China de uma extensão do conflito ao seu próprio território.
29 de Março	Nota sobre a organização dos mercados agrícolas europeus enviada pelo Governo francês a todos os membros do Conselho da Europa, assim como a Portugal e à Suíça.
2 de Abril	O general Eisenhower publica a Ordem n.º 1 que implementa o Comando Aliado na Europa e o Quartel-General das Potências Aliadas na Europa.
6 e 7 de Abril	O Conselho da OECE examina os problemas causados pela agravação do défice da República Federal da Alemanha na UEP e toma medidas para remediar a situação. Aprova uma lista de produtos a liberalizar no comércio intereuropeu.
10 de Abril	O presidente Truman demite do seu cargo o general MacArthur, apesar de reconhecer as suas qualidades militares, e nomeia para o seu lugar o general Matthew Ridgway.
18 de Abril	Assinatura em Paris do Tratado criando a CECA, entre a Bélgica, a França, a Holanda, a Itália, o Luxemburgo e a República Federal da Alemanha.
25 de Abril	O Conselho da OECE aprova o primeiro Relatório sobre a Cooperação económica europeia, destinado ao Conselho da Europa.
27 de Abril	Realizam-se as eleições no Conselho da OECE para o ano de 1951-1952.
2 de Maio	A República Federal da Alemanha entra no Conselho da Europa como «membro participante», com acesso ao Conselho de Ministros.
3 de Maio	Os Suplentes do Conselho do Atlântico Norte anunciam uma modificação importante dos organismos da alta direcção da NATO. O Conselho do Atlântico Norte passa a ser o único organismo ministerial da NATO, através da absorção do Comité de Defesa e do Comité de Defesa Económico e Financeiro.
12 de Maio	Primeiro ensaio da Bomba H.
25 de Maio	O Conselho da Europa adopta o terceiro relatório anual da OECE, intitulado *L'Evolution de la Situation Economique et ses Perspectives en Europe Occidentale.*

27 de Maio	Em Paris, a Bélgica, a França, a Holanda, a Itália, o Luxemburgo e a República Federal da Alemanha assinam o Tratado sobre a Defesa Europeia.
11 de Junho	**Em Portugal, é revista a Constituição (Lei n.º 2 048) e as Colónias passam a denominar-se «Territórios Ultramarinos».**
17 de Junho	Sucesso relativo do partido *Rassemblement du Peuple Français* nas eleições legislativas francesas.
19 de Junho	Assinatura em Londres pelos Suplentes do Conselho da NATO, em representação dos respectivos governos, de uma Convenção entre os Estados pertencentes ao Tratado do Atlântico Norte sobre o estatuto das suas forças.
23 de Junho	O delegado soviético na ONU propõe um armistício na Coreia, à volta do 38.º paralelo.
25 de Junho	**O Decreto-Lei n.º 38 316 determina que a Comissão Técnica de Cooperação Económica Europeia (CTCEE) se passe a denominar Comissão Técnica de Cooperação Económica Externa, e regula o seu funcionamento.**
30 de Junho	Chega ao fim o Plano Marshall na sua concepção original. Os membros da OECE decidem continuar a sua actividade em Paris. Os chefes das tropas chinesas e norte-coreanas aceitam, no próprio dia, a proposta do general Ridgway de abertura de negociações.
8 de Julho	Início das negociações na Coreia. As negociações de Petersberg são suspensas.
9 de Julho	Trinta e nove membros da ONU metem termo ao estado de guerra com a Alemanha.
16 de Julho	Baudouin I é proclamado como quinto rei da Bélgica.
20 de Julho	A OECE organiza uma campanha europeia a favor de um crescimento da produtividade europeia. O Conselho da OECE adopta um Código da Liberalização das Trocas e das Transacções de Invisíveis.
22 de Julho	**O general Craveiro Lopes é eleito Presidente da República Portuguesa.**
24 de Julho	A Conferência de Paris aprova um relatório provisório recomendando a criação de um exército europeu. O general Eisenhower aceita uma colaboração com vista à implementação das medidas militares.

31 de Julho	A decisão do Conselho da OECE do dia 7 de Abril, relativamente às medidas de liberalização comuns, passa a ser definitiva.
3 de Agosto	Os EUA suprimem o conjunto de facilidades aduaneiras aos países comunistas.
10 de Agosto	O Conselho da OECE decide aumentar as quotas da Alemanha e da Holanda na UEP, e toma uma decisão sobre os excedentes da Bélgica e do Luxemburgo. Como a situação da República Federal da Alemanha melhorou, o Conselho decide revogar os créditos especiais que lhe foram concedidos na UEP.
11 de Agosto	Constituição do segundo gabinete ministerial de René Pleven em França.
29 de Agosto	Os representantes dos governos da OECE, reunidos em Conselho, fazem uma Declaração que marca como objectivo para as suas políticas o crescimento em 25%, num espaço de cinco anos, da produção global na Europa Ocidental.
30 de Agosto	Abertura em Bruxelas da Conferência do Benelux.
6 de Setembro	Assinatura em Lisboa, pelo ministro dos Negócios Estrangeiros de Portugal, Paulo Cunha, e pelo embaixador dos EUA, Lincoln MacVeagh, do Acordo de Defesa entre Portugal e os EUA relativo a facilidades nos Açores.
8 de Setembro	Assinatura em São Francisco do Tratado de Paz com o Japão. **O Decreto-Lei n.º 38 413 permite ao Governo português a utilização da quota de ajuda norte-americana, no âmbito do Plano Marshall, até ao montante de 8,551 milhões de dólares.**
14 de Setembro	Os «Três» põem fim ao regime de ocupação da Alemanha Ocidental, à excepção de Berlim-Oeste.
15 a 20 de Set.	Sétima sessão do Conselho do Atlântico Norte em Ottawa, sob a presidência de Paul van Zeeland. Assinatura, no dia 20 de Setembro, de uma Convenção sobre o Estatuto da Organização do Tratado do Atlântico Norte. Convite à Grécia e à Turquia para aderirem à NATO.
27 de Setembro	O Chanceler Adenauer especifica, no Bundestag, as condições da organização de eleições livres na Alemanha, no seu todo, e pede o controlo da ONU.
10 de Outubro	Aprovação pelo presidente Truman da Lei da Segurança Mútua. É o fim oficial do Plano Marshall. A ECA é substituída pela MSA.

18 de Outubro	O Conselho da OECE resolve, até ao fim de 1951, as questões relacionadas pelos excedentes da União Belgo-Luxemburguesa na UEP.
22 de Outubro	É assinado em Londres, pelos Suplentes do Conselho do Atlântico Norte, em representação dos respectivos países, o Protocolo do Tratado do Atlântico Norte relativo à adesão da Grécia e da Turquia à NATO.
25 de Outubro	Recomeçam as conversações de armistício na Coreia. No Reino Unido, os Conservadores ganham as eleições e Winston Churchill torna-se, de novo, Primeiro-ministro, com 77 anos de idade.
2 de Novembro	O Conselho da OECE recomenda ao Governo da República Federal da Alemanha o restabelecimento parcial, a partir do início de 1952 das medidas de liberalização das trocas comerciais e aprova o segundo relatório da OECE ao Conselho da Europa.
19 de Novembro	Inauguração do Colégio da Defesa da NATO, em Paris.
21 de Novembro	O Conselho da OECE adopta o relatório sobre a estabilidade financeira interior e a luta contra a inflação. Toma uma decisão em relação aos excedentes da Itália na UEP.
22 de Novembro	**Discurso de Salazar na inauguração do III Congresso da União Nacional, intitulado: «Independência da política nacional – Suas condições».**
24 a 28 de Nov.	Oitava sessão do Conselho do Atlântico Norte, em Roma, sob a presidência de Lester Pearson, ministro dos Negócios Estrangeiros do Canadá. Nesta sessão ficou decidido, após convite do ministro dos Negócios Estrangeiros, Paulo Cunha, que a Nona sessão teria lugar em Lisboa.
27 de Novembro	Acordo na Coreia sobre a linha de cessar-fogo, que fica situada no 38.º paralelo.
2 de Dezembro	Em Bruxelas, durante a conferência dos ministros dos Negócios Estrangeiros do Benelux, os ministros da Holanda e do Luxemburgo protestam contra as taxas às exportações belgas.
8 de Dezembro	**Durante o Conselho de Ministros, o Ministro dos Negócios Estrangeiros Paulo Cunha anuncia a realização da Nona sessão do Conselho do Atlântico Norte em Lisboa e analisa a situação internacional.**
10 de Dezembro	Paul-Henri Spaak demite-se da presidência da ACCE como forma de protesto contra a atitude demasiadamente reservada do

Reino Unido em relação à Europa. Declara nesta ocasião: «Para a Europa, a alternativa é simples : alinhar-se pela Grã-Bretanha e renunciar a construir a Europa ou fazer a Europa sem a Grã--Bretanha. No que me concerne, eu escolhi a segunda hipótese».

13 de Dezembro O Comité das questões científicas e técnicas da OECE cria uma rede europeia de centros de informação técnica.
A Assembleia Nacional francesa ratifica o Tratado da CECA.

14 de Dezembro Uma Comissão de Peritos da NATO conclui o relatório sobre as capacidades contributivas dos diferentes países ao esforço de rearmamento na Europa.

18 de Dezembro **O Decreto-Lei n.º 38 564 dispensa de todas as formalidades legais a aplicação dos fundos da MSA para celebrar um contrato com firmas norte-americanas com vista ao estudo da utilização do rio Douro para fins energéticos e de navegação.**

21 de Dezembro O Conselho da OECE reconhece que o Reino Unido tem razões suficientes para suspender a aplicação das medidas de liberalização das trocas intereuropeias. Envia aos restantes governos recomendações com vista à resolução dos problemas que o Reino Unido está a atravessar.
Fim das limitações ao rearmamento da Itália.

1952

5 de Janeiro Início da vista de Winston Churchill aos EUA (até ao dia 18 de Janeiro).

7 de Janeiro Demissão de René Pleven.

O Conselho da OECE toma uma decisão em matéria de resolução dos excedentes da União económica belgo-luxemburguesa na UEP.

8 de Janeiro É publicada a informação de que no território da República Federal da Alemanha já se tinham acolhido 9,7 milhões refugiados de Leste.

9 de Janeiro **Christine Granier, jornalista francesa, regressa a Portugal, prosseguindo assim a sua ligação afectiva com Salazar, que a tem em grande estima e amizade.**

11 de Janeiro	O Conselho da OECE cria o Grupo Ministerial da produção, com vista a evitar as importações excepcionais de carvão.
17 de Janeiro	Edgar Faure é nomeado Primeiro-ministro da França.
27 de Janeiro	Comunicado final da Conferência dos Seis sobre a CED.
30 de Janeiro	O Conselho dos Suplentes da NATO, em nome do Conselho do Atlântico Norte, nomeia o vice-almirante Lynde McCormick, dos EUA, como comandante supremo das Forças Aliadas do Atlântico.
5 de Fevereiro	**Prisão de elementos da Comissão Central do Movimento Nacional Democrático devido à campanha contra a realização do Conselho do Atlântico Norte em Lisboa.**
6 de Fevereiro	Morte de George VI no Reino Unido. **Resolução da Assembleia Nacional no sentido da admissão da Grécia e da Turquia na NATO.**
8 de Fevereiro	O *Bundestag* aceita o rearmamento da República Federal da Alemanha. Isabel II é proclamada rainha de Inglaterra.
18 de Fevereiro	Os chefes de Estado-Maior dos países membros da NATO reúnem-se em Lisboa. A Grécia e a Turquia, depois da ratificação dos parlamentos nacionais dos Estados membros, entram na NATO.
20 a 25 de Fev.	Nona sessão do Conselho do Atlântico Norte em Lisboa, presidido por Lester Pearson, ministro dos Negócios Estrangeiros do Canadá, em Lisboa. Participam os ministros dos Negócios Estrangeiros dos países membros e algumas das mais altas individualidades militares.
26 de Fevereiro	Winston Churchill anuncia que os britânicos possuem a bomba atómica.
29 de Fevereiro	Demissão de Edgar Faure. **O Conselho de Ministros em Portugal faz uma análise dos resultados do Conselho do Atlântico Norte de Lisboa.**
1 de Março	Os norte-americanos fazem explodir a primeira bomba a hidrogénio, no atoll de Bikini-Eniwetok.
6 de Março	Constituição do gabinete de Antoine Pinay, em França.
13 de Março	Nomeação de Lord Ismay como secretário-geral da NATO e vice-presidente do Conselho do Atlântico Norte (entra em funções no dia 4 de Abril).

15 de Março O Conselho da OECE aprova a concessão à França de um empréstimo a curto prazo de 100 milhões de unidades de conta para restabelecer a posição da França na UEP.

21 de Março O Grupo Ministerial da producção carbonífera recomenda aos países produtores o aumento da produção.

25 a 28 de Março Conferência preparatória do «Pool Verde», em Paris.

28 de Março O Conselho da OECE aprova o princípio de um exame anual da situação económica dos países membros, dos EUA, e do Canadá, assim como da situação financeira dos países membros. O Conselho debruçou-se igualmente sobre o excedente da União económica belgo-luxemburguesa, no âmbito da UEP, e recomendou que se procedesse ao aumento da produção global dos países membros na ordem dos 25%, entre 1952 e 1956. Instituiu um Comité da Direcção das Trocas Comerciais encarregue de examinar o conjunto dos problemas de política comercial de interesse para a OECE e de fazer propostas concretas no sentido da liberalização.

4 de Abril Terceiro aniversário do Pacto do Atlântico. Lord Ismay entra em funções como secretário-geral da NATO e o Conselho do Atlântico Norte assume as funções anteriormente delegadas no Conselho de Suplentes, no Serviço de Produção e Defesa e no Serviço Económico e Financeiro. O pessoal internacional é reunido num organismo único, com sede em Paris.

10 de Abril Abertura do Quartel-General das Forças Aliadas do Atlântico.
O Conselho da OECE reconhece que a França tem fundamentos para suspender as medidas de liberalização em curso. Envia recomendações aos outros países no sentido de permitirem à França ultrapassar as dificuldades em matéria de balança de pagamentos.

11 de Abril O general Eisenhower, candidato às eleições norte-americanas, é substituído nas suas funções de comandante-em-chefe da NATO.

15 e 16 de Abril **Conversações entre Franco e Salazar em Ciudad Rodrigo.**

16 de Abril Inauguração da sede provisória da NATO no Palais de Chaillot, em Paris.

24 de Abril **O Decreto-Lei n.º 38 728 criou a Delegação Portuguesa junto da NATO (DELNATO), que fica na dependência do Ministério dos Negócios Estrangeiros.**

28 de Abril O Conselho do Atlântico Norte, que passou a funcionar de uma forma permanente em Paris, efectua a sua primeira reunião. Designa o general Matthew Ridgway, dos EUA, como comandante supremo das forças da NATO na Europa.

O general Montgomery, segundo-comandante das forças da NATO, encontra-se em Lisboa, onde é recebido por Salazar, por Santos Costa, e pelos comandos militares.

10 de Maio O Conselho da OECE aprova o terceiro relatório estabelecido pela OECE para o Conselho da Europa.

24 de Maio Relatório preparatório da Comissão dos Assuntos Gerais do Conselho da Europa preconizando uma Comunidade Política Europeia, com carácter confederal.

26 de Maio Assinatura em Bona dos acordos bilaterais entre a República Federal da Alemanha e os EUA, a França e o Reino Unido, que concedem à primeira a sua soberania externa. Estes acordos estão ligados à ratificação do tratado CED (pelo que nunca entrarão em vigor).

27 de Maio Assinatura em Paris do Tratado que institui a CED, pela Bélgica, França, Holanda, Itália, Luxemburgo e República Federal da Alemanha.

Assinatura em Paris, pelos países da NATO, do Protocolo adicional do Tratado do Atlântico Norte, relativo às garantias concedidas pelos países signatários deste Tratado aos membros da CED.

28 de Maio Manifestações em Paris contra a visita do general Ridgway, comandante supremo das forças da NATO (Ridgway foi substituído na Coreia pelo general Mark Clark).

30 de Maio A ACCE adopta uma resolução pedindo a criação de uma comunidade europeia supranacional, aberta à adesão ou associação de todos os Estados do Conselho da Europa que o desejem.

18 de Junho Os EUA confirmam o aumento da ajuda militar à França na Indochina.

11 de Julho Designação oficial de Eisenhower como candidato republicano nas eleições norte-americanas.

18 de Julho Um relatório sobre a situação financeira interior dos países membros da OECE, elaborado por peritos independentes, é examinado por um Comité ministerial temporário criado para o efeito.

25 de Julho	Entrada em vigor do CECA. O Acordo de Paris entre os EUA, a França, o Reino Unido e os países do Benelux prevê a supressão da Autoridade internacional da Ruhr aquando da entrada em vigor da CECA.
28 de Julho	O Grupo Ministerial da Produção Carbonífera, reunido em Londres, transmitiu ao Conselho o seu segundo relatório, em que indica que se os países prosseguirem o esforço de produção, a Europa poderá dispensar as importações excepcionais, salvo algumas qualidades especiais.
30 de Julho	A cidade do Luxemburgo é escolhida como sede provisória da CECA.
1 de Agosto	Conversações entre a França e a República Federal da Alemanha sobre a Sarre.
10 de Agosto	Sessão inaugural da Alta Autoridade da CECA, sob a presidência de Jean Monnet.
1 e 2 de Setembro	Chegada ao Luxemburgo da delegação britânica e do representante dos EUA junto da CECA.
8 de Setembro	Reúne-se o Conselho da CECA, sob a presidência de Konrad Adenauer.
10 de Setembro	Reúne-se a Assembleia comum da CECA. Os ministros dos Negócios Estrangeiros dos «Seis», reunidos em Estrasburgo, decidem a preparação antecipada do projecto de estatuto da Comunidade política europeia.
11 de Setembro	Eleição do Primeiro-ministro Paul-Henri Spaak como presidente da Assembleia parlamentar da CECA.
13 de Setembro	A Assembleia parlamentar da CECA começa, a pedido dos seis Estados-membros, a redacção de um projecto de tratado de uma «Comunidade Política Europeia».
30 de Setembro	Por iniciativa do Reino Unido, a ACCE adopta o plano Eden, que pretende inserir no seio do Conselho da Europa as comunidades supranacionais a criar no futuro. Considerado como uma manobra com vista a uma tentativa de recuperação, a República Federal da Alemanha e a Itália vetam o plano Eden no Conselho de Ministros do Conselho da Europa.
2 de Outubro	Explosão da primeira bomba atómica britânica, nas ilhas Montebello (Austrália).

15 de Outubro	O Conselho da OECE aprova as modalidades da ligação entre a organização e a Alta Autoridade da CECA, até ao estabelecimento do mercado comum.
16 de Outubro	Os EUA declaram que a bomba H já está operacional.
19 de Outubro	A Espanha é admitida na UNESCO.
20 e 21 de Outubro	O Conselho da OECE, reunido pela primeira vez sob a presidência de Anthony Eden, procedeu a uma troca de impressões sobre o Relatório Anual da OECE e aprovou o relatório do Comité ministerial temporário sobre a estabilidade financeira interior dos países membros e dos países associados.
4 de Novembro	O general Eisenhower é eleito como 34.º presidente dos EUA. Richard Nixon é vice-presidente.
10 de Novembro	O secretário-geral da ONU, Trygve Lie, posto em causa pela URSS no tratamento da questão da Coreia, demite-se das suas funções.
11 de Novembro	**Troca de notas entre os EUA e Portugal alargando a concessão de facilidades na Base das Lages, nos Açores.**
12 de Novembro	Chegada a Lisboa do general Ridgway, comandante-em-chefe das tropas da NATO. Um crédito especial é concedido à Turquia para lhe permitir cobrir o défice na UEP.
17 de Novembro	Atribuição da Grã-Cruz da *Légion d'Honneur* ao Presidente da República portuguesa general Craveiro Lopes.
20 de Novembro	John Foster Dulles é nomeado secretário de Estado nos EUA.
21 de Novembro	**Acordo entre Portugal e o Reino Unido, que alarga a este país as facilidades concedidas aos EUA na Base das Lages, nos Açores.**
27 de Novembro	Conferência na OECE sobre os esforços de exportação para a zona dólar. Em Praga são condenados à morte 11 antigos dirigentes comunistas (Processo Slansky).
3 de Dezembro	Execução dos onze condenados no processo Slansky.
4 de Dezembro	**O general Montgomery regressa a Portugal em visita privada.**
9 de Dezembro	O Conselho da OECE fixa o modo de pagamento dos excedentes da República Federal da Alemanha e da Holanda na UEP, até 30

	de Junho de 1953. Adopta, igualmente, várias recomendações com vista ao reforço da liberalização do comércio intereuropeu.
12 e 13 de Dezembro	O Conselho da OECE aprova o Relatório Anual da Organização sobre a situação económica dos países membros, assim como dos Estados Unidos e do Canadá.
15 a 18 de Dezembro	Décima sessão ministerial do Conselho do Atlântico Norte, em Paris, sob a presidência de Ole Bjorn Kraft, da Dinamarca.
17 de Dezembro	Os membros da NATO declaram-se solidários com a França na Indochina.
23 de Dezembro	Demissão do gabinete de Antoine Pinay.
25 de Dezembro	Estaline declara-se pronto para encontrar o presidente Eisenhower.

1953

1 de Janeiro	Entrada em vigor dos direitos niveladores CECA, que constituem o primeiro imposto europeu.
7 de Janeiro	René Mayer toma posse como presidente do Conselho e nomeia Georges Bidault ministro dos Negócios Estrangeiros. **Em Portugal é aprovada para ratificação a Convenção sobre o Valor Aduaneiro das Mercadorias e respectivos Anexos I, II, e III, assinados em Bruxelas em 15 de Dezembro de 1950.**
8 de Janeiro	Georges Bidault, novo ministro dos Negócios Estrangeiros da França, entra em funções.
14 de Janeiro	A ACCE aprova as directivas da Assembleia dos «Seis» no sentido de uma maior integração da Europa.
20 de Janeiro	É investido oficialmente o presidente Eisenhower.
21 de Janeiro	A nova equipa governamental formada pelo presidente Eisenhower é aceite pelo Senado dos Estados Unidos.
26 de Janeiro	**Em Portugal é aprovado, para ratificação, o Protocolo relativo ao Grupo de Estudo para a União Aduaneira Europeia, assinado em Bruxelas em 15 de Dezembro de 1950.**
2 de Fevereiro	O presidente Eisenhower anuncia ao Congresso dos EUA o fim da política de *New Deal* democrata e envia Dulles à Europa para

explicar a nova política estrangeira norte-americana e tentar fazer avançar a CED.

7 de Fevereiro O Conselho da OECE resolve alguns problemas relacionados com a compatibilização entre a liberalização das trocas comerciais no seio da OECE e o estabelecimento da CECA.

10 de Fevereiro Abertura do mercado comum do carvão e do minério de ferro.

14 de Fevereiro É apresentado o Projecto Beyen (Holanda), que visa constituir uma união aduaneira e um mercado comum entre os «Seis».

24 e 25 de Fevevereiro Em Roma, os ministros dos Negócios Estrangeiros dos países constitutivos da CED terminam a elaboração dos respectivos protocolos adicionais e decidem, por iniciativa da Holanda, tomar uma decisão de princípio sobre a criação de um vasto mercado entre si. Não é aceite a extensão de poderes proposta para a Comunidade Política Europeia que se deseja constituir.

25 de Fevereiro O general de Gaulle pronuncia-se contra a CED.

28 de Fevereiro Assinatura em Ankara de um Tratado de Amizade e de Colaboração entre a Grécia, a Turquia e a Jugoslávia.

1 de Março **É anunciada a visita oficial a Espanha do Presidente Craveiro Lopes.**

5 de Março Morte do marechal Estaline.

6 de Março Malenkov toma a chefia do poder na URSS. São nomeados vice-presidentes: Beria, Molotov, Boulganine e Kaganovitch.

Salazar responde ao ministro dos Negócios Estrangeiros belga, que manifestou o desejo de conhecer a sua posição sobre a situação internacional e a Europa.

O regulamento de procedimento do Tribunal de Justiça é publicado no *Journal officiel de la CECA*.

9 de Março Paul-Henri Spaak, presidente da Assembleia europeia *ad hoc*, encarregue de preparar a Carta da futura Comunidade Política Europeia, remete a Georges Bidault, presidente em exercício do Conselho da CECA o projecto de tratado de Comunidade Política Europeia.

10 de Março Avião americano abatido na Baviera por dois caças soviéticos.

13 de Março Um bombardeiro britânico é abatido por dois Mig-15 soviéticos no corredor aéreo de Berlim.

14 de Março Nikita Khrouchtchev é nomeado primeiro-secretário do Partido Comunista da URSS.

15 de Março	Estabelecimento de um mercado comum do ferro-velho no âmbito da CECA.
18 de Março	Reúne-se em Paris a Conferência sobre os Transportes Interiores Europeus, com a participação dos países da OECE, assim como dos EUA, da Espanha e da Jugoslávia.
19 de Março	O *Bundestag* ratifica o tratado de CED. **O Decreto-Lei n.º 39 139 autoriza o Governo português a contrair empréstimo junto do *Export-Import Bank,* destinado à construção e apetrechamento do caminho-de-ferro do Limpopo (Moçambique), no valor de 17 milhões de dólares.**
24 de Março	O Conselho da OECE decide prorrogar a UEP por mais um ano, a partir de 30 de Junho de 1953, aprovou uma Recomendação com vista a uma maior cooperação com os países associados e com a *Commonwealth*, pediu estudos sobre a passagem tranquila do regime da UEP para um sistema mais vasto de pagamentos e créditos. Insistiu na necessidade de liberalização e criou, no âmbito da OECE, uma Agência Europeia de Produtividade (a partir de 1 de Maio de 1953).
31 de Março	Na ONU, o sueco Dag Hammarskjold torna-se secretário-geral em substituição de Trygve Lie.
8 de Abril	**Reunião especial do Conselho de Ministros que aborda duas questões: a contribuição portuguesa para as despesas da NATO e a situação do Patriarcado de Goa.**
10 de Abril	Regresso de Thorez, secretário-geral do Partido Comunista Francês, após uma estada de 3 anos em Moscovo. Começam os contactos em Washington, entre a Missão da OECE, chefiada por Sir Hugh Ellis-Rees, e as autoridades norte-americanas sobre a situação económica na Europa, as trocas comerciais internacionais e os pagamentos.
14 de Abril	**O Presidente da República Craveiro Lopes convoca uma reunião do Conselho de Estado. Salazar não comparece, invocando razões de saúde.**
18 de Abril	**A Assembleia Nacional portuguesa aprova para ratificação o Protocolo Adicional ao Trado do Atlântico Norte, assinado em Paris em 27 de Maio de 1952.**
23 a 25 de Abril	A Décima sessão ministerial do Conselho do Atlântico Norte tem lugar em Paris, sob a presidência de Lord Ismay.

30 de Abril	Abertura do mercado comum do aço.
7 de Maio	John Foster Dulles explica a teoria dos dominós. Se a Indochina passa para o domínio comunista, todo o sul da Ásia passaria a ser comunista.
10 de Maio	Abertura do mercado comum dos produtos siderúrgicos.
15 de Maio	**Visita oficial a Espanha do Presidente da República Craveiro Lopes.**
20 de Maio	Assinatura em França das convenções entre a França e a Sarre.
21 de Maio	Demissão de René Mayer.
25 de Maio	**Conferência de Salazar intitulada «O Plano de Fomento – princípios e pressupostos».**
26 de Maio	Primeiro tiro de um obus atómico no deserto do Nevada, nos EUA.
1 de Junho	Manifestações na Chescoslováquia provocam vários mortos.
2 de Junho	Cerimónia de coroação de Elisabeth II.
7 de Junho	Eleições legislativas em Itália. A democracia-cristã mantém a maioria e De Gasperi forma o seu oitavo Governo.
11 de Junho	**Encerramento da Legação da União Indiana em Lisboa.**
14 de Junho	Eisenhower pronuncia-se contra o Maccarthysme.
	Início da grande ofensiva comunista na Coreia.
15 de Junho	O Conselho da OECE toma uma decisão sobre o financiamento da Agência Europeia de Produtividade e aprova um acordo entre a OECE e a MSA sobre a produtividade na alimentação e transportes.
17 de Junho	A Conferência sobre os Transportes Interiores Europeus conclui sobre a necessidade de organizar na Europa uma Conferência Europeia dos Ministros dos Transportes.
19 de Junho	Execução do casal Rosenberg na prisão de Sin-Sing, nos EUA, acusados de espionagem a favor da URSS (tinham sido condenados à morte em Abril de 1951). As disposições relativas à prorrogação da UEP por um ano, a partir de 30 de Junho de 1953, são aprovadas pelo Conselho da OECE. São introduzidas algumas pequenas alterações na UEP, de forma a atribuir a alguns países suplementos de quotas com vista à absorção de excedentes e aumentar as taxas de juro dos créditos concedidos pela UEP.

30 de Junho O Conselho da OECE procede à eleição anual do presidente e vice-presidentes do Conselho; do presidente, vice-presidentes, e de outros membros da UEP; e do Comité da Direcção das Trocas Comerciais para o ano de 1953-1954. Nomeia Karl Peter Harten, perito alemão em matéria de produtividade, para director da Agência Europeia da Produtividade.

3 de Julho O marechal Juin é nomeado comandante-em-chefe da zona Centro-Europa da NATO.

4 de Julho Manifestações e greves na Polónia.

7 de Julho Novas greves na República Democrática Alemã.

8 de Julho Os soviéticos bloqueiam a circulação entre Berlim Este e Oeste.

10 de Julho Na URSS, Beria, vice-primeiro ministro e ministro do Interior, é destituído das suas funções e incriminado.

O Conselho do Atlântico Norte designa o general Alfred Gruenther sucessor do general Ridgway, como comandante supremo das forças da NATO na Europa.

Salazar pronuncia um discurso aos dirigentes da União Nacional intitulado «Os problemas políticos e o próximo acto eleitoral».

11 de Julho Fim do estado de excepção na República Democrática Alemã.

15 de Julho Os «Três» propõem à URSS uma conferência para resolver a questão alemã.

23 de Julho O Parlamento holandês ratifica o Tratado da CED.

24 de Julho O Conselho da OECE adopta uma Recomendação relativa ao estabelecimento de uma Conferência Europeia dos Ministros dos Transportes.

27 de Julho Armistício na Coreia.

1 de Agosto A MSA é substituída pela *Foreign Operations Administration*.

8 de Agosto Malenkov revela no Soviete Supremo que a URSS já possui a bomba H.

10 de Agosto O general Servais, da Bélgica, chefia as tropas terrestres da NATO.

12 de Agosto Primeiro ensaio da bomba H na URSS. Assinatura de um acordo de cooperação entre a CECA e a Organização Internacional do Trabalho.

13 de Agosto Na Itália, Giuseppe Pelle sucede a De Gasperi à frente do Governo democrata-cristão.

Início da greve geral em França, depois de um período de greves parciais a partir do dia 4 de Agosto. O regresso generalizado ao trabalho só aconteceu no dia 25 de Agosto, depois de satisfeitas muitas das reivindicações.

27 de Agosto É assinada uma concordata entre a Espanha e o Vaticano.

3 de Setembro Demissão do ministro delegado junto do Conselho da Europa, François Mitterrand, por causa da política da França em Marrocos. Entrada em vigor da Convenção Europeia dos Direitos do Homem, do Conselho da Europa.

6 de Setembro Eleições para o *Bundestag*. Vitória da União democata-cristã de Konrad Adenauer.

7 de Setembro Nikita Khrouchtchev torna-se primeiro-secretário do Partido Comunista da URSS.

8 de Setembro Reconhecimento da Áustria pela URSS.

9 a 12 de Setembro Representantes da OECE participam em Washington na reunião anual dos governadores do Banco Internacional para a Recontrução e Desenvolvimento e do Fundo Monetário Internacional.

15 de Setembro A ONU recusa admitir a República Popular da China no seu seio.

22 de Setembro Conferência em Roma dos suplentes dos seis ministros dos Negócios Estrangeiros para discutirem o projecto da Comunidade Política Europeia.

25 de Setembro Chegada à Alemanha dos primeiros prisioneiros de guerra que se encontravam na URSS.

26 de Setembro Pacto de assistência mútua em matéria de defesa entre os EUA e a Espanha, por um período de vinte anos, que prevê a concessão aos EUA de bases aéreas em território espanhol.

8 de Outubro Os EUA e o Reino Unido decidem deixar o Território de Trieste e entregá-lo à Itália. Viva tensão nas relações entre a Jugoslávia e Itália.

9 de Outubro Insucesso da Conferência de Roma dos «Seis» sobre o projecto de Comunidade Política Europeia.

10 de Outubro O Conselho da OECE decide o pagamento dos excedentes da República Federal da Alemanha e da Áustria na UEP.

12 de Outubro Tratado militar entre os EUA e a Turquia.

13 de Outubro	**Declarações de Salazar ao *Journal de Genève*. O título é: «Portugal como elemento de estabilidade na civilização ocidental».**
17 de Outubro	Os ministros dos Transportes da OECE reúnem-se em Bruxelas a convite do Governo belga. É aprovado e assinado o estatuto da Conferência Europeia dos Ministros dos Transportes.
30 de Outubro	O Conselho da OECE adopta uma Resolução no sentido da liberalização do comércio intereuropeu, encarrega o Comité de Direcção da UEP de efectuar um relatório sobre convertibilidade de uma ou várias moedas dos países membros e sobre a sua prorrogação até 30 de Junho de 1955. Adopta também resoluções no sentido de se reduzirem as restrições quantitativas das mercadorias provenientes da zona dólar e, igualmente, em matéria de expansão da produção.
16 de Novembro	O Parlamento belga ratifica o tratado da CED.
28 de Novembro	Comunicado dos seis ministros dos Negócios Estrangeiros na Haia sobre o projecto de Comunidade Política Europeia. Foi pedido um relatório sobre o assunto para Março de 1954.
4 a 8 de Dezembro	Conferência das Bermudas entre Eisenhower, Churchill e Laniel, acompanhados dos respectivos ministros dos Negócios Estrangeiros. Lord Ismay participou como observador, na qualidade de secretário-geral da NATO.
14 a 16 de Dezembro	Décima-primeira sessão ministerial do Conselho do Atlântico Norte, em Paris, sob a presidência de Georges Bidault. John Foster Dulles ameaça efectuar uma revisão da política externa norte-americana na Europa se o projecto da CED não for concretizado.
23 de Dezembro	René Coty é eleito Presidente da República Francesa. Execução de Beria na URSS.

Anexo 1

Lista dos Presidentes, Ministros e Subsecretários de Estado de Portugal, entre 1947 e 1953

Presidentes da República

Marechal António Óscar de Fragoso Carmona	16.11.1926 - 22.03.1951
Marechal Francisco Higino Craveiro Lopes	9.07.1951 - 9.08.1958

Presidente do Conselho

António de Oliveira Salazar	18.01.1936 - 27.09.1968

Ministros

Ministro da Presidência	
João da Costa Leite	2.08.1950 - 7.07.1955
Ministro da Guerra (depois Defesa Nacional)	
Fernando dos Santos Costa	6.09.1944 - 14.08.1958
Ministros do Interior	
Júlio Carlos Alves Dias Botelho Moniz	6. 09.1944 - 4.02.1947
Augusto Cancela de Abreu	4.02.1947 - 2.08.1950
Manuel Gonçalves Cavaleiro Ferreira (Interino)	23.10.1948 - 9.11.1948
Joaquim Trigo de Negreiros	2.08.1950 - 14.08.1958
Ministro da Justiça	
Manuel Gonçalves Cavaleiro Ferreira	6.09.1944 - 7.08.1954
Ministros das Finanças	
João Pinto da Costa Leite (Lumbrales)	28.08.1940 - 2.08.1950
Artur Águedo de Oliveira	2.08.1950 - 7.07.1955
Ministros do Exército	
Adolfo do Amaral Abranches Pinto	2.08.1950 - 12.04.1954
Fernando dos Santos Costa (Interino)	2.08.1950 - 26.08.1950
Ministro da Marinha	
Américo Deus Rodrigues Thomaz	6.09.1944 - 10.05.1958

Ministros dos Negócios Estrangeiros	
António de Oliveira Salazar (Interino)	6.11.1936 - 4.02.1947
José Caeiro da Matta	4.02.1947 - 2.08.1950
Paulo Arsénio Veríssimo Cunha	2.08.1950 - 14.08.1958
Ministros das Obras Públicas	
Augusto Cancela de Abreu	6.09.1944 - 4.02.1947
José Frederico do Casal Ribeiro Ulrich	4.02.1947 - 2.04.1954
Ministros das Colónias	
Marcello José das Neves Alves Caetano	6.09.1944 - 4.02.1947
Teófilo Duarte	4.02.1947 - 2.08.1950
Manuel Maria Sarmento Rodrigues	2.08.1950 - 7.07.1955
Ministros da Educação Nacional	
José Caeiro da Matta	6.09.1944 - 4.02.1947
Fernando Andrade Pires de Lima	4.02.1947 - 7.07.1955
Ministros da Economia	
Clotário Luís Supico Pinto	6.09.1944 - 4.02.1947
Daniel Maria Vieira Barbosa	4.02.1947 - 16.10.1948
António Júlio de Castro Fernandes	16.10.1948 - 2.08.1950
Ulisses Cruz de Aguiar Cortez	2.08.1950 - 14.08.1958
Ministro das Comunicações	
Manuel Gomes de Araújo	4.02.1947 - 4.01.1956
Ministro das Corporações e Previdência Social	
José Soares da Fonseca	2.08.1950 - 7.07.1955

Subsecretários de Estado

Subsecretários de Estado das Corporações e da Previdência	
António Júlio de Castro Fernandes	6.09.1944 - 16.10.1948
António Jorge Martins da Mota Veiga	16.10.1948 - 2.08.1950
Joaquim Trigo de Negreiros (Interino)	6.06.1949 - 4.07.1949
Subsecretários de Estado da Assistência Social	
Joaquim Trigo de Negreiros	6.09.1944 - 2.08.1950
Alberto Ribeiro Queirós	5.03.1951 - 10.05.1954
Subsecretário de Estado das Finanças	
Joaquim Dinis da Fonseca	6.09.1944 - 2.08.1950
Subsecretário de Estado do Tesouro	
António Manuel Pinto Barbosa	5.08.1950 - 7.07.1955

Subsecretário de Estado do Orçamento	
Fernando Maria Alberto de Seabra	5.08.1950 - 15.10.1953
Subsecretários de Estado da Guerra	
Manuel Gomes de Araújo	6.09.1944 - 4.02.1947
Frederico da Costa Lopes da Silva	19.02.1947 - 31.10.1947
Subsecretário de Estado do Exército	
Horácio José de Sá Viana Rebelo	2.08.1950 - 10.01.1956
Subsecretário de Estado dos Negócios Estrangeiros	
António Pedro Pinto de Mesquita	11.02.1946 - 4.02.1947
Subsecretários de Estado das Obras Públicas	
José Frederico do Casal Ribeiro Ulrich	6.09.1944 - 4.02.1947
Luís José de Avelar Machado Veiga da Cunha	4.02.1947 - 22.07.1949
Alberto Saraiva e Sousa	22.07.1949 - 23.04.1962
Subsecretário de Estado das Comunicações	
Roberto de Espregueira Mendes	6.09.1944 - 4.02.1947
Subsecretários de Estado das Colónias	
Rui de Sá Carneiro	26.01.1943 - 4.02.1947
António Trigo de Morais	5.03.1951 - 26.02.1953
Subsecretário de Estado do Ultramar	
Raul Jorge Rodrigues Ventura	26.02.53 - 7.07.1955
Subsecretários de Estado da Educação	
Luís Filipe Leite Pinto	11.02.1946 - 12.05.1949
Henrique Veiga de Macedo	27.06.1949 - 7.07.1955
Subsecretários de Estado do Comércio e da Indústria	
Francisco Teixeira de Queirós de Castro Caldas	11.02.1946 - 4.02.1947
José Augusto Correia de Barros	4.02.1947 - 16.10.1948
Jorge Pereira Jardim	16.10.1948 - 5.02.1952
António Sobral Mendes de Magalhães Ramalho	5.02.1952 - 14.08.1958
Subsecretários de Estado da Agricultura	
Albano da Câmara Pimentel Homem de Melo	6.09.1944 - 31.10.1947
Luís Quartim Graça	12.07.1948 - 16.10.1948
José Garcês Pereira Caldas	16.10.1948 - 2.08.1950
Domingos Rosado Vitória Pires	5.08.1950 - 14.08.1958

Anexo 2 - I

Instruções dadas ao Eng.º Freire de Andrade para a Conferência de Cooperação Económica Europeia, em 31 de Julho de 1947

(AHDMNE, RQE, Conferência de Paris, M. 53 (I) (2.º P. – A. 39) d. I.: 1947)

(transcrição parcial)

«A orientação a dar à nossa representação deverá, obedecer aos seguintes princípios gerais:

A – Portugal está disposto a dispensar todo o auxílio que for compatível com os seus recursos;

B – A maioria dos produtos portugueses de exportação são considerados em muitos mercados estrangeiros como produtos de luxo e tidos como supérfluos pelos governos em ocasiões de crise como a actual. A vida económica portuguesa depende, em grande parte, da venda desses produtos no estrangeiro. <u>É necessário que o plano Marshall contribua para assegurar a troca de produtos desta natureza, de contrário a posição de Portugal assim como a de outros países em situação idêntica, deixará de ser a de país que pode auxiliar para passar à de país que precisa de auxílio</u>.

C – Como manifestação de boa vontade, Portugal está pronto a conceder créditos em relação a determinados produtos da sua exportação, reservando-se contudo estudar cada caso especialmente, desde que o plano Marshall tome em atenção os interesses descritos na alínea B»

Anexo 2 – II

Telegrama n.º 285, de 28 de Agosto de 1947, do Presidente do Conselho

(AHDMNE, RNP, Plano Marshall, Telegrama n.º 258, de 28 de Agosto de 1947, do Presidente do Conselho para a Legação de Portugal em Paris (onde se encontra o ministro dos Negócios Estrangeiros Caeiro da Matta), M. 381, 2.º P. - A. 60, d. l.: 1947 - 1949)

«Ministro das Finanças informa elementos enviados contêm dados verificados balança de pagamentos máxima actualização não se podendo apresentar com seriedade números anos próximos. Julga estimativas estão sendo feitas conferência não poderão ter base séria, representando mero expediente justificar montante crédito a pedir Estados Unidos que aliás segundo informação aqui chegada parecem pouco dispostos aceitar problema pé aí o estão pondo. Julga-se por isso deve responder-se pedindo indicações balanças pagamentos futuras e necessidades dólares anos próximos, dizendo Portugal se tem orientado possível liberdade comercial e monetária não tendo planificação rígida comércio externo permita apresentar fecho provável balanças pagamentos 47 a 51. Tais elementos não interessam de resto posição a assumir que deve ser esta: não dispomos dólares possamos facultar outros países zona europeia, mas temos suficientes necessidades nossa economia anos mais próximos não desejando por isso, tal como se vê fez Suíça, pesar procura europeia crédito americano. Carência dólares só será possível medida em que se der através Portugal procura europeia essa moeda repetindo com nossas reservas monetárias caso da utilização por outros países empréstimo americano Inglaterra. Para evitar devemos seguir política equilíbrio trocas países zona europeia, concedendo inclusive algum crédito – medida semelhante usada acordos Bélgica e Holanda – para compra mercadorias nacionais, e evitar que países essa zona exportem Portugal e nada lhe comprem para transformar escudo em dólares hipótese em que nossas reservas essa moeda poderiam mostrar-se insuficientes. Nestes termos posição a assumir semelhante Suíça esclarecendo Portugal se propõe equilibrar suas trocas zona europeia, fazendo acordos facilitem liquidações dentro mesma zona, e não carece nessas condições pesar procura europeia crédito americano para previsíveis necessidades pagamentos zona dólar, nem pode suprir necessidades outros países nesta moeda».

Anexo 2 – III

Parecer do Ministério das Finanças, de 27 de Agosto de 1947

(AHDMNE, RQE, Conferência de Paris, Parecer do Ministério das Finanças de 27 de Agosto de 1947, M. 53 (I), 2.º P. – A. 39, d. l.: 1947)

«MINISTÉRIO DAS FINANÇAS – GABINETE DO MINISTRO

PARECER DO MINISTÉRIO DAS FINANÇAS

Os elementos enviados correspondem aos dados verificados da Balança de pagamentos. Nem o Ministério das Finanças nem o Banco de Portugal têm possibilidade de apresentar com seriedade estimativas de balanças de pagamentos dos anos próximos. Portugal tem trabalhado na base de manter a possível liberdade comercial e cambial e não estabeleceu por isso, embora tenha uma orientação, uma planificação económica que lhe permita apresentar os números da balança de pagamentos de anos futuros. Este Ministério tem, aliás, a impressão de que as estimativas que estão sendo feitas em Paris não têm base séria e representam apenas um expediente para justificar o crédito a pedir aos Estados Unidos. Mas, segundo elementos que possui, de origem americana, os Estados Unidos não estarão dispostos a aceitar o problema no pé em que a Conferência de Paris procura pô-lo.

O problema tem ainda um outro aspecto que carece de particular consideração. Desde que se trata de pôr em comum os recursos europeus, a Conferência pode mostrar interesse em saber os dólares que nos sobram e possam ser utilizados pelos países famintos daquela moeda. Nesse aspecto crê o Ministério das Finanças dever manter-se a posição firme de que os nossos dólares não estão disponíveis por três ordens de razões:

1.º Porque está ainda pendente, sem que tenha havido qualquer espécie de contestação aos nossos argumentos, o problema do ouro recebido da Alemanha, e não podemos pensar em pôr à disposição alheia ouro, cuja legitimidade de posse nos é contestada;

2.º Porque as nossas disponibilidades em dólares são limitadas e não chega – como poderá ver-se pelos dados enviados – para as necessidades que vai apresentando a economia nacional;

3.º Porque na orientação que está sendo seguida parece caminhar-se para uma série de regime bilaterais de comércio, aos quais se sobreporá um sistema de liquidações multilaterais. Portugal tem-se orientado no sentido de liberdade comercial; conhece as suas necessidades em mercadorias, mas, embora esteja disposto a defender as suas exportações, não pode, por não conhecer as disposições dos outros países na matéria, pôr ao serviço destes as suas reservas monetárias.

Creio que a posição a assumir na Conferência de Paris seria não encarreirar nas fantasias que, ao que vejo, estão cultivando, mas pôr séria e concretamente o problema no seguinte pé: Portugal tem considerado como colaboração para a reconstrução europeia a liberdade de comércio que procura manter na medida compatível com a defesa da sua própria produção e nível de vida e com a prudente utilização das suas reservas monetárias no reequipamento do país. Essa atitude não se concilia com a planificação rígida do comércio externo e dos pagamentos internacionais que lhe permitisse fazer as estimativas pedidas. O problema põe-se, portanto, no modo de ver deste Ministério, pela maneira seguinte:

a) Entendem os países presentes à Conferência de Paris que todos os países europeus devem enveredar pelo caminho de uma rígida planificação, por forma a poderem prever (e com que precisão, mesmo assim, poderão fazê-lo?) as suas balanças de pagamentos para os anos mais próximos, e que, portanto, os países que ainda conservam alguma liberdade comercial e monetária devem pô-la completamente de parte?

b) Se é esse o ponto de vista dos países presentes na Conferência de Paris, e o Governo Português se conforma com ele, há ainda que estabelecer uma planificação como condição prévia da previsão das balanças.

Não se vê haja qualquer vantagem em fazer estimativas precipitadas, como aliás estou convencido são as que os outros países apresentam. Veja-se o exemplo da Suíça citado telegrama.

Por outro lado, se orientarmos devidamente o nosso comércio externo, não carecemos de créditos em dólares, e não julgo que interesse ao país, em face quer da América do Norte quer da própria Europa, enfileirar, sem necessidade, no número dos «famintos do dólar». Quanto a equipamentos, nota-se que a política definida (e pede-se licença para frisar o carácter secreto desta parte da presente informação) é a de possível preferência de facto às aquisições na zona esterlina, e particularmente em Inglaterra, como meio de facilitar a liquidação dos saldos acumulados em Londres durante a guerra. Por esse processo já se liquidaram aproximadamente 5 milhões de libras. Que possibilidade tem a Inglaterra de desenvolver essa política? Por mim, julgo que seria de nosso e seu interesse mantê-la, e deste aspecto depende a composição do saldo negativo que apresentar no futuro a nossa balança de pagamentos. Pode, porém, dizer-se que, se a Inglaterra continuar interessada na política de fornecimento de equipamentos, e a nossa importação for disciplinada no mínimo que se torne indispensável a conseguirmos um razoável equilíbrio comercial com os outros países da Europa, as nossas reservas em dólares (ou convertíveis em dólares) serão suficientes para as necessidades de pagamentos na América nos anos considerados. Mas se se mantiver e desenvolver a política por parte dos países europeus, de vender a Portugal e nada comprar das suas mercadorias, para se pagarem em dólares das nossas reservas, então estas para pouco chegarão, e deixaremos que se repita connosco o que se passou com a Inglaterra, com a única diferença de que os dólares ingleses eram emprestados e os nossos são disponibilidades próprias.

Em conclusão, o parecer do Ministério das Finanças sobre o problema posto pelo Senhor Ministro dos Negócios Estrangeiros é o seguinte:

a) Portugal não pode, a não ser que entre por uma planificação rígida do comércio externo, prever o fecho da sua balança de pagamentos nos anos mais próximos e duvida que algum país possa fazer seriamente essa planificação e essa estimativa;

b) Portugal propõe-se seguir uma política de possível equilíbrio de trocas com os países da Europa, e poderá conceder – em termos semelhantes aos já usados com a Bélgica e Holanda – algum crédito para aquisição de mercadorias suas, e não pesar no pedido de crédito europeu à América, desde que aquele objectivo seja conseguido;

c) Só no caso de não se equilibrar a balança comercial portuguesa com os países da Europa e estes virem ao mercado monetário português transformar em dólares os seus escudos é que as nossas disponibilidades da América podem mostrar-se insuficientes e até desaparecer rapidamente. Cabe portanto agir para orientar a política comercial nesse sentido – que é o que se julga convir à produção e à economia nacional –, e não pesar precipitadamente, seguindo o exemplo dos que se encontram em condições inteiramente diferentes das nossas e em exclusivo proveito destes, nos pedidos europeus de crédito à América do Norte;

d) Se o Ministério dos Negócios Estrangeiros julga impossível a política de equilíbrio na zona europeia (excluída a Inglaterra), que atrás se preconiza, ainda assim é impossível a este Ministério dar previsões sobre balança de pagamentos e necessidades de crédito em dólares, uma vez que estas serão função dos défices da nossa balança comercial com aquela zona, que lhe facultarão escudos convertíveis na desejada moeda americana ;

e) Creio, em conclusão, que a nossa resposta deve ser semelhante à da Suíça, esclarecendo que Portugal, propondo-se equilibrar as suas trocas na zona europeia, fazer acordos comerciais nesse sentido, colaborar, colaborar na possível multilateralidade de pagamentos dentro dos países europeus, não carece de créditos em dólares para as suas previsíveis necessidades de pagamentos naquele país.

Lisboa, 27 de Agosto de 1947.

O MINISTRO DAS FINANÇAS,

(assinatura)»

À margem, Salazar escreveu o seguinte: «Ao d.g. dos Negócios Económicos. Concordo com a sustentação geral do parecer do Ministério das Finanças. É neste sentido que se telegrafa para Paris nesta data. 28/VIII/47».

Anexo 2 – IV

Telegrama n.º 55, de 14 de Março de 1948, do Presidente do Conselho

(AHDMNE, RNP, Plano Marshall, Telegrama n.º 55 (Urgentíssimo), de 14 de Março de 1948, do Ministério dos Negócios Estrangeiros (Presidente do Conselho) para o ministro dos Negócios Estrangeiros (Caeiro da Matta), na Legação de Portugal em Paris, M. 381, 2.º P. – A. 60, d. l.: 1947-1949)

(transcrição parcial)

«atendendo a que a Comissão [CCEE] tem por fim definir os recursos e meios de reabilitação económica da Europa com o apoio dos EUA; atendendo a que a cooperação que possa receber dos diversos países europeus deve ser tida por necessária em harmonia com o que se considerou em princípio aberta a todos eles; atendendo a que por tal motivo digna de aprovação a proposta para serem incluídas nesta obra de cooperação e reabilitação económica comum as regiões da Alemanha ocupadas por Potências aqui representadas e pelos Estados Unidos; atendendo à importância do valor económico da Espanha, bem como à sua função de país de trânsito entre outras nações que já fazem parte da organização; atendendo a que os EUA deixam à Comissão decidir livremente sobre as nações participantes na referida obra de cooperação económica. Proponho que a Comissão estude a possibilidade de se conseguir a cooperação da Espanha na reabilitação económica europeia por intermédio da organização existente para o efeito».

Anexo 2 – V

Ofício n.º 188, de 15 de Abril de 1948, do embaixador Theotónio Pereira

(AHDMNE, RNP, Plano Marshall, Ofício n.º 188, de 15 de Abril de 1948,
da Embaixada de Portugal em Washington (Theotónio Pereira)
para o Ministério dos Negócios Estrangeiros (Caeiro da Matta),
M. 381, 2.º P. – A. 60, d. I.: 1947 – 1949)

(transcrição parcial)

«Na sua falta de prejuízos e paixões ideológicas, e quasi imunes das taras socialistas, (graças ao predomínio duma massa individualista que aspira a melhorar o seu nível de vida,) foi muito fácil ao povo americano convencer-se que o russo soviético é afinal ainda mais perigoso e explosivo que o próprio nazi e reconhecer com o seu espírito prático que a Espanha seria um aliado automático dos Estados Unidos na luta contra as maquinações do comunismo.[...] Mas como tudo isto tem raízes pouco profundas e os ventos da Europa conservam a despeito da ruína actual alguma coisa do seu velho prestígio, os Estados Unidos não se atreveram a avançar sozinhos quando de tantos países se ergueram clamores de pasmo ou protesto».

Anexo 2 – VI

Telegrama n.º 177, de 20 de Julho de 1948, do Presidente do Conselho

(AHDMNE, RQE, Plano Marshall, Telegrama n.º 177 (Secreto), de 20 de Julho de 1948, do Presidente do Conselho para a Embaixada de Portugal em Paris (onde se encontra o ministro dos Negócios Estrangeiros Caeiro da Matta), M. 771, 2.º P. – A. 9, d. l.: 1948)

(transcrição parcial)

«É admissível supor que Estados Unidos tendo votado lei e créditos auxílio Europa entendam que toda sua actuação ao menos durante a vigência daquela se deverá desenvolver ao abrigo mecanismo criado. Daqui a sua recusar considerar outras operações com idêntica finalidade. [...]. Se interpretação acima fosse exacta e Estados Unidos não pudessem considerar sugestão portuguesa como declaram nossas dificuldades só poderiam ser resolvidas através funcionamento referido plano e com inversão aliás justificada posição tomada reunião Paris ano findo. Aí foi apresentada situação portuguesa como não exigindo imediata subvenção ou auxílio americano para operações correntes e tomou-se essa posição para nossa participação não restringisse outras destinadas outros países mais necessitados. Esta posição foi expressamente condicionada a que comércio se desenvolvesse livremente e não fossemos vítimas restrições importações por parte outros países. Por outro lado entendia-se que reapetrechamento industrial se poderia conseguir em prazos razoáveis em Inglaterra por conta saldos. Desde aquela reunião várias Nações a braços dificuldades têm limitado o seu comércio e restrições vão alastrando de país para país preferindo todos o que chamam mercadorias essenciais».

Anexo 2 – VII

Excerto do Relatório do Plano Director Português, de 4 de Agosto de 1948

(ANTT/AOS/CO/EC – 16A, «Relatório Plano Director (para 4 anos), Notas sobre o anexo B ao *memorandum* aprovado pelo Conselho na 30.ª sessão», de 4 de Agosto de 1948, f. 2)

«Portugal tem características especiais de actividade agrícola que não deseja perder porque foram elas que lhe asseguraram a sua estabilidade através dos séculos. Contudo, o aumento da população muito grande nos últimos tempos, exige maior produção por unidade de superfície, e o aproveitamento das matérias-primas e outros factores económicos dentro do próprio país. Não se pretende criar com isso actividades económicas parasitárias, antes de produzir aquilo que seja económico produzir para consumo interno e exportação.[...] A existência de matérias-primas adequadas permite maior industrialização, mas não há o objectivo [...] de alterar profundamente a estrutura económica e social do País, que repousa ainda hoje em grande parte, sobre a exploração florestal e agrícola.[...] é de manter a feição agrícola do País, numa salutar especialização europeia, e apenas se admitir o estabelecimento de indústrias que as condições naturais imponham com económicas e essenciais, convém modernizar as fábricas existentes, de modo a poderem fornecer artigos que se harmonizem com os que derivam da exploração agrícola, e os suplementem».

Anexo 2 – VIII

Nota do Ministro dos Negócios Estrangeiros dirigida ao Secretário de Estado Dean Acheson, de 3 de Abril de 1949

«Nota do Ministro dos Negócios Estrangeiros, (Embaixada de Portugal – Washington)», datada de 3 de Abril de 1949, enviada a Dean Acheson, Secretário de Estado.

(Arquivo pessoal do embaixador António de Faria)

«No momento em que na reunião do dia 2, com a presença de Vossa Excelência e de todos os representantes dos países signatários do Pacto, íamos tomar a decisão da aprovação definitiva do respectivo texto, tive conhecimento dum documento relativo à interpretação de «certas frases e de certos artigos» resultante de troca de impressões entre os negociadores de aquele instrumento diplomático e que me chegou às mãos pelos bons ofícios do Departamento de Estado. A alínea N.º 5 do mencionado documento era assim redigida: «With reference to Article 8, it is understood that no previous international engagements to which any of the participating states are parties would in any way interfere with the carrying out of their obligations under this Treaty».

Não podendo só pela rápida leitura daquela alínea conhecer com precisão o seu exacto alcance, suscitaram-se dúvidas no meu espírito, que tornaram indispensável o completo esclarecimento.

Da discussão havida resultou para mim a conclusão evidente de que em nada era alterado o Artigo 8.º do Pacto tal como tinha sido até ali interpretado. Isso me permitiu portanto dar a aprovação do Governo Português ao texto definitivo do Pacto fornecendo-me ao mesmo tempo o ensejo para declarar que aceitação por parte de Portugal daquele instrumento diplomático é inteiramente compatível com as obrigações decorrentes dos compromissos anteriormente assumidos pelo Governo Português e nomeadamente os do mencionado Tratado de Amizade e Não Agressão com a Espanha, de 17 de Março de 1939 e seu Protocolo adicional de 29 de Junho de 1940.

Muito agradeceria a Vossa Excelência que do conteúdo desta Nota fosse dado conhecimento aos Ministros dos Negócios Estrangeiros dos países comparticipantes do Pacto».

Anexo 2 – IX

Declaração do Ministro das Finanças no Conselho de Ministros da OECE sobre a nomeação de um Representante Especial

(AHDMNE, DNP, Plano Marshall, Telegrama n.° 13,
de 25 de Janeiro de 1950, da Embaixada de Portugal em Paris
(Costa Leite) para o ministro dos Negócios Estrangeiros (Caeiro da Matta),
M. 381, 2.º P. – A. 60, d. l. : 1947-1949)

(transcrição parcial)

«O estudo do problema [nomeação de um representante especial], no tempo decorrido desde a última sessão do grupo consultativo, não modificou, antes confirmou as conclusões que então haviam sido expostas. Parece, porém, que todos os outros países aqui representados dão a sua aprovação à proposta cujos termos o Governo que represento continua a não poder aceitar, além do mais porque o povo português não o absolveria de uma atitude que julgasse poder implicar, ainda que remotamente, limitação da autonomia nacional. [...] Perante o dilema de, ou ter que trair o seu mandato nacional, ou ser obstáculo, pela sua voz discordante, à solução neste momento grave da vida da Europa que parece ser aceite por todos os outros países membros da organização, o Governo português só encontra um meio de resolver esta dificuldade: sem que isso represente a menor quebra de respeito ou falta de consideração [...], e apenas no desejo de não inutilizar pela exclusiva oposição do seu país, aquela solução o representante de Portugal pede licença para se ausentar desta sessão até que esteja esgotado este número da agenda».

Anexo 2 – X

Apontamento de Salazar para a resposta do Ministro dos Negócios Estrangeiros ao Embaixador dos EUA

(ANTT/AOS/CO/NE - 18-1, «Apontamento»)

(transcrição parcial)

«1.º [...] as facilidades nos Açores como quaisquer outras para fins do Pacto do Atlântico excedem o âmbito de acordos puramente bilaterais e devem ser definidas e acordadas no quadro dos organismos do Pacto, como é natural;

2.º [...] se opõe à [...] prorrogação, por não corresponder às realidades da vida internacional, como expressamente se refere na carta de 7 de Dezembro;

3.º acordos bilaterais só seriam por isso possíveis para fins e em condições diversas dos considerados na organização do Pacto do Atlântico, mas nas presentes circunstâncias, não se julga que haja para eles oportunidade;

4.º em qualquer caso tais facilidades não poderão desconhecer a posição fundamental definida a cada passo pelo Governo Português [...] como não comportando em tempo de paz a existência de bases militares estrangeiras em território nacional».

Anexo 2 – XI

Apontamento para a determinação da posição de Portugal na Conferência Europeia da Agricultura («Pool Vert»)

(ANTT/AOS/CO/EC – 16 A, «Apontamento para a Determinação da posição de Portugal na Conferência Europeia da Agricultura (Pool Vert)», Março de 1953)

«As forças poderosas, que estão desencadeadas na Europa a favor da sua união política e económica, tiveram nos últimos tempos, considerável apoio por parte dos Estados Unidos. Seria perigoso ignorar esse movimento de vasta envergadura. Só a coligação das pequenas potências, uma mais larga expressão do bom senso britânico – repare-se na presença de Eden na OECE – podem evitar decisões imediatas e precipitadas em matéria de extraordinário melindre. Temos de manter contacto com estas forças, por vezes bem contrárias aos nossos interesses. Podemos contudo ter a certeza que connosco podem alinhar muitos países para chegar a soluções aceitáveis. Pela posição que marcamos não devemos portanto ter receio de participar na Conferência e dela podermos até talvez tirar algum proveito. Acresce que sem a nossa presença, a posição da Espanha pode correr perigo. Tem sido norma da nossa política externa apoiar a Nação vizinha na sua campanha de reivindicação dum lugar condigno no concerto das Nações. Por ela rijamente nos batemos e por vezes com êxito na FAO [Food and Agricultural Organization] como noutras organizações internacionais. Terá a Espanha correspondido inteiramente a este nosso esforço e realizado a coragem das nossas atitudes em meios que lhe eram muito desfavoráveis? A sua presença é no entanto para nós indispensável e assim também estamos de certo modo pugnando «pro-domo»».

[...]

«1 – Portugal tem interesse em participar na Conferência Europeia da Agricultura;

2 – Deve declarar que quaisquer resoluções a tomar não podem invalidar os compromissos já firmados entre a Metrópole e o Ultramar em assuntos de produção e comércio de produtos agrícolas;

3 – Deve pronunciar-se a favor da inclusão da Espanha;

4 – No que diz respeito aos produtos, tem de acautelar as posições já tomadas em acordos internacionais (trigo-açúcar) e quanto aos outros produ-

tos seguir uma linha prudente de actuação, compatível com as nossa possibilidades;

5 – Quanto aos produtos excluídos – cortiça e azeite – tem interesse numa troca de impressões com os países interessados à margem da Conferência;

6 – Não se pode alhear dos trabalhos referentes à contabilidade agrícola e estabelecimento de preços de custo;

7 – Não pode aceitar qualquer forma de instituição internacional cuja criação é prematura e inconveniente. Talvez possa advogar uma reunião periódica dos responsáveis pela política agrícola de cada país e a criação dum Secretariado para esse efeito no seio da OECE sem poderes resolutivos».

Fontes e Bibliografia

I – Fontes

1 – Arquivos

a) Volumes consultados nos *Archives diplomatiques du ministère des Affaires étrangères* (ADMAE), em Paris

ADMAE, Série (S.) Europe/1944-1960, Sous-série (S.s.) Portugal, Politique Extérieure, volume (vol.) 22, d. l.: 1944-1949.

ADMAE, S. Europe/1944-1960, S.s. Portugal, Relations avec la France, vol. 23, d. l.: 1944-1949.

ADMAE, S. Europe/1944-1960, S.s. Portugal, Relations avec la France, vol. 24, d. l.: 1949-1955.

ADMAE, S. Europe/1944-1960, S.s. Portugal, Presse et informations – Correspondants de presse et renseignements sur la presse portugaise, vol. 34, d. l.: 1949-1955.

ADMAE, S. Europe/1944-1960, S.s. Portugal, Politique commerciale, vol. 36, d. l.: 1949-1955.

ADMAE, S. Europe/1944-1960, S.s. Portugal, Notices générales sur le Portugal – Activités de l'Ambassade, vol. 37, d. l.: 1949-1953.

ADMAE, S. Europe/1944-1960, S.s. Portugal, Orientations générales, vol. 38, d. l.: 1949-1955.

ADMAE, S. Europe/1944-1960, S.s. Portugal, Personnalités politiques, vol. 39, d. l.: 1949-1955.

ADMAE, S. Europe/1944-1960, S.s. Portugal, Politique extérieure, Politique extérieure, vol. 41, d. l.: 1949-1955.

ADMAE, S. Europe/1944-1960, S.s. Portugal, Relations avec la Grande Bretagne, vol. 44, d. l.: 1949-1955.

ADMAE, S. Europe/1944-1960, S.s. Portugal, Relations avec l'URSS, vol. 45, d. l.: 1949-1954.

ADMAE, S. Europe/1944-1960, S.s. Portugal, Relations avec l'Espagne, vol. 46, d. l.: 1949-1954.

b) Maços consultados no Arquivo Histórico-Diplomático do Ministério dos Negócios Estrangeiros (AHDMNE). Para aceder aos Maços da RNP e da RQE no AHDMNE, deve-se indicar o Piso (P.) e o Armário (A.), ou, para os outros, o código PEA:

– Repartição dos Negócios Políticos (RNP)

AHDMNE, RNP, Informações de política interna, M. 31, 2.º P. – A. 50, d. l.: 1948-1951.

AHDMNE, RNP, Política interna e externa da Europa, M. 35, 2.º P. – A. 50, d. l.: 1949-1951.

AHDMNE, RNP, Política interna e externa da Europa – Conselho da Europa, M. 36, 2.º P. – A. 50, d. l.: 1949-1951.

AHDMNE, RNP, Política interna e externa da Europa, M. 37, 2.º P. – A. 50, d. l.: 1948-1949.

AHDMNE, RNP, Política interna e externa da Europa, M. 102, 2.º P. – A. 57, d. l.: 1951-1958.

AHDMNE, RNP, Política externa e interna da Europa, M. 103, 2.º P. – A. 57, d. l.: 1951-1959.

AHDMNE, RNP, Política interna e externa da Europa – Conselho da Europa, M. 309, PEA, d. l.: 1953-1959.

AHDMNE, RNP, Política interna e externa da Europa – Pacto do Atlântico, M. 310, PEA, d. l.: 1951-1960.

AHDMNE, RNP, Plano Marshall, M.381, 2.º P. – A. 60, d. l.: 1948.

AHDMNE, RNP, Comunidade Política Europeia – CED, M. 453, 2.º P. – A. 1, d. l.: 1951-1953.

– Repartição das Questões Económicas (RQE)

AHDMNE, RQE, Plano Schuman, M. 3, 2.º P. – A. 51, d. l.: 1950-1952.

AHDMNE, RQE, OECE, M. 13, 2.º P. – A. 51, d. l.: 1949-1951.

AHDMNE, RQE, Plano Marshall – ECA – MSA, M. 14, 2.º P. - A. 51, d. l.: 1950-1952.

AHDMNE, RQE, OECE, M. 16, 2.º P. – A. 51, d. l.: 1949-1951.

AHDMNE, RQE, ECA – MSA/Territórios Ultramarinos, M. 19, 2.º P. – A. 51, d. l.: 1950-1952.

AHDMNE, RQE, OECE – Diversos, M. 20, 2.º P. – A. 51, d. l.: 1950-1952.

AHDMNE, RQE, ECA/OECE/NATO, M. 21, 2.º P. – A. 51, d. l.: 1950-1952.

AHDMNE, RQE, Plano Schuman, M. 41, 2.º P. – A. 55, d. l.: 1954.

AHDMNE, RQE, ECE, M. 51, 2.º P. – A. 52, d. l.: 1953.

AHDMNE, RQE, Conferência de Paris (4 vol.), M.53, 2.º P. – A. 39, d.l.: 1947.

AHDMNE, RQE, Acordo de Cooperação Económica de 1948, M.54, 2.º P. – A. 52, d. l.: 1951-1953.

AHDMNE, RQE, OECE, M.55, 2.º P. – A. 52, d. l.: 1952-1953.

AHDMNE, RQE, OECE, M.56, 2.º P. – A. 52, d. l.: 1953.

AHDMNE, RQE, Liberalização - NATO, M.57, 2.º P. – A. 52, d. l.: 1951-1953.

AHDMNE, RQE, União Europeia de Pagamentos, M. 60, 2.º P. – A. 52, d. l.: 1953.

AHDMNE, RQE, ECA/OECE, M. 87, 2.º P. – A. 41, d. l.: 1949.

AHDMNE, RQE, UEP, M. 206, 2.º P. – A. 40, d. l.: 1950.

AHDMNE, RQE, Plano Marshall – Acordo Bilateral entre Portugal e os Estados Unidos da América, M. 237, 2.º P. – A. 40, d. l.: 1948.

AHDMNE, RQE, Plano Marshall (2 vol.), M. 238, 2.º P. – A. 40, d. l.: 1948.

AHDMNE, RQE, Plano Marshall, M. 771, 2.º P. – A. 9, d. l.: 1948.

– **Embaixada de Portugal em Washington**

AHDMNE, Embaixada em Washington, Plano Marshall, M.116, d. l.: 1943-1947.

AHDMNE, Embaixada em Washington, Situação política Mundial – Integração Europeia, M.137, d. l.: 1948.

AHDMNE, Embaixada em Washington, Plano Marshall, M.139, d. l.: 1948.

AHDMNE, Embaixada de Washington, Plano Marshall, M. 140, d. l.: 1948.

– **Legação de Portugal em Paris**

AHDMNE, Legação em Paris, Arquivo Privado, M. 128, d. l.: 1949.

AHDMNE, Legação em Paris, Questões coloniais, M. 141, d. l.: 1950.

c) **Volumes consultados nos *Archives du ministère des Affaires étrangères du Commerce extérieur et de la Coopération au développement* (AMAECECD) – Bruxelas**

AMAECECD, Correspondance diplomatique, D. 10 967 bis, Lisbonne – 1947.

AMAECECD, Correspondance diplomatique, D. 12 082, Lisbonne – 1948.

AMAECECD, Correspondance diplomatique, D. 12 082, Lisbonne – 1949.

AMAECECD, Correspondance diplomatique, D. 12 420, Portugal – Dossier général – 1950.

AMAECECD, Correspondance diplomatique, D. 12 420, Portugal – Dossier général – 1951.

AMAECECD, Correspondance diplomatique, D. 12 420, Portugal - Dossier général - 1952.

AMAECECD, Correspondance diplomatique, D. 12 498, Portugal - Dossier général - 1953.

d) Volumes consultados no Arquivo Nacional da Torre do Tombo/Arquivo António Oliveira Salazar (ANTT/AOS):

ANTT/AOS/CO/EC-16 A, Correspondência oficial - Economia/OECE, d. l.: 1948-1961.

ANTT/AOS/CO/NE-1E, Correspondência oficial - Negócios Estrangeiros, d. l.: 1943-1951.

ANTT/AOS/CO/NE-2B2, Correspondência oficial - Negócios Estrangeiros, d. l.: 1941-1953.

ANTT/AOS/CO/NE-2C1, Correspondência oficial - Negócios Estrangeiros, d. l.: 1943-1955.

ANTT/AOS/CO/NE-4B, Correspondência oficial - Negócios Estrangeiros/Informações dos Nossos Diplomatas (Bruxelas), d. l.: 1938-1957.

ANTT/AOS/CO/NE-4C1, Correspondência oficial - Negócios Estrangeiros/Informações dos Nossos Diplomatas (Londres), d. l.: 1939-1961.

ANTT/AOS/CO/NE-4D, Correspondência oficial - Negócios Estrangeiros/Informações dos Nossos Diplomatas (Roma - Quirinal), d. l.: 1933-1952.

ANTT/AOS/CO/NE-7A, Negócios Estrangeiros - Conversações com Diplomatas Estrangeiros (Reino Unido), d. l.: 1934-1958.

ANTT/AOS/CO/NE-14B, Correspondência oficial - Negócios Estrangeiros, d. l.: 1942-1953.

ANTT/AOS/CO/NE-15, Correspondência oficial - Negócios Estrangeiros/Plano Marshall, d. l.: 1947-1949.

ANTT/AOS/CO/NE-17, Correspondência oficial - Negócios Estrangeiros/NATO, d. l.: 1949-1959.

ANTT/AOS/CO/NE-17-1, Correspondência oficial - Negócios Estrangeiros/NATO, d. l.: 1949-1951.

ANTT/AOS/CO/NE-17-2, Correspondência oficial - Negócios Estrangeiros/NATO, d. l.: 1951-1967.

ANTT/AOS/CO/NE-18, Correspondência oficial - Negócios Estrangeiros, d. l.: 1950-1960.

ANTT/AOS/CO/NE-18-1, Correspondência oficial – Negócios Estrangeiros, d. l.: 1948-1957.

ANTT/AOS/CO/NE-20, Correspondência oficial – Negócios Estrangeiros, d. l.: 1931-1961.

ANTT/AOS/CO/PC-49A, Correspondência Oficial – Presidência do Conselho/ Conselho Económico, d. l.: 1953-1960.

ANTT/AOS/CO/PC-74, Correspondência Oficial – Presidência do Conselho/ Conselho de Ministros para o Comércio Externo, d. l.: 1951-1956.

e) Documentos consultados no *Public Record Office – Foreign Office* (PRO/FO):

PRO/FO 371 – 61037, Visit to Lisbon of the Smith-Mundt Special United States Congressional Committee in connexion with the Marshall Plan: report on, by H.M. Representative, Lisbon, 1947.

PRO/FO 371 – 67859 A, Portugal, 1947.

PRO/FO 371 – 67861, Portugal, 1947.

PRO/FO 371 – 67863, Portugal, 1947.

PRO/FO 371 – 73295, Financial and economic situation in Portugal, 1948.

PRO/FO 371 – 73296, Political situation in Portugal, 1948.

PRO/FO 371 – 73298, Facilities for the U.S. Air Force in the Azores, 1948.

PRO/FO 371 – 73305, Views of Dr. Salazar on the Russian menace and on Western Union, 1948.

PRO/FO 371 – 73313, Report on heads of foreign missions in Lisbon, 1948.

PRO/FO 371 – 79627, Annual report on Portugal, 1948, 1949.

PRO/FO 371 – 79632, Meeting in Paris of Portuguese Service Chiefs with General Bradley, 1949.

PRO/FO 371 – 79637, Reasons given for Black rate between escudos and French francs being in favour of the escudo, 1949.

PRO/FO 371 – 79639, Financial situation in Portugal, 1949.

PRO/FO 371 – 79640, Portuguese prohibition in all foreign exchange dealings. Decision to devalue the escudo, 1949.

PRO/FO 371 – 79663, Portuguese Ambassador in London to resign for private and domestic reasons, 1949.

PRO/FO 371 – 89420, Annual political report for 1949, 1950.

PRO/FO 371 – 89425, Portuguese American relations, 1950.

PRO/FO 371 – 89426, Anglo-Portuguese relations, 1950.

PRO/FO 371 - 89430, Quarterly reports on economic conditions in Portugal, September 1949 to September 1950, 1950.

PRO/FO 371 - 89432, Economic and financial position of Portugal, 1950.

PRO/FO 371 - 89449, Talks and agreement on modification of Anglo--Portuguese Monetary Agreement, 1950.

PRO/FO 371 - 89477, Trade unionisme in Portugal, 1950.

PRO/FO 371 - 96129, Political report on Portugal, 1950, 1951.

PRO/FO 371 - 96130, Political report on Portugal, 1950, 1951.

PRO/FO 371 - 96137, Answer to a parliamentary question concerning treaties or other arrangements existing to enable joint Anglo-Portuguese planning of defence, 1951.

PRO/FO 371 - 96145, Anglo-Portuguese Monetary Agreement, July 1951, 1951.

PRO/FO 371 - 101954, Annual political report on Portugal for 1951, 1952.

PRO/FO 371 - 101956, Position of Communists and fellow-travellers in Portugal; reports of trial and arrests of Communists; message from Communist Party of Portugal to the XIXth Party Congress in Moscow, 1952.

PRO/FO 371 - 101957, Conference in Lisbon, 1952.

PRO/FO 371 - 101959, Report of HM Ambassador's conversation with Dr. Salazar, 1952.

PRO/FO 371 - 101960, Political relation between Portugal and United Kingdom, 1952.

PRO/FO 371 - 101961, Paulo Cunha, 1952.

PRO/FO 371 - 101962, Montgomery's visit NATO/Spain, 1952.

PRO/FO 371 - 101967, Criticisms in Portugal National Assembly about Treatment of the Overseas Territories in economic matter, 1952.

PRO/FO 371 - 101968, New Portuguese decree designed deposit 30%, 1952.

PRO/FO 371 - 101981, Briefing Montgomery, 1952.

PRO/FO 371 - 101982, Private visit of Paulo Cunha in United Kingdom, 1952.

PRO/FO 371 - 101990, Decision about no decoration of Salazar, 1952.

PRO/FO 371 - 107630, Portugal: annual review for 1952, 1953.

PRO/FO 371 - 107631, Minutes of fortnightly staff, 1953.

PRO/FO 371 - 107637, Salazar's proposition about agreement between United States and Spain, with the Portugal, 1953.

PRO/FO 371 - 107638, Political relations between Portugal and United Kingdom, 1953.

PRO/FO 371 - 107640, Economic reports on Portugal. December 52 to November 53, 1953.

PRO/FO 371 - 107659, Invitation to Dr. Salazar to receive an Honorary Degree at Oxford University, 1953.

PRO/FO 371 - 112972, Annual review for Portugal for 1953, 1954.

2 - Documentos impressos

a) Documentos diplomáticos, publicações oficiais e outros

- Assembleia Nacional (Portugal)

Diários do Governo: Leis e Decretos-Leis, entre 1947 e 1953.

Diário das Sessões da Assembleia Nacional e da Câmara Corporativa.

- Banco de Portugal

Banco de Portugal - *Relatório do Conselho de Administração - Gerência de 1947. Balanço, Documentos e Parecer do Conselho Fiscal.* Lisboa: Tipografia do Banco de Portugal, 1948.

Banco de Portugal - *Relatório do Conselho de Administração - Gerência de 1948. Balanço, Documentos e Parecer do Conselho Fiscal.* Lisboa: Tipografia do Banco de Portugal, 1949.

Banco de Portugal - *Relatório do Conselho de Administração - Gerência de 1949. Balanço, Documentos e Parecer do Conselho Fiscal.* Lisboa: Tipografia do Banco de Portugal, 1950.

Banco de Portugal - *Relatório do Conselho de Administração - Gerência de 1950. Balanço, Documentos e Parecer do Conselho Fiscal.* Lisboa: Tipografia do Banco de Portugal, 1951.

Banco de Portugal - *Relatório do Conselho de Administração - Gerência de 1951. Balanço, Documentos e Parecer do Conselho Fiscal.* Lisboa: Tipografia do Banco de Portugal, 1952.

Banco de Portugal - *Relatório do Conselho de Administração - Gerência de 1952. Balanço, Documentos e Parecer do Conselho Fiscal.* Lisboa: Tipografia do Banco de Portugal, 1953.

Banco de Portugal - *Relatório do Conselho de Administração - Gerência de 1953. Balanço, Documentos e Parecer do Conselho Fiscal.* Lisboa: Tipografia do Banco de Portugal, 1954.

- **Conselho da Europa - Assembleia Consultiva do Conselho da Europa (ACCE)**

ACCE - *Annuaire de l'Assemblée*. Estrasburgo: Direcção dos Serviços da Assembleia - Conselho da Europa, Dezembro de 1951.

ACCE - *Annuaire de l'Assemblée*. Estrasburgo: Direcção dos Serviços da Assembleia - Conselho da Europa, Setembro de 1952.

ACCE - *Annuaire de l'Assemblée*. Estrasburgo: Direcção dos Serviços da Assembleia - Conselho da Europa, Janeiro de 1953.

ACCE - *Compte rendu Officiel des débats*. 1e Session. vol. I. tome (t.) 1. Estrasburgo: Conselho da Europa, 1949.

ACCE - *Compte rendu Officiel des débats*. 1e Session. vol. I. t. 2. Estrasburgo: Conselho da Europa, 1949.

ACCE - *Compte rendu Officiel des débats*. 2e Session. vol. II. t. 4. Estrasburgo: Conselho da Europa, 1950.

ACCE - *Compte rendu Officiel des débats*. 3e Session. vol. I. t. 1. Estrasburgo: Conselho da Europa, 1951.

ACCE - *Compte rendu Officiel des débats*. 3e Session. vol. I. t. 3. Estrasburgo: Conselho da Europa, 1951.

ACCE - *Compte rendu Officiel des débats*. 4e Session. vol. II. t. 5. Estrasburgo: Conselho da Europa, 1952.

ACCE - *Documents de séance*. 2e Session. t. 3. Estrasburgo: Conselho da Europa, 1950.

ACCE - *Documents de Séance*. 4e Session Ordinaire. t. 1. Estrasburgo: Conselho da Europa, 1952.

ACCE - *List of the Representatives and Substitutes from 1949 to 1969/Liste des Représentants et Suppléants de 1949 à 1969*. Estrasburgo: Conselho da Europa, Maio de 1969, 311 p.

Statute of the Council of the Europe, Statut du Conseil de l'Europe. Estrasburgo: Section des Publications - Série des Traités européen, N.º 1, 1982, 27 p.

- **Discursos e entrevistas de Salazar**

SALAZAR, António de Oliveira - *Discursos 1928-1934*. Coimbra: Coimbra Editora Limitada, 1935, 391 p.

SALAZAR, António de Oliveira - *Discursos e Notas Políticas - II - 1935-1937*. Coimbra: Coimbra Editora Limitada, 1937, 399 p.

SALAZAR, António de Oliveira - *Discursos e Notas Políticas - III - 1938-1943*. Coimbra: Coimbra Editora Limitada, 1943, 419 p.

SALAZAR, António de Oliveira - *Discursos e Notas Políticas - IV - 1943-1950*. Coimbra: Coimbra Editora Limitada, 1951, 584 p.

SALAZAR, António de Oliveira - *Discursos e Notas Políticas - V - 1951-1958*. Coimbra: Coimbra Editora Limitada, 1959, 530 p.

Salazar Antologia. Discursos, Notas, Relatórios, Artigos e Entrevistas 1909-1953. Lisboa: Editorial Vanguarda, 1954, 360 p.

- Instituto Nacional de Estatística

INE - *Anuário Estatístico - 1947*. Lisboa: Tipografia Portuguesa, Lda, 1948, 376 p.

INE - *Anuário Estatístico - 1948*. Lisboa: Tipografia Portuguesa, Lda, 1949, 394 p.

INE - *Anuário Estatístico - 1949*. Lisboa: Tipografia Portuguesa, Lda, 1950, 394 p.

INE - *Anuário Estatístico - 1950*. Lisboa: Tipografia Portuguesa, Lda, 1951, 400 p.

INE - *Anuário Estatístico - 1951*. Lisboa: Tipografia Portuguesa, Lda, 1952, 414 p.

INE - *Anuário Estatístico - 1952*. Lisboa: Tipografia Portuguesa, Lda, 1953, 449 p.

INE - *Anuário Estatístico - 1953*. Lisboa: Tipografia Portuguesa, Lda, 1954, 480 p.

INE - *Comércio Externo, vol. I, Comércio por Mercadorias e Países, 1947*. Lisboa: Bertrand (Irmãos), Lda, s. d., 436 p. + Índice.

INE - *Comércio Externo, vol. II, Comércio por Mercadorias e Países, 1947*. Lisboa: Bertrand (Irmãos), Lda, s. d., 679 p.

INE - *Comércio Externo, vol. I et II, Comércio por Mercadorias e Países, 1948*. Lisboa: Tipografia Portuguesa, Lda, 1949, 657 p.

INE - *Comércio Externo, vol. I, Comércio por Mercadorias e Países, 1949*. Lisboa: Tipografia Portuguesa, Lda, 1950, 464 p. + Índice.

INE - *Comércio Externo, vol. II, Comércio por Mercadorias e Países, 1949*. Lisboa: Gráfica Santelmo, s. d., 685 p.

INE - *Comércio Externo, vol. I, Comércio por Mercadorias e Países, 1950*. Lisboa: Tipografia Portuguesa, Lda, 1951, 468 p. + Índice.

INE - *Comércio Externo, vol. II, Comércio por Mercadorias e Países, 1950*. Lisboa: Tipografia Portuguesa, Lda, 1951, 693 p.

INE - *Comércio Externo, vol. I, Comércio por Mercadorias e Países, 1951*. Lisboa: Tipografia Portuguesa, Lda, 1952, 538 p. + Índice.

INE - *Comércio Externo, vol. II, Comércio por Mercadorias e Países, 1951*. Lisboa: Bertrand (Irmãos), Lda, s.d., 841 p.

INE - *Comércio Externo, vol. I, Comércio por Mercadorias e Países, 1952*. Lisboa: Tipografia Portuguesa, Lda, 1953, 357 p. + Índice Remissivo (212 p.) + Índice.

INE - *Comércio Externo, vol. II, Comércio por Mercadorias e Países, 1952*. Lisboa: Bertrand (Irmãos), Lda, s. d., 831 p.

INE - *Comércio Externo, vol. I, Comércio por Mercadorias e Países, 1953*. Lisboa: Tipografia Portuguesa, Lda, 1954, 358 p. + Índice Remissivo (212 p.) + Índice.

INE - *Comércio Externo, vol. II, Comércio por Mercadorias e Países, 1953*. Lisboa: Bertrand (Irmãos), Lda, s. d., 815 p.

- **Publicações da OECE** (por ordem cronológica)

OECE - *Rapport Intérimaire sur le Programme de Relèvement Européen*. vol. I. Paris: OECE, 30 de Dezembro de 1948, 211 p.

OECE - *Rapport Intérimaire sur le Programme de Relèvement Européen*. vol. II. Paris: OECE, 30 de Dezembro de 1948, 1 150 p.

OECE - *Rapport à l'Administration de Coopération Economique sur le Premier Programme Annuel*. 1 de Julho de 1948 - 30 de Junho de 1949. Paris: OECE, s. d., 74 p. + Anexos.

OECE - *Rapport à l'Administration de Coopération Economique sur le Programme 1949-1950*. vol. I. 1de Julho de 1949 - 30 de Junho de 1950. Paris: OECE, s. d., 139 p.

OECE - *Rapport à l'Administration de Coopération Economique sur le Programme 1949-1950*. vol. II. 1 de Julho de 1949 - 30 de Junho de 1950. Paris: OECE, s. d., 368 p.

OECE - *L'Evolution de la situation économique et ses perspectives en Europe Occidentale*, Paris: OECE, Junho de 1950, 179 p.

OECE - *L'OECE, deux années de Coopération Économique*. Paris: OECE, 1950, 46 p.

OECE - *Les Investissements dans les Territoires d'Outre-Mer en Afrique, au Sud du Sahara*. Paris: OECE, 1951, 110 p.

OECE - *Perspectives de l'Economie Européenne. Expansion économique - Balance Dollar*. Paris: OECE, Dezembro de 1952, 379 p.

- **Compilações de documentos diplomáticos:**

- **Espanha**

VICENTE, Ana - *Portugal visto pela Espanha. Correspondência Diplomática 1939-1960*. Lisboa: Assírio e Alvim, 1992, 359 p.

- **Estados Unidos da América**

- Documents on American Foreign Relations

Documents on American Foreign Relations, vol. IX, 1947, Edited by Raymond Dennet and Robert K. Turner - Published for World Peace Foundation by Princeton University Press, 1949, 759 p.

Documents on American Foreign Relations, vol. X, 1948, Edited by Raymond Dennet and Robert K. Turner – Published for World Peace Foundation by Princeton University Press, 1950, 705 p.

Documents on American Foreign Relations, vol. XI, 1949, Edited by Raymond Dennet and Robert K. Turner – Published for World Peace Foundation by Princeton University Press, 1950, 728 p.

Documents on American Foreign Relations, vol. XII, 1950, Edited by Raymond Dennet and Robert K. Turner – Published for World Peace Foundation by Princeton University Press, 1951, 702 p.

Documents on American Foreign Relations, vol. XIII, 1951, Edited by Raymond Dennet and Katherine D. Durant – Published for World Peace Foundation by Princeton University Press, 1953, 626 p.

Documents on American Foreign Relations, 1953, Edited by Peter V. Cural, Harper and Brothers (Council on Foreign Relations), New York: 1954, 458 p.

– ***Foreign relations of the United States*** **(FRUS)** – ***Department of State***

FRUS – *The British Commonwealth; Europe, 1947, vol. III*. Washington: U.S. Government Printing Office, 1972, 1 131 p.

FRUS – *Western Europe, 1948, vol. III*. Washington: U.S. Government Printing Office, 1974, 1 165 p.

FRUS – *Western Europe, 1949, vol. IV*. Washington: U.S. Government Printing Office, 1975, 878 p.

FRUS – *Western Europe, 1950, vol. III*. Washington: U.S. Government Printing Office, 1977, 1.840 p.

FRUS – *Part 1 and part 2, European Security and the German Question, 1951, vol. III*. Washington: U.S. Government Printing Office, Part 1 (1982), Part 2 (1982), 2.065 p.

FRUS – *Europe: Political and Economic Developments, 1951, vol. IV*. Washington: U.S. Government Printing Office, 1985, 1 890 p.

FRUS – Western *European Security, Part 1 and 2, 1952-1954, vol. V*. Washington: U.S. Government Printing Office, 1983, 1 882 p.

FRUS – *Western Europe and Canada,* in *two parts, 1952-1954, vol. VI*. Washington: U.S. Government Printing Office, 1986, 2 176 p.

– ***França***

Coliard, Claude-Albert e **Manin,** Aleth – *Droit International et Histoire Diplomatique. Documents choisis, tome 2 – Europe*. Paris: Editions Montchrestien, 1970, 1.098 p. + 50 p.

Gerbet, Pierre; **La Serre,** Françoise; e **Nafilyan,** Gérard – *L'Union politique de l'Europe. Jalons et textes.* Paris: La Documentation française, 1998, 498 p.

Reuter, Paul e **Gros,** André – *Traités et Documents diplomatiques.* 4.ª edição. Paris: Presses Universitaires de France, 1976, 522 p.

– ***Portugal***

Antunes, José Freire – *Salazar e Caetano: Cartas Secretas 1932-1968*, s. l., Círculo de Leitores, 1993, 461 p. (as cartas entre Salazar e Caetano são publicadas entre as p. 91 e 406)

Boletim Interno do Ministério dos Negócios Estrangeiros, Ministério dos Negócios Estrangeiros, entre 1947 e 1953 (a partir de 1953: Imprensa Nacional de Lisboa).

Costa, Fernando dos Santos – *Correspondência de Santos Costa para Oliveira Salazar, 1934-1950.* Lisboa: Comissão do Livro Negro Sobre o Regime Fascista, 1988, 439 p.

Nunes, Helena Costa (coord.) – Adesão de *Portugal às Comunidades Europeias. História e Documentos.* Lisboa: Assembleia da República, 2001, 438 p.

Mathias, Marcello – *Correspondência Marcello Mathias/Salazar 1947-1968.* Lisboa: Difusão Editorial, Lda, 1984, 675 p.

– ***Reino Unido***

Bullen, Roger – *Documents on British Policy Overseas, Seris II (1950-1955), vol. I.* Londres: Edited by Roger Bullen and M. E. Pelly, 1986.

– ***Revue Chronique de Politique Etrangère – Institut des Relations Internationales (Bruxelas)***

Chronique de Politique Etrangère, vol. 1, 1948, n.º 1 à n.º 6 (95 p., 128 p., 135 p., 144 p., 163 p., 166 p.).

Chronique de Politique Etrangère, vol. 2, 1949, n.º 1 à n.º 6, 909 p.

Chronique de Politique Etrangère, vol. 3, 1950, n.º 1 à n.º 6, 760 p.

Chronique de Politique Etrangère, vol. 4, 1951, n.º 1 à n.º 6, 818 p.

Chronique de Politique Etrangère, vol. 5, 1952, n.º 1 à n.º 6, 878 p.

Chronique de Politique Etrangère, vol. 6, 1953, n.º 1 à n.º 6, 840 p.

– UEP

UEP – *Premier Rapport Annuel du Comité de Direction.* (1 de Julho de 1950 a 30 de Junho de 1951), Paris: OECE, 1951, 45 p. + Anexos.

UEP – *Deuxième Rapport Annuel du Comité de Direction*. (1 de Julho de 1951 a 30 de Junho de 1952), Paris: OECE, 1952, 54 p. + Anexos.

UEP – *Troisième Rapport Annuel du Comité de Direction*. (1 de Julho de 1952 a 30 de Junho de 1953), Paris: OECE, 1953, 125 p. + Anexos.

UEP – *Quatrième Rapport Annuel du Comité de Direction*. (1 de Julho de 1953 a 30 de Junho de 1954), Paris: OECE, 1954, 124 p. + Anexos.

– *Outros*

«Convention de Coopération Economique Européenne et Protocoles Additionnels N.º I et II» in *Annuaire Européen*, vol. I, La Haye: N. Nijhoff, 1955, p. 230-257.

Constituição da República Portuguesa de 1933.

«La Loi de Coopération Economique» in *Revista de Economia*. vol. II, Fascículo IV, Dezembro de 1949, p. 293-302.

«Acordo Bilateral de Cooperação Económica assinado entre Portugal e os EUA.N.», *Revista de Economia*, vol. II, Fascículo I, Março de 1949, p. 65.

«Conférence Européenne sur l'organisation des marchés agricoles» in *Annuaire Européen*. La Haye: Nijhoff, p. 508.

3 – Jornais da época citados no estudo

Avante!
A Voz
Daily Express
Daily Graphic
Daily Herald
Diário da Manhã
Diário de Notícias
Evening Herald
Gazette de Lausanne
Il Globo
Le Figaro
Le Matin
Le Monde
L'Humanité
Manchester Guardien
New York Times
O Século
O Sol
República
Sunday Times
The Financial Times
The Times

II – Bibliografia – Principais obras e artigos consultados

1 – Instrumentos de trabalho

a) Guias de Arquivos

Bichet, Evelyne; **Zbinde,** Madeleine – *Les Sources d'information en Europe: 45 pays de l'Est à l'Ouest.* Paris: Editions du Centre de formation et de perfectionnement des journalistes, 1992, 361 p.

Garcia, Maria Madalena – *Arquivo Salazar – Inventário e Índices.* Lisboa: Editorial Estampa – Biblioteca Nacional, 1992, 684 p.

Lipgens, Walter – *Sources for the History of European Integration (1945-1955).* Badia Fiesolana – Firenza: Publications of the European University Institute, 1980, 260 p.

b) Enciclopédias, dicionários temáticos e instrumentos de trabalho estatísticos, biográficos e bibliográficos.

ACCE – *Annuaire de l'Assemblée.* Estrasburgo: Direction des Services de l'Assemblée – Conselho da Europa, Dezembro de 1951, 106 p.

ACCE – *Annuaire de l'Assemblée.* Estrasburgo: Direction des Services de l'Assemblée – Conselho da Europa, Setembro de 1952, 115 p.

ACCE – *Annuaire de l'Assemblée.* Estrasburgo: Direction des Services de l'Assemblée – Conselho da Europa, Janeiro de 1953, 115 p.

ACCE – *List of the Representatives and Substitutes from 1949 to 1969/Liste des Représentants et Suppléants de 1949 à 1969.* Estrasburgo: Conselho da Europa, Maio de 1969, 311 p.

Antunes, José Freire – *Salazar e Caetano: Cartas Secretas 1932-1968.* s. l., Círculo dos Leitores, 1993, 460 p. (inclui um anexo com uma investigação biográfica dirigida por Cristina Ferreira de Almeida – «Índice onomástico e biográfico», p. 417-460).

Anuário Diplomático Português. Lisboa: Ministério dos Negócios Estrangeiros, entre 1948 e 1990.

Baillo, Jean – *Les Affaires étrangères et le corps diplomatique, Tome II, 1870--1980.* Paris: CNRS, 1984, 1018 p.

Berstein, Serge; **Milza,** Pierre – *Dictionnaire historique des fascismes et du nazisme.* Paris: Editions Complexe, 1992, 866 p.

Bossuat, Gérard – *La France, l'aide américaine et la construction européenne, 1944-1954*. Paris: Imprimerie nationale, 1992, 2 tomos, 1042 p. (inclui um conjunto de pequenas notas biográficas em «Sigles, noms de personnes, institutions», p. 935-964.

Bradshaw, Kennethe; **Sweetman,** John – *L'Assemblée parlementaire: Procédure et pratique*. 8.ª edição. Estrasburgo: Conselho da Europa, 1984, 405 p.

Bruneteau, Bernard – *Histoire de l'unification européenne*. Paris: Armand Colin, 1996, 236 p. (nas rubricas «Clés et repères» desta obra encontramos biografias dos principais intervenientes da construção europeia).

Corpo Diplomático em Lisboa. Lisboa: Ministério dos Negócios Estrangeiros, entre 1947 e 1960.

Diccionario Biográfico Español Contemporáneo. Madrid: Círculo de Amigos de la Historia, 1970, 1 573 p.

Dicionário de História do Estado Novo. vol. I e vol. II. dir. de ROSAS, Fernando e BRITO, J.M. Brandão de, s.l., Círculo de Leitores, 1996, 1 076 p.

Dicionário de História de Portugal, vol. VII a IX. coord. **Barreto,** António e **Mónica,** Maria Filomena – Lisboa: Figueirinhas, 1999, 1999, 2000, 714 p., 686 p., 791 p.

Dictionnaire des Ministres de 1789 à 1989. (dir. de **Benoît,** Yvert). Prefácio de Jean Tulard. Paris: Perrin, 1990, 1 028 p.

Dictionnaire des Parlementaires Français, 1940-1958. Paris: La Documentation Française, 1992, 549 p.

Dumoulin, Michel; **Trausch,** Gilbert – *Historiographie des constructions européennes*. n.º especial de *Lettre d'Information des Historiens de l'Europe Contemporaine*. vol. 7, n.º 1-2, Junho de 1992 (Actas do colóquio de Louvain-la--Neuve, 11 e 12 de Setembro de 1991, 121 p.

Enciclopédia Luso-Brasileira de Cultura. Editorial Verbo Lda, 1966.

Encyclopaedia Universalis. Paris, 1989.

Grande Enciclopédia Portuguesa e Brasileira. Lisboa/Rio de Janeiro: Editorial Enciclopédia Lda, 1947 (e actualizações).

Kujath, Karl – *Bibliographie sur l'intégration européenne (Annotée)*. Bona: Europa Union Verlag, 1977, 777 p.

Nouveau Dictionnaire National des Contemporains. Tomo II. 4.ª edição e 5.ª edição, Paris: Les Editions du Nouveau Dictionnaire National, 1963, 1966, e 1968, 702 p., 784 p., e 677 p.

Orgânica governamental, sua evolução, e elencos ministeriais constituídos desde 5 de Outubro de 1910 a 31 de Março de 1971. Lisboa: Secretaria de Estado da Informação e Turismo, 1972, 128 p. + Índice.

Pehrsson, Hjalmar; **Wulf,** Hanna – *La Bibliographie Européenne/The European Bibliography*. Elaborada pelo Centre Européen de la Culture. Genebra: A.W. Sijthoff--Leyde, 1965, 472 p.

Pinheiro, Maximiano (coord.) – *Séries Longas para a Economia Portuguesa, Pós II Guerra Mundial, Volume I – Séries Estatísticas*. (versão revista, e prolongada para 1994 e 1995). Lisboa: Banco de Portugal – Departamento de Estudos Económicos, 1997, 217 p.

Pinheiro, Maximiano (coord.) – *Séries Longas para a Economia Portuguesa, Pós II Guerra Mundial, Volume II – Notas Metodológicas*. Lisboa: Banco de Portugal – Departamento de Estudos Económicos, 1997, 375 p.

The Dictionary of National Biography. The Concise Dictionary. Part II 1901-1970. Oxford: Oxford University Press, 1982, 747 p.

Who was Who. vol. V (1951-1960), vol. VI (1961-1970), vol. VII (1971-1980), vol. VIII (1981-1990). London: Adam e Charles Black, 1961, 1972, 1981, 1991, 1 206 p., 1 243 p., 889 p., e 845 p.

Who's Who in *America*. vol. 25 (1948-1949), vol. 26 (1950-1951), vol. 27 (1952--1953), e vol. 28 (1954-1955). Chicago: The A. N. Marquis Company, 1948, 1950, s. d., s. d., 2 975 p., 3 347 p., 3 215 p., e 3 242 p.

Who's Who in *France*. (1953-1954), LAFITTE, Jacques e TAYLOR, Stephen (org.) Paris: Editions Lafitte, 1953, 999 p.

World Biography. 5.ª edição. New York: Bethpage – Institute for Research in Biography, Inc., 1954, 1 215 p.

c) Cronologia

Annuaires Européens/European Yearbook. vol. I a VIII. Haia: Conselho da Europa – Martinus Nijhoff, 1955 a 1961 (contém uma cronologia muito detalhada da OECE, que utilizámos largamente).

Boudant, J.; **Gounelle,** M. – *Les grandes dates de l'Europe communautaire*. Paris: Larousse, 1989, 226 p.

Christophe Tchakaloff, Marie France – *Les grandes étapes de l'organisation de l'Europe 1945-1996*. Paris: Presses Universitaires de France, 1996, 127 p.

Chronique du 20e Siècle, dir. Jacques **Legrand.** Paris: Editions Chronique S.A. Larousse-RTL, 1985, 1 288 p.

Hamon, Dominique; **Keller,** Ivan Serge – *Fondements et étapes de la construction européenne*. Paris: Presses Universitaires de France, 1997, 481 p.

Ismay, Lord - *The OTAN. Les cinq premières années, 1949-1954.* Bruxelas: s.e., 1955.

Massip, Roger - *Voici l'Europe.* Paris: Librairie Arthème Fayard, 1958, 190 p.

Morais, João; **Violante,** Luís - *Contribuição para uma Cronologia dos Factos Económicos e Sociais. Portugal 1926-1985.* Lisboa: Livros Horizonte, 1986, 456 p.

Rollo, Fernanda - *Portugal e o Plano Marshall.* Lisboa: Editorial Estampa, 1994, 355 p.

Zorgbibe, Charles - *Chronologie des relations internationales depuis 1945.* Paris: Presses Universitaires de France, 1991, 513 p.

d) Obras e artigos biográficos

- Sobre Salazar

Almeida, Pedro Ramos de - *Salazar: Biografia da Ditadura.* Lisboa: Edições Avante!, 1999, 932 p.

Caetano, Marcello - *Minhas Memórias de Salazar.* Lisboa: Ed. Verbo, 1977.

Dacosta, Fernando - *Máscaras de Salazar. Narrativa.* Lisboa: Editorial Notícias, 1997, 260 p.

Ferro, António - *Salazar, o homem e a sua obra.* Prefácio de Salazar. Lisboa: Edições Fernando Pereira, 1982, 307 p.

Gil, José - *Salazar, a Retórica da Invisibilidade.* Lisboa, Relógio d'Água, 1995, 55 p.

Nogueira, Franco - *Salazar.* vol. I a VI. Porto: Livraria Civilização Editora, 1977 a 1985.

Oliveira, César - *Salazar e o seu tempo.* Lisboa: Edições «O Jornal», 1991, 237 p. + Índice.

Pinto, Jaime Nogueira (org.) - *Salazar Visto pelos Seus Próximos (1946-1968).* Venda Nova: Bertrand Editora, 1993, 292 p.

- Sobre outras personagens importantes

Bachoud, Andrée - *Franco ou la réussite d'un homme ordinaire.* Paris: Fayard, 1997, 527 p.

Bossuat, Gérard - «Jean Monnet et l'avenir de l'Europe» in *Plans des temps de guerre pour l'Europe d'après-guerre 1940-1947.* Actas do colóquio de Bruxelas, 12-14 de Maio de 1993, dir. de Michel Dumoulin, Bruxelas: Bruylant, 1995, p. 354-365.

Bullock, Sir Alan – *Ernest Bevin - Foreign Secretary, 1945-1951*. London: Norton, 1983, 896 p.

Dalloz, Jacques – *Georges Bidault. Biographie politique*. Paris: Editions L'Harmattan, 1993, 468 p.

Dumoulin, Michel – *Spaak*. Prefácio de Etienne Davignon. Bruxelas: Editions Racine, 1999, 736 p. + Índice.

Neves, João César das; **Silva,** Francisco – *António Manuel Pinto Barbosa: uma biografia económica*. Lisboa: Verbo, 1999, 272 p.

Person, Paul – *Franco. A Biography*. Londres: Harper Collins Publishers, 1993, 1002 p.

Pirey, Elisabeth Arnoulx de – *De Gasperi, le père italien de l'Europe*. Prefácio de M. Giulio Andreotti. Paris: Pierre Téqui éditeur, 1991, 277 p. + Índice.

Poidevin, Raymond – *Robert Schuman homme d'Etat 1886-1963*. Paris: Imprimerie nationale, 1986, 520 p.

Roussel, Eric – *Jean Monnet 1888-1979*. Paris: Fayard, 1996, 1 004 p.

Valério, Nuno (org.) – *Ruy Teixeira Guerra*. Lisboa: Edições Cosmos, 2000, 162 p.

2 – Obras e artigos sobre a História das Relações Internacionais e da Integração Europeia

Albonetti, Achille – *Europeísmo e Atlantismo*. Florença: Ed. Vallecchi, 1963, 100 p.

Albonetti, Achille – *Préhistoire des Etats-Unis de l'Europe*. Paris: Sirey, 1963, XVI + Índice + bibliografia.

Aron, Raymond; **Lerner,** Daniel (dir.) - *La Querelle de la CED: Essais d'analyse sociologique*. Cahiers de la Fondation Nationale des Sciences Politiques, n.º 80, Armand Colin, 1956, XVI + 216 p.

Aron, Raymond – *Sociologie des Sociétés Industrielles. Esquisse d'une théorie des régimes politiques*. Paris: Centre de Documentation Universitaire – Les Cours de Sorbonne (policopiado), 1959, 243 p.

Aron, Raymond – *Une histoire du vingtième siècle. Anthologie éditée et annotée par Christian Balhelier*. Paris: Plon, 1996, 947 p.

Aron, Raymond – *Les articles de politique internationale dans «Le Figaro» de 1947 à 1977. Tome Premier. La Guerre froide (juin 1947 à mai 1955)*. Paris: Editions de Fallois, 1 418 p.

Bailey, Richard – *L'intégration économique en Europe, de la C.E.C.A. à l'A.E.L.E.*. tomo II. Torino: Bibliothèque Européenne – Institut Universitaire d'Etudes Européennes de Turin, 1960, 102 p.

Beloff, Max – *Europa e europeus*. Prefácio de Denis de Rougemont. s. l., Ed. Ulisseia – Documentos do tempo presente n.º 4, s. d., 399 p.

Berstein, Serge; **Mlilza,** Pierre (dir.) – *Histoire du Vingtième Siècle, 1939-1953. La guerre et la reconstruction*. Tomo 2. Paris: Hatier, 1987, 501 p.

Berstein, Serge; **Milza,** Pierre (dir.) – *Histoire du Vingtième Siècle, de 1953 à nos jours, La croissance et la crise*. Tomo 3. Paris: Hatier, 1987, 501 p.

Bitsch, Marie-Thérèse – *Histoire de la Construction européenne de 1945 à nos jours*. Bruxelas: Ed. Complexe, 1996, 331 p.

Bossuat, Gérard – *D'Alger à Rome (1943-1957). Choix de documents*. Louvain-la-Neuve: Collection «Histoire de la construction européenne» – CIACO éditeur, 1989, 240 p. + Índice.

Bossuat, Gérard – *La France, l'aide américaine et la construction européenne, 1944-1954*. 2 tomos. Paris: Comité pour l'histoire économique et financière de la France – Ministère des Finances – Imprimerie nationale, 1992, 1 042 p.

Bossuat, Gérard – *L'Europe occidentale à l'heure américaine. Le Plan Marshall et l'unité européenne 1945-1952*. Bruxelas: Ed. Complexe, 1992, 351 p.

Bossuat, Gérard – *Histoire des constructions européennes au XXe siècle: bibliographie thématique commentée des travaux français*. Berna: Peter Lang, 1994, 106 p.

Bossuat, Gérard – *Les Fondateurs de l'Europe*. Paris: Belin, 1994, 319 p.

Brugmans, Henri – *Vingt ans d'Europe 1946-1966*. Bruges: Cahiers de Bruges – De Tempel, 1966, 362 p.

Brugmans, Henri – «Le Congrès de la Haye – avant, pendant et après» in *Annuaire Européen*. vol. XV. Haia: N. Nijhoff – Conselho da Europa, 1969.

Brugmans, Henri – *L'Idée Européenne: 1920-1970*. 3.ª edição. Bruges: De Tempel, 1970, 405 p.

Bruteneteau, Bernard – *Histoire de l'unification européenne*. Paris: Armand Colin, 1996, 236 p.

Burban, Jean-Louis – *Le Conseil de l'Europe*. Paris: Presses Universitaires de France, 1985, 127 p. + Índice.

Cerdis, François – *Fédéralisme et intégration européenne*. Prefácio de Georges Rigassi. Lausanne: Centre de Recherche Européenne, 1964, 270 p.

Charlot, Monica – *L'Angleterre 1945-1980. Le temps des incertitudes*. Paris: Imprimerie nationale, 1981, 435 p.

Chotard, Jean-René – *La politique américaine en Europe, 1944/1948. Etude des archives Officielles US.* Paris: Messidor, 1991, 275 p.

Cunha, Paulo de Pitta e – *Integração Europeia.* Lisboa: Imprensa Nacional – Casa da Moeda, 1993, 433 p.

Dean, Vera Micheles – «American policy on European integration» in *Annuaire Européen.* vol.II. HAIA: N. Nijhoff – Conselho da Europa, 1956.

Delwit, Pascal – *Les Partis socialistes et l'intégration européenne.* Bruxelas: Editions de l'Université de Bruxelles, 1995, 302 p.

Delwit, Pascal – «Les conceptions de l'Europe dans le mouvement communiste entre 1940 et 1947» in *Plans des temps de guerre pour l'Europe d'après-guerre 1940--1947.* Actas do colóquio de Bruxelas, 12-14 de Maio de 1993, dir. de Michel Dumoulin, Bruxelas: Bruylant, 1995, p. 215-231.

Dreyfus, François-George; **Merx,** Roland ; **Poidevin,** Raymond – *História Geral da Europa 3. A Europa desde 1789 aos nossos dias.* Mem Martins: Publicações Europa-América Lda, 1996, 599 p.

Dumaine, Jacques – *Quai d'Orsay, 1945-1951.* Prefácio de François Mauriac, Paris: René Julliard, 1956, 590 p.

Durand, Jean-Dominique – *L'Europe de la démocratie chrétienne.* Bruxelas: Ed. Complexe, 1995, 383 p.

Duroselle, Jean-Baptiste – *L'idée d'Europe dans l'histoire.* Paris: Denöel--Collection Europa-Una, 1965, 347 p.

Duroselle, Jean-Baptiste – *Histoire diplomatique de 1919 à nos jours.* 9.ª edição. Paris: Dalloz, 1985, 962 p.

Duroselle, Jean-Baptiste – *L'Europe de 1815 à nos jours.* 4.ª edição. Paris: Presses Universitaires de France, 1975, 403 p.

Figueira, Luís – «Os movimentos de integração europeia» in *Boletim de Informação do Ministério dos Negócios Estrangeiros.* n.º 19, Março – Abril, 1967, p. 29-62.

Fontaine, André – *Histoire de la guerre froide. 1. De la révolution d'Octobre à la guerre de Corée 1917-1950.* Paris: Fayard, 1965, 493 p.

Frank, Robert – «Images et imaginaire dans les relations internationales depuis 1938: problèmes et méthodes» in *Images imaginaire dans les relations internationales depuis 1938*, dir. de Robert Frank com a colaboração de Maryvonne Le Puloch, Les Cahiers de l'Institut du Temps Présent (n.º 28), Junho de 1994, p. 5-11.

Frank, Robert – «Rapport introductif» in *Le Plan Marshall et le relèvement économique de l'Europe.* Paris: Comité pour l'histoire économique et financière de la France – Ministères de l'Economie, des Finances et du Budget, 1993, p. 499-502.

Fromont, Pierre – «Les équivoques du Pool Vert et les projets d'expansion agricole européenne» in *Revue Economique*, Paris, n.º 5, 1953, p. 739-756.

Gallo, Max – *Les clés de l'Histoire contemporaine. De 1789 à nos jours*. Paris: Robert Laffont, 1989, 699 p.

Gauthier, André - *La Construction européenne: étapes et enjeux*. Rosny: Editions Brial, 1996, 315 p.

Gerbet, Pierre – *La Construction de L'Europe*. Paris: Imprimerie nationale, 1983, 498 p. (e também 3.ª edição actualizada de 1999, 617 p.).

Gerbet, Pierre – *La naissance du Marché Commun, 1957*. Bruxelas: Ed. Complexe, 1987, 189 p.

Gerbet, Pierre (com a col. de Jean **Laloy,** Jacques **Dupuy,** Jacques de **Folin** e Henry **Rollet**) – *Le relèvement, 1944-1949*. Paris: Imprimerie nationale, 1991, 481 p.

Gerbet, Pierre – *La France et l'intégration européenne: essai d'historiographie*, Berna: Peter Lang, 1995, 162 p.

Gerbet, Pierre; **La Serre**, Françoise de; **Nafilyan**, Gérard – *L'Union politique de l'Europe. Jalons et textes*. Paris: La Documentation française, 1998, 498 p.

Girault, René – «Enjeux et Puissances. Pour une histoire des relations internationales au XXe siècle» in *Mélanges en l'honneur de Jean-Baptiste Duroselle*. Paris: Publications de la Sorbonne, 1986, p. 29-39.

Girault, René; **Frank,** Robert – *La puissance française en question (1945--1949)*. Colóquio europeu organizado pela Universidade de Augsburg (1984). Paris: Publications de la Sorbonne, 1988, 471 p.

Girault, René; **Frank,** Robert; **Jacques,** Thobie – *Histoire des relations internationales, tome 3, La Loi des géants 1941-1964*. Paris: Masson, 1992, 346 p.

Girault, René (dir.) e colaboração de Gérard **Bossuat** – *L'Europe des Européens*. Actas do Colóquio de Paris, Maio de 1992, organizado pela Universidade de Paris I, Panthéon Sorbonne, Institut Pierre Renouvin. Paris: Publications de la Sorbonne, 1993, 155 p. + Índice.

Girault, René – «Politique et économie internationales 1947-1948. Rapport introductif» in *Le Plan Marshall et le relèvement économique de l'Europe*. Paris: Comité pour l'histoire économique et financière de la France – Ministères de l'Economie, des Finances et du Budget, 1993, p. 5-13.

Girault, René (dir.) - *Identité et conscience européennes au XXe siècle*. Paris: Hachette, 1994, 234 p.

Girault, René; **Bossuat,** Gérard (dir.) – *Europe brisée, Europe retrouvée: nouvelles réflexions sur l'unité européenne au XXe siècle.* Paris: Publications de la Sorbonne, 1994, 431 p.

Girault, René – «Puissances et impuissance en Europe occidentale à la fin de la Seconde Guerre mondiale» in *O fim da Segunda Guerra Mundial e os novos rumos da Europa.* Colóquio realizado nos dias 4, 5, e 6 de Maio de 1995 na Faculdade de Letras da Universidade de Lisboa. Lisboa: Edições Cosmos – Instituto de História Contemporânea, 1996, p. 97-112.

Girault, René – *Être historien des relations internationales.* Paris: Publications de la Sorbonne, 1998, 435 p.

Grosser, Alfred: *Les Occidentaux. Les pays d'Europe et les Etats-Unis depuis la Guerre.* Paris: Fayard, 1978, 438 p.

Grosser, Alfred: *Affaires extérieures. La politique de la France 1944-1989.* Paris: Flammarion, 1989, 369 p. + índice.

Guerra, Ruy Teixeira – «Algumas Notas Sobre as Relações entre os Estados Unidos e a Europa. I Parte – Notas Históricas, II Parte – Auxílio Marshall» (28 de Outubro de 1950) in *Separata do Boletim Interno do Ministério dos Negócios Estrangeiros,* n.º 11, 2.º trimestre de 1952, Lisboa: Ministério dos Negócios Estrangeiros, p. 77-110.

Guerra, Ruy Teixeira; FREIRE, António de Siqueira; MAGALHÃES, José Calvet de – *Os Movimentos de Cooperação e Integração Europeia no Pós-Guerra e a Participação de Portugal nesses Movimentos.* Lisboa: INA – Departamento de Integração Europeia, 1981.

Guillen, Pierre – *La question allemande (1945-1995).* Paris: Imprimerie nationale, 1996, 236 p.

Heilperin, Michael A. – «Atlantic unity versus European division» in *Annuaire Européen.* vol. VIII. Haia: N. Nijhoff – Conselho da Europa, 1961.

Lecerf, Jean – *Histoire de l'unité européenne.* Paris: Gallimard, 382 p.

Lopes, José da Silva – *Organismos Internacionais de Cooperação Económica.* Lisboa: Associação Comercial Portuguesa, 18 p.

Lopes, José da Silva – *Introdução à teoria da Integração Económica.* Separata de Estudos Políticos e Sociais – Instituto de Ciências Sociais e Políticas Ultramarinas, vol. II, n.º 2 e 3. Lisboa: 1964, 290 p.

Lourenço, Eduardo – *Nós e a Europa ou as duas razões.* Lisboa: Imprensa Nacional – Casa da Moeda, 1988, 142 p.

L'Huiller, Jacques – *Théorie et pratique de la Coopération Economique Internationale*. Paris: Génin, 1957.

Magalhães, José Calvet de ; **Guerra,** Ruy Teixeira; **Freire,** António de Siqueira – *Os Movimentos de Cooperação e Integração Europeia no Pós-Guerra e a Participação de Portugal nesses Movimentos*. Lisboa: INA – Departamento de Integração Europeia, 1981.

Magalhães, José Calvet de – «Portugal e a integração europeia» in *Estratégia*, n.º 4, Inverno 1987-1988, p. 33-74.

Magalhães, José Calvet de – *Portugal na Europa: o caminho certo*. Lisboa: Bertrand Editora, 1997, 49 p.

Marchal, Léon – «The Political Problem of European Defence» in *Annuaire Européen*, vol. II, 1956.

Marcou, Lilly – *1947, La Guerre froide: l'engrenage*. Bruxelles: Ed. Complexe, 1987, 279 p.

Masclet, Jean-Claude – *L'union politique de l'Europe*. 2.ª edição. Paris: Presses Universitaires de France, 1978, 126 p. + bibliografia e índice.

Massip, Roger – *Voici l'Europe*. Paris: Librairie Arthème Fayard, 1958, 190 p.

Medina, João; **Telo,** António José; **Ventura,** António (coord.) – *A Europa: Reflexões a Partir de História*, Prefácio de Francsico Sarsfield Cabral. Colóquio organizado na Faculdade de Letras de Lisboa – Instituto de História Contemporânea, em 27 de Outubro de 1994, Lisboa: s. e., 1994, 46 p.

Medina, João – «Os Estados Unidos da Europa: história da unidade europeia desde o final da Segunda Guerra Mundial aos nossos dias» in *O fim da Segunda Guerra Mundial e os novos rumos da Europa*. Lisboa: Edições Cosmos – Instituto de História Contemporânea, 1996, p. 177-201.

Melandri, Pierre – *Les Etats-Unis face à l'unification de l'Europe 1945-1954*. Paris: Ed. A. Pedone – Publications de la Sorbonne, 1980, 534 p.

Milza, Pierre – *Les Fascismes*. Paris: Imprimerie nationale, 1985, 504 p.

Milward, Alan S. – *The Reconstruction of Western Europe, 1945-1951*. London: Routledge, 1992, 528 p.

Mola, Aldo Alessandro – «L'intigrazione europea e la penisola iberica» in *Storia dell'integrazione Europea. Vol.1 L'integrazione europea delle origini alla nascita della Cee*. Roma: Marzorati Editore, 1997, p. 595-635.

Moreira, Adriano: *Ciência Política*. Amadora: Livraria Bertrand, 1979, 442 p.

Moreira, Adriano – *A Europa em Formação (A Crise do Atlântico)*. 3.ª edição. Lisboa: Academia Internacional da Cultura Portuguesa, 1987, 278 p.

Morin, Edgar – *Pensar a Europa*. Mem Martins: Publicações Europa-América, 1988, 170 p.

Olivi, Bino – *L'Europe difficile. Histoire politique de la Communauté européenne*. s.l., Gallimard, 1998, 792 p. + Índice.

Papi, Giuseppe Ugo – *Coopération Economique Européenne*. Separata dos Anais do Instituto Superior de Ciências Económicas e Financeiras, vol. XXV, tomo 1. Lisboa: Editorial Império, 1957, 44 p.

Pereira, Pedro Cantinho – «Le Portugal et l'Europe. L'ouverture à l'Europe atlantique et les limites de la coopération (1947-1953)» in *Bulletin de l'Institut Pierre* Renouvin, n.º 13, Primavera 2002, p. 153-165.

Pereira, Pedro Cantinho – *Le Portugal et l'Europe 1947-1953*. 2 volumes. Lille: ANRT, 2004, 887 p.

Perroux, François – *L'Europe sans Rivages*. Grenoble: Presses Universitaires de Grenoble, 1990, 859 p.

Philip, André – *L'Europe unie et sa place dans l'économie internationale*. Paris: Plon, 1953, 365 p.

Poidevin, Raymond; **Bariéty,** Jacques – *Les relations franco-allemandes 1815--1975*, 2.ª edição revista e aumentada. Paris: Armand Colin, 1979, 377 p.

Poidevin, Raymond – *L'Allemagne et le monde au XXe siècle*. Paris: Masson, 1983, 292 p.

Poidevin, Raymond (dir.) – *Histoire des débuts de la construction européenne (mars 1848-mai 1950)*. Actas do Colóquio de Estrasburgo, 26-30 de Novembro de 1984, Groupe de liaison des historiens auprès des Communautés. Bruxelas: Bruyland, 1986, 480 p.

Réau, Elisabeth du – «Le gouvernement français, le Quai d'Orsay et la préparation des Conférences de Paris» in *Le Plan Marshall et le relèvement économique de l'Europe*. Paris: Comité pour l'histoire économique et financière de la France – Ministères de l'Economie, des Finances et du Budget, 1993, p. 45-58.

Réau, Elisabeth du – *L'Idée de l'Europe au XXe siècle. Des mythes aux réalités*. Bruxelas: Ed. Complexe, 1996, 372 p.

Rémond, René – *Le XXe siècle, de 1914 à nos jours*, tomo 3, Paris: Seuil, 1974, 284 p. + Índice.

Renouvin, Pierre; **Duroselle,** Jean-Baptiste – *Introduction à l'histoire des relations internationales*. 4.ª edição. Paris: Armand Colin, 1991, 527 p. + índice.

Reparaz, G. de – «Fédéralisme hispanique et ibérique» in *L'Action Fédéraliste Européenne*, n.º 7, Agosto de 1947, Neuchâtel: Ed. de la Baconnière, p. 34-48.

Rioux, Jean-Pierre – *La France de la IVe République. 1. L'ardeur et la nécessité 1944-1952.* Paris: Ed. du Seuil, Paris, 1980, 309 p. + Índice.

Roncayolo, Marcel – *Le monde et son histoire. Le monde contemporain de la Seconde Guerre mondiale à nos jours. Le second XXe siècle*, tomo 4, Paris: Robert Laffont, 1985, 1 053 p.

Rosas, João Dias – *O Movimento Económico Europeu: Suas Incidências na Economia Portuguesa.* Lisboa: Centro de Estudos Políticos e Sociais, 1957, 127 p.

Sousa, Carlos Hermenegildo de – «Política económica internacional» in *Brotéria.* vol. XLVI. n.º 6, Junho de 1948, p. 679-698.

Sur, Serge – *Relations internationales.* Paris: Montchrestien, 1995, 587 p.

Telo, António José – «A busca de uma estratégia autónoma pela Europa» in *O fim da Segunda Guerra Mundial e os novos rumos da Europa.* Lisboa: Edições Cosmos – Instituto de História Contemporânea, 1996, 203-229.

Toulemon, Robert – *La construction européenne.* Paris: Le Livre de poche, 1994, 288 p.

Urwin, Derek W. – *Western Europe Since 1945. A Short Political History.* 4.ª edição. London and Harlow: Logmans, 1989, 301 p.

Warner, Geoffrey – «Britain and Europe in 1948: the View from the Cabinet» in *Power in Europe? Great Britain, France, Italy and Germany in a Postwar World, 1945--1950.* (Edited by Josef Becker and Franz Knipping). Berlin, New York: Walter de Gruyter, 1986, p. 27-44.

Willis, F. Roy – *France, Germany and the New Europe, 1945-1967.* Stanford (Califórnia): Stanford University Press, 431 p.

Wolff, Jacques – *Histoire Economique de l'Europe 1000-2000.* Paris: Economica, 1995, 634 p.

Vaïsse, Maurice – *Les relations internationales depuis 1945.* Paris: Armand Colin, 1990, 191 p.

Van Der Beugel, Ernst H. – *From Marshall Aid to Atlantic Partnership. Europe Integration as a Concern of American Foreign Policy*, Prefácio de Henry A. Kissinger. Amsterdam, London, New York: Elsevier Publishing Company, 1966, 480 p.

Van Der Wee, Herman – *Histoire économique mondiale 1945-1990.* Louvain--la-Neuve: Academia Duculot, 553 p.

Van Helmont, Jacques – *Options européennes 1945-1985.* Bruxelas: Perspectives européennes, 1986, 186 p.

Varsori, Antonio – «Gli Stati Uniti e l'Europa (1941-1947)» in *Plans des temps de guerre pour l'Europe d'après-guerre 1940-1947.* Actas do Colóquio de Bruxelas,

12-14 de Maio de 1993, dir. de Michel Dumoulin. Bruxelas: Bruylant, 1995, p. 369-391.

Vaughan, Richard – *Post-war integration in Europe*. s. l., Documents of Modern History, Edward Arnold, 1976, 211 p.

Visine, François – *30 ans d'Europe 1945-75*, Prefácio de Jacques Rueff. Paris: Ed. Techniques et Economiques, 1975, 149 p.

Xavier, Alberto Pinheiro – *As desigualdades internacionais e a integração económica (Introdução ao estudo das relações entre comércio internacional e desenvolvimento económico)*. Separata da Revista da Faculdade de Direito da Universidade de Lisboa, vol. XXII, Lisboa, 1970, 132 p.

Zorgbibe, Charles – *Histoire de la Construction Européenne*. Paris: Presses Universitaires de France, 1993, 376 p.

Zischka, Anton – *Afrique, complément de l'Europe*. Paris: Robert Laffont, 1952, 287 p + 2 planos.

Teitgen, Pierre-Henri – *Origines Objectifs et Nature des Communautés Européennes*. Paris: D.E.P.P. – Maison de l'Europe, Etudes et Perspectives Européennes (policopiado), 111 p.

3 - Obras e artigos sobre Portugal

a) Questões políticas, diplomáticas e sociais

Alípio, Elsa – *Salazar e a Europa. História da Adesão à EFTA: 1956-1960*. Lisboa: Livros Horizonte (no prelo).

Antunes, José Freire – *O Factor Africano: 1890-1990*. Venda Nova: Bertrand Editora, 1990, 149 p.

Antunes, José Freire – *Os Americanos e Portugal (1961). Kennedy e Salazar: o leão e a raposa*. Lisboa: Difusão Cultural, 1991, 383 p. (ver «Preâmbulo», p. 17-42).

Antunes, José Freire – *Salazar e Caetano: Cartas Secretas 1932-1968*. s. l., Círculo dos Leitores, 1993, 460 p. (ver Parte I: «O estadista e o delfim: um destino, dois países», p. 9-87).

Baganha, Maria – «As correntes emigratórias portuguesas no século XX e o seu impacto na economia» in *Análise Social*, vol. XXIX, n.º 128, 1994, p. 959-980.

Bossuat, Gérard – «Les enjeux des constructions européennes pour la France et le Portugal (1944-60)» in *O fim da Segunda Guerra Mundial e os novos rumos da Europa*. Lisboa: Edições Cosmos – Instituto de História Contemporânea, 1996, p. 61-82.

Caetano, Marcello – *A Constituição de 1933: Estudo de Direito Político*, 2.ª edição. Coimbra: Coimbra Editora, 1957.

Caetano, Marcello – *Manual de Ciência Política e Direito Constitucional*, 5.ª edição. Coimbra: Coimbra Editora, 1967.

Caetano, Marcelo – *Minhas Memórias de Salazar*. Lisboa: Verbo, 1985.

Carrilho, Maria – *Forças Armadas e Mudança Política em Portugal no Século XX. Para uma explicação sociológica do papel dos militares*. Lisboa: Imprensa Nacional – Casa da Moeda, 1984, 522 p. + índice.

Carvalho, Alberto Arons de; **Cardoso,** A. Monteiro – *Da Liberdade de Imprensa*. Lisboa: Editora Meridiano Limitada, 628 p. + índice.

Castro, Augusto de – *A Crise Internacional e a Política Externa Portuguesa*. s. l., Edição da Tipografia da Empresa Nacional de Publicidade, 1949, 63 p.

Clarence-smith, Gervase – *The third Portuguese empire, 1825-1975. A study* in *economic imperialism*. Manchester: Manchester University Press, 246 p.

Cruz, Manuel Braga da – «Notas para uma caracterização política do Salazarismo» in *Análise Social*. vol. XVIII, n.º 72-74, 1982, p. 773-794.

Cruz, Manuel Braga da – *O Partido e o Estado no Salazarismo*. Lisboa: Editorial Presença Lda, 1988, 294 p. + índice.

Cruz, Manuel Braga da – «Salazar e a Política» in *Salazar e o Salazarismo*. Lisboa: Publicações Dom Quixote, 1989, p. 59-70.

Cruz, Manuel Braga da – «A guerra e a progressiva desagregação do apoio católico ao regime» in *O fim da Segunda Guerra Mundial e os novos rumos da Europa*. Lisboa: Edições Cosmos – Instituto de História Contemporânea, 1996, p. 83-96.

D'Assac, J.P. – *O Pensamento de Salazar*. Lisboa: Companhia Nacional Editora, 1952, 178 p. + índice.

Ferreira, José Medeiros – *Um Século de Problemas. As relações Luso-Espanholas da União Ibérica à Comunidade Europeia*. Lisboa: Livros Horizonte, 1989, 85 p.

Ferreira, José Medeiros – «A ratificação portuguesa do tratado da Atlântico Norte» in *Política Internacional*, n.º 1, 1990, p. 155-193.

Ferreira, José Medeiros – «Características históricas da política externa portuguesa» in *Política Internacional*, n.º 6, 1993, p. 113-156.

Gallagher, Tom – «Fernando dos Santos Costa: Guardião Militar do Estado Novo 1944-1958» in *O Estado Novo, das Origens ao Fim da Autarcia*, vol. I, Lisboa: Fragmentos, 1987, p. 199-219.

Georgel, Jacques – *O Salazarismo*. Prefácio de Mário Soares. Lisboa: Publicações Dom Quixote, 1985, 433 p.

Gomes, F. Matos – *Política Externa de Salazar*. s. l., Ed. Além, 1953, 299 p.

Gómez, Hipólito de la Torre – «Portugal y España en la reacomodación al orden de la segunda posguerra» in *O fim da Segunda Guerra Mundial e os novos rumos da Europa*. Lisboa: Edições Cosmos – Instituto de História Contemporânea, 1996, p. 113-135.

Guerra, Ruy Teixeira ; FREIRE, António Siqueira e MAGALHÃES, José Calvet de – *Os Movimentos de Cooperação e Integração Europeia no Pós-Guerra e a Participação de Portugal nesses Movimentos*. Oeiras: Instituto Nacional de Administração – Departamento de Integração Europeia, 1981, 79 p.

Homes, Olive – «Spain and Portugal. A Dilemma for the West» in *Foreign Policy Reports*. XXIII à XXVI. Foreign Policy Association, Maio de 1949, p. 42-52.

Lucena, Manuel de – *A evolução do sistema corporativo português, vol. I, O salazarismo*. Lisboa: Perspectivas e Realidades, 1976.

Lucena, Manuel de – «Interpretação do Salazarismo, notas de leitura crítica – I» in *Análise Social*. vol. XX. n.º 83, 1984. Lisboa: p. 423-451.

Lucena, Manuel de – *O Regime Salazarista e a sua Evolução,* Matosinhos: Contemporânea Editora – Câmara Municipal de Matosinhos, 1995, 64 p.

Marques, António de Oliveira – *História de Portugal*, vol. II, 2.ª edição. Lisboa: Palas Editores, 1976, 460 p.

Marques, António de Oliveira – *Breve História de Portugal*. Lisboa: Editorial Presença, 1995, 763 p. + índices.

Martins, Guilherme d'Oliveira – *O Ministério das Finanças: subsídios para a sua história no bicentenário da criação da Secretaria de Estado dos Negócios da Fazenda*. Lisboa: Ministério das Finanças – Secretaria de Estado do Orçamento, 1988, 383 p.

Martins, Hermínio – «O Federalismo no Pensamento Político Português» (Actas do Colóquio: Portugal e a Europa do Sul e a Construção Europeia, Maio de 1997) in *Penélope*. vol. n.º 18, Lisboa, 1998, p. 13-49.

Mathias, Marcello – *Correspondência Marcello Mathias/Salazar 1947/1968*. Lisboa: Difusão Editorial Lda, 1984.

Matta, José Caeiro da – *Ao Serviço de Portugal*. Lisboa: Imprensa Portugal-Brasil, 1951, 388 p.

Meyriat, Jean – «Le Portugal depuis la Seconde Guerre mondiale. Etat des travaux» in *Revue Française de Science Politique*, vol. VII. n.º 3, Julho-Setembro de 1957, p. 646-658.

Nogueira, Franco – *Salazar – Volume IV – O Ataque (1945-1958)*, 4.ª edição. Porto: Livraria Civilização Editora, 1986, 534 p.

O Estado Novo das Origens ao Fim da Autarquia (1926-1959). Colóquio realizado nos dias 4, 5 e 6 de Novembro de 1986 na Fundação Calouste Gulbenkian, vol. I e II. Lisboa: Fragmentos, 1987, 401 p. e 405 p.

Oliveira, César – «Oliveira Salazar e a Política Externa Portuguesa: 1932/ 1968» in *Salazar e o Salazarismo*. Lisboa: Publicações Dom Quixote, 1989, p. 77-99.

Oliveira, César – *Cem Anos nas Relações Luso-Espanholas*. Lisboa: Edições Cosmos, 1995.

Payne, Stanley G. – «A taxonomia comparativa do autoritarismo» in *O Estado Novo das Origens ao Fim da Autarquia (1926-1959)*, vol. I. Lisboa: Fragmentos, 1987, p. 23-29.

Pereira, Pedro Cantinho – «Le Portugal et l'Europe. L'ouverture à l'Europe atlantique et les limites de la coopération (1947-1953)» in *Bulletin de l'Institut Pierre* Renouvin, n.º 13, Primavera 2002, p. 153-165.

Pereira, Pedro Cantinho – *Le Portugal et l'Europe 1947-1953*. 2 volumes. Lille: ANRT, 2004, 887 p.

Pinto, António da Costa – «O Salazarismo e o Fascismo Europeu. Os Primeiros Debates nas Ciências Sociais» in *Salazar e o Salazarismo*. Lisboa: Publicações Dom Quixote, 1989, p. 153-188.

Raby, Dawn Linda – *Resistência antifascista em Portugal, 1941-1974*. Lisboa: Salamandra, 1990, 302 p. + índice.

Rollo, Fernanda – *Portugal e o Plano Marshall*. Lisboa: Editorial Estampa, 1994, 355 p.

Rollo, Fernanda – «Salazar e a construção europeia» (Actas do colóquio: Portugal e a Europa do Sul e a Construção Europeia, Maio de 1997) in *Penélope*. vol. n.º 18, Lisboa, 1998, p. 51-76.

Rosas, Fernando; BRITO, José M. Brandão de (org.) – *Salazar e o Salazarismo*. Lisboa: Publicações Dom Quixote, 1989, 218 p. + fotografias.

Rosas, Fernando – «Salazar e o Salazarismo: um caso de longevidade» in *Salazar e o Salazarismo*. Lisboa: Publicações Dom Quixote, 1989, p. 13-31.

Rosas, Fernando – *O Estado Novo (1926-1974)*, 7.º vol. de *História de Portugal*. dir. por José Mattoso, s. l., Círculo dos Leitores, 1994, 589 p.

Ó, Jorge Ramos do – ««As Circunstâncias Ocorrentes». Notas para a compreensão do pragmatismo político de Oliveira Salazar» in *Salazar e o Salazarismo*. Lisboa: Publicações Dom Quixote, 1989, p. 189-218.

Sänger, Ralf – *Portugal langer Weg nach «Europa». Die Entwicklung von einem autoritär-Korporativen Regime zu einer bürgerlich-parlamentarischen Demokratie*. Frankfurt am Main: Peter Lang, 1994, 683 p.

Soares, Mário – *Portugal Amordaçado: depoimento sobre os anos do fascismo.* Lisboa: Arcádia, 1974, 728 p. + cronologia e índice.

Tengarrinha, José – «A oposição democrática portuguesa e a Europa» in *O fim da Segunda Guerra Mundial e os novos rumos da Europa.* Lisboa: Edições Cosmos – Instituto de História Contemporânea, 1996, p. 231-237.

Torgal, Luís Reis – «Salazarismo, Alemanha e Europa» in *O fim da Segunda Guerra Mundial e os novos rumos da Europa.* Lisboa: Edições Cosmos – Instituto de História Contemporânea, 1996, p. 239-262.

Tusell, Javier – «Franquismo e Salazarismo» in *O Estado Novo das Origens ao Fim da Autarcia (1926-1959),* vol. I, Lisboa: Fragmentos, 1987, p. 31-47.

b) Questões económicas e financeiras

Abreu, L. Simões de; LEAL, A. Costa «As recentes variações cambiais e a nossa balança de pagamentos» in *Revista de Economia,* vol. II, n.º 3, Setembro de 1949, p. 154-168.

Amorim, Jaime – *Repercussões da evolução da política económica internacional do após-guerra na economia de alguns sectores da exportação portuguesa.* Conferência realizada no Sindicato Nacional dos Comerciantes. Lisboa: Edição do Sindicato Nacional dos Comerciantes, 1951, 35 p.

Associação Industrial Portuguesa – *Estrutura e conjuntura nas economias mundial e portuguesa. Estudos de Economia Aplicada,* n.º 10 e 11, Associação Industrial Portuguesa, 1960, 146 p.

Barbosa, António Pinto – «O lado menos visível do Plano Marshall em Portugal. Sua actualidade» in *Memórias da Academia das Ciências de Lisboa.* Classe de Letras. Tomo XXV. Lisboa, 1986.

Barbosa, Daniel Maria Vieira – *Alguns aspectos da economia portuguesa. Demografia; Poder de compra; necessidades e disponibilidades alimentares; comércio externo e balança de pagamentos.* Porto: Livraria Lello e Irmãos Editores, 1948, 254 p.

Barbosa, Daniel Maria Vieira – *Carta aberta ao candidato da oposição.* Lisboa: Grupo Nacional Editora, 20 p.

Barbosa, Daniel Maria Vieira – *Finalidades e Limites do dirigismo económico português.* Lisboa: Instituto dos Altos Estudos Militares, 1956, 33 p.

Bessa, Daniel; **Pimenta,** Carlos – «*A economia sob o Estado Novo – estagnação ou desenvolvimento – o papel do sistema monetário-financeiro e, em particular, do Banco Central*» in *O Estado Novo, das Origens ao Fim da Autarcia (1926-1959),* vol. I, Lisboa: Fragmentos, 1987, p. 301-309.

Brito, José Maria Brandão de – *A industrialização portuguesa no pós-guerra (1948-1965). O condicionamento industrial.* Lisboa: Publicações Dom Quixote, 1989, 356 p.

Brito, José Maria Brandão de – «Concorrência e Corporativismo» in *O Estado Novo, das Origens ao Fim da Autarcia (1926-1959)*, vol. I, Lisboa: Fragmentos, 1987, p. 311-324.

Brito, José Maria Brandão de «Os Engenheiros e o Pensamento Económico do Estado Novo» in *Contribuições para a História do Pensamento Económico em Portugal.* Lisboa: Publicações Dom Quixote, 1988, p. 209-234.

Brito, José Maria Brandão de – «Sobre as Ideias Económicas de Salazar» in *Salazar e o Salazarismo.* Lisboa: Publicações Dom Quixote, 1989, p. 33-58.

Caetano, Marcello – «O planeamento económico em Portugal» in *Estudos de Ciências Políticas e Sociais*, n.º 21, Junta de Investigação do Ultramar, 1959, p. 1-16.

Campos, José Torres – «A produtividade da população activa no continente português de 1950 a 1960» in *Análise Social*, vol. IV, n.º 14, 1966, p. 292-312.

Castro, Armando de – «A dinâmica económico-social portuguesa do pós--guerra, 1946-74, numa perspectiva teórico-crítica testemunhal» in *Análise Social.* vol. XVIII, n.º 72-74, 1982, p. 1 013-1 032.

Clemente, Eloy Fernandez – «A história económica de Portugal (séculos XIX--XX)» in *Análise Social*, vol. XXV, n.º 103-104, 1988, p. 1 297-1 330.

Correia, José Araújo – *Estudos de Economia Aplicada. O Programa Económico Nacional.* Lisboa: Imprensa Nacional de Lisboa, 1950, 259 p.

Cortês, Ulisses de Aguiar – *Acção do Ministério da Economia – Agosto de 1950 a Dezembro de 1954.* Lisboa: Editorial Império, 1955, 357 p. + índice.

Dias, José Ferreira – *Linha de Rumo. Notas de economia portuguesa.* Vol. I. 2.ª edição. Lisboa: Livraria Clássica Editora, 1946, 392 p.

Drain, Michel – *L'économie du Portugal.* Paris: Presses Universitaires de France, 1994, 127 p.

Fernandes, António Júlio de Castro – *Orientação da Indústria Perante os Problemas do Comércio Externo.* Lisboa: Serviço Editorial da Repartição de Estudos, Informação e Propaganda – Ministério da Economia, 1949, 53 p.

Fernandes, Lino Gomes; **Ribeiro,** J.M.F. ; **Ramos,** Maria Manuel – «Grande indústria, banca e grupos financeiros, 1953-1973» in *Análise Social*, vol. XXIII, n.º 99, 1987, p. 945-1 018.

Franco, António de Sousa – «A Integração económica do espaço português» in *Economia e Sociologia* (Estudos Eborenses), n.º 9-10, 1970, p. 33-59.

Franco, António de Sousa – «Ensaio sobre as transformações estruturais das finanças públicas portuguesas: 1900-1980» in *Análise Social*, vol. XVIII, n.º 72-74, 1982, p. 1 105-1 138.

Franco, António de Sousa – «Empréstimos Externos» in *Dicionário de História do Estado Novo*. dir. Fernando Rosas e José Maria Brandão de Brito, vol. I, s. l., Círculo dos Leitores, 1996, p. 297-301.

Girão, José António – *Natureza do problema agrícola em Portugal (1950-1973): Uma perspectiva*. Oeiras: Centro de Estudos de Economia Agrária – Fundação Calouste Gulbenkian, 1980, 202 p.

Guedes, Armando Marques – *Política Económica Internacional*. 1949.

Lains, Pedro – «O Estado e a industrialização em Portugal, 1945-1990» in *Análise Social*, vol. XXIX, n.º 128, 1994, p. 923-958.

Lima, Marinús Pires de – «Contribuição para uma história da organização racional do trabalho em Portugal, no contexto da economia sob o Estado Novo (1926-1959)» in *O Estado Novo, das Origens ao Fim da Autarcia (1926-1959)*, vol. I, Lisboa: Fragmentos, p. 325-336.

Lopes, José da Silva – *Políticas Económicas, 1960/1995*. Apresentação de António Barreto. Lisboa. Cadernos do Público, n.º 5, 1996, 72 p.

Loureiro, João Adolfo – *Economia e Sociedade. A Indústria no Após-Guerra. Anos 50 e 60*. Lisboa: Cosmos, 1991.

Macedo, J. Braga de – *A dívida externa portuguesa*. Lisboa: Cadernos de Ciência e Técnica Fiscal, n.º 94, Ministério das Finanças, 1970, 533 p. + índice.

Marques, Alfredo – *Política Económica e Desenvolvimento em Portugal, 1926--1959. As Duas Estratégias do Estado Novo no Período de Isolamento Nacional*, 1988.

Mata, Eugénio; **Valério**, Nuno - *História Económica de Portugal – Uma Perspectiva Global*. Lisboa: Editorial Presença, 1994, 323 p.

Mateus, Abel Moreira – *Economia Portuguesa. Crescimento no contexto internacional (1910-1998)*. Lisboa: Editorial Verbo, 1998, 229 p.

Matos, Luís – «Investimento Estrangeiro» in *Dicionário de História do Estado Novo*. dir. de Fernando Rosas e José Brandão de Brito. Volume I. s. l., Círculo dos Leitores, 1996, p. 491-495.

Moura, Francisco Pereira de; **Pinto**, Luís M. Teixeira; **Nunes,** Jacinto – «Estruturas da Economia Portuguesa» in Separata da *Revista do Centro de Estudos Económicos*. INE, n.º 14, Lisboa, 1954, 267 p.

Moura, Francisco Pereira de; **Pinto,** Luís M. Teixeira – *Problemas do crescimento económico português*. Lisboa: Associação Industrial Portuguesa, 1958, 152 p.

Moura, Francisco Pereira de - *Por onde vai a economia portuguesa?* Lisboa: Publicações Dom Quixote, 1969.

Nunes, Ana Bela; **Brito,** José Maria Brandão de – «Política económica, industrialização e crescimento» in *Portugal e o Estado Novo (1930-1960)*, vol. I, Lisboa: Presença, 1992, p. 301-351.

Nunes, Ana Bela ; **Mata,** Eugénia ; **Valério,** Nuno – «O que sabemos sobre o crescimento económico português nos séculos XIX e XX» in *Estudos de Economia*. vol. XII, n.º 2, 1992, p. 233-237.

Nunes, Ana Bela ; **Valério**, Nuno – «A Lei de Reconstituição Económica e a sua execução. Um exemplo dos projectos e realizações da política económica do Estado Novo» in *Estudos de Economia*, vol. III, n.º 3, 1983, p. 331-359.

Pereira, A. Ramos – «A situação portuguesa no IV Relatório da OECE» in *Revista de Economia*, vol. II, n.º 4, 1954, p. 195-198.

Pereira, A. Ramos – «O Mercado Monetário em Portugal no Período de 1931--1955» in *Revista de Economia,* vol. IX, n.º 4, 1956, p. 5-34.

Pereira, A. Ramos – «Considerações Gerais Sobre o Mercado Financeiro em Portugal» in *Revista de Economia,* vol. IX, n.º 4, 1956, p. 149-176.

Pereira, Pedro Cantinho – «Le Portugal et l'Europe. L'ouverture à l'Europe atlantique et les limites de la coopération (1947-1953)» in *Bulletin de l'Institut Pierre* Renouvin, n.º 13, Primavera 2002, p. 153-165.

Pereira, Pedro Cantinho – *Le Portugal et l'Europe 1947-1953*. 2 volumes. Lille: ANRT, 2004, 887 p.

Pinheiro, Maximiano (coord.) – *Séries Longas para a Economia Portuguesa, Pós II Guerra Mundial, Volume I – Séries Estatísticas, (versão revista, e prolongada para 1994 e 1995)*. Lisboa: Banco de Portugal – Departamento de Estudos Económicos, 1997, 217 p.

Pinheiro, Maximiano (coord.) – *Séries Longas para a Economia Portuguesa, Pós II Guerra Mundial, Volume II – Notas Metodológicas*. Lisboa: Banco de Portugal – Departamento de Estudos Económicos, 1997, 375 p.

Pintado, Valentim Xavier – *Structure and Growth of the Portuguese Economy*. Genebra: European Free Trade Association, 1964, 239 p.

Portela, Lelo – *Economia e Finanças (Estudos, Apreciações e Críticas)*. 2.ª edição, Lisboa: Edições Excelsior, 1955, 425 p.

Reis, António Augusto – *Posição da Indústria Nacional em relação à concorrência estrangeira*. Lisboa: Associação Industrial Portuguesa, 1955, 84 p.

Rodrigues, Manuel Ferreira ; **Mendes**, José M. Amado – *História da Indústria Portuguesa – Da Idade Média aos Nossos Dias*. Mem Martins: Publicações Europa--América Lda, 1999, 489 p.

Romão, António – «Comércio Externo» in *Dicionário de História do Estado Novo*. dir. de Fernando Rosas e José Maria Brandão de Brito. vol. I. s. l., Círculo dos Leitores, 1996, p. 167-171.

Valério, Nuno – «Aspectos das finanças públicas portuguesas (1943-1983)» in *O Estado Novo, das Origens ao Fim da Autarcia (1926-1959)*, vol. I, Lisboa: Fragmentos, 1987, p. 275-300.

Valério, Nuno – «A Segunda Guerra Mundial e o sistema monetário internacional» in *O fim da Segunda Guerra Mundial e os novos rumos da Europa*. Lisboa: Edições Cosmos – Instituto de História Contemporânea, 1996, p. 263-274.

Xavier, Alberto Pinheiro – *Portugal e a Integração Económica Europeia*. Coimbra: Livraria Almedina, 1970, 299 p.

Wallich, Henry C. – *O Sistema Financeiro Português*. introdução de George F. Train. Lisboa: Banco de Portugal, 1952, 55 p.

4 – Obras e artigos sobre questões específicas

a) O Plano Marshall e a OECE

Adam, Henri Tassin – *L'Organisation Européenne de Coopération Economique*. Paris: Librairie Générale du Droit et de la Jurisprudence, 1949, 292 p.

Aron, Raymond – «*Plan Marshall et unité européenne*» in *Les articles de politique internationale dans "Le Figaro" de 1947 à 1977. Tome Premier. La Guerre froide (juin 1947 à mai 1955)*. Paris: Editions de Fallois.

«As vantagens económicas do Plano Marshall» in *A Indústria do Norte*, n.º 373--374, 1951, p. 27-32.

Barbosa, António Manuel Pinto – «O lado menos visível do Plano Marshall em Portugal. Sua actualidade» in *Memórias da Academia das Ciências de Lisboa, Classe de Letras*, tomo XXV, Lisboa, 1986, p. 281-291.

Brandão, Patrício – «Ainda o Plano Marshall» in *Brotéria*, vol. XLVI, n.º 4, 1948, p. 466-484.

Bossuat, Gérard – *L'Europe occidentale à l'heure américaine 1945-1952*. Bruxelles: Ed. Complexe, 1992, 351 p.

Bossuat, Gérard – «La contre-valeur de l'aide américaine à la France et à ses territoires d'outre-mer: La mesure des rapports franco-américains» in *Le Plan*

Marshall et le relèvement économique de l'Europe. Paris: Comité pour l'histoire économique et financière de la France – Ministères de l'Economie, des Finances et du Budget, 1993, p. 177-199.

Cameron, Rondo – *Histoire économique du monde*. Paris: Larousse, 1991, 431 p.

Erbes, Robert – *L'intégration économique internationale*. Paris: Presses Universitaire de France, 1966.

Gerbet, Pierre (com a colaboração de: Jean Laloy, Jacques Dupuy, Jacques de Folin e Henry Rollet) – *Le Relèvement, 1944-1949*. Paris: Imprimerie Nationale, 1991, 481 p.

Grosser, Alfred – *Les Occidentaux. Les pays d'Europe et les États-Unis depuis la Guerre*. Paris: Fayard, 1978, 438 p.

Guirão, Fernando – «Spain's role in Western European Relief and Reconstruction, 1945 to Spring of 1947» in *Plans des temps de guerre pour l'Europe d'après-guerre 1940-1947*. Bruxelas: Bruylant, 1995, p. 563-588.

Guerra, Ruy Teixeira – «Alguns Aspectos Passados e Presentes da Integração Europeia» in *Separata do Boletim da Sociedade de Geografia de Lisboa*, série 96.ª, n.º. 1-6, 1978, p. 59-67.

Guerra, Ruy Teixeira; **Freire,** António Siqueira; e **Magalhães,** José Calvet de – *Os Movimentos de Cooperação e Integração Europeia no Pós-Guerra e a Participação de Portugal nesses Movimentos*. Oeiras: Instituto Nacional de Administração – Departamento de Integração Europeia, 1981, 79 p.

Guimarães, A. – «O Plano Marshall e as Suas Perspectivas» in *Brotéria*, vol. L, n.º 3, 1950, p. 330-344.

Hardach, Gerd – «Le Plan Marshall et l'intégration internationale de l'économie allemande» in *Le Plan Marshall et le relèvement économique de l'Europe*. Paris: Comité pour l'histoire économique et financière de la France – Ministères de l'Economie, des Finances et du Budget, 1993, p. 467-486.

Hogan, Michael J. – *The Marshall Plan, America, Britain, and the reconstruction of Western Europe, 1947-1952*. Cambridge, New York, Melbourne, Cambridge: University Press, 482 p.

Lacroix-riz, Annie – «Plan Marshall et commerce Est-Ouest: continuités et ruptures» in *Le Plan Marshall et le relèvement économique de l'Europe*. Paris: Comité pour l'histoire économique et financière de la France – Ministères de l'Economie, des Finances et du Budget, 1993, p. 651-683.

Leite, João Costa – *Problemas monetários do após-guerra*. Lisboa: Cadernos de Ciência e Técnica Fiscal, n.º 20, Ministério das Finanças, 1964, 145 p.

Lemos, António Tovar de – «Os objectivos do Plano Marshall» in *Indústria Portuguesa*, n.º 268, 1950, p. 315-319.

Lemos, António Tovar de – «O Plano Marshall e as suas possibilidades para a economia portuguesa» in *A Indústria do Norte*, n.º 363-364, 1950, p. 9-12.

Maier, Charles S. – «Politique et économie internationales 1947-1948. George C. Marshall et l'histoire du Plan Marshall» in *Le Plan Marshall et le relèvement économique de l'Europe*. Paris: Comité pour l'histoire économique et financière de la France – Ministères de l'Economie, des Finances et du Budget, 1993, p. 33-43.

Mallet, Donald – «The History and Structure of OEEC» in *Annuaire Européen*. vol. I. La Haye: Martinus Nijhoff – Conseil de l'Europe, 1955, p. 62-70.

Marjolin, Robert – «L'OECE et le Développement de la Coopération Economique Européenne» in *Annuaire Européen*, vol. I, La Haye: Martinus Nijhoff – Conseil de l'Europe, 1955, p. 58-61.

Marjolin, Robert – *Le travail d'une vie. Mémoires 1911-1986*. Paris: Robert Laffont, 1986, p.

MATTA, José Caeiro da – *Ao Serviço de Portugal*. Lisboa: Imprensa Portugal--Brasil, 1951, p. 169-175.

Melandri, Pierre – *Les Etats-Unis face à l'unification de l'Europe 1945-1954*. Paris: Ed. A. Pedone – Publications de la Sorbonne, 1980, 534 p.

Melandri, Pierre – «L'intégration contre la désintégration: Les Etats Unis, le plan Marshall et l'unification économique de l'Europe 1947-1950» in *Le Plan Marshall et le relèvement économique de l'Europe*. Paris: Comité pour l'histoire économique et financière de la France – Ministères de l'Economie, des Finances et du Budget, 1993, p. 625-639.

Milward, Alan S. – *The Reconstruction of Western Europe, 1945-1951*. London: Routledge, 1992, 528 p.

Milward, Alan S. – «The Marshall Plan and Europe's Foreign Trade» in *Le Plan Marshall et le relèvement économique de l'Europe*. Paris: Comité pour l'histoire économique et financière de la France – Ministères de l'Economie, des Finances et du Budget, 1993, p. 625-639.

OECE – *Les Investissements dans les Territoires d'Outre-Mer, en Afrique, au Sud du Sahara*. Paris: OECE, 1951, 110 p.

Pereira, Pedro Cantinho – «Le Portugal et l'Europe. L'ouverture à l'Europe atlantique et les limites de la coopération (1947-1953)» in *Bulletin de l'Institut Pierre* Renouvin, n.º 13, Primavera 2002, p. 153-165.

Pereira, Pedro Cantinho – *Le Portugal et l'Europe 1947-1953*. 2 volumes. Lille: ANRT, 2004, 887 p.

Plessia, R. – *L'Europe unie. Problèmes et perspectives économiques*. Paris: Ed. A. Pedone, 1949, 159 p.

Poidevin, Raymond – «Plan Marshall et problème allemand: Les inquiétudes françaises (1947-1948)» in *Le Plan Marshall et le relèvement économique de l'Europe*. Paris: Comité pour l'histoire économique et financière de la France – Ministères de l'Economie, des Finances et du Budget, 1993, p. 87-96.

«Portugal e o Plano Marshall» in *A Indústria do Norte*, n.º 365-366, 1950, p. 49-57.

«Portugal e o Plano Marshall» in *A Indústria do Norte*, n.º 377-378, 1951, p. 144-149.

Rollo, Fernanda – *Portugal e o Plano Marshall*. Lisboa: Estampa, 1994, 355 p.

Rollo, Fernanda – «Portugal e o Plano Marshall: história de uma adesão a contragosto (1947-1952)», in *Análise Social*, vol. XXIX, n.º 128, 1994, p. 841-869.

Sousa, António de – «O Plano Marshall e a economia mundial (I)» in *Revista de Economia*. vol. II, n.º 1, 1949, p. 39-42.

Sousa, António de – «O Plano Marshall e a economia mundial (II)» in *Revista de Economia*. vol. II, n.º 2, 1949, p. 115-118.

Sousa, António de – «O Plano Marshall e a economia mundial (III)» in *Revista de Economia*. vol. II, n.º 3, 1949, p. 189-192.

Sousa, António de -– «O Plano Marshall e a economia mundial (IV)» in *Revista de Economia*. vol. II, n.º 4, 1949, p. 275 - 277.

Sousa, Carlos Hermenegildo de – «A reconstrução económica da Europa e o Plano de Marshall» in *Brotéria*, vol. XLVI, n.º 2, 1948, p. 146-163.

Sousa, Carlos Hermenegildo de – «A Posição Económica de Portugal em Face do Plano de Marshall» in *Brotéria*, vol. XLVI, n.º 3, 1948, p. 324-338.

Vieira, Eurico Colares – «A Economia portuguesa e a OECE» in *Revista de Economia*. vol. 8, n.º 3-4, 1955, p. 93-158.

Wall, Irwin M. – «The American Marshall Plan Mission in France» in *Le Plan Marshall et le relèvement économique de l'Europe*. Paris, Comité pour l'histoire économique et financière de la France – Ministères de l'Economie, des Finances et du Budget, 1993, p. 133-143.

Wexler, Imanuel – *The Marshall Plan Revisited. The European Recovery Program in Economic Perspective*. Westport, Connecticut: Greenwood Press, 1983, 327 p.

b) O Pacto do Atlântico

Acheson, Dean – *Present at the creation. My years* in *the State Department*. Londres: H. Hamilton, 1969, 789 p.

Andrade, Luís – «Portugal and the Atlantic Alliance: the role of the Azores» in *Estratégia*. Instituto de Relações Internacionais – Instituto Superior de Ciências Sociais e Políticas, vol. IV, 1992, p. 111-141.

Baylis, John – «Britain and the Formation of NATO» in *The Origins of NATO* (Edited by Joseph Smith) Exeter: BPCC Wheatons Ltd, 1990, p. 3-32.

Beaufre, general André – *L'OTAN et l'Europe*. Paris: Calmann-Lévy, 1966, 239 p.

Bossuat, Gérard - *L'Europe occidentale à l'heure américaine. Le Plan Marshall et l'unité européenne 1945-1952*. Bruxelas: Ed. Complexe, 1992, 351 p.

Carvalho, Henrique Martins de – *Portugal e o Pacto do Atlântico*. (policopiado), Lisboa: Ministério dos Negócios Estrangeiros, 1953, 154 p.

Carvalho, Henrique Martins de – *Política Externa Portuguesa*. Lisboa: Estudos de Ciências Políticas e Sociais, n.º 70, 1964, 195 p.

Carvalho, Rogério (coord.) – *Portugal e a NATO*. Lisboa: Edições Avante!, 1991, 455 p.

Castro, Augusto – *A Crise Internacional e a Política Externa Portuguesa*, (Conferência realizada na Academia das Ciências de Lisboa, em 28 de Outubro de 1949), Lisboa: Tipografia da Empresa Nacional de Publicações, 1949, 63 p.

Cook, Don – *Forging the Alliance. NATO, 1945 to 1950*. Londres. 1989, 306 p.

Crollen, Luc – *Portugal, the U.S. and NATO*. Louvain: Leuven University Press, 1973, 163 p.

Delmas, Claude – *L'Alliance Atlantique. Essai de phénoménologie politique*. Paris: Payot, 1962, 278 p.

Delmas, Claude – *Nécessité et légitimité de l'Alliance atlantique*. Paris: Association Française pour la Communauté Atlantique, 1980, 51 p.

Delmas, Claude – *L'O.T.A.N.*. 5.ª edição. Paris: Presses Universitaires de France, 1981, 128 p.

Ferreira, José Medeiros – «As Ditaduras Ibéricas e a Fundação da Aliança Atlântica» in *O Estado Novo, das Origens ao Fim da Autarcia*. vol. I. Lisboa: Fragmentos, 1987, p. 385-401.

Ferreira, José Medeiros – *Um século de Problemas, as relações Luso-Espanholas da União Ibérica à Comunidade Europeia*. Lisboa: Livros Horizonte, 1989, 85 p.

Folly, Martin H. – «The British Military and the Making of the North Atlantic Treaty» in *The Origins of NATO*. Edited by Joseph Smith, Exeter: BPCC Wheatons Ltd, 1990, p. 33-61.

Foot, Peter – «America and the Origins of the Atlantic Alliance: a Reappraisal» in *The Origins of NATO*. Edited by Joseph Smith, Exeter: BPCC Wheatons Ltd, 1990, p. 82-94.

Gerbet, Pierre (com a colaboração de: Jean Laloy, Jacques Dupuy, Jacques de Folin, e Henry Rollet) – *Le Relèvement, 1944-1949*. Paris: Imprimerie Nationale, 1991, 481 p.

Girault, René; **Frank,** Robert; e **Jacques,** Thobie – *Histoire des relations internationales, tome 3, La Loi des géants 1941-1964*. Paris: Masson, 1992, 346 p.

Ireland, Timothy P. – *Creating the Entangling Alliance. The Origins of the North Atlantic Treaty Organization*. Londres: Aldwych Press, 1982, 245 p.

Kaplan, Lawrence S. – *A Community of Interests: NATO and the Military Assistance Program, 1948-1951*. Washington: Office of the Secretary of Defense, Historical Office, 1980, 251 p.

Kaplan, Lawrence S. – «Collective Security and the Case of NATO» in *The Origins of NATO*. Edited by Joseph Smith, Exeter: BPCC Wheatons Ltd, 1990, p. 95-109.

Kaplan, Lawrence S. – *The long entanglement: NATO's first fifty years*. Westport, Connecticut, London: Praeger, 1999, 262 p.

Marchal, Léon – «The political problem of European defence» in *Annuaire Européen*, vol. II, La Haye: N. NIjhoff – Conselho da Europa, 1956.

Martins, Raul François – *Portugal e a OTAN. Perspectivas Políticas e Estratégicas*. Lisboa: Comissão Portuguesa do Atlântico, 1990, 141 p.

Melandri, Pierre – *Les Etats-Unis face à l'unification de l'Europe 1945-1954*. Paris: Ed. A. Pedone – Publications de la Sorbonne, 1980, 534.

Moreira, Adriano – *A Europa em Formação (A Crise do Atlântico)*. 3.ª edição. Lisboa: Academia Internacional da Cultura Portuguesa, 1987, 278 p.

Nogueira, Albano – «La Naissance de l'Alliance, une Perspective Portugaise» in *Revue de l'OTAN*, vol. 28, 1980, p. 8-13.

Oliveira, Pedro Aires – «Nota prévia aos Documentos: a adesão de Portugal à NATO (1948-1949)» e documentos sobre a adesão de Portugal à NATO in «Documentos» in *Política Internacional*, vol. 3, n.º 19, 1999, p. 115-162.

OTAN – *L'Alliance atlantique. Données et structures*. Bruxelas: Service de l'Information de l'OTAN, 1989, 637 p.

Pereira, Pedro Cantinho – «Le Portugal et l'Europe. L'ouverture à l'Europe atlantique et les limites de la coopération (1947-1953)» in *Bulletin de l'Institut Pierre* Renouvin, n.º 13, Primavera 2002, p. 153-165.

Pereira, Pedro Cantinho – *Le Portugal et l'Europe 1947-1953*. 2 volumes. Lille: ANRT, 2004, 887 p.

Redondo, Juan Carlos Jiménez – «Portugal, Espanha e a formação da NATO» in *Política Internacional*. vol. 3, n.º 19, 1999, p. 97-111.

Reid, Escott – *Time of Fear and Hope. The Making of the North Atlantic Treaty 1947-1949*. Toronto: McClelland and Stewart, 1977.

Rendel, Alexander – «L'alliance atlantique – Une naissance anxieuse» in *Revue de l'OTAN*, vol. 27, n.º 3, 1979, p. 15-20.

Santos, Alberto – *La Péninsule Luso-Ibérique: enjeu stratégique*, Paris, Cahier n.º 18, Fondation pour les Etudes de la Défense Nationale – Suplemento do n.º 8 de *Stratégique*, 1980, 230 p.

Spaak, Paul-Henri – *Pourquoi l'OTAN?* Tribune Libre, n.º 48, Paris: Plon, 1959, 81 p.

Teixeira, Nuno Severiano – «Da neutralidade ao alinhamento: Portugal na fundação do pacto do Atlântico» in *Análise Social*, vol. XXVIII, n.º 120, 1993, p. 55-80.

Teixeira, Nuno Severiano – «Portugal e a NATO: 1949-1989» in *Análise Social*, vol. XXX, n.º 133, 1995, p. 803-818.

Teixeira, Nuno Severiano – «Portugal e a NATO: 1949-1999» in *Nação e Defesa*. Instituto de Defesa Nacional, n. 89, 1999, 2.ª série, p. 15-41.

Telo, António José – «Política de Defesa» in *Dicionário de História do Estado Novo*. Lisboa: Círculo dos Leitores, 1996, p. 759-765.

Telo, António José – *Portugal e a NATO, o reencontro da tradição atlântica*. Lisboa: Edições Cosmos, 1996, 375 p.

Telo, António José – «Portugal e a NATO (1949-1976)» in *Nação e Defesa*. Instituto de Defesa Nacional, n.º 89, 1999, 2.ª série, p. 43-84.

Truman, Harry – *Années d'épreuve et d'espérance, L'Alliance Atlantique (1946--1950)*. Tome II, vol. I, Paris: Librairie Plon, 1956, 328 p.

Vicente, António Pedro – «Portugal e a NATO face ao isolamento de Espanha» in *O fim da Segunda Guerra Mundial e os novos rumos da Europa*. Lisboa: Edições Cosmos – Instituto de História Contemporânea, 1996, p. 301-323.

Zarka, Jean-Claude – *L'OTAN*. Paris: Presses Universitaires de France, 125 p.

c) A UEP

Adam, Henri – *L'Organisation Européenne de Coopération Economique*. Paris: LGDJ, 1949, 292 p.

Aubion, Roger – «Vers une politique monétaire moderne, dix années d'expérience et de progrès» in *Revue d'Economie Politique*. n.º 6, Número especial de Novembro-Dezembro 1960, p. 186-202.

Cunha, Paulo de Pitta e – «Convertibilidade e Unificação Monetária na Europa» in Separata da *Revista da Faculdade de Direito de Lisboa*, vol. XVIII. 1965, p. 9-27.

Davin, Louis – «Défense et illustration de l'Union Européenne de Paiements» in *Revue de Science et de Législation Financière*, n.º 1, Janeiro-Março 1955, p. 77-91.

Dierterlen, Pierre – «Introduction» (Número especial sobre: La Restauration des monnaies européennes). *Revue d'Economie Politique*, n.º 6, Número especial, Novembro-Dezembro 1960, p. 5-10.

D'Orfeuil, A. Teyssier – «La zone monétaire escudo» in *Revue Economique*. vol. IV, n.º 6, Novembro 1953, p. 884-900.

Eichengreen, Barry – *Reconstructing Europe's trade and payments. The European Payments Union*. Manchester: Manchester University Press, 1993, 147 p.

Genière, René de La – «Du bilatérlisme à la convertibilité: quinze ans d'histoire monétaire internationale en Europe (1945-1960)» in *Economie Appliquée*. Tome XIII, n.º 2, Abril-Junho 1960, 177-212 p.

Guindey, Guillaume – «La banque des règlements internationaux hier e aujourd'hui» in *Revue d'Economie politique*, n.º 6, Número especial, Novembro--Dezembro 1960, p. 37-57.

Jacobsson, Per – «Les monnaies européennes et l'économie mondiale» in *Revue d'Economie Politique*, n.º 6, Número especial, Novembro-Dezembro 1960, p. 11-24.

James, Emile – «L'Union Européenne des Paiements» in *Revue Economique*, n.º 5, Setembro 1951, p. 560-577.

Jaoul, Michel e **Schloesing,** Olivien – «L'Union Européenne de Paiements» in *Revue Economique*, n.º 2, 1954, p. 263-277.

Kaplan, Jacob J. e **Schleiminger,** Günter – *The European Payments Union: financial diplomacy in the 1950's*. Oxford: Clarendon Press, 1989, 396 p.

Kindleberger, Charles P. – *Marshall Plan Days*. Winchester: Allen & Unwion, 1987, 273 p.

Kindleberger, Charles P. – *Histoire financière de l'Europe Occidentale*. Paris: Economica, 1990, 708 p.

Lino, Fernandes; **Ribeiro,** José; e **Ramos,** Maria – «Grande indústria, banca e grupos financeiros, 1953-1973» in *Análise Social*. vol. XXIII, n.º 99, 1987, p. 945-1018.

Mateus, Abel – *Economia Portuguesa. Crescimento no contexto internacional (1910-1998)*. Lisboa: Editorial Verbo, 1998, 229 p.

Melandri, Pierre – *Les Etats-Unis face à l'unification de l'Europe 1945-1954*. Paris: Ed. A. Pedone – Publications de la Sorbonne, 1980, 534 p.

Milward, Alan S. – *The Reconstruction of Western Europe 1945-51*. Londres: Routledge, 1992, 528 p.

Moret, Michel – «La zone sterling et les avantages de ses divers participants» in *Revue Economique*, n.º 4, 1954, p. 590-603.

OECE – «Quatrième Rapport d'activité de l'OECE – Annexe V (Deuxième Rapport annuel du Comité de l'Union Européenne de Paiements)» in ACCE – *Documents*. tome II. deuxième partie. Estrasburgo: Conselho da Europa, p. 630.

Penglaou, Charles – «La liquidation de l'union européenne de paiements et l'accord monétaire européen» in *Revue Economique*, n.º 5, 1959, p. 755-783.

Pereira, Pedro Cantinho – «Le Portugal et l'Europe. L'ouverture à l'Europe atlantique et les limites de la coopération (1947-1953)» in *Bulletin de l'Institut Pierre* Renouvin, n.º 13, Primavera 2002, p. 153-165.

Pereira, Pedro Cantinho – *Le Portugal et l'Europe 1947-1953*. 2 volumes. Lille: ANRT, 2004, 887 p.

Tew, Brian – *International Monetary Co-operation 1945-52*. Londres: Hutchinson's University Library, 1952, 180 p.

Triffin, Robert – «Intégration économique européenne et politique monétaire» in *Revue d'Economie Politique*, n.º 6, Número especial, Novembro--Dezembro, 1960, p. 58-81.

Van Mangoldi, H. K. – «De l'union européenne de paiements à la convertibilité et à l'accord monétaire européen» in *Revue d'Economie Politique*, n.º 6, Número especial, Novembro-Dezembro, 1960, p. 25-36.

Wallich, Henry – *O Sistema Financeiro Português*. Lisboa: Banco de Portugal, 1952, 55 p.

5 – Testemunhos

Acheson, Dean – *Present at the creation. My years* in *the State Department*. Londres: H. Hamilton, 1969, 789 p.

Eden, Sir Anthony – *Mémoires, tome 2, 1945-1957*. Paris: Plon, 1960.

Eisenhower, Dwight D. – *Mes années à la Maison Blanche, tome I, 1953-1956.* Paris: Robert Laffont, 1963, 687 p.

Eisenhower, Dwight D. – *Celui que je fus. Souvenirs de guerre et de paix.* Paris: Librairie Jules Tallandier, 1969, 397 p.

Kennan, George – *Memoirs 1925-1950.* Nova Iorque: Pantheon Books, 1983.

Ismay, Lord Lionel – *The Memoirs of Lord Ismay*, Londres: Heinemann, 1960, 486 p.

Marjolin, Robert – *Le travail d'une vie. Mémoires 1911-1986.* Paris: Robert Laffont, 1986, 445 p.

Massigli, René – *Une comédie des erreurs, 1943-1956. Souvenirs et réflexions sur une étape de la construction européenne.* Paris: Plon, 1978, 540 p. + Índice.

Monnet, Jean – *Mémoires.* Paris: A. Fayard (Livre de Poche), 1976, 826 p.

Schuman, Robert – *Pour l'Europe.* Paris: Nagel, 1963, 212 p.

Spaak, Paul-Henri – *Combats inachevés – De l'espoir aux déceptions.* 2 tomos. Paris: Fayard, 1969, 315 e 444 p. + Índice.

Truman, Harry S. – *Mémoires. Années d'épreuve et d'espérance. L'Alliance Atlantique (1946-1950).* tomo II. vol. 1, Paris: Librairie Plon, 1956, 328 p.

Uri, Pierre – *Penser pour l'action. Un fondateur de l'Europe.* Paris: Editions Odile Jacob, 1991, 318 p.

6 – Obras e artigos biográficos

a) Sobre Salazar

Almeida, Pedro Ramos de – *Salazar: Biografia da Ditadura.* Lisboa: Edições Avante!, 1999, 932 p.

Caetano, Marcello – *Minhas Memórias de Salazar.* Lisboa: Ed. Verbo, 1977.

Dacosta, Fernando – *Máscaras de Salazar. Narrativa.* Lisboa: Editorial Notícias, 1997, 260 p.

Ferro, António – *Salazar, o homem e a sua obra*, Prefácio de Salazar. Lisboa: Edições Fernando Pereira, 1982, 307 p.

Gil, José – *Salazar, a Retórica da Invisibilidade.* Lisboa: Relógio d'Água, 1995, 55 p. + notas.

Nogueira, Franco – *Salazar.* vol. I a VI, Porto, Livraria Civilização Editora, 1977 a 1985.

Oliveira, César – *Salazar e o seu tempo.* Lisboa: Edições «O Jornal», 1991, 237 p. + Índice.

Pinto, Jaime Nogueira (org.) – *Salazar Visto pelos Seus Próximos (1946-1968)*. Venda Nova: Bertrand Editora, 1993, 292 p.

b) Sobre outros personagens importantes

Bachoud, Andrée – *Franco ou la réussite d'un homme ordinaire*. Paris: Fayard, 1997, 527 p.

Bossuat, Gérard – «Jean Monnet et l'avenir de l'Europe» in *Plans des temps de guerre pour l'Europe d'après-guerre 1940-1947*. Bruxelas: Bruylant, 1995, p. 354-365.

Bullock, Sir Alan – *Ernest Bevin – Foreign Secretary, 1945-1951*. Londres: Norton, 1983, 896 p.

Dalloz, Jacques – *Georges Bidault. Biographie politique*. Paris: Editions L'Harmattan, 1993, 468 p.

Dumoulin, Michel – *Spaak*. Bruxelas: Editions Racine, 1999, 736 p. + Índice.

Neves, João César das e **Silva**, Francisco – *António Manuel Pinto Barbosa: uma biografia económica*. Lisboa: Verbo, 1999, 272 p.

Person, Paul – *Franco. A Biography*. Londres: Clins Publishers, 1993, 1 002 p.

Pirey, Elisabeth Arnoulx – *De Gasperi, le père italien de l'Europe*. Paris: Pierre Téqui éditeur, 1991, 277 p. + Índice.

Poidevin, Raymond – *Robert Schuman homme d'Etat 1886-1963*. Paris: Imprimerie nationale, 1986, 520 p.

Roussel, Eric – *Jean Monnet 1888-1979*. Paris: Fayard, 1996, 1 004 p.

7 – Revistas consultadas

A Indústria do Norte

Análise Social

Brotéria

Boletim da Sociedade de Geografia de Lisboa

Economia e Sociologia (Estudos Eborenses)

Economie Appliquée

Estratégia

Estudos de Ciências Políticas e Sociais

Estudos de Economia

Estudos de Economia Aplicada

Foreign Policy Reports

Indústria Portuguesa
Indústria Portuense
Nação e Defesa
Penélope
Política Internacional
Revista do Centro de Estudos Económicos
Revista de Economia
Revista da Faculdade de Direito de Lisboa
Revue Economique
Revue d'Economie Politique
Revue de l'OTAN
Revue Française de Science Politique
Revue de Science et de Législation Financière

Lista dos Quadros

Lista dos Gráficos

Colecção Biblioteca Diplomática – nova série:

série A:

1. Jorge Braga de Macedo, org., **Jorge Borges de Macedo: Saber Continuar: A Experiência Histórica Contemporânea. Comemorações do Legado Bibliográfico**
2. Armando Marques Guedes, **Estudos sobre Relações Internacionais**
3. Filipe Ribeiro de Meneses, **Correspondência diplomática irlandesa sobre Portugal, o Estado Novo e Salazar: 1941-1970**
4. Armando Marques Guedes e Nuno Canas Mendes, eds., **Ensaios sobre nacionalismos em Timor-Leste**
5. Zília Osório de Castro, Júlio Rodrigues da Silva e Cristina Montalvão Sarmento, eds., **Tratados do Atlântico Sul: Portugal, Brasil (1825-2000)**

série D:

1. Ana Maria Homem Leal de Faria, **Duarte Ribeiro de Macedo. Um diplomata moderno: 1618-1680**
2. José Filipe Pinto, **Do Império Colonial à Comunidade dos Países de Língua Portuguesa: Continuidades e Descontinuidades**
3. Luís Elias, **A Formação das Polícias nos Estados Pós-Conflito. O Caso de Timor-Leste**
4. Elisabete Cortes Palma, **Cultura, Desenvolvimento e Política Externa. Ajuda Pública ao Desenvolvimento nos Países Africanos Lusófonos**
5. Pedro Cantinho Pereira, **Portugal e o Início da Construção Europeia: 1947-1953**